일본의 전쟁범죄

일본의 전쟁범죄

'위안부'에서 731부대까지,
역사 전쟁의 진실

김재명 지음

진실의힘

좁은 민족주의를 넘어
보편적 관점에서 일본의 전쟁범죄를 고발하다

한홍구 성공회대 석좌교수, 한국현대사

내가 김재명 기자의 글을 처음 접한 것은 1980년대, 광주의 충격 속에 젊은 사학도들이 절박한 심정으로 현대사 공부를 막 시작했을 무렵이었다. 그때 그는 『정경문화』 기자로 활동하면서 이승만의 정적 최능진에 이어, 김성숙, 김창숙, 장건상, 정화암, 유림, 조완구 등을 소개하는 글을 연달아 게재하고 있었다. 그 당시는 현대사 연구가 황무지 상태여서, 현대사 공부하는 대학원생들이 최능진이 누군지, 김산의 『아리랑』에 나오는 금강산의 붉은 승려 김충창이 혁신계 김성숙이었는지도 모를 때였다. 『정경문화』에 실린 중간파 인사들에 대한 김재명 기자의 글을 밑줄 쳐가며 읽고 또 읽던 기억이 지금도 삼삼하다. 그 기사들은 곧 『한국현대사의 비극: 중간파의 이상과 좌절』이란 책으로 모아졌다.

그 후 김재명 기자는 안정된 직장을 박차고 나와 팔레스타인, 이라크, 아프가니스탄, 카슈미르, 동티모르, 캄보디아, 보스니아와 코소보, 아프리카의 시에라리온, 남북아메리카 지역의 볼리비아, 쿠바 관타나모, 그리고 미국 등 세계 각지의 분쟁지역으로 뛰어들었다. 한반도 분단의 비극을 파헤치던 그가 지구촌 곳곳을 찾아다니며 그 고통과 비극을 전하는 분쟁지역 취재기자가 된 것이다. 그동안 『오늘의 세계 분쟁』, 『석유, 욕망의 샘』, 『눈물의 땅, 팔레스타인』, 『시리아전쟁』 등 여러 권의 분쟁지역 관련 저서를 낸 김재명 기자가 이제 신간 『일본의 전쟁범죄』를 갖고 동북아와 한반도로 돌아왔다.

『일본의 전쟁범죄』는 조금 더 빨리 출간되었으면 하는 아쉬움이 들 정도로 오늘 우리 현실에 꼭 필요한 책이다. 2004년 처음 등장하여 한때 반짝했다 사라졌던 뉴라이트들이 친일 정권의 광기 어린 인사로 교육과 역사와 관련된 주요 국가기관을 장악하고 있기 때문이다. 과거 독재정권 시절에는 친일 행위가 부끄러운, 그래서 말해서는 안 되는 것이었다면, 민주화 이후 뉴라이트들은 오늘날 한국 자본주의의 번영은 일본과 일본으로부터 신문물을 열심히 배운 친일파 덕이라며, 친일파들에게 면죄부를 넘어 훈장을 주어야 한다는 어처구니없는 주장을 하고 있다.

『일본의 전쟁범죄』는 일본의 식민 지배와 전쟁 수행 과정에서 어떤 범죄가 저질러졌는지 생생하게 보여주고 있다. 일본제국주의의 식민 지배와 전쟁범죄라는 주제에 관한 서술은 한국인들에게는 아무래도 민족주의적 편향이 강하게 작용할 가능성이 크다. 김재명의 신간이 갖는 강점은 일본의 전쟁범죄를 좁은 민족주의가 아니라, 전 세계 분쟁지역을 돌아본 경험에 바탕을 둔 보편적인 관점에서 고발하고 있다는 점이다. 김재명은 "아프리카나 중동, 발칸반도 같은 분쟁지역을 취재하면서 폭력과 죽음이 일상화된 모습들을 보긴 했지만, 막상 일본의 만행 기록들은 훨씬 끔찍했다"라고 술회했다.

나아가 이 책은 전범국가인 일본을 타협적이고 선택적인 방식으로 응징한 '미국의 잘못된 전쟁 행위'에 대해서도 철저한 비판을 가하고 있다. 김재명은 가해국 일본이 피해자 코스프레를 하며 과거의 식민 지배와 전쟁범죄에 대해 반성도 사죄도 않고 있는 점에 극히 비판적이지만, 도쿄 대공습이나 두 차례의 원자폭탄 투하로 일본 민중들이 입은 피해를 외면하지 않는다. 그는 미국이 도쿄 전범재판 등에서 단죄한 똑같은 전쟁범죄가 미국에 의해 일본뿐만 아니라 한반도와 베트남, 나아가 미국이 개입한 수많은 분쟁지역에서 저질러졌음을 독자들도 기억해줄 것을 요구한다. 나만의 고통을 기억하는 것이 아니라, 다른 지역, 다른 사람들도 나와 같은 고통을 겪었다는 사실을 깨닫는 것이야말로 평화로 한발 다가가는 고통의 연대의 출발점이다.

이 책에 서술된 내용과 구체적인 사례들은 읽어나가기 힘들 만큼 참혹하고 어둡고 무겁기 짝이 없다. 그럼에도 김재명 기자가 일본의 전쟁범죄를 깊이 살펴보게 된 것은 "동아시아의 어두운 과거사가 지닌 문제점들을 제대로 아는 것이 우리의 미래를 위해서도 중요"하기 때문이다. '촛불' 이후 한국 사회는 수십 년째 준전시 상태가 계속되고 있는 한국전쟁이라는 어둡고 긴 터널의 출구에 다가서게 되는 줄 알았는데, 윤석열 정권이 들어선 뒤 제2의 한국전쟁의 입구에 서 있게 되었다.

김재명 기자는 세계의 분쟁지역을 다닐 때 "아득한 절망 속에서 목숨을 걸고 싸우는 소수자와 약자, 못 가진 자들의 정의가 승리하기를 간절히 바라는 쪽"에 확고히 서 있었다. 역사 교과서에 대한 공격으로 대표되는 뉴라이트들의 준동은 결국 자라나는 아이들이 어떤 세계관을 갖게 만드느냐를 두고 벌어지는 싸움이다. 한국사회는 지금 '중일마(중요한 것은 일본의 마음)'로 살 것인가, 아니면 '중꺾마(중요한 것은 꺾이지 않는 마음)'로 살 것인가를 놓고 치열한 쟁투를 벌이고 있다. 이 어두운 시대에 김재명의 『일본의 전쟁범죄』는 양심을 가진 인간이라면 왜 '중일마'의 자세로 살아서는 안 되는가를 절절하게 보여준다.

들어가며

지금은 고인이 된 어머니로부터 아주 오래전에 들은 이야기가 있다. 1945년 8·15 해방을 맞았을 때 어머니가 살던 가난한 시골 마을에서 일어났던 일이다. 나라가 일본의 사슬로부터 풀려났다는 소식이 알려지자, 마을 사람들이 저마다 몽둥이를 들고 주재소(지금의 파출소)로 몰려갔다. 그곳에 넋 놓고 있던 조선인 순사 2명이 공격 목표였다.

그 순사들은 걸핏하면 면사무소 직원들과 함께 나타나 징용이다 공출이다 하며 마을 사람들을 닦달했었기에 엄청난 미움을 받고 있던 터였다. 순사 하나는 흠씬 두들겨 맞았지만, 다른 하나는 용케 뒷문으로 도망쳤다. 그런 일이 있고 얼마 지나지 않아 마을에는 다시 울음소리가 이어졌다. 한 번에 한두 명 또는 서너 명씩 마을 사람들은 손이 묶인 채 끌려갔다. 미 군정청의 지배 아래 놓인 남한에서 일제 잔재가 깔끔하게 치워지지 못한 탓에, 지난날의 조선인 순사들이 다시 그 자리로 돌아와 보복에 나선 것이었다. 이야기 끝을 어머니는 이렇게 매듭지으며 한숨을 내쉬었다. "세상은 바뀌지 않았던 거야."

8·15 해방 뒤 한국에서 친일파들을 비롯해 일본이 남긴 부정적인 흔적(이른바 '일제 잔재')을 말끔히 청산하지 못한 것은 널리 알려진 일

이다. 그런 잘못된 정치적 토양 위에서 온갖 부조리한 일들이 일어났다. 친일파 경찰이 독립운동가를 잡아넣는 일들도 벌어졌다. 독립운동가의 후손이 가난 탓에 공부를 못 해 의병장 할아버지 이름 석 자를 한문으로 쓸 줄 몰라도 이상하지 않은 나라가 됐다.

부조리는 지금도 진행형이다. 21세기의 한국 땅에서 함께 발붙이고 살아가는 이른바 '신친일파'들은 부끄러운 줄 모르고 황당한 말들을 늘어놓고 있다. 그들의 궤변 가운데 하나는 일제 식민 통치가 한국의 근대화를 가져왔다는 이른바 '식민지 근대화론'이다. 따지고 보면, 어머니가 살던 시골 마을에서 윽박지르며 걷어 간 미곡이나 놋그릇이 열차로 재빨리 어딘가로 보내져 침략전쟁의 밑천으로 쓰였던 것도 '근대화' 덕이었다고 해야 할까.

철도가 놓이고 항만과 발전소가 들어선 것이 나쁜 일은 아니었다. 일본의 식민 지배를 받으면서 여러 부문에서 개발이 이루어졌다는 것은 사실이다. 논의의 초점은 '누구를 위한 근대화였느냐'는 것이다. 일본에게 더 큰 이익이 돌아가는 근대화였다는 데 생각이 미치면 얘기가 달라진다. 그 무엇을 위한 철도였고 항만과 발전소였는가. 효율적인 수탈을 위한 인프라 구축이 아니었는가. 한반도 개발의 이익이 궁극적으로 점령자들에게 돌아갔다면 '식민지 근대화' 찬가를 아무 생각 없이 부를 수는 없다.

일본 정치인들은 걸핏하면 "일본 통치는 조선에도 좋은 일이었다"라는 말을 내뱉곤 한다. 그에 발맞춰 한국의 '신친일파'는 일본의 억압 통치의 성격을 놓고 "수탈이 아니라 수출이었다"라는 등 일본을 기쁘게 하는 궤변을 늘어놓는다. 이런 일본의 극우파들에게 『반일 종족주의』로 대표되는 한국의 '신친일파'는 엄청 고맙고도 소중한 자산으로 여겨지기 마련이다.

보수 우경화의 흐름을 타고 일본 교과서는 침략을 '진출'로, 일본군

징병을 '참가'로, '종군 위안부' 성노예를 그냥 '위안부'로 바꾸고 내용도 매우 짧게 줄였다. 한국의 '신친일파'는 '위안부는 매춘'이라며 전쟁범죄의 기억을 왜곡하기 일쑤다. 일본 군국주의의 부활을 꿈꾸는 일본 극우들의 기분을 맞춰주는 '위안'의 논리나 다름없다. 그렇기에 많은 한국 시민들은 묻게 된다. "당신들의 정신적 모국은 도대체 어디인가?"

나치 독일이 게르만 민족의 '생활권(Lebensraum)'을 확보한다는 명분 아래 이웃 국가들을 침공했듯이, 일본은 식민지 조선에 만족하지 않고 만주로, 중국 대륙으로 '진출'했고, 내친김에 동남아시아까지 넘봤다. 그 과정에서 엄청난 전쟁범죄를 저질렀다. 난징 학살(1937)과 731부대의 세균 전쟁이 대표적인 보기다. 난징에서 일본군이 저지른 전쟁범죄 기록은 너무나 끔찍해 차마 끝까지 읽어내기가 어렵다. 세균무기를 만든답시고 731부대 '악마의 의사'들이 살아 숨 쉬는 사람을 묶어놓고 저질렀던 생체실험 범죄는 또 어떤가. 만주 하얼빈 외곽에 있던 731부대 실험장은 단테의 『신곡(神曲)』에서나 볼 법한 지옥도였다.

이처럼 일본은 세계전쟁범죄사에서도 아주 특별한 전쟁범죄를 저질렀다. 그런데도 일본 극우파들은 그들의 기억의 창고에서 '가해'의 흔적을 지우고 그 자리에 두 방의 핵폭탄을 맞았다는 '피해'의 기억으로 채우려 한다. 일본인들의 교활한 '기억상실증', 그리고 뒤틀린 현실 인식은 "우리도 전쟁 피해자"라 우기면서 '과거사 청산'을 거부한다. 그러면서 그들이 저질렀던 전쟁범죄의 희생자와 그 유족들에게 2차 가해나 다름없는 아픔을 안겨주어왔다.

곰곰이 생각해보면, 일본인들의 '우리도 피해자'라는 주장은 어찌 보면 꼭 틀린 것이라 볼 수 없다. 미국은 아시아·태평양전쟁 말기에 도쿄 대공습(1945년 3월 10일)을 비롯해 거듭된 무차별 공습과 두 방의 핵폭탄으로 일본의 도시들을 파괴했다. 화염 폭풍을 일으키는 네이팜탄은 도시 주거지역에 사는 비무장 민간인들을 불태워 죽였다. 두 방의 핵폭탄은 민간인 대량 학살의 정점을 찍었다.

따라서 미국도 전쟁범죄를 저질렀다. 일본의 극우파들처럼 막무가내로 전쟁범죄 따윈 없었다며 손을 내젓지는 못할 것이다. "전쟁터가 정의와 법을 결정한다"라는 말이 있듯이, 전승국 미국의 범죄는 전범 재판에서 다스려지지 않았다. 일본 전쟁범죄의 총책인 히로히토 일왕과 731부대의 전범자들도 마찬가지로 처벌받지 않았다. 미국이 히로히토를 감싸고 731부대와 '더러운 거래'를 맺은 것은 일본인들의 과거사 불감증을 키운 한 요인이 됐다.

일본은 제대로 사과도 하지 않으면서, 배상조차 외면하면서 '이제 그만 덮자'고 한다. 제3자인 정치인은 '용서해주라'고 끼어든다. 피해 당사자는 용서할 마음의 준비가 안 돼 있는데도 말이다.

일제 식민 지배의 어두운 과거사가 지닌 문제점들을 짚고 넘어가는 것은 일본의 진정성 있는 사과를 이끌어내기 위해서도 필요한 작업이다. 피해 당사자들은 물론 많은 한국인들이 납득하는 쪽으로 과거사를 올바르게 매듭짓지 않는 한 한국과 일본의 불편한 관계는 앞으로도 풀기 어려운 일이다. 이런 문제의식이 일본의 전쟁범죄를 살펴보게 된 출발점이다.

이 책의 바탕은 《프레시안》에 1년 넘게 연재해왔던 글들이다. 200자 원고지 3,000매가 넘는 분량을 줄이고 보태면서 큰 틀에서 다시 가다듬었다. 책이 나오기까지 여러모로 도와주신 분들, 특히 교열과 편집에 큰 수고를 해주신 김현림 님, 그리고 조용환 변호사님과 김경훈 님을 비롯한 '진실의 힘' 관계자분들께 머리 숙여 감사의 인사를 드린다.

차례

7부 반복되는 망언과 빛바랜 사과

1부
역사 왜곡과 '신친일파'

1장
후쿠자와 유키치,
조선 침략 부추긴 '망언의 뿌리'

19세기 근대 일본의 계몽사상가로 알려진 후쿠자와 유키치.
그의 맨얼굴은 어떤 모습인가. 조선을 어떤 눈길로 바라봤는가.
아시아인을 멸시하는 망언을 내뱉고 침략전쟁을 부르짖은
후쿠자와는 전쟁범죄를 부추겼던 위험한 인물이었다.

일본인들에게 19세기 일본의 선각자, 계몽사상가로 으뜸가는 인물
이 누구라고 생각하느냐 묻는다면, 열에 아홉은 후쿠자와 유키치(福澤
諭吉, 1835~1901)를 꼽는다. 후쿠자와는 무려 40년 동안(1984~2023) 일
본의 고액권인 1만 엔 지폐에 얼굴이 들어가 있었다. 그에 대한 일본
인들의 존경과 호감의 깊이를 짐작할 수 있다.

19세기 후반 일본이 메이지유신(明治維新, 1867)을 거치며 큰 변화를
이룰 무렵, 후쿠자와는 서양문물을 받아들여 개화를 이루자고 외쳤다.
여러 계몽적인 책을 써낸 사상가이자 게이오의숙(慶應義塾, 게이오대)
의 기틀을 다진 교육자다. 오늘날 《산케이신문(産經新聞)》으로 명맥이
이어진 《지지신보(時事新報)》를 창간해 주필로 일하면서 문필가로서
이름을 날리기도 했다. 그러나 좀 더 들여다보면 후쿠자와의 험상궂은
맨얼굴이 보인다. 아시아 침략을 외쳐댄 위험한 인물이었다. 또한 그
는 한국인과 중국인을 업신여기는 일본인의 원조(元祖)로 꼽힌다. 한

국에는 김옥균·박영효 등 개화파와 가까이 지낸 인물로 알려져 있지만, 김옥균을 만나기 전부터 조선을 '소야만국'이라며 깔보았다.

"조선은 일개 야만국, 겁낼 것 없다"

역사학자 다카사키 소지(高崎宗司, 쓰다주크대 교수, 한일 근대사)는 일본의 과거사를 돌아보고 반성할 것은 반성해야 한다는 생각 아래 정치인들의 망언 기록을 비판적으로 분석해온 역사학자다. 다카사키는 후쿠자와가 1875년 10월 7일 일본《유빈호치신문(郵便報知新聞)》에 실은 글을 '망언'으로 못 박았다. 그해 9월 일본이 조선을 무력으로 개항시키려고 일으켰던 강화도사건과 그에 따른 정한론(征韓論)이 일본에서 거세게 일어날 무렵에 쓴 후쿠자와의 글을 보자.

> 조선이 어떤 나라냐고 묻는다면, 아시아의 일개 작은 야만국으로서, 문명의 양상은 우리 일본을 따르기엔 아직 멀다고 할 수 있다. 학문은 보잘것없고 병력은 겁낼 것이 없다. 설사 그들이 자청해 우리의 속국이 된다 해도 기뻐할 일이 못 된다.[1]

1884년 갑신정변이 실패하고 후쿠자와가 지지했던 김옥균 등이 대역죄로 몰려 어려운 처지에 빠지자, 조선을 바라보는 그의 눈길은 더욱 싸늘해졌다. 1894년 일본군에 맞서 싸우던 동학농민군을 못마땅히 여기면서 "조선 인민은 소와 말, 돼지, 개와 같다"라고 비난했다. 위에 옮긴 글을 쓰던 1875년만 해도 조선을 정벌하자는 이른바 정한론을 반대했지만, 1880년대의 후쿠자와는 '무력으로써 (서양으로부터) 조선을 보호해 근대 문명이 들어서도록 해야 한다'는 망언을 서슴지 않았다.

후쿠자와 유키치. 칼을 찬 20대 모습의 사진은 1862년 유럽에 사절단으로 갔을 때 베를린에서 찍었다.

그런데도 한국에는 후쿠자와가 일본인들이 존경해 마지않는 선각자, 계몽사상가로만 알려져 있다. 왜냐하면 한국에 나와 있는 후쿠자와 관련 책들이 후쿠자와의 '맨얼굴'보다는 '분칠한 얼굴'을 보여줬기 때문이다. 누가 '분칠'을 했는지 알아보기에 앞서 그가 걸었던 이력을 들여다보자.

'후쿠자와' 하면 먼저 떠오르는 것이 '탈아입구론(脫亞入歐論)'이다. 후쿠자와 자신이 '탈아입구'라는 용어를 직접 쓰진 않았지만, 그가 내걸었던 '아시아를 벗어나 서구 문명 체계를 받아들이자'는 개항·개화의 주장과 부국강병론은 19세기 후반 일왕 중심의 일본 근대화에 나름대로 사상적 기여를 한 것으로 꼽힌다. 그는 19세기 말 조선 개화파의 중심이었던 비운의 인물 김옥균(1851~1894)과 가까이 지내며 조선의 권력투쟁과 조선을 둘러싼 국제 정세의 변화에 큰 관심을 기울이기도 했다.

후쿠자와가 어느 정도 무게감을 지녔는가는 춘원 이광수(1892~

1950)의 일화를 봐도 짐작할 수 있다. 춘원은 '조선의 후쿠자와 유키치'가 되기를 바랐다. 후쿠자와를 존경하는 마음에 일본에 있는 그의 묘지를 다녀와서 그가 '하늘이 일본을 축복하여 내린 위대한 인물'이라는 뜻이 담긴 글을 남겼다. 안타깝게도 춘원은 친일 행적으로 말미암아 (후쿠자와와는 달리) 사람들이 그가 남긴 글을 찾지 않는 존재가 됐다.

인터넷에서 후쿠자와의 사진을 찾아보면, 학자다운 분위기를 풍기는 것도 있지만 허리에 칼을 찬 모습들도 보인다. 그의 아버지는 도쿠가와 막부(德川幕府) 시절 오사카 부근의 나카쓰번(中津藩)에 소속돼 창고 물자를 관리하는 하급 무사였다(야마다 요지 감독의 2002년 영화 〈황혼의 사무라이〉의 주인공 하급 무사와 똑같다). 후쿠자와는 사무라이의 칼 대신 문필로 여러 권의 책을 남겼다. 『서양 사정』(초편 1866, 외편 1868, 2편 1870), 『학문의 권유』(1872), 『문명론의 개략』(1875) 등이 후쿠자와의 이름을 당대에 널리 알린 저작이다.

"조선 인민은 소와 말, 돼지, 개와 같다"

후쿠자와의 언행을 좀 더 들여다보면, 한국을 포함한 아시아 국가들에게는 '매우 적대적이고 위험한 인물'임을 알아채게 된다. 그가 남긴 글들을 보면, 조선인에 대한 편견이 아주 심했다는 게 드러난다. 21세기 이 땅의 '신친일파'들이 『반일 종족주의』(이영훈 외 지음, 2019)에서 펼치는 터무니없는 한국인 비하론을 딱 빼닮았다.

후쿠자와는 자신의 '경험에 따르면……'이라는 전제 아래 조선인들을 마구 깎아내렸다(그가 겪은 '경험'이란 게 어떤 것인지에 대한 구체적인 설명은 없다). '배신과 위약(違約)은 조선인들의 타고난 성질'이기 때문에 '조선인은 배신과 위약 같은 것은 아무렇지도 않게 생각하는 사람들'이라 못 박았다. 따라서 '조선인을 상대로 한 약속은 처음부터 무효라고 각오해야 한다'고 주장했다. 서구 문명 맹신자이기 때문일까, 그는 조선인이 그렇게 된 원인을 엉뚱하게도 '오래된 유교의 중독성' 탓이라 돌렸다.[2]

또한 후쿠자와는 동학농민전쟁(1894) 당시 일본군에 맞섰던 조선의 농민군을 능멸하면서 "조선 인민은 소와 말, 돼지, 개와 같다"라고 비난했다. "조선인의 완고 무식함은 남양의 미개인에게도 뒤지지 않는다"라고도 했다. 따라서 한국을 업신여기며 망언을 일삼는 일본인의 원조(元祖)는 후쿠자와라고 해도 틀린 말이 아닐 것이다.

'조선 인민은 소와 말, 돼지, 개와 같은 미개인'이란 후쿠자와의 망언이 19세기 말 한반도에 파견된 일본 군인들에게 어느 정도 영향을 미쳤을까. 그가 창간하고 주필을 맡았던 언론사인《지지신보》에 그런 거칠고 매몰찬 논설을 써댔으니 일본군 지휘관들이 사병들의 정훈교육 때 활용했을 가능성도 없지 않다. 실제 전투 현장에서 일본군이 동학농민군 포로들에게 저질렀던 잔혹 행위로 미루어 그 무렵 일본인들은 후쿠자와와 마찬가지로 조선인을 사람 취급 하지 않았음이 분명하다.

조선인을 상대로 일본이 저질렀던 전쟁범죄의 기록들은 차고 넘친다. 교토에 남아 있는 거대한 귀 무덤(실제로는 조선인 12만 명쯤의 코가 묻혀 있는 코 무덤)이 말해주듯, 임진왜란(1592) 때에 엄청난 규모의 전쟁범죄를 저질렀다. 일본군이 개입했기에 후쿠자와가 더욱 관심을 기울였던 동학농민전쟁 때도 잔혹한 전쟁범죄를 저지르긴 마찬가지였다. 일본 역사학자가 발굴해낸 어느 일본 병사의 진중일지를 줄여 옮겨본다.

• 1895년 1월 8~10일 전라도 장흥전투 뒤: "우리 부대가 서남 방면으로

추격해서 타살한 농민군이 48명, 부상한 생포자는 10명이었다. 숙사에 돌아와 생포자는 고문한 다음 불태워 죽였다."

• 1895년 1월 31일 해남전투 뒤: "오늘은 남은 동학당 7명을 잡아 와 성 밖의 밭 가운데 일렬로 세우고 총에 검을 장착하여 모리타 일등 군조(一等軍曹)의 호령에 따라 일제히 동작해서 그들을 찔러 죽였다."

• 나주전투 뒤(일자 불상): "나주성에 도착하니 성 남문에 가까운 작은 산에 시체가 쌓여 산을 이루고 있었다. 붙잡아 고문한 뒤에 죽인 숫자가 매일 12명 이상이었다. 그곳에 시체로 버려진 농민군이 680명에 이르렀으며, 근방은 악취가 진동했다. 땅 위에는 죽은 사람의 기름이 얼어붙어 마치 흰 눈이 쌓여 있는 것과 같았다."[3]

'한국을 업신여기며 망언을 일삼는 일본인의 원조'라 부를 만한 후쿠자와는 중국 사람들에 대해서도 멸시 발언을 서슴지 않았다. 《지지신보》에는 그런 거칠고 매몰찬 그의 논설들이 곳곳에 기록돼 있다. 중국인을 '창창 되놈' '짱꼴라'로 낮춰 불렀고, 중국인의 변발을 '돼지 꼬랑지 머리'로 조롱했다. 생포한 청나라 노(老)장군을 일본 아사쿠사 공원으로 끌어내, 나무문에 매달아 입장료를 받고 구경시키자는 섬뜩한 이야기를 유머랍시고 내놓기도 했다. 적의 장군을 노리갯감으로 삼자는 얘기인데, 농담이라도 그런 말을 한 인물이 최근까지 일본 1만 엔 지폐에 얼굴이 들어가 있던 후쿠자와다.

야스카와 주노스케(安川壽之輔, 나고야대 명예교수, 사회사상사)는 전쟁범죄와 패전으로 얼룩진 일본의 과거사를 반성적으로 돌아봐야 일본의 미래에 희망이 있다는 생각을 지닌 연구자다. 야스카와는 난징학살(1937)을 비롯해 아시아·태평양전쟁에서 일본군이 마구잡이 전쟁범죄를 저지른 배경을 거슬러 올라가보면, 이웃 아시아 사람들을 업신여겼던 후쿠자와로 이어진다고 지적한다.

후쿠자와 유키치는 '계몽주의자'로 알려졌지만, 조선과 중국을 멸시하며 침략전쟁을 선동했다. 임진왜란으로 죽은 12만 조선인의 코가 묻힌 교토 무덤 앞에서 한국인 무용가들이 원혼들의 넋을 기리고 있다.

일본군 병사가 아무런 죄의식 없이 태연하게 중국인을 죽일 수 있는 '동양의 악귀(惡鬼)'가 된 것은 '소학교 시절부터 중국인을 짱꼴라, 돼지 새끼 이하'로 여기고 '중국인은 자신의 나라를 다스릴 수 없는 열등 민족'이라 여기게 만든 — 후쿠자와 유키치가 숙성시킨 — 아시아 멸시관 때문이라 증언하는 시각도 놓칠 수 없다.[4]

"천황이 직접 도요토미 이래의 외전(外戰) 펼쳐야"

19세기 말 조선이 임오군란(1882)과 갑신정변(1884)으로 몸살을 앓을 무렵부터 후쿠자와는 강력한 군사개입론을 폈다. 갑신정변이 실패한 뒤인 1885년 신년 논설에서 '갑신정변의 피해자는 일본이고 가해자는 중국(청)과 조선이며, 일본은 원고이고 중국과 조선은 피고'라는 주장을 되풀이했다. 그러면서 이를 기회 삼아 대외 전쟁을 통해 일본의 힘을 보여줘야 한다고 주장했다.

후쿠자와는 '일국의 인심을 흥기시켜 전체를 감동시킬 수 있는 방편은 외국과의 전쟁만 한 게 없다'는 위험한 신념을 숨기지 않았다. 그러면서 조선에 무력 개입하고 내친김에 중국 청나라 수도 베이징까지 진격해야 한다는 대담한 주장을 펼쳤다. 일본이 목표로 하는 당면한 적은 지나(중국)이기 때문에 일본군을 파견해 경성(서울)에 주둔 중인 지나 병사를 몰살시키고, 바다와 육지로 중국을 침략해 곧바로 베이징성을 함락시키자는 것이었다.

> 일본이 중국을 정벌하면, 중국과 조선과 동양 전체에 대해 대일본제국의 권력이 이전보다 몇 배나 성장되었음을 보여주게 될 것이고, 구미 열강으로 하여금 우리 일본의 힘이 강대한 것을 감탄시키어 조약 개정과 치외법권의 철폐 등도 용이하게 될 것이다.[5]

놀랍게도 후쿠자와는 중국과의 전쟁(청일전쟁)이 벌어질 경우, 그 전쟁의 승패가 국가 존망을 가르는 중대한 전쟁이니만큼, 일왕이 직접 나서서 '도요토미 히데요시(豊臣秀吉) 이래의 외전(外戰)'을 펼쳐야 한다는 주장을 폈다. 그 이유로는 "태고에 일본이 (한반도 남부의) 삼한을 정복할 수 있었던 것은 일왕(神功皇后)이 스스로 병사를 데리고 친정함으로써 군대의 사기가 높아졌기 때문"이라는 믿기 어려운 근거(?)를 꼽았다.[6]

그러면서 후쿠자와는 "전쟁이 일어날 경우 군비가 필요하고, 그것을 지급하는 것은 일본 국민의 의무이기에, 지금부터 지출을 줄이고 헌금해야 한다"라고 주장했다. 전쟁 헌금론은 일제강점기 말기에도 많이 들리던 얘기다. 한반도의 친일파들은 너도나도 헌금을 하며 '대동아 성전(大東亞聖戰)의 승리'를 기원했음은 널리 알려진 사실이다.

"일본인 500만을 전라·충청·경상 3도로 보내자"

후쿠자와는 알고 보면 매우 공격적인 식민주의자였다. 그가 쓴 논설 가운데는 '일본인 500만 명을 조선으로 이주시키자'는 주장도 눈길을 끈다. "(갑신정변의 실패로) 조선의 정치 개혁이 어렵다면, 일본인을 조선 땅으로 대량 이주시켜 조선인과 잡거(雜居)하면서 일본인의 행동을 보고 차차 자기 스스로 깨닫게 해야 한다"라는 황당한 주장이었다.

> 나의 소견에서도 현재의 조선국은 국토의 면적에 비해 인구가 희박한 것은 사실이다. 근년에 와서 우리나라(일본)의 인구 번식은 아주 빠른 속도로 진행되고, 그 처리 문제에 당혹하고 있는 바로 이때에 500만 명의 이주민을 보내는 것은 아주 용이한 일이다. 우선 50만 명이라도, 60만 명이라도 보내는 것은 지장이 없다. 우리 정부에서는 신속히 이주의 일을 계획하고 조선 정부와 담판하여 현행 조약을 개정해야 한다.[7]

후쿠자와가 얼마나 조선인을 업신여겼는지, 그리고 조선 정부를 만만하게 봤는지를 짐작게 하는 대목이다. 1892년 그가 '일본인 500만 조선 이주론'을 펼치며 처음에 꼽았던 지역은 상대적으로 불모지가 많다고 알려진 함경도였다. 그러나 뒤에 다시 꼽은 이주 지역은 전라·충청·경상 3도였다. 척박한 땅이 많다는 함경도를 이주지로 꼽았던 후쿠자와의 초기 논설엔 그나마 '배려'의 흔적이나마 보였다. 하지만 얼마 뒤에 쓴 논설에서는 인구밀집도가 높고 비옥한 한반도 남쪽 지역으로 이주 목표지가 바뀌었다. 그곳이 조선의 곡창지대인 것을 그가 몰랐을 리 없다. 일본 농민들이 한반도 농업의 노른자위를 차지하도록 만들겠다는 심보였다. 이민(移民)이 아니라 식민(植民)을 뜻하는 침략 주장을 폈던 셈이다.

이렇듯 후쿠자와는 일본을 대외 팽창과 침략전쟁 쪽으로 몰아가려는 주장을 《지지신보》에 논설 형식으로 자주 써댔다. 그런 주장 속에 한결같이 담긴 것은 조선과 중국에 대한 멸시와 편견이었다. 후쿠자와뿐이 아니다. 당시 많은 일본인들이 조선과 중국을 바라보는 눈길이 그러했다. 이를 두고 생각이 깊었던 일부 지식인들은 '일본의 보잘 것없는 개화에 대한 자만심'을 경계했다. "우리 일본인이 구미인에게 배운 것이 하루 빠르다는 이유만으로 (조선과 중국을) 깔보는 교만심이 생겨났다"라는 지적이었다.[8] 야스카와에 따르면, 당대의 일부 지식인들은 물론 정부 관리들조차 후쿠자와의 선동적이고 공격적인 언행에는 비판적이었다.

당시의 후쿠자와는 동시대인들로부터 '허풍이라면 후쿠자와, 거짓말이라면 유키치'란 조소를 받았다. (특히 일본 외무성의 한 간부로부터는) 후쿠자와의 아시아 침략의 길은 '장래에 구제받을 수 없는 재앙'을 남기게 될 것이 틀림없다는 엄중하고도 적절한 — 마치 1945년 패전을 예견한 듯한 — 비판을 받았다.[9]

'장래에 구제받을 수 없는 재앙'을 겪을 것이란 염려는 20세기 중반에 현실로 나타났다. 일본의 잇단 침략전쟁으로 일본 국민 310만을 포함한 2000만 명쯤이 죽었다. 그 과정에서 난징 학살(1937)과 '위안부' 성노예 동원을 비롯한 전쟁범죄가 저질러졌고, 그 범죄의 희생자와 유족들은 지금도 진정성 담긴 사과와 그에 걸맞은 배상을 요구하며 눈물을 흘리고 있다.

후쿠자와 '신화'와 그의 '맨얼굴'

그렇다면 많은 사람들에게 후쿠자와가 '시민적 자유주의 정치관을 지닌 지혜로운 계몽사상가'쯤으로 잘못 알려진 것은 무슨 까닭인가. 『후쿠자와 유키치의 아시아 침략사상을 묻는다(福澤諭吉のアジア認識)』(2000)의 저자 야스카와 주노스케는 후쿠자와의 맨얼굴에 분칠을 한 주요 인물로 '일본정치사상사의 대가'로 불리는 마루야마 마사오(丸山眞男, 1914~1996, 전 도쿄대 교수, 정치학)를 꼽는다.

마루야마는 도쿄대를 중심으로 '마루야마 학파'를 이룰 정도로 영향력을 지녔다. 그에게 따라다닌 별명이 '학계의 덴노(天皇)' 또는 '가미사마(神樣, 신)'였으니, 일본학계에서 지닌 무게감을 짐작할 수 있다. 한국에도 『일본정치사상사연구』, 『일본의 사상』 등 그의 책이 여러 권 번역되어 있다. 마루야마는 후쿠자와가 1875년에 써낸 『문명론의 개략』을 해설한 『『문명론의 개략』을 읽는다(「文明論之概略」を讀む)』(1986)라는 두툼한 책을 통해 후쿠자와를 추켜올렸다. 서양과 일본의 문명을 비교하면서 '나라의 독립이 곧 문명이다. 문명이 아니면 독립을 보전할 수 없다'는 후쿠자와의 주장을 구석구석 살피면서, 그를 '일본의 볼테르'로 칭송했다.

오늘날 많은 사람들에게 후쿠자와의 이미지가 긍정적인 것은 '학계의 덴노'라는 권위를 지녔던 마루야마의 분칠 덕이 크다. 이른바 '후쿠자와 신화'다. 하지만 분칠을 걷어내고 후쿠자와의 맨얼굴을 보면, 평가가 달라진다. 재일동포 출신 서승(우석대 동아시아평화연구소장)은 서울대에 유학 중이던 1971년 보안사로 끌려가 모진 고문을 받았고 『옥

중 19년』(2018)을 써낸 인권평화운동가다. 그가 야스카와 주노스케의
책 앞머리에 쓴 추천사를 읽어보자.

후쿠자와는 이미 한국에도 잘 알려진 인물이다. 관련 책도 여러 권 나와 있
다. 그러나 그 책들은 대부분 후쿠자와를 메이지유신을 이끈 위대한 사상
가이자, 일본과 동아시아 근대 문명의 선각자, 민주주의자로 미화하고 있
다. 그것은 '정치학의 신'이란 별명을 얻을 만큼 세계적 석학으로 이름을
날린 마루야마 마사오의 후쿠자와론(論)을 답습하고 있기 때문이다. 후쿠
자와는 서슴없이 권모술수와 폭력을 조장하고 무자비한 권력정치를 주창
하면서 천황제 군국주의의 길을 텄던 인물이다. 그는 동아시아에 엄청난
재앙을 초래하고, 일본에게도 아시아·태평양전쟁에서의 패망이라는 비극
의 원인을 제공했다.[10]

1998년 나고야대를 퇴임할 때까지 사회사상사 관점에서 후쿠자와
유키치 연구에 집중해온 야스카와 주노스케는 일본의 양심적인 지식
인 가운데 한 사람으로 꼽는다. 그는 2000년에 『후쿠자와 유키치의 아
시아 침략사상을 묻는다』를 써낸 데 이어, 2003년 『마루야마 마사오
가 만들어낸 '후쿠자와 유키치'라는 신화(福沢諭吉と丸山眞男:「丸山諭
吉」神話を解体する)』(2003)를 냈다. 후쿠자와의 아시아인 멸시와 침략
전쟁 선동을 비판한다는 점에선 같은 맥락에 있다. 두 번째 책에서 '후
쿠자와 유키치의 맨얼굴'이란 소제목이 달린 대목을 일부 옮겨본다.

일본의 전후 사회에서 후쿠자와 유키치는 학문·교육·정치 등을 통해 과도
하게 미화되어왔다. 자민당의 사토 에이사쿠(佐藤榮作, 1965년 한일기본조
약 체결 당시 일본 총리)는 정치 연설에서 후쿠자와의 많은 말들을 인용하여
메이지(明治) 당시의 일본인들이 '얼마나 강한 국가 의식'을 지녔는지 몇 번
이고 국민에게 호소했다. 더구나 마루야마 마사오를 필두로 전후 민주주

의를 대표하는 지식인들이 수많은 '후쿠자와 신화'를 만들어내 그를 미화했기에, 권력자의 입장에서 보면 이만큼 바람직한 '대표적 일본인'이 있을 수 없다. 그런 연유로 1984년 쇼토쿠(聖德) 태자의 뒤를 이어 최고액권 지폐의 초상 인물이 됐다.[11]

후쿠자와의 어록 가운데 가장 많이 알려진 것 하나를 꼽자면, 『학문의 권유』(1872)에 나오는 "하늘은 사람 위에 사람을 만들지 않고 사람 밑에 사람을 만들지 않는다"라는 말이다. 교과서에도 실렸기에 일본 대학 신입생의 90퍼센트 이상이 후쿠자와가 그 말을 했다는 것을 알고 있다고 한다. 만인이 평등하다는 말에 시비를 걸 사람은 없을 것이다. 하지만 후쿠자와의 맨얼굴은 이런 말과는 거리가 멀다. 그는 일본 천황제를 목숨처럼 받든 황국주의자였고, 아시아인을 멸시하며 침략 전쟁을 부추겼던 선동가였다. 따라서 '하늘은 사람 위에……'는 그저 듣기에 좋은 언어의 희롱이나 다름없다. 마루야마가 비판을 받는 대목도 바로 이런 후쿠자와의 글에서 필요한 부분만 선택적으로 골라 짜깁기로 미화했다는 점이다.

역사 화해를 위한 후쿠자와 재평가

마루야마의 『『문명론의 개략』을 읽는다』와는 달리, 비판적인 시각에서 후쿠자와를 다룬 책이 고야스 노부쿠니(子安宣邦, 오사카대 명예교수, 일본사상사)의 『후쿠자와 유키치의 『문명론의 개략』을 정밀하게 읽는다(福澤諭吉 「文明論概略」 精讀)』(2005)이다. 고야스는 자신의 책 결론 부분에서 "마루야마의 『『문명론의 개략』을 읽는다』는 후쿠자와를 위한 변명의 책이란 성격이 강하다"라고 비판했다.

21세기를 사는 한국인이 19세기의 일본인인 후쿠자와의 문제점에 관심을 둬야 하는 이유는 어디에 있을까. 마루야마 마사오가 만들어 낸 '후쿠자와 유키치' 신화를 비판한 야스카와 주노스케의 주장은 이렇다. 일본이 전쟁 책임을 진지하게 받아들여 아시아와 화해를 꾀하기 위해선 후쿠자와를 냉정하게 재평가하는 작업이 필요하다는 것이다. 그러려면 그동안 일본 주류 학계에서 '계몽사상가'로 미화된 후쿠자와를 놓고 비판적 재검토가 이뤄져야 한다. 후쿠자와 비판은 일본과 아시아의 역사 화해를 위해서 거쳐야 할 과정으로 보인다.

같은 맥락에서, 일본 1만 엔 지폐에 후쿠자와의 초상이 있는 것도 논란거리였다. 야스카와도 이를 불편하게 여겼다. 후쿠자와 얼굴이 들어간 것은 1984년부터였다. 2024년부터는 후쿠자와는 빠지고 시부사와 에이이치(澁澤榮一, 1840~1931)의 얼굴이 새로 들어갔다. 문제는 시부사와도 후쿠자와와 마찬가지로 일본의 한반도 침탈과 관련이 깊다는 점이다. 후쿠자와처럼 독설과 칼로 무장한 침략이 아니라 경제 침략이다.

금융 전문가인 시부사와의 삶은 일본의 한반도 침탈과 궤를 같이한다. 1878년 부산에 제일국립은행(현재 일본의 3대 은행 가운데 하나인 미즈호은행) 지점을 설립한 뒤, 금융·화폐 분야에서 일제의 침략 대리인 몫을 해냈다. 제일국립은행은 1905년 조선 국고금 취급과 화폐 정리 사업을 맡으면서 한반도의 중앙은행과 같은 존재가 됐다. 당시 일본 엔화와 등가로 유통된 조선 제일은행권에 시부사와의 얼굴이 들어간 것은 '일본 근대 자본주의의 아버지'로 일컬어지는 그의 위상을 잘 보여준다.

조선 침략의 원흉 이토 히로부미(伊藤博文, 1841~1909)도 일본 화폐에 얼굴을 보인 적이 있다. 1963년부터 1986년까지 사용된 1,000엔 지폐에서였다. 후쿠자와 유키치, 시부사와 에이이치, 이토 히로부미 3인 모두 일본인들이 존경해 마지않기에 화폐에 얼굴이 들어갔을 것으로 이해가 된다. 하지만 이들은 아시아의 공존과 평화와는 거리가 멀고, 더구나 한반도 침략과 관련이 깊다. 그런 사실이 이웃 나라 사람들을 불편하게 만든다는 데엔 생각이 미치지 못하는 것일까.

오카쿠라 "조선을 식민지화해도 침략이 아니다"

글 앞에서 후쿠자와 유키치가 게이오대학의 전신인 게이오의숙의 설립자라 했다. 2023년 3월 17일 윤석열 대통령이 게이오대에서 강연을 했다는 소식이 알려지자 "왜 하필이면 (조선과 중국 침략을 선동했던 후쿠자와가 세운) 게이오대학이냐"라는 논란이 나왔다. 미국 뉴욕에서 나와 같이 공부했던 일본인 후배가 그 무렵 이메일로 이런 걱정을 전해 왔다. "게이오대학이 어떤 곳인지 윤 대통령이 잘 모르고 간 것 아닌가요? 게이오는 일본 극우의 소굴 같은 곳인데, 분명히 뒷말이 나올 것 같아요."

실제로 뒷말이 터져 나왔다. 아무도 내다보지 못한 엉뚱한 대목에서였다. '우리의 미래를 위한 용기'라는 제목을 단 윤 대통령의 강연에서 인용문의 출처가 논란이 됐다. '한일 두 나라 국민에게 필요한 것은 더 나은 미래를 향한 용기'라는 말을 하려고 '용기가 생명의 열쇠'라는 문학적인 표현을 옮겼다. 문제는 옮겨 온 구절이 하필이면 후쿠자와에 못지않은 조선 멸시론자이자 침략론자였던 오카쿠라 텐신(岡倉天心, 1862~1913)이 했던 말이라는 데 있다.

오카쿠라는 "조선을 식민지화해도 침략이 아니다"라는 궤변을 펼쳤던 극우 사상가다. 일제강점기의 어용학자들이 날조한 '유사 역사학'과 맥락을 같이하는 그의 궤변은 황당하기 그지없다. 러일전쟁(1904) 직전에 그가 미국에서 낸 『일본의 각성(The Awakening of Japan)』이란 책에 담긴 주요 내용은, 조선의 시조 단군이 일본의 시조 아마테

라스의 아우 스사노오의 아들이며, 3세기에서 8세기까지 500년 동안 삼한 땅이 일본의 지배를 받았고, 따라서 일본이 러일전쟁에서 승리해 조선을 식민지로 다시 지배한다 해도 그것은 '침략'이 아니라 '역사적인 원상회복'이라는 것이다. 황당무계한 궤변처럼 여겨지는 오카쿠라의 책은 1905년 일본 총리 가쓰라 다로(桂太郎)와 미 육군장관 윌리엄 태프트(William Taft)가 맺었던 '가쓰라-태프트 밀약'으로 일본의 한반도 지배를 묵인했던 미국의 정책 결정 과정에 나름의 영향을 끼쳤다고 알려진다.

게이오대학 강연장에서 오카쿠라의 말을 윤 대통령이 옮긴 것을 두고 국내에선 비판이 따랐다. 하종문(한신대 교수, 일본 근현대사)은 "대통령과 보좌진의 역사 인식과 일본을 보는 시각의 문제점을 뚜렷이 보여준 사례"라고 지적했다(하종문은 일본군이 기록한 진중일지를 바탕으로 '위안부' 성노예의 강제 동원 실체를 드러냈다. 2부 3장 참조). 보좌진의 실수로 여기며 넘어가기엔 찜찜하다. 몰라서 실수했다는 것도 문제이지만, 알고도 그랬다면 보통 일이 아니다.

오카쿠라가 어떤 인물인지 잘 아는 일본 극우들은 속으로 얼마나 쾌재를 불렀을까. 분명한 것은 '일본 근대화의 선각자' 또는 '계몽사상가'로 알려진 후쿠자와 유키치나 그에 뒤지지 않는 대외 침략론자였던 오카쿠라 텐신 같은 극우 인물들이 20세기 일본 정치인들의 뒤틀린 역사 인식의 토양이라는 점이다. 이들이 걸핏하면 한국인들을 화나게 만드는 망언을 되풀이하는 바탕에는 후쿠자와의 조선 멸시론이 자리 잡고 있다.

참으로 어처구니없게도 한국의 일부 지식인들이 후쿠자와나 오카쿠라의 망언을 21세기의 한국에서 되풀이하고 있다. 이완용이 친일파라면 이들은 '신친일파'로 일컬어진다. 일제 식민 통치가 한국의 근대화를 이뤘고, 일제 말기에 가혹했던 공출을 가리켜 적더라도 대가를 지불했으니 '수탈'은 아니며, '위안부' 성노예와 탄광에서의 노예노동은 계약을 통해 이뤄졌으니 '좁은 의미의 강제는 없었다'며 그들의 범죄를 부정하는 것이 '신친일파'의 일관된 주장이다(2부 1장 참조). 이들은 일본제국주의자들의 만행을 감싸주는 것도 모자라 '위안부는 매춘부'라는 2차 가해까지 저지르고 있다(7부 2장 참조). 그래서 묻게 된다. 누구를 위한 역사 전쟁인가. 이어지는 글들에서 '신친일파'의 뒤틀린 역사 인식을 들여다보자.

2장
일본 극우의 성지 야스쿠니 신사

전쟁범죄자들을 제신(祭神)으로 합사(合祀)하는
일본 야스쿠니 신사의 의도는 무엇인가. 일본의 침략전쟁에
동원돼 죽은 한국인은 왜 야스쿠니에 잡혀 있는가.
일본 정치인들이 야스쿠니 참배를 통해 노리는 것은 무엇인가.
군국주의와 절대 천황제의 부활을 바라는 것인가.

한국에는 국립현충원이 있고, 미국엔 앨링턴 국립묘지가 있다. 정치인들이 그곳에 가도 전혀 논란거리가 아니다. 그런데 도쿄 지요다구 왕궁 북쪽 신사로에 있는 문제의 야스쿠니 신사(靖國神社)는 다르다. 국립묘지가 아니다. 일본이 아시아 국가들과 불편한 관계를 빚게 되는 여러 요인 가운데 하나가 야스쿠니 신사다. 일본 정치인들이 참배에 나설 때마다 동아시아 하늘엔 먹구름이 낀다. 특히 민감하게 눈여겨보는 것이 일본 총리를 비롯한 주요 우익 정치인들의 야스쿠니 참배다.

그들은 말한다. '개인 자격'으로 참배하는 것이라고. 그러나 그들이 속한 정파가 내거는 극우적인 정책, 그리고 그들의 신사 참배로 비롯된 파장을 생각하면 꼭 개인적 차원에 머무르는 것은 아니다. 정치인은 유권자들의 표를 의식해서 행동 하나하나마다 조심하기 마련이다. 일본의 정치 지형에서 '극우 집단'에 속하는 자들이 야스쿠니를 들락거리는 것은 선거에서의 득표에 도움이 된다는 판단에서일 것이다.

일본에서 가장 큰 우익 조직인 '일본회의'는 '일본유족회' 등 야스쿠니를 성지로 여기는 사람들을 소중한 정치적 자산으로 여긴다. 이로 미뤄 '일본회의' 소속 정치인들에게 지지표를 던지는 일본 다수 유권자들의 역사 인식이 어느 수준인지를 짐작할 수 있다. 침략전쟁으로 얼룩진 일본의 과거사에 대해 균형 잡힌 생각을 지닌 시민은 그들을 지지하지 않으며 야스쿠니를 기웃거리지도 않는다.

참배객들로 북적이는 야스쿠니 신사

일본 군국주의의 부활을 바라는 극우파들과 동아시아 사람들 사이의 불편한 관계는 어제오늘의 일이 아니다. 1945년 패전 뒤 도쿄 재판에서 전쟁 지도부에 해당하는 이른바 A급 전범자로 교수형을 받은 자들이 1978년 야스쿠니 신사에 합사된 것도 불편함을 더한 요인이다. 처형된 지 30년 만에 '쇼와 순난자(昭和殉難者)'란 이름으로 야스쿠니에 합사된 전범자는 모두 14명. 1948년 12월 도조 히데키(東條英機, 1884~1948)를 비롯해 교수형으로 처형됐던 7명, 재판 도중에 병으로 죽은 2명, 유죄판결 뒤 감옥에서 지내다가 병으로 죽은 5명 등이다.

이들 14명의 A급 전범들뿐만이 아니다. B, C급 전쟁범죄로 유죄를 선고받아 처형된 948명을 포함해 약 1,000명의 전범들이 똑같이 '쇼와 순난자'라는 이름으로 야스쿠니에 합사돼 있다. 여기서 '합사'란 유골을 가져와 보관한다는 뜻이 아니라, 야스쿠니 신사의 전몰자 명단인 영새부(靈璽簿)에 이름을 추가로 적어 넣는다는 뜻이다.

150년에 이르는 야스쿠니의 역사는 일제가 벌였던 잇단 침략전쟁의 역사와 맞물린다. 여기엔 청일전쟁, 러일전쟁을 거쳐 중일전쟁, 태평양전쟁에 이르기까지 여러 전쟁의 전몰자 246만 명이 등록돼 있다. 머릿수로 보면, 청일전쟁(1894) 1만 3,619명, 러일전쟁(1904) 8만 8,429

8·15 패전일을 맞아 야스쿠니 신사를 참배하려고 몰려든 사람들

명, 만주사변(1931) 1만 7,176명, 중일전쟁(1937) 19만 1,250명, 태평양
전쟁(1941) 213만 3,915명이다. 절대다수의 전몰자는 중일전쟁(7.75퍼
센트)과 태평양전쟁(86.52퍼센트)으로 생겼다.[12]

　2023년 8월 15일을 맞아 도쿄 야스쿠니 신사를 가봤다. 그곳을 마
지막으로 둘러본 게 10년 전쯤의 일이니 오랜만에 다시 가본 셈이다.
이틀 전인 8월 13일 도쿄에 닿자마자 야스쿠니에 갔을 땐 장대비가 퍼
부어 우산조차 도움이 못 됐었다. 그 무렵 태풍 6호에 이어 7호가 나고
야 지방을 휩쓸고 가고 있었다. 15일 당일 도쿄엔 비는 내리지 않았지
만 후텁지근했다. 그런 가운데 야스쿠니는 몰려드는 참배객들로 붐볐
다. 야스쿠니 배전(拜殿) 앞에는 사람들이 길게 여러 겹으로 줄을 서서
기다릴 정도로 북적댔다.
　일본 극우파들은 야스쿠니 신사를 '대일본제국과 대동아공영권의
영광'을 되찾는 정신적 구심점으로 여긴다. 야스쿠니 경내 곳곳에는
여러 그룹의 극우파들이 보였다. 40~50대로 이뤄진 20명쯤 되는 한
무리는 얼핏 전투복처럼 보이는 푸른색의 제복을 맞춰 입고 일장기

를 중심으로 모여 있었다. 또 다른 무리는 60~70대로 보이는 7명으로, 구 일본군 제복 차림이었다. 이들은 골동품 상점에 처박혀 있었을 법한 빛바랜 군복 허리춤에 칼을 차고 있었다. 그 가운데 1명은 헌병 완장을 두르고 은근히 날카로운 눈매로 지나는 사람들을 쳐다보곤 했다. 70대 후반 나이로 허리 굽은 노년의 나팔수를 앞세우고 짧은 구간이긴 하지만 군대식 행진을 했다. 일본군 침략의 상징인 욱일기를 높이 쳐들고…….

행진이 끝나고 야스쿠니 신사의 모퉁이 그늘에 앉아 숨을 고르는 '헌병'에게 다가갔다. "그 군복 멋져 보이는데, 어디서 살 수 있느냐"라고 말을 붙였다. 도쿄 시내에 전문 상점이 몇 개 있다고 알려준다. 뜻밖에 태도가 사근사근하다. 옆의 다른 극우 대원이 끼어든다. ○○○에 가도 살 수 있다고 했다. 애당초 살 뜻이 없었기에 지명을 귀담아 듣진 않았다. 내친김에 "도쿄 재판을 어떻게 생각하느냐"라고 물었다.

야스쿠니 신사 안에서 행진하는 극우파. 이들은 도조 히데키를 비롯한 전범들이 합사된 야스쿠니를 일본 극우의 성지로 여긴다.

뻔한 질문에 너무 뻔한 대답이 돌아왔다. "우리가 이겼다면 법정 피고
석엔 다른 자들이 섰을 거야." 다른 말로 하자면, 도쿄 재판은 정치 재
판이었다는 얘기다.

또 다른 극우 대원이 끼어들며 고개를 끄덕인다. 맞는 말이라는 뜻
이다. 그에게 '위안부' 성노예를 어떻게 생각하는지 물어보니, 즉각
'그들은 모두 매춘부였다'고 했다. 그러면서 엄지와 검지로 동그라미
를 그려 보인다. '돈을 벌려고 한 짓'이라는 뜻이다. 타인의 고통을 헤
아리지 못하는 극우들의 시각에선 자신들이 숭배하는 지도자들이 저
질렀던 전쟁범죄에 대해선 눈을 감는 것이 당연한 일일까.

"천황의 성전(聖戰)에서 죽은 자는 신이 된다"

오늘의 일본 정치권이 지닌 심각한 문제는 군국주의 침략으로 비롯
된 숱한 가해(加害)의 기록을 반성적으로 돌아보는 '자성 사관(自省史
觀)'이 아니라, 오히려 지난날의 군국주의를 미화하고 복원하려는 '야
스쿠니 사관'을 지닌 자들이 많다는 점이다. 그들은 군국주의와 국수
주의 냄새를 풍기는 야스쿠니 사관이란 용어를 쓰기보다는 (종교의 자
유, 사상의 자유를 내세워) "우리는 자유주의 사관을 지녔어"라고 목청
을 높인다. 전 세계적으로 21세기의 극우 정치인들이 '자유'라는 듣기
좋은 단어를 특히 즐겨 쓰는 흐름인데, 일본도 예외는 아니다.

문제의 야스쿠니 신사는 사설 종교시설이고, 종교의 이름은 신도(神
道)다. 여기서 받드는 신은 '천황의 조상신'이다. 결국은 '천황'이 숭배
대상이다. '살아 있는 신'인 '천황'이 곧 국가의 중심이기에, '천황'의
명령을 받아 싸우는 '성스러운 전쟁', 즉 성전(聖戰)에서 죽는 것을 영
광으로 여긴다. 결국 전쟁터에서의 죽음이 (야스쿠니 비판론자들이 지적
하듯 '개죽음'이 아니라) '황국(皇國)'을 지키기 위한 영예로운 죽음이라

는 신념이 신도의 핵심 교리이고, 야스쿠니는 그런 교리를 퍼뜨리는 심장부다.

여기에 또 믿기 어려운 마법이 끼어든다. 침략군이자 가해자였던 일본군 병사가 '천황의 성전'을 벌이다가 죽는 순간, 그는 '호국 영령'이 된다. 곧이어 야스쿠니의 전몰자 명단인 영새부에 이름이 오르면서 '신'이 된다. 다름 아닌 야스쿠니의 제신(祭神)이 된다는 뜻이다. 죽어서 야스쿠니에 이름이 오르면 침략자, 가해자의 이미지는 사라지고 호국 영령이자 신이 된다니! 참으로 신묘한 마법이고 역사의 왜곡이다.

아시아·태평양전쟁 무렵 야스쿠니에선 몇천 명, 또는 몇만 명 단위로 전몰자를 합사하는 행사가 열리곤 했다. 히로히토(裕仁, 1901~1989) 일왕이 함께하는 이 행사엔 일본 각지의 유족들이 초대를 받아 '천황'의 얼굴을 가까이에서 보는 '영광'을 누렸다. 이 과정에서 전쟁이 도대체 누구를 위한 전쟁인가, 가족의 죽음은 그럴 만한 가치가 있는 희생이었나, 뭔가 잘못된 것이 아니냐는 물음은 묻혀버렸다. 남상구(동북아역사재단 연구위원)는 전쟁과 관련해 야스쿠니가 지닌 의미를 이렇게 요약한다.

> 일본의 전쟁을 잘못된 것이라고 말하는 것은 '살아 있는 신 천황'이 참배하는 야스쿠니 신사를 부정하는 것이었다. 천황을 내세워 전사자를 신으로 떠받드는 야스쿠니 신사는 일본의 모든 침략을 정당화하는 정신적 지주였다.[13]

야스쿠니 제사에 참석한 뒤 유족들은 히로히토 왕궁과 우에노 동물원 등 도쿄의 명소들을 구경하고 선물 보따리와 함께 고향집으로 돌아갔다. '명예로운 유족'이란 감정을 지닌 채로 말이다. 그들을 바라보는 시골 사람들은 "전쟁이 아니었다면 이 구석진 시골에선 평생 누려보지 못할 호강을 '천황'의 은총 덕에 누리고 왔다"라고 여겼다. 전쟁 중 야스쿠니 행사가 되풀이되면서 '죽으면 신으로 대접받으니 군대 갈 만하다'는 인식이 퍼졌다. 아울러 전쟁을 반대하고 징병 영장을 불사르는 소수의 평화주의자들은 겁쟁이에 매국노로 손가락질받게 됐다.

아시아·태평양전쟁 기간 동안 일본 군국주의자들은 '천황'을 중심으로 한 국민의 정신적 통합과 국민 총동원에 야스쿠니를 철저히 이용했다. 1944년 개정된 일본 교과서엔 "일본인으로 태어나 야스쿠니 신사에 모셔지는 것은 더할 수 없이 명예로운 일이다"라는 내용이 새로 들어갔다. 식민지 조선의 일본인 선생들은 "조선인도 히로히토를 위해 목숨을 바치면 야스쿠니에 합사돼 진정한 일본인이 될 수 있다"라고 강조하면서, 지원병으로 나가라고 학생들의 등을 떠밀었다.

침략전쟁의 역사와 맞물린 야스쿠니

야스쿠니 신사는 시작 지점을 보더라도 피 냄새가 진하게 배어 있다. 19세기 후반 일본이 막부 정치에서 '천황' 중심의 정치로 옮겨 가는 정치적 변혁기에 터졌던 내전이 출발점이다. 근왕(勤王)의 깃발을 내건 조슈번과 사쓰마번을 중심으로 존왕양이(尊王攘夷) 운동이 일어나, 도쿠가와 이에야스 이래로 봉건 일본을 지배해왔던 막부(幕府)에 맞섰다. 그 막부 체제를 무너뜨렸던 내전(보신전쟁(戊辰戰爭), 1866~1868)이 끝난 뒤, 1869년 황군(신정부군) 쪽 전사자들을 기리려 세운 사당인 도쿄 쇼곤샤(招魂社)가 야스쿠니의 처음 이름이다.

'천황'을 따랐던 정부군 전몰자에게는 쇼곤샤에서 제사를 지냈지만, 반정부군 쪽 전몰자는 죽어서도 버림받았다. 유족들이 시신을 거두지 못하도록 엄명을 내려 들짐승과 새들의 먹이가 되도록 내버려두었다. 오늘날 한국인들이 보기엔 황당하기 그지없는 정한론(征韓論)을 주장했던 사이고 다카모리(西鄕隆盛) 일파의 반란으로 벌어진 세이난전쟁(西南戰爭)이 끝난 뒤인 1879년, 일본 군부의 요청으로 쇼곤샤는 야스쿠니 신사로 이름이 바뀌었다. 1945년까지 야스쿠니는 사실상 일본 군부의 관리 아래 놓여 있었다. 일본 육군성과 해군성은 위령(慰靈)하고 현창(顯彰, 높이 떠받듦)할 전몰자 명단을 만들어 '천황'에게 이들의 야스쿠니 합사를 추천하는 권한이 있다.

야스쿠니가 일본 군국주의와 대동아공영을 꿈꾸는 일본 극우의 성지로 여겨지는 것은 야스쿠니 신사와 맞붙은 특이한 시설물과도 관련 있다. 다름 아닌 전쟁박물관인 유슈칸(遊就館)이다. 우리말에는 없는 '유취(遊就)'라는 단어는 '고결한 인물을 본받는다'는 뜻이라 한다. 지난날 일본 군국주의에 몸담았던 자들을 추앙한다는 얘기나 다름없다.

유슈칸 안팎에는 청일전쟁, 러일전쟁, 중일전쟁, 아시아·태평양전쟁 등을 비롯해 일본이 지난날 벌여온 여러 전쟁에 관련된 전시품들이 널려 있다. 적에게 빼앗은 전리품과 전사자 유품, 전투 현장의 모습 따위를 그럴듯하게 꾸며놓았다. 그곳을 찾는 사람들에게 전리품과 유품들을 보여주는 의도는 무엇일까. 다름 아닌 '천황' 중심의 일본 군국주의 부활이다. 오늘날 군사대국화를 지향하면서 노골적으로 전체주의와 국수주의의 향수를 불러일으키려는 것이 유슈칸을 포함한 야스쿠니 신사의 노림수다.

유슈칸은 쇼곤샤가 야스쿠니 신사로 바뀔 무렵 일본군의 무기 전시장으로 출범했다. 일본의 중국 침략이 본격화되는 시점부터 단순한 전시장이 아니라 침략전쟁의 선전장으로 그 비중이 커졌다. 일본 육군성과 해군성이 직접 관리에 나섰고, 여러 기획 전시가 열렸다. '지나사변대전람회', '대전차 전람회', '메이지유신 이후 무비(武備) 변천 전람회' 등을 통해 침략전쟁을 '정의로운 전쟁'으로 포장하면서 일본 국민들의 충성도를 높이려 했다. 전시 때마다 피 묻은 일장기가 내걸려 애국심을 자극했다.

하지만 1945년 패전으로 야스쿠니는 활기를 잃었다. 유슈칸은 문을 닫았다. 일본 군부도 손을 떼게 됐다. 맥아더의 미군정이 '신도지령(神道指令)'이란 특별 조치를 내려, 야스쿠니를 사설 종교 법인으로 바꾸었다. 참배객은 급격히 줄어들었다. 그 무렵의 상황을 사학자 아카자와 시로(赤澤史朗, 리쓰메이칸대 법학부 교수)는 이렇게 풀이한다. 패전 전까지는 야스쿠니가 전쟁의 승리와 '천황제 국가'의 발전을 기원하고 보장하는 신사였기 때문에 사람들이 많이 오갔지만, 패전이라는 사태는 전쟁 승리라는 야스쿠니의 약속을 뒤집는 것이었기 때문에 참배객이 줄어들었다는 것이다.[14]

아카자와 시로의 분석을 좀 더 거칠게 표현한다면, 야스쿠니 신사의 '신통력' 약발이 떨어져 전쟁에 패했다는 생각이 퍼졌기에 실망한 사람들이 발걸음을 끊었다는 얘기가 된다. 그러나 패전 7년 뒤 야스쿠니는 부활의 기회를 맞이했다. 1952년 샌프란시스코강화조약으로 미군정이 끝나면서 야스쿠니는 다시 숨통을 텄다. 히로히토가 그해 10월 야스쿠니를 참배하면서 그의 조상에게 주권 회복의 기쁨을 알렸다.

오랫동안 닫혀 있던 유슈칸은 1986년에 다시 문을 열었고, 2002년에는 새로이 다듬었다. 아시아·태평양전쟁 때 썼던 제로센 전투기 등 각종 무기와 전리품, 전사자 유품을 상설 전시하면서, 옛 일본군을 영웅시하고 전투적인 애국심을 북돋우는 나름의 역할을 꾸준히 이어왔다. 일본의 경제력과 대외 발언권이 날로 커지고 정치권에서 '일본회의'를 비롯해 극우 세력이 힘을 키우면서 야스쿠니와 유슈칸을 찾는 발걸음들도 잦아졌다. 8·15와 같은 특정일엔 욱일기를 든 방문객들로 붐빈다.

10년 전 야스쿠니에 갔을 때 본 장면으로 지금도 인상적으로 남은 기억이 하나 있다. 유슈칸 입구 가까이에 가미카제 자살특공대원의 동상이 있는데, 일본 중학생들이 그 동상 주변을 반원 그리듯 둘러싸고 는 깍듯이 허리 굽혀 절을 하는 모습이었다. 마치 국왕 히로히토에게 하듯이 예의를 차려 절하던 그 학생들은 홋카이도에서 수학여행을 왔 다고 했다.

'가미카제의 아버지'란 별명을 지녔던 자살특공대 총지휘관 오니 시 다키지로(大西瀧治郎) 해군 중장은 히로히토가 항복을 선언한 다음 날 할복자살했다. 옆에서 누군가가 목을 쳐주는 도움을 받질 않았기 에, 15시간 동안 고통 속에 신음하다가 숨을 거두었다고 한다. 그때 오 니시가 썼던 칼도 이곳에 보관돼 있다. '역사 공부'라는 이름으로 일본 전국에서 떼 지어 몰려드는 학생들이 그 동상이나 칼을 본다면 무엇 을 배우고 갈 것인가.

자료에 따르면, 약 3,800명이 자살특공으로 출격했다가 죽었다. 말 이 '지원'이지 사실상 강제였던 학도지원병으로 끌려간 식민지 조선 청년의 30퍼센트가 자살특공대로 뽑혔다.[15] 죽음의 출격을 강요당했 던 꽃다운 젊음들은 끝내 살아 돌아오지 못했다. '개죽음'이란 이런 경 우를 두고 하는 말일까.

유슈칸 건물 입구의 '팔 박사 현창비(顯彰碑)'란 이름이 새겨진 비 석이 방문객의 눈길을 끈다. 여기서 '팔 박사'란 도쿄 극동국제군사재 판의 11인 판사 가운데 한 사람이었던 인도 출신 법관 라다비노드 팔 (Radhabinod Pal, 1886~1967)을 가리킨다. 팔 판사는 도조 히데키 등 일 본의 주요 전범들에게 교수형 등 유죄판결을 내렸던 도쿄 극동군사재 판부의 판결(다수 의견)에 맞서 "침략이 범죄인지 정의 내리기는 어렵 다. 또한 이미 지난 일을 소급 입법으로 처벌하면 안 된다. 죄형법정주 의에 따라 피고인 전원이 무죄다"라며 반대 의견서를 써냈던 특이한 인물이다(6부 2장 참조). 2005년에 이 송덕비를 세우면서 야스쿠니 신 사 책임자인 궁사(宮司)가 쓴 비문 내용을 보자.

대다수 연합국의 복수 열기와 역사적 편견이 점차 수그러드는 현재 팔 박사의 재정(裁定)은 바야흐로 문명 세계의 국제법학계에 정설로 인정되고 있다.

야스쿠니 궁사의 주장처럼 팔 판사의 소수 의견이 국제법학계의 정설(다수 의견)이 됐을까. 전혀 아니다. 침략과 인권침해를 전쟁범죄로 보는 21세기의 법학계 주류의 잣대로는 여전히 '소수 의견'일 뿐이다. 보다 정확히 말하면, 제2차 세계대전 뒤 이어져왔던 인권 개념의 확대로 말미암아 이젠 그런 주장을 함부로 내걸기도 어렵다. 하지만 일본은 우경화 흐름 속에 분위기가 다르다. 돌이켜 보면, 패전 뒤 전범 국가로 몰려 주눅이 들었던 일본으로선 얼마나 고마웠으면 송덕비까지 세웠을까 싶다. 비석뿐이 아니다. 유슈칸 안에는 팔 판사 단독 공간이 있다. 도조 히데키를 비롯해 도쿄 재판에서 처형된 전시 지도자들의 작은 사진 위쪽에 그의 대형 사진이 걸려 있다.

살아선 히로히토에 충성 강요, 죽어선 인질 삼아

야스쿠니 신사는 일본이 지난날 벌였던 전쟁들을 '침략전쟁'이라고 설명하고 있을까. 아니다. 야스쿠니 신사 총책임자인 궁사는 유슈칸 안내 책자에서 "우리나라(일본)의 자존 자위를 위해, 더 나아가 세계사적으로 보면 피부색과 관계없이 자유롭고 평등한 세계를 달성하기 위해 피할 수 없었던 전쟁이었다"라고 썼다. 지난날 침략전쟁을 반성하기는커녕, '조국 방어 전쟁'이었다는 합리화나 다름없다. 도쿄 전범재판정에서 도조 히데키가 "침략이 아니라 자위 차원의 전쟁이었다"라고 주장했던 것과 맥을 같이한다. 따라서 야스쿠니에 등록된 전몰자들은 '천황'을 우두머리로 한 '황국'을 지키려고 '성스러운 전쟁'에 참여한 '호국 영령'들이다.

전몰자 명단인 영새부에 이름이 오르면 지난날 전쟁범죄자의 이미지는 희석되고 호국 영령이자 제신이 된다. 그런 마법이 통하는 곳이 야스쿠니다. 도조 히데키를 비롯한 전범자들이 제신으로 모셔졌다는 사실이 알려지자, 일본 안에서도 비난 여론이 높았다. 이들의 야스쿠니 합사를 철회하고 다른 데로 옮겨야 한다는 목소리가 커졌다. 하지만 야스쿠니 신사 쪽에서는 '그럴 수 없다'고 손을 내저었다. 야스쿠니 책임자인 마쓰다이라 나가요시(松平永芳) 궁사의 말을 들어보자.

그것은 절대로 못 한다. 신사에는 자리(座)라는 것이 있다. 신이 앉는 방석이다. 야스쿠니에는 다른 신사와는 달리 '자리'가 하나밖에 없다. 250만 주의 영령이 하나의 방석에 같이 앉아 있다. 그것을 떼어낼 수는 없다.[16]

마쓰다이라 궁사는 '일단 혼령을 신으로 모시고 나면 빼낼 수 없다'고 못 박은 야스쿠니의 교의(教義)를 내세웠다. 문제는 야스쿠니에 합사된 전몰자 246만 명 속에 조선인 출신 전몰자 2만 1,000여 명이 타이완 출신 전몰자 2만 7,800여 명과 함께 합사돼 있다는 사실이다. 야스쿠니 신사에 이들의 명단을 넘긴 쪽은 일본 후생성(한국으로 치면 보건복지부)이었다. 1959년부터 1975년 사이에 후생성은 여러 차례로 나누어 조선인 전몰자 명단을 야스쿠니에 넘겼다. 연도별로는 1959년 1만 9,650명으로 제일 많았고, 1964년 82명, 1972년 66명, 1973년 385명, 1975년 509명이다.[17]

야스쿠니 신사에 식민지 출신 전몰자들이 합사돼 있다는 사실은 1945년 일본의 항복으로 전쟁이 끝나고 32년 뒤 처음 드러났다. 1977년 여름 야스쿠니를 방문한 어느 타이완 사람에게 "타이완 출신 군인·군속 전몰자 2만 7,800명의 합사 통지서를 유족에게 나눠달라"고 야스쿠니 쪽에서 부탁한 것이 계기가 됐다. 그러면서 식민지 조선 출신 전몰자 2만 1,000명이 야스쿠니에 합사돼 있다는 사실이 알려졌다. 야스쿠니가 유족에게 동의를 구하기는커녕 알리지도 않은 채 전몰자들을 일본 A급 전범자들과 함께 가둬두고 있었다는 게 뒤늦게 드러나자 엄청난 후폭풍이 일었다.

일본군에 강제 동원됐던 가족의 생사를 몰라 30년 넘게 애태우며 지내왔던 한국과 타이완 유족들은 분노할 수밖에 없었다. "집안의 기둥이 어느 날 일제에 강제로 끌려간 뒤로 유골은커녕 전사 통지서도 받지 못했다. 그런데 이제 와 야스쿠니에 전쟁범죄자들과 함께 있다니……. 우리를 또다시 모욕하지 말라"라며 울분을 토했다.

논란 속에 분명히 드러난 것은 일본 후생성 간부들과 야스쿠니가 머리를 맞대고 모의했다는 사실이다. 전몰자 명단을 야스쿠니 신사에 넘기는 과정에서 유족들에게 알리거나 동의를 구하지 않았다. 일본 정부는 합사자 선정은 어디까지나 비정부 종교기관인 야스쿠니의 결정에 따른 것이라며 책임을 떠넘겼다. 하지만 야스쿠니 쪽 설명은 다르다. 일본 정부가 전몰자들의 '공무사(公務死)'로 인정했기에 합사를 했다는 얘기다. 조선인 전몰자의 경우는 '예전에 동포로서 함께 전지에 나가 전몰한 분들에 대한 위령과 경모(敬慕)의 뜻에서 합사했다'는 것이다.

"지금도 식민지 시대입니까?"

가족이 볼모로 붙잡혀 있다는 사실을 뒤늦게 알게 된 유족들은 "당신들의 위령과 경모 따윈 필요 없다"라며 합사에서 이름을 빼달라고 나섰다. 하지만 야스쿠니는 손바닥으로 하늘을 가리는 것과 다를 바 없는 궤변을 늘어놓으면서 요지부동이다. 합사 철회 요구가 빗발쳤고,

재판이 줄줄이 이어졌다.

저는 왜 제 아버지를 야스쿠니에 합사했는지 묻지 않겠습니다. 따지고 싶지도 않습니다. 당장 야스쿠니에서 제 아버지 이름을 빼라고 강력히 요구할 뿐입니다. 제 아버지는 한국 사람이지 일본 사람이 아닙니다. '천황'을 위해 죽어간 사람이 아닙니다. 일본이 일으킨 전쟁 때문에 젊은 나이에 죽어간 것도 억울한데 야스쿠니에 합사돼 있다니, 도저히 용서할 수가 없습니다. 가족들이 멀쩡히 살아 있는데, 사망 사실을 알려주지도, 합사 의향을 묻지도 않았다니, 그게 말이 됩니까? 지금도 식민지 시대입니까? 제 아버지의 이름을 야스쿠니에서 당장 뺄 것을 다시 한번 강력히 요구합니다.[18]

위에 옮긴 글은 2015년 9월 25일 한국인 유족이 일본 법정에서 야스쿠니를 질타했던 발언이다. 절규에 가까운 항변을 토해냈지만, 야스쿠니 쪽 관계자는 로봇처럼 무표정한 얼굴로 '합사 취하 요구엔 따를 수 없다'고 했다. "일본의 군인으로 죽으면 야스쿠니에 혼령이 모셔질 거라는 마음으로 싸우다 죽었기 때문에 유족의 요구만으로 합사를 철회할 수 없다"라는 따위의 황당한 논리를 펼 뿐이었다.

"천황의 뜻으로 모셔진 것을 백성의 뜻으로 빼낼 수는 없다", "지금은 한국 사람일지 모르지만 살아 있을 때는 일본 사람이었다", "야스쿠니 신사에 들어오면 그 영혼은 하나가 되어서 그 일부를 떼어낼 수가 없다", "유족은 빼내기를 바랄지 모르나 본인은 그것을 바라고 있지 않다."[19]

야스쿠니가 늘어놓는 궤변들은 듣는 이의 분통을 터뜨리게 한다. 허황되고 근거가 없다는 뜻인 사자성어 '황당무계'가 바로 이런 경우를 두고 나온 것이 아닐까 싶다. 죽어서도 이들의 넋은 일제의 사슬에서 벗어나지 못하고 히로히토의 포로로 잡혀 있다. 일제의 침략전쟁에 강제로 동원됐다가 죽은 식민지 청년의 혼령은 지하에서 이렇게 분노를 터뜨릴 것이 틀림없다. "나는 너희들의 위령과 경모를 눈곱만큼도 바라지 않아. 내가, 우리 가족이 일제 침략전쟁의 희생자인데 호국 영령? 제신? 내 죽음이 '천황'을 위한 영예롭고 거룩한 죽음이라고? 개죽음이 아니고?"

야스쿠니의 궤변은 그곳에 갇힌 한국인 혼령과 유가족들에겐 2차 가해나 다름없다. 1차 가해는 일본 군국주의자들이, 원하지 않는 전쟁에 강제로 끌고 가 죽음으로 이끈 것이고, 2차 가해는 원하지 않는 곳에 혼령을 가둬두고 빼달라는 요구를 묵살하는 것이다. 한국은 물론 일본의 헌법에도 보장된 인권의 기본 사항인 '자기결정권'을 무시하는 야스쿠니의 태도는 무엇을 닮았는가. 지난날 식민지 조선인들의 인권은 눈곱만큼도 배려하지 않았던 일본 군국주의자들의 거만한 모습과 판박이다.

야스쿠니 신사에서 한국인과 타이완인 전몰자를 빼달라는 소송은 여러 건 있었고 일부는 진행 중이지만, 안타깝게도 지금까지는 모두 패소했다. 일본 법원(재판소)들은 한결같이 야스쿠니 쪽 손을 들어줬다.

한국-일본 사이의 민족감정을 내세우지 않고, 야스쿠니의 종교인 신도(神道)가 아닌 기독교나 다른 종교 신자이니 야스쿠니에서 빼달라는 소송은 어땠을까. 이와 관련해 1988년 일본 대법원(최고재판소)이 내린 판결은 그 뒤 여러 건의 소송에서 재탕, 삼탕됐다.

> 헌법에 보장된 종교의 자유는 타자의 신앙에 기초한 행위에 대해 관용적이어야 한다. 타자의 종교 행위로 인해 감정을 상하거나 불쾌감 혹은 혐오감을 갖는 것은 법으로 보호할 이익에 해당하지 않는다.[20]

듣기에는 그럴듯한 '종교의 자유와 관용'은 그렇다 치고, 한국인 유족이 야스쿠니의 역사적 역할(일본 군국주의 정신적 구심점)과 국수주의적으로 왜곡된 역사 인식 때문에 '인격권'이 침해당했다는 소송을 건다면 어떨까. 이미 선례가 있다. 2011년 7월 도쿄지방법원(도쿄지방재판소)은 "본건 합사 행위 등에 대해 강한 거부 의사를 표시하고 있는 것 자체에 대해서는 원고들의 역사 인식 등을 전제로 하면 이해할 수 없는 바는 아니지만……"이라 하면서도, '법으로 보호할 이익에 해당하지 않는다'는 대법원 판례를 다시 들먹이며 원고 패소 판결을 내렸다.

> 일본의 침략전쟁에 의해 사랑하는 가족을 강제적으로 빼앗겨 전사를 당한 고통을 맛보며 고통스러운 인생을 강요당한 원고들에게, 그 침략전쟁의 정신적 지주이자 침략자들이 합사된 야스쿠니 신사에 사랑하는 아버지·형제가 합사된 것은 우롱당하고 모욕당하는 것 이외의 아무것도 아니다.[21]

위에 옮긴 글은 2013년 10월 또 다른 소송에서 한국인 유족이 했던 눈물 어린 항변이다. 도쿄고등법원(도쿄고등재판소)은 "전쟁에서 순직한 자 또는 그 유족이 피항소인 야스쿠니 신사에 합사를 바라고 있었다고 충분히 믿을 만한 합리적 이유가 있었던 상황에서 합사가 이루어졌다"라는 터무니없는 주장을 받아들여 야스쿠니 손을 또 들어줬다.

야스쿠니에 갇힌 한국인 전몰자 상당수는 일본식 이름을 지닌 채다. 1940년부터 일제의 강요로 마지못해 한 창씨개명(創氏改名) 탓이다. 8·15 뒤 남한의 미 군정청은 '조선성명복구령(군정법령 제122호, 1946년 10월 23일)'으로 창씨개명을 무효화했다. 그러면서 본래의 이름을 법적으로 되찾게 되었다. 하지만 야스쿠니에 갇힌 한국인들은 일본식 이름 그대로다. 식민지 피지배층이 일제의 침략전쟁에 강제 동원됐다가 죽은 것도 원통한데, 이들의 혼령이 일본식 이름으로 야스쿠니에 갇혀 있다니……. 침략전쟁의 주범이었지만 도쿄 전범재판을 비껴갔던 히로히토가 그들을 두 번 거듭 죽인 것이나 다름없다.

일본 정부와 야스쿠니의 이중성은 보상 문제에서 또다시 드러난다. 한국전쟁이 한창이던 1952년 4월 일본과 미국 등 48개 국가가 맺은 (동아시아의 주요 3개국인 남북한과 중국이 빠진) 샌프란시스코강화조약 뒤, 일본 법무성은 한국인을 일본 국적에서 일괄적으로 지웠다. 이로 써 일본 정부로부터 연금이나 보상금을 받을 자격이 없어졌다. 일본인 전몰자나 부상자들이 은급법이나 원호법(정식 명칭은 '전상병자전몰자 유족등원호법')에 따라 받는 돈을 한국인은 못 받게 됐다. 지난 2000년, 뒤늦게나마 일본에 살고 있는 한국인 전몰자 유족에게 소액이 건네졌 다(전몰자 유족에게 260만 엔, 전상병자에게 400만 엔). 그뿐이었다.

도조 손녀, "분사는 타국의 간섭에 굴복하는 것"

야스쿠니 신사 쪽에서는 "대동아전쟁에서 죽은 사람들은 '천황'에 게 충성을 바쳤던 사람들이니 야스쿠니에 제신으로 모셔져야 한다" 라고 말한다. 야스쿠니에 합사 자격이 있다면서, 돈이 드는 보상에서 는 국적이 바뀌었으니 자격 미달이라니, 이 무슨 황당한 이중 잣대인 가. 일본 정부의 행태는 과거사에 대한 진심 어린 사과와 보상 또는 배 상을 바라는 피해자들에겐 3차 가해나 다름없다. 침략전쟁에 강제로 끌고 가 죽음으로 이끈 1차 가해, 원하지 않는 곳에 혼령을 가둬둔 2 차 가해에 이어서다. 바로 이래서 '독선적이고 오만한 일본'이라는 말 이 나오는 것일까. "침략전쟁으로 얼룩진 일본의 과거사를 반성적으 로 돌아봐야 마땅하고 그런 맥락에서 일본 정치인들이 야스쿠니 참배 를 해선 안 된다"라는 주장을 펴온 일본의 지성인 다카하시 데쓰야(高 橋哲哉, 도쿄대 교수, 철학)의 비판을 들어보자.

야스쿠니 신사의 식민주의적 본질은 전후 몇십 년이 지나도 전혀 변하지 않았다고 볼 수밖에 없다. '전사한 시점에서 일본인이었다'는 이유로 식민지 출신의 모든 전사자는 영원히 식민지 통치하의 일본인이자 종주국의 수인(囚人)으로 존속하게 된다. 이것만큼 독선적이고 오만한 논리도 없을 것이다.[22]

마쓰다이라 궁사는 정치적인 배려 때문에 합사를 철회하고 다른 데로 분사(分祀)한다는 것은 '신을 제사 지내는 일에 대한 모독'이라 했다. 일본 국왕을 절대자로 받드는 황도주의의 심장부인 야스쿠니 신사 책임자가 '모독' 운운하고 있지만, 그야말로 궤변이나 다름없다. 야스쿠니가 호국 영령으로 받들어 모시는 전범자들이 어떤 자들인가. 그들이 일으켰던 아시아·태평양전쟁으로 2,000만 명 이상이 죽고, '위안부' 성노예와 강제 동원 등으로 숱한 사람들이 고통을 겪었다. 야스쿠니가 전쟁범죄의 가해자들을 제신으로 받드는 것은 그 수많은 희생자들을 그야말로 모독하는 것이다.

야스쿠니 무단 합사를 비판하며 철폐 소송에 나선 한국인 유족들
(2013년 10월 22일 도쿄지방재판소 앞)

야스쿠니 전범 합사를 바라보는 동아시아 사람들의 눈길은 싸늘하다. 그런 부담 때문일까, 전범자 유족들이 '야스쿠니 합사에서 빠지겠다'는 움직임을 보인 적도 있다. 도조 히데키와 함께 교수형을 받았던 7명의 주요 전범 가운데 하나인 이타가키 세이시로(板垣征四郎, 전 조선군 사령관, 육군대신, 대장)의 유족인 이타가키 다다시(板垣正) 참의원 의원이 앞장섰다. 1985년 그는 합사 철회를 바란다는 내용이 적힌 서명부를 들고 유족들을 두루 만났다. 그 결과 6명의 유족들이 서명을 했지만, 1명의 유족은 동의하지 않았다. 다름 아닌 도조 히데키의 유족이었다. 도조의 유족을 대표해 손녀 도조 유코(東條由布子)는 이런 궤변을 늘어놓았다.

> 숙부(도조 히데키의 차남 도조 데루오)는 '육친의 정 때문에 분사(分祀)에 반대하는 것이 아니라, 타국의 간섭에 굴복하는 형태로 분사하는 것을 인정할 수 없다'는 편지를 보내왔다. 합사 철회는 도쿄 재판이라는 승전국의 일방적인 단죄를 받아들이는 것이다. 그러면 한결같이 일본국과 가족만을 생각하며 사라져간 246만 영령을 볼 낯이 없다.[23]

'영령을 볼 낯이 없다'는 말은 손녀 유코의 혼잣말이 아니다. 일본 극우들이 입에 달고 사는 말이다. 일반적으로 전사자는 국가 안보와 국민의 생명과 재산을 지키기 위해 싸우다 죽었기에 그 죽음을 추모한다. 때로는 종교 행사에서 전사자의 넋을 기리는 추도가 이뤄지기도 한다. 하지만 야스쿠니에선 전사자의 영령이 신(神)으로 높이 받들어진다. 그러고는 '영령을 볼 낯이 없다'는 것이 침략전쟁의 명분으로 내세워진다. 이와 관련한 이시다 다케시(石田雄, 도쿄대 명예교수, 일본정치학)의 지적이다.

일본의 경우에는 '영령'으로서 전사자 자체가 신으로 여겨진다. 그 결과 평화를 구하고 전쟁 확대를 비판하는 목소리는 '영령'의 이름으로 봉쇄된다. 청일·러일전쟁 이래 중국 대륙에서 피를 흘린 '영령'에게 죄송하다는 구실 아래 중국 침략의 군사행동을 해왔다. 그리고 아시아·태평양전쟁 직전의 미일 교섭 때 중국으로부터의 철병 조건을 거부하게 한 것도 군이 주장하는 '영령에게 뵐 면목이 없다'라는 논리였다.[24]

히로히토, "그 뒤로는 참배 안 했다. 그게 내 마음"

지난 2006년 히로히토 일왕이 야스쿠니 신사에 A급 전범들이 합사된 것을 못마땅하게 여기는 내용이 담긴 메모가 언론에 실리면서 큰 화제를 불렀다. 메모 작성자는 1974년부터 1988년 사이에 궁내청 차장과 장관을 지냈던 도미타 아사히코(富田朝彦, 1920~2003)였다. 그는 히로히토와 주고받은 대화를 기록한 일기 1권과 수첩 20권을 남기고 죽었다. 문제의 1988년 4월 28일 '도미타 메모' 내용을 보자.

> 나는 어느 때, A급 전범이 합사되고 게다가 마쓰오카(松岡), 시라토리(白鳥) 까지…… 쓰쿠바(筑波)는 신중히 대처했다고 들었는데. 마쓰다이라(松平) 의 아들인 지금 궁사는 어떻게 생각하고 있는 것인가. 마쓰다이라는 평화에 대해 강한 열망이 있는 것으로 여겼는데, 자식은 부모의 마음을 모르는 것 같다. 그래서 나는 이후 참배하지 않았다. 그게 내 마음이다.[25]

메모 속의 '마쓰오카'는 마쓰오카 요스케(松岡洋右, 1880~1946) 전 외무대신이다. 패전 뒤 도쿄 재판을 받던 중이던 1946년 6월 26일 감옥에서 병으로 죽었다. 괴뢰 만주국의 주요 기관인 남만주철도(약칭 만철) 총재를 지낼 때 만주 관동군 특무장교였던 도조 히데키와 아주 가까운 사이였다. 1940년 외무대신으로 일본·독일·이탈리아의 3국동맹을 체결하는 주역으로 활동했다. '시라토리'는 시라토리 도시오(白鳥敏夫, 1887~1949) 전 이탈리아 대사를 가리킨다. A급 전범으로 체포돼 도쿄 재판에서 종신형 판결을 받고 복역 중 후두암으로 죽었다. 일본 외무성에서 대외 강경파로 통했고, 이탈리아 대사로 있을 때인 1940년 일본·독일·이탈리아의 3국동맹을 맺는 데 나름의 역할을 했다. 히로히토가 '게다가'란 표현을 쓴 것으로 미뤄, 마쓰오카와 시라토리 이 둘의 야스쿠니 합사를 못마땅하게 여긴 것으로 보인다.

'쓰쿠바'는 야스쿠니 궁사였던 쓰쿠바 후지마로(筑波藤麿)를 가리킨다. 1966년 후생성으로부터 A급 전범 제신 명부를 건네받았지만 합사를 받아들이지 않았다. '마쓰다이라'는 전쟁 직후 히로히토의 측근으로 궁내부 대신을 지낸 마쓰다이라 요시타미(松平慶民)다. 그가 죽은 뒤 아들인 마쓰다이라 나가요시가 1978년 야스쿠니 궁사로 있으면서, 앞의 쓰쿠바와는 달리 A급 전범 합사를 밀어붙였다. 말하자면 지금껏 이어지는 야스쿠니 논란의 씨앗을 뿌린 장본인이다.

'도미타 메모'는 히로히토가 1989년에 죽을 때까지 야스쿠니 참배를 중단한 이유를 말해준다. 도조 히데키를 비롯한 A급 전범자들이 야스쿠니 신사에 합사되기 전까지만 해도 히로히토는 가끔 야스쿠니에 가서 제사를 지내곤 했다. 1945년 패전 뒤 야스쿠니 신사에 참배하러 간 것은 모두 여덟 차례. 1975년 11월 21일 참배가 마지막이었다. 1978년 전범 합사 뒤로는 완전히 발걸음을 끊었다.

여기서 히로히토의 냉혹함이 드러난다. 그는 패전 뒤 도쿄 전범재판에서 도조 히데키에게 전쟁의 책임을 모두 떠넘기고 선을 그었다. 그렇기에 도조를 비롯한 A급 전범들이 합사된 야스쿠니를 들락거리는 게 정치적으로 이롭지 못하다는 판단을 내렸을 것이다. 1948년 12월 23일 도조 히데키는 교수형을 바로 앞둔 형장에서 "천황 폐하 만세" 삼창을 부르고 죽었다. 무려 2년 반을 끌었던 도쿄 재판 법정에서 침략전쟁의 공범자였던 히로히토가 져야 마땅한 전쟁 책임을 까발리지 않고 무덤까지 가져간 '충신'이었다.

따라서 히로히토는 감사하는 마음으로 충신 도조의 넋을 기리는 제사를 지내야 마땅했다. 도조의 혼령이 있다면, 히로히토가 야스쿠니에 발걸음을 끊은 걸 두고 "의리도 없는 주군일세"라고 한탄하지 않았을까. 히로히토는 그런 도조와 끝까지 거리를 두는 것이 자신이 사는 길이라 여겼을 것이다. 겉모습은 좀 어리숙해 보이지만, 니콜로 마키아벨리처럼 현실 정치의 냉혹함을 터득한 군주라 해도 틀린 말이 아니다.

야스쿠니 참배로 군국주의 부활 노린다

일본의 최대 우파 정치 세력인 '일본회의'와 집권 자민당은 헌법개정안을 만지작거려 왔다. 평화 조항인 제9조를 개정해 패전 뒤 포기했던 무력행사권과 국가교전권을 되찾고, 아울러 정교 분리를 규정한 제20조를 개정해 야스쿠니 이데올로기인 신도(神道)를 강화한다는 내용이 핵심이다. 이는 과거사 반성은커녕 복고주의로 역행하려는 위험한 발상이다. 이와 관련해 일본의 극우 세력을 꾸준히 연구해온 역사학자의 분석을 보자.

전후 일본은 (전쟁 포기를 밝힌 평화헌법을 바탕으로) 평화 국가를 만들어왔기 때문에 국민들은 전전(戰前)과는 다르게 전쟁을 할 수 있는 마음의 준비가 되어 있지 않다. (아베 신조를 비롯한 일본) 수상들이 야스쿠니 참배를 계속하고 야스쿠니를 (국립묘지와 같은 국가 시설로) 공식화해서 일본인들이 전전(戰前)처럼 (침략)전쟁에 대한 준비를 하도록 하는 것, 이것이 보수 세력의 노림수이다.[26]

위 글을 함께 쓴 이영채(게이센여학원대 교수, 동아시아국제정치), 한홍구(성공회대 교수, 한국현대사)에 따르면, 우파 정치인들이 야스쿠니를 들락거리는 것은 단순히 선거에서 유권자들의 지지표를 얻기 위한 것이 아니다. 좀 더 큰 노림수를 두고 있다는 것이다. 다름 아닌 일본 군국주의의 부활이다. 일본의 극우들은 일본이 진정한 군국주의 국가로 나아가는 데 걸림돌이라 여기는 평화헌법이 개정되길 바란다. 2022년 아베 신조 전 총리의 피격 직후 치러진 총선에서 개헌선을 확보한 상태라 언제든 개헌이 가능하다.

일본 극우들의 최종 목표는 지금의 자위대를 '보통국가'의 군대처럼 교전권을 지닌 국군으로 탈바꿈하는 데 그치지 않는다. 궁극적인 목표는 지금의 '상징 천황제'를 '절대 천황제'로 바꿔 1945년 이전처럼 '천황'이 군 통수권을 갖도록 하는 것이다. 일본 안팎의 반대 여론 때문에 당장은 어렵겠지만, 관심을 두고 지켜볼 일이다. 일본의 극우화 흐름에 비추어, 언젠가 자고 일어나면 놀라운 소식을 듣게 될지도 모를 일이다.

일본 극우들은 헌법 개정과 아울러 150년 넘는 역사를 지닌 민간 종교시설 야스쿠니가 국가 시설(국립묘지)로 바뀌길 바란다. 헌법 개정을 거쳐 위의 두 가지 목표(군대교전권과 '천황' 통수권)가 이뤄진 뒤 언젠가 전쟁이 벌어진다면, 야스쿠니는 예전의 전성기 시절로 돌아간다. 군 통수권을 지닌 '천황'의 명령으로 해외 파병을 하게 되고, 그 과정에서 생기는 전몰자는 야스쿠니에 합사돼 제신(祭神)으로 추앙될 것이다.

아시아·태평양전쟁 때의 일본이 바로 그런 모습이었고, 야스쿠니를 성지로 여기는 극우들의 꿈이 바로 그런 일본 군국주의의 부활이다. 그들은 오늘도 야스쿠니 신사를 들락거리며 일본이 지난날의 군국주의로 되돌아가길 간절히 기도한다. 그러고는 가미카제 자살특공대원의 동상 앞에서 머리를 조아린다. 그들에게 지난날 동아시아 사람들을 강제 동원으로 희생시켰던 기억은 지워진 지 오래다.

야스쿠니와 동아시아의 평화는 서로 영향을 주고받는다. "야스쿠니 신사 문제와 일본의 우경화와 재무장, 동아시아의 갈등 고조는 하나의 맥락으로 연결돼 있다"라는 지적은 귀담아들을 만하다.[27]

근래에 일본의 시대착오적 정치·종교 이념을 되살리려는 움직임이 더욱 노골화되고 있다. 과거사의 잘못을 부정하고 오히려 미화하려 든다면, 또한 사과는커녕 침략전쟁의 희생자에 대한 배상도 거부한다면, 동아시아의 화해도 어렵고 평화는 더더욱 어렵다.

3장
독도는 분쟁지역인가

일본은 왜 독도를 자국 영토라 고집스레 우기며
갈등의 불씨를 지피는가. 왜 독도를 분쟁지역으로 만들어
동아시아 평화를 깨려 하는가. 한국의 '신친일파'가 주장하듯이
독도가 반일 종족주의의 상징인가.

독도 문제를 살펴보려니 먼저 축구 선수 박종우의 얼굴이 떠오른다. 그는 2012년 런던 올림픽 축구 3·4위 전에서 한국이 일본을 2대0으로 이긴 뒤 '독도는 우리 땅'이라 적힌 피켓을 들고 축구장을 돌았다. 그 때문에 국제축구연맹(FIFA)으로부터 징계를 받고 동메달 시상대에도 오르지 못했다. '올림픽 시설이나 경기장 등에서 정치적 선전 활동을 금지하는 올림픽 헌장을 어겼다'는 이유에서였다.

다행히 6개월 뒤 동메달을 전해 받긴 했지만, 많은 사람들은 고개를 갸우뚱했다. '독도는 우리 땅'인데 그게 그렇게 문제가 되느냐는 생각에서였다. 하지만 일본에선 크게 반발했다. 축구 경기에 져서 분한데 박종우 선수가 화를 돋우었다고 여겼다. 여기서 한 가지 새삼스러운 사실이 드러났다. 독도는 한일 간의 민감한 정치적 사안일 뿐만 아니라, 외국인들의 눈에는 독도가 국제 분쟁지역의 하나로 비친다는 것이다.

일본이 독도를 일본 영토로 편입한 것이 1905년이니 경술국치(한일병합) 5년 전이다. 우리 민족이 일본에 첫 번째로 빼앗긴 영토가 독도

대한민국의 아침은 독도에서 시작된다.

다. 1945년 패전 뒤 잠시 숨죽이던 일본은 곧 '독도가 일본의 고유 영토'라 우기기 시작했다. 그런 억지는 21세기 넘어와서도 이어진다. 일본 외무성 홈페이지는 "다케시마(독도)는 역사적 사실에 비춰보더라도, 국제법상으로도 분명히 일본의 고유영토"라고 못 박고 있다.

일본 문부과학성, "독도 영유권을 더 길게, 분명히 서술하라"

독도에 대한 일본 교과서의 서술은 말할 나위 없이 일방적이다. 모든 일본 교과서에는 "다케시마(독도)는 일본 땅"이라는 억지 주장이 버젓이 실려 있다. 독도에 관한 서술 내용도 갈수록 자극적이다. 예전엔 독도 영유권을 둘러싸고 일본과 한국 사이에 의견 차이가 있다고 중립적으로 서술했던 교과서들도 이즈음은 '다케시마(독도)는 일본 영토'라고 못 박고 있다. 일부 교과서엔 독도가 포함된 일본 지도에 배타적 경제수역(EEZ)과 영해를 추가로 표시해 마치 독도가 당연히 일본

영토인 것처럼 시각적인 효과가 돋보이게 해놓았다.

　일본 문부과학성은 모든 학교에서 '독도 영유권 교육'을 의무적으로 하도록 하는 '학습지도요령'을 시행하고 있다. 초등학교 교과서에서부터 독도가 일본 땅이라고 배운 어린이는 중·고교를 거치며 계속 주입식으로 '다케시마는 일본 땅'이란 생각을 품게 될 것이고, '독도를 불법 점거'하고 있는 한국에 대해 반감을 느끼기 마련이다. 일본이 국가주의를 내세우면서 독도 문제를 계속해서 들고나오는 한 한일 관계는 매끄러워지기는커녕 악화될 것이다.

　독도뿐이 아니다. 일본이 영유권 다툼을 벌여온 다른 지역들도 모두 '일본의 고유영토'로 표기된다. 그 지역들은 러시아가 실효 지배하는 남쿠릴열도 4개 섬(홋카이도 북쪽의 이투루프, 쿠나시르, 시코탄, 하보마이 등 이른바 '북방 영토'), 중국과 다투는 가운데 일본이 실효 지배하는 센카쿠열도(중국명 댜오위다오) 등이다. 일본 문부과학성의 교과서 검정심의회는 '일본의 고유영토'라는 표현 하나만으로는 부족하다고 느꼈는지 "영유권 주장을 좀 더 길게, 그리고 분명히 서술하라"라고 주문하고 있다.

　일본의 우경화 흐름 속에서 일본 교과서는 일본의 침략전쟁을 부정하고 전쟁범죄를 축소하는 내용으로 채워지고 있다. '다케시마(독도)는 일본 영토'라는 억지 주장이 초등학교 교과서에까지 버젓이 실려 있는 것이 오늘의 일본이다. 더더욱 한심한 것은 한국의 독도 영유권을 인정하지 않고 일본의 주장에 동조하는 듯한 (그렇다고 '독도는 일본 땅'이라고 자신들의 속내를 확 드러낼 용기는 없는) '신친일파'의 해괴한 논조다.

독도가 반일 종족주의의 상징?

한국 '신친일파'가 생각하는 독도는 한국의 보통 사람들의 마음속 독도와는 크게 다른 이미지다. 일본 우파들과 손을 잡은 '신친일파'는 한국이 독도를 실효 지배하는 상황을 못마땅하게 여긴다.『반일 종족주의』(이영훈 외 지음, 미래사, 2019)의 독도 편(151~174쪽)은 책의 다른 부분들보다 읽기가 더 불편한 궤변과 언어의 희롱으로 채워져 있다. 한마디로, 일본 쪽 입맛에 딱 맞게 독도 문제를 바라본다.

> 한국이 독도 영유권을 내세우는 것은 '반일 종족주의의 가장 치열한 상징'이다.[28]

> 1904년(정확히는 1905년) 일본이 독도를 자국 영토에 편입할 때 대한제국은 분쟁을 제기하지 않았다. 그런 이유로 한국은 독도(다케시마) 문제를 국제사법재판소(ICJ)로 가져가자는 일본 정부의 주장을 받아들일 수 없는 처지이다.[29]

이 글의 필자 이영훈(낙성대경제연구소 이사장, 이승만학당 교장)은 글 곳곳에서 한국의 독도 영유권 주장에 의문을 던져 일본인들을 기쁘게 한다. 그의 말은 번드르르하다. 자신은 '대중의 인기에 신경을 써야 하는 정치인'이 아니라 '지식인'이라 자부한다. '대중의 눈치를 보며 할 말을 않거나 글의 논조를 바꾼다면, 그 사람은 지식인이라 할 수 없다'고 했다. 말장난이지만 그 자체로 보면 틀린 말은 아니다. 국수주의적 주장을 펴거나 편협한 민족주의와 과도한 민족감정을 지녔다면 '참된' 지식인이라기보다는 '위험한' 지식인이라 하겠다.

하지만 이영훈은 뜬금없이 '참된 지식인은 세계인'이란 말을 한다. 독도와 관련해 그 자신이 하고 싶은 궤변을 펼치기 위한 '심리적 보호

장치'가 필요했기 때문일 것이다. 독도의 한국 영유권을 부정하는 글을 대놓고 쓴다는 게 한국인의 정서에 맞지 않을 것이란 생각도 했을 게 뻔하다. 그의 언어 희롱은 이렇게 이어진다. "(참된 지식인은) 세계인의 관점에서 자신이 속한 국가의 이해관계조차 공평하게 바라보아야한다."30

말은 그럴듯해 보이지만, 이영훈은 솔직하게 스스로를 '뼛속까지 일본인'이라고 차마 고백하지 못하고 '세계인'으로 위장하는 게 아닐까 싶다. 이영훈은 '위안부' 성노예 문제를 둘러싼 망언으로 일본인들을 기쁘게 했고, 독도와 관련해선 특히 더 그런 의심을 받는다. 그가 말하듯 독도는 '한국의 이해관계'에만 해당되는 것이 아니다. 일본의 침략전쟁으로 '가해자와 피해자로 나뉜 불행한 과거사를 지닌 한일관계'와 관련이 있는 것이다. 독도가 일본 영토로 편입된 20세기 초의 상황을 들여다보면, 힘의 불균형을 이용한 강탈이었음은 누구라도 알 수 있다. 여기에 이런저런 궤변을 늘어놓는다는 것은 역사에 대한 바른 자세가 아니다.

지난 2004년에 타계한 나가하라 게이지(永原慶二, 전 히토쓰바시대 명예교수, 역사학)는 일본 역사학계에선 '거목'으로 평가받았다. 그는 타계 1년 전에 낸 『20세기 일본의 역사학(20世紀日本の歷史學)』에서 역사가의 가치관이 아무리 다양하더라도 그것을 '학문'이라 부를 수 있는 조건에 대해 말한 바 있다. 역사가가 제멋대로 사실 자체를 왜곡하거나 '학문 외적인 계기'에 따라 사실을 자의적으로 선택하지 않는다는 '대원칙'을 지켜야 한다는 것이다.31

이영훈은 『반일 종족주의』에서 한국인들에게 이런 요구를 했다. "(독도에서) 도발적인 시설이나 관광도 철수해야 하고, 그리고선 길게 침묵해야 한다."32 일본에 대해선 너그럽게도 아무런 요구도 없다. 위에서 나가하라가 강조했던 '역사가의 대원칙'을 떠올린다면, 이영훈은 어떻게 처신해야 할까. 원칙을 지킨다면 답이 나온다. 이영훈은 독도와 관련된 자신의 궤변을 거두어들이고 이제 그만 책상 앞에서 물러나 스스로를 돌아보며 묵언수행해야 한다. 아울러 그의 궤변에 피곤함을 느끼는 독자들에게 늦게나마 최소한의 예의를 차리는 방법이 무엇일까 생각해봐야 할 것이다.

'독도는 조선 땅' 증언하는 숱한 사료들

DJ DOC가 불렀던 '독도는 우리 땅'이란 노랫말을 당연하게 받아들이는 사람들에게 독도가 도대체 누구 땅이냐 묻거나 따지는 것은 소모적이다. 그러나 '신친일파'의 목소리가 워낙 드센 실정이라 못 본체하기도 어렵게 됐다. 이영훈은 "솔직히 말해 한국 정부가 역사적으로 (독도가) 그의 고유영토임을 증명하기 위해 국제사회에 제시할 증거는 하나도 없다"라고 주장한다.[33] 독도를 역사적으로 살펴보면서 한국의 영유권을 부정하는 것은 억지나 다름없다. 독도에 관심 많은 독자들이라면 익숙한 내용이지만, 역사 기록을 잠시 들여다보자. 먼저 독도 문제에 관한 여러 편의 책과 논문을 펴낸 신용하(서울대 명예교수, 사회학, 독도학회 초대 회장)의 글이다.

독도는 울릉도와 함께 옛 우산국의 땅이었다. 서기 512년에 우산국이 신라에 귀속됨으로써 울릉도와 독도가 한국의 고유영토로 확정됐다. 이 사실은 『삼국사기』 신라본기 지증왕 13년 조에 실려 있다. 1808년 (조선 순조 임금의 명을 받아) 편찬된 『만기요람(萬機要覽)』 군정 편에도 울릉도와 우산도(독도)는 모두 우산국 땅이라고 정의돼 있다.[34]

한편 근세·근대에 이르러 독도가 처음 등장하는 한국 문헌은 '독도는 우리 땅'이란 노랫말에도 나오는 『세종실록 지리지(地理志)』다.

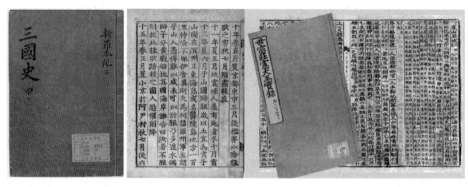

『삼국사기』(1145)와 『세종실록 지리지』(1454)는 독도가 오래전부터 한국 영토라는 사실을 말해준다.

1454년(단종 2년) 『지리지』 강원도 울진현 조에 "우산과 무릉 두 섬이 현의 정동쪽 바다 가운데 있다. 두 섬이 서로 거리가 멀지 아니하여 날씨가 맑으면 가히 볼 수 있다"라고 쓰여 있다. 여기서 '무릉'은 울릉도를, '우산'은 독도를 가리킨다. 신용하에 따르면, 일본에서 처음으로 독도가 울릉도와 함께 기록으로 나타난 것은 1667년 『은주시청합기(隱州視廳合記)』란 문헌을 통해서였다. 도쿠가와 막부 시절에 지방 관리가 현지 조사 끝에 작성한 이 문헌은 울릉도와 독도(일본 쪽 표기는 송도와 죽도)는 일본 영토가 아니고 조선 영토임을 분명히 하고 있다.

바로 그 무렵 기록에 나오는 안용복 같은 인물도 독도가 일본 땅이 아님을 말해준다. 『숙종실록』에 따르면, 부산 동래 출신의 노군(櫓軍, 노를 젓는 군사)이었던 안용복은 1693년 울릉도 쪽으로 고기잡이를 나갔다가 그곳에서 일본 어민들에게 납치돼 일본으로 끌려갔다. 담대하고 건강한 민족의식을 지녔던 안용복은 그곳 돗토리번(蕃)의 지도자를 설득해 울릉도와 독도가 조선의 섬들임을 인정하는 서계(書契)를 받아냈다.[35]

일본 정부의 공문서에도 독도가 조선 영토임을 확인한 것들이 있다. 일본을 250년 동안 지배해온 도쿠가와 막부를 밀어낸 이른바 메이지유신(1868) 뒤인 1876년, 일본 내무성은 일본 전국의 땅을 조사하고 지도를 만들고자 했다. 그때 시마네현(縣)은 '울릉도와 독도를 지적 조사와 지도에 포함시킬 것인가'를 내무성에 물었고, 내무성은 정부의 최상급자인 태정관(太政官, 총리대신)에게 물었다. 돌아온 답신(태정관 지령)은 '본방(本邦, 일본)은 관계가 없다'였다. 일본 영토가 아니라는 답신이었다.[36]

그 무렵의 조선 정부 쪽 근거 자료도 있다. 1900년 대한제국 정부는 '칙령 제41호'로 울릉도를 울릉군으로 승격시키면서, 그 관할 구역에 독도가 들어간다는 점을 명확히 했다.[37]

일본의 일부 사학자들은 오래전에 만들어진 일본의 고지도를 내밀며 '독도는 옛날부터 일본 땅'이라 주장한다. 한국의 비판적 연구자들은 '그런 지도들은 나중에 누군가가 손을 보탠 것들'이라 말한다. 검증을 거친 고지도 원본들은 독도가 일본 땅이 아니었음을 보여준다. 이를테면, 1785년 당대의 으뜸가는 일본 지리학자 하야시 시헤이(林子平, 1738~1793)가 만든 '삼국접양지도(三國接壤之圖)'의 울릉도와 독도는 조선 본토의 땅 색깔과 같은 노란색이다.[38]

어떤 일본인들은 이렇게 묻는다. "일본 민간인이 옛날에 그린 지도를 보면 독도가 일본 영토로 그려져 있으니 일본 땅이 맞는 게 아니냐"라고. 신용하는 "그런 식이라면 우리는 대마도를 우리 영토로 표기한 지도를 근거로 '대마도는 우리 땅'이라 주장해도 되겠는가"라고 되묻는다. 독도가 역사적으로 한국의 고유영토라는 증거는 차고 넘친다.

《대한매일신보》, 독도 침탈 소식에 '아연실색'

일본이 독도를 자국 영토로 편입한 것은 20세기 초였다. 1904년 2월

8일 러시아와 일본 사이에 전쟁이 터지자, 일본군은 울릉도와 독도에 러시아 군함을 감시하는 해상 망루를 설치했다. 일본 해군은 일찍부터 독도를 중요한 전략 거점으로 찍었다. 그러면서 독도를 탐내게 된 일본 정부는 1905년 1월 28일 내각회의에서 일본 영토에 편입시키기로 결정했다. 그런 사실을 대한제국에겐 알리지도 않았다. 이걸 두고 이영훈은 "일본이 독도를 자국 영토에 편입할 때 대한제국은 분쟁을 제기하지 않았다"라고 썼다. 도둑질처럼 몰래 훔쳐갔는데 어떻게 대응할 수 있으랴.

뒤늦게 대한제국에서 이 사실을 알게 된 것은 1년쯤 지나서인 1906년 3월 말이다. 일본 시마네현 관리들이 울릉도를 조사차 둘러보면서 울릉군수에게 '독도가 일본 땅이 됐다'는 사실을 처음 알렸고, 놀란 군수는 중앙에 황급히 보고했다. 그때는 이미 을사늑약(1905)으로 외교권을 빼앗기고 일제 통감부가 들어선 상태였다. 힘으로는 어떻게 할 도리가 없었다. 하지만 당시 조선 여론은 들끓었다. 《대한매일신보》 (1906년 5월 1일 자) 기사를 보면 "독도가 일본의 속지(屬地)라 운운하는 것은 전혀 이치에 닿지 않는 말이니, 지금 보고받은 바가 아연실색할 일이다"라고 돼 있다. 《황성신문》도 일본의 독도 도둑 강탈에 놀라움과 더불어 분노를 나타냈다.[39]

한국이 독도를 일본으로부터 돌려받은 것은 그로부터 40년 뒤 패전국 일본을 접수한 맥아더(Douglas MacArthur, 1880~1964) 연합국최고사령관의 지령에 따라서였다. 이에 따라 우리 어민들도 일본 눈치를 안 보고 독도 주변 어장에서 강치 등을 잡게 되었다. 독도와 관련된 연합국최고사령부(SCAP 또는 GHQ)의 지령을 정리하면 아래와 같다.

1945년 9월 27일 미국 제5함대 사령관 각서 제80호는 일본의 어로제한선을 설정하여 독도를 한국령에 귀속시켰다. 1946년 1월 연합국총사령부의 지령 SCAPIN 677호는 독도를 일본의 행정구역에서 분리했다. 또한 1946년 6월 SCAPIN 1033호는 독도를 한국의 어업 구역으로 정하고 일본 어선들의 출입과 조업을 금지했다.[40]

이승만이 무덤에서 나와 이영훈 만난다면

『반일 종족주의』의 대표 필자 이영훈은 '이승만학당 교장'이란 직함을 내걸고 '이승만 띄우기'에 매우 열심이다. 4·19혁명으로 쫓겨난 독재자 이승만의 정치적 복권을 위한 전도사 역할을 맡고 있는 모습이다. 여기서 하나 궁금한 게 있다. 독도를 넌지시 일본 영토인 양 말하는 이영훈을 무덤 속의 이승만은 어떻게 생각할까.

6·25전쟁이 한창이던 1952년 1월 18일, 이승만 대통령은 평화선(平和線)을 선포했다. 정식 명칭이 '대한민국 인접 해양의 주권에 대한 대통령 선언'인 이 선언으로 '이승만 라인'이 그어졌다. 한국 해안에서부터 평균 60마일(약 97킬로미터)에 이르는 해역에 '평화선'을 긋고 그 안에 포함된 광물과 수산자원을 보존하겠다는 선언이었다. 이 평화선 안엔 물론 독도가 포함됐다.

이승만이 서둘러 평화선을 그은 것은 나름의 이유가 있었다. 1951년 9월 일본이 미국 등 연합국가들과 맺은 샌프란시스코강화조약에서 일본이 당연히 포기해야 할 한국 영토 가운데 '독도'가 빠져 있었다. 여기에는 독도에 대한 미 국무부의 부족한 이해, 미국의 일본 정치 고문관 윌리엄 제이 시볼드(William J. Sebald)의 친일적 입장, 일본의 집요한 로비, 한국 외무부의 미숙한 대응 등이 복합적으로 어우러졌기 때문이었다. 다른 무엇보다 미국이 (한일 양국 사이의 분쟁이 될 것을 내다보면서도) 독도 영유권을 분명히 하지 못하고 조약을 끝냈다는 점에서, 미국의 책임이 크다.[41]

일본과의 어업 분쟁이 일어날 것으로 내다본 이승만은 샌프란시스코조약 발효(1952년 4월) 전에 곧바로 행동에 나섰다. 다름 아닌 '맥아더 라인'을 대체하는 '이승만 라인'으로 알려진 '평화선' 설정이다. 독도에 대한 실효적 지배를 확인해주는 조치였다. 일본인들이 평화선을 넘어 독도 근처에 얼씬거린다면? 이승만 정부는 말로만 그치지 않고 단호히 대응했다. 1957년까지 평화선을 넘어온 일본 어선 152척과 거기에 탔던 어민과 선원을 합쳐 2,025명을 붙잡았다. 이런 이승만이었으니 그가 무덤에서 나와 이영훈을 만난다면 화를 내며 이렇게 꾸짖을 것 같다. "내 이름을 걸어 학당을 운영하며 생계에 보탬이 된다니 자네에겐 좋은 일이겠지만, 일본 편을 드는 자네의 독도 망언은 선을 넘어도 한참을 넘었어!"

널리 알려진 사실이지만, 이승만은 8·15 해방 정국에서 한민당을 비롯한 친일 세력의 지원을 받아 정권을 잡았고, 친일파 처단을 위한 반민족행위특별조사위원회(약칭 반민특위)를 해산하는 등의 잘못이 있었다. 지난날 일제에 아부하며 사리사욕을 채웠던 민족 반역자들을 청산은커녕 정부 요직에 기용했다는 비판도 받는다. 하지만 독도 영유권을 넘보려는 일본에 대해서만큼은 결연한 의지로 맞섰다.

이승만의 뒤를 이은 역대 정권도 정도의 차이는 있지만 (국민 정서와 선거를 의식해서라도) 독도를 지켜왔다. 계산 빠른 사업가 기질을 지닌 이명박 전 대통령도 임기 말인 2012년 광복절을 하루 앞둔 8월 14일 헬기를 타고 독도로 날아갔다. 임기 말에 국민의 지지율을 올리려는 속셈에서였지만, 일본은 발끈했다. 박정희 정권에서 2인자라는 소리를 듣던 김종필은 1965년 한일협상 과정에서 "독도는 갈매기 똥이나 쌓이는 쓸모없는 바위섬이니 폭파해버리면 어떠냐"라는 농담을 했다가 구설수에 휘말리기도 했다. 하지만 그도 독도를 지켜냈다.

일본의 전략, "독도를 분쟁지역으로 만들라"

독도가 한국의 고유영토라는 사실이 분명한데도 일본과 한국의 '신친일파'는 왜 그렇게 시비를 거는 것일까. 그들의 독도 전략은 '독도를 지구촌의 분쟁지역 가운데 하나로 만든다'는 것이다. 그러면서 협상을 거쳐 한국이 독도를 기점으로 배타적 경제수역(EEZ)을 선포하지 못하도록 막고, 나아가 독도를 한일 '공동 영역'으로 만들어 그 일대의 풍부한 자원(수자원, 가스 하이드레이트)을 챙기겠다는 계산이 깔려 있다.

그런 야무진 꿈을 이루려고 독도 문제를 네덜란드 헤이그의 국제사법재판소(ICJ) 법정으로 끌고 가고 싶어 한다. 실제로 2012년 이명박 대통령이 독도를 다녀온 사흘 뒤(2012년 8월 17일), 일본 정부는 각료회의에서 ICJ 제소 방침을 확정 짓고 그 사실을 한국 정부에 알려왔다. 1954년과 1962년 이후 50년 만의 제소 시도였다. 그만큼 이명박의 독도 방문에 일본이 열을 받았다는 얘기가 된다.

이승만 정부를 비롯해 역대 한국 정부는 독도에 관한 한 일관된 태도를 보여왔다. ICJ로 가서 해결하자는 일본의 제의도 거부해왔다. 『반일 종족주의』에 쓰여 있는 대로 '1904년(정확히는 1905년) 일본이 독도를 자국 영토에 편입할 때 대한제국은 분쟁을 제기하지 않았다'는 약점 탓에 한국이 ICJ를 회피하는 것은 전혀 아니다. 한국 정부의 입장은 '독도는 사법적 다툼의 대상이 되지 않는다'는 것이다. ICJ도 독도에 대한 '재판 관할권'으로 한일 양국 정부의 소송 대표자를 헤이그로 불러 모을 뜻은 없어 보인다.

와다 하루키, "일본은 독도 주권 주장 접어야"

독도 문제는 어떻게 푸는 것이 바람직할까. "일본은 지난날 침략전쟁을 반성하고 거듭나야 한다"라는 주장을 펴온 양심적 지식인 와다 하루키(和田春樹, 도쿄대 명예교수, 역사학)가 생각하는 독도 해법은 무엇일까. 그는 일본이 조선 식민지 지배를 반성한다면, '다케시마(독도)'를 '일본의 고유영토'라고 주장하면서 한국의 '다케시마 불법 점거'를 비판하는 것은 '도의(道義)라고는 전혀 없는 행동이라 하지 않을 수 없다'고 잘라 말한다. 와다 하루키의 독도 해법은 단순 명쾌하다. '일본이 독도를 단념하는 것밖에는 다른 길이 없다'는 것이다.

한국의 실효 지배는 해방 직후부터의 영유권 주장에 근거한다. 그 주장의 핵심은 1905년 1월 일본의 다케시마(독도) 영유는, 조선 침략을 시작하면서 5년 후 강압적인 한국 병합의 전조로 행해졌다는 점에 있다. 일본에서 이 주장을 논박하는 것은 불가능하다. 그리고 이 주장에 따른 독도 지배는 한민족이 존재하는 한, 대한민국이 존재하는 한 절대 철회되는 일은 없을 것이다. 한국이 국제사법재판소에 제소하는 것에 동의하지 않는 것도 바로 이 때문이다.[42]

(독도 문제를 놓고) 한국인과 대화를 해보면 답이 저절로 나올 것이다. 한국이 실효 지배하는 다케시마(독도)에 대한 주권 주장을 일본이 단념하는 것밖에는 다른 길이 없다. 이 결단은 빠르면 빠를수록 좋다. 이룰 전망이 없는 주장을 계속해서 한일 관계, 일본인과 한국인의 감정을 점점 더 악화시키는 것은 어리석음의 극치이다.[43]

뒤틀린 역사 인식을 지닌 '신친일파'를 뺀 대다수의 한국인들은 원로학자 와다 하루키(1938년생)의 지혜로운 독도 해법에 고개를 끄덕일 것이다. 지구촌 평화를 소중히 여기는 독자들이 생각하는 해법이자 결론을 한 문장으로 줄인다면 이럴 것이다. "일본은 동아시아 평화를 위해서라도 독도 문제에 대해선 이제 그만 미련을 버려라."

4장
침략을 '진출'로 바꾼
일본 교과서

일본 젊은이들은 '위안부' 성노예의 슬픈 과거사를 왜 잘 모를까.
일본이 침략을 '진출'로, 3·1운동을 '폭동'으로 가르치는 이유는 무엇인가.
일본 정치권은 교과서 왜곡으로 어떤 이득을 보려 하는가. 일본 극우들이
"역사 전쟁에서 우리가 이겼다!"라고 자신감을 보이는 근거는 무엇인가.

'21세기의 지성'으로 일컬어지는 언어학자 노엄 촘스키(Noam Chomsky, 1928년생)는 1990년 스페인에 강연을 갔다가 충격을 받았던 적이 있다. 뜻밖에도 그곳 젊은이들이 스페인의 어두운 과거사를 잘 모르고 있다는 사실을 깨달았기 때문이었다. 잘 알려져 있듯이, 스페인은 1936년부터 1939년까지 3년 동안 내전이 벌어져 35만 명이 죽는 비극을 겪었다. 제2공화국에서 합법적인 선거를 거쳐 들어섰던 인민전선 정부(공화파)를 무너뜨리려는 프란시스코 프랑코(Francisco Franco, 1892~1975) 장군의 반란 때문이었다.

스페인 내전은 공화파(지지 기반은 자유주의자, 노동자, 소작농, 도시 서민)와 프랑코파(파시스트 조직인 팔랑헤당, 왕당파, 지주, 기업인, 스페인 자본의 3분의 1을 소유한 가톨릭교회 연합) 사이의 유혈 충돌이었다. 제2차 세계대전을 알리는 서막이란 얘기도 나왔다. 내전에 개입한 독일 공군은 스페인 바스크 지방의 소도시 게르니카를 공습하는 전쟁범죄를

저질렀다(1937년 4월 26일). 널리 알려졌듯이, 그 소식에 분노한 파블로 피카소는 대작 〈게르니카〉를 그렸다.

촘스키, "젊은이들은 스페인 내전을 잘 몰랐다"

내전에서 승리한 프랑코는 30만 명의 정치범을 감옥에 가두고 1970년대 중반까지 36년 동안 철권을 휘둘렀다. 스페인을 유럽의 정치적 후진국으로 떨어뜨렸던 그 암울했던 시기에 스페인 교과서 내용은 어땠을까. 절대 권력자 프랑코의 통치를 미화하고 억압을 정당화하는 내용으로 채워졌다. 촘스키는 '서양이 저지른 기나긴 테러의 역사'라는 부제가 붙은 책에서 스페인에 강연하러 갔다가 놀랐던 일화를 이렇게 전한다.

> 1990년, 그러니까 프랑코가 물러난 지 15년이 되던 해에, 바르셀로나에서 스페인 내전에 관한 강연을 했다. 젊은이들은 내전이라는 게 뭔지 도무지 이해를 못했다. 내 말을 알아듣는 이들은 오로지 내 나이 또래의 어른들뿐이었다. 그 바로 뒤 오비에도에 가서 강연했다. 그곳에서는 군대가 투입돼 진압했던 역사가 있다. 나는 주민들이 으레 그런 역사를 다 알 것으로 생각했다. 그런데 아무런 반응도 없는 게 아닌가. 내가 무슨 이야기를 하는지 아는 것은 오직 내 나이 또래의 어른들뿐이었다. 다른 사람들은 참 그야말로 깜깜했다고! [44]

왜 그런 일이 생겼을까. 스페인 교과서에서 그런 내용을 제대로 다루지 않았고, 언론들도 침묵했던 탓이다. 프랑코 총통 독재체제 아래서 나온 교과서에선 전쟁범죄나 인권 탄압에 관련된 얘기는 없다. 독재자의 입맛에 맞게 스페인 내전의 실상을 왜곡했다. 촘스키의 표현을 빌리자면, '흑과 백의 삭막한 용어'로 설명했을 뿐이다. 인민전선 정부를 이끌었던 공화파(좌파)에 대해선 학생들에게 극도로 부정적인 판단을 심어주고, 쿠데타 세력에 대해선 '거의 신화적인 용어'로 치켜세웠다. 미국의 교육 전문가 엘리자베스 콜(Elizabeth Cole)은 그 시기의 스페인 역사 교과서를 이렇게 비판한다.

(프랑코 총통) 독재 시기의 역사 교과서들은 제2공화국과 내전에 관하여 상세한 역사적 지식을 거의 제공하지 않았다. 교과서들은 공화국 시기에 관한 설명을 도덕적으로 부정한 판단에 국한시켰다. 이 시기에 활동한 주요 인물들의 이름과 그들이 추구한 개혁을 위한 노력은 완전히 생략되었다. 따라서 교과서들은 그 시기의 발전 과정에 관하여 학생들의 이해 증진에 꼭 필요한 최소한의 역사적 맥락조차 제공하지 않았다.[45]

교과서에서 스페인 내전을 가리키는 공식 용어는 '의로운 봉기'였다. 1975년 프랑코가 죽은 뒤 몇 년이 지나서야 '스페인전쟁'이라는 객관적인 의미를 담은 용어가 쓰이게 됐다. 그럼에도 교과서에서 프랑코 독재체제의 박해와 억압에 대한 내용은 거의 없었다. 좌파 정당인 사회노동당(PSOE)이 1982년부터 1996년까지 14년 동안 집권했어도 군부의 강한 영향력 등으로 과거사 청산을 제대로 하기 어려웠다. 스페인 내전의 진실이 제대로 교과서에 실리기 시작한 것은 21세기 들어와서였다. 2002년 스페인 의회는 만장일치로 프랑코를 '자유를 탄압했던 독재자'로 못 박았다. 2005년 마드리드 시내 한복판에 세워져 있던 대형 프랑코 기마상을 비롯해 스페인 전국에서 독재 기념물들이 공공장소에서 사라졌다. 정치권의 변화가 교과서 내용과 사회 분위기에 결정적 영향을 미친다는 사실이 스페인에서도 확인된다.

남의 나라 얘기할 것도 없다. 1980년대 한국을 철권 통치했던 전두환 군사정권 아래서 학교를 다닌 이 땅의 학생들도 진실을 제대로 배우지 못하긴 마찬가지였다. 그 무렵의 학생들은 (스페인 프랑코 독재 시절의 스페인 학생들이 '프랑코 찬가'를 배웠듯이) '전두환 찬가'를 배웠다. 그때 나온 국사 국정교과서를 보자.

(10·26사건으로 박정희가 죽은 뒤) 한때 혼란 상태가 나타났고, 이런 혼란 속에서 북한 공산군의 남침 위기에서 벗어나고 국내 질서를 회복하기 위해서 정부는 국가보위비상대책위원회(국보위)를 구성한 뒤 각 부분에 걸쳐 과감한 개혁을 추진하였다.[46]

제5공화국은 정의사회를 구현하기 위해 모든 비능률, 모순, 비리를 척결하는 동시에 국민의 진정한 행복을 위해 민주 복지 국가 건설을 지향하고 있는 만큼 우리나라의 장래는 밝게 빛날 것이다.[47]

1980년대의 한국 국사 교과서는 체육관에서 간접선거로 대통령을 뽑은 제5공화국에 대한 전망을 장밋빛으로 치장했다. 그런 교과서를 읽은 학생들은 1980년 5·18 민중항쟁을 '북한의 사주를 받은 폭도들이 남한을 혼란에 빠뜨리려 무장 폭동을 일으킨 탓에 일어난 유혈 사태'쯤으로 잘못 이해하기도 했다. 그게 아니라고, 진실을 말하는 교사·교수나 언론인은 새벽에 문을 두드리는 기관원의 험상스러운 얼굴과 맞닥뜨려야 했다. 스페인의 프랑코 독재 시절이나 일제강점기에 그랬던 것처럼.

'위안부' 성노예를 모르는 일본 젊은이들

과거사를 제대로 배우지 못한 젊은이들은 프랑코 독재를 겪은 스페인과 전두환 독재를 겪은 한국에만 있는 게 아니었다. 내가 9·11 테러 무렵인 2001년 미국 뉴욕에서 늦깎이 공부를 하면서 만났던 일본 젊은이들도 마찬가지였다. 전공이 국제정치학 또는 국제관계학인 석·박사 과정의 학생들조차 지난날 일본 군국주의자들이 저질렀던 전쟁범죄('위안부' 성노예, 강제 동원 등)에 대해 잘 알지 못했다. 스페인 젊은이들이나 일본 젊은이들이 지난날의 전쟁범죄에 대해 왜 잘 모를까. 결국은 역사 교과서 문제로 이어진다. 21세기 들어와 스페인은 민주화 과정을 거치며 달라졌지만 일본은 아니다. 교과서의 집필 방향이 과거사 정리를 통한 갈등 해소 쪽으로 나아가지 못하고 오히려 극우 쪽 역사 인식으로 뒷걸음질하는 모습을 보인다.

일본의 보수 우경화 흐름을 타고 일본의 교과서, 특히 역사 교과서나 사회 교과서는 일본의 부끄러운 과거사를 지워왔다. 전쟁범죄를 애매하게 기술해 넘어가고 침략도 '진출'로 바꾸었다. 1919년 3·1운동은 '폭동'으로 왜곡했다. 일본 자민당 정부는 '강제 연행'이란 용어도 못 쓰도록 했다. 일본 정부가 앞장서 역사 왜곡을 부추긴다는 비판이 쏟아졌지만 아랑곳하지 않는다.

일본 정부의 지침에 따라 '자기 검열'을 거쳐 집필돼 문부과학성의 검정을 통과한 역사 교과서는 '종군 위안부'는 그냥 '위안부'로, '일본군에 징병됐다'는 '일본군에 병사로 참가했다'로 바꾸고, '병사가 된 조선의 젊은이들'에서 '지원해서 병사가 된 조선의 젊은이들'로 '지원'을 강조한다. 문제가 되는 '강제성'을 되도록이면 물타기한 모습이다. 이런 교과서를 읽는 어린 학생들은 '폭력적인 강제 동원은 없었구나'라는 잘못된 생각을 하게 된다. 강제 동원 피해자의 모습은 희석되고 '지원자'만 남는다. 일본의 교과서 왜곡은 지난날 일제의 침략전쟁에 억지로 끌려가 큰 희생을 치렀던 동아시아 사람들에게 분노와 더불어 반발을 부르기 마련이다.

일본과 독일은 20세기 전반기에 스페인과 마찬가지로 파시즘 통치를 겪었다는 공통점이 있다. 하지만 패전 뒤 독일은 (일본이나 스페인과는 달리) 교과서 문제로 논란을 빚거나 주변국으로부터 불편한 눈총을 받지 않았다. 나치 히틀러 정권이 저질렀던 인권침해와 학살에 대한 비판적인 시각을 교과서에 분명히 담아냈기 때문이다. 독일 젊은이들은 나치의 만행을 전쟁범죄로 규정하면서 주변국들에 용서를 빌고 화해를 바라는 내용들을 배운다. 그런 젊은이들이 일본처럼 '과거사'를 모르겠다고 하거나 심지어 부인하는 태도를 보이기란 어려운 일이다.

과거사 제대로 안 가르친 교육의 책임

2003년 일본에서 한국으로 귀화한 특이한 이력을 지닌 호사카 유지(保坂祐二, 세종대 교수, 정치학, 독도종합연구소장)는 과거사를 부정하는 일본의 모습에 매우 비판적이다. 『신친일파: 『반일 종족주의』의 거짓을 파헤친다』, 『일본의 위안부문제 증거자료집』, 『대한민국 독도』 등의 책을 펴낸 이력이 말해주듯, 호사카 유지는 한일 관계의 민감한 사안들을 연구 주제로 삼아왔다. 그는 많은 일본인들이 과거사 문제에 관심이 없거나 잘못된 판단을 하는 데엔 일본의 보수 정치권과 교육의 책임이 크다고 비판한다.

> 과거를 올바르게 인식하지 않고서 어떻게 '미래'를 바라볼 수 있겠는가. 많은 일본인들은 '시간이 문제를 해결해준다'는 식으로 밀어놓아 버린다. '소문이 나도 75일 지나면 모두들 잊어버린다'와 같은 속담이 일본에는 많은데, 사람들의 뇌리 속에서 과거는 잊히기 마련이라고 생각한다. 일본인들의 올바른 판단을 마비시킨 가장 중요한 책임은 전후 일본의 지도자들과 그들이 해온 교육에 있다.[48]

호사카 유지가 일본 교육의 문제점을 지적했듯이, 일본 교과서에서 '위안부 성노예'에 대한 언급은 찾아볼 수 없다. 오히려 과거사를 왜곡·축소하고 심지어 미화하기까지 하는 흐름이다. 일본 우파들의 '역사 개찬 운동'에 발을 맞추듯, 이즈음 일본 교과서는 지난날 전쟁범죄의 실상을 제대로 전하지 않는다.

일제강점기에 저질러졌던 인권침해에 비판적인 관심을 보여온 가토 게이키(加藤圭木, 히토쓰바시대, 조선 근현대사)도 호사카 유지와 같은 생각이다. 게이키는 일본인들이 과거사를 제대로 알지 못하는 까닭은 일본 정치권의 보수 우경화 흐름과 더불어 과거사를 공부할 여건이 안 돼 있는 탓이라 지적한다. 적지 않은 일본인들이 과거사를 잘 모르거나 잘못된 역사 인식을 지니고 있기에, 한국인을 겨냥한 혐오 발언을 일상적으로 마구 내뱉는 상황에 안타까움을 나타낸다. 역사를 제대로 배우질 않았으니 막말이나 다름없는 혐오 발언을 내뱉는다는 얘기다.

> 일본 사회에서 태어나 자란 많은 사람에게 조선 침략사나 식민지 지배사, 하물며 한국의 주체적인 역사상을 알 수 있는 기회는 극히 적다. 그 이유는 일본의 조선 식민 지배에 대한 비판적인 인식이 일본 정치 및 사회에 확립되지 않았기 때문이다. 일본 사회에서는 식민 지배에 대한 정확한 인식의 결여뿐 아니라 식민 지배를 정당화하거나 한국인에 대한 차별적인 언사를 아무렇지도 않게 늘어놓는 이들조차 있다.[49]

1945년 패전 뒤 일본은 군국주의라는 권위적 정치체제에서 민주적 체제로 바뀌어 오랜 시간이 흘렀다. 가토 게이키에 따르면, 전후 일본이 민주화되었다고 하지만 아직 진정한 민주화를 이루지 못했다. 그는 지난날 침략전쟁과 식민 지배, 그에 따른 전쟁범죄행위들이야말로 '근대 일본에 의한 최대급 인권 억압'이었다고 여긴다.[50] 안타깝게도 일본의 현실은 가토 게이키가 말한 일본의 '최대급 인권 억압' 실태를 솔직하게 교과서에 담아내지 못하고 있다. 일본의 어두운 과거사에 대한 진상규명과 제대로 된 청산 없이는 일본이 '진정한 의미의 민주화'

를 이루었다고 말할 수 없을 것이다.

　오늘의 일본인들이 전쟁범죄로 얼룩진 과거사를 잘 모르는 것은 일본 교육계의 책임도 크다. 특히 문제가 되는 것이 일본의 우경화 흐름 속에 행해지는 교과서 검정 제도다. 이 제도 아래서 일본 교과서를 만드는 출판사와 집필진이 가장 신경 쓰는 것은 무엇일까. 일본 문부과학성이 내놓은 '학습지도요령'과 검정 통과다. '학습지도요령'에 어긋나는 내용이 있다면 검정을 통과할 수 없고, 따라서 학교 현장에서 교과서로 채택될 수 없다. 문제는 일본 정부가 교과서 검정의 기준이 되는 '학습지도요령'과 해설서를 보수 극우 세력의 입맛에 맞게 바꿔나가고 있다는 점이다. 이런 상황에서 교과서 집필자가 일본의 침략전쟁과 전쟁범죄의 문제점을 낱낱이 비판한다면 어떻게 될까? '낙타 바늘귀' 비유마냥 검정 통과는 애당초 무리일 수밖에 없다.

　1997년 『난징의 강간(The Rape of Nanking: The Forgotten Holocaust of World War II)』(한국어판 제목은 『역사는 누구의 편에 서는가』)으로 일본의 전쟁범죄를 고발했던 아이리스 장(Iris Chang, 중국명 張純如, 1968~2004)도 일본 교과서 검정 제도의 문제점을 지적한 바 있다(4부 1장 참조). 중국에서의 난징 학살(1937)뿐 아니다. 일본 역사 교과서에선 우리 한국의 '위안부' 성노예에 대한 언급도 아예 없거나, 있다 하더라도 축소 왜곡된 내용으로 학생들에게 전해진다. 그러니 일본 젊은이들이 침략전쟁에 얽힌 어두운 과거사와 전쟁범죄상을 잘 모를 수밖에 없다.

"침략전쟁이 아니라 자위(自衛) 전쟁이었다"

　일본의 보수 우경화 흐름에 따라 역사 교과서엔 전쟁범죄를 지우고 과거사를 미화하는 내용이 늘어나고 있다. 특히 문제는 지난날의 전쟁범죄를 부인·축소·왜곡하는 일본 극우파들이다. 이들은 스스로를 가리켜 역사 전쟁의 선봉에 선 전사(戰士)로 자부한다. 극우파들이 모인 자리에서 튀어나오는 소리가 "우리가 뭘 잘못했느냐"라는 것이다. "나쁜 일을 하지 않았으니 죄의식을 가질 필요 없다"라며 목소리를 높인다. 제국주의 침략전쟁을 벌이던 시절의 일본을 정당화하면서, 오늘의 일본 사람들이 죄의식을 느낄 필요가 없다는 것이다.

> (일본이 한국을 비롯한 아시아 국가들에 대해) 나쁜 일을 했다고 일본인이 먼저 생각해서는 안 된다. '나쁜 일을 했다. 그러나 부분적으로 일본은 좋은 일도 했다'라고 하는 것과 같은 고식적인 말투를 그만두자. 우리는 아무것도 나쁜 일을 하지 않았다. …… 우리들은 역사의 필연으로서 일어난 먼 과거의 일에 대해 죄의식을 가질 필요는 전혀 없다. 사죄할 필요도 없다. 잠자코 있어야 한다.[51]

위 글을 쓴 니시오 간지(西尾幹二)는 일본의 극우 성향을 지닌 논객이다. 일본 군국주의 시절을 찬양하는 이 책은 책 제목 『국민의 역사(國民の歷史)』와는 달리 '국민은 없고 일왕만 있다'는 비판을 받는다. 일본의 보수 언론사인 산케이신문사에서 찍어낸 이 책은 수십만 부가 팔렸다. 구시대의 향수를 지닌 일본 독서층이 적지 않다는 사실을 짐작케 한다. 니시오 간지가 회장으로 있는 '새로운 역사 교과서를 만드는 모임'(약칭 '새역모')의 전국 지부에서 무료로 나눠줬다는 얘기도 들린다. 이 책에서는 일본의 가혹했던 식민지 지배와 수탈, 침략전쟁과 그에 따른 전쟁범죄에 대한 반성을 찾아보기 어렵다. '전쟁은 어쩔 수 없이 일어나는 것'이라는 궤변도 보인다. 그가 내건 주장들은 구절 하나하나마다 대담하다 못해 뻔뻔스럽기까지 하다. "과거사에 죄의식을 느낄 필요가 없다"라는 말이 대표적인 보기다.

2021년 니시오는 극우 연구자들로 이뤄진 '현대사연구회'와 함께 『스스로 역사를 폄하하는 일본인(自ら歷史を貶める日本人)』이란 책을

냈다. 여기서 니시오는 '역사 전쟁의 형태로 차기 전쟁이 벌어지고 있다'고 말한다. 그러면서 책 제목처럼 '스스로 일본의 자랑스러운 역사를 깎아내리는 일본인은 이 역사 전쟁에서 이길 수가 없다'고 주장한다. 지난날 일본이 저지른 전쟁범죄를 반성적으로 돌아보자는 자성(自省) 사관을 자학(自虐) 사관이라 비판하는 것이다. 니시오를 비롯한 일본의 극우파들은 입만 열었다 하면 무엇보다 '자학 사관을 극복해야 한다'고 주장한다.

그렇다면 역사 전쟁에서 이기는 길은 무엇일까. 니시오의 주장에 따르면, 맥아더 장군의 일본 점령 아래서 벌어졌던 도쿄 전범재판이 일본인들에게 강요했던 '일본은 전범 국가'라는 굴레에서 벗어나는 길이다. 일본 극우파들은 지난날 일본이 벌였던 전쟁은 침략전쟁이 아니라 어쩔 수 없이 전쟁에 휘말린 자위(조국 방어) 전쟁이었다고 여긴다. 그런데 역사 교과서에 '침략전쟁'으로 잘못 선전되고 있다는 것이다.

우리가 이 책을 통해서 독자 여러분이 꼭 인식을 다시 했으면 하고 바라는 것은 근대 일본 전쟁에 대한 평가이다. 그것은 공인 역사 교과서 내용과는 반대이다. 지난 전쟁은 일본이 주도하여 일으킨 전쟁이 아니다. 일본은 어쩔 수 없이 전쟁에 휘말렸다고 보는 것이 맞다. 그 시대에는 고립을 지키고 있을 수 없었다. 세계를 외면했다면 틀림없이 일본 민족은 열강의 먹이가 되었을 것이다. 우리 선조들은 (열강의 위협으로부터 일본을 지키기 위해) 필사적으로 살았다.[52]

니시오를 비롯한 일본 극우파들은 주장한다. '일본은 악이고 연합군은 선하다는 선악이원론은 잘못됐다'는 것이다. 종군위안부 문제와 난징 학살(그의 용어로는 '난징 사건')이 자꾸만 논란이 되는 것은 '한국과 중국이 펴는 선전전에서 일본이 지고 있기 때문'이라 우긴다. 그 때문에 '일본인들 자신이 속고 있다'는 것이다. 그러면서 일본 전쟁 지도부가 나라를 지키기 위해 '필사적으로 살았다'고 존경심을 나타낸다. 니시오가 회장을 맡은 '새로운 역사 교과서를 만드는 모임'은 이런 극우적 시각을 일본 교과서에 담아 청소년들을 가르치려 한다.

이에나가 사부로의 교과서 투쟁 32년

일본에도 과거사를 반성적으로 돌아보자는 자성 사관을 지닌 양심적인 지식인들이 적지 않다. 이들은 '지난날 일본의 침략전쟁과 그에 따른 전쟁범죄에 대해 깊이 반성하고 진심으로 사죄해야 한다'는 생각을 해왔다. 이젠 고인이 된 이에나가 사부로(家永三郞, 전 도쿄교육대 명예교수)도 그런 생각을 지닌 역사학자였다. 그는 일본이 도쿄올림픽 개최를 1년 앞두고 흥청대던 1963년, 고등학교용 일본사 교과서를 쓰고 문부과학성에 검정을 신청했다. 그의 교과서엔 난징 학살과 731부대의 세균전을 비판한 내용이 들어 있었다.

문부과학성이 검정 과정에서 시비를 걸었다. 일본의 지난 침략전쟁을 '무모한 전쟁'이라 비판한 대목, 난징 학살과 731부대 등 '전쟁의 비참한 측면'을 다룬 대목들을 뜯어고치거나 아예 빼라고 요구했다. 집필자인 이에나가 사부로가 이를 거절하자 문부과학성은 그의 교과서를 검정에서 불합격시켰다. 그러자 이에나가는 1965년 국가를 상대로 재판을 걸었다. 헌법이 보장하는 학문의 자유, 언론·출판·표현의 자유를 어겼고, 교육 내용에 대한 국가의 개입을 금지하는 교육기본법을 어겼다는 이유에서였다. 이에나가가 재판을 청구하면서 발표한 호소문의 내용은 이러하다.

전쟁 중에 한 사람의 사회인이었던 나는 지금 생각하니 전쟁을 찬미하지 않은 것을 자랑스럽게 여기지만 전쟁을 막지 못한 것을 참회한다. 지금 전쟁의 싹이 있다면 반드시 없애야만 한다. 전쟁으로 우리 세대는 커다란 피해를 입었다. 많은 동료들이 죽어갔다. 이 큰 희생을 바탕으로 (이른바 '평화헌법'이라 알려진) 헌법이 만들어졌다. 평화주의, 민주주의라는 두 기둥은 그들의 숭고한 생명이 남긴 유일한 유산이다. 이것을 헛되이 해선 안 된다.[53]

이에나가의 법정 투쟁은 끈질기게 이어졌다. 1965년에 이어 1967년, 1984년에도 재판을 청구했다. 무려 32년을 끈 교과서 소송에서 이에나가 혼자 싸운 것은 아니었다. 2만 7,000명의 교사·시민들과 여러 단체들이 함께 그의 소송을 도왔다. 1997년 일본 대법원은 이에나가의 손을 들어줬다. "난징 학살과 731부대 등 일본의 전쟁범죄를 빼라고 한 문부과학성의 교과서 검정은 위법하다"라는 판결과 함께였다. 2001년 이에나가는 노벨평화상 후보에 올랐으나 상을 받지는 못했다. 하지만 그의 투쟁은 빛났다. 역사 교과서의 내용이 일본 정부나 극우파의 입김 아래 왜곡되는 흐름을 늦추는 데 이바지했다는 평가를 받는다.

침략을 '진출'로, 3·1운동을 '폭동'이라 왜곡

일본 교과서 검정 문제와 과거사 왜곡 논란은 어제오늘의 일이 아니다. 41여 년 전인 1982년 여름 《요미우리신문(讀賣新聞)》의 특종 보도로 큰 파문이 일어났다. 고등학교 역사 교과서에 대한 일본 문부과학성의 검정 과정에서 20세기 전반기 한반도와 만주, 중국 대륙으로의 잇단 침략을 '진출'로, 1919년 한반도를 뜨겁게 달구었던 3·1운동을 '폭동'으로 고치고, 일제 말기의 '강제징용'이란 용어도 삭제하라는 지침이 파문의 핵심이었다. 보도에 따르면, 심지어 검정 담당관들은 교과서 집필자들에게 임진왜란 당시 도요토미 히데요시의 조선 침공에 관한 기술에서도 '침략'이라는 용어를 쓰지 말라는 지침을 내렸다고 한다.

일본의 침략과 식민 지배의 문제점을 대충 뭉개버린 역사 교과서가 문부성 검정을 받게 되고, 그에 따라 교과서 내용이 바뀐다는 사실이 알려지자 커다란 논란이 일었다. 당연히 한국과 중국에서는 '일본의 교육 당국이 과거사를 미화하고 왜곡하려 하고 있다'는 항의가 빗발쳤다. 그동안 줄곧 일본 정부에게 과거사에 대한 '사죄'를 요구해왔던 동아시아 국가들로서는 그냥 넘길 수 없는 심각한 문제였다. 기억에도 새롭지만, 일본을 성토하는 집회들이 잇달아 열렸다. 식당이나 택시에서 일본인 손님을 거절했고, 일본 상품의 불매운동도 벌어졌다.

일본 정부는 "교과서 검정 작업은 공정하게 이루어졌고 바꿀 필요가 없다"라고 맞섰다. 자민당 지도부도 회의 끝에 "일본 정부는 양보해서는 안 된다"라고 결의했다. 한 일본 각료는 "일본의 교과서 내용을 문제 삼는 것은 내정간섭에 해당한다"라고까지 하며 반발했다. 일본 정부 안에서 이 문제로 갈등이 생겨났다. 외무성은 반일 감정을 누그러뜨리려면 검정 지침을 고치는 쪽으로 가자고 했다. 하지만 문부과학성은 고집을 꺾지 않았다. 결국 과거사 문제로 싸워봐야 이로울 게 없다고 판단한 스즈키 젠코(鈴木善幸) 총리가 사과하면서 한발 물러섰다.

그런 파동을 계기로 만들어진 것이 교과서 검정 기준 중 하나인 '근린 제국 조항'이다. 한국과 중국 등 아시아 각국들과도 관계가 있는 일본 근·현대사를 쓸 때엔 이웃 나라들의 입장을 배려한다는 것이다. 일본이 이 조항으로 꼬리를 내린 것은 아시아의 분노와 반일 감정을 달래기 위한 일시적 방편일 뿐이었다. 군국주의 시절의 강대국 일본을 그리워하는 극우파들의 본성은 바뀌지 않았다. 이들은 '근린 제국 조항'을 없애자고 목소리를 높이곤 한다.

따지고 보면, 일본의 교과서 왜곡 움직임의 가장 큰 책임은 집권 세력인 자민당이 져야 한다. 지금부터 30여 년 전인 1993년 8월 자민당은 '역사검토위원회'라는 조직을 만들어 교과서 왜곡의 횃불을 들어 올렸다. 역사 전쟁을 선포한 셈이었다. 2년 뒤인 1995년 8월 위원회의 총괄 보고서는 여러 극우적인 황당한 주장을 담았다. 보고서 내용은 네 가지 주장으로 요약할 수 있다.

1) 대동아전쟁(아시아·태평양전쟁의 극우적 표현)은 침략전쟁이 아니라 자존 자위의 전쟁이며 아시아 해방전쟁이었고 2) 난징 학살, '위안부' 등의 가해는 날조이며 일본은 전쟁범죄를 저지르지 않았고 3) 현행 일본 교과서는 있지도 않은 침략이나 가해를 쓰고 있어 새로운 교과서가 필요하고 4) 위와 같은 역사 인식을 일본 국민의 공통 인식, 상식으로 바꾸기 위해선 학자들로 하여금 국민운동을 전개하게 할 필요가 있다.[54]

이 보고서는 '위안부' 성노예나 난징 학살을 부정하는 역사수정주의에 따라 교과서에서도 일본 전쟁범죄 잔혹사를 지워내려는 시도나 다름없었다. 자민당 역사검토위원회가 제안한 '학자들의 국민운동'에 동조하는 연구자들이 모여 만든 것이 이름도 그럴듯한 '자유주의사관연구회'다. 연구회 주요 구성원은 전쟁범죄로 얼룩진 일본의 과거사를 부끄럽게 여기는 양심적인 학자들을 겨냥해 '자학 사관을 지녔다'고 몰아세우던 극우 연구자들로 채워졌다.

1997년 1월 이들 극우 세력이 주축이 돼 '새로운 역사 교과서를 만드는 모임'을 출범시켰다. '새로운 역사 교과서를 만드는 모임'은 학생들에게 잘못된 역사관을 심어준다는 비판을 받았던 『새로운 역사 교과서』(후소샤, 2001)를 만든 산파역이다. 앞에서 살펴본 극우 논객 니시오 간지가 회장으로 활동하면서 교과서의 대표 필자로 이름을 올렸다

일본 군국주의 시절을 찬양하면서 전쟁범죄로 얼룩진 과거사를 부인하고 평화헌법 개정을 바라는 내용의 극우 서적들

(니시오가 쓴 『국민의 역사』는 『새로운 역사 교과서』보다 2년 앞서 일종의 '대안 교과서'랍시고 나온 셈이다. 하지만 '교과서'라는 이름을 붙이기는 적절치 않다. 그저 '황국' 시절을 그리워하는 한 개인의 넋두리가 담긴 수필집이다).

　'새로운 역사 교과서를 만드는 모임'의 출발과 더불어 일본 정치권에서도 이와 같은 이념적 움직임이 활기를 띠었다. 일본 최대 우익 단체인 '일본회의'가 1997년 얼굴을 내밀었다. 일본의 현행 헌법(평화헌법)을 고쳐, 일본을 전쟁을 할 수 있는 '보통국가'로 바꿔야 한다는 생각을 지닌 정치·경제·문화·종교·예술 분야의 4만 명쯤 되는 보수 우파 인사들이 결집한 국수주의 성향의 조직이다. '일본회의'와 함께 일본 우익의 '양쪽 수레바퀴'라는 평가를 받는 신도(神道)정치연맹(약칭 신정련, 1969년 발족)도 극우파들에게 큰 힘이 된다. 신정련은 일본의 8만 개가 넘는 신사의 연합체이기에 우익 정치가들에겐 엄청난 표밭이다.

　'일본회의'와 신도(神道)정치연맹은 학계의 '자유주의사관연구회', '새로운 역사 교과서를 만드는 모임'과 마찬가지로 지난날 일본의 전쟁범죄를 부인하는 역사수정주의, 역사부정론에 기울어 있다. 그래서 헌법도 바꾸고 교과서도 바꾸고 싶어 한다. 야스쿠니를 정신적 구심점으로 삼고 군국주의 부활을 바란다는 공통점을 지녔다.

교과서 왜곡의 배후는 아베

일본 우익들은 역사 교과서 내용을 자신들의 입맛에 맞게 바꾸겠다는 움직임에 '역사 개찬(改撰) 국민운동'이란 그럴듯한 이름을 붙여놓고 있다. '일본회의'와 '새로운 역사 교과서를 만드는 모임'이 추진해온 역사 왜곡의 중심엔 2022년 7월 유세장에서 사제 총탄 2발에 맞아 죽은 아베 신조(安倍晋三, 1954~2022)가 똬리를 틀고 있었다. 21세기 들어 일본 교과서 왜곡으로 동아시아 사람들을 분노하게 만든 배후를 따져보면, 무려 9년 동안 총리(2006~2007, 2012~2020)를 지냈던 아베를 빼놓을 수 없다.

아베는 한마디로 21세기 일본의 우경화를 이끈 극우 정치인이다. 아베가 일본 정치권에서 교과서와 관련해 극우적 주장을 펴는 '역사교과서 문제를 생각하는 초당파 의원연맹'이란 조직의 회장을 맡은 것도 우연이 아니다. 2006년 총리가 되자마자 그는 첫 번째 목표로 교육기본법 개정을 밀어붙였다. 패전 뒤 만들어졌던 교육기본법은 '신민(臣民)의 충효'를 내세웠던 '교육 칙어'를 없애고 민주적 시민 교육을 강조하는 내용이었다. 아베가 무려 60년 만에 바꾼 교육기본법엔 일본에 대한 무조건적 애국심과 국가주의(국가 이익이나 안보가 개인의 자유나 인권보다 우선한다는 이데올로기)를 강조하는 문구들을 담았다. 아베의 눈으로 보면, 과거사를 사과하는 일부 정치인들이나 과거사에 대한 일본의 자성(自省)을 촉구하는 역사학자들은 '자학(自虐) 사관에 붙잡힌 불쌍한 포로'들이다.

죽은 아베와 떼놓을 수 없는 극우 학자가 한 사람 있다. 나카니시 데루마사(中西輝正, 전 교토대 교수, 정치학)이다. 그는 아베의 정책 브레인이자 '외교 스승'이라고까지 일컬어졌던 극우 성향의 정치학자(또는 역사학자)다. 일본의 핵무장을 마다할 이유가 없고, 평화헌법을 개정해 일본이 군사 대국으로 나아가야 한다는 강경론자다. 무엇보다 그는 지난날 대일본제국의 향수를 지닌 국수주의자다. '새로운 역사 교과서를 만드는 모임'의 이사로 있으면서, 후소샤(扶桑社)의 역사 교과서 제작 방향에도 영향을 미쳤다. 2013년 일본의 보수 월간지 《세이론(正論)》에 그가 기고한 '현대 역사 전쟁을 위한 안전 보장'이란 글도 같은 극우 맥락이다. '일본인들이 역사 전쟁에서 이기려면 올바른 역사 인식(역사관)을 가져야 한다'는 것이다. 그 글의 일부를 옮겨본다.

일본인이 오해하는 '역사 인식'이야말로 미사일이나 핵무기보다도 훨씬 무서운 위협을 일본에 주고 있다는 것을 알아야 한다. 일본인이 본래의 독립 주권국가로서의 역사관을 재건하지 않으면 국가의 존립이 위험해진다. 우리 개개인의 역사관이야말로 역사 전쟁에서 안전을 보장해주는 최후의 보루다.[55]

한반도 흉기론, "위험한 단도(短刀)는 제거돼야"

위의 나카시니 데루마사가 이사로 있고, 앞에서 살펴본 극우 논객 니시오 간지가 회장을 맡은 '새로운 역사 교과서를 만드는 모임'이 2001년 내놓은 것이 문제의 『새로운 역사 교과서』다. 우익 성향의 산케이신문사 출판 자회사인 후소샤가 펴낸 이 책은 니시오를 대표 필자로 내세웠다. 기본적으로 일본의 한국 침탈과 식민 지배를 합리화하는 내용을 담고 있다. 여기엔 엉터리 지정학에 바탕을 둔 해괴망측한 '한반도 흉기론'까지 나온다.

동아시아의 지도를 보자. 일본은 유라시아 대륙으로부터 조금 떨어져서 섬에 떠 있는 섬나라이다. 이 일본을 향하여 대륙으로부터 가늘고 긴 팔뚝이 돌출되어 있다. 그것이 조선반도이다. 조선반도가 일본에 적대적인 대국의 지배 아래 들어가면 일본을 공격하는 절호의 기지가 되고, 배후지를 갖지 못한 섬나라 일본은 자국의 방위가 곤란하게 된다. 따라서 조선반도는 일본에 끊임없이 들이대어져 있는 흉기가 되기 쉬운 위치 관계에 있다.[56]

어린 학생들이 이 글을 읽는다면 어떤 생각이 들까. 지정학적으로 한반도가 일본의 안보를 위협하는 흉기라면 제거해야 (다시 말해서 무력으로 점령해 일본의 식민지로 차지해야) 안심이 된다는 잘못된 생각을 심어주기 십상이다. 터무니없는 궤변으로 한반도를 '흉기'로 규정하고, 이 '흉기'를 없애려면 일본이 나서서 한반도를 '제압'하는 것이 논리적 귀결이 된다. 지난날 일본 군국주의자들의 한반도 침략과 그에 따른 억압과 수탈, 전쟁범죄를 합리화하려는 이런 문장은 위험하고 비뚤어진 역사 인식을 심어줄 수밖에 없다.

한반도 흉기론은 일찍부터 일본 국수주의자들이 들먹이던 용어 가운데 하나다. 그들은 (안중근 의사의 총에 맞아 죽은) 이토 히로부미가 그 흉기를 제거했다고 여긴다. 1968년 일본 우방협회(友邦協會)에서 낸 『명치일본의 대한정책』이란 책자는 한반도를 가리켜 '일본을 겨냥한 아주 위험한 단도(短刀)'로 묘사했다. 위험을 없애려면? 거꾸로 일본의 힘으로 조선반도를 세게 누르지 않으면 안 된다는 것이다. 후소샤 교과서에 나오는 흉기론이 이 책자를 베꼈는지는 알 수 없지만, 같은 맥락이다.

지난날 일본의 침략전쟁을 미화하는 것도 후소샤 교과서의 특징이다. 일본군이 동남아시아를 쳐들어가면서 포로 학대를 비롯한 숱한 전쟁범죄를 저질렀다는 것은 널리 알려진 일이다. 그러나 후소샤 역사 교과서의 서술은 다르다. "일본 승리가 동남아·인도에 독립 꿈을 심어주었다"라는 식이다. 일본의 전쟁범죄에 대해선 '전쟁을 이기기 위해 싸우는 과정에서 어쩔 수 없이 벌어진 행동'이라며 합리화하고 있다. 1941년 12월 진주만 기습 공격과 동시에 (당시 영국, 프랑스, 네덜란드의 식민지였던) 동남아시아로 쳐들어간 것에 대해 궤변을 늘어놓았다. 마치 그곳 사람들의 독립을 위해 일본이 대신 나서서 백인 지배자들을 몰아낸 '정의로운 아시아 해방전쟁'인 양 쓰여 있다.

> 수백 년에 걸쳐 백인의 식민지 지배에 시달리던 현지 사람들의 협력이 있었기에 가능한 승리였다. 일본이 여러 전쟁에서 승리하여 동남아시아와 인도의 대부분 사람들에게 독립이라는 꿈과 용기를 주었다. 일본 정부는 이 전쟁을 '대동아전쟁'이라고 이름 붙였다. 일본의 전쟁 목적은 자존자위와 아시아를 서양의 지배에서 해방시키고 '대동아공영권'을 건설하는 것에 있다고 선언했다.[57]

"역사 전쟁에서 우리가 이겼다!"

다행히도 일선 학교에선 이 교과서를 외면했기에 교과서로 채택되진 않았다. 전일본교직원조합(일교조)을 중심으로 한 일선 학교의 교사와 학부모 들도 극우적인 내용을 담은 후소샤 교과서로 학생들이 공부하는 것을 바라지 않았다. 4년 뒤인 2005년 후소샤 교과서는 다시 한번 검정을 통과했다. 하지만 채택률이 낮기는 마찬가지였다(채택률 0.39퍼센트). 내용에 문제가 많고 채택률이 형편없는 후소샤 교과서가 까다로운 검정을 통과할 수 있었던 비결은 무엇일까. 후카야 가쓰미(深谷克己, 와세다대 명예교수, 일본근세사)는 '문부과학성이 후소샤 교과서를 특별히 후원해주었기 때문'이라 했다. 아울러 그는 "우파적인 교

과서에 대해 유리하게(정확히는, 봐주기 식으로) 검정하는 것은 적절치 않다"라고 지적했다.[58]

후소샤 교과서는 검정을 통과한 뒤 몇몇 학교에서 채택됐다. 하지만 채택률이 워낙 낮은 탓에 후소샤는 더 이상의 교과서 발간을 포기했고, 문제의 교과서는 끝내 폐기됐다. 하지만 그게 끝은 아니었다. 후소샤는 서점가에 『새로운 역사 교과서』를 이름도 바꾸지 않은 채 일반 단행본으로 내놓았다. 일본의 보수 우익 독자층을 겨냥한 것이다. 지금껏 적어도 70만 부쯤 판매된 것으로 알려진다.

『새로운 역사 교과서』가 일본 교육 현장에 자리 잡는 데 실패한 뒤로, 2010년 전후로 또 다른 출판사(지유샤, 이쿠호샤) 두 군데에서 극우적 시각을 담은 교과서가 새로 나왔다. 이쿠호샤(育鵬社)는 '새로운 역사 교과서를 만드는 모임'에서 내부 알력으로 뛰쳐나온 또 다른 극우 집단인 '교과서 개선의 모임'과 관련된 출판사다. 지유샤(自由社)는 극우 잡지 《지유(自由)》를 내는 곳으로 후소샤와 결별한 '새로운 역사 교과서를 만드는 모임' 잔류파와 손잡았다. 그런데 아마존 재팬 웹사이트에 들어가 보니, '검정 불합격'된 지유샤판 『새로운 교과서』가 판매 목록에 올라 있다. 극우 성향의 일본 독자들을 겨냥한 것으로 보인다.

지유샤, 이쿠호샤 교과서 둘 다 극우 이념을 지닌 이들이 펴내는 교과서라서, '겉 포장만 다른 왜곡 교과서'란 비판을 받는다. 문제는 이들의 채택률이 해를 거듭할수록 높아지고 있다는 점이다. 일본의 우경화 흐름 탓이다. 반면에 일본군 '위안부' 문제를 비교적 충실하게 교과서 내용에 다루어왔던 니혼쇼세키(日本書籍)의 운명은 달랐다. 극우파들의 공세에 시달리다 2003년 결국 문을 닫았다. 그렇게 된 사정을 살펴보자.

니혼쇼세키는 일본에서 역사가 오래되고 제법 규모가 큰 교과서 회사였다. 1945년 이전에는 국정교과서를 만들었고, 패전 뒤 오랫동안 검정교과서를 만들어왔다. 특히 중학교 역사 교과서 분야에서 큰 비중을 차지했다. 1990년대까지 도쿄 23개 구의 중학교 모두가 니혼쇼세키의 역사 교과서를 썼다. 그런데 1997년 이 회사에 위기가 닥쳐왔다. 교과서에서 '종군 위안부' 문제를 다뤘기 때문이었다.

문부과학성의 교과서 검정을 통과했는데도, 일본 극우파들이 벌떼처럼 몰려가 니혼쇼세키를 비난하고 항의 시위를 벌였다. 협박 전화와 항의 편지에 대응하느라 일상적인 업무를 보지 못할 정도가 됐다. 극우파들은 각 구의 교육위원회나 학교에도 몰려가 "니혼쇼세키의 역사 교과서를 채택하지 말라"라고 윽박질렀다. 그런 압박이 통해서였을까, 2001년 도쿄의 23개 구에서 2개 구만 니혼쇼세키 교과서를 채택했다. 2002년도 마찬가지였다. 결국 적자를 이겨내지 못한 니혼쇼세키는 2003년 끝내 문을 닫았다. 그곳에서 일했던 한 직원의 말을 들어보자.

> 지금도 분합니다. 교과서인 이상 (지난날 일본이 동아시아 이웃 국가들에 저질렀던) 가해의 역사를 당연히 다뤄야 한다고 생각해요. 잘못된 기술은 없었습니다. 그러나 시대의 파도가 그것을 허락하지 않았겠죠. 더 큰 문제는 이러한 공기가 다른 회사의 교과서 제작에도 영향을 끼친다는 사실입니다. 업계 전체에서 '니혼쇼세키처럼 되지 말자'는 흐름이 생겼습니다. 이제 대부분의 교과서가 종군위안부 문제를 다루지 않습니다.[59]

전일본교직원조합의 지지를 받던 니혼쇼세키 역사 교과서는 한때는 채택률이 매우 높았다. 그러나 극우파들의 압력으로 (각 지역 교육위원회가 보수 우경화되는 흐름과 맞물려) 채택률이 해마다 줄어들다가 끝내 문을 닫았다. 그 모습을 지켜보면서 일본 극우파들은 역사 전쟁에서 언젠가는 완승할 것이란 자신감을 갖게 됐다.

평화를 소중히 여기는 일본 일선 학교 교사와 학부모 들의 반발로 후소샤의 『새로운 역사 교과서』는 낮은 채택률로 퇴출됐지만, 제조사 상표만 바꾼 비슷한 색깔의 또 다른 교과서들이 잇달아 나와 일본 우경화의 흐름이 대세임을 보여준다. 일본 최대의 우익 단체로 '그림자 정부'라는 소릴 듣는 '일본회의', 일본 정부의 문부과학성 관료들은 서로 손을 잡고 각 지역의 교육위원회와 교과서 채택위원회 등에 영향력을 끼친다. 이들의 등등한 기세로 말미암아 검정을 통과해야 하는 일본 교과서 필진들의 글에서 반성적인 논조가 사라져가고 있다.

21세기 들어와 일본 정치권과 교육계, 사회단체가 손을 잡고 교과서 내용을 그들의 입맛에 맞게 개편하기 위해 움직이고 있다. 그들의 이른바 '역사개찬운동'의 전위 행동대는 '새로운 역사 교과서를 만드는 모임', 한국에 대한 증오 발언(헤이트 스피치)을 일삼는 극우 유튜버(이른바 '넷 우익')들이다. 지구촌 어딜 가나 극단 세력이 공통적으로 보이는 모습이 폭력적이지만, 일본 극우파들도 예외가 아니다. 자신들의 생각과는 다른 출판물의 신간 설명회나 시국 강연장에서 몸싸움을 벌이며 소란을 피우기 일쑤다. 평화박물관이나 전쟁자료관 등 일본의 전쟁범죄를 보여주는 전시관 앞에 몰려가 정상적인 운영을 방해하기도 한다. 한국을 겨냥한 저속한 쌍욕으로 생계를 꾸려가는 일본 극우 유튜버들도 역사 전쟁의 '넷(net) 전사'로서 한몫을 한다. 그러면서 이들은 한목소리로 외친다. "역사 전쟁에서 우리가 이겼다!"

일본 군국주의를 미화하고 침략 역사를 왜곡하는 일본 극우파들이 고맙고 소중한 해외 자산으로 여기는 집단 가운데 하나가 다름 아닌 『반일 종족주의』로 대표되는 한국의 '신친일파'다. 전쟁범죄로 얼룩진 과거사를 반성하지 않는 이들의 고집스러운 역사 인식이 바뀌지 않는 한, 동아시아의 과거사 문제는 제대로 풀리기 어렵다.

교과서 왜곡은 보수정당 장기 집권을 노린 포석

앞에서 극우파 정치인 아베 신조가 2006년 일본 총리가 되자마자 추진했던 것이 '교육기본법'의 개정이라 했다. '공공의 정신', '전통과 문화의 존중', '우리나라(일본)와 향토 사랑' 등의 내용이 들어간 교육기본법은 무조건적 애국심을 강조한다. 2008~2009년에 개정·공포된 '학습지도요령'과 해설서에도 교육기본법의 기본 취지를 반영하도록 했다. 검정 통과를 의식해야 하는 교과서 필자들도 집필 방향에 신경을 써야 한다. 교육기본법을 바꾼 목적은 뻔하다. 미래 세대의 역사 인식을 일본의 우파 입맛에 맞는 쪽으로 주입하려는 것이다. 비판적 연구자들은 실제로 그 효과가 나타나고 있다고 여긴다. 한홍구의 지적을 보자.

> (교육기본법이 시행되고 10여 년이 지나는 동안) 초등학교, 중고등학교에서 공적인 역사 교육을 받는 사람들은 제국주의 역사관, 그리고 반성하지 않는 역사관에 오염되었을 가능성이 있다. 그래서인지 일본에서도 우리나라 일베와 같은 '넷 우익'이 굉장히 활개를 치고 있다. 이런 흐름과 경제 불황이 어우러지면서 일종의 파시즘적인 상황이 만들어졌다. 오랫동안 그런 방향으로 흘러왔다는 것이 참 무서운 점이다.[60]

한홍구는 정치적 보수화 흐름이 지금 일본의 젊은 층에서 '굉장히 두드러지게 나타나고 있다'고 걱정한다. 일본 선거에서 20대 유권자들의 자민당 지지율이 40~50대의 지지율보다 더 높게 나타나고 있다. 1990년대만 해도 일본 젊은 층의 투표 성향이 지금처럼 자민당에 쏠리지는 않았다. 하지만 최근 10여 년 동안 일본 총선에서의 세대별 특징은 젊은 유권자일수록 자민당 지지가 높은 성향을 보여왔다. 인터넷을 이용한 '넷 우익' 유튜버들이 생계를 꾸려가는 것도 일본의 보수 우경화 흐름 덕이다.

일본의 자민당을 비롯한 우파 정치권이 교과서(특히 역사 교과서, 사회 교과서)에 왜곡된 역사를 채워 넣으려는 움직임은 자라나는 세대를 위한 참교육과는 거리가 멀다. 미래의 유권자들에게 극우적 역사 인식을 심어줌으로써 보수 우파의 집권 체제를 오래오래 다져나가겠다는 장기 포석이 깔려 있다고 보인다. 곰곰 생각해보면 전율이 느껴지는 전략이다. 바로 위에서 살펴보았듯, 이미 선거에서 효과가 나타나고 있다.

『반일 종족주의』로 대표되는 한국의 '신친일파'는 일본 보수 우익 세력의 주요 해외 협력자다. 치열한 역사 전쟁의 공성전(攻城戰)이 벌어지고 있는데, 안에서 성문을 열어주니 얼마나 고마울까. 이즈음 한일 극우 세력의 기세는 대단하다. 예전과는 달리 눈치도 보지 않고 거리낌없다. 넘치는 자금과 연구 인력을 확보해 자신감이 넘친다. 이런 추세라면 일본의 교과서 역사 왜곡과 한국에서의 역사 교과서 왜곡 시도는 갈수록 더욱 집요해질 것이 불 보듯 뻔하다. 이어 살펴볼 한국에서의 교과서 전쟁은 일본과 여러 가지로 닮은꼴이다.

5장
한국? 일본? 친일파 감싸는
국적 모를 역사 교과서

한국 역사 교과서가 일본 극우의 입장을 대변하는 후소샤 교과서처럼
일제 식민 통치를 미화는 것은 무슨 까닭인가. 친일파에 면죄부를 주고
훈장을 주자는 교과서는 어느 나라 교과서인가. 일본의 침략과 억압 통치를
비판하는 시각에서 역사를 쓰는 것은 좌편향인가.

역사 교과서는 미래 세대에게 커다란 영향을 끼친다. 과거뿐 아니
라 미래에 대한 통찰력을 심어준다. 올바른 시각을 지닌 역사 연구자
가 고심 끝에 써낸 교과서는 학생들로 하여금 그가 두 발을 딛고 사는
땅에서 지난날 어떤 일이 왜 벌어졌는가에 대한 이해력을 높여준다.
그뿐 아니라 주변국과의 관계, 나아가 세계를 바라보는 눈을 키워준
다. 그렇기에 제대로 된 역사 교과서의 중요성은 두말할 나위 없다. 문
제는 어떤 것이 '제대로 된 역사 교과서'인가를 둘러싼 시각의 차이가
워낙 커서 합의가 어렵고 논란을 부른다는 점이다.

한국 근현대사의 흐름에 큰 영향을 끼쳤던 대사건들을 학생들이 배
우는 역사 교과서에 제대로 잘 담아내기란 어려운 일이다. 글을 쓰는
이의 잣대에 따라 전혀 다른 평가가 내려지기 마련이다. 이를테면 35
년 일제강점기를 비롯해, 제주 4·3(1948), 6·25전쟁(1950), 4·19혁명
(1960), 5·16군사정변(1961), 5·18민주화운동(1980), 6월민주항쟁(1987)

등을 제대로 바라보려면 학문적 엄밀성과 더불어 건강한 비판 의식이 요구된다. 현실에선 말처럼 쉽지 않기에 교과서 내용을 둘러싼 논란이 일어나곤 한다.

한국에서는 8·15 해방 뒤 1974년까지 초등은 국정, 중등은 검정교과서를 썼다. 박정희의 유신독재(1972)가 시작되고 1974년부터는 모든 역사 교과서를 국정으로 만들었다. 정권 유지에 도움이 되는 쪽으로 교육과정을 장악하고 통제하려는 의도에서였다. 국정교과서 체제는 2002년까지 28년 동안 이어졌다. 2003년 노무현 정부가 출범하면서 변화가 생겼다. 검정제로 고교 '한국 근현대사' 교과서가 나왔다. 노무현 정부 말기인 2007년부터는 모든 중·고교 역사 교과서는 검정으로 바뀌었고, 지금껏 이어지고 있다.

일본에 너그러운 '한국형 뉴라이트'

2000년대 접어들어 한국에서도 일본과 마찬가지로 역사 교과서를 둘러싼 논란이 일어났다. 기억에도 새로운 교학사 파동이다. 이 논란의 중심에는 '뉴라이트'라고도 불리는 '신친일파'가 있다. 서구 사회에선 뉴라이트를 자유주의와 보수주의가 결합된 이념이라 말한다. 뿌리를 찾아 거슬러 올라가보면, 1980년대 영국의 '철의 여인' 마거릿 대처(Margaret Thatcher) 총리나 미국 로널드 레이건(Ronald Reagan) 대통령의 정책도 뉴라이트의 범주 안에 넣을 수 있다고 얘기된다.

1990년대 소련의 해체와 더불어 북한의 어려움을 목격하면서, 이념적 지형에 큰 충격을 받았던 한국 사회에선 뉴라이트가 변형된 모습으로 나타났다. 이른바 '한국형 뉴라이트'다. 뉴라이트를 우리말로 직역하면 '신우익'이지만, '한국형 뉴라이트'가 하는 말이나 행동은 우파인 사람들조차 받아들이기 어려울 정도로 일본에 대해 유달리 너그럽다. 그래서 '신친일파'란 지적을 받고, 정치인 홍준표처럼 자신을 '합리적 보수 우익'이라 여기는 이들의 심기를 불편하게 만든다.

'한국형 뉴라이트'인 '신친일파'는 자유민주주의와 반공을 최우선으로 삼되, 오늘날 한국 경제의 성장은 지난날 일제강점기의 한반도 통치 덕분이라는 이른바 '식민지 근대화론'을 굳게 믿는다. 이영훈 같은 이들이 중심인물이다. 문제는 이들이 한국의 역사 교과서에도 영향을 미치려 나섰다는 점이다.

2013년 8월 교육부의 최종 검정을 통과한 고교용 한국사 교과서는 모두 8종이었다. 뉴라이트 계열 연구자들이 집필한 교학사 1종만이 유달리 친일·반공·독재 미화의 시각이 너무 넘쳐나 논란이 됐다. '신친일파'는 교학사 교과서를 옹호하면서 나머지 7종 교과서가 '반일·친북·좌편향'이라고 주장했다. 세계화 시대를 살면서 한국 교과서들에는 민족주의 감정이 지나치게 담겨 있다고도 했다. 그러니 (일본의 극우파들도 애용하는 용어인) '자유주의 사관'에 따라 교과서를 다시 써야 한다고 주장했다.

친일파에 면죄부, 훈장을 주자고?

'신친일파'는 '교과서를 반일의 시각에서 쓰는 것은 좌편향'이라 주장했다. 8·15 해방 직후에 반민족행위자로 몰린 친일파들이 살아남으려고 내걸었던 '친일=반공=애국, 반일=용공=매국'이란 구시대의 낡은 흑백 논리를 21세기에 뉴라이트가 되살린 모습이었다. 다른 7종의 교과서에 견주어 친일 문제의 실상을 적게 다룬 교학사 교과서의 서술 내용은 큰 논란을 불러일으켰다. 이와 관련한 김정인(춘천교육대 교수, 역사교육)의 글을 보자.

그나마 (교학사 교과서가 친일 문제를) 다룬 경우에도 치명적인 문제가 있다고 역사학계는 지적한다. 교과서 곳곳에서 해방 이후 현재에 이르기까지 친일파와 후손이나 추종 세력이 내놓은 각종 '친일의 변'을 동원해 친일파에게 면죄부를 주고, 더 나아가 현양(顯揚)해야 한다고 강변한다는 것이다. 교학사 교과서에는 일제 시기를 살았던 사람들은 정도의 차이는 있지만 모두 일제에 협력했다는 '친일공범론'도 등장한다.[61]

위에서 '친일의 변'이란 '일제의 강요 때문에 어쩔 수 없이 협력했을 뿐, 스스로 나서서 친일을 하지 않았다'는 투의 변명을 가리킨다. 육당 최남선(1890~1957)과 춘원 이광수(1892~1950)가 그랬다. 8·15 뒤 '민족반역자 처단을 위한 특별법'에 따라 반민특위(反民特委)로 끌려갈 무렵 최남선은 「자열서(自列書)」에서, 이광수는 「나의 고백」에서 똑같이 '부득이 민족을 위해 친일했다'고 주장했다. 이를테면, 청년들에게 학병을 권했던 까닭은 '학병을 나가지 않으면 학병을 나가서 받는 것 이상의 고생을 할 것 같기에' 그랬다고 했다. 그런 변명은 지금 다시 들어도 민망할 뿐이다.

교학사 교과서에서 친일파를 '현양해야 한다'는 것은 또 무슨 말인가. 사람은 누구에게나 공과(功過)가 있기 마련이고, 친일을 했던 사람들은 '과'뿐만 아니라 '공'도 있다, '공'이 있다면 친일은 덮고 잘한 일에 훈장이든 포상이든 주어야 한다는 궤변이다. 이 논리대로라면, 이완용이나 송병준 같은 '뼛속 깊이 친일파' 매국노도 그들 나름의 공이 있다면 대한민국의 훈장을 받을 수 있다는 얘기가 된다. 그런 교과서를 읽는 학생들은 헷갈릴 수밖에 없다.

'친일공범론'도 참 한심스러운 발상이다. 일제의 지배를 견뎌내느라 크든 작든 협력을 했다는 전제 아래, '정도의 차이가 있지만' 모두 친일파란 얘기인가. 이는 1945년 일본에서 누가 패전·전쟁범죄의 책임을 져야 하는가에 관심이 쏠려 있을 때 나왔던 '일억총참회(一億總懺悔)' 주장을 떠올린다.

메이지(明治) 일왕〔무쓰히토(睦仁), 1852~1912〕의 사위이자 8·15 패전 직후인 1945년 8월 17일부터 2개월 남짓 총리대신을 지낸 히가시쿠니 나루히코(東久邇稔彦)를 비롯한 히로히토 측근들은 염치없게도 이런 궤변을 슬며시 꺼내들었다. "일본인들은 군부와 공무원, 민간인들 모두가 패전 책임이 있으니 집단적으로 철저한 반성과 참회를 해야 한다." 패전 뒤의 일본 상황을 다룬 역작으로 퓰리처상을 받은 존 다우어(John W. Dower, MIT 명예교수, 역사학)의 책에서 관련 대목을 옮겨본다.

(일억총참회론은) 군부와 민간 관료들이 (패전) 2주 전부터 문제가 될 만한 문서들을 파기해온 시점에서 나온 발언이었기에 일종의 악랄한 진실을 담고 있었다. 아무도 책임지려 하지 않았고, 또 아무도 책임을 묻지 않았다. 정치학자 마루야마 마사오는 (일억총참회론을 가리켜) 위험한 상황에 처한 오징어가 먹물을 뿌리는 행동에 비유했다. 한 분노한 농부는 이렇게 말했다. "우리는 전혀 개입한 적이 없는 일에 참회할 필요는 없다. 참회는 국민을 배신하고 속인 자들에게나 필요하다."[62]

'일억총참회론'은 패전·전쟁범죄에 사실상 가장 큰 책임을 져야 마땅한 일왕 히로히토를 지켜줄 속셈에서 나온 것이었다. 교학사 교과서에 나오는 '친일공범론'도 친일파들을 두둔하고 면죄부를 주려는 위험한 논리다. 춘원 이광수는 「나의 고백」에서 이렇게 주장했다. "세금을 바치고, 법률을 지키고, 관공립 학교에 자녀를 보내고 한 것이 모두 일본에의 협력이다. 더 엄격하게 말하면, 죽지 않고 살아 있다는 것도 협력이다." 일제에 빌붙어 살던 친일파들과 실제로 친일의 책임을 나눈다면, 먼 앞날에 어느 누가 독립투쟁이라는 고난의 길로 선뜻 들어설 것인가. '친일공범론'은 역사 교과서를 통해 미래 세대에게 전할 교육적 메시지와는 거리가 멀다.

"이 교과서는 어느 나라 교과서인가요?"

문제의 교학사 교과서는 내용 곳곳에서 일제의 식민 통치를 긍정적으로 받아들였다는 지적을 받았다. 이를테면, 일제의 35년 지배가 조선에 철도와 학교 등이 많이 세워지는 변화를 이뤘다면서 일제 식민 통치의 외형을 그럴듯하게 소개하고 있다. 이른바 식민지 근대화론이다. 문제는 일제가 어떤 목적으로 그런 정책을 폈는가를 짚고 넘어가지 않았다는 점이다. 철도를 놓았다면, 그것이 효율적 수탈을 노린 것은 아니었는가에 대한 점검이 없었다. 학문적 실증주의를 내세우며 조선총독부에서 발표한 통계와 관련 내용을 대변인처럼 그대로 옮겨 놓은 한국사 교과서를 제대로 된 역사 교과서라 말하기 어렵다. 통계 속에 감춰진 압제와 수탈의 진실을 드러내야 했다. 학생들 사이에서 이런 물음이 절로 나오기 마련이다. "이 교과서는 어느 나라 교과서인가요?"

교학사 교과서의 또 다른 특징은 민주주의와 인권, 민족 화합의 중요성을 말하기보다 극단적인 반공 이념을 지나치게 내세웠다는 점이다. 이를테면 1948년 8월 15일 정부 수립 뒤 제헌국회가 만든 반민족 행위자처벌법에 따라 친일파 청산을 밀어붙였을 때 친일 경찰이 반발함으로써 실패로 끝났는데, 이를 두고 교학사 교과서는 '공산 세력을 막기 위해서였다'며 반공 프레임을 내세웠다. 박정희 대통령이 민주주의의 근본을 무너뜨리고 장기 독재로 나아가려고 꾀했던 '10월유신'(1972)의 배경을 설명하는 대목에선 '북한의 끊임없는 남한 공산주의화 시도를 막기 위해서였다'며 긍정적으로 보는 듯이 썼다.

교학사 교과서는 위에서 살펴본 친일 편향성은 둘째 치고, 전체적으로 곳곳에서 부실투성이라는 지적을 받았다. 한마디로 학생들이 배울 교과서로는 '함량 미달'이었다. 제대로 검정을 받는다면 마땅히 탈락할 교과서였다. 하지만 박근혜 정부는 '검정 통과' 쪽으로 밀어붙였다. 부실투성이였던 일본의 후소샤 교과서를 일본 문부과학성 검정관들이 눈감아주고 넘어간 것과 똑같다. 전 독립기념관장 이준식의 비판을 들어보자.

교학사 교과서는 국사편찬위원회의 검정 과정에서 다른 교과서에 비해 2~3배의 오류를 지적당했다. 정상적으로는 도저히 검정을 통과할 수 없는 상황이었다. 그런데도 국사편찬위원회가 '봐주기' 검정을 함으로써 교과서라는 이름을 붙이기에도 민망한 잡서(雜書)가 검정을 통과할 수 있었다. 당연히 검정을 통과한 뒤에도 수백 개의 오류, 그것도 단순한 오류가 아닌 치명적인 오류가 발견되었다. 그러니 도저히 교육 현장에서 쓸 수 없는 '쓰레기 교과서'라는 비난이 쏟아졌다.[63]

'한국형 뉴라이트' 연구자들은 '다른 역사 교과서들이 친북·좌편향 성향이라 아이들에게 잘못된 생각을 품게 한다'고 색깔 논쟁을 지피며 교학사 교과서를 응원했다. 하지만 헛수고였다. 비판적 연구자들로부터 '함량 미달'이라는 지적을 받던 교학사 교과서에 대한 사실상의 평가는 교육 현장에서 판가름 났다. 그 누구보다 학부모들로부터 외면받았다. 강남 대치동 학원가 주변 카페에선 '저 교학사 교과서로 수능시험을 치렀다간 우리 아이 대학 못 가겠다'는 말들이 나돌았다.

그 무렵 한국사는 수능 필수과목이었다. 채택 결과는? 일본 후소샤 교과서처럼 참패였다. 교학사 교과서의 채택률은 0.042퍼센트였다. 2013년 기준 전국의 고교는 모두 2,370곳이었는데, 1개 고교(경북 청송여고)에서 교학사 교과서를 쓰겠다고 나섰을 뿐이다. 후소샤 교과서 채택률이 2001년 첫해 0.039퍼센트에 그친 것과 닮은꼴이다. 교학사

한국사 관련 교재들. 교학사의 한국사 교과서 검정 승인을 둘러싼 논란은
역사 교과서의 중요성을 새삼 일깨웠다.

에 전화로 물어보니, 그다음 해부터 역사 교과서 사업을 아예 접고 음
악·미술 등 예능 교과서에 집중해왔다고 한다.

일본을 빼닮은 교과서 파동 과정

여기서 중요한 대목을 하나 짚고 넘어가야겠다. 한국 교학사와 일
본 후소샤의 역사 교과서가 역사 교과서로 자리 잡지 못하고 퇴출당
한 것은 무엇 때문일까. 가장 큰 요인은 역사의 진실보다는 특정 보수
집단의 이념이나 이해관계를 중요시했던 탓으로 보인다. 민족 화해와
평화통일을 바라는 건강한 민족의식을 친북 또는 좌편향이라 몰아세
우는 교학사의 시각이나, 일본의 침략전쟁을 합리화하고 전쟁범죄를

왜곡·부인하는 후소샤의 시각은 학문적 엄밀성이란 잣대로 볼 때 수준 이하였다. 공교육 현장에서 통하기 어려운 흑백논리로 학생들에게 잘못된 생각을 주입하는 악서(惡書)라는 평가를 받아 마땅했다. 『반일종족주의』가 악서인 것과 마찬가지다.

교학사 교과서 사태와 일본의 후소샤 교과서 사태가 일어난 과정과 결과를 살펴보면 판박이처럼 닮았다. '한국판 새역모'는 뉴라이트 연구자들이 만든 '교과서포럼'(2005년 출범)이다. 2019년 강의실에서 "위안부는 매춘, 궁금하면 한번 해볼래요?"라는 말로 파문을 일으켰던 류석춘(당시 연세대 교수, 사회학)과 『반일 종족주의』의 대표 필자 이영훈(당시 서울대 교수, 경제사) 등이 만든 단체다. 포럼 출범 첫해에 펴낸 책이 『한국현대사의 허구와 진실』이다. '고등학교 근현대사 교과서를 비판한다'는 부제를 단 이 책 맨 뒤에 붙은 '창립선언문'을 보면, 이들이 무엇을 바라는가를 짐작할 수 있다.

> 중·고등학생들이 배우고 있는 역사 교과서를 보면, 응당 있어야 할 것이 빠져 있다. 나라를 세우고 지키며 가꾸기 위해 최선을 다한 우리의 모습, 삶의 질을 높이기 위해 피와 땀을 흘린 우리의 자화상이 보이지 않는다. 독재와 억압, 자본주의의 참담한 모순만이 있을 뿐이다. 대한민국의 미래 세대는 언제까지 주홍글씨가 쓰인 옷을 입고 다녀야 할 것인가. (…) 죄 많은 나라에서 태어났다는 근거 없는 원죄의식이 불식될 때까지 교과서포럼의 노력은 계속될 것이다.[64]

위의 글을 요약하자면, 기존의 교과서들은 경제발전이란 밝은 쪽을 소홀히 다루고 비민주적 정치 상황과 부의 불평등이란 어두운 측면을 강조했다는 지적이다. 그러면서 '주홍글씨'와 '원죄의식'이라는 얼핏 문학적이고 종교적인 용어를 들이민다. 한국의 미래 세대에게 이른바 자학(自虐) 사관을 가르칠 수 없다는 주장이다. 이는 마치 『국민의 역사』를 쓴 니시오 간지를 비롯한 일본 극우파들이 "미래 세대에게 죄의 식을 물려줄 수 없다"라고 입버릇처럼 달고 다니는 말을 떠올린다.

이 책의 핵심 내용 가운데 하나는 『반일 종족주의』와 마찬가지로 '이승만 띄우기'다. 이승만의 남한 단독정부 수립을 '혜안' 또는 '예지의 결실'이라 찬양한다. 이승만의 단정 구상을 가리켜 "영원한 단정이 아니라 통일 준비를 위한 단정(單政)이 우선이었다"라는 대목도 보인다. 이렇듯 서술에서 억지와 논리적 비약이 많은 탓이었을까, 독자들이 외면했고 책 판매는 초판에서 끝나고 절판됐다.

'민족' 역사관 없는 '우편향' 대안 교과서

'교과서포럼'에서 나름으로 역사 교과서의 틀을 갖춰 펴낸 것이 『대안 교과서 한국 근·현대사』(기파랑, 2008)이다. 일본 『국민의 역사』는 '대안 교과서'라고 말은 했어도 표지에 '대안'이란 글자는 없는데, 한국판엔 '대안'이라는 글자를 표지에 뚜렷이 보이도록 넣었다. 내용은 조선의 개항(1876)부터 오늘날에 이르기까지 한국사의 주요 항목들을 다루었다. 하지만 책의 기본 흐름은 2013년에 나온 교학사 교과서와 크게 다르지 않다. 1972년 이른바 '10월유신'의 배경을 설명하면서, '10월유신은 개인의 권력욕만으로는 충분히 설명될 수 없다'면서 "(박정희는) 자신에게 집중된 행정국가의 역량을 총동원하여 자주국방과 중화학공업화를 강력하게 추진하였다"라고 긍정적으로 서술하고 있다.[65]

이 책의 서문을 보면, "평범한 한국인이 처음 들으면 당황스러워할, 또는 정면으로 응시하기 난처한 사실도 모두 다 있었던 그대로 썼다"라고 했다. '당황스럽다'는 것은 11년 뒤에 나온 『반일 종족주의』(2019)의 노골적 친일 논조들이 이 책 속에 스며들어 있으니 너무 놀라지 말라는 사전 안내문처럼 보인다. 실제로 이 책의 특징이라면 '민족 중심의 역사관'을 버렸다는 점이다. '민족' 대신에 '한국인'을 역사적 행위의 주체로 내세운다. 이영훈이 『반일 종족주의』 '독도' 편에서 일본 쪽 주장을 거들면서 '세계인'을 내거는 것과 같은 맥락이다. 민족을 과도하게 내세워 극단적인 국수주의 쪽으로 가는 것은 위험하고 당연히 피해야 할 일이다. 하지만 자라나는 미래 세대에게 '민족'을 지움으로써 정체성의 혼란을 가져다주는 것은 도대체 누구를 위한 교육 논리인가 묻고 싶다.

한국 근현대사를 전공하는 연구자들로부터 혹평이 쏟아진 것은 당연했다. '사실관계의 잘못', '앞뒤가 맞지 않는 비문', '현행 교과서의 우편향 수정'이라는 비판이 주를 이루었다. 한국 근현대사 전공자인 윤대원(전 서울대 규장각한국학연구원 교수)은 이 책에서 내세우는 주장이 '우리 국민에게 지탄의 대상이 되고 있는 일본의 대표적인 극우 지식인 집단이자 역사 교과서 왜곡의 선봉장인 새역모와 다르지 않다'고 비판했다.[66]

'한국판 새역모'를 꾸려가는 데 핵심 일꾼으로 이영훈이 빠질 수 없다. 그는 교과서포럼에 관계하면서 '대안 교과서'의 주요 필자로 참여했고, 한국현대사학회의 핵심 인물로서 교학사 교과서 제작 방향도 직간접적으로 거들었다. 교학사 교과서 파동이 있기 전에 이영훈을 중심으로 이른바 한국형 뉴라이트 연구자들이 집중했던 작업이 2권으로 이뤄진 『해방전후사의 재인식』(책세상, 2006)이다. 이는 『해방전후사의 인식』(한길사)의 대항마로 나온 책이다. 2004~2006년 사이에 모두 6권으로 나온 『해방전후사의 인식』은 비판적 시각으로 많은 독자들의 눈길을 끌었다.

『해방전후사의 재인식』은 실증주의로 포장해 학문적 엄밀성을 내세우면서도 시각 자체가 식민지 근대화론과 반공, 이승만·박정희 독재 미화가 밑바탕에 깔려 있다. 그래서일까, 『해방전후사의 재인식』의 판매 부수는 『해방전후사의 인식』에 견주어 훨씬 못 미쳤고, 지금은 절판 상태다. 이영훈은 『해방전후사의 재인식』의 해설판 성격으로 『대한민국 이야기』(기파랑, 2007)를 써냈다. 이 책에서 이영훈은 "『해방전후사의 인식』과 그에 입각한 현행 역사 교과서를 그냥 놔두고선 대한민국의 미래가 없다"라고 주장했다.⁶⁷ 이런 그의 극단적이고 완고한 주장을 듣노라면 '머릿속에 한번 굳어진 이념은 토론이나 설득으로 바뀌기 힘들다'는 말이 새삼 떠오른다.

"일본 후소샤보다 더 노골적으로 친일파 옹호"

교과서포럼을 중심으로 2011년에 만들어진 단체가 '한국현대사학회'다. 이 학회 연구자들이 중심이 돼 2년 뒤인 2013년에 문제의 교학사 교과서를 펴냈다. 여기엔 권희영(한국학중앙연구원 교수, 한국 근현대사)이 중심 필자로 참여했다. 그는 '한국 사회가 지나치게 친일-반일의 구도에 사로잡혀 있다'고 주장했다. 8·15 뒤의 독재나 정경유착 등에 대한 비판을 '좌편향'이라 지적하기도 했다.

권희영은 서울대 국사학과 학생 시절엔 (이영훈과 마찬가지로) 변혁을 꿈꾸던 진보적 청년이었다. 하지만 일찍이 한국형 뉴라이트 쪽으로 돌아섰다(성실한 모범생이던 권희영의 1970년대 학생 시절을 기억하는 나로서는 그의 학문적 에너지가 다른 쪽으로 더 유용하게 쓰였으면 어땠을까 하는 아쉬움이 크다). 문제는 그가 중심이 돼 만든 교학사 교과서가 일본 '새역모'의 후소샤 교과서보다 더 노골적으로 친일파를 옹호했다는 점이다. 이와 관련한 전 독립기념관장 이준식의 글이다.

(교학사와 후소샤) 교과서에서 일제강점기를 서술할 때는 용어도 내용도 거

의 비슷하다. 적어도 일제강점기에 관한 한 일본 극우의 입장을 대변하는 후소샤 교과서와 한국 극우의 입장을 대변하는 교학사 교과서는 쌍둥이라는 소리를 들어도 무방할 정도로 닮아 있다. 아니 정확하게 말하면 뒤에 나온 교학사 교과서가 후소샤 교과서보다 더 노골적으로 일제 식민 통치를 미화하고 친일파를 옹호한다.[68]

2001년 후소샤의 『새로운 역사 교과서』가 나왔을 때 많은 비평가들은 그 안에 담긴 극우적 역사 왜곡을 보면서 '위험한 교과서'라는 별명을 붙였다. 일제의 침략전쟁이 정당하고 합법적이라고 주장하며 전쟁범죄를 부인 또는 축소함으로써 일본의 미래 세대에게 비뚤어진 역사의식을 심어줄 것이란 점에서 '위험'하다는 지적을 받았다. 이준식은 '후소샤 교과서보다 더 위험한 교과서'인 교학사 교과서가 대한민국에서 국가의 공인을 받았다는 점을 안타까워했다. 그래서 그는 거듭 묻는다. "이 책은 한국 역사 교과서인가, 아니면 일본 역사 교과서인가?"

문제의 교학사 교과서가 이념 편향과 부실 논란 속에 2014년 일선 학교와 학부모들의 차가운 반응으로 채택률 0퍼센트를 기록하며 사실상 퇴출되자, 2015년 박근혜 정부는 다른 방안을 밀어붙였다. 교과서 국정화다. 노골적으로 밀었던 교학사 교과서가 일선 학교에서 버림받은 뒤, 박근혜 정부는 (박정희 정부가 그랬던 것처럼) 역사 교과서를 아예 국정으로 바꾸려 했다. '제2의 교학사 교과서'를 국정교과서 형태로 만들려는 시도였다. 참고로, 이를 비판하는 공립 고등학교 교사가 쓴 글을 옮겨본다.

교학사 교과서의 '자유민주주의'는 뉴라이트의 역사 인식을 극명하게 보여준다. 민주주의를 표방하나 반공을 중심에 두고 체제, 국가 중심의 서사를 만들어간다. 이 속에서 북은 적대적 대상이고 과거 권위주의 정부가 민주화운동을 억압한 사실은 희석된다. 그 틈에 현대사 교육은 퇴행과 퇴보를 거듭하고 있다. (교학사 교과서 퇴출 뒤) 정부는 국정제를 통해 뉴라이트의 역사 인식을 확대하려는 의도마저 보인다.[69]

2017년 들어 역사 교과서 국정화 시도는 없던 일이 됐다. 국정교과서랍시고 문교부가 내놓은 역사책이 오류투성이로 드러나고, 국정교과서 사용을 위한 연구 학교 신청도 거의 없었다. 제2의 교학사 사태가 일어날 뻔한 상황에서 최순실 국정농단 사건으로 정권교체가 이루어져 국정화는 폐기됐다. 만에 하나 촛불혁명이 일어나지 않았다면, 국정교과서를 둘러싸고 소모적인 논쟁이 이어졌을 것이다. 앞으로 어떤 정부에서건 역사 교과서 국정화를 추진할 가능성은 없을까. 전혀 없다고 잘라 말하긴 어렵지만, 적어도 올바른 역사 교육의 중요성을 떠올린다면 그런 무리수를 함부로 두는 정권이 나타나지 않기를 바랄 뿐이다.

누가 '자학 사관'을 지녔는가

'한국형 뉴라이트' 지식인들과 손잡은 '신친일파'는 다른 한국사 교과서들을 공격할 때엔 좌편향 비판과 더불어 '자학 사관' 논리를 내세운다. 식민지 근대화와 경제발전의 밝은 쪽을 외면하고 정치적 억압과 구조적 불평등이란 어두운 쪽을 강조하기에 '자학'이라는 것이다. 자학 사관을 공격 무기로 쓰는 원조(元祖)는 이미 살펴보았듯 '새역모'를 비롯한 일본 극우다. 한국의 '신친일파'는 일제 식민지 통치가 근대화를 가져온 밑거름이 됐다는 '식민지 근대화론'을 받아들이지 않는 민족 사관을 가리켜 '자학 사관'이라 비난한다.

'신친일파'들이 머릿속에 그리는 한국 역사는 항일 독립투쟁의 역사가 아니다. 일본 식민 통치 덕분으로 이룩한 근대화의 역사다. 이들이 그리는 현대사는 민주주의 발전과 남북 화해의 역사가 아니다. 이승만의 남한 단독정부 수립 추진과 박정희의 개발독재를 옹호하고 북한과의 대화를 부정하는 역사다. 그런 역사 해석이 옳지 않다고 비판하면 '대한민국의 정체성을 부인한다'며 또다시 '자학 사관'이란 낙인을 찍으려 든다. 거꾸로, 이들 '신친일파'도 한국을 비하하는 '자학 사관'을 지녔다는 비판을 받는다. 전강수(대구가톨릭대 명예교수, 토지경제학)는 '한국을 혐오하고 일본에게 너그러운' 『반일 종족주의』 필자들은 일본제국주의자들도 감히 펼치지 못한 '극단적인 자학 사관'을 지녔고 '혐한(嫌韓) 종족주의'에 빠져 있다고 지적한다(1부 6장 참조).

결론적으로, 우리의 미래 세대를 위해서 기본적으로 다음과 같은 세 가지 내용을 역사 교과서에 담는 것이 바람직하다고 본다. 한반도를 식민지로 억압·수탈하며 전쟁범죄를 저질렀던 일본제국주의를 비판하고, 8·15 뒤 민주주의를 훼손했던 권위주의와 사회적 불평등의 문제점을 지적하며, 북한을 무조건 적대 세력으로 밀치기보다는 '민족의 반쪽'으로 품어 안고 평화적 통일을 앞당기려 노력한다. 이런 세 가지 방향은 '신친일파' 또는 '한국형 뉴라이트'가 말하듯이 한국의 정체성을 부인하는 '자학'이 아니다. 오히려 한국의 정체성을 인권과 평화 쪽으로 제대로 가다듬는 것이다. 그래서 다시 묻게 된다. "당신들은 누구를 위해 역사 전쟁을 벌이는가?"

6장
친일 위서(僞書)로
과거사 왜곡하는 '신친일파'

'신친일파'의 식민지 근대화론은 일제 억압 통치를 합리화하는
논리가 아닌가. '신친일파'는 한국인의 '반일 종족주의'를 개탄하지만,
그들 자신이 '혐한 종족주의'에 빠져 있는 것은 아닐까. 일본 극우들은
한국을 혐오하고 일본에게 너그러운 그들을 어떤 눈길로 바라볼까.

2019년 출간된 문제의 책 『반일 종족주의』는 일본에서 많은 관심을 끌었다. 한때는 '아마존 재팬' 베스트셀러 1위를 기록하기도 했다. 한국에서도 적지 않게 팔렸다. 구독자의 연령대는 한국과 일본 똑같이 다수가 '60대 이상'이다. 2020년엔 후속 편인 『반일 종족주의와의 투쟁』도 같은 출판사(미래사)에서 나왔다. 두 권의 책을 가리켜 출판사쪽에선 "대한민국 국민이 꼭 읽어야 할 필독서"라고 선전한다. 따져보면 꼭 틀린 말은 아니다. '지피지기 백전불태(知彼知己 百戰不殆)'라는 고대 병법의 대가 손자의 가르침을 겸허히 받든다면, 이 책들이 늘어놓는 궤변과 사실 왜곡, 억지 주장이 어떤 문제점을 지녔는지 알기 위해서라도 (인내심을 갖고) 한번 읽어볼 만하다.

『반일 종족주의』 저자들의 사부(師父), 안병직

혹시 독자분들이 병법가 손자와 같은 마음으로 『반일 종족주의』를 읽으려면, 공공도서관에서 빌려 보시길 권한다. 굳이 돈을 내고 사 볼 것까진 없다는 뜻이다. 고백하자면, 몇 해 전에 그 책을 읽다가 '이런 책을 쓴 자들은 한국인이 맞나? 일본 극우가 쓴 것을 번역한 게 아닐까?'라는 의문이 떠올랐다. 그럴 무렵 어느 선배를 만나 책 얘길 했더니, 늘 웃는 상이던 얼굴을 찌푸리며 대뜸 이렇게 말했다. "그 얘긴 더 이상 하지 말자. 내 정신 건강을 위해 폐지 재활용함에다 내다 버렸어!"

그 선배와는 대학 다닐 때 안병직(1936년생, 서울대 명예교수, 경제사)의 경제사 강의를 함께 들었던 인연이 있다. 『반일 종족주의』의 6인 저자 가운데 대표 필자 이영훈의 스승이 안병직이다. 1970년대와 1980년대 전반기만 해도 안병직은 후진국 또는 개발도상국의 민족경제를 갉아먹는 매판(買辦)자본 문제를 지적하는 등 나름의 비판적 시각으로 학생들의 관심을 끌었다. 『전환시대의 논리』(1974)를 써낸 리영희(1929~2010, 전 한양대 교수, 신문방송학)가 학생들에게 끼쳤던 묵직한 무게감에는 못 미치겠지만, 안병직의 영향을 받아 나를 포함한 여러 학생들이 부전공으로 경제학 과목을 선택할까 고민했을 정도였다.

박정희 유신독재 시절이던 1970년대에 '서울대 운동권의 대부'(?)라는 말까지 듣기도 했던 안병직에겐 이런 일화도 전해진다. 1971년 당시 서울대 경제학과 학생 이영훈이 박정희 정권의 주요 정책 가운데 하나인 교련(학교군사훈련)을 거부하는 바람에 제적당하자, "노동운동을 해보라"라고 권유했다고 한다. 당시 안병직은 이영훈 말고도 여러 학생에게 직업적인 노동운동가가 되길 권했다고 알려진다. 극우적 성향을 보여 논란이 된 김문수(서울대 경영학과 1970년 입학, 전 경기도지사) 같은 이들이 노동 현장으로 나간 것도 안병직의 영향과 무관하지 않을 것이다.

그러나 세월이 흐르면서 안병직의 이념 노선이 바뀌었다. 뉴라이트 재단 이사장과 한나라당 여의도연구소 이사장을 지낸 그의 이력이 말해주듯, '신친일파'로 돌아섰다. 그 전까지 식민지 반봉건사회론을 펼치던 안병직의 학문적 입장이 (일제의 식민 통치가 근대화에 기여했다는) 식민지 근대화론 쪽으로 기울었다. 천동설이 지동설로 바뀌는 코페르니쿠스적 전환 같은 일이 왜 그에게 일어났을까.

1990년대 초 소련 공산권이 무너지면서 지식인들의 이념적 지형에 큰 충격이 주어진 것이 1차적으로 영향을 미쳤을 것이다. 한때는 일부 사람들에게 '사회주의 모국'으로 여겨지기도 했던 소련의 붕괴와 이에 따른 북한 경제의 어려움을 목격하면서, 이론적 구심점을 잃은 운동권 출신들이 잇따라 보수 우파로 전향하는 흐름이 생겨났다. 글 앞에서 언급한 김문수, 그리고 이재오(정치인, 중앙대 경제학과 1964년 입학) 같은 이들이 그러했다.

안병직은 1980년대부터 일본을 왔다 갔다 하면서, 그곳 우파 지식인들과의 잦은 접촉으로 이념적 변신에 영향을 받은 것으로 알려진다. 지금의 안병직은 이영훈을 비롯한 『반일 종족주의』의 저자들이 사부로 여기는 인물이다. 30~40년 전만 해도 자신이 '21세기 신친일파' 계보에서 꼭지를 차지할 것이라고는 생각도 못 했을 것이다. 『반일 종족주의』의 6인 저자 가운데 핵심인 이영훈, 김낙년(한국학중앙연구원장), 주익종(이승만학당 교사)도 마찬가지다. 이들이 서울대 경제학과를 다니며 안병직 교수에게 배우던 시절엔 사회변혁을 꿈꾸었던 진보적 청년들이었다.

'신친일파'로 전향한 뒤 안병직이 가끔씩 던진 파문은 지금도 사람들의 기억에 남아 있다. 그는 생방송으로 진행되는 〈MBC 뉴스 현장〉 인터뷰(2006년 12월 6일)에서 "일제시대 공공연한 토지 수탈은 없었다"

라고 부인하더니, 이어 "위안부를 강제 동원했다는 객관적인 자료는 하나도 없다"라고 주장해 논란을 불렀다. 지난날 일본제국주의가 세우고자 했던 '대동아공영권'을 찬미하는 일본 극우파들의 망발과 큰 차이가 없다. 많은 연구자들은 안병직의 이 발언이 '학문적 양심을 버린 터무니없는 친일적 주장'이라 여겼다. 보수 우파에 속하는 사람들도 그의 '친일적' 발언에 충격을 받고 분노했음은 물론이다.

"극단적 자학 사관이자 혐한(嫌韓) 종족주의"

안병직의 제자들도 논란을 부르기는 마찬가지였다. 『반일 종족주의』의 대표 필자인 이영훈은 지난 2004년 9월 〈MBC 100분 토론〉에서 "일본군 성노예가 '사실상 상업적 목적을 지닌 공창 형태'였다"라고 말했다가 국민의 거센 비난을 받았다. 급기야 나흘 뒤 '나눔의 집' 수련관에 들어서자마자 7명의 피해자 할머니들에게 무릎 꿇고 큰절로 사과를 했었다. 할머니들은 끝내 사과받길 거부하며 이영훈에게 이렇게 호통쳤다. "근본에 문제가 있다. 일본인 아니냐? 당장 호적등본 떼 와라!"(이옥선 할머니), "학자는 무슨 학자냐? 자격이 없다. 뚫린 입이라고 막말을 하느냐?"(김군자 할머니).

그 자리에서 이영훈은 "할머니들이 일제강점기 성노예자라는 역사 인식에 동의하며 철저한 역사 청산이 이뤄질 수 있도록 최선을 다하겠다"라고 말했다. 하지만 막말에 대한 사과는 딱 그때뿐이었다. 『반일 종족주의』에서 펼쳐진 그의 궤변과 왜곡을 보면 15년 전 그날의 방문과 사과가 국민적 분노를 누그러뜨리고 시간을 벌기 위한 꼼수에 지나지 않았음을 알 수 있다. 들려오는 애기로는, 이즈음 이영훈은 주변 사람들에게 "그날 무릎 꿇으려고 간 것은 아니었는데, 엉겁결에 그렇게 됐다"라고 얼버무린다고 한다.

이영훈, 주익종과 함께 서울대 경제학과를 다니며 안병직에게 배웠던 전강수 같은 이는 이영훈에게 매우 비판적이다. 한국을 혐오하고 일본에게 너그러운 '극단적인 자학 사관', '혐한(嫌韓) 종족주의'에 빠져 있다는 것이다. 관련 부문을 줄여 옮겨본다.

'반일 종족주의론'은 일본 제국주의자들도 감히 펼치지 못한 극단적인 자학 사관이다. 이영훈은 한국인의 '반일 종족주의'를 개탄하지만, 실상은 자신이 '혐한 종족주의'에 빠져 있다. 혐한 종족주의는 책 전반에 걸쳐 드러난다. 한국 사람의 오류에는 하나라도 놓칠세라 눈을 부라리는 반면, 일본 제국주의자들의 수탈과 악행에는 한없이 관대한 모습을 보이는 것이 그 증거다. 나머지 5명의 필자도 이영훈의 입장에 전적으로 동의한다는 뜻이겠다.[70]

문제의 『반일 종족주의』는 어떤 주장을 펼치며 사람들을 분노하게 만드는가. 앞에 썼듯이, 그 책을 읽다가 폐지 재활용함에 던져버렸다는 선배가 혹시 아래 글을 본다면 혈압이 또 오를 게 뻔하다. 일상에 바쁜 독자들의 시간도 절약할 겸 눈에 띄는 사항만 몇 개 꼽자면, 다음과 같다.

- 식민지 조선의 쌀을 '수탈'해 간 것이 아니라 '대가를 지불하고 수입'해 간 것이고 '농민의 소득 증가에 오히려 기여'했고(44~51쪽), 일제가 토지조사사업으로 조선인의 토지를 수탈하고 산미증식계획으로 쌀을 수탈해 갔다고 가르치는 한국사 교과서가 잘못됐다(53~54쪽).
- 일제강점기 말기의 강제 동원은 허구이자 신화이며 따라서 한국의 교과서가 역사를 왜곡한다. 피해자들이 주장하듯 '노예노동'은 없었다. 강제 동원 피해자에 배상하라는 한국 대법원의 판결(2018년 10월 30일)은 '명백한 역사 왜곡에 근거한 황당한 판결'이다(67~69쪽).

• 당시에는 '강제 연행'이나 '강제징용'이란 말조차 없었고, '조선인 청년들에게 일본은 하나의 로망'이었다. 징용 조선인들 가운데 도망자가 많았던 것은 '근로 조건이 더 좋은 곳으로'의 도망이었다(69쪽). 따라서 한국의 교과서는 역사를 왜곡하고 있다(71~76쪽).

• 1965년 한일협정 때 한국 쪽은 '애당초 청구할 게 없었고' 한일협정으로 일체의 청구권이 완전히 정리되었다(115쪽).

• 한국이 독도 영유권을 내세우는 것은 '반일 종족주의의 가장 치열한 상징'이다(151쪽).

• 1905년 조선이 외교권을 박탈당한 을사조약을 체결한 것은 '기회주의자' 고종(高宗) 임금이다. 이완용을 비롯한 '을사 5적'에게 책임을 돌리는 것은 옳지 않다(204~210쪽).

• '위안부' 제도는 원래 있던 공창제가 군사적으로 동원 편성된 것에 지나지 않는다. '위안부'들은 '고수익'을 챙겼고, 피해자들이 주장하는 강제 연행은 없었다. 위안부 숫자를 과장해선 곤란하다(301~304쪽).

• 위안부제가 일본군의 전쟁범죄라는 인식에 동조하지 않는다. 정대협(지금의 정의기억연대)은 직업적 일거리를 잇기 위해 위안부들을 앞세운 시위를 줄기차게도 벌여왔다(337쪽).[71]

'친일 위서(親日 僞書)' 필자들, 어느 나라 사람인가

줄인다고 줄인 것이 이처럼 길다. 위에 옮긴 글 말고도 또 여러 항목이 있지만, 무시하고 넘어가기로 한다. 『반일 종족주의』에 대한 한국 주류 학계의 분위기를 한마디로 줄이면, '일일이 대응할 가치가 없다'는 것이다. 일제강점기의 강제 동원과 관련해 여러 연구 보고서와 책자를 펴내온 정혜경(ARGO인문사회연구소 연구위원)은 그가 공저자로 참여한 책의 소제목을 '일일이 논박할 가치가 없으나'로 했다. 그 이유를 들어보자.

『반일 종족주의』의 집필자는 자신이 잘못 알고 있는 내용을 오히려 학계의 역사 왜곡이라고 규정하며, 강제 동원의 역사를 부정하는 근거로 삼았습니다. 또한 학계나 사회단체가 의도적으로 왜곡을 확산하는 듯이 표현했습니다. 구체적인 근거를 제시하지 못하고 주장만 난무하며, 이미 공개된 다양한 자료를 확인하지 않고 억측과 궤변으로 대신했습니다. 그러므로 이에 대해 일일이 논박하는 것은 의미가 없고 소모적입니다.[72]

『반일 종족주의』 필자들은 일제강점기 말기의 강제 동원 문제에서 독자들을 당황스럽게 만든다. 강제 동원은 허구이자 신화이며 따라서 '한국의 교과서가 역사를 왜곡한다'는 궤변을 늘어놓는다. 아울러 많은 피해자들이 한결같이 주장해온 '노예노동'은 없었다고 우긴다. 더구나 강제 동원 피해자에 대한 배상을 판결한 한국 대법원의 판결(2018년 10월 30일)을 '명백한 역사 왜곡에 근거한 황당한 판결'이라 조롱한다.

특히 이영훈은 '위안부' 강제 연행은 없었고, 그 수는 3,600명쯤에 지나지 않는다고 주장한다. 우리 학계에선 3만~5만 명 사이로 본다. 이영훈은 숫자를 부풀려서 말하면 '곤란하다'고 했다. 누구에게 곤란하다는 말인가? 그가 잘 보이려 하는 일본 극우들에게 곤란하다는 말인가. 그는 '위안부들이 일본군과 함께 죽기를 강요당하기도 했다'며 '위안부'들이 겪었던 참상을 인정하면서도 '그것은 전쟁 자체의 참혹함이었다'고 핵심을 비껴간다. 그러고는 6·25 한국전쟁 때 있었던 '한국군 위안부'와 '미군 위안부', 그리고 '민간 위안부'란 이름으로 한국 사회의 성매매를 필요 이상 길게 언급한다. 그러니 정작 논란이 되는 '위안부' 성노예의 핵심이 흐려지기 마련이다. 여기서 또다시 사람들은 묻게 된다. "도대체 이런 논리를 펴는 자는 어느 나라 사람인가?" "그렇기에 '친일 위서(親日僞書)'란 따가운 눈총을 받는 것 아닌가?"

『논리학 개론』을 읽다 보면, '뿔을 둘 다 잡아야 논리적으로 말이 된다'는 것을 알게 된다. 소머리의 뿔 두 개를 다 잡아야지, 하나만 잡고 둘 다 잡았다고 우기면 '논리적 오류'에 빠지기 마련이다. 『반일 종족주의』를 보면 이른바 실증주의를 내세우면서 필요에 따라선 각종 통계를 근거 자료로 인용함으로써 그들의 주장이 마치 진실인 양 포장하고 있다. 얼핏 보면 그럴싸하다. 하지만 조금만 더 들여다보면, 논리학에서 지적하는 '뿔 하나만 잡는 오류'를 밥 먹듯 저지르고 있다는 사실을 알게 된다. 이를테면, 자신들에게 유리한 통계 숫자만 골라내고 다른 각도로 낸 통계를 의도적으로 빠뜨리곤 한다. 통계 숫자뿐 아니다. 서술 방식에서도 결론을 정해놓고 거기에 뚜드려 맞추는 억지와 궤변, 왜곡투성이다.

증언자의 녹취록도 자신들의 입맛에 맞는 것만 쏙 빼, 증언자가 말하고자 했던 핵심을 흐리고 엉뚱한 결론으로 왜곡한다. 이를테면, '위안부' 할머니 문옥주(1924~1996)의 경우가 그러하다. "나는 일본군 '위안부'였다"라는 김학순 할머니의 최초 증언(1991년 8월 14일) 넉 달 뒤인 1991년 12월 2일 두 번째로 나섰던 문옥주 할머니가 생전에 남긴 증언을 들어보자.

> 만 16세가 되는 1940년 가을, 어느 저녁에 친구네 집에서 놀다 집에 돌아가는데 일본인 군복을 입은 사람이 끌고 갔다. 헌병대 앞이라고 생각했다. 먼저 (잡혀) 있던 여자도 있었다. 거기 사무실에서 하룻밤을 보냈다. 대구역에서 평복을 입은 일본인 남자와 조선인 남자에게 넘겨주었다. '아카츠키'라는 기차를 탔다.[73]

『반일 종족주의』의 이영훈은 '문옥주가 헌병에 잡혀갔다고 하지만 그대로 믿어선 곤란하다'면서 아무런 증거도 제시하지 않고 '어머니나 오빠의 승낙 아래 주선 업자에게 끌려간 것을 그렇게 둘러댔을 뿐'이라고 우긴다(321~322쪽). 그러면서 문옥주가 동남아시아에서 '위안부'로 일하면서 가족에게 돈을 보냈다는 점을 내세워 성노예로 착취당한 '위안부'의 본질을 흐뜨리려 들었다. 합리적으로 생각해보자. 이영훈의 주장대로 가족이 업자에게 팔아넘겼다면, 문옥주가 그런 지옥 같은 삶을 살면서 모은 돈을 어떻게 자신을 성노예로 만든 가족에게 보내려 할 수 있을까.

문옥주가 가족에게 보냈다는 돈도 거금이 아니었다. 전쟁 중인 동남아 지역에서 하루가 다르게 올라가는 천문학적 인플레에 따른 환율을 고려한다면 적은 돈이었다. 그럼에도 이영훈은 송금 사실을 들어 문옥주가 성노예가 아니라는 점을 강조한다. 그야말로 전형적인 물타기 수법이다. 논리학에 말하는 '뿔'을 하나만 잡고 그럴싸하게 독자들을 현혹하는 서술 방식이다. 길거리의 야바위꾼들이 행인들의 주머니를 털려고 의도적으로 눈을 혼란스럽게 하는 것과 무엇이 다른가.

'토착왜구', '부왜노(附倭奴)', '친일 종족주의자'

『반일 종족주의』 출간 이전에도 한바탕 소동이 있었다. 지금부터 10년 전 "위안부는 일본군과는 동지적 관계이자 식민지인으로서 (전쟁)협력자이다", "위안부는 매춘의 틀 안에 있는 여성"이라며 일본 극우파의 입맛에 딱 맞게 쓰인 책이 나와 파문을 일으켰다. 박유하(세종대교수, 일문학)의 『제국의 위안부』(뿌리와이파리, 2013)가 문제의 책이다. '위안부' 할머니들의 법정 소송 끝에 34곳의 내용이 삭제된 2판이 2년 뒤에 나오긴 했지만, 개운치 못한 여운은 지금껏 이어지고 있다. 그걸로 끝이 아니다. 박유하는 2018년 『『제국의 위안부』, 지식인을 말한다』와 『『제국의 위안부』, 법정에서 1460일』을 펴냈다. 국민적 비난

'위안부' 성노예 피해와 관련해 일본의 사죄와 반성을 촉구하는 수요집회

에도 아랑곳없는 오만한 태도가 인상적이라고 해야 할까.

『제국의 위안부』가 작은 파문이라 친다면, 6년 뒤인 2019년에 나온 『반일 종족주의』는 거센 후폭풍을 낳았다. '구역질 난다'는 비난 속에 '토착왜구' '부왜노(附倭奴)'란 돌팔매가 빗발쳤다. "당신들이야말로 친일 종족주의자가 아니고 뭐냐"라는 따가운 비판이 쏟아졌다. 침략과 전쟁범죄로 얼룩진 일본의 과거 역사를 부정하기에 '역사수정주의자' 또는 '역사부정론자'라는 지적을 받는 (정작 당사자들은 '자유주의 사관'을 지녔다고 말하는) 지금의 일본 극우들이 펼치는 억지 주장들과 거의 똑같다는 것이 특징이라면 특징이다. 바로 그렇기 때문에 사람들로부터 "호적을 일본으로 파 가라"라는 비난마저 받는다.

문제의 책 『반일 종족주의』와 그 후속작인 『반일 종족주의와의 투쟁』은 일제의 식민지 통치가 한민족을 노예 상태로 만들기는커녕 오히려 근대화에 도움이 됐다는 이른바 '식민지 근대화론'을 펼치고, '위안부'가 성노예였다는 사실을 외면한다. 그럼으로써 지난날 전쟁범죄의 기억을 지우고 싶어 하는 일본인들의 어깨를 주물러주며 '위안'하고 (아울러 많은 한국인들을 분노하게 만들고) 있다. 이들 '신친일파'는 그들의 '정신적 모국'인 일본에 자주 들락거리면서 챙기는 강연료, 일본어 번역판 인세, 연구지원금 등으로 '생계형 친일'을 한다는 지적마저 받는다. 특히 이 책의 논리에 따르면, 독도를 무조건 한국 땅이라 여겨서도 안 된다. 이렇듯 '역사 전쟁'은 과거사에 머물지 않고 현재진행형이다.

"누구를 위한 근대화였는가?"

'신친일파'들의 주요 논리 가운데 하나가 '식민지 근대화론'이다. 변화와 개혁의 동력을 잃은 조선왕조를 쓰러뜨린 일본의 식민 통치를 거치면서 조선이 근대화를 이루었다는 것이다. 하지만 많은 연구자들은 (학교가 많이 들어섰다느니, 철로의 길이가 길어졌다느니 하는) 통계 숫자 뒤에 가려진 식민지 근대화의 어두운 그늘을 거듭 지적해왔다. 그래서 이들은 묻는다. "누구를 위한 근대화였는가?"

『반일 종족주의』의 대표 필자 이영훈과 고교·대학(경북고, 서울대 경제학과) 동기인 허수열(1951~2023, 전 충남대 교수, 경제학)도 그런 물음을 던진 연구자다. 오래전부터 일제의 농업 개발을 통한 '식민지 근대화론'을 실증적으로 비판해왔던 그는 일제강점기의 개발은 조선인에게 있어서 (그의 책 제목처럼) '개발 없는 개발'이라 못 박았다.

일본 제국주의의 지배 기간 동안 조선은 급속한 개발을 경험했다. 그러나 그 개발의 이득은 조선인들에게 거의 귀속되지 않았다. 조선인들의 경제적 처지도 거의 개선되지 않았고 또 개선될 전망도 없었으며 극심한 경제적 불평등과 그에 따른 민족 차별이 구조적으로 확대 재생산되고 있었다.[74]

허수열은 이른바 식민지 근대화론은 한결같이 조선이라는 '지역'을 대상으로 삼고 있지만, 이런 분석은 의미가 없고 잘못됐다고 여긴다. '지역' 기준보다는 조선인이라는 '민족' 기준이 더 중요하다는 것이다. 이를테면 일제강점기에 조선의 국내총생산(GDP)이 연평균 4.1퍼센트 성장했다는 통계 자료가 있지만, 이런 통계가 일제의 피지배층인 조선 인들에게 실제로 어떤 (긍정적 또는 부정적) 영향을 끼쳤느냐를 돌아보 지 않으면 무슨 의미가 있겠느냐는 물음이다.

『반일 종족주의』가 주장하듯이 조선이 식민 지배를 받으면서 여러 부문에서 개발이 이루어졌다는 사실을 비판적 연구자들도 무조건 부 인하지는 않는다. 초점은 '누구를 위한 근대화였느냐'는 것이다. 이를 테면, 철로를 놓고 항구를 만들었다면 그 건설 과정에서 땅과 집을 수 용당하는 등 누가 희생을 강요당했고, 궁극적으로 누구에게 더 큰 이 득이 되었느냐. 그 개발의 더 큰 이익이 조선인에게가 아니라 한반 도에 진출한 일본 이민자들과 일제 지배층에게 돌아갔다면, 결코 긍정 적인 의미의 개발이나 '근대화'라 말할 수 없다.

일제강점기 동안에 만들어진 여러 통계를 보면, 전국적으로 철도역 과 항만 부두가 들어서고 학교와 발전소가 세워지는 등 이른바 '식민 지 근대화'로 일컬어지는 개발이 이뤄졌음은 분명한 사실이다. 이와 아울러 일제의 조선 식민지 통치가 일본제국주의의 이익을 위한 것이 었고, 우리 한민족이 받아들일 수 없는 부당한 수탈이 있었다는 것도 사실이다. 논의의 초점은 지표상의 근대화와 수탈, 이 두 측면 중 어느 것을 강조하느냐.

결국은 연구자가 어떤 문제의식을 지녔는가에 달려 있다. 건강한 민족의식을 지녔다면 그렇게까지 열을 올려가며 우리 한민족이 일본 통치 덕에 '근대화'를 이룩했다고 주장할 수 있을까. '신친일파'가 말하는 '식민지 근대화론'을 뒤집어 보면, 일제 억압 통치를 합리화하고 그들이 조선인들에게 저질렀던 전쟁범죄의 기억을 애써 지워주는 논리다. 특히 일본 군국주의의 부활을 꿈꾸는 일본 극우들의 기분을 맞춰주는 '위안'의 논리라는 비판을 피하기 어렵다.

봇물 이룬 '친일 종족주의' 비판서들

『반일 종족주의』와 그 아류 출판물에 대한 비판서나 관련 논문들은 많이 나와 있다. 비판서가 많다는 게 긍정적일 수도 있고 부정적일 수도 있다. 합리적인 토론이 불가능한 '21세기의 신친일파'를 상대로 한 소모적인 논쟁에 이 땅의 지식인들이 귀한 시간들을 앗기는 게 부정적이고 안타까운 측면이다. 그럼 긍정적인 측면이 있다면 무엇일까. 평화와 인권의 가치를 소중히 여겨온 한국 시민들로 한정해서 말한다면, 일제의 전쟁범죄를 비롯한 굴곡진 과거사에 얽힌 문제점들에 좀 더 관심을 갖고 우리 역사를 제대로 이해하는 계기로 삼을 수 있다. 그러면서 신군국주의 부활을 꿈꾸는 일본의 야욕과 그에 발을 맞춰주는 한국 '신친일파'의 실체를 새삼 들여다보게 된다.

'21세기 신친일파'에 대한 비판서들 가운데 '종족주의'란 제목을 붙인 것만 꼽아도 여러 권이다. 『반일 종족주의』 초판은 2019년 7월에 나왔다. 바로 그해에 일반 대중을 상대로 한 비판서들이 서점가에 쏟아졌다. 이를테면, 황태연(동국대 교수, 정치학) 외 5인 공저인 『일제종족주의』(넥센미디어, 2019), 정혜경·허광무·조건·이상호 4인 공저인 『반反대를 론論하다: 반일종족주의의 역사부정을 넘어』(선인문화사, 2019) 등을 꼽을 수 있다.

해를 넘긴 2020년에도 여러 권의 비판서가 출간됐다. 자유 언론인이자 역사 저술가인 김종성의『반일 종족주의, 무엇이 문제인가』(위즈덤하우스, 2020), 일본에서 한국으로 귀화한 호사카 유지의『신친일파』(봄이아트북스, 2020), 전강수의『《반일 종족주의》의 오만과 거짓』(한겨레출판, 2020) 등이다.

굳이 '종족주의'라는 듣기 민망한 용어를 쓰지 않은 책들은 더 많다. 정영환(메이지가쿠인대 교수, 재일조선인사)의『누구를 위한 화해인가: 《제국의 위안부》의 반역사성』(푸른역사, 2016), 신용하의『일제 조선토지조사사업 수탈성의 진실』(나남, 2019), 한홍구의『한일 우익 근대사 완전정복』(창비, 2020), 강성현(성공회대 교수, 역사사회학)의『탈진실의 시대, 역사부정을 묻는다』(푸른역사, 2020) 등을 꼽을 수 있다. 여기에 동북아역사재단에서 펴낸 여러 관련 저술들을 보태면 그 목록은 훨씬 더 길어진다.

2019년에 역사 왜곡으로 논란을 빚은『반일 종족주의』(사진 한가운데)가
나오면서 그와 관련된 서적들이 독자들의 눈길을 끌었다.

『반일 종족주의』와 그 아류들에 관련한 비판 논문도 많이 나왔다. 강성현의 「한국 역사수정주의의 현실과 논리」(『황해문화』, 2019년 겨울), 양정현(부산대 교수, 역사교육학)의 「『반일 종족주의』 역사인식과 역사교육에서의 비판적 사고」(『역사와 세계』, 통권 58호, 2020), 김헌주(연세대 근대한국학연구소 연구교수)의 「'반일 종족주의 사태'와 한국사 연구의 탈식민 과제」(『백산학보』, 116, 2020), 신운용(안중근평화연구원 책임연구원)의 「『반일 종족주의』의 '반'민족주의와 '독도 인식'에 대한 비판적 검토」(『고조선단군학』, 42, 2020), 그 밖에 다른 주요 논문들이 많이 있지만, 이쯤에서 줄인다.

이영훈, '엉터리 학설'이라며 신용하 비판

'위안부'나 강제 동원 문제에서 '신친일파'들이 주장하는 바는 듣는 이로 하여금 고개를 갸우뚱하게 만든다. 전쟁범죄의 흔적을 지우고 싶어 하는 일본인들을 기쁘게 하는 친일 논리라 해도 틀린 말이 아니다. 먼저, 『반일 종족주의』에서 이영훈은 1960년대부터 오랫동안 중·고등학교 국사 교과서에 실려 있던 내용(전국 토지의 40퍼센트가 총독부 소유지로 수탈됐다는 내용)이 근거 없는 거짓말이라 했다.[75] 40퍼센트 토지 수탈설이 정확하지 않다는 지적은 지난 1980년대 말 우리 국사학계 연구자들의 실증적인 연구를 통해 이미 밝혀졌다. 그러면서 한국사 교과서에서도 '40퍼센트 토지 수탈' 내용은 오래전에 사라졌다.

이영훈은 『반일 종족주의』에서 '교과서에서도 40퍼센트 토지 수탈 내용은 이미 사라졌다'고 한두 문장이나 서너 줄의 글로 매듭짓고 끝냈으면 깔끔했을 것이다. 그런데 이를 4쪽 분량으로 길게 늘려 썼다. '역사 교실에서 이 대목이 나오면 가르치는 교사도 배우는 학생도 함께 눈물을 흘렸다'고 하면서, 이런 모습을 가리켜 그가 비판하고자 하는 '반일 종족주의 역사의식'이라 했다. 이미 오래전에 역사 교과서에서 없어진 내용을 두고 마치 지금도 문제인 양 그렇게 흥분해서 떠들 일은 아니다. 이와 관련해 전강수의 지적을 들어보자.

> 1980년대 말 이후 배영순(전 영남대, 국사학)과 조석곤(상지대, 경제학) 교수가 (각기 박사학위 논문에서) 김해 지역 토지대장을 분석하여 토지 수탈을 실증적으로 부정한 이래, 토지수탈설은 역사학계에서 자취를 감추었다. 2013년 한국역사연구회 토지대장연구반이 출간한 『일제의 창원군 토지 조사사업』이란 책에 따르면, 창원군에서도 신고 유무로 토지 소유권을 박탈한 사례는 없었다. 그 책은 신고주의를 통한 수탈 문제는 실증적으로 검증이 끝났으므로, 재론할 필요가 없다고 못 박고 있다. 이런 입장은 한국 역사학계의 통설이다.[76]

그런데도 이영훈은 예전에 쓰이던 국사 교과서의 오류를 빌미 삼아 이 대목을 읽기가 지루할 만큼 필요 이상으로 길게 쓰고 있다. 전강수의 지적대로라면 '마치 현재 역사학자들이 40퍼센트 토지 수탈설이라는 무지막지한 거짓말을 선동'한다는 잘못된 느낌을 독자들에게 심어주려는 의도가 엿보인다.[77] 그런 모습은 이른바 학문적 엄밀성이 요구되는 연구자나 학자로서 취할 태도는 아닐 것이다.

조선총독부의 토지조사사업은 농경지를 대상으로 했기에, 여기서 말하는 '토지'는 농경지를 뜻한다. 농민들의 미신고 토지가 총독부에 몰수된 것은 거의 없다. 신용하의 연구에 따르면, 조선총독부가 조선 왕실 소유의 국유지를 빼앗아 간 것을 '토지 약탈'로 볼 경우, 한반도 전체 토지의 50.4퍼센트가 일제에 수탈당했다.[78] 이영훈의 주장대로 토지 수탈이 없었던 것이 아니라는 것이다.

일제의 토지 수탈과 관련해 이영훈은 『반일 종족주의』에서 신용하가 오래전에 썼던 『조선토지조사사업연구』(지식산업사, 1982)를 지나치다 싶을 정도로 공격했다. 이를테면, 토지조사국에서 나온 일본 관리가 '호신용'으로 허리에 권총을 차고 다닌 것을 두고 신용하는 '한 손에는 피스톨을, 다른 한 손에는 측량기를'이라 썼다. 농민들 눈에는 권총을 찬 토지조사국 직원이 위압적으로 비쳤던 게 사실이다. 하지만 이영훈은 "신용하는 토지조사사업을 피스톨이 발사되는 폭력적 과정으로 묘사했다"라면서 이에 '엉터리 학설'이라는 비난을 퍼부었다.

"토지 약탈 정책을 어떻게 긍정 미화할 수 있나"

신용하가 『조선토지조사사업연구』에서 말하려 했던 요점은 '조선총독부가 토지조사를 강압적으로 실시했다'는 것이었다. 실제로 총독부의 토지조사사업 과정이 순순히 이뤄진 것이 아니었다. 일부 지역에서 소유권 분쟁이 일어나기도 했다. 하지만 이영훈은 일제강점기의 40퍼센트 토지 수탈설이 마치 신용하가 처음 지어낸 학설인 듯이 이렇게 비난했다. "토지조사사업을 이해하기 위해선 조선 시대 토지제도에 대한 이해가 선행돼야 한다. 그런데 (신용하) 그런 준비를 전혀 하지 않았다."[79] 그러면서 사료의 일부를 '자신의 입맛에 맞게 조작'한 '엉터리 학설'이라는 비난을 퍼부었다.

그러자 신용하는 곧바로 이영훈의 공격에 맞섰다. 『반일 종족주의』가 나온 지 3개월 만에 『일제 조선토지조사사업 수탈성의 진실』(나남, 2019)을 출간해 반론을 폈다. 신용하는 『반일 종족주의』가 '일제의 식민지 수탈을 미화하고 옹호하기 위하여 역사적 사실을 왜곡한 오류의 억지 주장을 하고 있다'고 못 박았다. 신용하는 자신의 토지조사사업 연구는 통계 자료를 바탕으로 한 실증적 연구이며, '사료의 일부를 조작했다'는 이영훈의 언급은 전혀 사실이 아니라고 부인했다. 오히려 이영훈 등이 『반일 종족주의』라는 '이상한 책'을 내면서 '필자(신용하)

의 주장을 왜곡하고 전혀 사실이 아닌 것을 마치 사료와 실증에 의거한 진실인 것처럼 주장하는 망언'을 했다고 비판했다. 이영훈의 경제학과 후배인 전강수는 이렇게 안타까움을 나타냈다(전화 인터뷰).

민족주의 성향이 강하신 신용하 선생은 성품이 강직하고 말씀도 많이 안하시는 선비 같은 분입니다. 그런데 『반일 종족주의』에서 선생을 폄하하는 글을 보고 '이건 아니다'라고 생각하셨을 겁니다. 얼마나 억울하고 화가 났으면 80을 넘긴 고령의 나이에도 불구하고 『반일 종족주의』가 나온 지 석 달 남짓 만에 『일제 조선토지조사사업 수탈성의 진실』을 출간했을까요? 이영훈 씨가 선생에게 했던 비판은 정확하지도 않을뿐더러 인간적으로도 도를 넘은 비난이었다고 봅니다.

신용하는 신간 『일제 조선토지조사사업 수탈성의 진실』에서 자신이 서울대 사회학과로 옮겨 가기 전에 몸담았던 경제학과의 젊은 교수 시절(1965~1974) 후반기에 이영훈(1970년 입학)을 가르쳤던 일을 회고하면서 이렇게 적었다. "그때 젊은 학도가 (훗날) 어떻게 일제 토지조사사업처럼 명백한 토지 약탈 식민지 정책을 저렇게 긍정하고 미화할 수 있는가 개탄하면서 안타깝게 여겼다."[80] 신용하가 말하는 '그때 젊은 학도' 이영훈은 카를 마르크스(Karl Marx)의 『자본론』을 읽으며 고개를 끄떡이던 진보적 청년이었다.

1937년생인 신용하는 원로 사회학자이자 역사학자로 존경받는 인물이다. 학부생 때 그의 사회사상사 강의를 들었던 나의 인상적인 기억 하나. 어느 날 지각하는 바람에 대형 강의실의 맨 뒤편에 앉게 됐다. 선생 특유의 묵직하고 우렁찬 목소리가 마이크 없이도 뒤까지 뚜렷이 들렸다. 그 목소리만큼 선생은 강직한 성품을 지녔다. 박은식, 신채호 등 선각자들의 사회사상을 연구했고, 한국근대사와 민족운동에 관심을 쏟았다.

신용하는 독도학회 회장을 지냈다. 이 직함이 말해주듯, 민족주의 성향이 강한 역사학자이자 사회학자이다. 한편 이영훈은 한민족을 거짓말쟁이 민족이라 비하하며 '종족'이라 규정함으로써 극단적인 자학 사관을 지녔다는 비판을 받지만, 스스로를 '자유인'이라 부르는 이른바 '탈민족주의' 경제학자이다. 신용하, 이영훈 두 사람 가운데 어느 쪽이 옳은 말을 하는지에 대한 판단은 독자들의 몫으로 남겨둔다.

다만 어떤 문제의식을 지녔는가, 건강한 민족의식을 지녔는가를 판단의 기준점으로 삼는 것이 어떨까 한다. 물론 지나치게 민족주의를 강조함으로써 자칫 국수주의로 빠지는 것은 경계해야 한다. 이즈음처럼 '신친일파'들이 기세를 올리는 상황을 떠올리면, 건강한 민족의식은 보듬어야 할 소중한 자산이라는 생각이 든다. 일각에서는 '일제강점기'란 용어보다 '대일 항쟁기'란 용어를 쓰자는 움직임이 있다. 좀 더 적극적인 의미를 지녔다는 점에서 바람직하다고 본다.

2부
식민지 조선을
생지옥으로 만들다

1장
폭력적 수탈로 짓누른
'야만의 시대'

헐값이라도 값을 치렀으니 수탈이 아닌가. 강제 공출은 수탈이 아니고
'수출'인가. 폭력의 문제를 빼고 식민지 경제구조를 말할 수 있을까.
식민지 착취를 위한 투자가 '원조'인가. 보다 근본적으로,
일제강점기 35년은 '근대화의 시대'인가, '야만의 시대'인가.

1910년 조선을 집어삼킨 일본은 1931년 만주로, 1937년 중국으로,
1941년 동남아시아로 침략전쟁을 벌여나가면서 식민지 조선에서 온
갖 악행을 저질렀다. 그 가운데 하나가 이른바 '공출(供出)'이란 이름
아래 조선의 쌀을 싹쓸이하다시피 걷어 일본으로 가져간 것이다. 그러
고는 만주에서 콩이나 피 등 동물용 사료나 마찬가지인 잡곡을 들여
와 먹도록 했다. 1940년 식량 배급제가 실시되면서 식량 상황은 더 나
빠졌다. 1945년 8·15 해방 직전에 조선에 머물렀던 러시아 여성이 남
긴 기록을 보자.

그때 조선에서는 허기를 채울 수 없을 정도의 음식물만이 배급되었다. 말
을 막 배우는 아이의 첫마디와 죽어가는 노인의 마지막 말이 '하이큐(배급)'
라는 것을 조선인들에게서 수없이 들었다. 배급표에 따라 지급되는 쌀의
대체물(옥수수, 수수)은 아무리 길어도 (한 달에) 2주일을 넘기지 못했다. 생

선, 달걀 같은 식료품들은 일본인에게만 지급되었다. 서울에서도 못 먹어 부황이 든 사람들을 드물지 않게 볼 수 있었다.[1]

　외국인 여성의 눈길에 비친 당시 조선의 상황이 얼마나 비참했는가가 글에서 뚜렷이 드러난다. 일제 말기에 벌어졌던 폭력적 수탈의 대표적인 사례로 꼽히는 것이 공출 제도였다. 1942년 아시아·태평양전쟁 시기에 일제는 쌀 자유 판매를 전면 금지하고 공출이란 이름 아래 조선 농민들의 쌀을 헐값에 강제로 사들여 일본으로 가져가거나 침략 전쟁의 군용미로 썼다. 조선총독부는 개인별 공출 할당과 더불어 '부락 책임 공출'이라는 올가미로 마을마다 책임을 지웠다.

죽창 들고 집 안을 뒤지며 공출 강요

　『반일 종족주의』로 상징되는 한국의 '신친일파'들은 "공출할 때 헐값이라도 어쨌든 대가를 지불했으니 수탈은 아니다"라고 우긴다. 하지만 그때의 상황은 끔찍했다. 죽창을 들고 집 안을 뒤지는 살벌했던 공출 제도 아래서 농민들은 정해진 할당량을 마지못해 내다 바쳤다. 막판에는 제사를 지낼 요량으로 숨겨둔 쌀마저 빼앗겼다. 일본 대장성 관리국에서 작성한 자료에는 1941년 당시 상황을 이렇게 전하고 있다.

　총독부로서는 내지(일본)에 약속한 수량은 반드시 이출(移出)하지 않으면 안 되는 책무가 있고, 도(道)나 군(郡)도 총독부로부터 할당받은 수량을 공출로 확보하지 않으면 말이 안 된다는 결의 아래, 심하게는 죽창을 갖고 가택수색을 하고, 농가는 농가대로 변소나 굴뚝 밑, 밭 가운데 숨기는 음침하고 참혹한 분위기가 지방 일대에 만연하고 살벌한 광경이 곳곳에 벌어져, 민심이 크게 동요하기에 이르렀다.[2]

일제강점기의 가마니 시장 모습. 조선총독부는 효과적인 쌀 수탈을 노려 가마니 짜기를 독려했다.

　일제는 1939년 '미곡배급통제법'을 만들어 쌀을 시장에다 내다 파는 것을 제한하고, 농민들이 힘들게 농사지은 쌀의 대부분을 헐값으로 사들였다. 위의 상황은 공출 제도가 본격적으로 시행(1942)되기 전, 그러니까 개인별 공출 할당이 이뤄지지 않았던 1941년 무렵의 일이다. 공출이 본격화된 뒤로 1945년 8·15를 맞이할 때까지 일제의 쌀 수탈이 얼마만큼 가혹했는가를 짐작할 수 있다.

　수탈에는 저항이 따르기 마련이다. 농민들의 저항으로 공출 실적이 기대만큼 오르지 못하자, 일제는 1943년 '식량관리법'이란 이름의 또 다른 악법으로 보리·면화·마류(麻類)·고사리 등 40여 종의 농작물을 강제 공출해 갔다. 일제는 공출 할당량을 확보하려고 경찰과 군·읍·면 직원, 그 밖의 관계기관 직원들을 동원했다. 그들이 지켜보는 가운데 마을 사람들이 공동 수확과 공동 탈곡·조제를 하도록 윽박질렀다. 쌀을 몰래 뒤로 빼돌리는 것을 막고 탈곡 현장에서 바로 쌀을 수매 장소로 옮김으로써 공출(다시 말해서 수탈) 실적을 높이기 위해서였다.

송규진(고려대 교수, 한국 근현대사)은 '일제하 물자 동원과 식민지 민중의 생활상'을 다루면서 조선인 1인당 식량 소비량의 변화를 살폈다. 조선은행 조사부가 펴낸《조선경제연보》를 분석한 송규진에 따르면, 1910년엔 조선인 1인당 식량 소비량이 미곡 0.71석, 잡곡 1.32석(합계 2.03석)이었는데, 1945년 일제 패망 무렵에는 미곡 0.55석, 잡곡 0.50석(합계 1.05석)으로 조선인들의 식량 소비량은 절반으로 줄어들었다.[3] 앞서 러시아 여성이 보았다는 '못 먹어 부황이 든 사람들'이 영화 속 좀비처럼 그냥 불쑥 나타난 게 아니었음을 짐작할 수 있다.

"수탈이 아니라 수출이라고?"

일제 말기의 상황을 어떻게 표현해야 할까. 침략전쟁을 벌이던 일본 군인과 '내지인(內地人, 일본인)'을 먹이려고 '공출'이란 이름의 식량 수탈로 식민지 피지배자들을 굶겼다는 것 말고 더 적당한 표현이 있을까 싶다. 그 무렵 조선 농민들은 중세의 농노나 다름없는 억압 상태에 있었다고 해도 틀린 말이 아니다. 중세 농노와의 차이란? '자본주의적 교환'이란 허울뿐인 거래로 생산 원가에 턱없이 못 미치는 헐값의 대금을 받는 것뿐이었다.

견디다 못한 농민들은 만주나 시베리아로 떠나가거나, 도시 주변부 빈민촌에 터를 잡고 저임금 일용직 노동자로 생존의 길을 찾아 나섰다. 하지만 그들의 삶은 말 그대로 기아선상에서 벗어나기 힘든 수준이었다. 그들이 게을러서가 아니었다. 구조적인 민족 차별과 불평등에 따른 빈곤의 수렁이었다.

실상이 그랬는데도, 『반일 종족주의』 6인 필자 가운데 한 사람인 김낙년(한국학중앙연구원 원장)은 책에서 이렇게 묻는다. "조선의 쌀을 일제가 수탈한 것일까요, 아니면 조선이 일본으로 쌀을 수출한 것일까요?"[4] 그는 '수탈이 아니라 수출'이며 더 나아가 "조선 농민의 입장에서 일본이라는 대규모 쌀 수출 시장이 생긴 덕분에 유리한 입장에 있었고 공출이 조선 농민의 소득 증가에 크게 기여했다"라고까지 우긴다.[5] 통계표를 제시하면서 실증적 연구인 양 포장했지만, 민족 간 불평등(일본인 지주와 조선인 소작농)을 고려하지 않은 주장은 조선 농민의 비참한 실상을 가리고 논리적으로도 비약이 너무 심했다는 비판을 받을 수밖에 없다. 이와 관련한 신용하(서울대 명예교수, 사회학)의 지적을 보자.

일부 뉴라이트 경제사학도의 방법은 일제 식민지 정책의 미화와 옹호에 적합한 어느 작은 '조각'이나 '부분'의 사례와 숫자만 보면 이것을 부당하게 '전체'의 증거로 미화하고 확대 일반화하면서, 기존의 귀중한 실증적 연구들을 과격한 비판으로 공격하는 수준 낮은 것이다.[6]

"내 논밭을 왜 왜놈들에게 신고해?"

일본의 한반도 착취는 땅에서 시작됐다. 1910년 조선을 집어삼킨 일제가 곧바로 손을 댄 것이 '토지조사사업'이었다. 1910년부터 1918년까지 햇수로 9년에 걸쳐 이뤄진 이 조사의 목적은 한반도를 보다 효율적으로 수탈하기 위한 것이었음은 말할 나위 없다. 총독부는 토지조사사업을 하면서 '신고주의'를 채택했다. 미신고 토지는 동양척식회사와 일본인 이민자에게 불하될 참이었다. 그런데 농민들의 신고 토지의 비율이 낮았다. 다시 말해 총독부의 토지조사사업 정책을 못마땅하게 여겼기에 신고 자체를 꺼렸다.

하지만 신고를 하지 않았다고 해서 토지를 빼앗긴 경우는 거의 없었다. 신용하의 연구에 따르면, 총독부 미신고로 빼앗긴 농경지는 8,994필지로 전체 필지의 0.005퍼센트에 지나지 않았다. 하지만 중요한 사실이 하나 있다. 조선총독부가 농민이 갖고 있던 농경지 말고 (조선 왕실 소유의) 국유지였던 농경지, 임야, 기타 미개간지 등을 일본의 국유지로 편입한 것을 '토지 약탈'로 볼 경우, 한반도 전체 토지의 50.4퍼센트가 일제에 수탈당했다.[7] 조선총독부는 토지조사를 통해 확보한 땅을 1908년 국책회사로 설립한 동양척식회사(약칭 '동척')로 하여금 관리하도록 했고, 조선을 '기회의 땅'으로 여기고 바다를 건너온 일본 농업 이민자들에게도 나누어주었다.

『반일 종족주의』는 일제의 토지조사를 가리켜 '이 땅에 사는 조선인 전체를 일본인으로 완전 동화시킬 거대 프로젝트'로서, '그들(일본인)의 법과 제도를 이 땅에 이식'하였다고 설명한다. 그러면서 당시 만들어진 토지대장과 지적도는 오늘날에도 '긴요하게 사용되고 있다'고 했다.[8] 이를테면 번지와 주소가 붙여진 것도 토지조사사업의 결과라는 것이다.

『반일 종족주의』는 총독부의 토지조사에 긍정적인 면이 있음을 넌지시 비추지만, 실제 그때 분위기는 어땠을까. 조선총독부 토지조사국 관리가 허리에 권총을 차고 마을에 들어서면, 주민들이 반감을 품었을 것은 당연한 이치다. "내 논밭을 왜 왜놈들에게 신고하고 인정을 받아야 하는가?"라며 반발했다. 소유권을 둘러싼 폭력적 분쟁이 생겨나기도 했다. 토지 수탈은 없었다고 주장하는 '신친일파'들도 일부 지역에서 분쟁이 있었다고 인정한다. 그러나 어떤 분쟁이 벌어져 사람들이 죽고 다쳤는지, 토지조사로 땅을 잃은 조선 농민들의 눈물에 대해선 말하지 않고 비껴간다.

농민에게 태형 90대 치고, 농민 모친을 군홧발로 차 죽여

일제 억압통치의 실상을 다룬 연구자들의 글을 보면, 일제의 토지 침탈에 얽힌 어두운 이야기들이 넘쳐난다. 이규수(히토쓰바시대 교수, 사회학)가 쓴 『동양척식회사의 토지수탈과 궁삼면 토지탈환운동』(동북아역사재단, 2021)과 신용하가 쓴 『일제 조선토지조사사업 수탈성의 진실』(나남, 2019) 등이 그러하다. 이 자료들은 '토지 수탈은 없었다'는 『반일 종족주의』의 논조와는 크게 다르다. 신용하의 비판을 먼저 들어 보자(전화 인터뷰).

조선총독부는 '토지조사사업'으로 왕실 소유의 궁방전(宮房田)이나 관청 소유의 역둔토(驛屯土)와 미개간지를 약탈해 식민정책의 유용한 자금원으로 썼다. 그 일부 토지는 친일파들과 일본 이민자들에게 나눠주었다. 또한 '토지 약탈'에 대한 조선 농민들의 반항 투쟁을 조선총독부가 지닌 관권으로, 다시 말해 힘으로 내리눌렀다. 분쟁이나 저항이 일어나면 강제로 '화해'시키거나 소송을 취하시키고, 그렇게도 해결되지 않는 경우엔 헌병 경찰의 무력으로 탄압했다. 동척이 조선 농민들을 착취하는 거대한 식민 지주로 자리 잡게 된 것은 그런 과정을 거쳐서였다.

동척이 처음 설정했던 목표는 '한국에서 토지를 합법적으로 수탈하고 10년에 걸쳐 24만 명의 일본 농업 이민을 이주시켜 식민 지배의 인적·물적 기반을 확고히 다지는 것'이었다.9 동척이 가장 먼저 매수하려고 점찍은 곳이 전라남도 나주의 궁삼면(宮三面) 토지였다. 그곳에서 앞에서 신용하가 지적한 그대로 토지 약탈에 맞선 투쟁이 벌어졌다.

궁삼면은 실제 행정 지명이 아니라, 지금의 영산포에 가까운 3개 면 (나주군 지죽면, 상곡면, 욱곡면)의 궁토(宮土)를 뜻한다. 여기서 '궁토'는 영친왕의 생모인 순헌황귀비(순빈 엄씨)를 위해 지어진 경선궁 소유의 땅을 가리킨다. 그 땅의 원래 주인은 현지 농민들이었다. 조선왕조 말기의 부패와 혼란 속에 궁토로 둔갑했고, 그 때문에 그곳 농민들과 경선궁 사이엔 소유권 분쟁이 생겨났다.

교활한 동척 간부들은 바로 그런 분쟁을 노려 헐값에 매입하려 들었다. 매매계약을 망설이는 경선궁 쪽에다 "나중에 면 농민들과의 분쟁에서 패소하더라도 경선궁에 어떤 손실도 끼치지 않겠다"라고 구슬렸다. 그러곤 시세가 200만 원인 땅을 8만 원이란 헐값에 사들였다(면적은 2,500정보, 평수로는 750만 평). 누가 봐도 비정상적인 매수 행위였다. 이규수는 "동척의 궁삼면 토지 매수는 농민들의 민유지를 불법적으로 탈취한 것으로, 사전에 민유지임을 인지한 상태에서 이뤄졌다"라고 비판한다.[10]

궁삼면 일대는 목포로 이어지는 영산강의 물류 중심인 영산포에 가까운 비옥한 곡창지대였다(당시 궁삼면 3개 면의 농가 호수는 1,457호, 총인구는 약 2만 명). 동척이 탐낼 만했다. 도대체 동척은 무엇을 믿고 소유권 분쟁 중인 궁삼면 일대의 토지를 사들였을까. 다름 아닌 조선총

일본 헌병 경찰의 조선인 태형 모습. 토지 소유권을 주장하던
전남 나주 궁삼면 농민 4명은 태형으로 90대를 맞았다.

독부의 힘이다. 강압적으로 문제를 해결할 수 있다고 여겼다. 동척이 그곳 농민들에게 소작 계약을 맺으라고 통고하자, 농민들은 당연히 거절했고 저항에 나섰다. 그러자 농민 4명이 경찰서로 끌려갔다. 그들은 태형(笞刑) 90대라는 모진 형벌을 받은 끝에 토지 소유권 주장을 접고 소작 계약서에 도장을 찍어야 했다.

매를 맞는 사람의 인간적인 모멸감도 엄청 크지만, 태형 90대라면 후유증으로 죽을 수도 있는 끔찍한 형벌이다. 일제는 그런 야만적 폭력으로 농민들이 움츠러들길 노렸을 것이다. 그럼에도 농민들의 저항은 그치지 않았다. 대한해협(쓰시마해협)을 건너올 일본 농업이민자들을 위해 동척이 세워놓은 집들을 망가뜨리고 농기구를 탈취하기도 했다. 그런 갈등 속에서 한 농민의 어머니가 일본 헌병에게 맞아 죽는 사건마저 벌어졌다. 너무나 암울했던 그때 그날의 이야기.

한 동척 사원이 궁삼면에 출장을 가서 이회춘 소유지를 (일본 농업)이민 배당지로 선정해 강제로 토지 분할 표목들을 박으려 했다. 이를 목격한 이회춘의 어머니는 "이 논은 우리 소유인데 표목을 박은 이유가 무엇이냐?"라며 소리치고 표목을 뽑아버렸다. 그러자 일본 헌병이 군홧발로 그녀의 가슴을 걷어차자 논두랑에 고꾸라져 즉사하고 말았다. 이회춘은 비분하며 법원에 애소(哀訴)하려 어머니 시체를 지게에 지고 이웃 4명과 함께 밤에 집을 나섰다. 하지만 영산포 부근 남평에 이르러 일본 헌병에 발각돼 어쩔 수 없이 영산포로 돌아왔다.[11]

0.2퍼센트의 일본인이 조선 논 5분의 1 소유

해를 거듭할수록 한반도의 토지는 일본인들 손에 넘어갔다. 조선총독부의 《통계연보》 자료는 일본인들의 소유 경지 면적이 갈수록 크게 늘어났음을 보여준다. 1910년 당시 일본인들이 소유했던 논 면적은 조선 전체 논의 5.1퍼센트였다(이것도 실은 높은 비율이다). 그런데 1932년엔 소유 비율이 16.1퍼센트로 늘어났다. 1910년에 7만 정보였던 일본인 소유 경지(논과 밭)는 1932년 40만 정보로 22년 사이에 5.7배로 늘어났다.

『반일 종족주의』의 대표 필자 이영훈과 고교·대학(경북고, 서울대 경제학과) 동기인 허수열(전 충남대 교수, 경제학, 2023년 1월 타계)에 따르면, 일제강점기 후반기엔 식민지 조선 농업인구의 0.2퍼센트밖에 안 되는 일본인이 조선 논의 5분의 1가량을 갖게 됐다(1935년 18.9퍼센트). 더구나 토지생산성이 더 높은 평야지대의 농경지들이 일본인 소유로 집중되면서, 농업인구 1인당 농업 수익의 민족별 격차는 갈수록 커졌다. 일본인들의 1941년 농가 호당 경지면적은 조선인들의 54배였고, 1942년 일본인들의 1인당 미곡 수취량은 조선인보다 96배나 많았다.[12]

일제강점기의 농업은 소작제 농업이 주를 이뤘다. 소작지 비중이 1918년에 이미 65퍼센트를 넘어섰고, 1920년대 말에는 67~68퍼센트 수준에 이르러 그 상태가 1940년대까지 이어졌다.[13] 총독부의 토지조사사업 뒤 거대한 식민 지주로 등장한 동양척식회사는 50퍼센트가 넘는 소작료로 조선 농민들의 등골을 휘게 만들었다.

어찌 이런 일이 가능했을까. '신친일파'들은 조선총독부의 토지정책에서 강제와 폭력은 없었다고 주장한다. 자본주의 경제의 특징인 '교환관계'가 있었다면 (다시 말해, 사기든 강제든 소액이라도 대금을 지불했다면) 수탈이 아니라는 것이다. 수탈의 개념을 '아무런 대가 없이 강제로 빼앗아가는 행위'로 좁힌다면 아주 틀린 말은 아니다. 하지만 다른 방식으로 빼앗는 일이 얼마든지 가능하다는 것을 '신친일파'들은 인정하려 들지 않는다.

경제학자 허수열도 '수탈'이란 용어를 사용하는 데 신중한 입장을 보였다. 수탈이 없었다는 것이 아니라 '교환관계를 매개로 한 자본주의 경제의 특징'을 고려한다면, 수탈이라는 실체가 애매모호하게 돼 버린다는 얘기다. 그는 기본적으로는 ('신친일파'들과는 달리) 일제의 가혹한 수탈을 비판하는 입장에 서 있다. 그래서 이렇게 말한다. "내 책에서 '수탈'이라는 용어를 사용하지 않기로 할 것이지만, 결론은 수탈론과 크게 다를 바 없게 될 것이라 생각한다"라고 적었다.[14]

그렇다면 (농민들을 곤장으로 90대나 내려치고 농민의 모친을 군홧발로 차서 죽인) 전남 나주 궁삼면 일대의 폭력적 수탈을 어떻게 설명할 것인가? 그냥 운이 없었던 사람들이 겪은 예외적 상황으로 넘겨버려도 되는 것일까. 이와 관련해 한국의 '신친일파'가 내세우는 식민지 근대화론을 비판해온 마쓰모토 다케노리(松本武祝, 도쿄대 교수, 농업사)는 '일제 식민 통치의 폭력성에 눈감아선 안 된다'고 강조하며 이렇게 묻는다.

> 폭력의 문제를 제외하고 식민지 경제구조(특히 그 기원)를 논하는 것이 가능할까? 국민경제에서 원시적 축적기에 해당하는 식민지 조선의 1910년대를 분석하려고 할 때에 식민지 권력에 의한 폭력을 '본질적이 아닐 수 있다'고 말해도 좋을까?[15]

『반일 종족주의』에 비판적인 연구자들은 일본인들의 농경지 소유면적과 비율이 해를 거듭할수록 늘어난 배경에는 다름 아닌 '제도와 정책을 통한 수탈'이 있었다고 입을 모은다. '좁은 의미의 수탈'이 없었다고 우기는 '신친일파'들의 논리를 허물어뜨리는 것이 '제도와 정책을 통한 수탈론'이다. 이와 관련해 일제강점기의 조선 농민의 비참한 실상을 연구해온 전강수(대구가톨릭대 명예교수, 토지경제학)와 신용하의 비판이다.

(일본인들의 토지 소유가 크게 늘어난 것은) 토지조사사업이 창출한 제도적 환경(이를테면 등기제도의 확립으로 소유권 이전 활성화), 일제의 권력적 강제와 지주 중심적 농업정책, 그리고 일본인 대지주의 토지 겸병 의지(다시 말해서, 탐욕)가 함께 작용했음이 틀림없다. 이를 토지 수탈이라 하지 않으면 도대체 뭐라 불러야 할까? 이영훈과 김낙년은 '칼만 안 들었다 뿐이지 순 날강도'라는 말이 있다는 것도 모르는 모양이다.[16]

부분적 사료와 통계를 잘못 사용하면서 학문의 탈을 쓰고 아무리 일제 식민지정책을 미화하고 옹호하는 주장을 해도, 일제 식민지정책의 '전체' 수탈적 '구조'와 '본질'에 배치된 미화이면 일제 식민정책 옹호론·변호론에 지나지 않는다.[17]

다른 많은 비판적 연구자들도 『반일 종족주의』의 주장이 터무니없다고 여긴다. 일본의 억압 지배에 배를 주렸던 한민족의 신음 소리는 못 들은 체하면서, 입맛에 맞는 통계만 골라 뜯어 맞췄다는 것이다. 보다 근본적으로는, 분석 범위를 어떻게 잡느냐다. 경제학자 허수열은 "식민지 근대화론은 한결같이 조선이라는 '지역'을 대상으로 삼고 있지만, 그런 분석은 의미가 없고 잘못됐다"라고 했다. '지역' 기준보다는 조선인이라는 '민족' 기준이 더 중요하다는 것이다. '민족' 기준으로 보면, 일제강점기에 조선 땅 위에서 이루어진 개발은 '일본인들을 위한 개발'이었고, 조선인은 '들러리'에 지나지 않았다.[18]

토지 수탈로 소작인이 됐고, 쌀 공출로 배를 주렸다. 농업뿐 아니라 공업은 민족 간 불평등이 더 심했다. 1942년의 경우 공장과 광산 등 전체 공업 자산의 95퍼센트가 일본인 소유였다. 허수열의 연구에 따르면, 1인당 국내총생산이 성장한 시기는 겨우 1932~1937년 사이뿐이다. 경제학자들은 적어도 30~40년간 지속적 성장을 보여야 근대적 경제성장이라 주장할 수 있다고 여긴다. 식민지 조선의 경우는 그렇지 못했다. 잘 알려져 있듯이, 한국에서 근대적 경제성장이 이뤄진 것은 1960년대 이후였다.

식민지 착취를 위한 투자가 '원조'인가

1945년 일본 패전 뒤 도쿄 연합국최고사령부(SCAP 또는 GHQ) 조사에 따르면, 1945년 8월 당시 일본의 대외자산 총액 218.8억 달러 가운데 24퍼센트에 해당하는 52.5억 달러어치가 한반도에 있었다(남한 22.8억 달러, 북한 29.7억 달러). 이 조사 결과를 보면, 북한에 일본인 소유 대기업과 기간산업이 더 많이 몰려 있었음을 알 수 있다.[19] 고태우(서울대 교수, 한국 근현대사)에 따르면, 1932년 괴뢰 만주국 수립을 계기로 일본과 만주를 최단 거리로 연결하는 '북선(北鮮) 루트'의 중요성이 떠올랐다. 이에 따라 '북선 3항(청진, 나진, 웅기)'이 포함된 '북선 루트'는 만주-조선-일본으로 이어지는 핵심 유통로가 됐다. 일제는 함경도 일대의 광산 자원을 개발하고 대규모 공장(제철소, 제련소, 공작창, 비료 공장 등)을 세워, 대륙 침략의 병참기지로 삼았다.[20]

패전 뒤 일본 정부도 지난날 식민지로 지배했던 조선과 타이완에 남겨둔 일본인 재산이 얼마나 되는지를 조사하는 작업을 비밀리에 벌였다. 한국이나 타이완에서 배상을 요구할 경우 그 문건들을 근거 삼아 나름의 반론을 펴기 위한 노림수도 있었다. 일본 대장성(한국으로 치면 재경부)은 '재외재산위원회'를 설치했고, 3년 동안 작업해 '일본인의 해외 활동에 대한 역사적 조사'라는 이름 아래 조선 편 10책을 포함해 모두 35책(책 목록을 더하면 36책)에 이르는 방대한 문건을 펴냈다.

문건 작성의 책임자는 스즈키 다케오(鈴木武雄, 1901~1975, 전 도쿄대 교수, 경제학)로 일제강점기에 경성제국대학 교수로 있으면서, '대륙병참기지론', '경제적 내선(內鮮)일체론', '북선 루트론'을 내세우며 조선

총독부의 경제정책 수립에 깊이 개입했었다. 스즈키는 조선 편 10책 가운데 결론 부분에 '조선 통치의 성격과 실적'이라는 글을 실었다. 글의 요지는 일본의 식민지 한국 지배 정책을 미화하면서, '일본의 통치로 한국은 비로소 근대화될 수 있었다'는 주장이다.[21] 박찬승(한양대 명예교수, 역사학)에 따르면, 스즈키 다케오의 이른바 '식민지 조선 근대화론'은 일본의 식민지 지배 정책을 미화하고 합리화하기 위한 논리였다. 21세기 한국의 '신친일파'들이 '학문적 사부'로 여길 만한 스즈키의 글을 보자.

> 일본의 조선 통치가 구미 강국의 식민지 통치보다 심하게 조선인을 착취하고 행복을 유린했다는 논고에 대해선 항변의 여지가 있다고 믿는다. 20세기 초 완전한 독립국으로서 자립할 만한 힘이 없던 조선의 상태를 돌아볼 때, 반드시 일본만이 책망을 들어야 할 탐욕스러운 팽창정책이라고 말할 수 없을 것이다. (…) 조선 경제가 그토록 처참한 상태에서 병합 후 불과 30여 년 사이에 지금과 같은 일대 발전을 이룬 것은 분명 일본이 지도한 결과라 해도 과언이 아니다. 재정 면에서 일본의 조선에 대한 원조는 정산해보면 (조선에게) 득이다.[22]

위 글에서 '일본의 조선에 대한 원조는 정산해보면 (조선에게) 득'이란 무슨 말인가. 일본이 1945년 8월 15일 물러나기 전까지 한반도에 투자했던 공장, 부동산, 토지 등의 재산이 (조선이 일제강점기 동안 입었던 물적·인적 피해보다) 더 많고, 그 뒤 한국 경제발전에 큰 도움이 됐다는 주장이다. 그러면서 위 대장성의 비밀 문건은 '식민지 착취를 위한 투자'를 '원조'라는 엉뚱한 용어로 둔갑시켰다.

이런 주장은 사실과 거리가 멀다. 허수열은 "일제강점기 개발의 이득은 조선인들에게 거의 귀속되지 않았다"라면서 '일제 식민통치 덕분에 한국이 근대화를 이룰 수 있었다'는 '신친일파'의 지론인 이른바

'식민지 근대화론'은 너무나 잘못된 주장이라고 비판했다. 허수열은 일제강점기를 가리켜 ('신친일파'들이 주장하듯 '근대화의 시대'라기보다는) '야만의 시대'로 규정한다.[23]

야만의 시대는 폭력과 수탈의 시대를 뜻한다. 그렇지만 '신친일파'는 근대화론을 입에 달고 산다. 따라서 많은 사람들은 일제 억압통치에 한없이 너그러운 '신친일파'에게 묻게 된다. "이런 민족 간 불평등이 식민지 근대화인가? 이게 바로 수탈의 결과가 아닌가?" 이와 관련해 '신친일파'의 오만과 거짓을 비판해온 전강수의 결론을 들어보자.

> 한 나라가 다른 나라를 무력으로 점령한 후, 강제력을 동원해 그 나라 사람들을 자기 의도대로 부리고, 그 과정에서 그 나라의 토지와 자원을 마음껏 활용해서 이익을 얻었다면, 그것이 바로 경제적 수탈이다. (8·15) 해방 이후 많은 경제사학자들은 수탈의 개념을 이렇게 이해해왔다. 역사학자들도 마찬가지다.[24]

이 분석에서 보듯이, 군사적 점령지인 식민지로 '기회'를 찾아 옮겨온 세력이 경제적 이득을 챙겼다면, 그게 곧 수탈이다. 그러나 『반일종족주의』는 수탈의 개념을 아주 좁게 해석한다. 적게라도 돈을 주었으면 수탈이 아니라는 것이다. 이는 '좁은 의미의 강제 연행'을 내세우며 '위안부' 강제 동원을 아예 부인하려 드는 것과 같은 맥락이다. 입만 열었다 하면 '좁은 의미'를 내세우며 전쟁범죄를 부인하는 일본 극우들의 논리와도 빼닮았다. 그래서 사람들은 '신친일파'에게 또다시 묻게 된다. "당신들의 정신적 모국은 어디인가?"

2장
강제 동원의 야만적
'인간 사냥'과 노예노동

강제 동원은 식민지 조선의 인력을 효율적으로 수탈하기 위한 것이
아니었나. 일제 말기의 강제 동원이 그때의 법에 따른 것이라고
'합법'인가. 강제로 끌어갔다면 범죄가 아닌가.
노예노동의 밀린 임금을 떼먹는 나라가 '문명 국가' 일본인가.

일본은 중일전쟁(1937)을 벌이면서 많은 전시 노동력이 필요해지
자 식민지 조선인들을 강제로 전선이나 탄광으로 내몰기 위한 악법들
을 잇달아 내놓았다. 국가총동원법(1938년 4월)으로 전시 총동원 체제
를 다져나갔다. 이어 국민징용령(1939년 7월)이 나오고 그해 10월부터
식민지인 조선과 타이완에서 이 법이 적용됐다. 그 뒤로도 일제는 잇
따라 여러 관련 법령들을 내놓았고, 근로보국대, 여자근로정신대 등의
이름으로 많은 사람들을 끌고 갔다. 1938년 국가총동원법이 나온 뒤
이어진 전시 악법과 조치들을 보자.

1938년 7월 7일 국민정신총동원연맹이 결성되고 국민정신총동원 근로
보국운동에 관한 건(1938년 7월 1일)이 통첩되어 각 지역에서 근로보국운
동이 시작됐다. 1941년 11월 23일 국민근로보국협력령은 근로 능력이
있는 국민 전부를 국가의 중요한 업무에 동원시킬 목적으로 칙령으로 공

포됐고, 1941년 12월 조선에 실시되었다. 1944년 8월 23일 여자정신근로령이 공포·실시되어 이미 시행되고 있던 여자근로정신대에 대한 법적 근거가 부여되었다.[25]

일제강점기의 강제적 군 입대는 육군특별지원병제(1938년 4월), 해군특별지원병제(1943년 7월), 학도지원병제(1943년 10월), 징병제(1944년 4월) 등으로 이뤄졌다. 이 법령들 가운데는 '지원'이란 이름이 붙어 있었지만, 일제가 식민지 조선의 인력을 효율적으로 수탈하려는 치밀하고도 냉혹한 올가미들이었음은 말할 나위 없다. 우리 민족은 일제 침략전쟁의 도구로 이용당하며 이른바 '9년 전쟁'(1937년 중일전쟁부터 1945년 패전까지 벌어졌던 전쟁)의 살벌했던 암흑기의 억압과 착취를 견뎌내야 했다.

날줄과 씨줄로 촘촘히 엮은 강제 동원 체제

일제가 강요했던 '국가총동원'은 서구의 '총력전'의 일본판(版)이다. 두 차례의 세계대전을 겪으며 독일은 물론 영국, 프랑스 등 유럽 국가들은 그 전쟁들이 19세기의 전쟁들과는 비교가 안 되는 '새로운 전쟁'이라는 사실을 깨달았다. 비행기 공습을 비롯해 전선이 후방과 전방이 따로 없는 상황에서 전쟁에서 이기려면 한 국가가 지닌 자원과 인력을 모두 쏟아부어야 했다. 그래서 이른바 '총력전(total war)'의 개념이 나왔다. 문제는 일제의 침략전쟁 부담을 우리 한민족이 오롯이 받아내며 희생을 강요당했다는 것이다.

일제는 식민지 조선의 성인 남성뿐 아니라 여성과 아이들까지 강제로 동원했다. '전쟁 국가 일본'의 국가총동원 체제 아래 여성과 어린이 노동력은 성인 남성 못지않게 중요한 비중을 차지했다. 일제는 특히 여성 노동력 동원 없이 오로지 남성만으로 전쟁을 벌여나가기란 현실적으로도 어렵다고 여겼다. 식민지 조선 여성들은 근로보국대, 여자근로정신대 등의 이름으로 동원되었다. 군수품을 만드는 미쓰비시중공업의 공장에서 일하던 다수의 여성들이 한반도에서 끌려간 여자근로정신대원들이었다.

일제의 강제 동원 형태는 동원된 조선인들이 어떤 분야에서 일했는가를 기준으로 노무 동원(노동자, 군속, 근로보국대, 근로정신대 등), 병력동원(군인, 군속), 성 동원(일본군 '위안부') 등으로 나뉜다. 또한 모집 형태로 보면, 할당 모집(군, 면 단위의 지역별 동원 인원 배분 지정), 국민 징용, 관 알선(행정기관, 조선노무협회, 기업 등이 서로 조율해 노동력 차출) 등 크게 세 가지다. 모집 형태의 이름만 다를 뿐 국가권력이 폭력적으로 식민지 조선인들을 협박해 강제 동원하고 수탈했다는 점에서 전혀차이가 없다. 날줄과 씨줄로 촘촘하게 엮어 꼼짝 못 하도록 이중 삼중의 강제 동원 체제를 짠 셈이었다.

일제는 군대와 기업(광산이나 공장)에 필요한 인력을 정부(내무성과 군, 경찰)가 기획·조정·배당하고 조선총독부와의 조율을 거쳐 조직적으로 전시 동원 체제로 묶었다. 하부조직인 식민지 조선의 행정력(군청, 경찰서 등)이 충실하게 악역을 맡아 민초들을 쥐어짜고 닦달했음은 물론이다. 하부조직의 일꾼들은 징용장 같은 문서를 들고 농촌으로 어촌으로 인간 사냥에 나섰다.

문제는 피해 규모가 어느 정도인지 파악하기 어렵다는 점이다. 근거가 될 만한 자료들을 의도적으로 없애버린 탓이다. 전시 내각을 이끌며 진주만 기습(1941)을 감행함으로써 전선을 태평양과 동남아시아 전역으로 넓혔던 자가 도조 히데키(東條英機, 1884~1948)였다. 1945년 8월 15일 히로히토의 항복 선언 발표 뒤 그가 집중해서 한 일이 다름 아닌 그의 전쟁범죄를 입증할 문서들을 소각 폐기하는 것이었다. 그 당시의 모습을 전하는 일본 작가의 기록을 옮겨본다.

도조 히데키가 열중한 작업은 메모와 노트를 태워버리는 것이었다. 육군 상 및 수상 재임 중에 작성한 집무 메모는 개인 비망록이 아니라 일본 역사 를 이어가는 중요한 자료가 될 터였다. 그것들을 모두 마당에서 불태웠다. 연기는 사흘 동안 마당에서 피어올랐다.[26]

전쟁범죄 기록을 담은 문서들은 없애거나 빼돌린 것은 도조뿐이 아 니었다. 전쟁 지휘부였던 대본영과 육군성, 해군성을 비롯한 군부와 정부 관공서의 주요 문서들이 파기되거나 빼돌려졌다. 맥아더 장군이 이끄는 미군 점령군이 도쿄에 닿은 것은 1945년 9월 2일 도쿄만 요코 하마 항구 가까이에 머물던 미주리호에서 항복문서에 서명을 받은 뒤 였다. 도조를 비롯한 일제의 전쟁 지휘부가 그들의 전범 자료들을 없 앨 시간은 충분했을 것이다. 서류를 불태운 자들은 또 있다. 일제가 전 쟁에서 이길 수 없다는 사실이 눈앞에 현실화되자, 식민지 조선인들에 게 노예노동을 강요했던 전범 기업들도 그들에게 불리한 자료들을 없 애버렸다.

강제 동원에 끌려가 희생된 소년소녀들

1942년 초봄, 면서기가 와서 덕종에게 쪽지를 주면서 "여기서 고생하지 말고 일본 공장에 가서 일하면서 편히 있다 오라"고 했다. 징용장이라 했 다. 면서기가 쥐어준 징용장을 들고 면사무소에 갔다. 일본 사람이 앉아서 손을 만져보더니 옆 사람에게 말했다. "이런 아이까지 데려가야 하나!" 그 러면서도 집에 가라는 말은 하지 않았다. 면에 모인 사람은 한 30명 정도 였다. 수동에서 온 박 아무개라는 아이도 덕종 또래였다.[27]

위에 옮긴 글은 덕종이라는 이름의 소년이 일제가 발부한 징용장을 받은 사정을 진술한 내용이다. 호적에는 1932년생으로 적혀 있던 덕종이 징용장을 받을 무렵 나이는 만 9세였다. 실제로는 1929년에 태어났으니 만 12세였다지만, 그래도 어린아이였다. 하지만 면사무소에서 만난 일본인 관리는 그를 집으로 돌려보내지 않았다.

덕종 소년은 부산에서 배를 타고 시모노세키를 거쳐 일본 오이타현 사가노세키제련소로 끌려갔다. 다른 2명의 조선인 소년과 함께 무거운 광석들을 광차(鑛車)에 담아 분쇄기 앞까지 옮기는 일을 했다. 어린 나이에 감당하기 힘든 일이었다. 그곳에서 백인 포로들이 일본군의 감시를 받으며 중노동을 하는 모습들도 봤다. 힘든 탄광 일을 견디다 못해 탈출하려다 붙잡혀 죽도록 매를 맞는 모습들도 보곤 했다. 소년의 머리에 새겨진 살벌한 기억들은 평생 잊지 못할 뇌상(腦傷)으로 남았을 것이다.

'죽음의 섬' 군함도(하시마) 탄광에서도 소년 광부들이 혹사당했다. 나가사키 항구에서 18킬로미터 떨어진 하시마는 탈출이 불가능해 '죽음의 섬'이란 악명을 얻었다. 군함처럼 보인다 해서 '군함도'란 이름으로 한국에도 잘 알려졌다. 그곳에도 14세, 15세, 많아야 16세이던 소년 광부들이 있었다. 소설『군함도』(창비, 2016)의 작가 한수산이 만났던 서정우도 16세에 군함도로 끌려왔다(배를 주리며 중노동에 시달리다 병에 걸린 서정우는 어렵사리 하시마를 벗어났지만, 나가사키의 미쓰비시 조선소에서 일하던 1945년 8월 9일 원자폭탄을 맞아 몸을 다쳤다. 민족문제연구소에서 기획한 역작『군함도, 끝나지 않은 전쟁』(2017)을 읽어보길 권한다).

여기서 분명히 드러난 사실은 위의 덕종이나 정우 또래의 많은 소년소녀들이 징용으로 강제 동원돼 탄광이나 군수공장에서 힘들게 일했다는 것이다. 그 숫자는 정확히 알기 어렵지만, '전쟁범죄의 희생자'

들이라는 점은 틀림없다. 현장을 온몸으로 겪었던 이들의 증언은 빼도 박도 못할 전쟁범죄의 산 증거들이다.

국제노동기구(ILO)와 국제연합아동기구(UNICEF)는 일찍부터 18세 미만의 소년노동을 비판해왔다. 특히 ILO는 1919년에 창립된 이래 꾸준히 소년노동 문제에 관심을 제기해왔다. 1945년 이전에 ILO가 정한 미성년 노동 제한 규정은 이즈음의 18세 규정과는 달리 15세 미만이었다. 물론 당시 일본도 ILO 협약을 비준한 가입국이었다. 그러나 일제의 잣대는 달랐다. 1941년 일제가 발표한 근로보국대 동원 연령은 남녀 14세 이상, 1944년 국민근로보국협력령의 동원 연령도 14세 이상이었다. 1945년 4월 패전이 가까워올 무렵 나온 국민근로동원령은 12세 이상으로 더 낮아졌다. 따라서 일제가 침략전쟁을 벌이면서 어린 소년소녀들을 강제 노역에 마구 동원했다는 사실 하나만으로 국제사회의 비난을 받아 마땅하다.

최소 200만 명의 노예노동

일제 말기에 얼마나 많은 식민지 조선 사람들이 강제 동원의 희생양이 됐을까. 전쟁범죄를 입증할 만한 주요 자료들이 불태워지고 뒤로 빼돌려진 상황에서 연구자들은 한계를 느끼기 마련이다. 그나마 남은 자료들을 바탕으로 일제의 강제 동원 규모가 어느 정도였나를 추정할 뿐이다. 강제 동원 문제를 일찍부터 다뤄온 재일동포 사학자 박경식(1922~1998)은 이 분야의 선구적인 연구자로 꼽힌다. 1965년에 그가 처음 써냈던 책에서 관련 내용을 옮겨본다.

1939년부터 1945년까지 일본에 징용된 사람이 100만, 조선 내에서 동원된 사람이 450만, 군인, 군속 37만 등 합계 약 600만 명이 끌려갔다. 그

중에서 군인, 군속이었던 사람은 1953년 현재 22만 명이 돌아왔지만, 약 15만 명은 행방불명 상태다. 태평양전쟁에서 전사한 사람 가운데 3분의 2는 유골을 찾을 수 없다고 하는데, 그중에는 많은 조선인이 포함되어 있다. 징용되어 탄광이나 비행장 등에서 사망한 사람은 일본 본토에서만 적게 잡아도 6만 명이 넘는다. 후생성에는 4만에 달하는 조선인 희생자의 명부가 있다고 들었으나, 일본 정부는 '한일회담'과 관계가 있기 때문에 일부러 공표하지 않고 있다.[28]

박경식은 한반도를 떠나 일본과 동남아 등으로 강제 동원된 사람이 150만 명이 넘는다고 분석했다. 그 내역은 군함도(하시마)를 비롯한 석탄 광산 60만, 미쓰비시중공업을 비롯한 군수공장 40만, 토건 30만, 금속 광산 15만, 항만 운수 5만 명 등이다. 박경식의 선구적인 노작이 한국에 알려지자 많은 사람들이 충격을 받았다. 짐작만 할 뿐이었던 일제의 침탈 규모가 구체적인 통계 숫자로 드러났기 때문이다.

강제 동원과 관련된 다른 통계자료들도 있다. 2015년에 임무가 끝난 '대일항쟁기 강제동원 피해조사 및 국외강제동원 희생자 등 지원위원회'(국무총리 소속)란 긴 이름의 위원회가 내놓은 통계는 780만 명에 이른다. 여기엔 노무자 753만 명(해외로 나간 노무자 105만 명 포함), 군인 21만 명, 군무원 6만 명이 포함된다.[29] 일본 대장성 관리국이나 후생성 조사국, 내무성 경보국, 조선총독부 등 일본 정부의 공식 통계자료를 바탕으로 산출한 780만 명이라는 숫자가 정확한 것은 아니다.

정혜경(ARGO인문사회연구소 연구위원)은 일제 말기의 강제 동원 분야에서 여러 역작을 펴내온 연구자다. 국무총리실 산하 '대일항쟁기 강제동원 피해조사 및 국외강제동원 희생자 등 지원위원회'에서 10년 넘게 일했다. 정혜경은 780만 명이 중복 동원에 포함된 연인원 숫자라 본다. 피해자 1인이 동원 지역과 유형에 따라 통계에 이중삼중으로 잡혔기 때문이다. 위원회가 전산화한 자료(DB)에는 180만 명의 이름이 담겨 있다. 현재 한국 정부가 추산하는 강제 동원 피해자 숫자는 200만 명쯤이다.[30]

일제 말기 식민지 조선의 인구는 어느 정도였을까. '식민지 시기 조선의 인구 동태와 구조'를 분석한 박경숙의 논문[31]에 따르면, 1940년 조선인 인구가 2600만 명쯤이었다(한반도 2355만, 일본 124만, 만주 145만 명). 강제 동원된 규모가 200만이라면, 13명 가운데 1명꼴로 강제 동원된 셈이었다. 그 무렵의 한 가족 구성원이 5명쯤이었다 치면, 두 집 건너 한 집의 누군가는 강제 동원으로 끌려갔다. 강제 동원에 관한 한 일본 쪽 자료는 최대치보다는 최소치를 채택한 것으로 여겨지기에, 실제로는 이보다 더 많을 수도 있다.

"조선 출신 희생자 21만~22만"

일본이 벌인 침략전쟁에 강제 동원 됐던 식민지 조선인들 가운데 얼마나 많은 사람들이 죽고 다쳤을까. 안타깝게도 그 숫자는 정확히 알기 어렵다. 앞에서 살펴봤듯이, 일제가 패전 무렵 많은 자료들을 의도적으로 없애버린 탓이다. 따라서 한국 정부나 연구자들은 사망 또는 행방불명으로 8·15 뒤 한반도로 돌아오지 못한 사람들의 규모를 파악하는 데 어려움을 겪고 있다. 연구자들의 사망자 추정치는 20만에서 많게는 60만으로 크게 차이가 난다.

재일 사학자 박경식은 군인과 비전투원인 민간인을 합쳐 최소 30만, 최대 50만쯤이 사망한 것으로 봤다. 김민영(군산대 교수, 행정경제학부)은 조선인 노무자 사망자 43만, 군인·군속 사망자 12만을 합쳐 55만 명쯤으로 추산했다. 한국정신문화연구원(현 한국학중앙연구원)이 보건복지부의 용역을 받아 만든 '1995년도 해외희생자 유해현황 조사사

업 보고서'는 사망자를 26만 명에서 36만 명으로 추산했다.[32]

　일제 말기에 멀리 타지(일본과 동남아시아)로 강제 동원 됐다가 희생된 식민지 조선 사람들의 숫자를 정확히 헤아리기란 현실적으로 어렵다. 인식표(군번줄)를 지닌 군인 사망자 숫자도 제대로 파악하기 쉽지 않은데, 탄광이나 공장에서 사망한 사람들의 규모를 알아내기는 더더욱 어렵다. 동북아역사재단에서 2021년에 펴낸 『일제의 전시 조선인 노동력 동원』(2021)의 3인 공저자의 한 사람인 정혜경은 지금까지 나온 강제 동원 희생자(사망자와 행방불명자) 추정치가 대체로 높게 잡혀 있다고 여긴다. 그는 희생자 규모를 21만~22만 명쯤으로 추정한다. 설명을 들어보자(전화 인터뷰).

　한인 희생자의 다수는 일제 말기에 징용으로 끌려갔던 군인과 군무원(포로감시원 같은 비전투원인 군속)들이다. 일본 후생성 자료를 보면, 일제 말기 식민지 조선 출신 군인과 군무원을 합쳐 27만여 명이 동원됐다. 후생성이 적용했던 조선인의 사망 및 행방불명 비율(55.9퍼센트)을 조선인 군인과 군무원에 적용할 경우 15만 명을 조금 웃도는 숫자가 나온다. 여기에 노무자로 탄광이나 공장에서 일하다 죽은 사람들을 더하면 강제 동원 사망자(행불자 포함)는 최소 21만 명에서 22만 명에 이른다.

　정혜경에 따르면, 위 추정치엔 한반도 안에서 강제 동원 됐다가 죽은 사람들의 숫자는 포함돼 있지 않다. 또한 8·15 뒤 배를 타고 한국으로 돌아오다가 풍랑 사고 등으로 죽은 사람들의 숫자도 마찬가지이다. 한반도 안에서의 강제 동원 희생자를 더하고, 일제가 뒤로 빼돌려 숨겨놓았던 자료를 포함해 미발굴 자료가 뒤늦게 드러나면, 일제의 침략전쟁에 강제 동원 돼 숨진 희생자 숫자는 더 늘어날 것이다.

"돈은 무슨? 살아 있는 게 다행"

"돈 많으면 가지고 도망간다고, 그래서 돈을 안 줘"(유제철, 가고시마현 소재 제련소). "돈도 못 받았어. 안 줘. 뭐 집으로 부쳐준다 어쩐다 말로는 해도 하나도 안 부쳤더만"(김상태, 사가현 소재 메이지광업 다테야마탄광). "돈은 구경도 못 했어. 밥만 먹고 살아 있는 것만으로 다행으로 생각했어"(이천구, 후쿠오카현 소재 야하타제철소). "월급이 없는데 어떻게 돈을 부쳐, 월급을 한 푼도 못 탔는디"(이사형, 도쿄 소재 미쓰비시제강소). "집으로 부쳐달랬으니까, 집으로 부친 줄만 알았죠. 근데 아버님이 한 번도 안 받았대요"(엄정섭, 동경 소재 이시카와지마조선소).[33]

강제 동원 피해자들은 하나같이 임금을 떼였다고 증언했다. 모집, 관 알선, 징용 등 동원 방식에선 각자 달라도 임금을 못 받았다는 말은 똑같았다. '살아 있는 게 다행'이란 말에서 고통의 무게가 전해지는 듯하다. 일본 전범 기업들은 이 피해자들의 '미수금'과 그동안 입었던 피해에 대해 손해배상을 해야 할 의무가 있다. 더구나 일본 후생성에는 '미불금'이 어느 정도인지 자세하게 남아 있다.[34] 그런 의무를 '나는 모르쇠' 하며 시간을 끄는 야비한 모습이 자칭 '문명 국가' 일본의 맨얼굴이다.

안타깝게도 오늘의 일본은 1910년 합병 조약이 체결 당시엔 '합법'이었다는 주장 아래 일제 식민 통치의 '합법성'을 내세운다. 일제 말기의 강제 동원도 법에 따른 것이라며 전쟁범죄 자체를 부인한다. 필요에 따라선 사과할 듯하다가 금세 태도를 바꾼다. 이를테면 군함도(하시마) 탄광의 경우가 그렇다. 2015년 하시마를 유네스코 세계유산으로 등재하는 과정에서 사토 구니 유네스코 일본 대사는 "많은 한국인들이 자신들의 뜻과는 달리 강제로 끌려와 혹독한 조건 아래서 노동을 강요당했다"라고 인정했었다. 그러면서 등재 내용에 강제 동원 피해 사실을 넣기로 약속했다.

하지만 정작 세계유산 등재에 성공한 뒤 일본이 보인 행태는 달랐다. '언제 그런 약속을 했느냐'는 투다. 우리 한국의 피해 당사자와 유족들을 화나게 만들었을 뿐 아니라 평화와 인권의 가치를 소중히 여기는 지구촌 사람들을 언짢게 했다. 2021년 유네스코로부터 경고를 받았지만 대충 넘어가려는 눈치다.

일본 정부와 기업들, 그리고 법원(재판소)은 한국인 강제 동원을 '합법적인 정책의 일환'이라고 우기며 사죄와 배상에 소극적이다. 독일과는 참 다른 모습이다. 한국에서 '제3자 변제안'이 나왔다고 좋아하지 말고 오히려 이런 상황을 역이용하는 것은 어떨까. "늦었지만 피해 당사자와 유족들을 향한 사죄와 배상으로 과거사를 털어내렵니다"라고 말이다. 이런 변신은 '전범 국가' 일본의 이미지를 개선하는 데 큰 도움이 될 것이다. 하지만 현실을 돌아보면 그런 일은 꿈속에서나 가능한 동화 속 얘기다.

아베 신조, "위안부 강제 연행은 없었다"

"좁은 의미의 강제 연행은 없었다." 전쟁이 끝난 지 80년 가까이 지나는 동안 강제 동원 논란이 나올 때마다 일본 쪽에서 펴온 주장이다. 피해자에 대한 배상을 거부하는 심리 속엔 '강제 따윈 없었고 따라서 우리가 비난받을 일이 아니다'라는 고집이 깔려 있다. 이를테면, 2022년 7월 유세장에서 사제 총탄에 맞아 죽은 아베 신조 전 총리는 '좁은 의미의 강제성'이란 말을 입에 달고 살았다. 그러면서 "일본군 '위안부'의 강제 연행은 없었다"라고 우겼다.

여기서 '좁은 의미'란 일본의 공권력(정부, 군부, 경찰 등)이 직접 나서서 위협하거나 폭력적으로 압송해 가는 적극적 개입 행태를 가리키며, 일본은 그런 강제력을 휘두르지 않았다는 주장이다. 일제 침략전쟁에 필요한 노동력을 확보할 요량으로 식민지 조선 사람들을 억지로 끌어가지 않았다면, 도대체 어떤 방식으로 노동력을 충원했다는 말인가. 이를테면, '종군위안부' 문제에서 가장 논란이 되는 것은 '강제'가 있었느냐 아니면 생계형 자발적 매춘이냐 하는 것이다. 전쟁범죄를 비롯한 일본의 과거사를 솔직히 돌아봐야 한다는 생각을 지닌 다카하시 데쓰야(高橋哲哉, 도쿄대 교수, 철학)는 '강제냐 자발적이냐'를 떠나 핵심은 '조직적인 성폭력'이라고 잘라 말한다.

위안부 문제의 본질은 그것이 일본군에 의한 조직적인 성폭력이었다는 것이지, 연행 형태가 협의의 강제 연행 여부에 있는 것은 아니다. ('강제 연행은 없었다'고 주장하는) 부정론자가 '인간 사냥과 같은' 강제 연행에 논의를 제한하려고 한 것은, 강제 연행을 명령한 군의 공문서가 (이미 폐기 또는 불태워) 없다는 이유로 피해자의 증언을 말소해버리려는 전략에서 나온 것

일본군 '위안부' 여성들. 일제의 야만적인 '인간 사냥' 덫에 걸린 식민지 조선 여성들이 희생당했음에도 일본은 '강제 연행은 없었다'고 우긴다.

이다. 피고인 측이 고소인의 소장을 무시하고 제멋대로 쓴 소장을 토대로 스스로 무죄 판결을 내리려는 것과 마찬가지다.[35]

강제 동원은 없었다는 일본 쪽 주장을 모아 보면, 가난한 조선인들이 취업을 위해 자발적으로 참여했거나, 돈벌이에 눈이 먼 민간 업자에게 속아서 '피해자'가 된 것이라 한다. 따라서 일본 정부가 책임지거나 비난받을 이유가 없다는 것이다. 인권운동가들과 법률가들이 말하는 이른바 '보편적 의미의 강제성'이든 '좁은 의미의 강제성'이든, 일제 말기 노동력 동원에 '강제성'이 없었다는 주장은 사실일까? 물론 아니다. 일본의 공권력(공무원, 군, 경찰)이 깊이 개입했다는 것을 보여주는 증거들은 차고 넘친다.

"식민 지배 합법성 근거로 강제 동원은 합법"이라 우겨

강제 동원 피해자 배상 문제를 둘러싼 논란은 어제오늘의 일이 아니다. 1991년부터 강제 동원 피해자들('위안부'와 '근로정신대' 포함)은 일본 정부와 전범 기업들(미쓰비시중공업, 일본제철, 일본강관 등)을 상대로 일본 법원에서 법정투쟁을 벌여왔다. 일본의 판사들도 강제 동원에 일본군이 관련됐다는 사실을 조금은 인정하는 눈치다. 그러면서도 대체로 두 가지 이유를 들어 한국인 피해자들의 배상 요구를 받아들이지 않았다. 첫째, 35년 동안의 식민 지배 합법성을 근거로 강제 동원은 불법이 아니며, 둘째, 1965년 한일청구권협정의 체결로 개인 청구권이 소멸됐다는 것이다. 일부 소송에서 '화해' 또는 '일부 인용' 판결이 나오긴 했지만, 대부분은 패소로 끝났다.

'식민 지배의 합법성' 논란의 뿌리는 1965년의 한일협정이다. 당시 한국과 일본은 모두 5개의 조약 및 협정을 맺었다. 여기서 문제가 되

일본 시모노세키 해안가에서 애절하게 '아버지'를 부르는 강종호 씨. 부친은 멀리 남양군도로 강제 동원 됐다가 고국으로 돌아오지 못했다.

는 것은 한일기본조약(정식 명칭은 '대한민국과 일본국 간의 기본관계에 관한 조약') 제2조, 그리고 이에 관련된 한일청구권협정(정식명칭은 '대한민국과 일본국 간의 재산 및 청구권에 관한 문제의 해결과 경제협력에 관한 협정')이다. 한일기본조약 제2조의 내용은 '1910년 8월 22일 및 그 이전에 대한제국과 대일본제국 간에 체결된 모든 조약 및 협정이 이미 무효임을 확인한다'는 것이다.

문제는 제2조를 지금 시점에서 어떻게 해석할 것인가를 두고 한일 사이에 큰 차이를 보인다는 점이다. 한국은 "일본과 맺은 과거의 조약들은 체결 당시부터 무효이고, 더구나 1910년 합병 조약은 불법적인 강제 합병이었고 따라서 무효"라 여긴다. 그러나 일본의 해석은 다르다. "1910년 체결 당시엔 합법이었고, 1965년 국교 정상화 시점에선 무효"라는 것이다. 식민 통치를 합법으로 여기고 강제 동원 배상을 내치는 일본 사법부의 시각은 바로 이런 주장에 뿌리를 두고 있다.

일제가 조선의 국권을 탈취한 것이 '합법'이라는 전제 아래, 일본 정부와 조선총독부가 손을 잡고 식민지 민중을 수탈한 것이 '합법'이라니, 도대체 말도 안 되는 궤변이자 논리적 비약이다. 일본에서 패소한 피해자들은 2차 가해를 당했다고 느꼈다. 1차 가해자는 일본 제국주의자들, 2차 가해자는 일본 법원이다. 더구나 1965년 한일협정으로 배상 문제가 '완전히 그리고 최종적으로 해결'됐고, 따라서 피해자의 청구권이 소멸됐다는 것이 일본 법원의 판단이다. 이에 대한 한국 법조계의 판단은 다르다. 개인 청구권은 소멸되지 않았고 지금도 유효하다는 것이다.

"일본의 판결은 한국의 핵심 가치와 충돌한다"

일본 법원에서 미쓰비시, 일본제철 등 전범 기업들을 상대로 한 개인 또는 집단 소송 건수는 모두 10건이었다. 현재 한국 정부가 인정한 강제 동원 피해자 수는 21만 8,639명으로, 일본 현지에서 소송을 건 피해자는 극소수에 지나지 않는다. 다른 많은 피해자들이 일본 법원에서 벌어지는 소송을 유심히 지켜보며 소송을 준비하고 있었으나, 결과를 낙관하긴 어려워졌다. 그렇기에 이즈음 일본 법원보다는 한국 법원에서 소송을 벌이고 있다.

손으로 해를 다 가릴 수 없듯이, 진실과 정의는 언젠가 빛을 보는 법이다. 일본 법원의 '합법성' 판결 논리는 한국 대법원에서 뒤집혔다. 2012년 대법원은 "일제의 식민 지배 합법성을 전제로 한 일본 법원의 판결은 대한민국의 핵심 가치와 정면으로 충돌한다"라고 판결했다. 뒤이어 2018년 한국 대법원 전원합의체는 "강제 동원 피해자에 대한 배상청구권은 1965년 한일청구권협정에 포함되지 않는다"라며 일본 전범 기업은 피해 배상금을 주라고 판결했다.

　이 대법원 판결은 1965년 한일청구권협정으로 배상 문제가 '완전히 그리고 최종적으로 해결'됐다는 주장을 받아들이지 않은 법원 판례의 이정표를 세운 것으로 평가된다. 현재 한국 법원에 계류 중인 소송은 70건에 원고 숫자는 1,139명에 이른다. 대법원까지 올라가 승소한 판결은 3건에 원고 14명이다(한국 법원에서 소송 건수들이 늘어나고 승소 판결 사례도 많아질 것으로 보였지만, 2023년 3월 정부의 제3자 변제안 해법이 나오면서 상황은 안갯속이다).

　2018년 한국 대법원의 판결이 있고 나서 한국-일본의 관계는 매우 불편했다. 마침 강제 동원의 하나인 '위안부' 해법을 둘러싼 논란과 맞물려 한일 갈등은 증폭됐다. 2015년 박근혜 정부는 '위안부' 문제를 일본과 합의하면서 10억 엔을 받았다. 하지만 한국의 피해자들이 양국 정부의 '일방적 밀실 결정'이라며 반발하면서 큰 논란이 벌어졌다. 일본 쪽에서 '최종적·불가역적 해결'이라고 못 박았지만, 문재인 정부는 한국의 부정적인 여론과 피해자들의 요구에 따라 2015년 한일 합의를 없던 일로 만들었다.

　'재협상을 요구하진 않겠지만'이란 단서를 달면서도, 문재인 정부는 2015년의 한일 합의로 '위안부' 문제가 해결될 수 없다는 점을 분명히 했다. 상황이 그렇게 흘러가자, '가해자'인 일본이 사과는커녕 오히려 보복에 나섰다. 잘 알려진 사실이지만, 2019년 아베 신조 당시 총리는 한국에 대한 반도체 소재 품목의 한국 수출을 막는 등 무역 갈등을 일으켰다. 그러면서 한일 관계는 더욱 악화됐다. 지금의 일본 정치인들도 뻣뻣하긴 아베 신조를 닮았다.

"제3자 변제라니? 잘못한 쪽이 사죄하고 배상하라"

일제의 강제 동원 피해자 배상 문제로 논란이 벌어진 것은 어제오늘의 일이 아니다. 2024년 들어 새로운 논란이 벌어졌다. 한국의 윤석열 정부가 내놓은 방안에 대한 찬반 갈등 때문이다. 그 방안이란, 일본전범 기업이 배상을 하지 않고 제3자인 포항제철을 비롯한 한국 기업들이 행정안전부 산하 '강제동원 피해자 지원재단'에 기부금을 낸다는 것이다. 이 방안이 나오자 '1910년 경술국치 이후 최악의 국가적 굴욕'이라며 비판이 쏟아졌다.

피해 당사자나 유가족들로부터 사전 동의를 거치지 않은 밀실 담합이란 점에서 2015년과 2023년의 정부 방안은 닮았다. 다른 누구보다 강제 동원 피해자들의 반발이 거셌다. 한마디로 '잘못한 쪽이 사죄하고 배상하라'는 것이다. 정부 배상안 발표 뒤 곳곳에서 반대 집회가 잇따랐고, 비판 성명이 쏟아졌다.

배상안이 알려진 뒤 첫 주말을 맞아 서울 시청 앞에선 대규모 규탄 집회가 열렸다. 수요일마다 구 일본대사관 앞에서 열리는 수요집회 참석자는 전보다 훨씬 많아졌다. 여의도 국회에서도 긴급 토론회들이 이어졌다. 국회 토론회 참석자들은 "중요한 전제 조건인 일본의 사과와 반성이 없고 더구나 가해 기업의 배상이 없는 타협안은 피해자를 우롱하고 국민을 기만하고 있다"라고 입을 모았다. "피해자에 대한 최소의 존중도 없는 일방적 해법"이란 지적이다.

그곳에서 만난 강제 동원 피해자 양금덕은 "굶어 죽는 한이 있어도 그런 돈 안 받는다"라고 목청을 높였다. 1931년생인 양금덕은 14세의 어린 나이에 미쓰비시중공업에서 노예노동을 강요당했다. 인권 변호사들의 도움을 받아 미쓰비시를 상대로 재판을 걸었고, 2018년 한국 대법원에서 1억 2000만 원의 배상금 판결이 내려졌다. 미쓰비시가 배상금 지불을 거부하자, 2021년 대법원에서 미쓰비시 상표권 2건을 압류하는 판결을 내렸다. 2022년 미쓰비시는 대법원에 상고했고 지금껏 계류 중이다. 김세은 변호사(법무법인 해마루)가 국회 토론회에서 했던 발표를 들어보자.

> 피고 기업이 한국 대법원 판결 자체를 인정할 수 없다는 상황에서, 피해자가 제3자의 변제를 허용하지 않겠다는 의사 표시를 명확히 한 경우, 변제가 유효하다고 보기 어렵다. 정부안이 한일 관계 회복을 위해 한국이 먼저 국내적 조치(제3자 변제)를 취하되 일본 측의 호응 조치를 기대하는 '열린 결말'이라면, 국내적 조치에 대한 피해자들의 선택권은 더더욱 존중돼야 한다. 피해자들은 자유롭게 선택할 수 있어야 하고, 함부로 어떤 선택을 강요받아선 안 된다. 단 1명의 피해자라도 정부안에 동의하지 않는 상황에서 정부나 재단이 그 피해자를 상대로 일단 변제 공탁을 하고, 그 공탁의 효력을 법정에서 판단받겠다고 해선 안 된다.

임재성 변호사(법무법인 해마루)를 비롯해 일본제철과 미쓰비시를 상대로 한 소송에 참여했던 변호사들의 말을 모아보면, 미쓰비시는 한때 강제노동과 임금 미지불 등 불법행위를 인정했다. 그러면서 피해자들에게 곧 사죄할 뜻이 있음을 내비쳤다. 하지만 일본 정부의 압력으로 미쓰비시는 느닷없이 태도를 바꿨다. 막판 조율로 가는 듯하던 합의는 그래서 깨졌다.

그러자 이번엔 한국 정부가 나섰다. 전범 기업을 제치고 제3자 변제 방식을 내놓았다. '한국 정부가 나서서 전범 기업들의 사법적 책임을 면제해주려는 것이냐'는 피해자들의 반발과 더불어 거센 논란을 불렀다. 한국 외교부는 '제3자 변제 방식에 법률적 문제가 없다'고 주장했다. 한술 더 떠 "피해자가 돈을 받길 거부한다면, 공탁도 가능하다"라고 했다. 그러면서 실제로 공탁금을 걸었다.

한국 민법 제469조에 따르면, 제3자도 채무를 변제할 수 있다. 하지만 '당사자가 제3자 변제를 허용하지 않을 때는 그렇게 할 수 없다'는 단서를 달았다. 따라서 한국 정부가 제3자 변제 방식을 제안할 수는 있지만 강요할 수 없다. 여기서 물음이 하나 뒤따른다. 공탁금을 끝내 안 찾아갈 경우, 전범 기업의 법적 책임은 끝나는 것일까? 거기까지 생각하고 정부가 제3자 변제안을 내놓았는지는 확인하기 어렵다. 분명한 사실은 일본의 진정성 담은 사죄와 배상 없이 야만적인 전쟁범죄로부터의 개인적 또는 집단적 피해 기억을 덮기란 어렵다는 것이다.

3장
"나의 불행은
위안소에 발을 들였을 때 시작됐다"

적어도 3만 명에서 5만 명에 이르는 '위안부' 성노예의 진실을
일본은 왜 부인하는가. 일본군 위안소 자체가 '성노예'의 존재를
말해주는 것 아닌가. 일본은 '좁은 의미의 강제'는 없었다고 우긴다.
유괴와 인신매매, 군 위안소에서의 일상적 관리는 '강제'가 아닌가.

일본이 지난날 한반도를 억압 통치하면서 저질렀던 전쟁범죄는 20
세기 식민지 통치사에서 그 규모와 잔혹성 면에서 나치 히틀러 정권
에 버금갈 만큼 악명이 높다. 그런데도 일본의 대응 태도는 사죄는커
녕 축소 왜곡하는 쪽이었다. 일본군 성노예 피해 당사자의 눈물 어린
증언으로 '전범 국가 일본'의 민낯이 드러날 때마다 우리 국민들은 답
답함과 함께 분노를 느끼곤 해왔다.

최근 들어 들려오는 소식도 그렇다. 일본 자민당 정부는 '일본군 위
안부' 또는 '종군 위안부'라는 용어를 교과서에서 쓰지 못하도록 했다.
그냥 '위안부'로 기술하라는 얘기다. 잔머리 굴리는 사기꾼들이 법정
에서 흔하게 쓰는 물타기 수법이나 다름없다. 그런 지침에 따라 일본
문부과학성의 검정을 통과한 역사 교과서에서 '종군 위안부'는 사라
지고 그냥 '위안부'로 표기됐다.

'위안부' 성노예는 타인의 고통일 뿐

　문제는 교과서에서 관련 내용을 풀이한 분량도 길어야 서너 문장 정도로 매우 짧아졌다는 점이다. 그런 교과서에서 '위안부' 항목을 읽는 일본 학생들은 일본군 성노예 피해자들의 고통을 전혀 떠올리지 못한 채로 금세 다른 단락으로 페이지를 넘기기 십상이다. 몇몇 감수성이 풍부한 학생들이 희생자의 고통을 떠올렸다 하더라도 (미국 작가 수전 손택의 표현을 빌리자면) 그저 잠시 스쳐가듯이 흘낏 마주친 '타인의 고통'일 뿐이다.

　한국에도 소개된 책인 『타인의 고통(Regarding the Pain of Others) (2003)의 저자인 수전 손택(Susan Sontag)은 2001년 9·11 테러 뒤 "군사적 해법보다는 대화와 외교로 풀어야 한다"라면서 미국의 아프가니스탄 침공을 반대했던 평화주의자다. 손택은 동유럽 발칸반도에서 보스니아 내전이 한창이던 1993년 사라예보로 가서 사뮈엘 베케트의 작품 『고도(Godot)를 기다리며』를 연극 무대에 올렸다. 장기간 포위된 도시에서 죽음의 공포와 절망에 빠진 그곳 사람들에게 '희망을 가져야 한다'는 메시지를 전하기 위해서였다.

　손택은 사라예보에 머물면서 바로 몇 발짝 앞에서 폭격이나 총알에 맞아 죽는 사람들을 자주 봤다. 손택은 "사람들은 언론 보도를 통해 전쟁의 끔찍한 이미지를 볼 뿐, 현지에서 전쟁을 직접 겪는 이들의 고통을 잘 모른다"라고 안타까워했다. 전쟁의 참상 소식을 전하는 TV 화면이나 신문 기사를 보면서 사람들은 잠시 '연민'을 느끼면서도, 그 전쟁을 자신과는 상관없는 일로 여기기 십상이다. 손택의 표현에 따르면, 스스로를 '구경꾼'이라 여긴다. '내가 그들을 죽이지도 않았기에 나는 죄가 없다'고 여긴다. 그리고 '전쟁은 참으로 소름 끼치는 것이니까……' 하며 TV 채널을 다른 데로 돌릴 뿐이다.

손택의 이야기를 '위안부' 성노예의 진실이 사라진 일본 교과서에 적용하면 어떨까. 교과서에 휙 지나가듯이 짧게 서술된 '위안부' 대목을 읽는 일본 학생들이 관심을 갖거나 할까. TV로 전쟁 뉴스를 보는 사람들이 보인 반응과 마찬가지로, 그저 스쳐 가는 '타인의 고통'일 뿐이다. 자신이 '위안부' 여성들을 고통스럽게 만들진 않았으니, 전쟁범죄의 공범이라는 죄의식도 느끼지 않는다. '타인의 고통'에 연민을 느끼기도 어렵다. 교과서 관련 분량이 워낙 짧고 제대로 실상을 밝히지 않았기에, 학생들은 '연민'을 느낄 기회조차 없을 듯하다.

"우리도 하고 싶어 하는 게 아니오"

'위안부' 성노예 피해자들이 남긴 눈물 어린 애절한 증언들은 '좁은 의미의 강제성' 주장을 정면으로 부인하는 생생한 보기들이다. 증언은 또 있다. 강제 동원 실무를 맡았던 사람들이 훗날 털어놓은 양심고백이나 제3자가 전하는 목격담들이다. 이런 증언들은 일제강점기의 후반 상황이 얼마만큼 살벌한 '강제성'을 띠고 있었나를 생생하게 보여준다. 여기 한 목격담을 들어보자.

일본인 S는 1940년대 전반기에 일본 시모노세키에서 싱가포르 등 동남아시아를 오가던 수송선에서 군속으로 일했던, 심성이 착한 사람이다. 그는 배 밑바닥 좁은 방에 갇힌 채 머리를 두 손으로 감싸고 서럽게 울던 20~30명쯤 되는 식민지 조선 처녀들을 여러 번 목격했다. 항해 내내 울음을 그치지 않는 그녀들의 모습이 너무나 측은하게 여겨졌다. 전쟁이 끝난 뒤로도 그 어두운 기억들이 뇌리에서 떠나지 않고 맴돌곤 했다. 나이 80을 넘긴 S는 늦게라도 기록을 남겨야겠다는 생각에 일본의 인권운동가들을 만났고, 오랫동안 가슴에 담아두었던 일들을 털어놓았다.

1944년 8월 14일 버마(미얀마) 미치나 지역에서 미중 연합군에게 구출된
3명의 조선인 '위안부'들

S는 동남아로 가는 여객선의 3등칸 구석방에서 조선 처녀들이 서럽
게 울고 있는 모습들을 보았다. 문간에는 민간 업자들이 지키고 서 있
었고, 그들은 화장실까지 따라가며 감시를 했다. 바다 위에 떠 있는 배
에서 도망갈 데가 없는데 왜 저렇게 감시를 하나 궁금증이 들었다. S
는 곧 사정을 알게 됐다. 조선 처녀들이 '차라리 죽는 게 낫다'며 바다
로 뛰어드는 것을 막으려 감시하는 중이었다. S는 얼굴을 익힌 민간
업자에게 '저 여자들이 울고 있는데, 어찌 된 일이냐'고 사연을 물었
다. 그러자 민간 업자는 S에게 화를 내는 대신에 "위안부 공급을 제때
못 하면 내가 감옥에 가게 된다"라고 푸념했다.

우리도 하고 싶어 하는 게 아니오. 안 하고 싶다고요. 하지만 군의 명령으
로 몇 날 며칠까지 여자 몇 명을 데리고 와서 배에 태우라 하니, 행여 그 명
령을 안 따르면 우리가 헌병에게 당하잖아요. 우리도 목숨 걸고 하는 거라

고요. 헌병이란 게 호락호락 끝나지 않지요. 경찰도 벌벌 떨 정도니까.[36]

"당한 것도 치가 떨리는데 발뺌하다니……"

강제 동원에 나선 인간 사냥꾼들에게 붙들려 희생된 식민지 조선인들 가운데는 일본군 성노예가 됐던 꽃다운 여성들이 있다. 그 숫자는 연구자에 따라 다르다. 최소 3만 명에서 최대 20만 명까지 큰 편차를 보이지만, 학계에선 대체로 3만~5만 명쯤으로 추산하고 있다. 3만 명이든 5만 명이든 분명한 사실은 그 많은 여성들이 일제강점기에 꽃다운 젊음을 짓밟혀 눈물로 밤을 지새웠다는 것이다.

당한 것만 해도 치가 떨리는데 일본 사람들이 사실 자체가 없었다고 발뺌하는 것이 너무 기가 막혀 증언하게 됐습니다. 일본 정부가 거짓말하는 것은 용서할 수 없습니다. 살아 있는 증인이 여기 있지 않습니까?

1991년 8월 14일 "나는 일본군 '위안부'였다"라며 위안부의 존재를 대중에게 알린 김학순(1924~1997)은 그 이유를 묻는 기자들에게 위와 같이 말했다. 김학순은 열네 살 때 홀어머니가 재혼하면서 예기(藝妓) 집 주인의 양녀가 됐고, 열여섯 살에 양아버지를 따라 베이징에 기생 일을 하러 갔다가 군인들에게 납치돼 '위안부'가 됐다.

일본 극우들은 김학순의 경우 '양부가 딸을 군에 팔아넘긴 인신매매'라며 일본군에는 책임이 없다고 우겼다. 한국의 '신친일파'도 같은 목소리로 김학순의 마음을 아프게 했다. 당사자가 납치됐다고 하는데도 말이다. 2차 가해나 다름없는 망언을 서슴지 않는 자들을 가리켜 '공감 능력이 부족하다'고 말하는 걸로 넘어가도 되는 것일까. 김학순은 공개 증언 6년 뒤 눈을 감았지만, 그녀가 내놓은 과제(일제의 사죄와 배상)는 아직껏 깔끔하게 풀리지 못한 채로 남아 있다. 그녀를 비롯한 '성노예 위안부' 처녀들의 짓밟힌 삶에 얽힌 이야기는 (공감 능력이 결여된 자들이 아니라면) 눈물을 흘리며 듣기 마련이다.

"나의 불행은 납치돼 일본군 위안소에 발을 들여놓았을 때부터 시작됐다"라는 김학순의 용기 있는 공개 증언이 촉발점이 돼 그동안 나설까 말까 망설이던 '위안부' 피해자들이 2차, 3차 증언자들로 나타났다. 한국 정부에 등록된 피해자는 238명이다(2024년 현재 살아 계신 할머니는 8명). 1992년 1월 8일 미야자와 기이치(宮澤喜一, 1919~2007) 당시 일본 총리의 방한을 계기로 구 일본대사관 앞에서 시작한 '수요집회'는 31년 넘게 비가 오나 눈이 오나 열렸다. 최장기 집회로 기네스북에 기록됐고, 지금도 세계기록을 갱신 중이다.

김학순의 뒤를 이어 북한, 타이완, 중국, 필리핀, 인도네시아 등 아시아 각국 피해자들도 입을 열기 시작했다. 그런 흐름은 2000년 도쿄

1992년 1월 8일부터 매주 수요일마다 30년 넘게 서울 일본대사관 앞에서 벌여온 '일본군 성노예제 문제 해결을 위한 정기 수요 시위'

에서 '일본군 성노예 전범 여성국제법정'으로 이어졌다. 이 법정은 동티모르를 비롯한 아시아 각지의 피해자 여성들과 인권운동가들이 참가한 가운데, 특히 히로히토 일왕에게 인도에 반한 죄, 강간과 성노예제에 대한 전쟁범죄 책임을 물었다.

일본 극우파들이 성지로 여기는 야스쿠니 신사는 메이지유신을 전후한 시기부터 1945년 패전 때까지의 전몰자 246만 명을 제신(祭神)으로 받들고 있다. 1937년 중일전쟁 이래 1945년 패전 때까지 일본 군국주의가 벌인 아시아태평양 침략전쟁의 선봉에 섰다가 죽은 이들 가운데 식민지 조선의 처녀를 '성노예'로 거칠게 다루며 '위안'을 강요했던 자들도 있을 것이다. 거기까지 생각이 미치면, 마음이 더 무거워진다.

정신대-위안부 사이의 혼란 왜 생겼나

일제는 식민지 조선의 젊은 여성들을 군수공장 등으로 내몰았다. 그때 쓰인 용어가 '여자근로정신대'였다. 줄여서 흔히 '정신대'로 알려진 이 강제 동원 형태와 관련해 두 가지 혼란 또는 오용이 논란이 돼왔다. 첫째는 정신대가 언제부터 있었느냐는 논란이고, 다른 하나는 위안부와 혼용에서 생겨난 논란이다.

첫째, 정신대가 언제부터 있었느냐는 논란. 일본의 우익이나 한국의 '신친일파'들은 일제가 '여자정신근로령'을 발표한 시점이 1944년 8월이었고, 한국에는 이 근로령이 적용되지 않았다고까지 주장한다. 한마디로 '정식으로 모집된 식민지 조선의 정신대원은 없었다'고 우긴다. 하지만 진실은 다르다. 1944년 8월의 '여자정신근로령'은 일본과 식민지 조선에서 동시에 공포·시행됐다.

더구나 중요한 사실은 '여자정신근로령'이 나오기 몇 해 전부터 한반도에서는 여러 방법으로 강제 동원이 이뤄졌다는 점이다. 이를테면,

1943년 무렵 초등학교 5~6학년 또는 졸업한 지 1~2년 된 어린 소녀들이 일본의 군수공장이나 섬유공장에서 힘든 노동으로 혹사당하고 있었다.[37]

둘째, '위안부'와의 혼용에서 생겨난 논란. 일본의 우익이나 한국의 '신친일파'들은 한국의 비판 세력이 '정신대'와 '위안부'를 혼용하고 있다고 지적하면서 "근로정신대 출신이 위안부가 된 적이 없다"라고 주장한다. 지금은 '정의기억연대'로 이름이 바뀌었지만, '정신대문제대책협의회(정대협)'는 오랫동안 '위안부' 문제에 집중해온 인권단체다. 그렇기에 많은 한국 사람들도 '정신대' 하면 '위안부'를 떠올리곤 했다. 여기엔 그럴 만한 사정이 있다. 근로정신대로 간다면서 배를 탔는데, 최종 목적지는 '내지(일본)'가 아닌 동남아 전선인 경우가 수두룩했다. 그렇기에 당시 식민지 조선 사람들에게 정신대와 위안부의 경계는 분명치 않았다.

'위안부' 출신 인권운동가로 이름이 널리 알려진 김복동(1926~2019)도 정신대로 가는 줄 알았다고 했다. 경북 양산의 초등학교 4학년을 끝으로 학교를 그만두고 집에 있던 1941년, 마을 구장과 반장을 앞세운 일본인이 엄마에게 "딸을 정신대로 보내야 하니 내놓으라"라고 윽박지르는 말에 하는 수 없이 끌려갔다. 그리고 정신대인 줄 알았는데 '위안부'가 됐다고 증언했다. '처녀 공출'이란 명목으로 '위안부' 징집이 이뤄졌음을 이 증언으로 알 수 있다.

정신대원이었다가 '위안부'로 끌려간 여성도 있다. 강덕경(1929~1996)의 경우가 그러했다. 1944년 '여자근로정신대' 1기생으로 일본 후지코시 공장에서 일했다. 어린 소녀는 일이 너무 힘들어 도망쳤다가 붙잡혔다. 일본군 헌병에게 끌려간 강덕경은 일본에 있는 군 위안소에서 5개월 남짓 성노예로 있다가 8·15를 맞고서야 풀려났다.

진중일지(陣中日誌)로 드러난 일본군 위안소

　일본군에 '위안부'로 끌려간 식민지 조선 여성들이 3만~5만 명으로 알려진다. 일본은 위안부에 관한 많은 문서들이 불태워져 없다는 점을 이용해 '위안부' 강제 동원을 포함한 그들의 지난날 전쟁범죄를 축소하거나 아예 부인해왔다. 특히 일본군이 위안소 개설이나 운영, 위안부 충원 등에 개입했다는 것을 부인해왔다.

　하종문(한신대 교수, 일본 근현대사)이 펴낸 『진중일지로 본 일본군 위안소』(휴머니스트, 2023)는 '위안부'의 실체를 일본군이 남긴 문서를 바탕으로 연구한 역작으로 꼽힌다. 오랜 노력 끝에 하종문은 일본군이 직접적으로 위안소를 개설, 운영하고 위안부를 충원하는 데에도 깊이 관련했다는 사실을 실증적으로 밝혀냈다. 먼저 진중일지(陣中日誌)란 어떤 것일까. 저자의 설명을 들어보자(전화 인터뷰).

　진중일지는 독립된 소대를 포함해 중대 이상의 부대가 동원령을 받은 날부터 끝나는 날까지 작성하도록 의무화된 공식 기록물이다. 이를 작성하는 목적은 여러 가지다. 전사 편찬을 위해서도 기록을 남기는 것이고, 부대원 개인별 근무 및 승진의 기초 자료가 되기도 한다. 또한 군사적인 제반 경험을 기록으로 남김으로써 장래의 개선 자료로 삼기 위해서다. 따라서 진중일지로는 '위안소 관련 기록'을 포함해 해당 부대와 관련 부대의 일상이 어떠했는지를 알 수 있다.

　패전 무렵 일본군 각급 군부대의 진중일지는 불태워져 폐기됐다. 일본 정부 문서와 마찬가지로 전쟁범죄의 증거들을 없애버린 셈이다. 그나마 지금 남아 있는 진중일지는 일본 육군성에서 보관하던 것, 개인이 소장하다가 기증한 것, 연합군이 노획했다가 나중에 반환한 것 등이다. 이들 진중일지의 대부분은 방위성 산하 방위연구소에 있고,

오키나와 전투에 투입됐던 부대의 진중일지 일부는 내각부 산하 '오키나와전 관계자료열람실'에 있다. 이어지는 하종문의 설명이다.

남아 있는 진중일지에서 '위안부' 개인에 대한 내용은 찾아보기 어렵다. 하지만 진중일지를 꼼꼼히 살펴보면 군부대의 이동, 주둔, 작전, 훈련 등 통상적인 움직임과 위안소의 설치·이용이 서로 떼놓을 수 없는 일본군 행동의 '일부'였음이 분명히 드러난다.

일본군은 '위안부' 강제 동원에 책임이 없다는 것이 일본 쪽의 일관된 주장이다. 하종문에 따르면, 진중일지를 매개로 삼아 그동안 은폐돼왔던 '전시 성폭력'의 실상을 드러냄으로써 '전시 성노예'라는 본질을 증명할 수 있다는 것이다. 책 내용의 주요 부분을 줄여 옮겨본다.

1937년 12월 24일 상하이 파견군 참모장 이누마 마모루 소장이 육군성에 전보로 요청한 100만 개의 콘돔은 12월 29일~31일 사이에 항공편으로 상하이 파견군 야전의량창에 전달되었다. 12월 말의 위안소 개설에 맞추어 상하이 파견군은 화급을 다투어 콘돔 조달을 추진했고, 이에 따라 육군성은 물품 발송을 신속하게 처리했다.[38]

위안소 주위를 거의 24시간 순찰하는 전담 보초 7명이 배치되고 위안부의 산책도 보초의 순찰 구역 내에서만 가능하도록 했다. 거주지 주변을 경계하고 군기와 풍기를 단속한다는 취지라고 적혀 있지만, 위안부는 사실상 감금된 것이나 다름없는 처지였다.[39]

태평양 절해고도에 갇힌 조선인 처녀들

일본군의 진중일지를 바탕으로 한 이 책에서 마음 아프게 다가오는 대목은 태평양의 한 작은 섬에 갇힌 조선인 위안부에 관한 이야기다.

지금은 사람이 살지 않는 그 섬의 이름은 오키다이토. 오키나와섬에서 동쪽으로 360킬로미터 떨어진 곳에 두 개의 섬(기타다이토섬과 미나미다이토섬)이 8킬로미터를 사이에 두고 있고, 미나미다이토섬에서 남쪽으로 160킬로미터 떨어진 곳에 있는 아주 작은 섬이 오키다이토다. 그 야말로 절해고도(絶海孤島)인 오키다이토에 어떻게 식민지 조선의 '위안부' 여성들이 가게 됐을까.

지금은 무인도인 이 섬은 20세기 들어 인광석 산지로 개발돼 일본인 광업소가 들어섰다. 태평양전쟁 막바지까지 광업소는 인광석을 캐냈다. 1944년 일본군 대본영은 오키나와 본섬과 다이토 제도의 방어를 위해 만주의 9사단과 28사단을 32군이 관할하는 이 지역으로 이동시켰다. 9사단은 오키나와 본섬으로 향하고 28사단은 미야코 제도와 다이토 제도로 향했다. 그사이에 사이판이 미군에 점령당하자, 28사단의 주력인 보병 제36연대는 오키나와의 태평양 쪽 전진 기지였던 다이토 제도로 주둔지가 바뀌었다.

36연대에 편입된 85병참경비대 4중대의 진중일지, 그리고 4중대장 모리타 요시오(森田芳雄) 중위가 남긴 수기에 따르면, 총원 221명이 1944년 4월 26일 오키다이토섬에 내렸다. 같은 해 11월 23일 '위안부' 7명이 업자 1명과 함께 그 섬에 왔다. 이들이 오기 앞서 4중대에 전달된 전문 435호는 "내일 아침 오키다이토섬에 도착할 기범선으로 '위안부'(경영자 포함 8명)가 가니 '관련 위안소 규정'을 송부한다"라는 내용이 담겨 있었다. 따라서 하종문은 "위안부의 수송과 함께 위안소를 운영하는 규정을 전달한다는 것은 위안소가 군의 명령 체계에서 이루어졌음이 명백하다"라고 분석한다. 8명으로 구성된 위안소를 오키다이토섬으로 보낸 주체는 일본군 32군이었다는 것이다.[40]

전투 앞둔 일본군에게 붙잡힌 '성노예'

조선인 '위안부' 7명이 오키다이토섬에 도착할 무렵, 태평양의 다른 섬들에도 '위안부'들이 보내졌다. 도카시키섬에 7명, 게마라 제도의 자마미섬과 아카섬에도 7명이 도착했다. 이로 미뤄, 식민지 조선 여인들로 구성된 대규모 '위안부' 집단이 꾸려졌고 태평양전쟁 막바지로 가는 1944년 11월 들어 오키나와의 부속 섬에 분산 파견된 것으로 보인다.

미군의 공격을 바로 코앞에 둔 시점인 1945년 1월 22일 일본군은 그때껏 남아 있던 광업소 종업원들과 주민들을 섬에서 모두 퇴거시켰다. 그러나 조선인 '위안부' 7명과 업자에겐 섬에 남으라는 명령이 내려졌다. 미군의 공격으로 오키다이토섬이 곧 전쟁터로 바뀔 게 뻔한 상황에서 군인도 아닌 '위안부'를 남도록 한 이유는 무엇이었을까. 곧 다가올 미군과의 결전으로 죽음을 앞둔 일본 군인들에게 끝까지 '성적 위안'을 제공하라는 요구 말고 다른 이유를 찾을 수는 없다. 일본군에게 그들은 '성노예'였다는 사실이 이로써 드러난다.

섬 주민을 모두 퇴거시킨 사흘 뒤, 이 섬의 일본군은 "긴급 보급품으로 위생 콘돔을 보내달라"라는 전문을 보냈다. 지휘관인 4중대장 모리타 요시오 중위는 이런 기록을 남겼다. "장사는 되지 않는데 돌아갈 배는 오지 않는다. 죽을 때는 군과 같이. 지독히도 운이 없는 일행이었다."[41] 일본군의 예상과 달리 미군은 이 섬을 폭격만 했을 뿐 상륙작전을 펴진 않았다. 조선인 '위안부' 7명은 모두 살아남았고, 곧 다른 섬으로 옮겨 갔다.

이들의 그 뒤 운명은 알기 어렵다. 다른 곳에서 미군의 폭격을 받아, 또는 전쟁범죄의 흔적을 없애려는 일본군의 총에 죽었을까. 용케 살아남아 한반도 어딘가로 돌아가 그리운 가족을 만났을까. 아니면 몇몇 위안부 할머니들이 그랬던 것처럼, '더렵혀진 몸으론 가족을 만날 수 없다'며 이국 타향 어디선가 숨어 살았을까. 분명한 사실은 이들도 일제 침략전쟁의 희생자들이라는 점이다. '성노예' 여성으로서 극심한 성적 착취를 겪었다. 히로히토 일왕을 비롯해 누군가에게 전쟁범죄의 책임을 물어야 한다. 일본군 중대장 모리타의 표현대로 '지독히도 운이 없다'고만 하고 넘어갈 일은 아닐 것이다.

일본의 극우와 손잡은 한국의 '신친일파'

문제는 지난날 식민지 조선에서 일제가 벌였던 전쟁범죄를 부인 또는 축소 왜곡하려는 세력이다. 그들은 다름 아닌 '일본회의' 같은 보수 우익 정치 세력, 이른바 '자유주의 사관'을 내세우는 일본의 역사수정주의자들, 그리고 한국의 친일 연구자들이다. 그들은 강제가 있었느냐 없었느냐, 그것도 '협의의 강제연행'이 있었느냐 시비를 건다. 자신의 뜻과는 달리 강제로 또는 감언이설에 속아서 '성노예'가 됐다는 증언자가 나오면 '거짓말'이라 공격한다. 앞서 '진중일지' 대목에서 살펴보았듯, 일본군 위안소 자체가 '성노예'를 실증하는데도 말이다. 1937년의 난징 학살을 부인하고 '위안부'의 성노예화와 일본 군부의 관련 사실을 부인하는 것은 그들이 되풀이해온 못된 버릇이라 볼 수밖에 없다.

'민중사학자'로 널리 알려진 야스마루 요시오(安丸良夫, 교토대, 일본사상, 2016년 타계)는 '강제'의 개념을 좀 더 넓게 해석한다. 야스마루는 "일본인의 마음속에 자리 잡은 '천황' 이미지는 19세기 후반 메이지 유신 시대에 꾸며낸 '관념적 구축물'에 지나지 않는 허상"이라 지적했고, 특히 그 속에 담긴 군국주의 정치 이데올로기를 통렬히 비판했던 지식인이다. 그는 '위안부' 문제를 주제로 한 토론 모임에서 이렇게 말했다.

(일본의 우익 사학자들은) 종군 위안부 문제에서 가장 중요한 것은 '강제'의 문제라고 말합니다. 그러나 감언, 인신매매, 유괴와 현지에서의 일상적 관리 등은 '강제'일까요, '강제'가 아닐까요. 그 여성들의 체념과 상황에 대한 적응도 강제나 폭력과 무관하지 않을 것입니다. 즉, 폭력의 사회 내재적인 양상 전체가 문제인 것이지, 그들에 대한 일본군의 직접적인 '강제'(가 있었느냐 없었느냐)는 문제의 표층에 지나지 않을 가능성이 있습니다.[42]

야스마루는 일본 극우 세력이 '좁은 의미의 강제'를 들먹이며 과거사를 지우려 하는 교활한 행태에 매우 비판적이다. 그는 "속아서든 강제로든 그 지옥 같은 상황에 놓이게 된 '위안부' 여성들이 끝내 체념하고 상황에 적응해간 것도 강제나 폭력과 무관하지 않다"라고 못 박았다. 그러면서 "감언, 인신매매, 유괴와 현지에서의 일상적 관리 등은 '강제'가 아니냐"라고 되묻는다.

일본 극우들과 한국의 '신친일파'들은 '위안부' 논쟁이 나올 때마다 '생계를 위한 자발적인 취업'이었다고 우겨왔다. 때로는 용기(?) 있게 금기선을 넘어 "위안부는 매춘부"라는 망언 등으로 파문을 일으키기도 한다. 큰 흐름으로 보면, 최근 몇 년 사이에 '신친일파'의 기세가 다시 거세졌다. 눈치 보지 않고 대놓고 망언을 내뱉는 모습들이다. 일본의 우경화 흐름 속에 일본 극우들은 이즈음 "우리가 역사 전쟁에서 이겼다!"라고 환호한다. 틀린 말이 아니다. 일본 교과서에서 '위안부'나 '강제 동원'이란 단어가 사라지고 있다. 일본의 극우에겐 '역사 전쟁'에서 한국의 '신친일파'가 소중한 자원이다.

3부
책임을 외면한
전쟁범죄 주범들

1장
천황제 파시즘이 낳은 괴물,
도조 히데키

도조 히데키는 20세기 중반 아시아를 피로 물들였다.
그는 무슨 근거로 '자위(自衛) 전쟁'을 폈다고 주장했는가.
교수형으로 숨지기 전까지 2,000만 아시아인을 죽음으로 몰아넣었던
일본의 침략전쟁과 전쟁범죄에 대해 도조는 왜 사죄를 하지 않았을까.

아돌프 히틀러(Adolf Hitler, 1889~1945)가 20세기 전반기 독일 파시
즘을 낳은 괴물이라면, 도조 히데키(東條英機, 1884~1948)는 일본 군국
주의, 이른바 '천황제 파시즘'이 낳은 괴물이다. 둘 다 한 국가를 거대
한 병영(兵營)으로 바꾸고 온 국민을 전쟁의 고통 속으로 몰아넣는 데
그치지 않고 이웃 나라 사람들을 괴롭히는 전쟁범죄의 공범자로 만들
었다. 도조는 히로히토 일왕과 더불어 아시아·태평양전쟁(일본의 용어
로는 '대동아전쟁')에서 벌어졌던 전쟁범죄의 주역이었다.

1941년 10월부터 사이판섬을 미군에 빼앗긴 1944년 7월까지 일본
전시 내각의 총리, 육군대신, 육군참모총장을 겸임하며 진주만 공습
(1941년 12월)을 비롯한 침략전쟁을 이끌었던 도조는 "이 전쟁을 함으
로써 국제 범죄자가 되어 승자에게 기소당하리라고는 생각하지 못했
다"라며 자신의 전쟁범죄를 인정하지 않았다. 1948년 12월 23일 다
른 6명과 함께 교수형으로 처형되기 앞서 그가 내뱉은 말은 이러했다.

도조 히데키는 육군대신과 참모총장을 겸임했다.

"아무리 분석해봐도, 도쿄 재판은 정치적인 재판이었어. 그것은 오로지 전쟁에서 이긴 자들의 정의였어."

1946년 5월 도쿄 극동국제군사재판을 앞두고, 아시아·태평양전쟁에서 저지른 전쟁범죄의 총책으로 꼽혔던 두 인물은 일왕 히로히토(裕仁, 1901~1989)와 도조 히데키였다. 그러나 막상 재판이 시작되자 둘의 운명은 엇갈렸다. 히로히토는 기소조차 되지 않았고, 도조는 2년 반에 걸친 재판 끝에 교수형으로 처형됐다.

승자인 미국은 재판을 앞두고 두 가지 기준을 세웠다. 1) 히로히토 처벌이 일으킬지 모를 혼란을 피하고 일본을 안정적으로 통치한다. 2) 종전 뒤 벌어지기 시작한 미·소 갈등과 동서 냉전 구도 아래서 일본을 친미 반공 국가로 붙잡아둔다. 이런 기준 아래, 사실상 전범 총책인 히로히토를 도쿄 재판의 피고석에 세우지 않았다. 그와는 달리, 도조는 재판 내내 그가 모셨던 주군을 감싸는 태도를 보이다가 1948년 12월 다른 6명의 사형수와 함께 죽었다.

'돌격 앞으로!'를 외친 구식 군인

도조 히데키는 1884년 육군 장교였던 도조 히데노리(東條英教)의 3 남으로 태어났다. 출생지는 도쿄. 히데노리는 일본 육군대학(1기)을 수석 졸업할 만큼 머리가 뛰어났고 전술 연구에 관심이 많았다. 아들 히데키와는 달리, '착검하고 돌격 앞으로!' 식의 마구잡이 공격을 반대했다고 알려진다. 히데키는 군인이 되길 바라는 부친(최종 계급은 중장)의 뜻에 따라 육군유년학교와 육군사관학교(17기)를 거쳐 직업군인이 됐다. 이후 고급 지휘자 과정인 육군대학을 마친 뒤인 1921년 스위스 대사관 무관으로 근무한 적도 있다.

도조 히데키는 "우리가 인격을 지녔다면 천황 폐하는 신격을 지녔다"라면서, 일왕을 신으로 여기고 절대 충성을 바치는 황도주의 신봉자였다. 만주를 비롯한 중국 대륙 침략(그의 용어로는 '진출')이 대일본제국이 나아가야 할 길이라 외쳐댔음은 말할 나위 없다. 도조는 만주 관동군 헌병대 사령관(1935)을 거쳐 관동군 참모장(1937)으로 승진하면서 중일전쟁(1937)으로 침략 길을 닦았다. 당시 그는 중국과의 화평보다는 무력에 의한 철저한 제압을 주장하는 전쟁 확대파의 중심인물 가운데 하나였다. 육군차관(1938), 육군대신(1940)으로 올랐을 땐 '미국과의 전쟁이 불가피하다'며 주전론을 펴는 육군 강경파를 대변했다.

관동군 참모장으로 있을 때 일을 빠르게 처리해 도조 히데키는 '가미소리(剃刀, 면도날)'란 별명을 얻었다. 하지만 전술·전략 이론을 공부한 젊은 장교들의 눈에 비친 도조는 낡은 '돌격 앞으로!' 전투 개념을 지닌 답답한 구식 군인이었다. 중국군의 완강한 저항에 고전하던 일선 지휘관이 병력을 재정비하는 1보 후퇴를 했을 경우, 그것을 전술적 후퇴로 보질 않고 마구 호통을 쳤다. 극단적으로 군인 정신을 강조하는 도조의 태도는 지휘관들의 빈축을 사기 마련이었다. 요시다 유타카(吉田裕, 히토쓰바시대 명예교수, 일본 근현대사)의 글을 보자(요시다는 일본의 침략 과거사를 비판적으로 돌아보자는 생각을 지닌 역사학자다. 지난 2020년 영남대 도서관에 9,000권에 가까운 개인 장서를 기증하기도 했다).

1944년 5월 도조는 육군항공사관학교를 예고 없이 시찰했다. 한 생도에게 "적기를 무엇으로 떨어뜨리나?"라고 물었다. 그 생도가 "기관총"이라고 답하자, 도조는 '틀렸다'며 이렇게 말했다. "적기는 정신력으로 떨어뜨리는 것이다. 기관포로도 떨어지지 않는 경우에는 몸으로 공격을 감행해서라도 격추하는 것이다.[1]

도조가 떠난 뒤, 혼란스러워하는 생도들에게 육군항공사관학교 교장과 생도대장은 "지금까지의 지도 방침을 바꾸지 않겠다. 과학적 정신이 중요하다"라고 다독였다. 그들은 도조의 극단적 군인정신론을 곧이곧대로 받아들이지 않은 셈이다. 도조가 총리대신(1941년 10월) 자리에 오르자, 불과 두 달 뒤 진주만 공습(1941년 12월)으로 일본을 전쟁으로 몰아간 것은 그의 성향으로 보면 이상한 일이 아니었을 듯하다. 도조가 총리대신에 올랐을 무렵, 미 국무장관은 코델 헐(Cordell Hull)이었다. 헐은 훗날 자신의 회고록에서 도조를 이렇게 평했다. 일본 저널리스트 호사카 마사야스(保阪正康)의 글에서 관련 부분을 옮겨본다.

도조는 전형적인 일본 군인으로 견식이 좁고 직선적이고 외곬으로 나아가는 인물이었다. 그는 완고한 데다 고집이 세며, 현명하다고는 말할 수 없지만 얼마간 박력이 있는 인물이다.[2]

여기서 도조에게 '박력'이 있다는 것은 진주만 공습을 저질러 일본을 끝내 패전으로 몰아갔던 돈키호테식 '돌격 앞으로!'를 비꼬아 한 말로 여겨진다.

진주만 기습은 어쩔 수 없는 자위 전쟁?

일본이 저질렀던 전쟁범죄의 주역인 도조 히데키는 도쿄의 극동국제군사재판에서 "일본의 자존 자위를 위해 전쟁을 할 수밖에 없었다"라는 주장을 거듭 펼쳤다. 도조 히데키의 법정 발언을 모은 자료집에 따르면, 도조는 '자위'라는 말을 거듭 강조했다.

> 일본에게 비참했던 1941년 12월 8일의 그 전쟁이 일어난 이유는 미국을 세계대전으로 유도하고자 한 연합국 측의 도발에 있으며, 일본은 오직 자위를 위해 피할 수 없는 전쟁을 했다고 확신한다. 개전 결정은 일본의 최후의 수단이자 긴박한 필요에서 나온 것이다. (…) 우리가 한 일은 국가 자위를 위한 것뿐이다."[3]

히로히토 일왕도 도조와 같은 '자위' 주장을 폈다. 1945년 8월 15일 히로히토가 라디오 방송으로 연합국의 무조건 항복 요구를 받아들이겠다고 내놓은 이른바 '종전 조서'에서도 '자존'이란 용어가 나온다. 일본 국왕의 방송이라 해서 일본인들이 높여 말하는 '옥음(玉音) 방송'에서 히로히토는 '타국 영토를 빼앗으려는 건 나의 뜻이 아니고 일본제국의 자존을 위해서 전쟁을 했다'는 논리를 펼쳤다.[4]

'자위'니 '자존'이니 하는 말은 일본의 침략 야욕을 가리는 뻔뻔스러운 용어이지만, 도조와 히로히토 입장에선 이렇게 주장할 수 있다. "미국이 일본에게 중국 침략을 그만두고 물러나라 요구하면서 미국석유의 대일 수출을 막는 등 일본을 압박했다. 일본만 탓할 수는 없지 않은가." 진주만을 기습 공격 함으로써 태평양전쟁을 일으킨 것은 큰 잘못이지만, 도조와 히로히토가 이른바 '자위전쟁론'을 내세우는 것은 일본과 미국이 벌인 패권 경쟁의 성격과 관련된다.

일본은 한반도와 만주 침탈에 그치지 않고 아시아 지역에 대한 지배권을 키워나가려 했다. 마찬가지로 미국도 필리핀을 거점 삼아 아시아에 대한 영향력을 넓히려 했다. 그 과정에서 두 나라의 이해관계가 충돌하면서 갈등을 빚을 수밖에 없었다. 일본과 미국 두 나라는 서로를 아시아 지배의 걸림돌로 봤다. 일본이 '자존'을 내세워 먼저 방아쇠를 당겼을 뿐 태평양전쟁은 피하기 어려웠다. 큰 그림을 그리자면, 미국과 일본이 아시아에서의 패권을 놓고 으르렁거리다가 일본이 진주만 기습이란 형태로 먼저 무력 도발을 한 것이 태평양전쟁의 출발점이다. 전쟁으로 가는 과정을 좀 더 들여다보자.

태평양전쟁 앞두고 벌인 미일 교섭

1941년은 태평양전쟁을 앞둔 미국·일본 두 나라가 팽팽한 신경전을 펴던 해였다. 일본은 중일전쟁(1937)을 벌인 뒤 중국의 주요 도시들을 하나하나씩 점령해 들어갔다. 그 과정에서 30만 명이 희생당한 것으로 알려진 난징 학살(1937)도 벌어졌다. 하지만 일본은 처음의 예상과는 달리 4년 넘게 전쟁을 치르고 있었다. 중국이 워낙 드넓은 데다 (미국의 전쟁 물자 지원을 받은) 중국군의 완강한 저항에 부딪혔기 때문이었다.

그 무렵 일본은 중국 점령에서 더 나아가 서구 강대국들의 동남아 식민지들을 갖고 싶어 했다. 일본이 이곳들을 점령한다면, 석유를 비롯한 전략물자들을 확보할 수 있게 될 터였다. 미국은 일본의 야심을 알아채 경계했고, 특히 미국의 식민지나 다름없던 필리핀이 일본군의 위협을 받을 것이라 걱정했다. 필리핀뿐 아니라 프랑스 식민지였던 인도차이나 반도(베트남, 캄보디아, 라오스), 영국 식민지(미얀마, 싱가포르와 말레이시아), 그리고 네덜란드 식민지(인도네시아), 포르투갈 식민지(동티모르)도 안심하기 어려웠다.

미국은 일본을 견제하려 들면서도 한편으로 전쟁만큼은 피하고 싶어 했다. 일본도 중국 장제스(蔣介石) 국민당 정부에 대한 미국의 지원을 끊고, 아시아에서 벌어지는 전쟁에 미국이 개입하는 것을 막고자 했다. 이것이 일본의 진주만 공습이 벌어지기 앞서 미일 양국이 교섭에 나서게 된 배경이다. 1941년 4월 코델 헐 미 국무장관은 일본 해군 대장과 외무대신 경력을 지닌 노무라 기치사부로(野村吉三郎) 주미 일본 대사와 비밀리에 비공식 회담을 가졌다. 헐은 중국 영토에서 일본군이 철군하고, 미일 양국 정부가 필리핀 독립을 공동으로 보장하길 요구했다. 노무라는 본국의 훈령에 따라 '중국 장제스 국민당 정부에 대한 미국의 지원을 중지하라'고 맞섰다.

미국과 일본이 협상을 벌이는 도중에 일이 터졌다. 일본군이 1941년 7월 남부 프랑스령 인도차이나(베트남)로 '진출'했다. 독일이 점령 중인 프랑스 비시 괴뢰정권의 마지못한 양해 아래서 이뤄진 일이었지만, 사실상 '힘의 공백'을 파고든 점령이었다. 미국은 일본의 '남진 정책'에 곧바로 대응했다. 미국에 있던 일본 자산을 동결하고, 석유와 제1급 고철(철강재 원료)을 수출 허가제 품목에 포함시킨다고 발표했다.

미국 정부는 곧이어 발동기용 연료와 항공기용 윤활유의 수출을 금지하는 조치를 내렸다. 이로써 사실상 미국 석유의 일본 수출 길을 막았다. 당시 일본은 석유 수입량의 70~80퍼센트쯤을 미국에서 들여오고 있었다. 군함이나 탱크를 만드는 데 쓰이는 주요 자재들도 미국 의존도가 높았다. 관련 통계를 보자.

중일전쟁 발발 1년 전으로 마지막 평시(平時)로 기록된 1936년의 통계에 따르면, 일본의 석유 자급률은 20.3퍼센트에 불과했고, 수입량 370만 톤 중 68퍼센트를 미국에 의존하고 있었다. 강재(鋼材) 생산에 불가결한 스크랩(scrap)의 수입량은 130만 톤으로, 그중 78퍼센트가 미국, 12퍼센트가 영국(식민지였던 인도, 말레이시아)으로부터의 수입이었다. 스크랩의 생산이 중단되면 강재 400만 톤의 생산은 유지할 수 없게 된다.[5]

위 통계에서 보듯이, 일본은 석유나 강재 같은 주요 군수 자원들을 미국과 영국에 기대고 있는 상황이었다. 석유, 고무, 주석 등 총력전에서의 승리를 뒷받침하는 전략물자에서부터 자립도가 낮은 상황이었는데도 일본은 이 두 나라에 맞서는 전쟁을 벌였다. 동남아시아 쪽으로 침략(일본 쪽 용어로는 '남진')한 것은 전략물자를 확보하기 위해서였다. 하지만 국내 생산력에서 월등히 앞서는 미국을 상대로 속전속결의 단기전에 그쳤다면 몰라도 장기적으로 총력전을 펼 경우 승산이 매우 낮은 모험을 저질렀다는 비판이 따른다.

도조, "조선의 통치도 위험하다"

미국의 금수 조치를 두고 일본 해군은 '석유가 없다면, 일본 군함들이 움직일 수 없게 된다'고 걱정했다(일본이 1941년 진주만 공습을 벌일 때 석유 보유량은 24개월치에 지나지 않았다). 군부 강경파들 사이에서 '석유 비축량이 동나기 전에 미국과 전쟁을 벌여야 한다'는 주전론이 힘을 얻게 됐다.

1941년 9월 6일 어전회의에서는 중요한 결정이 이뤄졌다. 10월 상순까지 (그해 4월부터 헐 미 국무장관을 상대로 벌여온) 미국과의 교섭을 통해 일본이 바라는 바를 얻지 못하면 전쟁을 벌이기로 하고, 10월 하순까지 미국·영국·네덜란드를 상대로 동남아 지역을 차지하기 위한 전쟁 준비를 마치도록 한다는 것이었다(뒤에서 곧 살펴보겠지만, 연구자들에 따르면, 어전회의에서 개전을 최종 결정한 날은 1941년 11월 5일이다). 이와 관련, 1941년 10월 14일 열린 각의에서 당시 육군대신으로 있던 도조 히데키가 했던 발언을 보자.

(지난 9월 6일 어전회의에서) 10월 상순에 이르렀을 때에도 외교협상으로 우리의 요구가 관철될 전망이 보이지 않을 경우 미국·영국·네덜란드를 상대로 개전을 결의한다고 했는데, 오늘이 10월 14일이다. 수십만 병력을 동원하고 중국과 만주에서도 이동하고 있다. 이렇게 이야기하는 지금도 군대는 움직이고 있다. (미국이 요구하는 중국에서의) 철병 문제는 심장이다. (일본) 육군으로선 중대한 문제다. 미국의 주장에 그대로 굴복한다면 지나사변(支那事變, 중일전쟁의 일본 쪽 용어)의 성과를 무너뜨리는 셈이 된다. 만주국도 위험해지고 더욱이 조선의 통치도 위험해질 것이다.[6]

'스기야마 메모'란 이름으로 알려진 이 자료 작성자는 스기야마 하지메(杉山元, 1880~1945) 육군 대장이다. 일본 육사를 나온 뒤 초급장교 시절에 러일전쟁에 참전했고, 육군참모총장과 육군대신을 지냈다(최종 계급은 육군 원수). 1945년 패전 뒤 A급 전범으로 체포되기 직전에 권총으로 스스로 목숨을 끊었다. 그가 꼼꼼하게 기록한 메모는 히로히토나 도조 히데키 등 일본의 전시 지도부가 어떤 생각을 하고 있었는지 엿볼 수 있는 1차 자료다.

히로히토 "군의 일은 총리보다 내가 더 잘 안다"

도조 히데키의 강경 발언이 있고 난 이틀 뒤 고노에 후미마로(近衛文麿, 1891~1945) 총리는 사직서를 냈다. 일본 귀족 출신으로 도쿄제국 대학에서 철학과 법학을 전공했던 고노에는 세 차례에 걸쳐 총리대신을 지냈다. 1937년 중일전쟁이 터졌을 때 1차 고노에 내각을 이끌고 있었다. 중일전쟁에 책임과 부담을 느낀 고노에는 미국과의 전쟁을 피하고자 노무라 주미 일본 대사와 헐 미 국무장관의 외교협상에 나름의 기대를 걸었다. 하지만 히로히토 일왕이 도조 히데키를 비롯한 일본 군부 강경파의 개전론(開戰論)에 기울어 자신을 더 이상 신임하지 않는다는 것을 깨닫고 총리에서 물러났다.

고노에 후임자로 히로히토가 찍은 인물이 도조 히데키였다. 고노에가 히로히토에게 내민 사직서에는 고노에가 '중국에서 일본군이 철수해야 한다'고 도조에게 네 차례에 걸쳐 거듭 말했다는 내용이 들어 있다. 도조는 '중국에서 철병할 경우 일본 육군의 사기(士氣)가 떨어진다' 운운하며 고노에의 철병 제안에 동의하지 않았다.[7] 고노에가 사퇴할 무렵인 1941년 10월 히로히토는 군부 강경파와 한통속이 돼 있었다. 그런 사실은 고노에 총리 밑에서 서기관장을 지낸 도미타 겐지에게 고노에가 한탄하듯이 털어놓았던 말에서 알 수 있다.

> 내가 총리대신으로서 폐하께 오늘 (미국과의) 개전의 불리함을 말씀드리자 그것에 찬성하셨다가 다음 날 어전에 나가면 "어제 그대는 그렇게 얘기했지만, 그처럼 걱정할 것도 없다"라고 말씀하시고 약간 전쟁 쪽으로 기울어 가셨다. 그다음에는 더욱 전쟁론 쪽으로 기울어지셨다. 육해군 통수부 사람들의 의견이 개입되어, '군의 일은 총리대신이 모른다, 자신이 더 잘 안다'는 마음이셨던 것으로 생각된다. 따라서 (군) 통수에 대해 아무런 권한이 없는 총리대신으로서 유일한 버팀목이신 폐하가 그렇게 나오니 도저히 어찌해볼 도리가 없었다.[8]

일본의 패전이 불을 보듯 명확해지던 1945년 2월 고노에는 히로히토 일왕에게 조기 평화교섭에 나설 것을 건의했지만, 받아들여지지 않았다. 고노에의 말에 따라 히로히토가 조기 종전에 노력했더라면, 원자폭탄 피해는 없었을지 모른다. 고노에는 1945년 패전 뒤 A급 전범으로 붙잡히기 직전에 청산가리로 스스로 목숨을 끊었다. "나는 많은 잘못을 저질러왔으나, 전범으로 재판받는 것은 참을 수 없다"라는 유서를 남겼다. 적지 않은 일본인들이 그의 죽음을 슬퍼했다.

도조 히데키, "워싱턴이 최후통첩을 보내왔다"

1941년 11월 26일 미 국무장관 헐은 이른바 '헐 노트'로 알려진 미국의 대일정책안을 주미 일본 대사 노무라에게 보냈다. 모두 10개항으로 이뤄진 '헐 노트'의 요점은, 일본은 중국 및 인도차이나에서 모든 육해군 병력 및 경찰력을 철수해야 한다(제3항), 충칭에 임시 수도를 두고 있는 중화민국 국민정부(장제스 국민당 정부) 이외에 중국의 그 어떤 정부 또는 정권(왕자오밍 난징 친일 괴뢰정부)을 군사적·정치적·경제적으로 지지하지 않아야 한다(제4항), 독일·이탈리아와 맺었던 3국동맹(1940년 9월 27일) 탈퇴(제9항) 등이었다.

일본의 지도부에서 보기에는 위 내용은 7개월 전에 헐 국무장관이 내놓았던 미일 교섭안에서 크게 달라진 것이 없었다. '헐 노트'를 전해받고 도조 히데키는 몹시 화를 냈다고 한다. 일본 저널리스트 호사카 마사야스의 역작 『쇼와 육군(昭和陸軍の研究)』(1999)에 따르면, 도조는 흥분한 상태에서 빠른 말투로 주위 사람들에게 이렇게 말했다.

워싱턴이 최후통첩을 보내왔다. 남은 길은 어전회의에서 결정한 전쟁 이외에는 없을 것이다. 오늘부터는 전쟁 준비에 들어갈 수밖에 없다. 자네들도 그렇게 알고 나라에 봉공해주기 바란다.[9]

일본 군부의 강경파들도 도조와 마찬가지로 '헐 노트'를 미국의 '최후통첩'이라 여겼다. "그런 가혹한 제안을 우린 받아들일 수 없다. 외교적 협상의 여지가 없다"라며 끝내 전쟁을 벌이게 됐다는 것이 도쿄 전범재판에서 내놓았던 일본 쪽 주장이다. 미국의 압력에 어쩔 수 없이 이른바 '자존 자위'를 위한 전쟁을 일으켰다는 말이다.

'헐 노트'를 미국의 '최후통첩'으로 보고 일본이 전쟁을 결의했다는데엔 비판이 따른다. '헐 노트'를 핑계로 일본 군부의 침략 야욕을 합리화했다는 반론이다. '헐 노트'엔 '시안'이라 분명히 쓰여 있었고, 그 승낙 여부를 일본이 회답할 기한도 정해져 있지 않았다. 따라서 도조의 주장대로 '최후통첩'은 아니었다. 또한 '헐 노트'가 중국에서 일본군 철병을 요구했지만 분명하게 만주국을 포함했던 것도 아니다. 조선에서의 철수를 요구한 것은 더더욱 아니다. 그럼에도 도조는 미국과의 전쟁을 주장하면서 위에서 보듯 '조선의 통치도 위험하다'며 위기론을 부추겼다. 물론 다른 해석도 있다. 미국 루스벨트(Franklin Roosevelt, 1882~1945) 정부도 '헐 노트'를 일본 정부가 거부하고 머지않아 태평양전쟁이 터질 것을 예상했다는 것이다. 호사카 마사야스의 책에서 관련 대목을 보자.

> 미국도 이러한 안(헐 노트)을 일본 측에 제시했을 때 도조 이하 일본의 지도자들이 어떤 태도로 나올지 충분히 알고 있었다. 그 증거로 헐 국무가 노무라 주미 일본 대사를 만나기 전에 미 육군장관 스팀슨과 해군장관 녹스에게 "조만간 당신들이 미일 관계의 주역이 될 것"이라 말했다. 헐 노트는 사실상 미일 개전의 방아쇠가 되었다.[10]

미국의 육해군 관련 장관들이 '미일 관계의 주역'이 된다는 말은 곧 미일 전쟁이 터질 것이란 뜻이 담겨 있다. 이런 말을 두고 일본의 일부 보수 논객들은 '음모론'을 내놓는다. 미국이 파놓은 태평양전쟁의 함정에 일본이 빠져들어 갔다는 것이다. 이는 1950년 1월 12일 미국의 극동방위선에서 한반도를 뺀다는 딘 애치슨 미 국무장관의 이른바 '애치슨 라인(Acheson Line)' 발표가 북한 김일성과 소련 스탈린으로 하여금 6·25전쟁을 일으키도록 부추겼다는 '음모론'을 떠올린다. 미국이 일본과의 태평양전쟁이 머지않았음을 내다보았다면, 왜 진주만 공습과 같은 일본의 전격 작전에 제대로 대비하지 못했느냐는 문제가 남는다.

'헐 노트' 받기 앞서 진주만 기습 꾀해

'헐 노트'가 주미 일본 대사에게 전해진 것은 1941년 11월 26일이고, 일본 외무성이 헐 노트를 일본어로 번역하여 전시 지도부에 전달한 것이 다음 날인 27일이었다. 바로 그 무렵, 일본 해군은 이미 진주만을 향해 나아가고 있었다. 11월 26일 쿠릴 열도 남부의 이투루프섬 가까운 히토카푸만에 집결하고 있던 항공모함 6척을 포함한 해군 기동부대는 비밀리에 하와이 쪽으로 떠났다.

일본이 미국과 전쟁을 벌이기로 결정한 날이 언제인가는 논란거리다. 1941년 12월 8일 진주만 공습이 있기까지 4차례의 어전회의(1941년 7월 2일, 9월 6일, 11월 5일, 12월 1일)가 열렸다. 태평양전쟁을 일본의 '자위 전쟁'이라 주장하는 쪽에선 '헐 노트'를 받은 뒤인 12월 1일을 전쟁 결정일로 여긴다. 이는 '헐 노트'가 미국의 '최후통첩'이란 도조의 주장과 맥을 같이한다.

요시다 유타카를 비롯한 연구자들에 따르면, 1941년 12월 1일의 어전회의 최종 결정은 어디까지나 형식적인 것이었다. 실질적인 개전 결정은 그보다 앞선 1941년 11월 5일 어전회의에서 이뤄졌다고 본다. 여기서 '무력 발동의 시기'는 1941년 12월 초로 결정됐다는 것이다. 참고로, 그날 결정된 '제국 국책 수행 요령'을 보자.

> (일본)제국은 현하 위국(危局)을 타개하여 자존 자위를 지키고 대동아의 신
> 질서를 건설하기 위해 영미란전쟁(영국·미국·네덜란드와의 전쟁)을 결의하
> 여 다음 조치를 채택한다. 무력 발동의 시기를 12월 초두로 정하여 육해군
> 은 작전 준비를 완성한다.[11]

    석유 자원이 풍부한 보르네오(당시 영국과 네덜란드의 식민지)를 비롯
한 동남아시아 유전 지대를 점령하려면, 먼저 그 걸림돌이 되는 미 태
평양함대를 기습 공격으로 궤멸시켜야 했다. 일본 군부는 진주만 기습
으로 남태평양에서의 제해권을 쥘 경우, 지구전에 필요한 자급자족 경
제를 바탕으로 '난공불락'의 군사 체제를 꾸려갈 수 있다고 판단했다.
일본도 전쟁에서 석유 자원이 중요하다는 사실을 잘 알고 있었다. 진
주만 공습 뒤 보르네오로 쳐들어갔을 때 서둘러 먼저 점령하려 했던
것 역시 석유 생산 시설과 정유 시설이었다. 네덜란드 기술자들이 파
괴하고 도망간 석유 관련 시설들을 재빨리 수리하고는 일본으로 석유
를 실어 날랐다.
    그러나 일본의 희망대로 일이 술술 풀려가진 않았다. 진주만 기습
뒤 일본이 누렸던 태평양 제해권은 그리 오래가지 않았다. 미 해군의
복원력은 일본의 예상보다는 훨씬 빨랐다. 미드웨이해전(1942)과 필리
핀해전(레이테만 전투, 1944)을 비롯한 일련의 주요 전투에서 미군이 승
리하자, 일본 본토로 이어지는 해상 석유 수송로가 위태로워졌다. 미
군은 일본 유조선과 화물선을 공격 목표로 삼았고, 일본은 심각한 연
료 부족에 시달렸다. 일본 해군은 작전다운 작전을 펼 엄두도 못 냈다.
1945년 8월 두 발의 원자폭탄을 맞고 항복했지만, 일본의 패망은 안전
한 석유 수송로를 잃은 데서 이미 정해졌다고 해도 틀린 말이 아니다.

사이판 함락으로 히로히토의 신임 잃어

　도조가 총리·육군대신·육군참모총장에서 물러난 것은 1944년 7월 마리아나 제도의 사이판섬을 미군에게 빼앗긴 바로 뒤였다. 일본 본토에서 2,400킬로미터 떨어진 사이판섬을 미군이 점령했다는 것은 수도인 도쿄를 포함해 일본 본토가 B-29 폭격기의 사정권 안에 넉넉히 들어가는 것을 뜻했다(B-29의 항속거리는 5,300킬로미터). 사이판의 군사적 중요성을 도조 자신도 잘 알고 있었기에 4만 4,000명의 병력으로 사이판을 지키려 했다. 하지만 미군의 압도적 화력에 밀려 실패했다. 일본 수비군이 전멸(일본 쪽 용어로는 '옥쇄')하고 막을 내린 사이판 전투는 한마디로 전쟁의 운동장이 기울었음을 말해주는 사건이었다. 일본의 패배가 머지않아 곧 다가올 것을 많은 사람들이 느낄 수 있었다. 실제로 그 뒤의 상황은 '절망적 저항'의 나날이었다.

　만에 하나 일본이 그때 강화든 항복이든 어떤 형태로든 전쟁을 끝내려고 노력했다면 어땠을까. 여러 군사 전문가들이나 역사가들은 그 무렵에 일본이 전쟁을 끝냈어야 했다고 지적한다. 그랬다면 일본이 1945년에 겪었던 일련의 파국과 고통(1945년 3월의 도쿄 대공습과 8월의 원자폭탄으로 비롯된 참화 등)을 피할 수 있었다는 얘기다. 하지만 히로히토와 일본 군부는 '마지막 일격으로 종전 협상에서의 발언권을 강화함으로써 보다 유리한 조건으로 전쟁을 끝낸다'는 이른바 '선 일격, 후 강화론'에 매달려 조기 종전 기회를 놓쳤다. 그로 말미암아 숱한 인명 피해를 낳았다.

　1944년 7월 사이판 함락으로 일본 전시 지도부는 커다란 위기감에 휩싸였다. 이른바 '조기 화평파'라 일컬어지는, 도조의 정치적 경쟁자들은 '도조 총리가 책임을 지고 물러나야 한다'고 쑥덕거렸다. 당시 도조는 잇단 패전으로 일왕 히로히토의 신임을 잃었다고 느꼈기에 주위 사람들에게 총리직에서 물러나야겠다는 의사를 밝혔다. 형식상으론 도조가 왕궁으로 가서 히로히토에게 '내각 총사직을 상주(上奏)'하는 것으로 진행된 도조의 퇴진은 바로 그런 분위기 아래서 이뤄졌다.

하지만 그 무렵 도조의 사임을 말린 사람들이 있다. 히로히토의 고모부였던 히가시쿠니 나루히코(東久邇稔彦)가 그 가운데 하나다. 히가시쿠니의 부친은 메이지 일왕의 딸과 결혼했다. 따라서 메이지 일왕의 손자인 히로히토는 히가시쿠니에게 조카가 되는 셈이다(히가시쿠니는 일본 왕족으로는 유일하게 일본 총리를 지냈다. 1944년 도조가 총리에서 물러나자 '총리 권한대행'을 짧은 기간 맡았고, 1945년 8·15 패전 이틀 뒤인 1945년 8월 17일부터 1945년 10월 9일까지 54일 동안의 단명 총리였다).

히로히토의 고모부이자 친왕(親王)으로도 불렸던 히가시쿠니가 도조의 사임을 말린 이유는 무엇일까. 다름 아닌 히로히토 일왕을 침략 전쟁의 책임으로부터 지켜주기 위해서였다.《로이터통신》파리 특파원을 지내며 알제리전쟁과 베트남전쟁을 취재 보도했던 프랑스 언론인 에드워드 베르(Edward Behr)가 남긴 책에서 관련 대목을 옮겨본다.

히가시쿠니는 교활한 의도에서 도조의 사임을 말렸다. 도조나 일본의 장래를 생각했다기보다 천황제 유지에 목적이 있었다. 과거 4년 동안 일어났던 일에 대해 히로히토가 책임을 지지 않게 만드는 작업이었다. 전쟁이 악화되는 동안 도조가 현직에 있으면 모든 책임은 히틀러와 같이 그의 몫이 되어 희생양을 만들 수 있지만, 내각이 교체되면 도조의 책임은 당연히 희석되고 대신 황실로 전가될 수밖에 없었기 때문이었다.[12]

도조가 히가시쿠니의 속셈을 알아챘는지는 확인하기 어렵지만, 그는 사이판 함락 9일 뒤 전시 지도부 우두머리 자리에서 물러났다. 하지만 무대 뒤로 완전히 사라진 것은 아니었다. 1945년 8월 항복 때까지도 일본 육군 안에서의 인맥을 이용해 막후에서 대미 강경투쟁론에 힘을 실어주었다. 사이판 함락 뒤 일각에서 줄곧 내밀었던 조기 강화론을 육군이 거부하고 나선 데엔 도조의 입김이 알게 모르게 서려 있었다.

히로히토의 희생양으로 도조를 내세우려 했던 히가시쿠니의 교활한 의도는 1945년 패전 뒤 현실로 나타났다. 도쿄 재판에서 히로히토가 불기소되고, 도조 히데키가 전쟁범죄의 공범인 히로히토의 죄를 덮고 죽음으로써 결과적으로 히가시쿠니의 뜻대로 됐다.

도조의 전진훈, "포로가 되지 말고 자결하라"

도조 히데키는 맥아더 사령부의 전범 체포 제1차 지령이 내려졌던 당일(1945년 9월 11일) 집으로 들이닥친 미군 헌병들에게 붙잡혀 압송됐다. 도조에게 따른 죄목은 침략전쟁을 금지한 부전조약(1928, 일명 켈로그-브리앙 조약)을 어기고 진주만 공습으로 침략전쟁을 벌였고, 미국(필리핀)과 영국(홍콩), 프랑스(인도차이나), 네덜란드(인도네시아) 영토를 침략했고, 전쟁포로(POW)들을 학대했다는 것이었다.

미군 헌병이 밖에서 현관문을 두드리자, 전쟁범죄자로 붙잡혀 간다는 것을 직감한 그는 가슴에 총을 쏴 자살을 꾀했다. 패전 뒤 "전쟁에서 이긴 자들이 만든 법정엔 서지 않겠다"라고 입버릇처럼 말해온 것을 실천한 셈이었다. 따지고 보면, 도조가 자살한다는 것은 개인의 문제에 그치지 않는다. 히로히토와 그의 궁정 측근들은 도조가 스스로 목숨을 끊길 바랐을까? 전혀 그렇지 않았다.

도조가 죽는다면 심각한 문제가 생길 터였다. 도쿄 전범재판에서 검사들은 전쟁 책임이 누구에게 있는가를 추궁할 것이고, 그 화살촉은 히로히토를 겨누게 될 것임은 누구라도 내다볼 수 있는 상황이었다.

도조가 죽는다면 히로히토에게 매우 불리해질 것이고, 도조가 법정에서 "천황은 전쟁 책임이 없다. 일본 군부가 앞장서 진주만 공습을 주장했다"라고 해야 히로히토에게 그나마 전범 기소를 피할 수 있는 숨통이 열릴 터였다.

1945년 9월 들어 도조가 자살할 것이란 소문이 나돌았다. 일반 시민들 사이에선 패전의 책임을 지고 도조가 마땅히 그래야 한다는 반응도 나왔지만, 히로히토를 국체(國體)로 여기고 지켜내려는 쪽에선 자살을 말려야 했다. 시모무라 사다무(下村定, 1887~1968) 육군장관이 나섰다. 그는 9월 10일 관저 귀빈실로 도조를 불러 이렇게 말했다.

> 군사재판에서는 전쟁 책임의 소재를 추궁할 것인데, (히로히토 일왕의 면책을 포함해서) 그것에 대해 말할 수 있는 사람은 당신밖에 없습니다. 아니, 당신이 없으면 심리도 (히로히토에게) 대단히 불리해집니다, 만일 폐하께 누를 끼쳐드리는 사태라도 생긴다면 그것이야말로 송구스럽기 짝이 없는 일이 아니겠습니까?[13]

8월 15일 패전 뒤 스스로 목숨을 끊는 사람들이 잇달아 나왔다. 도조 내각에서 문부대신을 지내며 학생들에게 군국주의 이념을 강요했던 하시다 구니히코(橋田邦彦, 1882~1945), 군부 강경파 육군장관 아나미 고레치카(阿南惟幾, 1887~1945), 동부군 관구 사령관 다나카 시즈이치(田中靜壹, 1887~1945), 군사참의관 시노즈카 요시오(篠塚義男, 1884~1945) 등이 그러했다. 자결한 장성급 군인은 10여 명에 이르렀다. 그런 소식들이 알려지면서 자연스레 관심은 도조 히데키가 자살할 것이냐에 모아졌다.

일반의 생각과는 달리 도조는 자살을 서두르진 않았다. 집 안에 틀어박혀 집무 메모나 비망록 등 각종 문건들을 태우느라 바빴다. 집 마당에선 사흘 동안 연기가 계속 피어올랐다. 따지고 보면, 그가 그동안 저질러 왔던 전쟁범죄의 증거물들을 태운 셈이었다. 도조는 스스로 많은 기록을 남겼으니 없애야 할 주요 문건들이 오죽 많았을까 싶다.

그 무렵 사람들이 도조가 자살할 것이라고 내다본 이유 가운데 하나는 도조 자신이 '전진훈(戰陣訓)'을 일본군 장병들에게 그토록 강조했던 당사자라는 점이었다. 전진훈은 1941년 1월 도조 히데키 육군대신의 이름으로 발표된 문건으로, '전장에서 지켜야 할 도덕과 마음의 자세'를 다루었다. 특히 '살아서 포로로서 창피를 당하지 말고 죽어서 오명을 남기지 말라'는 것을 강조했다. 한마디로 '포로가 되느니 자살하라'는 것이 전진훈의 핵심이었다.

가뜩이나 소심한 성격의 도조가 패전으로 더욱 소심해졌을 상황에서, '지난날 그런 섬뜩한 훈령을 내놓은 당사자가 자살을 망설인다'는 비난에도 신경을 썼을 것이다. 그렇기에 도조는 내키지 않더라도 자살을 심각하게 고민해야만 하는 처지였다. 집 근처에 사는 의사를 찾아가 심장의 위치를 물어보고 그 부분에다 동그라미를 그린 것도 그 무렵의 일이다.

시모무라 사다무 육군장관을 만나고 온 다음 날(1945년 9월 11일) 미군 헌병 30여 명이 도조의 집 바깥을 둘러쌌다. 기자들도 몇 명 와 있었다. 곧 체포될 것을 눈치챈 도조는 미리 가슴에 그려둔 동그라미에 권총을 쐈다. 하지만 자살에 실패했다. 6번째 늑골과 7번째 늑골 사이를 통과한 총알이 심장을 살짝 비껴가는 바람에 치명상을 입진 않았다.

총소리를 듣고 미군 헌병이 군화를 신은 채 집 안 응접실로 뛰어들고 혼란스러운 상황이 이어졌다. 그때 그야말로 우연히 그런 상황을 두 눈으로 본 일본 기자가 하나 있었다. 《아사히신문(朝日新聞)》 출판국 기자였던 하세가와 유키오(長谷川幸雄)다. 그는 외국인 기자의 부탁을 받아 도조의 집을 안내하려고 왔다가, 총소리를 듣고 미군 헌병들과 함께 집 안으로 뛰어들어갔다.

미군 감시병들, 도조를 '혼혈아'라 조롱

도조의 가슴에선 피가 솟구치고 얼굴은 창백했다. 같이 갔던 외국인 기자가 하세가와의 옆구리를 찔렀다. 뭔가 일본말로 중얼거리니 무슨 말을 하는지 들어보라는 눈치였다. 하세가와가 도조 곁에 바짝 붙었다. 도조는 그에게 더듬거리며 "한 방에 죽고 싶었다"라고 말했다. 그날 요코하마의 미군 임시 병원으로 실려가기 전 응급처치를 받으며 15분가량 도조가 띄엄띄엄 했던 말을 하세가와는 훗날 이렇게 기록으로 남겼다.

> 한 방에 죽고 싶었다. 시간이 걸린 것이 유감이다. 대동아전쟁은 정당한 싸움이었다. 일본 국민과 대동아 민족에게는 (패전이) 정말로 안타까운 일이다. 법정에 선 전승자 앞에서 재판받기를 바라지 않는다. 오히려 역사의 정당한 비판을 기다리겠다. 할복을 생각하긴 했지만 자칫하면 실수할 수가 있다. 천황 폐하 만세. 몸은 비록 죽더라도 호국의 귀신이 되어 최후를 마치고 싶다.[14]

여기서 도조가 할복을 마다했던 이유로 '실수'를 꼽은 것은 치밀하지만 소심했던 도조의 성격을 그대로 드러낸다. 야스쿠니 신사를 다루면서, 자살특공대 총지휘관 오니시 다키지로 중장이 (히로히토가 항복을 선언한 다음 날) 할복으로 목숨을 끊었다고 했다(1부 2장 참조). '가미카제의 아버지'란 별명을 지녔던 오니시는 일본인들이 흔히 '가이샤쿠(介錯)'라고 부르는 할복 보조자의 도움을 받지 않았다. 혼자 할복하기에는 숨이 넘어갈 때까지 엄청난 고통이 따르기 마련이다. 그래서 많은 경우 할복자가 칼로 자신의 배를 L자 모양으로 찌르자마자 뒤에 서 있던 측근이 할복자의 목을 쳤다. 죽음에 이르는 과정을 줄여주는 이 행위를 가이샤쿠라 부르는 것이다. 오니시는 그런 도움을 받질 않았기에, 15시간 동안 고통 속에 신음하다가 숨을 거두었다. 도조는 오니시의 단독 할복 소식을 들어서 알고 있었음이 틀림없다. 그런 고통을 자신이 되풀이하고 싶지 않았을 것이다.

도조는 미군 감시병들로부터 '혼혈아'라 조롱받기도 했다. 자살 미수로 많은 피를 흘렸기에, 미군 부상병들이 수혈을 받을 때 쓰던 피를 도조의 혈관 속에 흘려 넣었기 때문이었다. 도조는 감옥에서 틀니를 치료했다. 미국인 기공사는 그 틀니에다 '진주만을 기억하라(Remember Pearl Harbour)'를 뜻하는 RPH 글자를 새겨 넣었다. 도조는 그런 사실을 몰랐지만, 그가 음식을 씹을 때마다 RPH 글자가 위아래로 움직였다.

도조는 처음엔 전시에 포로수용소로 쓰였던 오모리 수용소에 갇혔다. 다른 전범자들이 잇달아 오모리에 들어오고 이곳이 좁아지자,

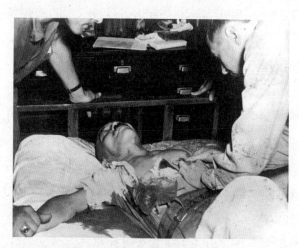

권총 자살에 실패한 뒤 응급처치를 받고 있는 도조 히데키.
미국인의 피를 수혈받았기에 '혼혈아'란 조롱을 받았다.

1945년 12월 8일(4년 전 일본이 진주만을 공격했던 날과 같은 날) 스가모 형무소로 옮겨 갔다. 도조가 자살하는 것을 막기 위해 그의 감방 앞에는 감시병 2~3명이 24시간 경비를 섰다.

일본 주요 전범들은 미군 감시병들로부터 그들의 지난날 지위에 걸맞은 대우를 받진 못했다. 진주만 공습으로 비롯된 전쟁 피해와 전우들의 죽음을 기억하는 미군 장병들이 그들을 잘 대해주길 바라기는 어려운 노릇이었다. 특히 전쟁범죄의 주범으로 찍힌 도조는 인간적인 모멸을 견뎌내야 했다. A급 전범들을 비롯한 일본 군부 요인들을 두루 취재해온 논픽션 저널리스트 호사카 마사야스는 그때의 상황을 이렇게 전하고 있다.

도조에게 호감을 갖지 않은 미국인 장교 중에는 (구치소 감방 안에서) 담요를 뒤집어쓰고 있는 도조를 신경질적으로 발로 차기까지 했다. 도조의 법정 변론에 호감을 갖지 않은 병사들도 있었는데, 그들은 모멸 섞인 태도로 도조를 대하면서 기분을 풀었다. 도조는 (같은 수감자인) 시게미쓰에게 "이런 취급을 받느니 일찌감치 목을 매달리는 게 나을 것"이라 불평했다.[15]

"일본의 진의를 알아줄 시대 온다"

도조에게 교수형 판결(1948년 11월 12일)이 내려진 닷새 뒤, 도조는 미군 작업복 차림으로 미군 장교 3명과 함께 교회사(教誨師) 하나야마 신쇼(花山信勝)가 있는 법당으로 들어섰다. 도조의 왼손은 미군 장교의 오른손과 수갑으로 함께 묶여 있었다. 혹시나 모를 자해 행위를 막기 위해서였다.

교수형을 앞둔 도조의 유서라고 알려진 문건은 여러 건이 있다. 그 가운데 하나는 스가모 형무소에서 하나야마 신쇼에게 남긴 유서다.

도쿄 전범재판에 출석한 도조 히데키는 줄곧 일본이 자위를 위해 전쟁을 벌였다고 주장했다.

하나야마는 불교 법사로, 당시 도쿄대학 문학부에서 강의를 하기도 했다. 죽음을 앞둔 도조에게 하나야마와의 만남은 나름대로 위로가 됐을 것이다. 도조는 호주머니에서 메모 수첩을 꺼내 먼저 가족에게 전해달라며 하나야마에게 그 특유의 큰 목소리로 읽어주었다. 자신의 건강상태가 매우 좋고 정신상태 또한 평정심이 있고, 재산 몰수 판결이 없었으니 집을 계속 소유할 수 있다며 가족을 안심시키는 내용이었다. 그러고는 '하나야마 선사에게 진술할 요건'이라는 제목으로 4개 항목이 적힌 또 다른 메모를 건네주었다. 내용은 이렇다.

모든 책임을 내가 지지 못하고 많은 동료들이 중죄에 처해지게 된 것을 괴롭게 생각한다. 본 재판으로 폐하께 누를 끼쳐서는 안 될 것이다. 패전 및 전화(戰禍) 때문에 울고 있을 동포를 생각하니 죽어서도 그 책임을 다하지 못할 것을 한탄하지 않을 수 없다. 재판 판결 그 자체에 대해선 지금 말하고 싶지 않다. 세계 지식인들의 냉정한 비판을 거쳐 일본의 진의가 무엇이 었는지를 알아줄 시대가 올 것이다. 그 사람들(전사자, 전상자, 전쟁 피해자 및 그 유가족)은 뜨거운 마음으로 나라를 위해 죽고 나라를 위해 모든 것을 다한 자들이다. 전쟁에 대하여 죄가 있다면 그것은 우리들 지도자의 죄이 지 그들에게는 추호도 죄가 없다.[16]

재판 자체에 대해 말하고 싶지 않다면서도, '일본의 진의를 알아줄 시대'가 올 것이라는 도조의 유서에서는 훗날 미국과 전쟁을 벌인 것 은 일본의 안보를 위한 자위(自衛) 차원이었고, 서구 제국주의자들로 부터의 아시아 해방과 일본의 안보를 위해서였다는 평가가 내려질 것 이란 헛된 기대감이 묻어난다. 이는 마치 헤르만 괴링이 승리자인 적 에게 자신은 죽음을 당하지만 '50년만 지나면 시신은 대리석 관에 뉘 어지고 국가적 영웅, 순교자로 국민들의 추앙을 받게될 것'이라고 한 것과 판박이다.

'일본의 괴벨스'가 고쳐준 도조 히데키의 유서 3통

패전 뒤 일본 출판계에서는 아시아·태평양전쟁에서 죽은 이들이 남 긴 글을 모아 책을 내는 것이 한때의 흐름이었다. 가족들에게 보낸 편 지나 유서, 전선 참호에서 웅크리고 앉아 쓴 일기, 쪽지 메모 같은 것 들은 죽음을 앞둔 군인들이 느끼는 공포와 가족을 향한 그리움, 지난 삶에 얽힌 회한 등이 담겨 읽은 이들의 눈시울을 적셨다. 그런 출판물 가운데 가장 널리 알려진 것이 샌프란시스코강화조약(1952)으로 일본 이 주권을 회복한 뒤인 1953년에 '스가모 유서편찬회'가 펴낸『세기의 유서(世紀の遺書)』다.

741쪽 분량으로 두툼한 이 책은 도쿄 재판에서 처벌받은 A급 전범들과 필리핀과 싱가포르 등지에서 벌어졌던 현지 전범재판에서 포로 학대 등의 혐의로 유죄판결을 받고 처형된 B, C급 전범자 692명이 남긴 글들로 편집됐다. 죽음을 바로 코앞에 둔 이들이 남긴 글이라서 독자들의 눈길을 끌 만했다. 1984년 고단샤(講談社)에서 신판으로 다시 냈다. 『세기의 유서』에 도조 히데키의 유서도 들어 있다. 앞서 살펴본 교회사 하나야마에게 남겼던 유서와는 다른 문건이다.

1945년 9월 11일 미군 헌병에게 붙잡혀 감옥으로 가기 전에 도조는 모두 3통의 유서를 만들어 책상 서랍에 넣어두었다. 도조의 은밀한 부탁을 받아 그 유서 초고를 검토하면서 내용을 보태고 빼는 수정 작업을 했던 자는 극우 언론인 도쿠토미 소호(德富蘇峰, 1863~1957)였다.

일본의 극우 언론사 《고쿠민신문(國民新聞)》의 소유주였던 도쿠토미는 조선 반도의 합병에 이어 만주를 비롯한 대륙 진출을 외쳐댔던 군국주의자였다. 1910년 한일 병합 뒤 조선총독부로 하여금 기관지 《경성일보》와 《매일신보》를 운영하도록 제안했고, 언론 장악을 통한 한반도 억압·수탈 정책에 영향을 미쳤던 자다. 도쿠토미는 《고쿠민신문》 간부들을 《경성일보》 사장을 비롯한 주요 보직에 앉히고 조선 언론을 휘둘렀다. 그 자신은 가끔씩 일제의 조선 침략을 정당화하는 논설을 실었다.

언론인 정일성은 『도쿠토미 소호』(지식산업사, 2005)에서 도쿠토미를 가리켜 '일본 군국주의의 괴벨스'라 불렀다. 정일성에 따르면, 춘원 이광수는 창씨개명 뒤 도쿠토미에게 '비로소 당신의 아들이 되었다'는 내용의 편지를 보냈다고 한다. 그런 도쿠토미에게 도조가 자신의 유서를 손봐달라고 부탁했으니, 유서의 논조가 어땠을까는 읽어보지 않아도 짐작할 수 있다.

도조가 도쿠토미에게 보여준 유서 3통은 '영미인에게 고함'(400자 분량), '일본 동포 국민 제군'(480자 분량), '일본 청년 제군에게 고

함'(300자 분량)으로 이름 붙여졌다. 그 유서들은 제목만 다를 뿐 하나만 읽어도 될 정도로 동어반복인 내용이다. 일본은 '자존 자위'를 위해 어쩔 수 없이 전쟁을 했기에 궁극적인 전쟁 책임은 미국에 있고, 일본은 '천황(일왕)'을 정점으로 한 신국(神國)이어서 불멸할 것이라는 궤변이 담겨 있다.

전승국 미국이 자신을 '승자의 정치적 재판'을 통해 죽음으로 몰아넣었다는 생각은 도조가 남긴 유서에서도 드러난다. 그는 히로히토 국왕과 국민들에게 패전에 대해선 전시 내각의 책임자로서 사죄를 하면서도, 일본이 침략전쟁으로 벌인 전쟁범죄에 대해선 무죄를 주장했다. 『세기의 유서』에 들어가 있는 도조의 아래 유서는 그 내용으로 미뤄 미군 헌병에게 체포될 때 도조가 책상 서랍에 넣어두었던 유서 3통 가운데 '영미인에게 고함'으로 보인다.

> 도쿄 재판은 정치적 재판이며, 미국과 영국은 세 가지 큰 과오를 저질렀다. 공산주의에 대한 최후의 보루인 일본을 파괴하고, 만주의 공산화를 방치했으며, 조선을 둘로 나누었다. 이는 반드시 큰 문제를 일으키고 말 것이다. 미국은 일본이 공산화되지 않도록 보호할 책임이 있다. 인간의 (폭력적이고 탐욕적인) 본성은 바꿀 수 없으며, 따라서 제3차 세계대전도 피할 수 없을 것이다. 일본 군부가 저질렀을지도 모르는 '과오'에 대해선 사죄한다. 미국은 원폭과 무차별 폭격에 대해 반성해야 한다.[17]

도조의 유서에서 눈길을 끄는 대목은 미국이 조선을 둘로 나누는 잘못을 저질렀다는 지적이다(도조가 유서를 쓸 무렵 이미 남북한은 '일본군 무장해제'를 명분으로 내세운 미군·소련군에게 북위 38도를 분기선으로 분할 점령됐다). 일본인들이 '국체(國體)'라고 여기는 '천황제'를 위협한다는 이유로 공산주의를 미워했던 도조는 한반도를 소련과 나눠 점령할 것이 아니라 미국 혼자서 점령하길 바랐다.

조선을 둘로 나눈 것이 '반드시 큰 문제를 일으킬 것'이란 도조의 불길한 전망은 6·25 한국전쟁으로 나타났다. 여기서 짚고 넘어갈 점은 남북 분단이란 불행의 씨앗을 뿌린 것은 일본이란 점이다. 일본의 식민통치가 없었다면 '일본군 무장해제'란 명분을 내세워 외국 군대가 한반도에 들어오지 않았을 것이다. 도조는 유서에서 남북 분단을 미국 탓이라 돌렸지만, 일본의 책임도 크다는 점을 모르진 않았을 것이다.

국민에게 명령·훈계하는 '도조식 무책임론'

도조가 남겼던 유서는 『세기의 유서』가 나오기 1년 전인 1952년 일본 월간지 《추오코론(中央公論)》에 부분적으로 소개되기도 했다. 도조의 유서에 대한 일본인들의 반응은 엇갈렸지만, 다수는 차가운 쪽이었다. 이와 관련해 호사카 마사야스의 글을 참고로 옮겨본다.

> 법학자 가이노 미치타카는 이 잡지(中央公論)에 기고한 글에서 "도조는 결과를 말하지 않은 채 '정리공도(正理公道)는 나에게 있다'고 역설할 뿐이며, 국민에게 명령하고 청년 제군에게 훈계하는 듯한 심경을 패전 후에도 여전히 지니고 있었다. 바로 여기에서 도조식 무책임론의 내용을 충분히, 아니 그 이상으로 찾아볼 수 있다"라고 비판했다. 이런 비판이 당시 일본인들의 평균적인 생각이었다.[18]

위 유서에서 새삼 확인된 것은 도조는 교수형으로 처형될 때까지도 자신의 죽음이 '승자의 재판'에 따른 것이란 생각을 꺾지 않았다는 점이다. 도조는 그가 책임져야 할 일본 군부의 전쟁범죄에 대해 진심으로 사죄하지 않았다. '일본 군부가 저질렀을지도 모를 과오'에 대해 사죄한다고 에둘러 말했을 뿐이다. '저질렀을지도 모를 과오'는 '저지른 과오'와는 어감이 전혀 다르다. 죽음을 앞둔 인간은 마음을 비우고 겸

허해지고 솔직해진다는 말은 안타깝게도 도조에겐 들어맞지 않았다.

미국의 인류학자 루스 베네딕트(Ruth Benedict, 1887~1948)가 일본인들을 분석한 『국화와 칼』(1946)은 오랫동안 널리 읽혀온 책이다. 그녀는 책에서 일본 문화의 특성을 섬세하게 짚으면서도 '일본인들은 기회주의자'라는 표현을 여러 번 썼다. '극단적인 기회주의적 윤리를 가진 국민'이라고도 했다. 칼을 허리에 찬 사무라이들이 평소엔 일본어로 '기리(義利)'와 '온(恩, 은혜)'을 말하지만, 위기 국면에서 어느 편에 서야 자신에게 이로운가를 따질 때는 행동이 확 달라지기도 한다는 얘기다. 같은 맥락에서, 1945년 패전 뒤 일본이 점령자인 미국에 순한 양처럼 복종하는 모습을 보이지만, 상황에 따라 언제든 '무장된 진영으로 조직된 세계 속에서 자신을 찾을 것'이라고 내다봤다.[19]

정치학자가 아닌 인류학자가 일본에 한 번도 간 적도 없이 쓴 이 경고성 문장은 짧지만 예지력이 돋보인다. 1941년 진주만 공습 성공 뒤 도조 히데키를 비롯한 군국주의자들은 '대동아공영권' 건설을 외쳐댔었다. 그러면서 전쟁 이름도 '대동아전쟁'이라 불렀다. 대동아공영? "백인 제국주의자들을 아시아에서 몰아내고 '공동 번영'을 누리자"는 것이니 얼핏 듣기엔 그럴듯하다. 하지만 그 속내를 들여다보면, 일본 군국주의자들의 탐욕과 야망이 드러난다. 오늘날 평화헌법 9조를 바꾸고 재무장을 추진하려는 움직임은 예사롭지 않다. 독도를 일본 땅이라 우기는 것은 19세기 정한론(征韓論)의 21세기 판(版)이라 봐야 할까. 실제로 일본의 극우 집단들은 21세기를 살면서 아직도 몽상을 품고 있다.

2장
전범 처벌 비껴간
히로히토 일왕

일본 군국주의 향수를 지닌 자들이 주장하듯이, 히로히토는
전쟁 책임이 없는 평화주의자였나. 군 통수권자 히로히토의 역할은
제한적이었나. 맥아더는 왜 그를 전범재판에 넘기지 않았을까.
일왕이 전범 처벌을 비껴간 결과는 일본에 어떤 문제점을 남겼나.

2001년 9·11 테러가 터졌을 때 나는 늦깎이 공부를 하느라 뉴욕 맨
해튼에 있었다. 하루아침에 3,000명이 희생되었고, 한동안 매캐한 공
기가 맨해튼을 감쌌다. 창문을 열기가 불편할 정도였다. 이웃집 80대
할머니는 딱 60년 전에 2,400명이 넘는 희생자를 낳았던 진주만 피습
(미국시간, 1941년 12월 7일) 때의 충격과 분노의 기억을 떠올렸다. 그러
면서 '9·11 테러의 주범인 오사마 빈라덴을 전범자로 처형해야 한다'
고 목소리를 높였다. 진주만 피습 뒤 미국 분위기를 되살리듯, 애국주
의 바람이 몰아쳤고 해병대를 비롯한 군 지원자가 줄을 이었다.

빈 라덴이 '뉴욕 쌍둥이 빌딩에 어떤 각도로 부딪치는 것이 충격을
더 줄 수 있을까' 하며 9·11 테러의 세부 사항을 점검했듯이, 히로히토
는 진주만 공습을 코앞에 두고 작전의 세부 사항을 군부 핵심들과 함
께 짚었다. 진주만 공습이 대성공을 거두자, 히로히토는 해군 제복 차
림으로 신하들의 축하 인사를 받으며 기분 좋은 하루를 보냈다. 미국

을 겨냥해 60년 사이로 두고 이뤄진 기습 공격의 총책이란 점에서, 누군가가 히로히토를 '사무라이 빈 라덴'이라 부른다고 해도 틀린 말은 아니다.

눈을 감고 1945년 8월 15일 항복 무렵의 일본을 떠올려보자. 1945년 5월 초 나치 독일이 무너졌을 때 전쟁범죄자 처벌이 전승국들의 주요 과제였듯이, 3개월 뒤 전쟁이 끝난 일본도 마찬가지였다. 특히 국왕 히로히토가 전범으로 처벌될 것인지가 큰 관심사였다. 전시 내각을 이끌며 진주만 공습(1941년 12월 8일)을 꾀했던 도조 히데키 같은 자들이야 당연히 체포돼 법정에 세워지겠지만, 히로히토는?

히로히토가 최소한의 책임감이라도 있었다면, 전쟁 책임을 지고 스스로 처벌받겠다는 뜻을 밝히는 것이 도리일 것이다. 아니면, 적어도 패전에 대한 도의적인 책임을 지고 국왕 자리에서 물러날 생각을 하는 것이 상식이다. 그런데 결과는 상식 밖으로 매듭지어졌다. 히로히토는 전범으로 기소도 안 됐고 국왕 자리를 지켰다.

패전 뒤 일본에선 히로히토가 물러나야 한다는 주장들이 당연히 나왔다. 반전평화운동 시민단체들은 이참에 천황제를 폐지해야 한다고 목소리를 높였다. 좌파 사람들은 히로히토 구속을 외쳤다. 우파 안에서도 폐지보다는 낮은 단계인 퇴위를 고려해야 한다는 주장이 나왔다. 패전 당시 일본 내각의 대동아부 차관이던 다지리 아키요시(田尻愛義, 1896~1975)도 그런 뜻을 폈다.

항복 직후인 1945년 8월 17일부터 10월 9일까지 짧게 총리직에 있었던 인물이 히로히토의 고모부인 히가시쿠니 나루히코다. 그는 일본 왕족으로 총리를 지낸 유일한 인물이다. 다지리는 히가시쿠니 총리에게 "천황이 (만에 하나) 전쟁에 반대했다 하더라도 결과적으로 (침략과 그에 따른 전쟁범죄에) 침묵했다면 이유 여하를 막론하고 도의적 책임이 있다"라면서 '천황의 퇴위와 왕실 재산 처분'을 건의했다.[20]

다지리의 생각은 "천황제 폐지, 히로히토 구속"을 외친 일본 좌파들의 주장과는 결이 달랐다. 국왕이 물러나고 재산을 처분한다면, 왕실과 일반 국민 사이에 새로운 유대감이 생겨나고 오히려 일본 재건의 계기가 될 것으로 여겼다. 1978년 다지리가 남긴 『회상록』에 따르면, 히가시쿠니 총리에게 그런 얘길 꺼내자 "나도 그렇게 생각한다"라고 찬성했지만, 총리가 실제로 국왕 퇴위를 위해 움직이진 않았다.[21]

히로히토를 미화한 『기도(木戸) 일기』

히로히토는 19세기 말 이른바 '메이지유신'(1868)으로 일본이 재빠르게 근대화로 나아갈 무렵의 국왕인 무쓰히토〔睦仁, 메이지(明治) 일왕, 1852~1912〕의 손자다. 어릴 때부터 건강이 좋지 못했던 아버지 요시히토〔嘉仁, 다이쇼(大正) 일왕, 1879~1926〕가 1926년에 죽자 26세의 젊은 나이에 왕위를 이어받았다. 2019년 일본 국왕에 오른 나루히토(德仁, 1960년생)의 할아버지다. 히로히토가 국왕에 오른 뒤 전 세계를 뒤엎은 대공황(1929)으로 일본 경제도 어려움을 겪었다. 경제 위기를 벗어나려고 일본이 1930년대 이후 대외 침략(일본식 용어로는 대외 진출, 또는 팽창) 강공책을 폈다. 그로 말미암아 동아시아 사람들은 엄청난 고통을 겪어야 했고, 그 책임의 상당 부분은 히로히토에게 있다.

1945년 패전 직전까지 일본 헌법에서 히로히토는 대원수 직함으로 군 통수권을 가졌다. 이는 당시의 일본 헌법에 보장된 권한이었다. "대일본제국은 만세일계의 천황이 통치한다"(제1조)로 시작하는 헌법은 "천황은 육해군을 통수한다"(제11조), "천황은 전쟁을 선언하고, 강화하며 아울러 제반 조약을 체결한다"(제13조)라고 못 박았다. 그렇다면 일본군의 침략 행위와 그에 따른 전쟁범죄의 책임은 통수권자인 히로히토가 짊어져야 마땅했다.

1943년 4월 29일 히로히토 국왕이 참석한 대본영 회의 모습. 왼쪽이 해군 지휘부, 오른쪽이 육군 지휘부다. 진주만 공습을 비롯해 주요 안건을 다룰 때마다 히로히토가 참석해 세부 사항을 챙겼다.

히로히토는 1945년 패전 뒤 "전쟁 초기부터 내 손발이 묶여 있었다"라면서 도조 히데키를 비롯한 군부 강경파에게 전쟁 책임을 돌렸다. 그의 측근들은 "그때의 상황은 군부라는 호랑이 등에 올라탈 수밖에 없었다"라고 변명한다. 패전 30년을 맞은 해인 1975년 히로히토가 미국을 방문했을 때도 기자회견에서 "나는 처음부터 끝까지 전쟁을 반대했으며 군부의 독주가 전쟁의 원인이 됐다"라는 식으로 우겼다. 과연 실제로 그랬을까.

일본은 8월 15일 히로히토의 항복 방송 뒤 엄청나게 많은 문서들을 태워 없애거나 빼돌렸다. 미군이 일본 본토에 상륙하기 앞서 서둘러 그들의 전쟁범죄 증거물들을 치운 셈이다. 그런 사정으로 히로히토의 전쟁 책임을 입증할 만한 자료가 많지 않다. 빼도 박도 못할 확실한 '스모킹 건'을 잡아내지 못하고 있다는 게 문제다. 히로히토와 그를 감싸는 일본의 '보수 본류'들은 "도조 히데키를 비롯한 군부 강성파에 떠밀려, 내키지 않았지만 군사 작전을 승인하는 옥새를 눌렀다"라면서 책임을 미룰 뿐이다.

히로히토를 오랫동안 가까이에서 받들었던 내대신(內大臣) 기도 고이치(木戸幸一, 1889~1977)는 히로히토의 핵심 인물이었다. 기도의 조부와 부친은 일본 귀족(후작)으로 왕실과 가깝게 지냈다. 기도 또한 후작 작위를 물려받았고 문부대신, 후생대신, 내무대신 등 요직을 거쳐 '국왕 비서실장' 격인 내대신을 지냈다. 그는 도쿄 전범재판 법정에서 1945년 8월 15일 히로히토의 종전 선언도 자신의 진언에 따른 것이라 밝혔다.[22]

기도는 1931년부터 1945년까지 하루도 거르지 않고 일기를 썼다. 『기도 일기』로 일컬어진 이 문건은 도쿄 전범재판에서 증거물 목록에도 올랐다. 하지만 그 안에 '스모킹 건'은 없다. 드문드문 히로히토를 서술한 대목에서는 그를 '침략전쟁을 반대하는 평화주의자' 또는 자원 부국인 미국과의 전쟁이 일본에 가져다줄지 모를 불이익을 염려하는 '신중한 절대군주'로 그리고 있다.

히로히토의 최측근인 기도가 진주만 공습 계획을 몰랐을까? 당연히 미리 알았을 테지만, 법정에서 이렇게 발뺌했다. "아침 6시를 약간 지나 시종무관 중 1명이 내게 전화를 걸어, 해군이 하와이를 공격했다는 보고를 전했다. 일본 함대가 진주만을 향해 떠났을 당시 아는 바가 전혀 없었다."[23] 곧 살펴보겠지만, 새빨간 거짓말이다(기도는 도쿄 재판에서 종신형을 언도받았다가 1955년 가석방으로 풀려났다).

상하이 폭격 승인하며, "단호한 결의로 임하라"

그래도 히로히토의 전쟁 책임과 역할을 말해주는 자료들은 곳곳에 남아 있다. 일본 대본영(大本營, 일왕 직속 최고군통수부) 안에서 날마다 작성된 전쟁일지, 일본 각급 군부대에서 작성한 진중일지, 일본 수뇌부의 일기, 일지나 메모, 그들끼리 서로 주고받았던 편지나 쪽지 같은 자료들, 관계자의 증언 등이다. 이를 바탕으로 그동안 여러 연구자들이 책과 논문 들을 써왔다. 하지만 히로히토의 전쟁 책임에 관해서는 대부분 원론적인 문제 제기에서 더 나아가질 못했다.

그러던 중 2000년을 앞뒤로 모처럼 히로히토의 전쟁 책임을 다룬 화제작이 나왔다. 1999년 미 역사학자 존 다우어(John W. Dower, MIT 명예교수)는 패전 뒤의 일본을 다룬 역작 『패배를 껴안고(Embracing Defeat: Japan in the Wake of World War II)』(1999)를 냈고, 이 책으로 2000년에 풀리처상을 받았다. 미 역사학자 허버트 빅스(Herbert P. Bix, 빙햄튼대 명예교수)는 폐기되지 않은 1차 자료, 이미 출판된 관련 책과 논문 들, 그리고 다양한 증언을 바탕으로 『히로히토 평전(Hirohito and the Making of Modern Japan)』(2000)을 냈다. 이 책으로 빅스는 2001년 풀리처상을 받았다. 일본의 극우파 논객들은 두 연구자의 책들을 가리켜 근거가 부족하다느니, 비약이 심하다느니 하며 시비를 걸었다. '반일위서(反日僞書)'라는 비난조차 나왔다. 하지만 풀리처상이 말해주듯이 두 연구자의 책은 학문적 잣대로 검증된 자료들을 바탕으로 한 역작이라는 평가를 받았다.

프랑스 저널리스트 에드워드 베르가 1989년에 낸 『히로히토: 신화의 뒤편(Hirohito: Behind the Myth)』도 앞의 책 못지않은 역작이다(한국어 번역본은 2002년 출간). 《로이터통신》 파리 특파원, 《뉴스위크》 홍콩지국장과 파리지국장을 지낸 베르는 알제리전쟁과 베트남전쟁을 취재 보도했던 베테랑 언론인이다. 일제가 세운 만주 괴뢰국을 무대로 한 영화 〈마지막 황제〉의 원작가이기도 하다. 다우어, 빅스, 베르, 이 세 작가의 역작을 길잡이로 삼고, 아울러 출판사 '언어의 바다'에서 번역판으로 낸 두 권의 '도쿄전범재판 속기록을 읽다' 시리즈 『A급 전

범의 증언: 도조 히데키 편』(2017)과 『기도의 고백: 기도 고이치 편』(2018)을 참고하면서 전범 히로히토의 민낯을 들여다보자.

1931년 9월 18일 류탸오후(柳條湖)에서 일본 관동군은 만주 철도 선로를 일부러 폭파하고는 이를 트집 잡아 군사행동을 일으켰다. 관동군 사령관, 작전참모 2명, 이 3명이 은밀하게 오랫동안 준비해온 조작극이었다. 이로써 일본은 1945년 패전 때까지 줄곧 전쟁 상황 속에서 지냈다. 그래서 일본인들은 이 기간 동안의 전쟁을 가리켜 '15년 전쟁'이란 용어를 쓰기도 한다.

일왕 히로히토는 사전에 관동군의 만주 침략 계획을 알지는 못한 듯하다. 하지만 군 통수권을 지닌 히로히토의 재가 없이 조작극으로 전쟁을 일으킨 관동군 핵심 3인을 중징계하지 않았다. 류탸오후 조작극 사흘 뒤, 관동군으로부터 증원군 요청을 받은 조선 주둔군 사령관이 '윤허'를 기다리지 않고 '재량권'으로 혼성여단을 압록강 넘어 펑톈(奉天)으로 이동시켰다. 히로히토의 통수권을 침해한 것이 분명했지만, 조선 주둔군 사령관에 대한 징계도 없었다.

히로히토는 사태를 이미 정해진 일로 용인했다. 그는 신하의 부대가 제국의 판도를 확대하고자 하는 일을 굳이 반대하지 않았다. 설령 통수권을 침해한 사실이 있을지라도 작전의 결과가 좋으면 그것으로 그만인 셈이다.[24]

일본 관동군이 1932년 1월 만주 전역을 점령하고 3월 괴뢰 만주국을 세울 때까지 히로히토는 군사행동을 줄곧 추인했다. 따라서 만주 침략을 두고 히로히토가 "나는 몰랐다. 책임이 없다"라고 발뺌하는 것은 군 통수권자로서 무책임한 모습 그 자체라 하겠다.

다음으로 중일전쟁. 1937년 7월 7일 베이징 남쪽 30킬로미터가량 떨어진 루거우차오(盧溝橋)에서 벌어진 총격전(이것도 만주 침략 때와 마찬가지로 일본군의 자작극)이 벌어졌다. 일제의 중국 본토 침략과 그에 따른 전쟁범죄가 본격화됐다. 난징 학살은 중일전쟁 초기에 벌어졌던 대표적인 전쟁범죄다. 당시 히로히토는 루거우차오에서 총격전이 벌어지기 1주일 전 아무르강에서 일어났던 소련군과의 소규모 충돌이 소련을 자극하지 않았을까를 걱정하고 있었다. 하지만 간인 고토히토(閑院載仁, 1865~1945) 참모총장과 스기야마 하지메(杉山元, 1880~1945) 육군대신은 '일본 육군에 관한 한 걱정할 필요 없다. 만약 중국과 전쟁을 하더라도 2~3개월 만에 끝낼 수 있다'고 히로히토를 안심시켰고, 히로히토는 그 두 사람의 설명이 일리 있는 것으로 여겼다.[25]

루거우차오 조작극 20일 뒤인 7월 27일 히로히토는 베이징과 톈진 공격을 승인했고, 일본군은 총공격 이틀 만에 두 도시를 유혈 점령했다. 만주 침략 때와는 달리 히로히토는 일본군의 군사행동을 적극 격려하면서 화북 지역으로의 일본군 파병안을 승인했다. 8년 동안 많은 이들을 희생시켰던 중일전쟁의 피바다에 히로히토 자신이 군 통수권자로서 적극 발을 내디뎠음을 알 수 있다.

1937년 8월 13일 일본군은 상하이를 공격하기 시작했다. 해군 지휘부가 히로히토에게 '상하이를 폭격하고 중국 연안을 해상 봉쇄하겠다'며 작전계획을 올렸다. 히로히토는 그 계획을 승인하면서, 제독들에게 "단호한 결의로 임하라"라고 독려했다. 장제스 휘하의 국민당 군대가 상하이를 굳건히 방어하면서 일본군의 전투 성과가 지지부진하자, 병력 증강을 여섯 차례 승인했다.[26]

상하이 전투가 수렁에 빠졌다는 느낌이 들 정도로 전선이 고착돼 있을 무렵인 1937년 11월 말, 히로히토는 왕궁 안에 '대본영'을 설치하라는 명령을 내렸다. 일본 육군과 해군이 합동 작전을 논의하는 최고사령부가 바로 대본영이다. 청일전쟁과 러일전쟁 때 설치됐던 것을 부활시켰다. 일본 헌법상 군 통수권을 지닌 대원수로서의 역할을 좀 더 적극적으로 맡아 해내겠다는 히로히토의 의지를 엿볼 수 있다.

같은 무렵 육해군 통수부와 정부 내각 사이의 연락 기구인 '대본영-정부 연락회의'가 만들어졌다. 이 연락회의에서 논의된 사안의 최종 결정은 정부와 군의 핵심 인사들만이 참석하는 '어전회의'에서 내려졌다. 대본영-연락회의-어전회의 순으로 히로히토가 '전쟁 국가 일본'의 주요 사항들을 결정하는 자리에 빠짐없이, 그것도 핵심으로 참여했다는 사실이 드러난다. 그 무렵의 히로히토는 '매번 결정적으로 다양하게 (주요 사항에) 개입했다.'[27]

"난징 학살, 히로히토가 몰랐을 리 없다"

상하이 전투 바로 뒤에 벌어진 것이 전쟁범죄로 얼룩진 난징 전투다(1937년 12월). 일본군은 난징에서 30만 명의 중국인들을 죽인 것으로 알려졌다. 불태워 죽이고, 생매장해 죽이고, 양쯔강에 빠뜨려 죽이고, 성폭행하고 죽였다. 그런 야만적 범죄를 저질렀던 까닭은 무엇일까. 다른 무엇보다 (쉽게 끝날 것이라 여겼던) 상하이 전투에서 고전했던 것에 대한 앙갚음이 작용했다. 난징으로 진군하던 당시 일본군의 심리 상태를 거칠게 표현하자면 '잔뜩 독이 올라 악에 받쳐' 있었다.

나카지마 게사코(中島今朝吾, 1881~1945) 중장이 지휘한 일본군 제16사단은 난징 점령 첫날인 1937년 12월 13일 하루 동안 중국군 포로 3만 명을 죽였다.[28] 일본군은 꼬박 45일 동안 난징에서 학살극을 펼쳤다. 난징에 파견돼 있던 미국과 유럽 기자들, 일본군을 따라다니던 뉴스영화 촬영기사를 포함한 종군기자들이 목격자다. 난징의 참상은 곧 미국과 유럽에 알려졌다.

히로히토는 난징에서 끔찍한 전쟁범죄가 저질러지고 있다는 사실을 몰랐을까. 그렇지 않다. 《도쿄니치니치신문(東京日日新聞)》은 일본인 소위 둘이 이른바 '100인 목 베기 시합'을 벌였다는 소식을 그들의 얼굴 사진과 함께 실어 화제를 모았다. 어깨에 잔뜩 힘이 들어간 채 군도를 짚고 나란히 서 있는 두 일본 장교의 모습이 보인다.

잔혹한 전쟁범죄를 드러내놓고 자랑하는 기사가 어떻게 전시 검열을 통과했을까. 힘들었던 상하이 전투 뒤 일본인들의 사기를 높일 목적으로 게재 허가가 났을 것으로 짐작된다. 그 기사를 보며 히로히토는 어떤 생각을 했을까. 얼빠진 전시 지도자가 아니라면, 난징에서 잔혹한 전쟁범죄가 마구 저질러졌음을 짐작했을 것이다. 빅스는 이렇게 비판한다.

> 히로히토가 (난징 학살을) 몰랐을 리는 없을 것이다. 히로히토는 지휘명령 계통의 정점에 있었고, (…) 일본군의 모든 동정을 상세히 쫓고 있었고, 매일 외신과 신문을 읽었으며 (…) 군기 붕괴에 얼마간 관심을 쏟을 의무를, 헌법상으로나 최소한의 도의상 지고 있었다. 히로히토가 이러한 의무를 실천했다고는 결코 보이지 않는다.[29]

히로히토가 난징 학살과 관련해 일본군을 질책했다는 기록은 어디에도 없다. 오히려 그 반대였다. 난징 점령을 지휘했던 일본 중지나방면군 사령관 마쓰이 이와네(松井石根, 1878~1948) 대장이 1938년 2월 잠시 도쿄에 들렀을 때 그의 '위대한 전과'를 기리는 칙서를 내렸다. 훗날 도쿄 재판에서 사형을 언도받은 마쓰이의 전쟁범죄를 히로히토는 묵인했을 뿐만 아니라 치하까지 했다. 마쓰이가 도쿄 전범재판에서 교수형을 받았듯이, 히로히토도 군 통수권자로서 난징 학살에 책임을 졌어야 마땅하지 않을까.

"진주만 공습 앞서 공격 계획 보고받고 지도를 살폈다"

미국이 도쿄 전범재판에서 가장 비중 있게 다룬 안건은 무엇일까. 난징 학살이나 조선인 강제징용? 아니다. 진주만 공습이었다. 1941년 12월 7일 일요일 아침 7시 50분(미국 시각)부터 벌어진 기습 공격으로 미군 2,335명, 민간인 68명의 사망자가 생겼다. 전함을 비롯해 군사 장비의 피해도 컸다(일본군은 사망 64명). 일본 쪽 1차 자료와 문헌을 바탕으로 빅스는 히로히토가 진주만 기습 작전에 관련됐다고 잘라 말한다.

(진주만 공습 한 달 전인) 11월 8일 히로히토는 진주만 공격 작전에 대해 상세한 보고를 받았다. 15일에는 전쟁 계획의 전모와 세부 사항을 받아 보았다.[30]

12월 2일부터 8일, 곧 'X데이'까지 일본 인민들이 아무것도 모르는 사이에 천황 히로히토는 (일본군) 통수부와 면담을 거듭하며, 시종무관들에게 방공 태세에 관해 묻고, 함대 편제를 점검하고, 전쟁 계획과 지도를 살피고, 여러 침공 지점을 향해 이동하는 전 부대의 동정을 보고받았다.[31]

선전포고 없이 침략전쟁을 벌였기에, 도쿄 전범재판은 '평화를 깨뜨린 죄(crimes against peace)'라는, 그 전까지 국제형법에 없던 죄명을 만들어냈다. 이것이 이른바 A급 범죄다. 히로히토가 진주만 공습 작전을 미리 알았다면, 다른 무엇보다 평화를 깨뜨린 A급 범죄로 기소되는 것을 피하기 어려웠다.

주미 일본 대사 노무라 기치사부로가 미 국무장관 코델 헐에게 일본 정부의 선전포고문을 내민 것은 진주만 공습 1시간 뒤였다. 히로히토는 공습 후 8시간 가까이 지나서야 일본 국내용 '선전 조칙'을 발표했다. 히로히토를 보호하려는 충성심에서였을까, 도쿄 전범재판정에서 도조 히데키는 진주만 공습 전 히로히토 관련 행적을 이렇게 털어 놓았다.

> (미국에게 전쟁) 통보를 (진주만) 공격 개시 전에 전달해야 한다는 것에 대해 천황 폐하께서는 나와 (육군과 해군) 양 참모총장에게 여러 차례 지시를 내 렸고, 내가 그 뜻을 (대본영과 정부 사이의) 연락회의 관계자에게 전달했다.[32]

도조 히데키는 주군을 지켜주려는 충성심에서, 선전포고를 하기 전 에 진주만을 공격해서는 안 된다는 것이 히로히토의 뜻이라고 밝혔지 만, 그걸로 히로히토의 죄가 줄어들지 않는다. 오히려 그의 증언으로 히로히토가 진주만 기습을 사전에 알았고, 기습작전을 최종 승인했다 는 사실이 드러났을 뿐이다.

기록에 따르면, 진주만 공격을 앞둔 히로히토는 해군 제복을 입 고 상황실에 들어갔다. 그리고 보좌관과 함께 무전기를 틀어놓고 앉 았다. 히로시마 근해에 정박 중이던 야마모토 이소로쿠(山本五十六, 1884~1943, 연합함대 사령관)의 기함 나가토호로부터 진주만 공격이 성 공했다는 첫 번째 소식을 듣기 위해서였다.[33] 시종무관 조에이 이치로 가 남긴 일기에는 진주만 공습 성공 다음 날 히로히토가 어떻게 하루 를 보냈는가가 시간대별로 기록돼 있다. 그날 일기는 이렇게 끝난다. "오늘 하루 종일 해군복 차림으로 흐뭇하게 배알을 받으시다."[34]

이렇듯 히로히토는 진주만 기습을 처음부터 알았고, 작전을 승인했 고, 성공 소식을 듣고 기뻐했다. 하지만 패전 뒤 히로히토가 발표했던 문장은 타국 영토를 침략하는 것은 자신의 뜻이 아니었다고 했다. 일 본 군국주의에 매우 비판적인 역사 인식을 지닌 고모리 요이치(小森陽 一, 도쿄대 교수, 문예비평)가 일제 패전 무렵의 상황을 다룬 책에 실린 히로히토의 8·15 항복 선언(이른바 '종전 조서')의 내용을 보자.

짐은 세계의 대세와 제국의 현 상황을 감안하여 비상조치로써 시국을 수습하고자 충성스러운 너희 신민에게 고한다. 짐은 제국 정부로 하여금 미, 영, 중, 소 4개국에 대하여 (무조건 항복을 요구하는) 그 공동선언을 수락한다는 뜻을 통고토록 하였다. (…) 일찍이 미·영 2개국에 선전포고한 까닭도 실로 제국의 자존과 동아시아의 안정을 간절히 바라는 데서 나온 것이며, 타국의 주권을 배격하고 영토를 침략하는 행위는 본디 짐의 뜻이 아니었다.[35]

히로히토의 측근인 기도 고이치는 도쿄 전범재판에서 "천황은 마지막까지 전쟁을 바라지 않았다"라고 주장했다. 일본의 보수 우파들도 진주만 공습 바로 뒤 히로히토가 발표한 조칙에서 "짐의 뜻이 아니었다"라는 문장을 들먹이곤 한다. 진주만 기습 성공 뒤 해군복 차림으로 흐뭇한 하루를 보냈던 히로히토가 반전 평화주의자였다고? 그야말로 언어의 희롱이고 말장난이다.

위기에 내몰린 히로히토

1945년 8월 15일 항복을 선언할 무렵 히로히토는 벼랑 끝에 매달린 패배자였다. 5년 전 맺었던 3국동맹(1940년 9월 27일)의 지도자 가운데 둘은 이미 3개월 전에 죽은 목숨이었다. 무솔리니(Benito Mussolini)는 4월 28일 파르티잔에게 처형돼 밀라노 주유소 지붕에 거꾸로 매달렸고, 히틀러는 4월 30일 베를린 지하 벙커에서 권총으로 자살했다. 히로히토는 이 둘의 비참한 최후를 떠올리며 '도쿄의 잠 못 이루는 밤'을 보냈을 것이 틀림없다.

진주만 공습으로 많은 희생자를 낳았기에 전쟁 중 히로히토에 대한 미국의 여론은 좋지 않았다. 한 여론조사에 따르면, 미국인들은 전쟁이 끝나면 히로히토를 처형하거나(30퍼센트), 종신형에 처해야 마땅하다(37퍼센트)는 생각들을 품고 있었다. 전쟁 책임을 면해주고 국왕으로 남겨두자는 쪽은 7퍼센트에 머물렀다.[36] 1945년 6월 갤럽 여론조사에선 미국인의 77퍼센트가 히로히토를 엄벌해야 한다고 답했다. 이런 여론조사를 바탕으로 1945년 9월 미국 상하원 의원들은 "히로히토를 체포해 전범재판에 넘겨야 한다"라는 합동결의안을 통과시켰다.[37]

히로히토도 그런 험악한 분위기를 잘 알고 있었을 것이다. 독일의 빌헬름 2세 짝이 나지 않을까 걱정도 했을 듯하다. 제1차 세계대전에서 독일이 패한 뒤 독일 국왕 빌헬름 2세는 1919년 베르사유강화조약 227조에 따라 전쟁범죄자로 재판에 넘겨질 뻔했었다. 분위기를 미리 눈치챈 빌헬름 2세는 전쟁 끝 무렵인 1918년 11월 중립국인 네덜란드로 망명길에 나섰고, 전승국 쪽의 신병 인도 요구를 거부한 네덜란드 정부 덕에 위기를 넘겼었다.

그렇기에 히로히토는 자신의 운명이 어찌 될지 몰라 긴장 속의 나날을 보냈다. 거칠게 말하자면, '바짝 쫄아 있었다'고 보는 것이 틀림없다. 일본과 전쟁을 치렀던 소련, 중국, 호주, 네덜란드 등은 '히로히토를 전범재판에 세워야 한다'고 강력하게 주장하고 있었다. 하지만 일본 점령자인 미국 지도부가 내린 결정은 '일본이 군국주의를 포기하고 그 대신에 히로히토는 상징적 존재(입헌군주제 국왕)로 남겨둔다'는 것이었다.

이런 결정이 내려진 데엔 1941년 진주만 공습으로 태평양전쟁을 일으켰던 도조 히데키에게 모든 전쟁 책임을 떠넘기고 히로히토를 살리려는 일본 보수 세력의 단합, 피점령국 일본의 안정을 중시한 워싱턴의 정치 기류와 친일 로비스트들의 입김 등 여러 요인들이 복합적으로 얽혀 있다. 하지만 무엇보다 히로히토의 기소 뒤 일어날 혼란과 유혈 사태를 우려한 연합국최고사령관 더글러스 맥아더의 판단이 결정적이었다.

뒷짐 진 맥아더, 차렷 자세의 히로히토

맥아더가 히로히토 처리를 저울질하고 있을 즈음인 1945년 9월 27일 히로히토가 미 대사관을 방문함으로써 두 사람의 비공식 회동이 이뤄졌다. 누가 봐도 히로히토가 점령국의 장군에게 머리를 굽히는 것으로 비쳐지는 만남이었다. 한 달 전쯤인 8월 30일 일본에 도착한 맥아더는 히로히토 쪽으로부터 만나고 싶다는 전갈을 받았지만 '적절하지 않다'고 뒤로 미뤘었다. 히로히토는 맥아더가 자신의 운명을 어떤 쪽으로 요리해나갈지 궁금했겠지만, 대놓고 물어볼 수는 없는 노릇이었다.

당시 맥아더의 나이는 65세(1880년생), 히로히토는 44세(1901년생)로 맥아더가 스물한 살 많았다. 긴장과 초조함을 감추고 애써 위엄을 지키려는 40대의 패전국 군주를 60대의 점령군 사령관은 느긋하게 살펴보았을 것이다. 맥아더가 죽던 해에 나온 그의 회고록(*Reminiscences*, McGraw-Hill, 1964)은 히로히토가 얼마나 긴장하고 있었는지를 보여준다.

> 내가 미국제 담배를 내밀자, 히로히토는 감사의 뜻을 표하면서 담배를 받아 들었다. 담배에 불을 붙여주면서 나는 그의 손이 떨리고 있다는 것을 눈치챘다. (중략) 그가 느끼고 있을 굴욕의 고통이 얼마나 깊은가를 난 잘 알고 있었다.[38]

히로히토가 미 대사관에 도착했을 때 미국인 사진사가 촬영 준비를 끝내고 대기 중이었다. 점령자와 피점령자 사이의 관계는 당시 둘이 찍은 사진에서도 여실히 드러난다. 모닝코트와 줄무늬 바지의 예복 차림으로 단정하게 넥타이를 맨 히로히토에 견주어, 맥아더는 격식에서

1945년 9월 27일 도쿄 미 대사관에서 만난 맥아더와 히로히토.
뒷짐 진 맥아더 옆에 선 히로히토는 차렷 자세다.

벗어난 편한 차림이었다. 예복은커녕 넥타이도 매지 않았고 군복 셔츠
의 윗단추는 풀어 헤쳤다. 히로히토는 두 손을 내린 차렷 자세였지만,
맥아더는 두 손을 엉덩이에 걸쳐 뒷짐을 졌다.

　둘이 나란히 서 있긴 했지만, 약자가 강자에게 허리를 숙이고 머리
를 조아리는 모습으로 일본 국민들에게 비쳐질 것이 뻔했다. 당황한
일본 정부는 다음 날 모든 신문에 그 사진을 싣지 못하도록 했다. 도쿄
의 연합국사령부가 일본 외무성에 항의를 한 끝에야 게재 금지가 풀
렸다. 이틀 뒤 사진을 본 많은 일본인들 사이에선 국왕이 곧 물러날 것
이란 소문이 퍼졌다.

　사진을 찍은 뒤 두 사람은 다른 방으로 자리를 옮겨 40분가량 대화

를 나누었다. 일본인 통역을 사이에 두고 무슨 말을 주고받았는지는 보도되지 않았다(2002년 10월 일본 외무성과 궁내청이 처음으로 부분 공개). 히로히토는 면담 내내 맥아더가 자신을 부드럽게 대해 처음의 긴장된 마음을 풀었다고 알려졌다. 맥아더가 직설적으로 "당신은 기소되지 않을 겁니다"라고 말하진 않았어도, 히로히토는 눈치로 자신이 불기소될 것이라 짐작했을 것이다.

CIA 전신인 전략정보국(OSS)에서 심리전 책임자였던 보너 펠러스(Bonner Fellers) 준장을 비롯해 맥아더의 핵심 참모들은 전형적으로 보수 우익 성향이 강했다. 누구보다 맥아더 자신도 그랬다. 당시 일본의 좌파 세력들은 천황제 폐기와 히로히토 전범 처단을 주장했지만, 우익은 우익대로 히로히토 없는 일본을 생각할 수 없었다. 안정적인 일본 통치를 바랐던 맥아더는 히로히토를 기소할 경우 좌우 대립의 혼란 속에 유혈 폭동이 일어날 가능성이 있다고 보았다. 그 무렵 맥아더가 미 육군참모총장이던 드와이트 아이젠하워(Dwight Eisenhower, 1890~1969) 장군에게 보낸 전보 내용을 보자.

천황을 (전범자로) 기소하면 틀림없이 일본인들 사이에 엄청난 혼란이 일어날 것이며, 그 영향은 아무리 크게 평가해도 지나침이 없을 것이다. 천황은 일본인 통합의 상징이다. 천황을 망가뜨리면 (혼란을 수습하기 위해 미군 병력) 1백만이 필요할 테고, 그 군대를 무기한 유지해야 할 것이다.[39]

히로히토 '인간 선언'의 노림수

패전국의 군주로서 점령자인 맥아더 장군에게 먹힐 만한 생존 전략이 히로히토에게 절실한 시점이었다. 그를 둘러싼 측근들이 머리를 맞댄 끝에 이끌어낸 생존 방안은 두 가지로 요약된다. 첫째, 15년 전쟁

(1931~1945) 기간 동안 히로히토의 강력한 동맹자였던 군부 강경파에게 '전쟁 책임'을 떠넘기고, 둘째, 절대군주제를 입헌군주제로 바꿔 국왕의 절대 권력을 양보하는 대신 '천황제'의 상징성만큼은 이어간다는 것이었다.

더 이상 군국주의의 권위적 지도자가 아니라는 이미지 변신으로 위기를 넘기려면 두 가지 작전이 필요했다. 첫째는 점령자인 맥아더 쪽과 자주 오가며 의구심을 풀어야 했고, 둘째는 지방 나들이를 통해 절대군주가 아닌 친근한 군주의 모습을 보임으로써 흉흉한 민심을 다독여야 했다. 1945년 9월 말 미 대사관에서 맥아더를 만난 뒤 히로히토가 민심이 어떠한지를 부지런히 살폈던 것은 이런 맥락에서 이해가된다.

1945년 11월 12일 히로히토는 도쿄 왕궁을 떠나 사흘 동안 조상들의 위패를 모신 신사 여러 곳을 들렀다. 화려한 왕실 의복이 아닌, 목깃을 곧게 세운 철도원의 검은 제복 같은 수수한 차림이었다. 한 시골역에 왕실 전용 기차가 머물렀을 때 히로히토의 측근들은 불안감을 느꼈다고 한다. 지역 주민들이 돌멩이를 던지지나 않을까 해서였다. 전쟁으로 부모나 형제를 잃은 유족들이 돌팔매를 하지 않으리란 법은없었다. 히로히토에겐 다행히도 그런 일은 벌어지지 않았다.

이미지 변신으로 살아남으려는 히로히토의 꼼수는 해를 넘긴 1946년 1월 1일 연두 조서로 나타났다. 그날 아침 일본 신문들은 일제히 조서의 전문을 실었다. 이는 물론 맥아더 쪽과 미리 합의한 내용이기도했다. 조서에서 히로히토는 자신이 '살아 있는 신(現人神)'이 아니라 했다. 흔히 '인간 선언'이라 일컬어지는 이 조서는 국왕과 국민 사이의신뢰와 유대를 유달리 내세웠다.

지난날 그토록 강조됐던 신격을 히로히토 스스로 부인하고 인간계로 내려온 의도는 뻔했다. 도쿄 재판에서 전범으로 처벌받는 불상사를 피하고, 아울러 곧 있을 일본 헌법 개정에서 절대군주가 아닌 입헌군주를 뜻하는 '상징 천황'으로나마 '천황제'를 유지하려는 속셈이었다. 맥아더와 워싱턴의 트루먼(Harry Truman, 1884~1972) 행정부는 '미국에게 더 이상 위협이 안 되는 일본', '미국의 안보 우산에 기댄 약한 일본'을 바랐다. 이른바 '평화헌법'(1946년 11월 3일)에 들어간 입헌군주제(제1~8조), 전쟁 포기(제9조) 조항은 미일 양국의 합의에 따른 산물이라 하겠다.

그 무렵 일본 '보수 본류'들과 미국 사이엔 도조 히데키를 비롯한 일제 육군 수뇌부에 전쟁 책임을 물리자는 공감대가 이뤄졌다. 전범재판이 시작되기 전인 1946년 3월 맥아더의 핵심 참모 보너 펠러스 준장이 요나이 미쓰마사(米內光政, 1880~1948) 전 총리대신(해군대신, 연합함대 사령관 역임)을 만났다. 펠러스는 '천황에게 전쟁 책임이 없다는 점을 일본 쪽에서 입증하고 도조 히데키가 모든 책임을 지는 게 좋겠다'는 맥아더의 의중을 전했다.[40] 그러려면 히로히토 쪽에서 뭔가를 더 보여줘야 했다. 펠러스-미쓰마사 만남 바로 뒤 나온 문건이 '독백록(獨白錄)'이다. 여기서 히로히토는 "군부와 의회가 전쟁 결정을 내렸고, 나는 재가만 했을 뿐"이라며 책임 회피성 발언을 늘어놓았다. 그 자신은 전쟁을 반대했으나 군부 강경파에 밀려 어쩔 수 없이 전쟁에 휘말려 들었다는 변명이다.

'참회록이 아닌 변명록'이란 비판받아

문제의 '독백록'은 1946년 3월 18일부터 3주 동안 다섯 번에 걸친 모임에서 측근 5명과 함께 작성됐다. 히로히토의 구술을 받아 적는 형식이었다. 당시 궁중의 기록을 맡았던 시종이 남긴 비망록에 따르면, 히로히토는 심한 감기 몸살로 집무실에 침대를 들여놓은 채로 '독백록' 구술을 했다. 5월에 시작될 전범재판 개정 전에 미국 쪽에 영문본을 건네주려다 보니 무리를 할 수밖에 없었을 것이다.

'독백록'은 일본이 지난날 어떻게 만주를 거쳐 중국을 침략했고, 미국과 어떤 과정을 거쳐 전쟁을 벌이게 됐는가를 히로히토 자신의 입장에서 정리한 것이다. 당시에는 그런 문건의 존재조차 일반에 알려지지 않았다. 히로히토가 죽은 다음 해인 1990년, 일본의 한 월간지를 통해서 그 내용이 처음 공개됐다. 1941년 12월 진주만 공습과 관련된 대목을 보면 모든 전쟁 책임을 도조 히데키에게 돌리고 있다.

> 내가 개전 시에 도조 내각의 결정을 재가한 것은 어쩔 수 없는 일이었다. 그때 내가 만약 주전론(主戰論)을 눌렀다면 정예군을 갖고 있으면서 미국에 굴복한다는 인상을 주기 마련이다. 일본 국내 여론이 들끓고 쿠데타가 일어났을 것이다. 이른바 어전회의라는 것도 이상하다. 출석자는 전원 의견 일치이므로 반대할 수 있는 분위기가 아니었다. 회의가 형식적이므로 천황에게는 결정권이 없었다.[41]

1941년 11월 5일 어전회의에서 '무력 발동의 시기'를 1941년 12월 초로 결정했던 자리엔 히로히토 일왕이 있었고, 그가 최종 재가를 했던 것은 분명한 사실이다. 그렇기에 도쿄 전범재판에서 '평화를 깨뜨린 죄'라는 전쟁범죄의 책임을 (도조 히데키를 비롯한 전시 지도부뿐만 아니라) 히로히토에게도 묻게 되는 것이다. 하지만 히로히토는 맥아더 사령부에 제출용인 '독백록'이란 문서에서 그때를 돌아보며 위와 같은 구차스러운 변명을 남겼다.

나아가 히로히토는 '회의가 형식적이었으므로 천황에게는 결정권이 없었다'고 말했다. 누가 들어도 설득력이 떨어지는 변명이다. 이 글 앞에서 보았듯 도조에게 총리대신을 물려준 고노에가 자신의 측근에

1946년 2월 요코하마를 방문한 평상복 차림의 히로히토

게 '천황이 개전 쪽으로 기울었다'고 한탄했던 것은 히로히토가 적극적으로 침략전쟁의 길을 닦았다는 증거다. 진주만 공습이 성공했다는 소식이 전해진 1941년 12월 8일 히로히토는 해군복을 입고 하루 종일 즐거운 표정으로 신하들의 축하를 받았다. 그리고 4년 뒤 '나는 결정권이 없었다'고 변명을 늘어놓았다.

독백록 작성 며칠 뒤 히로히토는 같은 내용을 영문으로 옮기도록 했다. 맥아더 사령부와의 사이에서 통역하던 시종이 번역본을 만들었다. 일본어 '독백록'에 견주어 보면 영어본 분량이 훨씬 짧다. 일어본의 핵심 내용을 영어본에 담으면서, 다음과 같은 문장이 보태졌다. "실제로 나는 감옥에 갇힌 죄수나 다름없는 무력한 존재였다."42

한때 '대동아공영'이란 헛된 구호를 외치던 일제의 군 통수권자가 '면피성 독백'을 늘어놓는 모습이라니……. 히로히토가 자신을 '군국주의자들에게 붙잡혀 꼼짝 못 하는 꼭두각시'처럼 그렸다는 사실이 뒤늦게 알려지자, 당시 남북한과 중국에선 당연히 비판 여론이 드셌다. 전쟁 책임과 죄상을 솔직하게 털어놓는 '참회록'이 아니라 아랫사람들에게 책임을 미루는 '변명록'을 남겼다는 지적을 받아 마땅했다.

일본 시민들 모르게 문제의 '독백록'을 맥아더에게 건넨 뒤 히로히토는 다시 전국 순행에 나섰다. 훈장을 주렁주렁 찬 군복 대신 중절모를 쓴 신사복 차림으로 시민들과 가까운 거리에서 인사를 나누는 히로히토의 모습은 물론 연출된 것이었다. '독백록'과 마찬가지로 전범재판 기소를 피하려는 계산이 담겨 있었음은 물론이다. 이를 두고 그 무렵 일본에 머물렀던 미국 《시카고 선(Chicago Sun)》 특파원 마크 게인(Mark Gayn)은 이런 혹평을 남겼다.

> 히로히토가 미군 통치하의 입헌군주로서 일본 국민들의 복지에 깊은 관심이 있는 것처럼 위장하여 민정시찰을 한 것은 (전범 재판을 피하고 그 자신의 생존을 위해) 국민들을 속이는 치사한 눈가림이었다.[43]

키넌 검사, "히로히토는 갱단의 위협을 받았다"

1946년 1월 19일 연합국최고사령관 맥아더의 '특별 선언'으로 일본 전범들을 단죄하기 위해 도쿄 극동국제군사재판소가 문을 열었다. 첫 재판은 5월 3일 열렸다. 독일 전범들을 다루려 만든 뉘른베르크 국제군사재판소의 판검사 구성이나 재판 진행이 점령국 4개국(미국, 영국, 프랑스, 소련) 사이에 그런대로 공평하게 이뤄졌다면, 도쿄는 그렇질 못했다. 일본 점령자인 미국의 주도권 아래 진행됐다. 도쿄 재판은 맥아더 장군을 비롯한 미국 지도부의 뜻이 어떠하냐에 따라 영향을 받았다. 기소할 것인가 말 것인가, 형량은 얼마나 줄 것인가 하는 핵심 사항은 미국이 영향력 아래 결정됐다(6부 2장 참조).

조지프 키넌(Joseph Keenan) 수석검사는 맥아더 장군과 수시로 소통하면서 '히로히토 불기소' 지침을 충실히 받들었다. 그 과정에서 호주 출신의 재판장 윌리엄 웨브(William Webb)와 갈등을 빚기도 했다. 웨브는 "1945년 8월 15일 방송으로 일본군의 전쟁 행위를 멈추도록 한 사람이 히로히토라면, 전쟁을 시작하기로 결정한 사람도 히로히토일 것"이란 논리 아래 히로히토가 전쟁 책임을 피할 수 없다고 여겼다. 하지만 키넌 수석검사가 1차로 기소한 전범들 가운데 히로히토의 이름은 없었다.

웨브 재판장이 "히로히토는 왜 기소를 하지 않느냐?"라고 묻자, 키넌은 미국에서 조폭들을 단속한 경력을 지닌 검사답게 퉁명스레 대꾸했다. "모든 사람들이 히로히토가 전쟁 전에 갱단들(일본 육군 수뇌부)의 위협을 받았다는 사실을 잘 알고 있다."[44] 웨브는 히로히토가 위협이나 강요를 받아 전쟁을 결정할 수밖에 없었다는 주장은 터무니없다고 여겼다. "어떤 통치자도 침략전쟁 개시라는 범죄를 범하고서, 그렇게 하지 않으면 목숨이 위태로웠기 때문이라며 당당히 면죄를 주장할 수는 없다."[45]

웨브 재판장과 신경전을 펴던 키넌 수석검사는 다른 전범들을 심문하는 과정에서 히로히토의 관련성이 떠오를 때마다 검사의 추가 질문을 막았다. 그러곤 곧바로 다른 심문으로 넘어가도록 했다. 그런 일들이 되풀이되자, 소련과 영국에서 파견된 검사를 비롯해 몇몇 검사들이 불만을 나타냈다. 하지만 상황을 결정적으로 뒤집진 못했다. 키넌 뒤엔 점령국 사령관 맥아더가 있었다.

히로히토를 기소 명단에서 빼라는 맥아더 장군의 지침을 받은 키넌 수석검사가 가장 신경을 곤두세웠던 것은 무엇일까. 다름 아닌 도조 히데키의 법정 태도였다. 도조가 "천황 폐하를 지켜드리겠다"라는 말을 주변에 흘리면서도 법정에서 돌출 발언을 할 가능성이 없지 않았기 때문이었다.

키넌은 무엇보다 도조가 어떤 발언을 할 것인지 걱정했다. 불안이 점점 커지자 도조의 진술 내용을 뒤졌다. 그리고 도조가 진술서에서 '모든 것이 자신의 책임'이라고 쓴 대목을 보고 안심했으며 법정에서도 그대로 발언하기를 원했다.[46]

도조는 법정 진술에서 가끔 오락가락했다. 심리 상태가 불안정했던 탓이었을 것이다. 키넌 수석검사가 히로히토에게 면죄부를 주는 발언을 이끌어내려고 도조에게 유도심문을 한 적이 있다. 그때 도조는 키넌의 의도를 비웃듯이 답변해 한순간 법정을 긴장시키기도 했다.

키넌 : (일본이) 전쟁을 한 것은 히로히토 천황의 의사가 아니었습니까?
도조 : 폐하의 의사에 반한 것이었는지는 모르겠지만 어쨌든 (전쟁을 벌이겠다는) 나의 진언, 통수부 기타 책임자의 진언에 따라 폐하께서 동의하신 것은 사실입니다.[47]

'전쟁이 히로히토의 뜻이 아닌지는 잘 모르겠다'는 표현엔 미묘한 여운이 담겨 있다. 더구나 '나의 진언에 동의했다'는 도조의 법정 발언은 히로히토가 군 통수권자로서 책임을 비껴가기 어렵다는 것을 뜻한다. 하지만 도조는 금세 말투를 바꾸었다. "평화를 사랑하는 폐하께서는 마지막 순간까지 희망을 놓지 않으셨고 전쟁 중에도 마찬가지였다"라고 했다. 그 근거로 진주만 공습 다음 날 히로히토가 발표한 '선전 조칙'에서 "이 전쟁은 피할 수 없게 되었지만 내 의사에 반하는 것이다"라는 (히로히토 측근들이 당시 입에 달고 살던) 문장을 들먹였다. 그 말을 듣는 순간 키넌의 얼굴 표정이 밝아졌다.

도쿄 재판은 히로히토-맥아더의 합작품

이렇듯 히로히토는 미국의 비호 아래 도쿄 재판에서 기소조차 되지 않고 살아남았다. 도쿄 재판의 결과를 놓고 보면, 히로히토를 (일본 국가의 몸통 그 자체를 뜻하는) '국체(國體)'로 여기고 지키려던 궁정 세력과 안정적인 일본 통치를 바라던 점령국 사령관 맥아더의 계산대로 된 셈이다. 따라서 도쿄 재판은 도조 히데키를 비롯한 일본 육군 강경파를 제물로 삼은 히로히토와 맥아더의 합작품이라 평가해도 틀린 말은 아니다. 흔히 말하듯이 '승자의 일방적인 재판'으로만 볼 수는 없다는 얘기다. 하야시 히로후미(林博史, 간토가쿠인대 교수, 일본현대사)의 아래 분석은 눈여겨볼 만하다.

> 도쿄 재판은 승자의 재판이며, 일방적인 재판이라는 주장이 있다. 그러나 오히려 미국과 일본의 합작으로 진행되었다는 성격이 강하다. 미국으로서는 새로운 동맹자를 만드는 수단이었다고 할 수 있다. 일본 측도 그 각본에 호응해 자신들의 생존을 도모했다고 볼 수 있다. 미국과 내통하던 세력이 뒷날 요시다 시게루 내각을 지탱하는 세력, 즉 '보수 본류'가 된다.[48]

지금도 많은 일본인들은 '일본 국왕은 평화주의자였는데, 도조 히데키를 정점으로 한 육군 강경파가 국왕과 그 측근들, 정치가, 관료들을 협박해 전쟁을 밀어붙였다'고 여긴다. 깡패 같은 도조가 선량한 군주인 히로히토를 윽박지르며 잘못 모셨다는 것이다. 1945년 패전 뒤지금까지 대다수 일본인들의 머릿속에 새겨져 있는 이런 잘못된 이해는 역사의 진실과는 거리가 있다. 하야시 히로후미의 지적에 따르면, 이런 관점에서 도쿄 재판을 바라본다면, 흔히 알려진 대로 '승자의 재판'이라고 보기도 어렵다. 도쿄 재판이 히로히토와 맥아더가 한통속

으로 야합한 상태에서 (도조 히데키에게 모든 전쟁 책임을 씌우고) 마무리
됐기 때문이다.

1948년 12월 23일 주요 전범자 7명의 처형을 끝으로 히로히토의 전쟁범죄 단죄는 이뤄지지 못했고, 그와 관련된 사안은 '과거사'란 이름의 역사 저장소로 옮겨진 다음 자물쇠가 채워졌다. 일부 연구자들의 표현을 빌리자면, '봉인(封印)'됐다. 일본인들은 흔히 "훗날 역사가들이 평가를 내릴 것이다"라고 말한다. 그렇게 뒤로 미루기만 한다면, 그때가 언제 올 것인가. 도쿄 재판이 끝난 것은 아주 오래전의 일이고, 히로히토가 죽고도 많은 시간이 흘렀다(1989년 사망). 역사의 냉정한 평가를 받을 때가 이미 지나지 않았나 싶다.

진주만 피습 뒤 미국에서 이뤄졌던 여러 여론조사로는 '히로히토를 처형해야 마땅하다'는 것이 대세였다. 독일은 이미 항복했고 일본이 '1억 옥쇄' 어쩌고 하며 버티던 시점인 1945년 7월 26일 연합국 지도자들이 일본의 항복을 요구한 포츠담선언에서도 전범자 처단 뜻이 분명히 담겨 있었다. "일본 국민을 속이고 이들을 세계정복을 꾀하는 길로 이끌어 잘못을 저지르게 한 권력 및 세력은 영원히 제거돼야 한다." 이 문장을 읽으면서 히로히토는 1945년 4월 말 이틀 사이로 죽은 히틀러와 무솔리니를 떠올렸을 것이다.

1945년 패전 무렵 히로히토가 속으로 걱정했던 것과는 달리 그는 도쿄 극동국제전범재판소의 피고석에 서지 않았다. 히로히토가 불기소된 가운데 1948년 11월 도쿄 재판이 마무리되자, 재판정 안팎에서 격앙된 목소리들이 튀어나왔다. 프랑스에서 파견된 베르나르 앙리 (Bernard Henri) 판사는 "전쟁을 선포했던 주범은 도망가고 종범들만 처벌받게 되었다는 것은 부끄러운 현실"이라 한탄했다. 하지만 법정 문은 이미 닫힌 뒤였다. 미 역사학자 존 다우어는 앙리 판사의 심정을 이렇게 그렸다.

히로히토가 법정에 서지 않은, 누가 봐도 명백한 불공평은 앙리 판사에게 너무나 충격적이어서 도저히 다른 피고인들에게 유죄판결을 내릴 수가 없었다. 일본이 저지른 평화를 깨뜨린 범죄에는 '일체의 기소에서 빠져나간 주범(히로히토)이 있고, 어떤 경우에도 피고들은 공범에 지나지 않는다'는 것이었다.[49]

호주 출신의 윌리엄 웨브 재판장(수석판사)도 앙리 판사와 같은 생각이었다. 재판 내내 조지프 키넌 수석검사와 신경전을 펼쳤던 웨브 재판장은 소감을 묻는 기자들에게 "히로히토에게 반드시 실형을 선고했어야 했다. 그는 검찰에게 면죄부를 받은 범죄단체의 두목과 같다"라고 한탄했다. 프랑스 언론인 에드워드 베르의 책에서 관련 대목을 옮겨본다.

연합국(미국)의 이해를 최대한 고려해서 천황의 면책이 결정되었다는 주장을 반박한 웨브 재판장은 "세상의 어떤 통치자도 야만적인 전쟁을 일으킬 권리를 갖고 있지 않다. 또 전쟁의 책임을 물었을 경우 그 통치자의 신변이 위험해지기 때문에 범죄적 행위에 대해서 책임을 묻지 않는다는 것도 있을 수 없는 일이다"라고 강하게 항의했다.[50]

한국전쟁이 한창이던 1951년 4월, 히로히토는 도쿄 전범재판에서 자신을 지켜준 '생명의 은인' 맥아더 장군을 떠나보내야 했다. 당시 맥아더는 한국전쟁에 개입한 중국군의 남하를 막기 위해 핵무기 사용을 포함한 군사적 강공책을 놓고 트루먼 대통령과 갈등을 빚었고, 끝내 전격 해임됐다. 그 소식을 듣고 히로히토는 곧바로 맥아더가 머물던 도쿄 공관으로 가서 위로의 말을 전했다.

'공직에서 물러나는 맥아더가 작별 인사를 하러 오는 게 당연하니, 움직이지 마시라'고 궁내청 고위 관리들이 말렸지만 히로히토는 듣지 않았다.[51] 왜 그랬을까. 지난 5년 반 동안 맥아더에게 큰 신세를 졌다고 여겼던 그로선 의전이나 사람들의 눈길을 의식하기 앞서 자신의 정치생명을 구해준 든든한 '후견인'을 잃게 됐다는 아쉬움이 컸을 것이다.

과거사 불감증에 더해 '전쟁 피해국'이라는 엄살

히로히토를 비롯한 주요 전범자들이 처벌을 비껴간 결과는 전후 일본에 심각한 문제점을 낳았다. 무엇보다 히로히토가 '천황' 자리에 그냥 머무는 것을 본 일본인들은 전쟁범죄에 대한 공범 의식을 덜 느끼게 됐다. '국왕이 전쟁 책임을 지지 않는다면 우리도 책임이 없다'는 분위기가 퍼져갔다. 1948년 12월 주요 범죄자들이 불기소로 풀려남으로써 '전범 처벌은 이제 모두 마무리됐다'고 여기게 됐다. 『난징의 강간(The Rape Of Nanking: The Forgotten Holocaust of World War II)』(1997, 한국어판 제목은 『역사는 누구의 편에 서는가』)을 쓴 아이리스 장(Iris Chang)도 히로히토의 불기소가 낳은 문제점을 이렇게 지적했다.

> 히로히토에게 전쟁 책임을 묻지 않고, 더욱이 왕좌를 지킬 수 있게 함으로써 일본인들은 자신들이 제2차 세계대전 중 저지른 범죄행위에 대해 역사적으로 인식하지 못했다.[52]

미국이 전쟁 주범 히로히토를 비롯해 일본의 전쟁범죄를 제대로 처벌하지 않음으로써 여러 안건들이 '과거사'라는 이름의 미결 상태로 남게 됐다. 과거사 청산을 둘러싸고 지난 80년 가까이 많은 갈등이 생겨났다. 일본의 전쟁범죄와 관련된 동아시아의 과거사는 안타깝게도 미해결 상태다. '위안부' 성노예 문제에 대한 사죄와 배상, 미쓰비시

중공업을 비롯한 일본 기업들의 강제노동 배상 문제도 논란으로 남았다. 히로히토에 대한 면책은 사죄와 배상 문제뿐 아니라 일본인들의 '과거사 불감증'을 도지게 만들었다. 일본은 과거사를 진심으로 사과하고 피해자들에게 합당한 배상을 하는 것이 먼저다. 과거사를 둘러싼 현재진행형 갈등을 풀어야 하는 쪽은 일본이다. 결국 일본이 바뀌어야 한다.

더 나아가, 히로히토의 전범 면책은 일본인들 스스로를 전쟁 피해자로 여기게 만들었다. 일제가 벌인 전쟁으로 많은 일본인들은 고통을 겪었다. 가족이 전쟁터에 나가 죽거나 불구가 됐고, 식량 부족으로 굶주림은 일상적인 괴로움이 됐다. 미군 공습의 공포로 일부 여성들은 생리가 끊기기도 했다. 그들 자신이 '전쟁 피해자'라는 여길 만도 했다. 거기에 전쟁범죄에 대한 공범의식이 무뎌진다면 남는 것은 미군 공습과 원자폭탄으로 생명과 재산을 잃었다는 '피해자 기억'이다.

원폭이 떨어진 히로시마와 나가사키에 가보면, '평화공원'이란 이름으로 잘 꾸며져 있어 방문객들을 놀라게 한다. 안내자는 "여기야말로 평화의 성지입니다"라는 말을 되풀이한다. 나의 기억으론 가는 곳마다 대여섯 번씩 들었다. 그 말 속에는 원폭 피해자인 일본인들이 '반전 반핵 평화'의 구호를 외칠 자격이 있다는 생각이 깔려 있다. 그럴 만도 하다.

문제는 염치없는 극우 집단과 정치가들이 히로시마와 나가사키를 이용해 슬며시 자기주장을 끼워 넣는다는 점이다. "일본은 전쟁 피해국이라 사과할 필요 없다"라며 목에 핏대를 올린다. 전쟁범죄에 대한 진정한 사과와 배상 없이 피해를 내세우면서, 슬며시 안보와 군비 강화를 끼워 넣어도 되는 것일까.

3장
'이시이 기관'의 수괴,
이시이 시로

조선 독립운동가들을 생체실험의 '마루타'로 삼았던 이시이 시로.
그는 '미친 군의관'인가, 아니면 일본이 자랑할 만한 '우수한 군사과학자'인가.
패전이 가까워진 1945년 봄, 일본 육군 지휘부가 이시이를 중장으로
승진시켜 다시 731부대를 맡긴 이유는?

제1차 세계대전(1914~1918)은 항공기 폭격과 탱크(전차)라는 괴물이
처음 선보였던 전쟁이라는 기록과 더불어 독가스가 전선에서 마구 뿌
려져 커다란 논란을 불렀다. 그때의 상황을 담은 다큐 영화들을 보면,
독가스에 노출된 연합군 병사들이 시력을 잃고 양손을 앞사람의 어깨
에 얹은 채 일렬로 걸어간다. 독가스를 피하느라 참호 속에서 방독면
을 쓰고 트럼프를 치는 병사들도 보인다. 결코 한가롭지 않은 모습이
다. 군용 짐수레를 끄는 마차의 말에도 방독면이 씌워졌다.

1915년 4월 오후 5시 독일군은 짧지만 격렬한 포격을 가한 뒤 독가
스를 영불 연합군 쪽으로 흘려보냈다. 제1차 세계대전의 격전 가운데
하나였던 이프르 전투에서였다. 독일군이 썼던 독가스는 염소가스로,
가스통 분량은 5,730개였다. 연합군도 같은 해 9월의 루스 전투에서
5,000통의 염소가스로 반격에 나섰다.[53] 제1차 세계대전에서의 화학
전(독가스)으로 말미암아 적어도 7만 명 넘게 죽고 100만 명이 시력을

731부대장 이시이 시로. 1942년 일본 의학회 총회 때 칼을 차고 참석했다.

잃는 등 몸을 다친 것으로 알려진다.

유럽 전선에서 독가스의 살상력을 똑똑히 보면서 일본도 큰 관심을 갖게 됐다. '하세베'란 이름의 장교를 유럽으로 보내 실태를 조사해서 일본군 참모본부에 보고하도록 했다. 육군 의무부에서 그 보고서를 건네받아 검토한 끝에 1918년 11월 도쿄 과학연구소장인 공학박사 이토에게 독가스(화학무기)에 세균(생물무기)을 덧붙여 연구 개발하라는 임무가 주어졌다. 그러나 그는 참모본부가 만족할 만한 성과물을 내지 못했다. 끝내는 '직무 유기' 혐의를 쓰고 감옥에 갇혔다. 파면된 이토 대신에 훗날 관동군 생화학전의 기수로 떠오른 자가 문제의 731부대장 이시이 시로(石井四郎, 1892~1959)였다.

이시이, "미래 전쟁에선 세균무기가 중요하다"

국토와 자원이 제한된 일본이 중국을 상대로 전쟁을 하려면 부족한 것이 한둘이 아니었다. 군 병력도 상대적으로 적고, 무기를 만들 광석 자원이나 군대와 함포를 움직일 석유 자원도 부족했다. 일본 군국주의

자들은 침략전쟁에서 승리를 가져올 묘책의 하나로 생화학전, 특히 세균전에 눈을 돌렸다고 보면 틀림없다. 핵무기가 없던 시절에 전선이나 도시의 인구 과밀 지역을 겨냥한 731부대의 세균 폭탄은 독가스와 더불어 유용한(?) 무기로 여겨졌을 것이다. 세균무기 개발과 관련해 중국 조선족 출신인 하얼빈시 사회과학원 731연구소장 진청민(金成民)은 이시이 시로가 부하들에게 했던 말을 이렇게 전한다.

> 군사의학은 치료와 예방에만 있는 것은 아니다. 진정한 군사의학은 공격을 목적으로 하는 것이다. 미래의 전쟁은 필연적으로 과학전쟁으로 발전할 것이다. 그 가운데 세균전이 중요한 위치를 차지하게 되기 때문에 반드시 세균무기 연구에 정력을 쏟아야 한다. 과학을 발전시키는 데는 국경이 없다. 하지만 연구자는 반드시 조국을 위하여 적극적으로 연구해야 한다.[54]

이시이가 말하는 '조국'이란 한반도·만주·중국 본토를 '야마토 민족(大和族, 일본 민족)'이 지배하는 '대일본제국'임은 말할 나위 없다. 나치 독일의 절대 권력자 히틀러가 게르만 민족의 '생활권(Lebensraum)'을 폴란드와 러시아 평원으로 넓히는 '제3제국'을 꿈꾸었듯이, 이시이도 대동아공영권의 환상을 세균전으로 이루려 했다.

'공포의 의사' 또는 '죽음의 의사'로 숱한 생목숨을 생체실험으로 희생시켰던 이시이 시로는 어떤 내력을 지녔을까. 이시이는 일본 도쿄의 국제 관문인 나리타 국제공항에서 가까운 지바현 시바야마 지역의 가모(加茂) 마을 출신이다. 그곳 대지주의 넷째 아들로 태어났다. 이시이의 맏형은 러일전쟁(1905) 때 일반 사병으로 참전해, 격전장이었던 뤼순(旅順) 전투에서 러시아 요새를 공격하다가 죽었다.

어릴 적에 이시이는 교본을 하룻밤에 다 외울 정도로 수재 소릴 들었지만, 대학 입학은 늦은 편이었다. 3년 동안 재수한 끝에 1915년 23

세에 교토제국대학 의학부에 들어갔다. 1921년 의학부 과정을 마친 이시이는 육군군의학교를 거쳐 도쿄 제1위생병원에서 군의관으로 일했다. 그러다가 박사학위를 따기 위해 군의 허락을 받고 1924년 교토제국대학 의학부 대학원으로 들어갔다.

그해 여름, 일본 전역에서 원인을 알기 어려운 수면병(기면성 뇌염)으로 많은 사람이 고통을 겪자, 이시이는 교수들을 설득해 내과·병리·세균학 연구원들과 함께 연구팀을 꾸렸다. 동물실험을 거듭한 끝에 그 병이 유행성 뇌염이고 원인은 바이러스라는 것을 알아냈다. 1927년 이시이가 써낸 의학 박사 논문도 이와 관련한 것이었다(논문 제목은 '그람 양성 쌍구균 연구').

이시이가 동물실험을 거듭하며 세균전에 꽂힌 것은 그 무렵부터로 알려진다. 출발은 인간의 생명을 구한다는 데 있었지만, 그 뒤 그가 보인 행태는 살아 있는 사람을 실험 대상으로, 그것도 침략전쟁의 승리를 위한 연구였다는 것이 심각한 윤리적 일탈로 비난받는 대목이다. 세균전을 준비하려면 먼저 페스트나 탄저균 등 세균을 길러내야 한다. 문제는 동물이 아니라 산 사람을 세균으로 감염시키는 끔찍한 생체실험 과정을 거듭 밟았다는 점이다.

앞에서 제1차 세계대전 당시 독가스로 7만 명 넘게 죽었다고 했다. 이시이가 박사 학위를 받기 2년 전인 1925년 국제사회는 스위스 제네바에서 화학무기(독가스 등)는 물론 생물무기(세균무기 등)도 전쟁에서 함부로 쓰지 말자고 뜻을 모았다. '제네바 의정서(Geneva Protocol, 정식 명칭은 '질식, 독성 또는 기타 가스 및 생물무기의 전쟁 사용 금지에 대한 의정서)'에 따르면, 각국은 전시에 화학무기와 생물무기를 생산, 보유, 이동할 수 없다.

오늘날 화학무기금지조약(CWC)이나 생물무기금지조약(BWC)은 '제네바 의정서'(1925)보다 더 엄격하다. 전시든 평시를 가리지 않고,

생화학무기의 개발, 생산, 비축을 금지한다. 기왕에 생화학무기를 갖고 있다면 파기하라는 내용을 담고 있다. 문제는 여러 나라가 이 규정을 따르지 않기에, 사실상 문서로만 남은 실정이다.

독가스나 세균무기를 금지하자는 1925년 제네바 회의엔 모두 35개국이 참가했다. 일본 대표도 얼굴을 내밀었다. 하지만 일본과 미국은 '제네바 의정서'에 서명만 했을 뿐 비준을 하진 않았다. 이시이가 교활하다는 것은 '제네바 의정서'를 거꾸로 읽었다는 점이다. 일본이 전쟁에서 승리하려면, 오히려 그런 금지된 무기를 열심히 개발해야 한다고 여겼다. 이시이의 고향 마을 가모부터 중국 하얼빈의 731부대 흔적까지 발로 뛰며 이시이를 추적한 재미 일본인 작가 아오키 도미키코(青木富貴子)의 글을 보자.

> (누군가가) '제네바 의정서'에 대해 묻자, 이시이는 '국제조약으로 금지할 만큼 세균무기가 위협적이고 (인명 살상에) 효과가 있다면, 이를 개발하지 않고 그냥 놔둘 수가 없다고 여겼다'고 말했다.[55]

박사 학위를 딴 뒤인 1928년 이시이는 육군의 특별 승인을 받아 혼자 유럽으로 떠났다. 2년 동안 유럽을 돌아다니며, 지난 1차 세계대전 때 벌어졌던 독가스전에 관련된 자료를 모았다. 아울러 1348년 유럽을 휩쓸며 무려 2500만 명을 희생시켰던 페스트에 대해서도 관심을 기울였다. 유럽에서의 경비는 처음엔 이시이 개인 돈으로 마련했고, 나중에는 일본 육군이 댔다. 그가 낸 유럽 독가스전 실태 보고서에 일본 육군 지도부는 큰 만족을 표시했다고 알려진다. 유럽을 다녀온 뒤인 1930년 그는 육군군의학교 교관(계급은 소좌)으로 들어갔다. 군의학교에서 세균학을 강의하면서 방역부 건물 지하실에 틀어박혀 밤샘 연구를 거듭했다. 그의 궁극적 관심은 세균부대 창설에 꽂혀 있었다.

'미친 군의관'이라는 소리를 들은 사도-마조히스트

관동군의 만주 침략(1931)은 야심가 이시이에게 기회로 다가왔다. 육군참모부를 설득해 일본이 조직적으로 세균전을 준비하는 길에 그 자신이 앞장섰다. 육군군의학교에 '방역연구실'이란 부서를 만들고, 군의학교 가까운 곳에다 방역연구실 건물을 세웠다. 그 무렵 이시이는 정수기(이른바 '이시이식 정수기')를 개발했다. '오수(汚水)를 식수로 쓸 수 있다'며 사람들 앞에서 자신의 오줌을 필터로 걸러내 마셨다. 일본 육군참모본부의 고급 장교들 앞에서 오줌으로 소금을 만들었다며 그 소금을 핥아먹기도 했다. 히로히토 국왕 앞에서도 시연을 했다.

국왕이 육군부대들을 순방하는 과정에서 한 부대를 방문했을 때 이시이가 만든, 간단하면서도 순식간에 수질을 정화시킬 수 있는 기계를 국왕에게 직접 선보인 적이 있다. 이시이가 국왕 앞에서 이 기계를 통해 오줌을 순식간에 식수로 바꾸어버리자, 왕궁 관리들은 놀라움을 금치 못했다. 국왕은 이 식수를 시음해볼 것을 권유받았으나 거절했다. 그러자 이시이가 직접 한 컵을 꿀꺽꿀꺽 마셨다.[56]

히로히토 앞에서의 정수기 시연을 계기로 이시이 시로는 일본 군부가 눈여겨보는 인물이 됐다. 그는 '미친 군의관' 소릴 들었다. 여기서 '미쳤다'는 것은 부정적 평가가 아니다. 세균부대 창설을 부르짖는 이시이의 열정(?)을 높이 사서 하는 말이었다. 일본 작가 아오키 도미키코의 글을 보자.

1945년 종전 직후 소련군에 붙잡혀 1년 4개월 동안 갇혀 있다 풀려난 전 관동군 참모부장 마쓰무라 도모카쓰는 그가 남긴 책에서 이시이에 대해 이렇게 썼다. "일찍이 일본 육군에는 이시이라는 미치광이 군의관이 있다는 말이 나돌았다. 그 정도로 이시이는 (세균 전문 부대를 만들기 위한) 선전에 능숙하고 실행력이 있는 군의(軍醫)였다."[57]

마쓰무라 참모부장은 이시이를 가리켜 '선전에 능하고 실행력이 있다'고 후한 점수를 매겼다. 하지만 이시이는 냉혹하고 사악한 품성을 지닌 '죽음의 의사'로 많은 사람이 기억하고 있다. 의료인들의 전쟁범죄를 함께 연구해온 미국의 법의학자 조슈아 퍼퍼(Joshua A. Perper)와 스티븐 시나(Stephen J. Cina)는 이시이를 혹평한다. "그는 총명하다는 명성을 얻긴 했으나, 동료에게 오만하고 무례하게 굴고 상관에게는 아첨을 일삼았다."[58] 정신의학에서 말하는 사도-마조히스트는 윗사람에게 아첨하고 아랫사람에겐 가혹한 복합적인 인간 유형이다. 위의 두 미국인 법의학자들이 이시이를 가리켜 직설적으로 사도-마조히스트라 부르진 않았다. 하지만 '동료에게 오만하고 상관에겐 아첨했다'는 그들의 말 속엔 이미 그런 부정적 평가가 담겼다.

1933년 방역급수부, 731부대의 출발점

이시이의 선전과 아첨이 통했을까, 일본 육군참모본부의 고급장교들이 이시이의 세균부대 제안에 귀를 기울이면서 마침내 그의 꿈이 이뤄졌다. 1933년 이시이는 관동군의 후원 아래 '방역 특무기관'을 만들려고 만주에 발을 내디뎠다. 헤이룽장성(黑龍江省) 우창에 가까운 중국인 마을 베이윈허(北運河, 하얼빈에서 남동쪽 70킬로미터 지점)에 관동군 방역급수부 기지를 세웠다.

'방역급수(防疫給水)'란 이름 그대로 전염병을 예방하고 병사들에게 깨끗한 물을 공급하는 것이다. 문제는, 이름과는 달리 본격적으로 생체실험과 세균 연구를 위한 죽음의 조직이자, 세균병기 개발을 위한 악마의 소굴이었다는 점이다. 방역급수부는 일본인들 사이에 '도고(東鄉) 부대'로 일컬어졌다. '도고'는 기밀 유지를 위한 일종의 위장 명칭으로, 이 부대에 소속된 의사들은 필요에 따라 가명을 쓰곤 했다.

생체실험에는 주로 중국인들이 희생됐다. 도고 부대는 731부대의 출발점이었던 셈이다. 1934년 9월에 일이 터졌다. 생체실험을 위해 가둬놓았던 수용자 16명이 탈출해버린 것이다. 이로 말미암아 도고 부대의 비밀이 새어 나갈 것을 걱정해 이시이는 부대를 다른 곳으로 옮겼다. 1935년 하얼빈 동남쪽으로 15킬로미터 떨어진 핑팡(平房) 지역에 새로운 기지를 세웠다. 이곳이 바로 우리가 흔히 731부대라 하는 곳이다.

731부대 기지를 세우느라 핑팡 주변의 중국인 마을 4개를 강제로 철거하고 그곳 주민들을 모두 쫓아냈다. 그 총면적은 80제곱킬로미터에 이르렀다. 하루아침에 퇴거라는 날벼락을 맞게 된 중국인 마을 사람들이 흘린 눈물은 강을 이루었을 것이다. 그런 폭력적 강제 철거 뒤 731부대 기지와 비행장, 초등학교, 우체국, 부대원 가족들을 위한 숙소 등이 들어섰다. 작은 규모의 뉴타운이 세워진 셈이었다(이시이는 자신의 고향인 가모 마을의 가난한 소작인들을 불러다 기지 건설 일을 시켰다. 상대적으로 고임금을 받게 된 노무자들과 고향 마을 사람들은 이시이를 주군처럼 받들었다).

731부대 본부 건물을 중심으로 한 6제곱킬로미터는 특별군사지역으로 지정돼 주변엔 높은 담과 고압 전선이 둘러쳐졌다. 그 안에 본부 관사, 숙소, 생물무기(세균무기)를 연구 제조하는 연구동, 수감자들을 가둘 특수 시설(감옥) 등이 들어섰다. 특수 감옥은 하늘 위에서 본 건물 생김새가 미음(口) 자형으로 지어진 건물의 안마당에 자리해, 바깥으로 도망치는 것은 불가능했다. 핑팡에 머물던 731부대원들과 그 가족들을 합치면, 가장 많을 때인 1942년엔 3,000명을 넘어 있었다(이 가운데 의사를 포함한 핵심 연구원은 400여 명).

그뿐 아니다. 하얼빈에서 북서쪽으로 150킬로미터 떨어진 안다(安達)와 하이라루(海拉) 지역에 문제의 야외 실험장이 들어섰다. 그곳으로 끌려간 수감자들은 각종 잔혹한 생체실험 끝에 죽음을 맞이했다. 731부대는 그 뒤로도 확장을 거듭했다. 다롄(大連)에 출장소를 만들었고, 소련 국경에 가까운 무단강(牧丹江), 린커우(林口), 슨우(孫吳), 하이라루 등 4곳에 지부를 세웠다(1940년 12월). 이들 4개 지부는 언젠가 소련과의 전쟁이 터질 경우 세균전을 펼칠 목적으로 만들어졌다.

이시이, "살아 있는 중국인 실험은 극비 사항"

731부대는 히로히토의 칙령으로 만들어진 특별한 부대다. 부대원들 사이엔 '천황의 칙령에 의해서 만들어진 유일한 부대'라는 자부심이 컸다고 한다. 군부 예산을 따지는 일본 의회도 731부대에 배정된 예산이 얼마나 되는지, 어디에 쓰이는지 알 수가 없었다. 예산은 매우 풍족했다. 군의관들을 비롯한 연구원들의 월급도 아주 많았다. 이시이는 일본의 여러 의과대학을 돌면서 뛰어난 연구 능력을 보인 교수나 대학원생 등을 뽑아 731부대로 데려갔다. 높은 급료, 인체 해부(생체실험)를 비롯한 현장실습 등은 고급 인력을 끌어들이는 유리한 조건들이었다. 이시이는 부하들에게 생체실험에 관련한 보안을 강조했다.

페스트 유행병은 자연조건에서 쉽게 일어날 수 있으나 인공적인 방법으로 유행을 일으키는 것은 그리 쉽지 않다. 이를 해결하기 위하여 먼저 사람의 생리 조건과 특징을 잘 알아야 한다. 인체의 생리 특징을 연구한 기초에서 인공적인 방법으로 질병을 일으키고 유행하게 하는 조건을 알 수 있다. 생리 특성을 연구하는 작업은 산 사람으로 실험해야 한다. 이런 실험은 중국인을 사용하여, 실험실에서도 진행할 수 있고 야외에서 진행할 수도 있다.

`이것은 본 부대의 극비 사항이다.[59]

이시이는 세균 가운데 특히 페스트에 큰 관심을 기울였다. 보다 정확히 말하면, '미친 듯이' 페스트균을 이용한 세균무기 개발에 매달렸다. 밤샘 연구를 하기 일쑤였다. 그의 사진을 보면 면도를 제대로 하지 않은 모습도 보인다. 옷차림에도 신경 쓰지 않았다(1941년 3월 소장으로 승진한 뒤부턴 외모에 신경을 썼다고 한다).

'방역급수부'로 위장한 일본의 세균전 부대는 731부대 하나만이 아니었다. 1938년부터 1942년 사이에 베이징(1855부대), 난징(1644부대), 광둥(8604부대)에 방역급수부 기지가 들어섰다. 1942년 2월 일본군이 싱가포르를 점령하자, 그곳에도 방역급수부(9420부대)가 생겨났다. 말이나 동물에 대한 생물전을 연구하는 부대로 1936년에 만든 관동군 군마방역창(100부대, 장춘시)도 731부대의 자매 부대였다. 이름이 '군마 방역'이지 가축뿐 아니라 살아 있는 인간에 대한 해부 실험도 했다.

731부대는 관동군 사령관의 지휘를 받았고, 1855부대는 북지나파견군, 1644부대는 중지나파견군, 8604부대는 남지나파견군 사령관의 지휘를 받았다. 이 부대들은 각기 부대장이 있었지만, 사실상의 최상급 지휘관은 731부대장 이시이 시로였다. 일본 군부에서는 이들 5대 부대와 육군군의학교 방역연구실까지 합쳐 '이시이 기관'이라 일컬었다.

이 부대들은 적게는 500명에서 1,500명 규모였고, '이시이 기관' 전체 인원은 1만 명에 이르렀다. 부대 지휘관들은 이시이 시로와 긴밀히 정보를 주고받으며 중국과 동남아 지역에서 세균전을 펼치는 전쟁범죄를 저질렀다. 731부대 요원들이 파견 근무를 하거나 출장을 가서 거들었다. 페스트균을 실어 보내기도 했다.

1942년 8월 1일 이시이 시로는 1군 군의부장으로 옮겨 갔다. 새 731부대장은 도쿄제국대학 의학부 출신인 기타노 마사지(北野政次,

1894~1986) 소장이었다. 1군은 중일전쟁(1937)이 터지면서 만들어진 북지나방면군의 주력으로, 산시성 타이위안에 사령부를 두었다. 화북지역에서 중국군(국민당군, 공산당군)을 상대로 전투를 벌이면서 이시이의 세균전 솜씨를 필요로 했을 것이다. 이시이가 1군에 머문 기간은 1년쯤이다. 그 뒤 도쿄 육군군의학교 책임자로 옮겨 갔다. 육군군의학교도 '이시이 기관'의 하나였다. 이시이는 도쿄에 머물면서도 만주와 중국에서의 세균전 상황에 깊이 개입했다고 알려진다.

1945년 3월, 이시이는 이례적으로 육군참모본부 회의에 참석하라는 전갈을 받았다. 참모회의에서는 독성이 강해 치사율이 높은 페스트균을 주 무기로 한 세균전을 논의했다. 그 바로 뒤 이시이는 다시 731부대장으로 돌아갔다. 1942년 8월 1일 1군 군의부장으로 떠났다가 도쿄 군의학교를 거쳐 다시 731부대로 돌아갔으니, 거의 2년 반 만의 복귀였다. 그때 이시이의 어깨엔 별이 하나 더 늘어나 3개가 됐다. 731부대장 복귀와 더불어 육군 군의관으로는 최고 계급인 군의중장(軍醫中將)에 올랐다.

'악마의 의사' 이시이 시로를 중장으로 승진시키면서 다시 731부대를 맡긴 이유는 뻔했다. 국제사회에서 전쟁범죄로 비난받기 마련인 세균전을 마다하지 않겠다는 것이었다. 이시이가 도쿄 참모회의에 불려간 시점은 10만의 희생자를 낳았던 미군의 도쿄 대공습(1945년 3월 10일) 직후였다. 적국을 향한 적개심이 넘쳐나는 가운데 일본 육군 강경파들은 세균무기 살포라는 벼랑끝전술로 전세를 뒤집어보려는 헛된 기대감을 품었다. 이시이가 세균무기를 실전에 쓸 태세였다는 사실은 여러 곳에서 확인된다. 패전 뒤 소련군에 붙잡혀 있다가 하바롭스크 전범재판(1949년) 피고석에 섰던 관동군 사령관 야마다 오토조(山田乙三, 1881~1965)가 남긴 진술에서도 드러난다.

1945년 봄 세균무기의 가장 효과적인 사용법 연구가 완료된 뒤, 육군성으로부터 세균무기를 증산하라는 통지를 받았다. 나는 그 통지를 실행하는데 필요한 모든 조치를 취했다.[60]

야마다 사령관이 말하는 '세균무기의 가장 효과적인 사용법'이란 벼룩이 든 도자기 폭탄을 비롯한 '이시이식' 세균 폭탄의 사용, 비행기를 이용한 페스트균 살포, 지상에서 비밀리에 세균을 뿌리는 모략 작전 등을 가리킨다(야마다는 자신의 지휘권 아래 있는 731부대가 세균전을 준비한 책임을 물어 25년 강제노역형을 선고받은 뒤, 1956년 일·소 국교회복이 이뤄지면서 풀려나 일본으로 돌아갔다).

이시이, "세균병기를 포함한 최후의 수단 써야"

전세를 뒤집기 위한 방책의 하나로 세균전을 마다하지 않겠다는 일본 육군의 결정은 '악마의 의사' 이시이의 존재감을 키웠다. 한편으로 이시이는 주군인 히로히토에 대한 충성심과 사명감도 새삼 다졌을 것이다. 그는 731부대장으로 재부임하고 한 달 뒤인 1945년 4월 731부대 본부에서 각 지부장들을 소집한 자리에서 '전세를 호전시키려면 세균병기를 써야 한다'고 강조했다. 이런 사실은 그의 부하 니시 도시히데(西俊英)의 증언에서 확인된다. 니시는 731부대 훈련교육부장 겸 쑨우 지역의 673지대장(군의중령)을 지냈고, 세균무기를 제조하거나 '마루타(丸太, 통나무)'를 놓고 세균 생체실험을 했던 전쟁범죄자였다. 그는 하바롭스크 전범재판 법정에서 이렇게 이시이의 발언을 옮겼다.

1945년 6월부터 9월까지 천하를 가르는 대격전에 예상된다. 그때는 일본 본토로 미국의 상륙작전이 벌어질 것이다. 그러므로 우리(731부대)는

가장 면밀(綿密)하게 미국과 소련의 동맹에 맞서 싸우는 전쟁에 대비해야
한다. 전황은 악화되고 있다. 우리는 올해 봄이 끝날 때쯤이나 여름에 전세
를 호전시키기 위해 세균병기를 포함한 최후의 수단을 쓰지 않으면 안 될
것이다.[61]

하바롭스크 전범재판의 또 다른 피고 구쓰다(崛田)도 위의 이시이의
발언이 사실이라고 고개를 끄덕였다. 덧붙여 구쓰다는 그 무렵 쥐를 비
롯한 설치류 번식이 급격히 늘어났고, 벼룩의 대량 증식을 꾀하고 있었
다고 증언했다. 다음은 구쓰다가 옮긴 이시이의 범죄적 발언이다.

> 소련의 전쟁에 대비해 731부대는 온 힘을 다해 세균과 벼룩, 그리고 쥐의
> 생산을 확대해야 한다. 태평양전쟁의 불리한 국면을 바로 세우기 위해 대
> 량의 세균무기를 만들어야 한다. 이를 위해선 8월 말까지는 대량의 쥐를
> 잡는 임무를 마치는 동시에 1~2톤의 벼룩을 준비해야 한다.[62]

만주에서는 대대적인 쥐잡기 소동이 벌어졌다. 목표는 1945년 9월
말까지 300만 마리였다. 관동군은 중국 농민들은 물론 학생들에게까
지 강제로 쥐를 잡으라고 몰아세웠다. 병사들도 군복을 벗고 평복 차
림으로 군용 트럭에 쥐틀을 싣고 다니며 쥐잡이에 나섰다(이른바 '대동
아공영권의 맹주였다는 자부심'을 지닌 오늘의 일본 극우들조차 이런 말기적
모습에는 혀를 차지 않을까 싶다.)

"세균무기야말로 기사회생의 비밀 병기"

그 무렵 이시이의 731부대 연구원들은 잇단 생체실험 끝에 페스트
균이 다른 균(콜레라, 장티푸스)보다 독성이 강해 치사율이 가장 높다는
사실을 알아냈다. 그런 다음 페스트에 감염된 쥐벼룩을 이용한 도자기

폭탄을 만들려 했다. 731부대 본부와 여러 지부는 식당이나 빈 건물에다 사육장을 만들어놓고 쥐를 대량 번식시키는 방법도 썼다.

아울러 페스트균 폭탄에 쓰일 벼룩도 번식시켰다. 벼룩을 키우는 배양기가 모자라면 석유통에다 벼룩을 담아 키웠다. 이 모든 소동이 페스트 세균 폭탄을 만들기 위한 몸부림이었다. 이시이는 관동군이 일본 본토 방어를 위해 만주에서 철수할 경우, 적군(중국군, 소련군, 조선 독립군)의 근거지에 벼룩을 대량 살포한다는 계획을 세우고 '사쿠라 특공대'란 이름의 별동대를 만들었다.

전황이 갈수록 어려워지는 가운데 일본군 대본영, 특히 일본 육군 참모본부의 강경파들은 '세균무기야말로 기사회생의 비밀 병기'라며 기대감을 높였다. 이시이를 중장으로 진급시켜 731부대로 돌려보냈던 것도 그런 기대감에서였다. 결과적으로는 731부대는 그런 기대를 채우지 못했다. 소련군에 맞서 이렇다 할 세균전을 펼쳐보지도 못하고 서둘러 철수해야 했다. 소련군의 군사 개입이 벌어지더라도 9월쯤에나 이뤄지리라는 일본군의 예상을 깨고, 소련군의 진공 속도가 너무 빨랐다. 뒤집어 보면, 관동군이 너무 무기력하게 소련군에 무너졌기 때문에 이시이의 731부대가 세균 작전을 펼 틈이 없었다.

731부대의 세균전은 전쟁범죄라는 비난만 불렀을 뿐 정작 아시아·태평양전쟁에서 결정적인 힘을 발휘하진 못했다. 그토록 많은 '마루타'를 희생시켜가며 생체실험을 했지만, 패전으로 말미암아 이시이의 세균전 꿈은 끝났다. 이시이는 제 살길을 찾아야 했다. 그의 생존 전략은? 승자인 미국에게 세균전 정보를 건네주고 그 대신 그의 전쟁범죄를 없던 일로 하는 '더러운 거래'였다.

이시이의 위장 장례식

1945년 8월 22일부터 26일 사이에 군용기를 타고 일본 도쿄에서 가까운 아쓰기(厚木) 비행장(또는 다치카와 비행장)에 내린 이시이 시로는 곧장 잠행에 들어갔다. 이시이와 731부대 일당은 자신들이 저지른 전쟁범죄의 심각한 정도를 잘 알고 있던 터라 몸을 숨겼다. 이시이는 고향집이 있는 가모 마을 등 몇몇 곳으로 옮겨 다니며 잠행을 거듭했다. 이시이의 맏딸 하루미(石井春海)가 훗날 일본 기자들에게 한 얘기로는, 가모 마을에 머물던 어느 날 한밤중에 승용차를 타고 온 옛 부하들과 함께 급히 떠났고, 그 뒤로도 머무는 곳을 자주 바꾸었다.

이시이가 교활하다는 사실을 새삼 드러낸 일화가 위장 장례식이다. 1945년 11월 10일 도쿄 나리타 공항에서 가까운 지바현 가모 마을에 선 이시이의 장례식이 벌어졌다. 그곳은 이시이의 고향 마을로, 저승으로 떠나는 이시이의 유족들은 향을 피우며 넋을 달랬다. 신문에 사망 사실을 알리는 부고도 실렸다. 1946년 1월 6일 자 미군 기관지《스타스 앤드 스트라이프스(Stars and Stripes)》엔 "정보원에 따르면, 촌장의 주선 아래 이시이의 장례식을 치렀다고 한다"라는 짤막한 기사가 실리기도 했다. 이시이 사망설은 곧 헛소문으로 드러났다. 이시이가 자신의 위장 장례식을 꾸몄다는 게 사실이라면, 지난날 숱한 '마루타'들을 죽이면서 그는 인간의 마지막 길인 죽음조차도 이용 가치가 있다는 생각을 늘 해왔던 것일까.

재미 일본 작가 아오키 도미키코에 따르면, 이시이는 1945년 8월 22일 부산항에서 도쿠주마루(德壽丸) 화물선에 실어 챙겨 온 세균전 자료를 처음엔 가나자와(金澤) 육군병원의 한 창고에 숨겨두었다. 얼마 뒤 731부대의 운송병이었던 고시 사다오(越定男)를 불러 도쿄로 옮기라 지시했다. 도쿄로 가는 길은 험했다. 히다(飛驒)산맥을 넘어야 했다.

그러다가 트럭 한 대가 도로 옆 경사면으로 미끄러지는 아찔한 사고도 겪었다. 밧줄을 걸어 트럭을 위로 끌어 올리면서 짐 일부를 계곡 아래로 버렸다. 그렇게 힘들게 옮긴 세균전 자료를 세 군데에 나눠 감췄다. 그 가운데 하나는 신주쿠에 있던 이시이 시로의 2층집 안으로 비밀리에 옮겨졌다.[63]

이시이는 7명의 자식을 두었다. 만주 하얼빈 외곽의 핑팡에서 731부대장을 지내는 동안, 그의 가족은 러시아 부호가 지었다는 하얼빈의 대저택에 머물렀다. 일본 본토를 겨눈 잇단 미군 공습을 피해서였다. 도쿄 신주쿠 와카마쓰초(若松町)에 있던 이시이의 2층집은 하얼빈의 대저택에 견주면 소박하고 작은 집이었다. 도쿄 대공습을 비롯해 미군의 잇단 공습에도 이시이의 집은 폭격이 비껴가 멀쩡했다. 귀국 뒤 이곳저곳 옮기며 숨어 다녔던 이시이는 1945년 11월부터는 주로 이 집에 머물렀다. 분위기로 봐서 미국이 곧장 그를 체포하지는 않을 것이란 판단을 내렸기 때문으로 보인다. 1945년 패전 당시 스무 살이었던 그의 맏딸 하루미가 훗날 일본 언론과 했던 인터뷰 기사를 보면, 이시이는 그 무렵 일본 육군성 간부들, 만주에서 도망쳐 온 731부대 간부들과의 은밀한 만남을 신주쿠 집에서 이어갔다. 이 집을 드나드는 미군 장교들을 환대하는 것도 딸의 몫이었다.

세균전 정보 건네주고 전쟁범죄 사면받다

내가 알기로는 아버지가 미국과 거래를 한 것이 틀림없다. 하지만 이는 미국 쪽에서 아버지를 찾은 것이지, 절대 아버지가 (미 점령군을) 찾아간 것은 아니다. 내가 강조하고 싶은 것은 아버지의 부하들은 그 어느 누구도 전쟁범죄자로 재판을 받지 않았다는 것인데, 이것이 과연 중요하지 않단 말인가?[64]

위에 옮긴 글은 이시이의 맏딸 하루미가 1982년 일본 패전 37년을 맞이할 무렵에 했던 인터뷰다. '악마의 부대' 수괴의 딸이 아버지를 편들면서, 731부대원들이 도쿄 전범재판(정식 이름은 극동국제군사재판)의 피고석에서 전쟁범죄자로 처벌받지 않을 수 있었던 것은 오로지 아버지 덕분이라는 점을 내세우는 글이다.

하루미는 일본 언론과의 또 다른 인터뷰에서 아버지 이시이가 "한 사람도 전범이 돼서는 안 된다. 부하들을 모두 (전범 처벌 위기로부터) 구하는 것이 (세균전 정보를 건네는) 조건이었다"라고 말하는 것을 들었다고도 밝혔다. 731부대원들도 이시이가 이렇게 큰소리치는 것을 들었다고 했다. "내가 너희들을 다 구해줬다."[65] 실제로 그랬다. 미국이 이시이 시로가 감춰둔 '피 묻은 세균전 정보'를 챙기고 731부대원들의 전쟁범죄를 눈감아주었다.

이시이 시로의 말년은 군인연금을 받았기에 쪼들리진 않았다. 악명 높은 '731부대장'이라는 사실 때문에 주위 사람들의 눈총을 받긴 했지만, 외롭지도 않았다. 그 누구보다 미국의 세균 전문가들이 이시이를

중국 하얼빈의 '731부대 죄증(罪證)진열관' 안에 전시된 이시이 시로 관련 자료들

필요로 했다. 그들은 이시이의 '세균전' 관련 정보를 높이 평가했다. 이시이는 미 메릴랜드주의 데트릭 기지(Camp Detrick)로 초청받아 가서 강연하며 미국의 세균전 전력에 나름의 힘을 보탰다. 데트릭 기지에서 그가 어떤 강연을 했는지는 알기 어렵다. 관련 자료가 없진 않을 테지만 비공개 문서로 묶여 어딘가에서 잠자고 있을 것이다. 짐작을 해본다면, 이시이가 지난날 미국과 '더러운 거래'를 하면서 약속했던 사항들(이를테면, 추운 날씨에 세균무기를 사용하는 방법 등의 정보 제공)을 중심으로 세균전에 관한 자신의 전술·전략적 아이디어를 미국의 세균전 전문가들과 공유했을 것이다.

한반도 세균전 개입 의혹

이시이 시로는 6·25 한국전쟁 중이던 1952년 초에 미군 세균 전문가들과 함께 한반도를 적어도 두 번 비밀리에 다녀갔다고 알려진다. 그가 방문했다는 시기는 '미국이 세균전을 펼치고 있다'는 북한·중국의 주장이 거세지기 직전이라 더욱 눈길을 끈다. 이시이의 한반도 극비 방문을 확인해주는 미국의 문서는 없고, 그런 일이 있었다고 미국이 인정한 바도 없다.

이시이가 한국전쟁 중에 한반도를 다녀간 것이 사실이라면, 그 이유가 무엇일까. 한 가지 추론을 해본다면 이렇다. 그가 다녀갔다는 1952년 초 무렵은 전선이 한반도 중부 지역을 경계선으로 지구전 양상을 보였다. 정전회담도 개점 휴업 상태로 큰 변화가 없었다. 미국으로선 그런 상황에서 세균무기의 효능을 실험해볼 유혹을 느꼈을지도 모른다. 지난날 중국에서 악명을 떨쳤던 '원조(元祖) 세균전문가'가 한반도 전선을 돌아보고 뭔가 새로운 기획안을 내놓길 바랐을지도 모를 일이다.

한국전쟁 때 미국은 북한에서 세균전을 폈다는 의심을 받았다. 미국의 세균전 전쟁범죄 의혹을 밝혀내야 한다는 소리가 커지면서, 영국인 조지프 니덤(Joseph Needham, 1900~1995)을 중심으로 7명의 '국제과학위원단(ISC, International Scientific Commission)'이 꾸려졌다. 위원단의 중심인물인 조지프 니덤은 영국왕립학회 회원으로 전공인 생화학 분야에서 세계적으로 이름이 널리 알려진 학자였다.

조사단은 1952년 7월 9일부터 2주 동안 중국 동북 지역(만주)에서 조사 활동을 벌였고, 이어 압록강을 건너 북한에서 8월 6일까지 2주 동안 머물렀다. 북한에서 미군 공습을 목격하기도 했다. 포로로 잡힌 미군기 승무원 4명을 만나 그들로부터 '세균 폭탄을 뿌렸다'는 말을 듣기도 했다. 이런 과정을 거쳐 위원단은 8월 31일 베이징 기자회견에서 '북한과 중국에서의 세균전에 대한 사실 조사를 위한 국제과학위원단의 보고서(ISC보고서)'라는 긴 이름으로 764쪽에 이르는 두툼한 결과물을 내놓았다. 위원단이 내놓은 조사보고서 곳곳에는 이시이 시로의 망령을 떠올리는 서술이 보인다. 미국의 세균전 능력이 731부대의 전쟁범죄자들로부터 얻은 '피 묻은 정보'와 떼려야 뗄 수 없음을 가리킨다.

제2차 세계대전 당시 일본인들이 채택한 페스트와 관련된 세균전의 고전적인 방법은 페스트균에 감염된 벼룩을 컨테이너든 스프레이든 대량으로 배달하는 것이었다. (…) 이 모든 사실과 다른 유사한 사실들에 비춰볼 때, 본 위원회는 한국에서 미 공군이 제2차 세계대전 동안 일본군이 썼던 방식과 똑같거나 매우 유사한 방식으로 페스트를 북한에 퍼뜨렸다고 결론지을 수밖에 없다.[66]

이시이 시로가 한국전쟁 때 한반도에 다녀갔다는 '설'과 아울러 미국의 세균전 '설'은 의혹으로 남은 채 오늘에 이르렀다. 의혹을 말끔히 풀고 싶은 연구자들의 눈길이 쏠리는 곳은 파기되지 않은 채 비공개로 묶여 있는 문서들이다. '특급 기밀'로 분류된 미국의 생화학전 관련 문서들은 대부분 유타주 더그웨이 문서보관소에 있다. 이 문서들은 정보자유법 청구 대상에서 빠져 있어서 연구자들의 접근이 막혀 있다. '내부고발자'가 잠자고 있는 그 문서들을 깨워 언젠가 세상 밖으로 내보낸다면, 이시이 시로가 한국전쟁 때 나름의 역할을 했다면 어떤 역할을 했는지와 더불어 미국의 한반도 세균전 진상도 밝혀질 것이다.

이시이는 1959년 10월 국립 도쿄제일병원에서 후두암 수술을 받은 뒤 목소리를 잃고 지내다 곧 숨졌다. 장례식은 겟케이지(月桂寺)에서 치러졌다. 731부대 출신 전범자들이 옛 상관의 마지막 길을 배웅했다. 장례 위원장은 이시이에 이어 731부대장을 맡았던 기타노 마사지였다.

이시이는 죽기 전에 신주쿠 집 가까이에 있는 '겟케이지'라는 이름의 절에 자주 다니며 그곳 승려와 이야기하는 것을 즐겼다. 가톨릭에도 관심이 있었는지 가톨릭 신부와도 자주 만났다고 한다. 냉혹한 '악마의 의사'가 죽음을 앞둔 나이에 나름대로 죄의식을 뒤늦게나마 느꼈을까. 미국으로부터 면죄부를 받았다지만, 그의 마음속 깊은 곳에 자리했을 죄의식마저 없애주진 못했을 것이다. 종교인들과의 만남으로 그 나름대로 속죄의 길을 찾아보려 했을까. 그러기엔 '죄의 무게'가 너무나 컸기에 엄두를 못 냈을 듯하다.

이시이는 많은 사람들에게 끔찍한 고통을 안겨준 생체실험이라는 더러운 기록을 남기고 갔다. 그가 말년에 종교인들을 만나 자신의 죄를 털어놓는 고해를 했는지는 알 수 없다. 분명한 사실은 그는 죽을 때까지 자신의 범죄에 대한 잘못을 공개적으로 인정하거나 희생자와 그 유족들에게 용서를 빈 적이 없다는 것이다.

4부

20세기 최악의
동아시아 전쟁범죄

1장
너무나 잔인하고 엽기적인
난징(南京) 학살

1937년 12월 난징의 겨울은 지옥이 따로 없었다.
중국인들은 '100인 목 베기' 시합으로 죽고, 생매장으로 죽고, 불에 타 죽었다.
강간당한 여성들은 양쯔강에 스스로 몸을 던졌다.
그런데도 일본 극우파는 '난징 학살 따윈 없었다'고 우긴다.

일본제국주의자들이 지난날 저질렀던 전쟁범죄는 '과거사'란 이름
으로 21세기 오늘에까지 긴 그림자를 드리우고 있다. 전쟁범죄에 대
해 사죄는커녕 부정하는 일본 쪽의 고집스러운 태도는 어제오늘의 일
이 아니다. 일본이 부인하는 전쟁범죄 현장 가운데 하나가 중국 난징
(南京)이다.

1937년 12월 13일부터 6주 동안 난징에서 벌어졌던 학살은 워낙 끔
찍했기에 20세기 전쟁범죄사에서 빼놓을 수 없다. 무려 30만 명이란
희생자 규모도 규모려니와 살해 방식도 잔인하기 그지없었다. 칼로 잇
달아 목을 베 죽이고, 생매장해 죽이고, 불태워 죽이고, 강간한 뒤 죽
였다. 중국은 12월 13일을 '난징 대학살 국가 추모일'로 정하고 해마다
시진핑 국가주석을 비롯한 지도층이 참석하는 대규모 추모 행사로 희
생자들의 넋을 기리고 있다.

난징은 장제스(蔣介石) 국민당 정부의 수도로 중일전쟁이 터지기 전

엔 인구 100만의 대도시였다. 하지만 일본군의 잇단 공습으로 많은 사람들이 난징을 떠났고 도시 근교의 피란민들이 난징으로 몰려드는 등 인구 이동이 있었기에, 1937년 11월 말 난징의 인구는 50만 명쯤이었다. 여기에다 난징 방어를 위해 주둔 중이던 중국군 병력이 15만 명이었다. 이들 가운데 나중에 난징을 탈출한 병사는 4만 명에 지나지 않았다. 나머지는 전투 중에 죽거나 포로로 붙잡혀 일본군의 살육 놀음에 떼죽음을 겪었다.

난징 희생자 규모는 지금도 논란거리다. 많은 연구자들은 '적어도 20만 명 이상'으로 알고 있다. 1948년 도쿄 전범재판에서도 난징 학살을 두고 '20만 명 이상의 인명을 학살됐다'고 판결했다. 중국 정부나 학자들은 '30만'이라 말한다. 그 누구도 정확한 희생자 규모를 알 길은 없다. 일본군이 많은 희생자들을 양쯔강으로 흘려보내는 등 전쟁범죄의 현장을 치우고 관련 문서들을 없앤 탓이다. 이를 빌미로 일본 극우들이 '난징 학살은 없었다'고 우긴다. 네오 나치들이 '나치 유대인 학살이 없었다'고 우기는 모습과 같다.

"역사상 가장 엄청난 집단 강간"

1997년 갓 서른 살의 중국계 미국인 아이리스 장(Iris Chang)은 『난징의 강간(The Rape of Nanking)』(1997, 한국어판 제목은 『역사는 누구의 편에 서는가』)으로 단박에 화제의 인물이 됐다. 그때껏 난징 학살을 다룬 영어로 쓰인 대중적인 책은 드물었기에, 그 책으로 동아시아의 어두운 과거사를 알게 된 서구 사회의 독자들은 큰 충격을 받았다.

일본군이 난징을 점령한 뒤 난징 시민들은 40일 넘게 그야말로 생지옥이 따로 없는 고통을 겪어야 했다. 일본군은 포로로 잡은 중국군(당시 장제스 휘하의 국민당군)을 양쯔강 변에 일렬로 세워놓고 기관총으로 집단 학살했다. 일본군 장교들은 군도로 누가 빨리 더 많은 포로의 목을 베느냐며 '100인 목 베기' 시합을 벌이기도 했다. 길 가던 민간인들도 붙잡혀 생매장당했다. 한마디로 온갖 잔혹한 전쟁범죄들이 한꺼번에 난징에서 저질러졌다.

아이리스 장이 고발한 일본군의 전쟁범죄상은 너무 끔찍해 글로 표현하기도 쉽지 않다. 구덩이를 파고 생매장하거나, 배를 가르고 사지를 절단하거나, 여러 명씩 묶은 채 구덩이에 넣은 다음 휘발유를 뿌려 불태워 죽이거나, 수백 명을 연못으로 끌고 가 알몸 상태로 살얼음이 가득한 물속에 빠뜨려 죽이거나, 허리까지 땅에 파묻고 사나운 개를 풀어 물려 죽게 했다. 이렇듯 일본군의 만행은 잔인함의 극치를 이루었다. 성폭행도 심각했다.

재미로 목 베기 살인 시합을 벌였던 것처럼 일본군은 재미로 강간과 고문을 일삼았다. 난징의 거리 곳곳에서 다리를 벌린 채 죽어 있는 여자들의 시체가 쌓여 있었다. 일본군은 강간 후 여성의 성기에 병이나 나무막대를 꽂아놓기 일쑤였다. 남자들 역시 일본군의 비웃음 앞에서 온갖 치욕을 겪어야 했다. 죽은 여자의 시체를 범하라는 일본군의 명령을 거부한 남자는 그 자리에서 죽음을 당했다. 한 여성을 윤간한 뒤 마침 그곳을 지나던 중국인 승려를 잡고 그 여성과 성관계를 가지라고 협박했다. 승려가 거절하자 일본군은 그의 성기를 자른 뒤 살해했다.[1]

아이리스 장의 글을 평정심을 유지한 채로 읽기가 쉽지 않다. 갖가지 범죄 실태를 고발하는 대목들이 곳곳에 보인다. 저자 자신도 "난징의 강간은 역사상 가장 엄청난 집단 강간으로 기록될 것"이라 말한다. 적어도 2만 명에서 많게는 8만 명의 난징 여성들이 성범죄에 희생된 것으로 추산된다. 1990년대 전반기 보스니아 내전에선 끔찍한 성범죄가 인종청소(ethnic cleansing) 차원에서 벌어졌고, 2만여 명의 여성들이

양쯔강 변에서 학살된 채 버려진 중국인 포로들의 시신

피해를 입었다. 보스니아보다 60년 앞서 난징 여성들은 죽음보다 더한 시련을 겪었다.

강간당한 여성들은 신체뿐 아니라 마음도 깊은 상처를 입기 마련이다. 많은 이들이 양쯔강에 몸을 던져 자살했다. 남은 이들 가운데 정신이 이상해진 사람, 악성 성병이 옮아 폐인이 된 사람들도 생겨났다. 원치 않은 임신을 한 여성들은 무리한 낙태를 하다가 건강을 해쳤고, 그래도 아기들이 태어나면 바로 죽였다. 아이리스 장은 "수치심과 자괴감에 시달린 중국 여성들은 사랑할 수 없는 자식을 기르느니 차라리 죽이는 걸 선택했다"라고 썼다.

난징에 갇힌 중국 군인들은 강물에 휩쓸려 죽더라도 일본군에게 붙잡혀 죽는 것보다는 낫겠다는 생각으로 양쯔강을 건너가려 했다. 배가 없기에 그들은 나무를 엉기성기 묶은 뗏목이나 널빤지에 의지해 강물에 뛰어들었다. 많은 중국 군인들이 양쯔강을 돌아다니는 일본

군함의 기관총 사격으로 죽었지만, 중국군 장교 진이정은 기적적으로 살아남았다. 역사학자 가사하라 도쿠시(笠原十九司, 쓰루문과대 명예교수, 동아시아 역사)는 진이정으로부터 들었던 그날의 참혹한 증언을 이렇게 옮겨놓았다.

> 강에서 표류하던 중국군 장병들이 일본군 기관총의 표적이 됐다. 군함에 부딪쳐 표류 도구와 함께 뒤집혀 익사한 사람도 많았다. 전우들의 무수한 시체가 끊임없이 가까이에서 흘러가고 있었다. 피로 물든 장강의 처참한 광경은 차마 볼 수 없었다. 군함 위의 일본군들은 강을 표류하던 전우들을 살육하고는 박수 치며 기뻐하는 모습이었다. 그때의 분노를 평생 잊을 수 없다.[2]

아무리 적군이 밉다 해도 강물에서 허우적대던 사람들이 기관총에 맞아 죽는 모습을 보며 박수 치며 기뻐했다는 일본군 병사들은 인간의 심성을 내버린 자들이었을까. 같은 시각 일본군은 중국군 포로들을 양쯔강 변으로 내몰고 기관총 사격으로 마구잡이 학살을 벌였다. 일본군 보병 제65연대 다이지 다카시 상등병이 기록한 진중일지(陣中日誌)를 보자.

- 12월 18일: 어젯밤까지 죽인 포로는 약 2만, 양쯔강의 두 곳에 산처럼 쌓여 있다고 한다. 7시지만 아직 정리부대는 돌아오지 않고 있다.
- 12월 19일: 오전 7시 반, 양쯔강 현장으로 청소 작업을 하러 가다. 겹쳐 포개진 수백의 시체에 놀란다. 석유를 뿌려 태웠기에 악취가 심했다.[3]

일본군은 그렇게 불에 탄 시신들을 양쯔강으로 흘려보내 전쟁범죄 증거를 감추었다. 일본군의 또 다른 잔혹상은 난징에서 중국인들을 생체실험의 희생양으로 삼았다는 사실이다. 양쯔강 가까운 곳에 있는 병원을 실험실로 바꿔 유행성 질환을 연구한다는 명목으로 1644부대를 운용했다. 이 부대원들은 중국인 죄수나 포로에게 독극물, 세균, 독가스를 주입하면서 신체가 어떻게 반응하는가를 살폈다. 그 과정에서 많은 중국인들이 살해됐고, 시신들은 부대 소각장에서 처리됐다. 1644부대는 생체실험을 통해 세균전을 준비했다는 점에서 731부대(하얼빈 소재)와 판박이다.

난징 재판과 도쿄 재판

국제법 연구자들에 따르면, 일본군이 난징에서 벌인 잔혹 행위가 당시에도 '전쟁범죄'였다고 보는 근거는 전쟁에 관한 국제관습법이 조약의 형식으로 문서화된 '헤이그 육상전의 법규와 관례에 대한 조약'(1899)과 '제네바 전쟁포로 대우에 대한 협약'(1929)이다. 이 두 조약은 직접 전투 상황 바깥에 놓인 사람들의 살상이나 고통을 막으려 했고 이를 어긴 경우 전쟁범죄라 못 박았다.[4] 어쩔 수 없이 전쟁을 벌어졌다 하더라도 인권을 존중하려는 국제인도법의 정신에 따라 직접 전투 상황 이외의 살상 행위를 막음으로써 전쟁의 참화를 줄이려는 이런 국제법을 난징을 점령한 일본군은 깡그리 무시했다.

일본이 패한 뒤 난징 학살에 대한 전범재판이 벌어졌다. 범죄 현장인 난징과 일본 심장부인 도쿄에서였다. 난징에서의 재판은 1946년 8월부터 1947년 12월까지 이어졌다. 피고는 몇 명 안 됐지만, 1,000명이 넘는 중국인 피해자들이 증인으로 나와 460여 건의 살인, 강간, 방화, 약탈에 대해 증언했다.

난징에서 전쟁범죄로 처벌받은 일본군 고위 장성은 둘뿐이다. 하나는 일본군 6사단장 다니 히사오(谷壽夫) 중장으로, 일본에서 강제 송환돼 난징 법정으로 불려 나와 총살형을 받았다. 다른 하나는 일본 중지나방면군 사령관 겸 상해파견군 사령관을 지냈던 마쓰이 이와네(松井石根) 대장이다. 그는 도쿄에서 열렸던 극동국제군사재판 뒤 교수형으로 죽었다.

다니는 난징 법정에서 "난징 대학살에 관계가 있는 다수의 부대장을 먼저 조사하여 사건의 전모를 밝히라"라고 볼멘소리를 냈다. 따지고 보면 틀린 말은 아니었다. 연대장, 중대장, 소대장을 비롯해 난징 학살 현장을 누볐을 일선 부대의 많은 지휘관들은 처벌받지 않았다. 또한 그의 부대와 함께 난징을 점령했던 제16사단장 나카지마 게사코(中島今朝吾, 1881~1945)와 제10군 사령관 야나가와 헤이스케(柳川平助, 1879~1945)는 1945년 패전 무렵 이미 죽었다. 전범재판의 피고석에 선 다니가 '왜 나 혼자냐'며 볼멘소리를 냈지만, 그렇다고 그의 전쟁범죄가 사라지는 것은 아닐 것이다.

일본 군도로 '100인 목 베기' 시합을 벌였던 무카이 도시아키(向井敏明)와 노다 쓰요시(野田毅), 2명의 장교도 함께 난징 법정으로 압송되어 총살형을 선고받았다. 두 피고는 구차한 변명과 거짓말을 늘어놓아 법정을 메운 방청객들을 더욱 분노하게 만들었다. 총살형이 집행되던 날, 전범자들이 처형당하는 모습을 보려고 많은 사람들이 난징 남쪽의 형장으로 몰려갔다. 그때 난징 학살의 희생자 유족들은 이런 생각했을 듯하다. '잔혹한 전쟁범죄자들을 처형장 말뚝에 묶어놓고 그저 총알 몇 방으로 죽이는 것은 저들을 너무 편하게 저승으로 보내는 것이 아닐까. 죗값에 걸맞은 더 고통스러운 처형 방식은 없을까.'

난징 전쟁범죄로 처벌받은 일본군 지휘 책임자는 다니, 마쓰이, 이렇게 2명에 그쳤다. 난징 학살의 희생자와 그 유가족들에겐 참으로 유감스럽지만 사실이다. 『난징의 강간』의 저자 아이리스 장도 "난징 강간의 주요 범죄자들과 그 살육을 막기 위해 권한을 행사했어야 할 사람들은 단 1명도 법정에 서지 않았다"라고 안타까움을 나타냈다.[5]

1937년 난징 점령 뒤 벌어진 100인 목 베기 시합을
전하는 일본 신문 기사

　법정에 불려 가야 마땅할 전범자 가운데 하나가 일본 국왕 히로히
토의 삼촌뻘인 아사카 야스히코(朝香鳩彦, 1887~1981)다. 그는 마쓰이
이와네가 폐결핵으로 몸져눕자, '사령관 대리' 직함으로 지휘권을 물
려받고 난징 점령을 지휘했다. 그렇기에 당연히 전쟁범죄의 책임이 크
다. 하지만 도쿄 재판에 불려 가지 않았다. 패전국 일본 통치의 전권을
휘둘렀던 더글러스 맥아더 장군이 일본 지배층에게 선물해준 '히로히
토를 비롯한 황족에 대한 면책권' 덕분이었다.

　일본 국왕 히로히토는 난징 학살에 책임이 없을까. 아이리스 장도
『난징의 강간』 끝부분에 그런 의혹을 던진다. 히로히토는 난징 학살
뿐만 아니라, 일본이 한반도와 만주, 중국 본토, 진주만과 동남아에서
저질렀던 침략전쟁에 책임을 지고 도쿄 전범재판의 피고석에 섰어야
마땅하지 않았을까. 그러나 히로히토(1901년생)는 1989년에 사망할 때
까지 '천황'으로서 부귀영화를 누렸다. 오히려 히로히토에게 전쟁의
책임이 있다고 지적했던 사람들은 일본 극우파들로부터 목숨의 위협
을 받아야 했다. 아이리스 장이 협박을 받았던 것과 같은 맥락이다. 이

를테면, 나가사키시장 모토시마 히토시(本島等)는 히로히토 사망 2주 뒤 바로 등 뒤에서 쏜 총알로 폐를 관통당하는 중상을 입었다. 그 총격 사건은 '난징 학살 따윈 없었다'는 일본 극우파의 폭력성을 잘 보여준다.

"유감이라는 말은 사과가 아니다"

『난징의 강간』이 입소문을 타면서 베스트셀러에 오르자, 미국의 언론들도 관심을 쏟게 됐다. PBS도 그 가운데 하나다. 상업광고나 오락성 프로그램을 방영하지 않는 공영방송의 성격을 지닌 PBS는 미국과 유럽에서 특히 지식층이 즐겨 보는 채널이다. 책이 나온 1년 뒤인 1998년 12월 난징 학살 61주년을 맞이할 즈음 PBS는 저녁 뉴스 시간대에 아이리스 장과 사이토 구니히코(齊藤邦彦) 주미 일본 대사의 짧은 화상 토론 자리를 마련했다.

사이토는 일본의 직업 외교관이 아닌 정치인 출신으로, 1995년부터 1999년까지 4년 동안 워싱턴에서 주미 대사를 지냈다. 그 무렵 뉴욕에서 늦깎이 공부를 하고 있던 나는 집에서 PBS 뉴스를 듣다가 그 토론을 지켜보게 됐다. 지금도 인상적으로 남아 있는 기억 하나. 사이토는 난징에서의 일본군 만행을 어느 정도 인정하면서도, 진지하게 사과를 하지 않는 교활한 모습을 보였다. 그러자 아이리스 장이 사이토를 향해 돌직구를 날렸다.

장 무엇보다 먼저 일본은 기본적인 사실들을 부인하지 말고 솔직하게 인정해야 합니다. 그리고 사과(apology)와 함께 희생자들에게 배상(reparation)을 해야 하죠. 아울러 (난징 학살에 관련한 서술을 왜곡 축소하는) 일본 교과서 검정을 멈춰야 합니다.

사이토 난징에서 일본군이 저지른 폭력으로 말미암아 불행한 일(unfortunate incidents)이 벌어졌다는 것은 인정합니다.

장 그런 말은 전적으로 정확하지 않아요. '사과'라는 단어를 들어보질 못했어요. (PBS 방송 진행자를 향해) 당신은 그런 단어를 들어본 적이 있는가요. (일본 대사가) '일본군이 한 짓에 대해 개인적으로 죄송스럽게 생각한다'고 진심으로 말했다면, '사과'로 받아들일 수 있어요. 하지만 '유감(regret)'이니 '회한(remorse)'이니 '불행하게 일어난(unfortunately happen)' 따위의 용어는 사과가 아니지요.[6]

『난징의 강간』은 출간 뒤 곧 베스트셀러 반열에 올랐다. 동아시아 3국에서 가장 일찍 번역본을 낸 곳은 중국으로, 1998년에 번역본이 나왔다. 한국에는 이 책의 초판 번역본이 1999년과 2006년에 나왔고, 2014년 제목을 바꾼 개정판으로 나왔다. 지금은 절판 상태로 일반 서점엔 책이 없다. 일본에선 극우파들이 '반일위서(反日僞書)'라며 출간을 막으려 들었다. 협박을 견디다 못한 출판사가 책의 일부 내용을 고치자고 옥신각신하다 계약이 파기됐다. 2007년에야 일어 번역본이 나왔다. 그 10년 사이에 난징 전쟁범죄를 왜곡·부인하는 책들이 베스트셀러에 오르기도 했다. 일본에서만 볼 수 있는 괴이한 현상이라고 봐야 할까.

야만과 엽기라는 잣대로 보면, 일본군이 난징에서 저질렀던 잔혹행위는 인류 전쟁사에서 그 어느 전쟁에도 뒤지지 않는다. 문제는 정치권을 비롯해 일본 각계에 뿌리내린 극우파들이 "난징 대학살은 없었다. 완전 허구의 소설이다"라며 부인한다는 점이다(그래서 일각에선 이들을 '허구파' 또는 '부정파'라 부른다). 그들은 전쟁범죄를 비판하는 사람들에겐 협박이나 과격 행동도 서슴지 않았다. 2004년 11월 9일 미 캘리포니아주의 외딴 고속도로 갓길에서 권총 자살한 아이리스 장의 죽음도 따지고 보면 일본 극우파들의 협박에서 비롯됐다.

『난징의 강간』이 세계적 관심을 끌자, 일본 극우파들이 나섰다. 전화, 편지, 이메일 등 여러 수단으로 협박했다. 그녀의 차 앞 유리창에 쪽지를 두고 가기도 했다. '지켜보고 있으니 조심하라'는 경고였다. 남편과 두 살 난 아들을 둔 그녀는 가족의 안전을 걱정하기에 이르렀다. 미행과 도청을 당한다는 생각 때문에 지인들에게조차 어디로 가는지 말하지 않았다. 심리적 압박에 시달리다 정신병원에 입원했고, 약물로 우울증 치료를 받았다. 끝내는 새벽에 혼자 차를 몰고 나와 고속도로 갓길에서 스스로 목숨을 끊었다. 형식은 자살이지만, 내용을 들여다보면 타살에 가깝다. 일본의 전쟁범죄를 부인하는 극우파들이 그녀를 죽였다 해도 틀린 말이 아니다.

"난징 학살 부인은 역사 왜곡이다"

나가하라 게이지(永原慶二, 1922~2004, 히토쓰바시대 명예교수, 역사학)는 뛰어난 일본중세사 연구 성과로 말미암아 일본 역사학계의 거목으로 꼽히는 연구자다. 나가하라는 역사가가 제멋대로 사실 자체를 왜곡하거나 '학문 외적인 계기'에 따라 사실을 자의적으로 선택해서 안 된다고 강조했다. 그의 분석에 따르면, 제2차 세계대전이 끝나고 세월이 흘러 동시대의 기억이 가물가물해지면서 '특정 의도를 갖고 (홀로코스트나 난징 학살 같은) 사실을 왜곡하면서 '역사의 수정'을 무리하게 밀어붙이는 움직임이 생겨났다.

나가하라는 역사가가 (많은 사람들의) '집단 기억'이라는 점을 이용해서 그 기억을 왜곡하고 역사를 감히 수정하려 드는 것은 '비학문적 행위'라고 못 박았다.[7] 난징 학살의 경우, 도쿄 전범재판에서는 피해자가 20만 명이라고 판결했고, 중국에선 30만 명이 희생됐다고 말한다. 하지만 21세기 일본의 극우파들 사이에선 "난징 학살 따윈 없었다"라는 소리마저 나온다. 나가하라의 비판을 들어보자.

난징 대학살에서 몇 사람이 희생이 되었는가를 확정하는 일은 분명히 어렵다. 그러나 그것을 확정하기 어렵다는 점에 편승하여, 그렇기 때문에 사건 자체마저 의심스럽다고 말한다면 명백히 '역사의 왜곡'이다.[8]

나가하라는 일본의 역사학자들이 극우 정치 집단과 손을 잡고 과거사를 왜곡하는 움직임에 비판적이었다. 이른바 수정주의 사관(또는 자유주의 사관)의 목소리가 점점 커가는 상황을 걱정스럽게 바라봤다. 문제는 나가하라가 타계한 뒤 일본의 우경화 흐름 속에 역사 왜곡이 일반화됐다는 점이다. 정치인들은 국가주의와 애국심을 강조하며 지난날의 침략전쟁과 그에 따른 전쟁범죄 등 과거사를 말하려 하지 않는다. 일본의 우파 역사학자들, 그리고 이들과 손잡은 한국의 '신친일파'는 과거사 문제를 축소·왜곡한 것을 '학술 연구'라고 그럴듯하게 포장해 내놓는다. 악서(惡書) 또는 친일위서(僞書)라 비판을 받는 『반일 종족주의』가 하나의 보기다.

"나는 전범자였다"라는 참회의 목소리들

난징 학살 자체가 없었다고 우기는 극우파들과는 달리, 자신의 전쟁범죄를 고백하고 사죄의 뜻을 밝힌 일본인들이 없지는 않다. 1954년 랴오닝 푸순(撫順) 전범관리소에 수용됐던 전 일본군 소좌(소령) 오타 하사오(太田壽男)는 난징에서 중국인 포로와 민간인들을 학살한 뒤 시신을 어떻게 처리했는지를 밝히는 44쪽짜리 고백서를 써냈다. 이에 따르면, 1937년 12월 15일부터 사흘 동안 양쯔강에 내다 버린 시신은 오타의 부대가 1만 9,000구, 다른 부대가 8만 1,000구, 또 다른 부대가

5만 구 등 모두 15만 구였다.[9]

난징 학살 당시 일본군 16사단 20연대 소속 상등병으로 있었던 아즈마 시로(東史郎, 1912~2006)는 1987년 『아즈마 시로 일기: 소집병이 체험한 난징 대학살』이란 체험 수기에다 그날의 끔찍했던 일들을 털어놓았다. 이어 그는 중국 난징에서 열린 난징 학살 50주년 추도식에 가서, 무릎을 꿇고 눈물을 흘리며 중국인들에게 용서를 빌었다. 하지만 그의 체험기 내용을 둘러싸고 옛 전우로부터 명예훼손으로 고소를 당했고, 일본 극우파의 살해 위협에 시달려야 했다.

난징과 직접 관련은 없지만, 만주 731부대 소속 소년대원(미성년 군속으로 업무 보조역)이었던 시노즈카 요시오(篠塚良雄, 1923~2014)도 양심 고백을 한 인물이다. 731부대에서 죽은 쥐와 벼룩을 이용해 세균무기로 쓰일 세균 배양 작업을 거들었다고 털어놓았다. 전쟁이 끝나고 푸순 전범관리소에 갇혔다가 1956년 풀려나 귀국했다. 그 뒤로 중국귀환자연락회(중귀련) 모임 등을 통해 "일본이 중국에서 저질렀던 죄행은 피해자의 심정을 생각하면 생각할수록 깊고 무겁다"라며 사죄의 목소리를 꾸준히 내왔다.[10]

앞서 살펴본 아즈마, 시노즈카 두 사람은 1998년 일본 평화운동가들과 손을 잡고 미국 뉴욕과 워싱턴에서 지난날 일본의 전쟁범죄를 증언하려 했다. 하지만 '전쟁범죄자'란 이유로 시카고 공항에서 미국 입국이 거부당했다. 미 법무부 특별수사국의 입국 금지 명단에 오른 이유는 그들 자신이 전쟁범죄를 고백해 이름이 알려졌기 때문이었다(그 뒤 열린 뉴욕 행사장에서는 아이리스 장이 나와 인사말을 했다). 이를 두고 당시 미 언론에선 "이들의 전쟁범죄 고백이 일본에서 적개심을 불러일으켰는데도, 미국에서 입국 감시자 명단에 오른 것은 아이러니"라고 지적했다. 일본에서 극우파들로부터 살해 위협을 받은 사람들이 미국 입국을 거부당하다니, 누구를 위한 입국 금지였을까 하는 의문이 든다.

중국은 일본의 줄기찬 반대를 딛고 지난 2015년 난징 학살 관련 자료를 유네스코 세계기록문화유산으로 등재했다. 그러자 일본은 유네스코에 내는 일본의 분담금을 내지 못하겠다고 생떼를 부리면서 강력히 반발했으나 소용없었다. 일본으로선 가리고 싶은 흑역사에 관한 것이니 그런 반응을 보였을 것이다.

2장
731부대 '악마'들의
생체실험과 세균전쟁

살아 숨 쉬는 사람을 잡아 가두고 온갖 가학적인 생체실험 끝에
죽음에 이르게 만든 731부대 의사들. 그들은 인간인가, 짐승인가.
세균무기를 개발한답시고 인간성을 내버린 '악마의 의사'들은
어떤 처벌을 받았는가.

중일전쟁(1937~1945) 무렵 중국인들을 겨냥해 세균전을 펼쳤던 731
부대는 살아 있는 사람들을 '생체실험'의 도구로 희생시켰다. 731부대
의 군의관들은 페스트균을 비롯한 여러 독극물로 끔찍한 생체실험을
거듭했고, 그렇게 만들어낸 세균무기를 중국 땅에다 터뜨려 많은 피
해자를 냈다. 731부대의 '의학적 실험'은 사람을 살리기 위한 실험이
아니었다. 죽음을 전제로 한 실험이었다. 생체실험을 겪는 피실험자
의 고통을 바탕으로, 세균폭탄으로 더 많은 희생자를 만들어내려 했던
'학살 실험'이었다. 그런 사실로 말미암아 세계전쟁사에서도 특별한
존재로 다뤄진다.

일단 731부대 건물로 잡혀 들어간 사람들은 '마루타(통나무)' 취급을
받고 고통 속에 여러 생체실험을 거치며 죽어서야 그곳을 벗어났다. 수
감자들은 죽음의 컨베이어 벨트에 묶인 불쌍한 희생자들이었다. 731
부대 군의관은 컨베이어 벨트 옆에 서서 '죽음의 공정'을 진행하는 악

2015년 8월 15일 중국 하얼빈 남쪽 핑팡 지역에 문을 연
'731부대 죄증진열관' 입구

마나 다름없었다. 사람마다 다르겠지만, 생명의 끈은 생각보다 질긴 편이다. 한 생체실험에서 살아남으면, 그다음 실험이 기다리고 있었고, 그렇게 이어진 여러 가학적인 과정을 겪으면서 끝내는 숨을 거두었다. 그래도 살아남았다면 독가스 실험으로 죽고 소각로로 실려 갔다.

'마루타'로 있다가 살아서 나간 이는 없다. 731부대로 붙잡혀 들어가 '인간 모르모트'가 된 사람들은 죽음의 공정 속에서 짧든 길든 고통스러운 시간을 보내다 죽었다. 죽음을 내다본 수감자들끼리는 '이 지옥 같은 고통에서 벗어나려면 차라리 일찍 죽는 게 낫다'는 절망적인 눈짓을 주고받았을 것이다. 19세기 덴마크 철학자 키르케고르 같은 이는 '절망은 죽음에 이르는 병'이라며 종교적 구원에 대해 길게 말했지만, 731부대 철창에 갇힌 사람들에게 주어진 실존적 상황은 절망뿐이었다. 탈출구는 없었다.

731부대로 '마루타'를 데려오는 것에 일본인들은 '특이급(特移扱)'이란 용어를 썼다. 특별 이송이란 의미를 지닌 이 마루타 수송은 관동군 헌병의 삼엄한 눈초리 아래 비밀리에 이뤄졌다. 8·15 패전 뒤 소련군에 붙잡혀 하바롭스크 전범재판(1949)의 피고석에 섰던 세균제조부장 가와시마 기요시(川島淸, 1893~1989)는 '특이급된 마루타 가운데는 여성과 어린이들도 있었다'고 털어놓았다. 가와시마는 계급이 군의소장(軍醫少將)으로, 서열상 731부대장인 군의중장(軍醫中將) 이시이 시로(石井四郞) 바로 아래였다. 그는 징역 25년의 강제노동형을 선고받고 복역 중이던 1956년 일본·소련 국교회복 뒤 풀려나 일본으로 돌아갔다. 이시이는? 재빨리 일본으로 도망쳐 미국에게 세균전 자료를 건네주는 '더러운 거래'로 살아남았다.

"731부대가 항일 독립군인가요?"

'마루타'는 대부분이 반일 성향의 비(非)일본인들이었다. 중국인이 다수를 차지했지만, 만주에서 독립운동을 하던 조선 독립투사들, 소수의 러시아인 포로들도 생체실험의 희생양이 됐다. '마루타' 숫자는 정확히 알기 어렵지만, 아무리 줄여 잡아도 3,000명에서 1만 명쯤으로 추산된다. 이들 가운데 이름이 확인된 사람은 270명쯤으로 대부분이 중국인이다.

참으로 안타까운 사실이지만, 731부대의 생체실험으로 희생된 사람들 가운데 항일 독립운동을 하다 붙잡힌 조선 독립투사들도 여러 명이 있었다. 일본 극우들이 아무리 아니라 우겨도 사실이다. 일본 군부는 1945년 패전 무렵 전쟁범죄 증거가 될 만한 서류들을 불태워 폐기했다. 731부대도 그랬다. 그곳에서 얼마나 많은 조선인들이 숨졌는지 정확히 알기 어렵다. 1949년 12월 소련 하바롭스크 전범재판, 1956년 6월과 7월에 산시성 타이위완(太原)과 랴오닝성 선양(瀋陽)에서 열린 특별군사법정 등으로 731부대의 범죄 사실이 부분적으로 알려졌을 뿐이다.

아침이면 해가 솟듯이 진상은 언젠가는 드러나기 마련이다. 1990년대 들어 '특이급' 관련 문서들이 잇달아 발견됨에 따라 731부대의 죄악상이 구체적으로 밝혀지기 시작했다. 1997년 한 중국 방송국이 731부대 관련 다큐멘터리를 만들려고 헤이룽장성의 당안관(檔案館, 문서보관실)을 뒤지다가 관동군 헌병대의 '특이급' 문서 66건을 찾아냈다. 2001년에는 중국 지린성의 당안관에서도 '특이급' 문서들이 발견됐다. 이들 문서에는 731부대로 끌려간 조선인 고창률(高昌律), 김성서(金聖瑞), 이기수(李基洙), 한성진(韓成鎭), 이렇게 4명의 이름과 나이, 본적이 적혀 있다.

관동군 헌병이 작성한 이들 문서의 '최종 처분' 항목을 보면, "이용 가치가 없으므로 특이급으로 함이 적당하다"라는 문구가 공통적으로 보인다. '이용 가치'가 없다는 것은 이들을 미끼로 다른 독립투사들을 잡아내거나 '전향'시켜 일제 침략의 나팔수로 쓸 수가 없다는 뜻이다. 관동군 헌병대에서 가혹한 고문을 받았을 이 투사들은 (정식 재판도 없이) 731부대에서 생체실험이란 이름의 또 다른 고문을 받다가 숨졌다.

그 뒤로도 여러 명의 이름이 오르내렸다. 경은서(敬恩瑞), 김성배(金成培), 김용권(金龍權), 손조산(孫朝山), 심득룡(沈得龍), 오전흥(吳瀏興), 장혜충(張慧忠), 조복원(趙福元), 조종박(趙宗博), 주지영(朱之盈) 등이다 (이들이 모두 731부대로 끌려가 숨졌는지는 확실하지 않다. 증언은 있지만, 관련 문서는 부족하거나 없다). 위에서 이름이 드러난 마루타는 270명쯤이라 했다. 이름도 남기지 못하고 죽어간 또 다른 조선의 독립투사들이 있었을 것은 틀림없다.

몇몇 투사들은 만주 일대에서 소련 첩자로 활동한 혐의를 받았다. 이를테면 심득룡(1911~1943)이 그러했다. 그는 1929년 공산당에 입당해 동북항일인민혁명군 소속으로 만주에서 일본 관동군에 맞서 싸웠고, 1940년대엔 다롄의 사진관을 근거지 삼아 소련 적군 참모부에게 일본군의 동태를 무전으로 알려주었다. 일본군의 전파 탐지에 걸려 함

께 붙잡힌 3명의 동지와 함께 심한 고문을 받다가 731부대로 '특이급' 됐다.[11]

김성배와 김용권, 이 두 독립투사는 2016년 초에 방영된 JTBC〈이규연의 스포트라이트: 731부대, 남한 첫 마루타 피해자를 찾다〉에서 '남한 출신 마루타'로 소개됐다. 이들의 혼령이 만주 벌판을 지나 압록강을 건너 멀리 남쪽 고향을 찾아온다면, 친일파 후손들이 떵떵거리며 살고 '신친일파'들이 궤변을 늘어놓는 21세기의 대한민국을 보며 어떤 탄식을 내뱉을까. 버젓이 일장기를 흔들며 소녀상 철거를 요구하는 자들을 그냥 못 본 체 내버려두는 우리를 꾸짖을 게 틀림없다.

"731부대가 항일 독립군인가요?" 2009년 11월 6일, 여의도 국회에서 "731부대가 무엇인지요?"라고 한 야당 의원이 물었을 때 정운찬 국무총리가 되물었던 말이다. 경제학 박사에다 서울대학교 총장을 지낸 국무총리의 말이라고는 믿어지지 않지만, 사실이다. 정 총리가 지닌 이른바 '역사 인식의 수준'을 의심하게 만든 순간이었다. 이를 지켜본 많은 국민들은 어이없어했다.

그 바로 뒤 나는 어느 중학교에서 강연을 하게 됐다. 정 총리의 '항일 독립군'이라는 말이 메아리처럼 울림이 남아 있던 터라, 학생들에게 물어봤다. 손가락 네 개를 펴 보이며, 731부대가 무엇인지 네 글자로 설명할 수 있다면 손을 들어보라 했다. 여러 학생이 손을 들었고, '세균부대' 또는 '생체실험'이라는 답변이 금세 돌아왔다.

정 전 총리는 한국야구위원회 총재를 지냈고 프로야구 보는 게 취미다. 일본 프로야구와 미국 메이저리그의 역사나 타율·출루율·방어율 같은 선수의 개인 기록들을 꿰고 있다고 알려졌다. 하지만 독립운동을 하던 애국지사들이 끌려가 '마루타' 생체실험으로 숨져갔던 아픈 과거사는 잘 모르는 것일까. 국회에 불려 나가 야당 의원들의 공세에 시달리며 긴장을 한 나머지 잠시 착각을 했을 것이라 믿고 싶다. 그래도 안타깝다는 생각은 지우기 어렵다.

자위대 731기에 올라탄 극우 총리

이제부터는 한국 총리가 아니라 일본 총리 얘기다. 2013년 5월 12
일 아베 신조(安倍晋三, 1954~2022) 당시 총리는 동일본 대지진 피해 지
역인 미야기현 히가시마쓰시마(東松島)의 항공자위대 기지를 방문했
다. 그곳엔 일본의 주요 행사 때마다 하늘에서 곡예비행을 하면서 보
는 이들의 눈을 즐겁게 하던 '블루 임펄스' 비행단이 있었다(정식 명칭
은 일본 자위대 제4항공단 비행군 제11비행대, 1960년 창설). 아베는 곡예비
행 훈련기 조종석에 앉아 엄지손가락을 척 들어 올리며 카메라를 향
해 미소를 지었다. 조종석 바깥 동체에는 'Leader S. ABE(지도자 아베)'
라는 영문 글자가 새겨져 눈길을 끌었다.

논란의 초점은 그가 탄 훈련기에 매겨진 번호 '731'에 있었다. 붉은
색깔의 일장기 바로 옆에 쓰인 커다란 숫자는 다름 아닌 731이었다.
전쟁범죄로 얼룩진 일본의 과거사를 조금이라도 알고 있는 사람들에
겐 731이란 숫자가 지닌 무게가 결코 가볍지 않다. 더구나 지난날 일
본의 침략전쟁으로 고통을 겪은 동아시아 사람들에겐 각별한 의미로
다가온다. 일본의 극악한 전쟁범죄를 가리키는 상징적 숫자가 731이
다. 다시 돌아보고 싶지 않은 '악마의 숫자'다.

2022년 7월 자민당 선거유세 중에 사제 권총으로 두 방을 맞고 죽
은 아베의 몸속엔 일제 군국주의의 피가 흐르고 있다. 전쟁범죄자 기
시 노부스케(岸信介, 1896~1987) 전 총리는 그의 외할아버지다(기시는
괴뢰 만주국의 경제를 주무르면서 '명석하지만 매우 악랄한 인물'로 알려졌
다. 도조 히데키 전시 내각의 상공대신과 군수성 차관으로 일제 침략전쟁의
실무자 역할을 충실히 해냈다. 1945년 패전 뒤 전쟁범죄 혐의로 스가모 형무

소에 갇혀 도조 히데키 등 A급 도쿄 전범재판에 이은 제2차 전범재판을 기다리다가, 1948년 12월 맥아더 장군의 크리스마스 특사로 풀려났고 1950년대에 일본 총리를 지냈다).

생각이 깊은 동아시아 사람들이라면, 731기에 올라타 '엄지 척'을 하는 아베를 보면서 그의 외할아버지 망령이 아베를 덧씌운 모습을 떠올렸을 것이다. 한국은 물론 중국, 그리고 미국에서조차 비난의 복소리가 터져 나왔다. 일본 자위대 곡예비행단인 '블루 임펄스'에는 730기, 731기, 804기, 805기 등을 비롯해 모두 8대의 곡예용 비행기가 있었다. 그런데 아베가 탑승한 것이 하필이면 731기였다. 논란이 커지자, 일본 총리실에선 '총리가 731기를 탄 것은 그야말로 우연'이라며 불 끄기에 바빴다.

일본의 진주만 공습(1941년 12월 7일)을 기억하는 미국인들도 아베의 731기 탑승을 불편해했다. '아베 총리의 사진은 독일 총리가 재미 삼아 나치 친위대 유니폼을 입은 것과 같다'는 비판을 받았다. 제니퍼 린드(Jennifer Lind, 다트머스대 교수, 동아시아 지역학)는 아베의 그런 모습이 '의도적으로, 지독하게 도발적'이라 지적했다. 《워싱턴포스트》 맥스 피셔 기자와의 이메일 인터뷰에서 린드 교수는, 백 번 양보해서 그럴 의도가 없었다 하더라도 문제라 했다. "일본 지도자, 중국에서 행해진 (일본)제국 시대의 생물실험이란 어두운 기억 되살리다"라는 제목을 단 《워싱턴포스트》 기사(2013년 5월 18일 자)에서 린드의 비판을 옮겨본다.

의도치 않은 실수였다고 하더라도, 이런 실수를 저지를 수 있다는 사실은 일본의 과거 전쟁범죄에 대한 인식과 민감성이 모자라고, 아울러 일본의 이웃 국가들과 지난날 피해자들의 감정에 대한 인식과 민감성이 모자란다는 것을 보여준다.[12]

위 인용문을 한마디로 풀어 쓴다면, '타인의 고통에 대한 배려가 없다'는 얘기나 다름없다. 린드 교수는 나아가 "(아베의 731기 탑승) 사진은 공개적으로 모든 사람의 눈을 불타는 꼬챙이로 찔러버리는 것이나 다름없다"라고 질타했다. 아베가 731기를 타고 '엄지 척'을 한 것은 731부대 소속 의사들의 전쟁범죄를 부인하는 도발적인 태도로 비쳐지기 마련이다. 그로 말미암아 논란이 일면, 일본 보수 유권자층의 결집을 더욱 굳게 다지는 기회로 삼는다는 나름의 교활한 정치적 계산을 했다고 보인다. 731기 탑승 뒤 아베는 기어코 일을 벌였다. 2015년 9월 안보 관련법(안보법제)을 통과시켜 평화헌법 제9조 조항을 사실상 폐기하고 일본을 '전쟁을 벌일 수 있는 보통 국가'로 만들었다(7부 1장 끝부분 참조).

나치 의사의 범죄보다 더 무거운 범죄

흔히 731부대를 '731 세균부대'라 일컫기도 한다. 731부대의 죄악상에서 페스트를 비롯한 세균의 비중이 워낙 크기에 그렇게 불러도 틀린 말은 아니다. 731부대장 이시이 시로가 세균무기 개발에 미친 듯이 관심을 쏟았고, 결과적으로 많은 사람들을 생체실험으로 희생시킨 것은 사실이다. 하지만 세균 하나에 매달린 것은 아니다. 세균실험 말고도 살아 있는 사람들을 상대로 여러 생체실험을 했다. 독가스를 개발·생산기도 했다. 따라서 '731부대'라는 표현이 더 정확하다.

나치 독일의 의사들은 독일과 폴란드에 있던 여러 강제수용소에서 여러 종류의 생체실험을 하면서 숱한 희생자를 낳았다. 2명의 미 법의학자가 조사한 통계에 따르면, 1939년부터 1945년까지 나치 독일은 냉동 실험, 독극물 실험, 항생물질 실험, 혈액응고 실험 등 70종이 넘는 위험한 생체실험을 했다. 이 과정에서 나치 의사들은 7,000명이 넘

는 유대인, 폴란드인, 집시, 정치범, 소련 전쟁포로, 동성애자, 가톨릭 신부를 희생시켰다.[13]

　나치 독일의 의사들에 견주어 731부대 의사들의 전쟁범죄는 훨씬 더 무겁다 해도 틀린 말이 아니다. 731부대는 나치 독일의 의사들보다 더 악질적인 생체실험을 했을 뿐 아니라 페스트균이나 탄저균을 이용한 세균폭탄까지 만들어 수만 명의 중국인들을 죽게 만들었다. 731부대는 온갖 종류의 가학적 생체실험을 했다. 이를테면 소금 성분이 없는 증류수만을 마시며 며칠 동안 살 수 있는가를 살펴보기도 했다. 1935년부터 1년 동안 731부대에 있었던 일본인 구리하라 요시오(栗原義雄)가 남겼던 양심적 증언을 들어보자.

> 나는 군속 스가와라 사토시 밑에서 물만 먹고 며칠 동안 사는가를 (도고 부대로 잡혀 온 중국인들을 상대로) 실험했다. 그 결과 보통 물로는 45일, 증류수로는 33일 살았습니다. 증류수만 먹은 사람은 죽음이 가까워오자 '맛있는 물을 달라'고 호소했다. 45일간 산 사람은 즈옥완이란 이름의 의사로, 비적(匪賊)은 아니었다.[14]

　요시오의 증언은 2006년에 출범한 '전쟁과 의료윤리 검증추진회'가 펴낸 책(『戰争と医の倫理』)에 담겼다. 일본의 보수 우경화 흐름 속에서도 (소수이긴 하지만) 전쟁범죄로 얼룩진 과거사를 반성적으로 돌아보자는 양심적인 사람들이 없지 않다. 일본의 전쟁범죄를 겸허히 돌아보고, 피해자와 유족들에게 사죄와 배상을 해야 한다는 입장을 지닌 이들 가운데는 의료인들도 있다. '전쟁과 의료윤리 검증추진회'는 일본의 더러운 과거사를 자성적으로 돌아보자는 사람들의 모임 가운데 하나다. 이 단체를 비롯한 일본의 양심적 의료인들은 이른바 '15년 전쟁'(1931년 만주 침략부터 1945년 패전까지의 전쟁)에서 일본 의학계가 저

지른 잔혹한 생체실험을 비롯한 전쟁범죄를 반성해야 한다고 목소리를 높여왔다.

> 몸 안으로 페스트균이 주입된 중국인은 고통 때문에 눈을 크게 뜨고 양팔로 허공을 쥐어뜯으며 끊임없이 비명을 질렀다. 이 빈사(瀕死)의 절규에 신경 쓰는 이는 아무도 없었다. 이런 일은 다반사였기 때문이다. 사람들을 감옥 건물 바깥으로 끌어내 영하 20도 이하로 인공적으로 바람을 날려 맨손을 얼렸다. 그런 다음 작은 몽둥이로 동상에 걸린 손을 작은 널빤지 두드리는 것 같은 소리가 날 때까지 계속 두드렸다.[15]

위에 옮긴 글은 731부대의 연구원이었다가 1945년 패전 뒤 붙잡혀 중국 법원에 기소된 우에다 야타로(上田彌太郎)의 자필 공술서 내용이다. '일본이 찾아낸 침략과 식민 지배의 기록'이란 부제목을 단 책(『語り繼ぐ日本の侵略と植民地支配』)에 실려 있다. 페스트에 걸려 다 죽어가는 사람의 마지막 비명 소리는 처절했을 것이다. 14세기 이탈리아 작가 단테 알리기에리의 『신곡(神曲)』에 나오는 지옥이 실제로 있다면, 731부대의 생체실험실이 바로 그런 모습이 아니었을까 싶다. 이렇듯 731부대는 '죽음의 부대'이자 '악마의 부대'였다.

일부러 동상에 걸리도록 한 손을 몽둥이로 내려쳤다니 왜 그랬을까. 추위에 오랜 시간 노출돼 얼어붙어 감각이 무뎌진 손이나 발이 완전히 동결됐는가를 알기 위해서였다. 위 글에선 '작은 몽둥이로 두드렸다'고 했지만, 다른 731부대원들은 각목으로 내리치는 야만적인 짓을 서슴지 않았다. 만주 벌판에 주둔한 일본 관동군은 동상으로 고생했다고 한다. 그 동상 치료법을 찾는다는 명목으로 수감자들을 거리낌 없이 생체실험의 제물로 삼고 연구 윤리를 어겼다. 죄책감은 아예 마비됐거나 일찌감치 안드로메다로 날려 보낸 것일까.

요시후사 도라오(吉房虎雄) 관동군 헌병사령부 중좌는 1942년 1월 관동군 헌병 사령관 하라 마모루(原守) 소장과 함께 731부대를 시찰했다. 이시이 시로 731부대장이 직접 나서서 수감자들이 갇힌 건물 안으로 이들을 데리고 갔다. 1945년 8월 소련군에 붙잡혀 러시아 하바롭스크 전범재판 피고석에 선 요시후사는 법정에서 이렇게 털어놓았다.

복도 끝으로 우회전하니 35세쯤 돼 보이는 농민인 듯한 3명의 사람들이 수갑과 족쇄를 차고 있었다. 몹시 야위었고, 두 손을 무릎 위에 올려놓고 앉아 있었다. 분노에 꽉 찬 3명의 눈들은 우리를 노려보았다. 그들의 관절은 두 번째 관절부터 썩어 있었다. 이시이 시로는 '이것은 동상을 입은 손가락을 섭씨 50도 되는 끓는 물에 넣어 해동실험을 진행한 결과'라고 하였다.[16]

이런 참혹한 증언을 기록해온 중국 하얼빈시 사회과학원 731연구소장 진청민(金成民)은 중국 조선족 출신으로 하얼빈시 사회과학원 731연구소장이다. 하바롭스크 전범재판 기록을 담은 러시아 쪽 문서 등을 참고하면서 『일본군 세균전』이란 두꺼운 책(흑룡강 인민출판사, 2008, 한국어 번역본으로 973쪽 분량)을 써냈다.

731부대의 핵심은 1~4부

731부대는 모두 8부로 이뤄졌다. 생체실험을 통한 세균전 준비라는 점에서 731부대의 핵심은 1~4부였다(그 밖에 총부무, 교육부, 자재부, 진료부가 있었다). 제1부는 세균연구부로 페스트, 탄저 등 세균에 따라 몇 개 과로 나뉘었다. 제2부는 세균실전연구부로 곤충반, 항공반, 식물반으로 이뤄졌다. 페스트균을 옮기는 벼룩도 이곳 곤충반에서 번식시켰다. 제3부는 이시이가 설계해 특허를 낸 이른바 '이시이식 정수기'를 만들었다. 하얼빈 시내의 일본육군병원 바로 옆에 공장과 사무실을 둔 제3부는 대외적으로 731부대가 '방역급수(防疫給水)'에 전념을 하는 부대로 위장하는 역할을 맡았다(나중에 밝혀진 바로는, 이 공장에서는 정수기뿐 아니라 벼룩을 이용해 페스트균을 넣는 도자기 폭탄 용기를 만들었다).

문제의 제4부가 세균제조부였다. 세균제조부장 가와시마 기요시가 증언한 바에 따르면, 제4부의 제조 능력은 2개월 동안 페스트균 300킬로그램, 티푸스균 800~900킬로그램, 콜레라균 1톤이나 됐다.[17] 특히 731부대가 악명을 떨친 것은 벼룩을 이용한 페스트탄 개발과 생산이었다. 1945년 일본 패전 뒤 731부대원들을 조사하려고 미국에서 파견된 한 요원은 1947년 6월 30일 이렇게 보고했다.

> 벼룩 번식법과 쥐를 통해 벼룩을 감염시키는 방법을 방대하게 연구했다. 페스트 벼룩은 최선의 조건 아래서 30일 생존하는데 그동안 감염력을 유지하는 것으로 판명됐다. 1제곱미터당 벼룩 20마리가 있는 방에다 마루타(수감자)를 놔두었는데, 10명 중 6명이 감염돼 그 가운데 4명이 죽었다.[18]

피실험자를 온갖 가학적인 생체실험 방법으로 괴롭히다 끝내 죽음에 이르게 만든 나치 독일의 의사들과 731부대의 일본인 의사들은 더이상 인간이기를 포기한 자들이었다. 침략전쟁과 의학이 '사악한 동맹'을 맺은 현장의 악마들이었다. 수감자들을 실험실의 생쥐 다루듯했던 독일과 일본의 의사들은 '가학적인 성향의 사디스트(sadist)'라는 공통점을 지녔다. 그들은 과학과 사디즘 사이의 경계를 넘나들며 악마적 행태를 되풀이했다. 나치 의사들보다 일본 의사들이 더 무서운 중요 사항이 하나 있다. 다름 아닌 페스트균이나 탄저균을 이용한 세균 폭탄 개발이다. 731부대의 세균전으로 많은 사람들이 죽었다.

731부대의 '의학적 실험'은 사람을 살리기 위한 실험이 아니었다. 생체실험을 겪는 피실험자의 고통을 바탕으로, 세균폭탄으로 더 많은 희생자를 만들어내려 했던 '학살 실험'이었다. 일단 731부대 수감자 건물로 잡혀 들어간 사람은 여러 생체실험을 거치며 죽어갔고 그곳을 벗어나서는 소각로로 실려 갔다. 731부대 수감자들은 죽음의 컨베이어 벨트에 묶인 불쌍한 희생자들이었다. 731부대의 일본 의사는 그 컨베이어 벨트 옆에 서서 '죽음의 공정'을 진행하는 악마나 다름없었다.

1943년 초 나는 731부대 감옥의 수감자에게 장티푸스균을 감염시키는 실험에 처음 참가하였다. 나는 미리 1킬로그램의 장티푸스균을 넣은 단맛이 나는 물을 준비하여 일반 식용수로 희석시킨 뒤, 50명의 중국인에게 나누어 마시게 하였다. 내 기억으로는 그들 모두 전쟁포로였다. 그 가운데 몇 사람은 장티푸스 병균을 예방하는 주사를 맞았다.[19]

731부대 위생병이 하바롭스크 전범재판을 받으며 털어놓은 고백이다. 731부대원들은 페스트, 콜레라, 장티푸스 등 각종 세균을 음식물에 넣어 수감자들에게 먹였다. 음식을 받아먹은 수감자들은 (예방주사를 맞은 일부를 빼고는) 세균 감염으로 대부분 1주일 안에 죽었다. 세균이 들었다는 사실을 눈치채고 음식을 거부할 경우, 731부대 소속 헌병들이 강제로 입에 부어 넣었다. 반항하면 때리거나 총으로 쏴 죽였다. 세균에 감염돼 죽으면 그다음 절차는 해부였다. 그 작업을 거들었던 한 일본 군인이 했던 증언을 들어보자.

내 이름은 오가와 후쿠마쓰(大川福松)이다. 1940년 육군위생부에 입대했다. 베이안 육군병원에 있다가 731부대로 옮겨 온 것은 1944년이었다. 그때 나는 아주 평범하지 않은 곳에 들어왔다는 것을 느꼈다. 실험용 사람들은 모두 이름도 없이 번호만 있었다. 처음에는 마음이 무거워서 작업을 제대로 못 했지만, 며칠 지나면서 하루에 2~3명 정도 해부할 수 있었다. 많을 때는 하루에 5명을 해부하기도 했다. 동상, 매독, 페스트, 콜레라 등의 실험으로 감염성을 파악해야 할 뿐만 아니라, 병균 독을 유리병에 넣어 혈액으로 세균을 배양하고 날마다 부화기로 세균 번식 작업도 했다. 나의 본명은 무라다 후쿠마쓰(村田福松)였는데, 일본에 온 뒤 이름을 바꾸고 숨어 살았다.[20]

위 증언은 지난 2007년 오사카에서 열렸던 일본의학회 총회장에서 나왔다. 88세의 노인인 오가와가 마이크를 잡고 증언할 때 250명쯤 됐던 참석자들은 모두 조용히 귀를 기울였고 총회장은 숙연한 분위기였다. 오가와는 "아이가 있는 위안부도 해부하고, 울던 아이는 동상의 실험대가 되었다"라며 지난날의 악몽 같은 기억을 떠올리며 눈시울을 붉혔다.

세균 개발에 미친 731부대, 일본인 대원마저 생체해부

다무라(증언자)는 해부칼을 호소야에게 넘겨주었고, 호소야는 해부칼을 들고 스도 옆으로 다가가 (다른 대원인) 우노에게 넘겨주었다. 우노는 해부칼을 받은 뒤 (곧바로 찌르진 못하고) 스도의 뱃가죽을 쓰다듬기 시작했다. 그의 손은 조금씩 떨리고 있었다. 그때 스즈키 소좌는 큰 소리로 '빨리 시작하라'고 명령을 내렸다. 우노는 해부칼을 스도의 배에 찔러넣고 아래로 그어 내려갔다. 스도는 마지막에 "짐승 같은 놈들!"이라고 소리 지르고 숨을 거두었다.[21]

'731부대 죄증진열관' 안에 전시된 일본 세균전 지휘체계도. 맨 꼭대기에 히로히토 '천황'이
자리 잡고 있다.

위에 옮긴 글은 일본 731부대원들이 누군가를 생체실험하는 모습
을 담았다. 마취도 하지 않은 채 희생자를 수술대 위에 묶어놓고 해부
칼로 배를 갈랐다. 독자들은 '스도'란 이름을 지닌 저 불쌍한 희생자는
중국인이거나 다른 외국인 포로라고 짐작할 것이다. 놀랍게도 '스도'
는 일본인이었다. 희생자의 이름은 스도 요시오(須藤良雄). 어제까지만
해도 731부대에서 함께 일하던 요원이었다.

731부대가 얼마만큼 세균전을 위한 생체실험에 미쳐 있었는지를
극단적으로 보여주는 사례가 위의 스도 요시오 해부 건이다. 스도는
731부대 제4부(세균제조부)에 배치된, 계급은 그리 높지 않은 대원이었
을 것으로 추정된다. 그가 페스트균 생산 과정에서 페스트에 감염되자
비밀리에 그를 해부실로 옮겨 와 생체실험의 도구로 썼다.

믿기 어려운 이야기처럼 들리지만, 이 놀라운 사실은 같은 731부대
에서 방역 진료 조수로 일했던 병장 다무라 요시오(田村良雄)가 훗날

양심선언으로 털어놓아 세상에 알려졌다. 다무라는 일본의 전쟁포로들 가운데 전쟁범죄자들을 가둔 중국 푸순 전범관리소에서 그 자신이 731부대에서 저질렀던 전쟁범죄를 뉘우치고 세균전의 비밀을 폭로하는 공술서를 남겼다. 그가 공술서를 쓴 시점은 1954년 9월 8일~10월 10일 사이였다.[22]

731부대 안에서 일본인이 생체해부되는 일이 어떻게 일어나게 됐을까. 이 범죄행위의 주역은 다무라의 상관인 소좌 스즈키 히로유키(鈴木啓之)였다. 그는 한 중국인을 생체해부하고 난 뒤에 부하인 호소야(증언자인 다무라의 조교)에게 스도를 데려오라고 지시했다. 페스트균에 감염돼 심하게 앓고 있던 그를 해부해 연구 자료로 쓰기 위해서였다.

스즈키는 "이는 모두 천황 폐하에게 충성을 하기 위해서다!"라는 말을 덧붙였다. 이른바 '대일본제국의 승리'를 위해 죽는 것은 영광이란 말인가. 개죽음이 아니고? 페스트 탓에 어차피 죽을 운명임을 스도가 알고 있었다 하더라도, 자신의 한 몸을 세균 연구에 바치는 것을 '히로히토에 대한 충성'이라 여겼을까. 그렇지 않을 것이다. '냉혹한 칼잡이'였던 스즈키의 지시에 따라 끌려온 스도는 옷을 모두 벗고 알몸이 된 상태에서 수술대 위에 눕혀졌다. 페스트균에 감염되기 전까지만 해도 매우 건강했으나 며칠 사이에 그의 온몸은 자색 반점투성이가 됐고, 가슴 부위는 긁어서 생긴 상처가 곪아서 피가 흘러내렸다.

수술대 위에 묶였기에 몸을 움직일 때마다 감긴 끈이 스도의 목을 조였다. 그저 가쁘게 숨을 몰아쉴 뿐이었다. 마취도 없이 칼을 들이대자, 그는 "짐승 같은 놈들!"이라고 욕설을 퍼붓곤 얼마 뒤 숨졌다. 어제까지의 동료를 죽일 정도로 생체실험에 미쳐 있던 731부대원들을 뭐라 불러야 할까. 수술대 위에 묶여 산 채로 마취도 없이 칼질을 겪은 스도가 내뱉은 마지막 욕설처럼 그냥 '짐승'이라 불러야 할까. 사자나 호랑이 같은 맹수들조차 아무리 배가 고파도 제 식구를 잡아먹진 않을 것이다. 그러니 '짐승보다 못한……'이란 말이 생기지 않았을까 싶다.

731부대가 '마루타'로 일컬어지던 실험 대상자들을 구하긴 어렵지 않았다. 따라서 아무리 세균 연구에 빠져 있었다고 해도 같은 일본인, 그것도 어제까지의 동료 대원을 굳이 생체실험으로 죽여야 했을까 하는 강한 의문으로 남는다. 분명한 것은 731부대의 연구원들이 세균 연구에 미쳐 있지 않았다면 있을 수 없는 일이다.

731부대에서 일본인 대원 스도를 생체해부했다는 믿기 어려운 이야기는 일본 작가 모리무라 세이이치(森村誠一)가 쓴 『악마의 포식(惡魔の飽食)』(1983)에도 실려 있다. 한국에는 『악마의 731부대와 마루타』(고려문학사, 1989)란 제목으로 번역본이 나왔으나 현재는 절판 상태다. 1945년 패전 뒤 40년 가까이 지나도록 731부대를 제대로 알지 못하는 일본인들에게 『악마의 포식』은 처음으로 그 비밀스러운 실체를 드러냈다는 평가를 받았다. 처음엔 일본공산당 기관지 《아카하타(赤旗)》에 연재했고, 그 글들을 책으로 묶어 냈다. 그 책이 일본은 물론 한국과 중국 등 해외에서도 큰 화제를 모으자, 일본 극우들은 모리무라를 죽이겠다고 잇달아 협박해 논란을 빚기도 했다. 그들은 731부대가 '단순히 방역급수를 하던 위생 부대였다'고 우긴다.

"3,000명보다 훨씬 더 많은 '마루타'를 죽였다"

731부대가 생체실험 끝에 죽인 '마루타'는 3,000명쯤으로 알려졌다. 그렇다면 이 3,000명이란 숫자는 어떤 경로로 나온 것이고, 과연 정확한 것일까. 소련군에 붙잡힌 일본군 전범들을 다룬 하바롭스크 법정에서 731부대의 세균제조부장 가와시마 기요시 군의소장이 했던 진술이 그 출발점이다.

1949년 소련의 하바롭스크에서 열린 일본 전범재판에서 731부대의 가와시마 기요시는 이렇게 증언했다. "심각한 질병을 일으키는 전염성 세균을 맞고 사망한 731부대 죄수들의 수는 1년에 600명을 넘지 않았다." 가와시마는 1941년부터 1945년 전쟁이 끝날 때까지 핑팡 죽음의 공장(731부대)에서 근무했다. 이런 가와시마의 증언에 따라 연구자들은 1년에 600명씩 3,000명 정도가 죽음의 공장에서 생체실험에 희생된 것으로 추정하고 있다.[23]

위의 글을 쓴 미 역사학자 셸던 해리스(Sheldon Harris)도 '마루타 3,000명 설'에 의문을 품었다. 해리스는 미국 노동사를 전공한 연구자였다. 1980년대 중국 지린성 창춘(長春)에 교환교수로 갔다가 중국 학생들로부터 듣게 된 얘기에 큰 충격을 받았다. 그가 들은 얘기는 731부대에서 되풀이됐던 끔찍한 생체실험과 세균전에 관한 것이었다.

그 뒤부터 해리스는 2002년에 타계할 때까지 20년 가까이 줄곧 이 문제에 관심을 기울였다. 731부대의 전쟁범죄를 다룬 역작 『죽음의 공장(Factories of Death)』(초판 1994, 개정판 2002)을 낸 뒤에 세상을 떠났다. 그의 책은 한·중·일 3국에서 모두 번역됐다(한국어 번역본은 2005년 『일본의 야망과 죽음의 공장』으로 초판이 나왔으나 절판됐고, 2010년 『미국의 은폐기록과 일본의 만행』으로 제목이 바뀌어 다시 나왔다).

해리스의 관심 사항 가운데 하나는 얼마나 많은 사람들이 731부대의 전쟁범죄로 희생됐을까 하는 물음이었다. 앞에서 봤듯이, 731부대 세균부장 가와시마 군의소장은 '세균실험으로 사망한 죄수는 1년에 600명 미만'이라 했다. 5년쯤 이런 규모로 '마루타'가 희생됐다면, 3,000명이라는 계산이 나온다. 문제는 어디까지나 산술적 추정이라는 것이다.

가와시마 군의소장은 731부대장 이시이 시로 중장의 신임을 받았던 최측근 인물이었다. 그런 자가 하바롭스크 법정에서 증언할 때 상관인 이시이에게 누가 될 전쟁범죄를 제대로 털어놓길 바라기란 틀린 일이다. '1년에 600명을 넘지 않았다'고 했지만, 곧이곧대로 믿기 어렵다. 해리스는 실제 희생자 규모에 견주어 3,000명은 턱도 없이 적은 숫자라 여긴다. 그는 '3,000명이란 숫자는 1941년 이전에 이시이가 죽인 희생자 수에도 미치지 못할 것'이라고 지적한다.

1941년 가와시마가 731부대로 배속되기 전에도 그곳에서는 이시이 시로의 지휘 아래 생체실험이 진행되었다. 이시이가 생체실험으로 손에 피를 묻히기 시작한 시점은 그가 만주로 간 1933년 도고(東鄕) 부대 시절로 거슬러 올라간다. 해리스는 731부대 본부가 자리 잡은 핑팡(平房)뿐 아니라 그 이전에 도고 부대가 자리했던 베이윈허(北運河)에서도 '수백 아니 수천 명이 이시이의 실험에 제물로 사라졌다'고 본다. 그러나 일제가 1945년 패전 무렵에 관련 자료들을 없애버렸기에, 전체 희생자 규모를 헤아리기 어렵다. 해리스도 '전체 희생자 수는 짐작조차 할 수 없는 어마어마한 규모'로 추정할 뿐이다.

9·11 테러 뒤 퍼진 탄저균 공포

지난 2001년 9·11 테러 뒤 한동안 미국인들에게 두려움을 안겨주었던 또 다른 테러가 있었다. 독자들이 기억하듯, 그 테러의 이름은 '탄저균 테러'였다. 2001년 10월 민주당 상원 원내대표 톰 대슐 의원, 대중지 《선(Sun)》 사진부장, NBC 방송사 앵커를 비롯한 몇몇 언론사에 백색 가루가 담긴 우편물이 배달됐다. 백색 가루엔 치명적인 생물무기(BW) 가운데 하나로 꼽히는 탄저균이 들어 있었다.

탄저균은 호흡기나 피부 그리고 음식물로 감염된다. 일단 이 세균에 감염된 사람은 혼수상태에 빠지고 치사율도 높다. 《선》의 사진부장을 비롯, 탄저균 우편물을 받아 감염된 22명 가운데 5명이 숨졌다. 미국 사회가 불안에 떨었다(그 무렵 나는 뉴욕 맨해튼에서 늦깎이 공부를 하고 있었다. 아파트 이웃 할머니가 1층 로비의 우편함을 열면서 조심스럽게 살펴보던 모습이 바로 어제 일처럼 떠오른다).

탄저균 테러의 진범은 잡히지 않았고 사건 수사는 몇 해를 끌었다. 2008년 미 연방수사국(FBI)이 용의자를 찾아냈다. 미 메릴랜드주 데트릭 기지(Fort Detrick)에 있는 미 육군 생화학무기연구소에서 35년째 근무하던 브루스 이빈스(62)였다. 이빈스는 FBI 요원이 다가오자 자살해 버렸다. 동료들로부터 '헌신적이고 가정적인 남성'이라 여겨졌던 모범생이 왜 그런 짓을 저질렀는지는 물음표로 남았다. 그 뒤로 여러 이야기가 따랐다. (코로나 유행 뒤 나온 백신으로 몇몇 제약사의 주가가 치솟았던 것처럼) 탄저균 백신 개발로 떼돈 벌려는 제약사 연구자들의 소행이라는 음모론(?)도 나돌았다.

2015년 한국에서도 탄저균이 논란이 됐다. 주한미군은 오랫동안 한국 정부에 알리지 않고 탄저균을 오산 공군기지로 들여와 훈련용으로 실험했다. 그런 사실이 알려지자 우리 국민들은 놀랄 수밖에 없었다. 그때 확인된 것만도 2009년부터 무려 16차례나 되었다. 미군은 몸에 해가 없는 탄저균 사균(死菌)이라 주장했지만, 9·11 테러 직후의 탄저균 테러를 기억하는 많은 시민들은 탄저균의 '탄' 자만 들어도 무서워할 수밖에 없었다.

따지고 보면, 미국의 탄저균의 원조는 '죽음의 부대' 또는 '악마의 부대'라 일컬어지는 731부대의 수괴 이시이 시로다. 미국-이시이 사이의 더러운 비밀 거래는 걸음마 단계에 있던 미국의 세균전 능력을 크게 높였다(4부 3장 참조). 일찍이 이시이 시로의 731부대는 문제의 탄저균 개발에 나섰다. 731부대가 '악마의 부대'라 비난을 받은 이유 가운데 하나는 살상무기를 개발하면서 산 사람을 생체실험으로 희생시켰다는 사실이다. 만주 벌판의 야외시험장에서 이뤄졌던 탄저균 실험 상황을 보자.

대부분은 사람을 말뚝에 묶고 헬멧을 씌우고 갑옷을 입혔다. 지상에서 고정해 폭발하는 것, 비행기에서 투하된 시한 기폭 장치가 설치된 것 등 각종 폭탄으로 실험했다. (한 실험에서) 10명 가운데 6명의 혈액에서 균이 발견됐고, 이 중 4명은 호흡기로부터 감염됐다고 추정했다. 4명 모두 사망했다. 이 4명과 일제히 폭발한 9개의 폭탄과의 거리는 25미터였다.[24]

생체실험을 할 때 가장 많이 쓰는 방법이 저공비행을 하면서 세균 폭탄, 또는 페스트를 비롯한 세균에 감염된 벼룩을 떨어뜨리는 것이었다. '마루타'(피실험자)를 기둥에 묶어놓고 멀찌감치 떨어진 곳에서 전기 장치를 이용해서 폭탄을 터뜨리는 방식도 썼다. 야외 실험은 거기서 끝나는 것이 아니었다.

약 2시간 정도 관찰을 한 뒤 피실험자를 (731부대 안의) 감옥에 다시 가두고 계속해서 병세를 관찰하였다. 피실험자가 감염되어도 치료해주지 않았다. 그들이 모두 다 죽으면 실험자에게는 제일 만족스러운 성과였다. 731부대는 이렇게 각종 세균의 효력을 검사하기 위해 사격장(야외 실험장)에서 생체실험을 하였다. 자주 사용한 세균은 (페스트균과 더불어) 탄저균, 탄저열균, 콜레라균과 장티푸스균이었다.[25]

731부대의 야외 생체실험은 실제 전투 지형지물과 비슷한 야외 사격장에서 주로 이뤄졌다. 하얼빈 동북부의 안다(安達), 청쯔거우(城子溝), 자무쓰(佳木斯), 타오라이자오(陶賴昭) 등이었다. 가끔은 동북 산간지대와 후룬베이얼(呼倫貝爾) 초원 등지에서도 실험했다. 야외 실험을 할 때엔 생물무기인 세균뿐 아니라 화학무기인 독가스 실험으로 '마루타'들을 죽였다. 실험장 주변의 환경을 오염시켰음은 물론이다.

'이시이 기관'으로 중국 전역을 뒤덮다

731부대 말고도 '방역급수부'로 위장하며 세균전을 펼쳤던 중국 주둔 일본군 부대들은 100부대(창춘), 1855부대(베이징), 1644부대(난징), 8604(광둥), 9420부대(싱가포르)가 꼽힌다. 일본 군부에서는 이들 5개 부대와 육군군의학교 방역연구실까지 합쳐 '이시이 기관'이라 일컬었다. 이 부대들은 적게는 500명에서 1,500명 규모였고, '이시이 기관' 전체 인원은 1만 명에 이르렀다. 각 부대 지휘관들은 이시이 시로와 긴밀히 정보를 주고받으며 중국과 동남아 지역에서 생체실험 등의 전쟁범죄를 저질렀다. 731부대 요원들이 파견 근무를 하거나 출장을 가서 거들었다. 페스트균을 실어 보내기도 했다.

> 나는 1940년 9월 초순, 재료반원 3명과 함께 세균 대량생산대 2대대장 스즈키 히로유키 소좌의 명령에 따라, 연구실에서 플라스틱 공병에 들어 있는 티푸스균 약 10킬로그램을 2개의 상자에 드라이아이스와 함께 포장해서 밀봉하고, 항공반으로 운반해서 난징으로 가는 비행기에 실었다.[26]

위 증언은 731부대에서 방역 진료 조수로 일했던 다무라 요시오가 세균전 비밀을 폭로한 공술서의 일부다. 난징으로 페스트균을 보냈다면, 받는 곳은 1644부대였을 것이다. 앞에서 봤듯이, 다무라는 페스트에 걸려 다 죽어가던 일본인 731부대원이 생체해부를 당했던 충격적 상황을 폭로했었다.

1940년 6~11월 사이에 만주 눙안(農安) 지역에서 페스트가 크게 번졌다. 범인은 물론 이시이 시로였다. 그는 페스트 세균무기가 실제로 어느 정도의 살상력이 있는지 궁금했을 것이다. 1940년 6월 4일 독극성이 강한 페스트균 무기(PX) 5그램을 극비리에 뿌렸다. 페스트균에 감염된 벼룩 5그램은 1만 마리쯤이다. 눙안 지역이 실험 지역으로 꼽힌 까닭은 무엇일까. 서이종(서울대 교수, 사회학)의 글을 보자.

눙안 지역이 선정된 것은 위장 전술 때문이었다. 눙안은 만주에서 자연 발생적으로 페스트가 창궐한 대표적인 지역이다. 공식 통계에 따르면 이미 1910년에 페스트가 발생하여 확인된 사망자 수가 449명에 이르며, 1929년부터 1932년에도 559명, 1933년에도 624명이 사망하였다. 이러한 역사적 사실 때문에 눙안은 (731부대의) 대규모 세균실험에 적합한 곳이었다. 세균실험을 하고도, 마치 자연적으로 발생한 페스트 유행으로 가장할 수 있었기 때문이다.[27]

731부대의 세균전 실험으로 눙안 지역은 엄청난 피해를 입었다. 일본 관동군 방역부는 353명이 감염돼 298명이 사망했다고 발표했지만, 실제 사망자 숫자에 견주어보면 턱없이 적었다. 감염된 중국인의 집은 불태워졌고, 감염자는 살았건 죽었건 간에 일본군이 데려갔다. 그 때문에 사람들은 가족의 시신을 몰래 묻고 쉬쉬했다(실제로 환자는 목숨이 붙어 있어도 731부대에서 연구용으로 해부를 당한 끝에 죽었다). 따라서 눙안 지역 페스트 사망자 수는 일본 당국의 발표보다 훨씬 많았을 것으로 추정된다.

페스트균으로 중국 도시들 공격

이시이 시로도 731부대원들이 만주 눙안 지역에서 세균전을 펼쳤음을 숨기지 않았다. 1943년 11월 1일 육군성 의무국 회의에서였다.

그날 회의에 함께 있던 육군성 의무국 의사과장 오쓰카 후미오(大塚文郎, 대좌)가 남긴 비망록에 따르면, 이시이는 회의에서 이렇게 말했다. "지금까지 능안현에서 다나카(田中) 기사 등 6명이 비밀리에 (살포)했던 것이 가장 (인명 살상에) 효과적이었다." 오쓰카의 비망록에 적힌 이시이 시로의 발언은 '일본 전쟁책임자료센터'의 공동대표인 역사학자 요시미 요시아키(吉見義明, 주오대 명예교수, 일본 근현대사)가 일본군 장교의 업무일지를 바탕으로 쓴 논문('陸軍中央と細菌戰')에 실려 있다.[28] 요시미 요시아키는 '위안부' 성노예를 비롯한 일본의 전쟁범죄를 철저히 반성하고 사죄해야 한다는 이른바 자성 사관(自省史觀)을 지닌 연구자로 한국에도 이름이 널리 알려진 사람이다.

중국 농민들을 상대로 세균무기의 성능을 실험했던 731부대는 이어 중국 동부와 중부의 도시들을 겨냥해 같은 실험을 거듭했다. 이런 사실은 중국 국민당 정부의 피해 보고나 전쟁 뒤 소련 하바롭스크 전범재판에서도 확인됐다. 1993년 역사학자 요시미 요시아키가 일본 방위청 방위연구도서관에서 찾아낸 '이모토 일지(井本日誌)'에도 그와 관련한 기록이 있다.

이모토 구마오(井本熊男, 대좌)는 1940년부터 일본 육군참모본부 작전과에 있을 무렵 그의 일기에 731부대의 세균전을 펼치기 위한 구체적인 방법을 자세하게 기록해두었다. 이시이 시로의 고향 마을 가모(加茂)부터 중국 하얼빈까지 731부대를 추적했던 일본 작가 아오키 토미키코(靑木富貴子)의 글을 보자.

'이모토 일지'에 따르면, 1940년 6월 5일 참모본부 작전과의 아라오 오키카쓰 중령, 중지나방면군 방역급수부 부장대리 마스다 도모사다 중령 등이 모여 계획을 짰다. (세균전) 실시 부대는 지나파견군 총사령부 직할이지만, 직접적 책임자는 731부대장 이시이 시로가 맡았다. 이 작전을 위해

'나라(奈良) 부대'가 임시로 편성됐다.[29]

구체적 공격 방법은 비 오는 날 4,000미터 이상 고도에서 세균액을 뿌리고, 저공에서 페스트에 감염시킨 벼룩을 뿌리는 것이었다. 1940년 9월 18일부터 10월 7일 사이에 6회의 공격이 저장성(浙江省) 주요 도시들인 닝보(宁波), 진화(金华) 등지에서 이뤄졌다. 스파이를 이용하여 공격 목표 지구에 콜레라와 티푸스 균액을 뿌리는 모략 작전도 펼쳐졌다. 콜레라나 티푸스균이 기대만큼 효과를 거두지 못하자, 페스트균에 감염된 벼룩을 10월 하순 닝보에, 11월에는 진화에 뿌렸다.[30]

이시이 시로는 페스트에 감염된 벼룩을 이용한 작전의 성과에 크게 만족했다. 기록 필름을 만들어 일본군 내부에서 크게 선전하는 한편으로, 그 뒤 펼칠 세균 작전에서 페스트균을 퍼뜨릴 벼룩 생산에 더욱 열을 올렸다. 해를 넘긴 1941년 11월에는 후난성(湖南省) 창더(常德)를 세균으로 공격해 페스트 전염병을 일으켰다.

잇단 생체실험 끝에 이시이 시로는 페스트균이 다른 균(콜레라, 장티푸스)보다 독성이 강하고 따라서 치사율이 가장 높다는 사실을 알아냈다. 그러면서 페스트에 감염된 벼룩을 이용한 도자기 폭탄을 만들었다. 소련 하바롭스크 전범재판에서 징역 25년을 선고받았던 관동군 군의부장 가지쓰카 류지(梶塚隆二, 군의중장)의 진술을 들어보자.

이시이 시로는 나에게 폭탄에 세균을 넣으면 폭탄이 터지면서 대량의 열량을 방출하여 세균이 살아남기 어렵다고 말했다. 그래서 도자기 폭탄을 연구 제작하기로 결정하였다고 하면서 그 연구는 이미 진행 중이라 했다. 그는 또 비행기로 세균을 살포할 때 고공에서 실행하면 세균이 살상력을 잃기에 저공에서 살포해야만 좋은 효과를 얻을 수 있다고 말했다. (⋯) (이시이는) 세균을 그대로 뿌리면 지면에 떨어지기 전에 죽기 때문에 보호막이 필요하다고 했다. 그 보호막이 바로 벼룩이었다. 그래서 페스트에 감염된 대량의 벼룩을 사용하기로 했다. 이시이의 말로는, 감염된 매개물로 강물과 음식물을 감염시키는 것도 세균무기를 사용하는 좋은 방법이라고 했다.[31]

이시이의 말에 나오는 '페스트균에 감염된 벼룩이 담긴 도자기 폭탄' 개발을 결정하기까지는 숱한 생체실험을 거듭한 뒤였다. 그 과정에서 많은 사람들이 고통스럽고 헛된 죽음을 당했다. 마침내 이시이는 일본군 참모본부에 이런 보고를 올렸다.

731부대는 페스트균에 감염된 벼룩을 세균무기로 사용하는 방법을 연구해냈다. 이 연구 성과는 대규모 전쟁에 실제로 사용하는 것을 목적으로 한다.[32]

시베리아로 끌려간 관동군 포로 60만, 붉은 군대의 압도적 승리

일본과 소련은 1941년 4월 13일 일·소 중립조약을 맺었었다. 미국과의 일전이 불가피하다고 여긴 일본이 북방 쪽 안보 걱정을 덜려는 심산에서였다. 소련의 스탈린은 일본 관동군의 위협을 신경 쓰지 않고 독일과의 전쟁에 전념할 수 있어 좋았다. 그러나 어느 조약이든 서로에게 이득이 될 때는 지켜지지만 상황이 바뀌면 언제라도 깨지기 마련이다. 소련이 1945년 8월 8일 일본에 선전포고를 하면서 중립 조약은 깨졌다.

8월 9일 새벽, 소련군은 병력 150만, 탱크 5,500대, 비행기 5,000대를 동원해 그야말로 물밀듯이 관동군을 밀어붙였다. 지휘관은 극동군 총사령관 알렉산드르 바실렙스키(대장)였다. 관동군의 주력은 중국 본토로 또는 태평양 전선과 일본 본토 방어를 위해 많이 빠져나갔기에,

러시아군의 상대가 되질 못했다. 소련군 침공 열흘 뒤(8월 19일) 관동 군사령관 야마다 오토조(山田乙三, 대장)는 소련군에게 공식 항복했다. 관동군 71만 병력 가운데 전사자는 8만에 이르렀고, 시베리아로 끌려 간 포로 60만 가운데 6만 4,000명이 영양실조, 질병 등으로 죽었다.[33]

물론 소련군도 손실이 없진 않았다(소련군 1만 2,301명, 소련군과 함께 관동군을 공격했던 몽골인민공화국 군인 72명). 이런 손실은 전체 작전 참 가 병력의 0.7퍼센트로, 독일군과 맞서 싸웠던 유럽 전선에서 소련군 이 입었던 손실(전사 및 실종 760만, 포로 520만, 수감 중 사망 포로 260만) 에 견주어보면 '거의 손실이 없었다'고 해도 지나친 말이 아니다. 붉은 군대의 압도적 승리였다.[34]

소련군의 기습 공격으로 관동군이 급속하게 무너지면서 관동군은 731부대의 전쟁범죄 증거들을 없애고 도망치기에 바쁘게 됐다. 소련 군의 침공 당일 일본 육군참모본부는 관동군사령부에게 731부대를 다른 부대들보다 앞당겨 철수시키라는 전보를 보냈다. 관동군사령부 는 이시이에게 '직접 사령부에 와서 명령을 접수하라'고 알렸다.

그때 이시이는 본부(하얼빈 외곽의 핑팡 지역)에 없었다. 세균무기를 갖고 사쿠라 특공대와 함께 지린성 통화(通化) 지역에 가 있었다. 이시 이의 부관이 급히 괴뢰 만주국 수도 신징(新京)으로 달려가 받아 본 명 령 문안은 '731부대는 정황에 따라 임기응변하라'는 것이었다. 사실상 '잡히지 말고 서둘러 도망치라'는 뜻이었다.

도쿄의 일본 육군 지도부가 731부대의 전쟁범죄가 문제될 것을 얼 마나 걱정했을까를 보여주는 사례가 하나 있다. 육군참모 아사에다 시 게하루(朝枝繁春)와 관련된 이야기다. 아사에다가 훗날 남긴 회고담에 따르면, 그는 8월 9일 관동군으로부터 소련군 침공 소식을 듣자마자 731부대를 떠올렸다. '731부대의 세균전 실태가 드러나면 히로히토 국왕에게 누가 될 것'이란 생각을 했다. 그래서 참모들과 상의 끝에 육군참모총장의 명의로 이시이 시로에게 신징 군용 비행장에서 대기하라는 전보를 쳤다.

칼 빼든 이시이, "731 비밀, 무덤까지 가져가라"

8월 10일(일설에는 8월 11일) 사람들의 눈길을 피해 비행장 격납고에서 이시이-아사에다의 만남이 이뤄졌다. 이시이를 보자마자 아사에다의 첫마디는 '마루타는 몇 명 남았는가요'였다. 1시간가량의 만남에서 아사에다는 731부대 철수와 관련한 육군참모총장의 훈령을 이시이에게 전했다.

1. 귀 부대는 전면적으로 해소(解消)하고, 부대원은 한시라도 빨리 일본 본토로 귀국시키고, 일체의 증거 물건은 영구히 지구상에서 없앨 것. 2. 이를 위해 공병 1개 중대와 폭약 5톤을 귀 부대에 배속하도록 이미 수배를 마친 상태이므로, 귀 부대의 제반 설비를 폭파할 것. 3. 건물 안의 마루타는 전동기로 죽인 뒤 귀 부대의 소각로에서 처리하고, 그 재를 송화강에다 흘려보낼 것. 4. 세균학 박사 학위를 지닌 귀 부대 군의관 53명은 귀 부대의 군용기로 일본으로 곧바로 송환할 것. 그 밖의 직원과 부녀자, 아이들은 만주 철도로 다롄까지 먼저 수송한 다음 내지(內地, 일본)로 송환할 것.[35]

위 훈령문을 한 문장으로 줄인다면, '731부대의 전쟁범죄 증거들을 모두 없애고 빨리 그곳에서 빠져나오라'는 것이다. 이시이로선 그동안 애써 모은 세균전 자료를 폐기하라는 명령을 따르기가 쉽지 않았을 것이다. 그는 얘기를 마치고 돌아서던 아사에다를 불러 세우고 이렇게 물었다. "(세균전) 연구 자료만이라도 갖고 돌아가면 안 될까요?" 아사에다의 회고담에 따르면, 이 질문에 대해 "아니, 안 돼!"라는 반말투의 단호한 대꾸를 했다고 한다.

이시이는 당시 53세, 아사에다는 33세로 나이 차이가 스무 살이나 났고 계급 차이도 컸다. '일체의 증거를 없애라'는 참모총장의 훈령은 엄격하게 지켜져야 한다는 점을 강조하느라 자신도 모르게 말이 거칠어졌을 것이다. 한편으로, 아사에다의 언행에서 당시 엘리트 의식으로 우쭐해 거만을 떨었던 일본 육군참모본부의 분위기가 묻어난다. 하지만 이시이는 훈령을 따르지 않았다. 오히려 조선 독립투사를 비롯한 많은 '마루타'를 희생시키며 만들어낸 피 묻은 세균전 자료를 '더러운 거래 수단'으로 썼다.

731부대에 처음 발을 들여놓는 일본군 병사는 선임들로부터 '무엇이나 함부로 엿보거나, 말하거나, 엿들으면 안 된다'는 세 가지 부대훈(訓)을 귀에 못이 박이도록 들었다. 핑팡으로 돌아온 이시이는 곧 모든 부대원들을 불러모아놓고 철수 방침을 알리며 이렇게 큰 소리로 말했다.

731의 비밀을 어디까지나 지켜주기 바란다. 만약 군사기밀을 누설한 자가 있다면, 이 이시이가 그 비밀을 지껄인 자를 어디까지든 추적할 것이다. 첫째, 고향으로 돌아간 뒤에도 731부대에서 근무했다는 사실을 숨길 것이고, 둘째, 어떠한 공직도 맡지 말며, 셋째, 대원들끼리의 연락도 엄금한다. 731의 비밀은 무덤까지 가져가라.[36]

이시이는 일본 군도를 빼 들어 흔들며 (전쟁범죄로 얼룩진) 731부대의 기밀을 지켜야 한다고 소리 높여 외쳤다. 그런 살벌한 이시이의 모습을 바라보는 부대원들은 귀기(鬼氣)를 느꼈다고 한다. 그야말로 소름 끼치는 전율을 느꼈을 것이다. 그는 부대원들에게 '일본으로 돌아가면 731의 비밀은 무덤까지 가져가라'는 말을 몇 번이나 되풀이했다(실제로 일부 대원은 이시이 부대장의 말대로 자신의 과거를 숨기려고 군인

연금조차 신청하지 않고 가난하게 살았다).

731부대는 제1차 세계대전에서처럼 독가스 무기를 쓸 요량으로 독가스 실험도 했다. 이를 위해 지은 건물은 바로 옆의 가스 저장실과 함께 (둘 다 부분적으로 파괴된 채로) 지금도 남아 있다. 독가스 실험장으로 내몰린 '마루타'들은 이미 세균실험을 비롯한 여러 가학적인 생체실험에서 간신히 살아남아 기진맥진해 있던 사람들이었다. 말하자면, 독가스 실험장은 죽음으로 가는 마지막 길목이었다. 그렇게 죽은 이들은 소각로로 보내졌다.

731부대는 모두 세 곳의 소각로를 운용했다. 나치 독일은 아우슈비츠를 비롯한 강제수용소에서 사람들을 죽이는 독가스실을 운용하면서 '최종 해법(Endlösung)'이란 용어를 썼다. 그 단어를 여기에 빌리자면, 731부대가 세 곳의 소각로를 두고 있었다는 사실은 '최종 처리'해야 할 '마루타'와 세균무기 개발 과정에서 태워 없애야 할 각종 생체실험 장비들이 그만큼 많았음을 짐작할 수 있게 한다.

소련군의 침공을 맞아 731부대가 서둘러 철수하는 마지막 날, 소각로 굴뚝의 시커먼 연기가 더욱 세차게 솟아올랐다. 평소라면 소각로는 생체실험 과정에서 생기는 피 묻은 옷가지 또는 세균에 오염된 장갑이나 실험 장비들, 그리고 죽은 마루타들을 태우는 용도로 썼다. 그렇지만 소련군을 피해 도망칠 무렵엔 다른 것들을 태웠다. 생체실험과 관련된 각종 표본과 세균 배양 도구들, 그리고 엄청난 양의 각종 문서들이 소각로의 불길 속으로 들어갔다.

'최후의 마루타', 독가스로 죽여 불태워

731부대의 7동과 8동 감옥에 갇혀 있던 '최후의 마루타' 숫자는 40명으로 알려진다. 그렇다면 그 '마루타'들은 어떻게 '최종 처리' 됐을까. 일본 육군참모총장이 731부대 철수와 관련해 전보로 보낸 훈령에는 '마루타는 전동기로 죽인 뒤 귀 부대의 소각로에서 처리하고, 그 재를 송화강에다 흘려보낼 것'이라고 쓰여 있었다. '전동기'라면 전기충격기를 가리킨다. 하지만 실제로는 독가스(청산액화가스)로 죽였다. 일본 작가 모리무라 세이이치는 그때의 참상을 지켜봤던 731부대원의 증언을 이렇게 옮겼다.

마루타 가운데 몇몇은 독가스로는 아직 죽지 못해 강철로 된 문을 두들기며 끔찍한 소리를 내고 목을 쥐어뜯으면서 몸부림쳤다. 죽은 마루타들의 다리를 잡아끌어 7동 옆에 파두었던 구덩이 속에 집어넣고 가솔린과 중유를 퍼붓고는 불을 붙였다. 8월 11일 오후였던 것으로 기억한다. 마루타의 시체는 좀처럼 타지 않았고 철수는 시각을 다투었다. 도망치기에 정신이 없었기에 시체 소각 작업 중 그대로 흙으로 덮어버렸다.[37]

'마루타'들을 모두 죽이고 불태우긴 했지만, 서둘러 도망치느라 그 재를 송화강에 뿌리라는 훈령을 따르진 않았다. 곧이어 부대 건물들이 폭파돼 무너졌다. 의심이 많고 꼼꼼한 성격이었던 이시이는 약제 담당 소좌가 모는 경비행기에 올라타 731부대의 파괴된 모습을 두 눈으로 확인하며 사진에 담았다. 그런 뒤 다롄의 731부대 출장소에 들러 필름 현상을 맡겼다.

오늘날 전해지는 731부대의 기록 사진들은 음침한 분위기를 풍긴다. 사진을 한참 들여다보노라면, 80여 년 전 그곳에서 가학적인 생체실험을 받다 숨져간 '마루타' 원혼들의 눈물이 사진에서 배어 나오는 듯하다. 워낙 철근 콘크리트 두께가 두꺼워 폭파되지 않은 동력반 보일러실의 거대한 굴뚝 두 개도 눈길을 끈다.

그곳을 떠난 이시이는 괴뢰 만주국 수도 신징의 기차역 귀빈실에

731부대의 보일러 굴뚝. 일본군의 죄상을 말없이 증언하고 있다.

서 특별열차를 기다리며 앉아 있었다. 그는 그곳에서 세균전 자료들을 열차에 싣고 평양-경성을 거쳐 부산으로 갔다. 상부의 훈령을 어기면서 챙긴 '피 묻은 세균 자료'는 1945년 8월 22일 부산항 부두에서 도쿠주마루(德壽丸)란 이름의 화물선에 실려 그다음 날 현해탄(대한해협)을 건넜고, 그 뒤 비밀 장소에 감춰졌다.

731부대는 귀환 과정에서 매우 이례적인 특혜를 받았다. 731부대원들과 그 가족들을 위해 핑팡역에서 다롄 직행 특별 열차를 출발시켰다. 당시 만주에 있던 60만 명가량의 일본 민간인들이 귀국 교통편을 마련하기란 쉽지 않았고, 엄청난 고생길이었다. 가는 길목마다 중국인들과 조선인들의 공격을 받았고, 사망자들도 생겨났다. 부산역으로 가는 4개의 열차에 나눠 탄 731부대원과 그 가족들도 차창 밖의 따가운 시선에 마음을 졸여야 했다. 언제 돌멩이가 차창을 깨고 날아들지 몰랐다. 열차를 움직이던 중국인 기관사가 사라지는 바람에 열차가 하루

종일 움직이지 못하기도 했다.

피묻은 세균 자료, 부산항 거쳐 일본으로 은닉

이시이가 언제 어떻게 일본으로 달아났는지는 알려져 있지 않다. 8월 22일부터 26일 사이에 비행기를 타고 일본 도쿄에서 가까운 아쓰기 또는 다치카와에 내린 것으로 추정될 뿐이다. 확실한 것은 그가 8월 26일 도쿄 육군성 의무국(醫務局)에 들렀다가 신주쿠 지역에 있는 육군성과 육군참모본부를 방문했다는 사실이다(그 무렵 육군성과 육군참모본부는 오늘날 방위성으로 쓰이는 건물 안에 함께 있었다).

이시이가 그곳으로 갔을 때는 미군 점령군이 오기 전에 기밀 서류들을 태우느라 바빴다. 건물 전체가 연기에 싸여 숨 쉬기가 불편할 정도였다(1,500명 규모의 미군 선발대는 8월 28일 도착했고, 맥아더 장군은 8월 30일 아쓰기 공항을 통해 들어왔다). 그곳에서 이시이는 육군참모총장 우메즈 요시지로(梅津美治郎, 대장)를 만나 귀국 보고를 했다.

우메즈는 관동군 사령관 출신으로 만주에서부터 이시이와 가까운 사이였다. '미군이 오면 세균전으로 공격하겠다'는 이시이의 말에 우메즈가 말렸다는 얘기도 나돌았지만, 설득력이 떨어진다(우메즈는 1945년 9월 2일 도쿄만의 미주리호 선상에서 일본 군부를 대표해 항복문서에 서명했다. 1948년 12월 도쿄 전범재판에서 종신형을 받은 바로 뒤인 1949년 1월 대장암으로 옥사했다).

이시이는 우메즈에게 '세균전 자료를 폐기하라'는 참모총장의 훈령을 어기고 어딘가에 감춰두었다는 말을 하진 않았다. 그 자료는 미국과의 거래를 통해 결국 그의 생명줄이 됐다. 하지만 소련 국경에 가까운 곳에 배치됐던 일부 731부대원들은 미처 도망치지 못했고, 관동군 고급장교들과 함께 전범재판에 넘겨졌다. 이들에겐 10년에서 25년 사이의 징역형, 강제노동형이 주어졌다. 731부대의 수괴 이시이 시로가 소련군에 붙잡혔다면 어땠을까. 미국의 유대인 정치학자 한나 아렌트의 말을 거듭 빌리자면, 사람들은 그의 죗값이 워낙 커 사형 언도로도 값이 싸다고 여겼을 것이다.

일본군 물러난 뒤 페스트로 3만 명 사망

1945년 8월 17일 소련군은 핑팡의 731부대를 점령했다. 그에 앞서 일본군들은 최후의 마루타 40명을 독가스로 죽이고 불태웠고, 공병 1개 중대를 동원해 건물을 폭약으로 파괴하고 도망쳤다. 소련군 병사들이 그곳을 접수했을 때는 엄청난 숫자의 쥐 떼와 더불어 기니피그, 토끼, 염소, 양 같은 동물들이 무너진 기지 안팎을 어슬렁거리고 있었다.

그런 모습을 보면서 어떤 병사는 구약성경에 나오는 '노아의 방주'를 떠올렸을지도 모른다. 문제는 페스트 쥐벼룩을 몸에 지닌 쥐 떼였다. 일본군이 도망치면서 731부대 안에 (페스트균 폭탄 개발을 위해) 잡아 두었던 쥐들이 모두 풀려났다. 그로 말미암아 731부대 기지가 있던 핑팡은 물론 가까운 하얼빈 등에 페스트 전염병이 돌았다.

희생자는 전쟁이 끝난 뒤로도 계속 늘어났다. 1946년, 1947년, 그리고 1948년에도 생체실험 부대가 있었던 지역에서는 대규모로 전염병이 유행했다. 해마다 가을이면 핑팡과 인근 지역에 페스트가 창궐했으며 하얼빈 전역으로 퍼져나갔다. 1947년 일어난 대규모 페스트는 하얼빈뿐만 아니라 동북부 전역으로 퍼져나갔고 3만 명이 넘는 희생자를 냈다. 1945년까지만 해도 이 지역에서 페스트 전염병이 창궐한 적은 없었다.[38]

페스트뿐 아니다. 일본군이 파놓은 수많은 화학무기 엄폐물 가까이에 살던 중국인들이 큰 피해를 입었다. 731부대는 독가스를 비롯한 화학무기도 개발하려고 각종 실험실을 두고 있었다. 그리고 만주 곳곳에 주둔하던 일본군 부대에도 화학무기(CW) 비축 창고들이 있었다. 한마디로 일본 관동군은 만주 벌판을 거대한 생물·화학무기 실험장 겸 비축장으로 만들어놓은 셈이었다.

중국 정부는 일본군 점령 당시의 화학무기 때문에 죽어간 희생자 수는 해마다 2,000명이 넘을 것으로 추정하고 있다. 전쟁 후에 중국에서 찾아내어 버려진 CW 무기와 독극물의 양은 상상을 초월할 정도였다. 2001년 4월 중국 정부는 중국 동북부에 거의 200만 점이 넘는 화학무기가 묻혀 있을 것으로 추정된다고 발표했다. 이런 화학무기들은 심하게 마모되고 녹슬어서 아주 위험한 상태로 방치되어 있다.[39]

소련군에 붙잡힌 전범들, 10~25년 강제노동형

731부대는 소련 국경에 가까운 무단강(牧丹江), 린커우(林口), 슨우(孫吳), 하이라루(海拉) 등 네 곳에 지부에 두고 있었다. 이들 지부는 소련과의 전쟁이 터질 경우 세균전을 펼칠 목적으로 만들어졌다. 731부대의 수괴 이시이 시로는 일본으로 줄행랑을 쳤지만, 지부에 있던 대원 100명쯤이 소련군에 붙잡혔다. 일본군이 급속도로 무너지는 바람에 미처 도망갈 겨를도 없이 포로가 됐고, 관동군 고급장교들과 함께 전범재판에 부쳐졌다.

관동군으로 시베리아로 끌려간 포로 60만 명 가운데는 육군참모 아사에다 시게하루가 있었다. 앞서 보았듯이 아사에다는 8월 10일(일설에는 8월 11일) 신징 군용 비행장 격납고에서 이시이 시로를 만나 731부대 철수와 관련한 육군참모총장의 훈령을 직접 전했었다. 아사에다는 이시이와 헤어진 뒤 다른 공작 임무를 펴다가 탈출 기회를 놓치고 붙잡혔다. 소련군은 그를 관동군 사령관 야마다 오토조, 총참모장 하타 히코사부로(秦彦三郎) 등 관동군 고급장교들과 함께 하얼빈 부시장 관사에 임시로 가두어두었다. 그곳에서 아사에다는 앞으로 있을 소련군 심문에서 731부대의 범죄 행각을 감추기 위해 입을 맞추려 했다. 731부대의 전쟁범죄를 비판하는 일본의 양심적인 의료인들이 낸 자료집에서 관련 내용을 옮겨본다.

> 이시이 부대(731부대)에 대해선 반드시 조사가 진행될 텐데, 사실이 발각되면 국제문제가 됩니다. 나아가 폐하께도…… (누가 됩니다). 따라서 그 부대는 육군성 의무국 관리 아래 있어 참모본부와 관동군사령부는 자세한 사정을 모른다고 합시다. 다만 전혀 모른다고 하면 오히려 의심을 받게 될 테니, 들어본 적은 있다 하고, 누구에게 들었냐고 따져 물으면 태평양 전선에서 죽은 사람의 이름을 대는 것으로 합시다.[40]

한 약삭빠른 일본군 참모가 잔꾀를 낸다고 냈지만, 떠오르는 해를 가릴 수 없듯이 진상은 드러나기 마련이다. 소련 심문관들은 그렇게 어리숙하게 넘어가지 않았다. 소련도 미국과 마찬가지로 세균전에 큰 관심이 있었기에 관련 정보를 얻어내려고 집요하게 캐물었다. 잇단 대질심문 끝에 전쟁범죄의 진상이 하나둘씩 드러났다. 그 과정에서 소련은 앞날의 세균전에 대비한 두툼한 문서철을 만든 것으로 알려진다.

1949년 12월 25~29일 사이에 하바롭스크에서 재판장 체르코프(소련군 소장)의 주재 아래 전범재판이 열렸다. 피고석에 선 자들은 관동군 지도부 4명, 731부대원 8명 등 12명이었다. 이들은 본 재판에 넘겨지기에 앞서 12월 12~25일 사이에 예심을 거쳤다. 이 재판에서 피고들은 두 부류로 나뉘었다. 하나는 관동군 고급 지휘관들이고, 다른 하나는 731부대원들이었다.

관동군 출신 피고는 사령관 야마다 오토조(대장, 강제노동형 25년), 군의부장 가지쓰카 류지(군의중장, 강제노동형 25년), 수의부장 다카하시 다카아쓰(高橋隆篤, 수의중장, 강제노동형 25년), 제5군 군의부장 사토 슌지(佐藤俊二, 군의소장, 강제노동형 25년), 4명이었다.

731부대에 속했던 피고는 세균제조부장 가와시마 기요시(군의소장, 강제노동형 20년), 세균제조과장 가라사와 도미오(柄澤十三夫, 군의소좌, 강제노동형 20년), 같은 세균제조과장 니시 도시히데(西俊英, 군의소좌, 강제노동형 20년), 하이라우 지부장 오노우에 마사오(尾上正男, 군의소좌, 강제노동형 20년), 무단강 지부장 히라자쿠라 젠사쿠(平櫻全作, 군의소좌, 강제노동형 10년), 연구원 미토모 가즈오(三友一男, 수의중위, 강제노동형 15년), 위생병 2명(강제노동형 2년, 3년) 등 8명이었다.

이 피고들의 혐의는 세균무기를 준비하고 실제로 사용한 죄였다. 731부대 간부들이 '마루타' 생체실험, 세균무기 개발과 살포를 부인 또는 축소하려 애를 써도 헛수고였다. 일반 전쟁포로로 붙잡힌 731부대원들이 법정 증인으로 나와 그들의 끔찍했던 생체실험 등 죄악상을 털어놓았다.

"731부대의 목적은 전염병 재앙을 일으키는 것"

관동군 사령관 야마다 오토조도 처음엔 버텼으나 결국은 입을 열었다. 그는 1945년 봄 육군성으로부터 '세균무기를 증산하라'는 통지를 받았고 패전 직전까지 731부대의 세균전 준비를 지휘했다고 밝혔다. 진청민(金成民)은 하바롭스크 전범재판의 검찰 쪽 '법정 의학검사위원회'가 내린 결론을 이렇게 옮겼다.

일본 관동군 731부대는 세균무기를 연구·제조하고 세균무기의 사용 방법을 연구하기 위해 설립됐다. 제조된 세균무기의 사용은 군대를 위협했을 뿐만 아니라 부녀와 노인, 그리고 어린아이를 포함한 주민들의 생명 안전도 위협했다. 가축 살상뿐만 아니라 곡식을 훼멸시키기도 했다. 세균무기를 연구·제조한 목적은 전염병 재앙을 일으켜 많은 사람들을 죽음으로 몰아넣기 위한 것이다.[41]

하바롭스크 법정의 피고들은 특수부대를 설립하고 세균전을 준비 실시한 혐의, 산 사람을 상대로 흉악무도한 생체실험을 실시한 혐의, 몽골인민공화국과 중국 침략전쟁에서 세균무기를 사용한 혐의 등으로 유죄판결을 받았다. 이들 12명은 교정노동수용소에 갇혔다. 단기 징역형을 받은 위생병 2명은 만기를 채우고 풀려났고, 나머지는 1956년 일본-소련 사이의 외교관계가 트이면서 풀려나 일본으로 돌아갔다. 총살형이든 교수형이든 하바롭스크 전범재판에서 사형 언도를 받은 피고는 하나도 없었다. 이들이 세균무기를 개발한답시고 생체실험으로 사람들을 고문해 끝내는 죽음에 이르도록 했던 끔찍한 죄의 무게에 견주면, 더구나 그 희생자의 고통과 유족들의 원통함을 떠올린다면, 무겁게 매겨진 판결이라 볼 수 없다. 이는 어디까지나 공개재판에서의 얘기다. 여기서 잘 알려지지 않은 사실 하나가 있다. 하바롭스크 전범재판이 열리기에 앞서 비밀 처형이 대규모로 이뤄졌다. 60만 명이 넘는 포로 가운데 3,000명이 형식적인 재판을 거쳐 은밀하게 처형된 것으로 추정된다. 존 다우어(MIT 명예교수, 역사학)에게 퓰리처상을 안겨준 책 『패배를 껴안고(Embracing Defeat)』(1999)에서 관련 내용을 보자.

만주 731부대와 연관된 일본인 12명을 피고로 하여 1949년 12월 하바롭스크에서 열린 재판의사록은 1950년에 영어로 번역됐다(535쪽 분량).

그 내용을 보면 소련이 비밀리에 최대 3,000명의 일본인을 전범으로 처형했음을 추측할 수 있다.[42]

처형된 개개인들에게 나름의 전쟁범죄 혐의가 따라붙었겠지만, 러일전쟁(1904)과 할힌골 전투(노몬한 전투, 1939) 등을 거치며 쌓여온 적개심과 보복 심리도 조금은 작용했을 것이다. 다우어에 따르면, 일본 전쟁범죄자들에 대한 재판(도쿄, 하바롭스크)을 분석한 1978년 소련의 연구 결과물에도 3,000명의 일본 전범자들이 소련에서 처형됐다는 내용이 들어 있다.[43]

선양(瀋陽) 전범재판, 731부대 관련 11명 단죄

중국에서는 1956년 일본군의 세균전 전쟁범죄에 대한 단죄가 이뤄졌다. 중일전쟁(아시아·태평양전쟁)이 끝난 지 11년 만에 뒤늦게 전범재판이 열린 데엔 여러 사정이 있었다. 일본군이 물러난 뒤로도 중국은 이른바 국공(國共)내전으로 안정과는 거리가 멀었다. 마오쩌둥(毛澤東)은 1949년 10월 1일 중화인민공화국의 수립을 선포할 때까지도 장제스(蔣介石)의 국민당 군에 맞서 전투를 벌여야 했다. 내전 승리 뒤로는 한국전쟁을 비롯해 안팎의 적대적인 환경 아래 있었다. 그렇기에 전범재판을 열 여유가 없었다.

1956년 무렵 랴오닝성 푸순 전범관리소에는 1,000명가량의 전쟁포로들이 수감돼 있었다. 이들 가운데 절대다수는 소련군의 포로로 시베리아 강제노동수용소에 있던 이들이었다. 한국전쟁 직후인 1950년 7월 21일 열차에 태워져 중국으로 넘겨졌다. 참고로 1950년 당시 푸순 전범관리소의 일본인 수감자는 982명이었다. 구성은 일반 군인 667명, 헌병 116명, 특수경찰 155명, 행정 인력 44명. 이들 가운데 장군은

35명이었다(푸순 전범관리소박물관 소개 웹사이트 참조).

1956년은 일·소 국교회복에 즈음해 소련의 강제노동수용소에 갇혀 있던 전범들이 모두 풀려나던 해다. 중국도 그에 맞춰 일본 전범 가운데 45명만 빼고 나머지는 모두 기소 면제 형식으로 일본으로 돌려보냈다. 풀려난 수감자들은 '중국귀환자연락회'를 만들고 일본의 전쟁범죄를 고발하며 반전평화운동을 벌였다.[44]

1956년 6~7월 사이에 열린 랴오닝성 선양(瀋陽) 특별군사법원(재판장 자첸, 중국군 군법소장)에서 이들에 대한 재판이 이뤄졌다. 중화인민공화국 최고인민검찰원 검찰관이 731부대와 관련해 기소한 전범자는 11명이었다. 중국 특별군사법정에서의 판결은 엄중했다. 사이토 요시오(斎藤美夫, 헌병대사령부 경무부장, 소장)에겐 징역 20년, 사상범을 다루는 특고(特高, 특별고등경찰) 헌병이었던 기무라 미쓰아키(木村光明, 청더 헌병대 특고과장, 소좌)에겐 징역 16년, 헌병 장교들에겐 징역 12~15년의 중형이 내려졌다.

이들 관동군 헌병 장교들은 항일 투사들을 731부대로 '특이급(特移扱)'했던 자들이었다. 사이토 요시오, 시무라 유키오(志村行雄, 하이라얼 헌병대장, 중좌), 우쓰기 다케오(宇津木孟雄, 자무쓰 헌병대장, 중좌), 요시후사 도라오(다롄 헌병대장, 중좌), 기무라 미쓰아키 등이었다. 이들이 '특이급'해 '마루타'로 숨겨간 희생자들을 떠올리면, 그런 형벌이 결코 무겁다고 말할 수는 없을 것이다(만주 푸순 전범관리소에 갇혀 있던 일본 전범들은 1964년 4월 마지막 전범 3명의 석방을 끝으로 모두 풀려났다).

피고인들 가운데 눈길을 끌었던 자는 731부대 소속으로 소련 국경 가까운 린커우(林口)의 162지대장 사카키바라 히데오(榊原秀夫, 군의소좌)다. 1936년 군의관으로 만주에 파견돼 '악마의 의사' 이시이 시로의 부하가 됐다. 1945년 8월 소련군을 피해 도망친 뒤 중국인민해방군에 들어갔지만, 곧 죄상이 드러나 만주 푸순 전범관리소에 갇혔다. 푸순에서 그가 남긴 공술서에는 1945년 4월 헤이룽장성 안다(安達)현의 야외 실험장에서 탄저균 도자기 폭탄으로 생체실험을 했던 상황이 쓰여 있다. 이시이 시로가 731부대장으로 돌아오고 한 달 뒤의 일이다. 중국 중앙기록보관소는 2014년 7월 10일 사카키바라가 자신의 전쟁범죄를 밝힌 공술서를 공개했고, 그 내용이 《런민일보(人民日報)》에 자세히 실렸다.

> 야외 실험장에서 25~30미터 간격으로 묻혀 있는 기둥에 중국 민간인 4명을 묶었다. 경폭격기 한 대가 연습장 상공 150미터 고도에서 도자기 폭탄을 투하했다. 나는 보호복을 입고 500~600미터 거리에서 이 참혹한 광경을 봤다. 도자기 폭탄에는 무서운 살상력을 지닌 탄저균이 들어 있었다. 호흡기에 침투하면 폐에 탄저병이 생겨 살아남을 수가 없다. 이는 매우 잔인한 범죄이고, 나 역시 이 범죄에 가담했다.[45]

사카키바라는 162지대에서 장티푸스균과 A형 파라티푸스균을 배양했고, 그 균들이 든 시험관들을 731부대 1부 독성검사반으로 보냈다. 그 균들은 731부대 1부가 보관하던 균종의 표준 독성에 딱 들어맞았다. 사카키바라는 1945년 3월 그의 부하들과 함께 중국 농민들이 쓰는 우물 안에 세균이 든 시험관을 던져 넣어 민간인 4명을 죽였다고 털어놓았다. 이어지는 그의 고백이다.

> 1945년 8월 라디오를 통해 소련군과의 전쟁 소식을 들었다. 즉시 차량 출동을 준비하라고 명령했다. (본부의 철수 명령에 따라) 지부에서 사육하던 동물은 말을 제외한 쥐, 흰쥐, 해리, 토끼, 벼룩, 세균 모두를 731부대로 이송했다. 지대의 모든 건물에 볏짚을 넣고 휘발유를 충분히 뿌린 뒤 트럭과 모든 실험 장비도 함께 소각했다. 세균전을 준비했던 모든 증거를 없애기 위해서였다.[46]

사카키바라의 공술서에 따르면, 당시 731부대가 갖고 있던 세균무기들을 중국·소련 국경 지역에 살포했다면, '소련군을 대량 살상할 수 있을 뿐 아니라 중·소 양국의 일반 국민을 살상하고도 남을 정도였다'고 했다. 하지만 소련군의 기습으로 철수를 서두르는 바람에 그런 일은 일어나지 않았다(사카키바라는 징역 13년을 언도받았다).

소련과 중국은 731부대 전범 처벌, 미국은 실익 챙겨

731부대의 일부 대원들은 소련과 중국에서 전범재판을 받았다. 하지만 '악마의 의사' 이시이 시로 731부대장과 핵심 간부들은 (도조 히데키를 비롯한 A급 전범자들이 도쿄 전범재판을 받는 동안에도) 체포되지 않았다. 맥아더 사령부의 지침을 받은 조지프 키넌(Joseph Keenan, 도쿄 전범재판 수석검사)은 이시이를 체포하기는커녕 감싸주었다.

소련은 이시이를 비롯한 731부대의 간부들을 붙잡아 전쟁범죄자로 기소하라고 요구했지만, 미국은 법적 정의보다 실익을 챙기려 했다. 731부대의 세균전 정보가 국가 안보 차원에서 매우 가치가 높으며, 이시이 일당을 전범으로 처벌하는 것보다 이롭다고 여겼다. 실리 추구는 교과서에 나오는 정의 실현보다 늘 앞서는 모양이다.

여기서 한 가지 물음이 떠오른다. 731부대의 수괴 이시이 시로가 소련군에게 붙잡혔다면 하바롭스크 법정 피고석에 섰을까. 소련도 미국처럼 그의 사면 또는 감형을 조건으로 거래를 하면서 세균전 정보를 얻어내려 했을까. 교활하고 머리 회전이 빠른 이시이는 미국이 세균전 정보를 탐낸다는 사실을 곧 알아챘다. 이시이는 조사관을 자신의 집으로 불러들여 그의 전쟁범죄를 없던 일로 덮어주는 '사면 보증서'를 요구하는 뻔뻔함을 보였다. 이 '더러운 거래' 내막을 다음 글에서 살펴보자.

3장
세균 정보와 전쟁범죄 처벌을
맞바꾼 '더러운 거래'

미국은 무엇 때문에 731부대 '악마의 의사들'의 끔찍한 전쟁범죄를
눈감아주었을까. 조선의 독립투사를 '마루타'로 죽이며 만든
피 묻은 세균전 정보와 전쟁범죄 면죄부를 맞바꾼 '더러운 거래'는
어떤 과정을 거쳐 이뤄졌나.

　

한국전쟁이 한창이던 1951년 4월 트루먼 대통령에게 전격 해임당
할 때까지 패전 일본을 5년 반 동안(1945년 9월~1951년 4월) 다스렸던
더글러스 맥아더에게 맡겨진 주요 임무 가운데 하나가 전범재판이었
다. 1945년 9월 11일 연합국최고사령부는 도조 히데키를 비롯한 39명
의 A급 전범자들 체포에 나섰고, 그 뒤로도 잇달아 지난날 일본 군국
주의 침략전쟁에 책임을 져야 할 자들을 감옥에 잡아넣었다. 그들의
혐의는 평화를 깨뜨린 죄(crimes against peace)와 반인도적 범죄(crimes
against humanity)였다.

도조 히데키를 비롯한 A급 전범자들이 하나둘씩 잡혀가던 1945년
후반기에 사람들의 관심사는 과연 언제 이시이 시로를 비롯한 731부
대 일당이 전범재판에 넘겨질 것인가였다. 하지만 이시이를 비롯한
731부대 관련자들은 (일왕 히로히토와 마찬가지로) 도쿄 전범재판을 비
껴갔다. 도조처럼 체포해서 감옥에 가둔 뒤 전범재판 피고석에 세워야

했는데도, 그렇게 되질 않았다. 731부대의 세균전 자료를 확보하는 조건으로 731부대 관련자들을 전범재판에서 뺀다는 '더러운 거래' 때문이었다.

일본 군정 통치의 절대권자 맥아더가 일왕 히로히토를 처벌하지 않은 것은 일본 보수파의 저항을 받지 않고 안정적으로 미군정 통치를 이어가려는 계산에서였다. 731부대 전범자들을 재판에 넘기지 않은 것은 그들로부터 세균전 정보를 얻어내려는 욕심 때문이었다. 후대 역사가들로부터 '더러운 거래'라는 욕을 먹을지라도 이시이 일당을 처벌하는 것보다 그들의 '피 묻은' 세균 정보를 확보하는 것이 (소련과의 대결 구도 아래서) 미국의 국가 안보에 이롭다고 여긴 셈이다. 이 '더러운 거래'는 교과서에 나오는 정의와 진실은 '눈앞의 이득' 앞에선 휴지처럼 가볍게 버려진다는 사실을 말해주는 극단적인 보기다.

"미국도 세균전으로 손을 더럽힐 수 있다"

진주만 피습(1941년 12월 7일) 다음 해 여름인 1942년 8월, 미 전쟁부 장관 헨리 스팀슨(Henry L. Stimson, 1867~1950)은 루스벨트 대통령에게 '미국도 세균전에 대비해야 한다'고 건의했다. 일본이 중국에서 생화학전을 펴는 것을 보면서, '미국도 세균전으로 손을 더럽힐 수도 있다'는 판단에서였다. 이런 과정을 거쳐 1943년 미 세균전 기지의 중심인 데트릭 기지가 세워졌다. 만주에서 이시이 시로가 '방역급수'를 내세워 731부대의 전신인 '도고 부대'를 꾸린 것이 1933년이었으니, 미국의 세균전 프로젝트는 10년쯤 늦은 셈이다.

1943년 미 연방정부는 워싱턴 북서쪽 70킬로미터 떨어진 메릴랜드주의 작은 도시 프레더릭의 데트릭 공항 문을 닫고 일반인들의 접근을 막았다. 공항 주변의 많은 땅을 사들여 대규모 토목 공사를 벌였다.

미국의 세균부대가 자리 잡은 캠프 데트릭의 출발이었다. 데트릭에 세균 기지가 들어선 데엔 미 화학전 연구소인 에지우드 병기창(Edgewood Arsenal)과도 멀지 않다는 이점도 작용했다. 《뉴욕타임스》 기자 3명은 그 무렵의 분위기를 이렇게 전한다.

> (세균) 연구는 1943년에 시작되어 빠르게 확장됐다. 농촌 지대의 촌스러운 군부대에서 갑자기 5,000명을 수용할 수 있는 250개의 건물과 숙소가 들어섰다. 이 군부대는 방벽과 투광 조명들로 둘러싸여졌다. 보초병들은 일단 쏘고 나중에 질문하라는 지시를 받았고 언제나 기관총에 탄약을 장전하고 있었다. 무장한 보초병들이 주야로 경계 근무를 섰다.[47]

미 세균전 분야는 육군화학전국(局)이 맡았다. 기지의 구성원들은 박사급 연구원들을 포함한 장교 85명, 하사관 이하 373명으로 시작했다. 하지만 갈수록 규모가 커졌다. 1943년 4월 기지 공사에 들어갔고 공사 착공 3개월 뒤 전체 경비가 400만 달러를 넘어섰다. 당시 화폐가치에 견주면 엄청나게 큰 프로젝트였다. 그에 버금가는 것은 당시 핵무기 개발을 위해 로스앨러모스 사막 일대에서 비밀리에 진행되고 있던 '맨해튼 프로젝트'뿐이었다.

데트릭 기지는 처음엔 '캠프 데트릭(Camp Detrick)'으로 불렸지만, 지금은 '포트 데트릭(Fort Detrick)'이라고 한다. 1956년 아이젠하워 행정부 시절의 미 국방부가 '평화 시기에 생물무기를 연구하는 영구적 연구개발 시설'로 지정하면서 이름을 살짝 바꾸었다. 우리말로는 똑같은 '데트릭 기지'다. 그 기지 안에 미국 육군생물학전연구소(USB-WL)가 자리 잡았다. 1969년에 새로 출범한 미국 육군전염병연구소(USAMRIID)의 전신이다.

데트릭 세균 기지를 세우면서 루스벨트 미 대통령은 적국의 세균전 정보를 캐기 위해 정보기관에게 특별 지령을 내렸다. 육해군 정보국 (G-2), 전략사무국(OSS, 지금의 CIA 전신), 연방수사국(FBI) 요원들은 독일은 물론 일본의 세균전 움직임에 촉각을 세웠다. 그 결과로 미국은 일본의 세균부대에 관한 윤곽을 그릴 수 있게 됐다. 만주에 '방역급수부'라는 이름으로 위장한 세균전 부대(731부대)가 있고, 그 부대의 우두머리인 이시이 시로의 지휘 아래 '이시이 기관'이라 일컬어지는 1만 명 넘는 생물무기(BW) 관련자들이 페스트균을 비롯해 비저균, 콜레라균, 장티푸스균, 이질균, 심지어 결핵균까지 다룬다는 정보를 얻어냈다.[48]

미 정보 당국은 이시이 시로가 세균무기 개발의 주역이라는 사실에 대해서도 잘 알고 있었다. 따라서 전쟁이 일본의 패배로 끝난 뒤 이시이가 그동안 많은 마루타들을 생체실험하면서 축적한 연구 성과물을 얻어내고 싶어 했다.

4차에 걸쳐 조사관 파견

미국은 731부대의 세균전 정보를 캐내려고 모두 네 차례에 걸쳐 조사관을 파견했다. 1차는 1945년 8월 말 머레이 샌더스 중령, 2차는 1946년 2월 아보 톰슨 중령, 3차는 1947년 4월 노버트 펠, 4차는 1947년 10월 에드윈 힐. 그들의 공통점은 데트릭 기지에 있는 세균연구소의 세균학 또는 수의학 박사 학위를 지닌 영관급 전문 인력이었다.

미 조사관들은 짧게는 2개월가량의 출장 기간 동안 이시이 시로를 비롯한 731부대 관련자들을 만나 세균전 정보를 얻어내려 애를 썼다. 전쟁범죄자임이 너무나 분명한 731부대 간부들을 만날 때마다 '당신을 전범으로 기소하려는 것이 아니라, 기술적이고 과학적인 (세균전) 자료를 얻기 위해서 만나는 것'이라며 안심시키기 바빴다.

이시이 시로 일당은 서로 긴밀한 연락을 주고받으며 대응책을 세워 나갔다. 어떤 것은 말해도 되고 어떤 것(이를테면 '마루타' 생체실험 사실)은 숨겨야 한다며 입을 맞추었다. 조사관들이 겉으로는 듣기 좋게 '전범 불기소'나 '면책' 카드를 꺼내더라도, 그들이 바라는 세균 정보를 다 얻고 나면 언제 감옥으로 끌고 가더라도 이상한 일이 아니기에 잔뜩 경계했다. 이시이 일당은 자신들이 저질렀던 '잔혹한 마루타 학살'이 도쿄 전범재판에서 말하는 '반인도적 전쟁범죄'임을 잘 알고 있었다.

이시이 일당이 미국의 속뜻을 알았다면, 그리 경계나 긴장을 하지 않았어도 됐다. 미국은 적극적으로 그들을 처벌할 뜻이 없었다. 1947년 8월 미 워싱턴의 국무·육군·해군 삼부조정위원회(SWNCC, State-War-Navy Coordinating Committee)는 731부대의 전쟁범죄자들을 어떻게 처리할 것인가를 두고 아래와 같은 문안을 만들었다.

일본 세균전 데이터의 가치는 '전쟁범죄'로 기소해 처벌하는 것보다 미국의 안전보장에 훨씬 중요하다. 국가의 안전보장을 위해서는 일본 세균 전문가들을 전쟁범죄자로 만들고 그들의 정보를 다른 국가가 갖도록 만드는 것은 이로운 판단이 아니다. 일본인으로부터 얻은 세균전 정보는 '첩보 수준'으로 묶어두고 '전쟁범죄의 증거'로 사용해선 안 된다.[49]

'다른 국가'란 소련을 가리킨다. 제2차 세계대전이 끝난 직후인데도 동서 냉전 논리가 배어 있는 문장이다. SWNCC는 제2차 세계대전 중이던 1944년 11월 미 국무부와 군부 사이의 정책 조정을 위해 만들었고, 나중에 국가안전보장회의(NSC)로 발전한 협의 기구다. 미국 워싱턴의 국무부나 군부, 도쿄의 연합국최고사령부는 731부대의 전쟁범죄 처벌보다는 그들이 지닌 세균전 정보의 가치를 더 높이 샀다.

미국이 전쟁범죄자들에게 '정보를 넘기면 처벌하지 않겠다'는 면책 보증 문서를 주지는 않더라도, 이들을 도쿄 전범재판(극동국제군사재판)의 피고석에 세우지 않는다는 사실은 갈수록 분명해졌다. 말로는 민주주의와 인도주의를 앞장서 실천한다는 미국이 전쟁범죄자들의 피 묻은 손을 맞잡고 더러운 거래에 뛰어든 모습이었다. 그때 막 시작되던 동서 냉전 구도 아래 '국가의 안전보장'을 지킨다는 그럴듯한 명분에서였다.

미국이 파견한 조사관들은 이시이 시로를 비롯한 731부대원 핵심 분자들을 두루 만났다. 그런 만남들은 전쟁범죄자를 엄하게 심문했다기보다는 '세균 전문가인 일본 과학자'를 인터뷰하는 수준이었다. 따라서 분위기가 딱딱하지 않았다. 이시이 시로의 경우는 대부분 도쿄 신주쿠의 이시이 집에서 만났다. 심지어 몸이 불편하다는 핑계로 이불을 덮고 누운 채로 이야기를 나누기도 했다.

1947년 5월 소련 조사관이 찾아왔을 때는 몸이 멀쩡한데도 아픈 척 누워 있었다. 소련은 포로로 잡은 731부대원들을 시베리아에서 심문할 때 생체실험과 세균전을 펼친 이시이의 전쟁범죄 혐의를 이미 잘 알고 있었다. 이시이 심문에는 전범 조사를 구실 삼아 좀 더 고급 정보를 끌어내려는 의도가 담겨 있었다. 소련 조사관은 5월부터 6월까지 5차에 걸친 자택 심문을 했으나, 이시이의 뻔뻔스러운 대응에 빈손으로 돌아갔다. 미군 조사관은 속으로 휘파람을 불며 그런 모습을 즐겼다. 이시이는 세균전 정보를 소련에게 내줄 마음이 없었다. 미국도 이시이가 갖고 있는 정보가 소련으로 넘어가길 바라지 않았음은 물론이다.

미국은 731부대 전범자들을 감옥에 잡아넣기보다 거래하는 것이 더 이롭다고 여겼다. 언젠가 비밀 거래 사실이 드러나 욕을 먹더라도 '비판은 짧고 실익은 오래간다'는 쪽을 택했다. 이는 흔히 '독불장군'이란 소릴 들어온 맥아더 혼자만의 결정이 아니었다. 캐나다 역사학자이자 요크대 교수인 스티븐 앤디콧(Stephen Endicott)과 에드워드 해거먼(Edward Hagerman)은 함께 쓴 책(*The United States and Biological Warfare*, 1998)에서 세균전 정보를 둘러싼 미·일 비밀 거래는 "미 군부를 비롯한 주요 권력기관들이 뜻을 모아 이뤄진 담합(談合)의 성격을 지녔다"라고 비판했다.

> 일본의 세균전 지식을 얻기 위해 미국 생물전 부대와 극동사령부, 합동참모본부, 전쟁부, 국무부, 법무부, 전쟁범죄 담당 수석검사 등 모두가 이시이 장군과 그 공범자들을 전범 기소에서 면제시켜주는 데 한몫씩 했다. 그들은 지구 저쪽 편 독일 뉘른베르크 전범재판소에서 미국 대표가 '반인도적 범죄'라고 규탄했던 그런 범죄를 숨기는 일에 의도적으로 가담했다.[50]

두 권의 이시이 비망록

1945년 9월 미군 헌병들이 도조 히데키를 비롯한 주요 전쟁범죄자들을 잡아가면서도 731부대원들을 그냥 놔두는 것으로 미뤄, 이시이 시로는 미국이 자신을 감옥에 가둘 뜻이 없음을 알아챘다. 실제로도 그랬다. 맥아더 사령부에는 이시이와 731부대의 악행을 고발하는 투서들, 이시이 일당이 숨어 있는 곳을 알고 있다는 제보들이 쌓여갔다. 개중에는 자신이 731부대에서 있었다고 밝히는 제보자도 나왔다. 하지만 사령부는 그런 제보들을 눈여겨보지 않았다.

해를 넘긴 1946년 1월 9일 맥아더 사령부는 '종전(終戰)연락중앙사무국'을 거쳐 '일본제국정부'에게 이시이를 데리고 맥아더 사령부에 출두하도록 요구하는 공문서를 보냈다. 도조 히데키처럼 미군 헌병이 직접 나서는 현장 체포가 아닌, 일본 관리가 이시이를 데리고 와주길 요구하는 공문서는 누가 봐도 그야말로 솜방망이처럼 보였다. 종잇조각에 지나지 않는 문서를 보낸 것은 무엇을 뜻할까. 이시이를 전쟁범죄자로 엄하게 다룰 의지가 없음을 보여준다. 그때부터 이시이는 도쿄의 집에 머물며 병을 핑계로 밖으로 나가질 않고, 느슨한 형태의 가택연금 상태로 지냈다.

그 무렵 민간인으로서 새로운 삶을 시작하는 이시이의 모습을 짐작하게 하는 자료가 있다. 그가 남긴 비망록 두 권이다. 지난 2005년 재미 일본 작가 아오키 도미키코는 이시이의 고향 마을 가모에서 집안일을 돕던 사람에게 이시이가 숨겨놓고 (그런 사실을 잊었는지) 1959년 죽을 때까지 도로 챙겨가지 않았던 것을 찾아냈다.

A5판 대학 노트 크기의 비망록 겉장에는 '1945-8-16 종전 당시 메모'와 '종전 메모 1946-1-11 이시이 시로'라고 적혀 있다. 날짜로 보면 일본 패망 직후에 쓴 것임을 알 수 있다. 이 노트에는 731부대 간부의 주소를 비롯해 이시이 본인이 아니면 제대로 해독하기 어려운 메모 내용들로 채워져 있다. 철수 당시의 상황을 적은 듯 '철저히 폭파, 소각, 철저한 방첩을 결정'이란 문구도 들어 있다. '추출지입(持入), 반출적입(積入)'이란 표현은 중요한 세균 자료를 골라 챙기겠다는 뜻으로 풀이된다.[51]

이시이 비망록엔 제1회 복권을 구입한 다음 그 번호를 적어놓은 대목도 눈길을 끈다. 일본은 전쟁 뒤 가난하던 시절이라 사람들에겐 꿈이 필요했다. 정부로선 복권 사업을 통해 기금을 마련할 수 있으니 일석이조였다. 이시이가 복권을 구입해 일확천금을 바랄 만큼 경제적으로 궁핍했을까. 물론 그렇지 않았다. 만주에서 펑펑 쓰던 부대의 비자금을 빼돌려왔다. 만주에서 거저 얻다시피 모은 귀금속들을 챙겨 왔다는 이야기도 있다. 이시이는 그런 자금으로 부하들의 충성을 관리했다.

겉장에 '종전 메모 1946-1-11 이시이 시로'라 적힌 두 번째 비망록에는 1945년 11월 맥아더 사령부 간부들과 회식을 한 사실도 적혀 있다. 이미 미국과의 더러운 거래가 벌어지고 있었음을 뜻한다. 이시이 일당의 전쟁범죄를 없던 일로 덮어주는 조건으로 세균전 자료를 대량으로 챙긴 것은 1947년에 들어와서였지만, 맥아더의 군정이 시작된 초기부터 거래를 트기 시작했다는 사실을 이 비망록은 말해준다.

맥아더, "세균학자 만나면, 전쟁범죄 추궁 말라"

미국이 일본의 세균무기 개발 실태를 조사하라며 가장 먼저 보낸 사람은 머레이 샌더스(Murray Sanders) 중령이었다. 1910년생으로 35세의 젊은 세균학자였다. 시카고대에서 의학 박사 학위를 받은 뒤 뉴욕 컬럼비아대에서 세균학 전임강사를 지냈다. 1943년 미 육군에 들어간 샌더스는 데트릭 기지에서 생물학전 프로젝트를 맡았다.

1945년 8월 일본 항복 뒤 미국은 히로시마·나가사키에 핵폭탄의 위력과 파괴(피해) 상황, 세균무기 상황을 조사하기 위한 작업에 들어갔다. 미 육군 태평양사령부 소속 과학기술조사단이 그 임무를 맡았다. 샌더스는 그 과학기술조사단(일명 콤프턴 조사단)의 일원으로 필리핀에서 스터전호에 올라 1945년 8월 30일 새벽 요코하마 항구에 내렸다. 스터전은 1941년 12월 미·일 사이의 태평양전쟁이 터진 뒤 일본 부두에 닿은 최초의 미국 함선이었다. 맥아더는 바로 같은 날인 8월 30일 오후 2시 도쿄 외곽의 아쓰기 공항을 통해 일본에 발을 디뎠다. 바로 그날 맥아더는 연합국최고사령관에 임명됐다.

1945년 9월 27일 히로히토를 미 대사관에서 만날 무렵, 맥아더 장군은 샌더스 중령을 집무실로 불렀다. 맥아더는 샌더스에게 '731부대원의 세균학자들을 만나면, 전쟁범죄를 추궁하지는 말고 필요한 (세균전) 정보를 챙기도록 하라'는 지침을 내렸다.[52] 맥아더가 패전국 일본 통치의 전권을 지닌 '일본 대군(大君)'으로 불렸다고는 하지만, 워싱턴 트루먼 행정부와의 사전 교감 없이 독단적인 지침을 내린 것은 아니었다. 백악관과 행정부, 도쿄 연합국사령부 사이엔 일찍부터 일본의 세균전 전문가들과 '더러운 거래'를 트기로 뜻을 모았다고 보는 것이 맞다. 731부대의 전쟁범죄와 패전 뒤 미국과의 '더러운 거래'를 추적해온 미 역사학자 셸던 해리스의 글을 보자.

> 1945년 10월과 11월에 머레이 샌더스 중령은 일본 과학자들에게 자신은 전범을 색출하려고 일본에 온 것이 아니라 오로지 과학자들이 이룩한 BW(생물무기) 연구 결과에 대한 정보를 얻기 위해서 일본에 왔다고 말했다. 그런 것으로 보아 BW 및 CW(화학무기)에 관한 잔학 행위를 은폐하자는 결정은 그 전에 미리 내려진 것일지도 모른다.[53]

연합국최고사령부 참모 2부장(정보 담당) 찰스 윌로비(Charles Willoughby, 1892~1972) 소장은 1차 조사관 샌더스 중령에게 4명의 병사와 함께 군용 지프차 2대를 내주었다. 샌더스는 2개월가량 일본에 머물며 세균전 정보를 수집하려 했으나 곧 벽에 부딪혔다. 핵심 인물인 이시이 시로를 만나지 못했다. 샌더스가 일본에 온 지 열흘쯤 뒤인 9월 11일 도조 히데키를 비롯한 A급 전범 39명에 대한 체포령이 내려졌다. 바로 그날 도조 히데키의 권총 자살 미수 사건이 벌어졌다. 일본의 항복을 요구한 포츠담선언에는 '포로를 학대한 자를 포함한 전쟁범죄자에 대한 엄중한 처벌' 조항이 들어 있었다. 만주에서 돌아온 731부대원들에겐 긴장의 나날이었다. 언제 미군 헌병이 들이닥쳐 체포를 해도 놀라지 않을 상황이었다. 그 무렵 이시이도 이곳저곳 은신처를 옮겨 가며 숨어 지냈다.

이시이가 샌더스의 움직임을 지켜보고 있었다는 사실은 아오키 도

미키코가 찾아낸 이시이의 비망록 '1946-1-11'에도 쓰여 있다. 그 비망록에는 샌더스의 이름이 여러 군데서 나온다. 특히 "(샌더스는) 학술적 연구를 수집할 뿐이다"라는 표현은 이시이가 샌더스의 임무가 무엇인지를 꿰뚫어 보고 있었음을 보여준다. 세균전 정보를 얻으러 왔다는 사실을 알고 있었다는 뜻이다. 그럼에도 몸조심이 먼저인 이시이는 잠행을 거듭했다.

샌더스는 이시이가 일본에 돌아오지 못하고 만주 어딘가에 숨어 있다고 여겼다. 이시이 일당은 그런 샌더스의 동태를 멀리서 조심스레 지켜봤다. 샌더스는 731부대 핵심 간부들을 만나지 못했다. 다만 이시이 시로가 한때 일했던 도쿄 육군군의학교의 방역연구실장, 세균학교 실장 등 대좌급 군의관 두 사람을 만나 간접적인 이야기만 들었다. 이 두 일본 군의관들은 "우린 세균전하고는 아무 관계가 없다. 방어 측면에서 백신 개발을 해왔다"라면서 몸을 사렸다.

1945년 11월 미국으로 돌아간 샌더스는 '일본에서의 과학정보조사보고서'(이른바 '샌더스 리포트')를 써냈다. 샌더스 보고서의 결론은 '일본군이 세균전을 준비하고 실제로 세균무기를 쓰긴 했지만 피해가 크지 않았다'는 것이었다. 그의 상관들이 보기에도 보고서 내용이 부실해 보였다. 구체적인 피해 상황에 대한 서술도, 생체실험이나 세균전 자료도 없었다. 엉성하기 짝이 없는 보고서였다. 2개월의 짧은 출장 일정 동안 샌더스로선 최선을 다하려 했겠지만, 이시이 시로와의 거리를 좁히지 못한 결과였다.

2차 조사관 톰슨 중령, 이시이를 만나다

1946년 2월 같은 데트릭 세균연구소의 아보 톰슨(Arvo Thompson) 중령이 2차 조사관으로 일본에 왔다. 2개월쯤 일본에 머물렀던 톰슨 조사관은 전임자 샌더스에 견주면 운이 좋은 편이었다. 도쿄에 오자마자 731부대의 두 번째 부대장(1942년 8월~1945년 3월)을 지낸 기타노 마사지(北野政次, 1894~1986, 군의중장)를 만나 심문했고, 이어 이시이 시로와 얼굴을 마주할 수 있었다. 톰슨은 그들을 만날 때마다 "전쟁범죄를 추궁하지 않는다. 오로지 과학 정보를 얻고 싶다"라는 말을 되풀이했다. 조선 독립투사를 비롯해 많은 사람들을 '마루타'로 삼아 생체실험이란 끔찍한 짓을 저질렀던 자들을 전쟁범죄자로 다루기는커녕 '세균 전문가' 또는 '연구자'로 받들었다.

메릴랜드주 데트릭 기지의 문서보관소에 있는 톰슨 중령의 보고서에 따르면, 이시이 심문은 1946년 2월 22~25일 사이에 도쿄 신주쿠의 이시이 집에서 이뤄졌다. 만성 담낭염과 이질을 앓고 있다는 핑계를 내세워 이시이는 미군 사령부의 조사실로 출두하지 않았다(그 무렵 맥아더 사령부에서 보낸 의사가 살펴보니, 이시이의 건강 상태는 좋았다). 이시이의 딸 하루미가 1980년대에 일본 언론인과 했던 인터뷰에 따르면, 톰슨 중령은 이시이에게 세균전 정보를 달라고 구걸하듯이 머리를 조아렸다.

> 톰슨은 스스로를 '트루먼 대통령의 밀사'라고 소개하면서 세균무기에 관한 극비 데이터를 갖고 싶다고 (아버지에게) 말 그대로 조르고 있었어요. 동시에 그는 그 극비 데이터가 소련의 손에 잡히지 않도록 하라고 몇 번이나 다짐했어요.[54]

1946년 2월 5일에 있었던 이시이 심문 기록을 보자. 톰슨은 먼저, 육군군의학교(도쿄)와 731부대(하얼빈 외곽 핑팡) 말고는 세균전 연구가 없었는지를 물었다. 이시이는 "육군군의학교는 일반적인 예방의학을 맡았고, 세균전 연구는 오로지 핑팡에서만 했다"라고 답했다. 이시이의 출신 학교인 교토제국대학 연구실에서도 세균전 연구는 없었다고 했다. "그곳 선생들은 이런 연구를 싫어한다. 그래서 아무런 연구도 없었다"라고 빈정거리듯 말했다. 그러자 톰슨은 가장 알고 싶어 했던 사항을 물어봤다. '731부대가 세균전을 펼친 것이 사실이냐'는 물음이었다. 돌아온 것은 거짓 답변이었다.

> 731부대 안에서든, 731부대 바깥에서든, 아무것도 모르는 자들이 731부대가 비밀스레 세균전을 벌였다느니 뭐니 하는 소문을 퍼뜨렸다. 우리 부대(731부대)가 세균전 공격을 벌이고 대량의 세균을 만들고 거대한 (세균) 폭탄을 만들었고, 그걸 뿌리려고 비행기를 모았다는 것은 잘못된 소문이다. 그걸 바로잡고 싶다.[55]

이시이는 오히려 소련과 중국이 세균무기를 썼다고 우겼다. 이시이는 소련군이 페스트·탄저·콜레라 등 세균무기로 관동군을 공격할지 몰라 두려웠다고 주장했다. 실제로 벌어진 일은 그 반대였다. 1939년 5월에서 8월에 걸쳐 관동군은 국경지대인 할하강에서 소련군과 전투를 벌였다(할힌골 전투). 그 전투에서 일본군이 밀리자, 731부대는 1939년 7월 장티푸스균이 들어 있는 드럼통 20~30개를 그곳 강 상류에 던져 넣는 등 3차에 걸쳐 세균무기를 뿌려댔다.

"지고 있는 전쟁에 세균무기를 쓸 필요 없다"

아보 톰슨 조사관이 작성한 이시이 심문 속기록의 원본은 메릴랜드주 데트릭 기지의 문서보관소에, 복사본은 미 유타주 더그웨이 도서관에 보관돼 있다. 데트릭 기지와 마찬가지로 더그웨이에는 거대한 미생물·화학전 기지가 자리 잡고 있다. 지난 2015년 주한미군 오산 공군

기지에 '살아 있는 탄저균' 택배 배달 사고를 일으켜 온 국민을 놀라게 했던 곳이다.

> 지고 있는 전쟁에선 세균무기를 쓸 필요가 없다. 효과적으로 사용할 기회가 없기 때문이다. 세균무기 개발에는 인력이나 돈과 재료가 많이 든다. 게다가 세균무기를 큰 규모로 효과적으로 사용할 수 있을 것 같진 않다. 작은 규모로는 효과적일 수 있다.[56]

이시이 시로가 아보 톰슨의 심문을 받으면서 했던 말이다. 두 사람 사이의 대화를 바로 옆에서 지켜본 일본계 미국인 통역관은 50대의 전 일본 군의중장이 30대의 미군 중령에게 아주 편안한 말투로 '세균전 강의'를 한다는 느낌을 받았을 것이다. 이시이는 당시 54세, 톰슨은 30대 후반 나이였다. 나이로나 경력으로나 이시이가 톰슨을 가볍게 여길 만했다.

731부대는 세균무기를 만든답시고 조선의 독립투사들을 비롯한 많은 사람들을 생체실험으로 죽였다. 20세기 최악의 전쟁범죄 집단으로 꼽혀도 전혀 이상하지 않다. 하지만 '지고 있는 전쟁에선 세균무기를 쓸 필요가 없다'고 한 이시이 시로의 말은 그가 전쟁의 냉혹한 특성과 세균전의 한계를 뒤늦게나마 제대로 보고 있었음을 말해준다.

많은 사람들은 궁금해했다. 1945년 3월 일본 육군참모본부 강경파들이 이시이 시로를 중장으로 승진시켜 다시 만주 731부대로 내보냈는데, 왜 전쟁 막판에 세균무기를 쓰지 않았을까. '지고 있는 전쟁에선 세균무기를 쓸 필요가 없다'며 이시이는 그 나름의 답을 내놓았다. 세균무기는 전쟁의 흐름을 바꾸는 결정적 수단은 못 된다. 제1차 세계대전에서 독일이 처음 독가스를 썼고, 이어 영국과 프랑스 쪽에서도 독가스를 뿌렸다. 그로 말미암아 7만 명이 넘는 사람들이 죽었지만, 참호를 깊게 파고 적과 얼굴을 마주 바라보는 전쟁의 승패에 영향을 끼치진 못했다. 더구나 패전을 코앞에 두고 탄저균이나 페스트균 같은 세균무기를 뿌린다면, 전쟁 뒤 열릴 전범재판에서 전쟁범죄의 항목을 하나 더 덧붙일 뿐이다.

'지고 있는 전쟁에선 세균무기를 쓸 필요가 없다'는 이시이의 설명은 교활한 그가 패전 뒤 지어낸 그럴듯한 사후 설명일 수도 있다. 일본 군부는 1945년 3월 이시이를 중장으로 승진시켜 731부대로 다시 보냈다. 기울어진 전황을 뒤집는 카드로 이시이를 쓰려 했다. 만주로 돌아간 이시이는 실제로 세균무기 증산을 서둘렀다. 하지만 소련군의 군사 개입이 일본군의 예상과 달리 너무 빨랐다. 그렇기에 이시이 말대로 '세균무기를 효과적으로 사용할 기회를 놓쳤다'고 보는 것이 보다 정확할 듯하다.

이시이, "마루타 생체실험은 없었다"

그런 문답들이 오고 간 뒤 톰슨 조사관은 이시이로선 감추고 싶은 예민한 부분을 건드렸다. "세균무기 개발을 위해 인간의 피가 쓰였는가?" 다시 말해, '생체실험을 했느냐'는 물음이었다. 이시이는 애매한 답변으로 톰슨의 질문을 비껴갔다. "우리의 임무는 (일본) 병사를 지키는 것이다." 전염병을 막고 깨끗한 물을 정화시켜 병사들에게 공급한다는, 731부대의 대외 위장 명칭인 방역급수부의 임무를 톰슨에게 녹음기 틀듯이 들려주었다.

그런 뻔한 말을 듣던 톰슨은 이시이를 빤히 쳐다보면서 '세균전 실행을 지시한 사람이 누구인가'를 물어봤다. 교활한 이시이는 '명령서도 없고 상부의 지원도 없이 아주 작은 규모로 세균전 연구를 했다'고 거짓말을 했다. 실제로 이시이는 1940년 6월 4일에는 만주 눙안(農安),

1940년 9월부터 10월 사이에는 6회에 걸쳐 저장성(浙江省) 주요 도시들을 겨냥해 페스트균을 뿌렸다. 이런 못된 공격이 이시이의 표현대로 '아주 작은 규모의 세균전 연구'였다는 말인가.

톰슨은 1946년 2월 25일 심문을 마칠 때까지 2~3일 사이를 두고 모두 여덟 차례 이시이를 만났다. 분위기는 부드러웠다. 맥아더 사령부의 정보(G-2) 담당인 참모 2부 소속으로 추정되는 영관급 장교들과 함께 이시이 집에서 일본식 불고기(스키야키)로 식사를 하기도 했고, 톰슨이 미국으로 돌아갈 무렵엔 환송연을 열어주었다. 나치 독일의 전쟁 범죄자들이 유대인 학살 정보나 히틀러 권력 핵심부의 비밀스러운 내막을 알고 싶어 안달하는 연합군 점령자들에게 접대 모임을 열어주었다는 얘기는 듣지 못했다. 그런 영화 속 이야기 같은 일들이 일본에서 벌어졌다.

겉으론 얼굴에 웃음기를 띠고 있었지만, '악마보다 더한 살인귀 집단의 수괴'로 음험한 성격을 지닌 이시이는 톰슨을 내내 속였다. 헤어질 때까지도 '마루타 생체실험' 사실을 털어놓지 않았다. 데트릭 기지로 돌아가 톰슨이 쓴 '일본의 생물전 연구준비에 관한 보고서'(1946년 5월 31일)는 기지 문서보관소에 극비로 분류돼 있다가 1978년에 공개됐다. 그 주요 내용은 이러하다.

• 일본군은 세균 공격과 방어에 대해 광범위한 연구를 진행했을 뿐만 아니라 군사 활동에 사용했다. • 일본 육군의 세균 연구와 개발은 주로 이시이 시로 중장의 영향과 지휘를 받았다. • 세균전쟁에 응용할 수 있는 장티푸스, 콜레라, 적리, 탄저, 말 비저, 페스트, 파상풍, 기포성 괴저 등 병균과 바이러스 및 리케차(발진티푸스 등 병원체)를 만들어냈다. • 가장 효과적인 세균 살포의 방법을 발전시키기 위해 연구의 중점을 세균폭탄에 두었다.[57]

톰슨은 이시이 시로 말고도 기타노 마사지(이시이의 731부대 후임자) 등 731부대 핵심 지휘관들을 만나 심문했다. 그러나 731부대 관련자들은 모두 '생체실험은 없었다'거나 '세균전도 걸음마 단계였다'고 톰슨을 속였다. 그로 말미암아 톰슨은 보고서에서 '공격적인 세균전을 발전시킨 것과 관련하여 731부대의 일부 행위에 대해선 관심을 기울여볼 필요가 있다. 하지만 일본은 아직 세균무기를 사용할 능력을 절대 갖추지 못했다'며 731부대의 세균전 능력을 낮춰보는 결론을 내렸다.[58]

분명히 잘못된 결론이었다. 731부대는 중국 농촌이나 도시들을 겨냥한 세균전을 펼쳐 많은 피해를 안겼다. 하지만 이시이 등은 그런 사실들을 감추거나 줄여 말함으로써 톰슨의 판단을 흐렸다. 일본이 세균무기를 실용화할 능력을 갖추지 못했다는 톰슨 보고서의 결론은 실제 상황을 정확히 짚은 게 아니었다.

2명의 세균 전문가를 일본으로 보냈지만, 미국은 731부대의 세균전 비밀을 제대로 캐내지 못했다. 미 전문가들은 이시이 시로를 비롯한 731부대 간부들이 서로 입을 맞춰 불리한 내용은 입을 닫거나 거짓말을 하고 있다고 느꼈다. 미 매사추세츠 공과대학(MIT) 학장을 지낸 당대의 이름난 물리학자 칼 콤프턴(Karl T. Compton, 1887~1954)도 그런 생각을 품었다.

1945년 10월, 콤프턴은 히로시마와 나가사키의 원폭 피해 상황(뒤집어보면, 핵무기의 파괴력)과 일본이 개발했거나 (초보 단계에서 끝난 핵무기 개발 움직임을 비롯해) 개발을 꾀했던 군사기술을 알아내려는 미국 정부의 요청에 따라 과학기술조사단을 이끌고 일본으로 갔다. 콤프턴이 만난 일본 과학자들은 한결같이 공격용 세균무기를 개발하려 하거나 실험한 적이 없다고 우겼다. 그런 주장에 콤프턴은 그들이 뭔가 숨기려 한다는 인상을 받았다. 731부대의 전쟁범죄를 고발한 미 역사학자 셸던 해리스의 글을 보자.

1946년 1월 1일 새해를 맞아 731부대원들의 모임에 나타난 이시이 시로. 그 무렵 이시이는 도피 생활을 끝내고 세균전 정보를 얻으려는 미국의 심문에 대비하고 있었다.

콤프턴은 일본 과학자들이 생물무기(BW) 연구 사실을 뺀 나머지 분야에 대해선 열성적으로 자신들의 업적을 알리고 싶어 한다고 느꼈다. 일본 과학자들의 이런 태도에 대해 콤프턴은 동료(학자)들에게, 일본 과학자들은 자신들끼리 회의를 열어서 '그 분야에 대해선 절대 말하면 안 돼'라고 합의한 것처럼 행동한다고 말했다.[59]

물리학자 콤프턴의 판단은 틀리지 않았다. 세균전 공격이 있었다거나 '마루타' 생체실험이 되풀이됐다는 사실을 731부대 간부들은 좀처럼 털어놓지 않았다. 이시이 시로를 비롯한 '악마의 전범 집단'은 도쿄전범재판(1946년 5월 첫 재판)의 진행 상황을 지켜보며 자유롭게 지냈다. 그러면서 미국이 오로지 세균전 정보에 목말라 있고 자신들을 처벌하지 않을 것이라는 점을 알아챘다. 그러면서 이들이 입을 열기 시작한 것은 1947년부터였다.

3차 조사관, "소련으로 세균 정보 넘어가서야 되겠느냐"

미국이 그토록 바라던 세균전 정보를 731부대 간부들로부터 얻어낸 것은 1947년 들어서였다. 그해 4월에 파견된 3차 조사관 노버트 펠(Norbert H. Fell, 데트릭 세균연구소 예비실험부 주임)은 세균학 박사로 여러 다양한 미생물 분야를 연구했고, 특히 전염병 분야의 권위자였다. 무뚝뚝한 성품이었지만 데트릭 기지의 병사들로부터는 인간적인 존경을 받았다고 알려진다. 그가 '지독한 술고래'라는 말을 들을 정도로 술을 워낙 좋아했기에, 틈틈이 젊은 군인들과 어울리는 시간이 많아서였을 것이다.

펠 조사관은 운이 좋은 편이었다. 그 무렵은 영국 정치가 윈스턴 처칠(Winston Churchill)의 '철의 장막' 발언(1946년 3월)이 상징하듯, 동서 냉전체제가 막 시작되던 시점이었다. 도조 히데키 등을 피고석에 세우고 도쿄 전범재판이 한창 열리고 있던 터라, 그때껏 체포되지 않고 자유롭게 지내왔던 이시이 일당 사이에선 '미국이 세균전 정보를 바랄 뿐 우리의 전쟁범죄 책임을 묻지 않을 것'이란 기대가 퍼져갔다. 731부대 간부들 사이엔 '미국에 세균전 연구 자료를 내놓으면 면책권이 주어진다'는 입소문이 나돌았다.

펠 조사관은 일본 술(사케)을 즐기면서도, 이시이 시로를 비롯해 20명가량의 731부대 세균전 관련자들을 부지런히 만났다. 얼굴을 마주하면, 첫마디로 '나는 전범자를 찾고 있는 게 아니다'라며 상대를 편하게 이끌었다. '소련 쪽으로 세균전 정보가 넘어가서야 되겠느냐'는 말도 빼놓지 않았다. 그러자 이시이 일당은 감춰두고 있던 자료들을 펠 조사관에게 건네기 시작했다. "이것은 참으로 힘들게 만든 자료인데……." 하며 생색을 내기도 했다. '힘들었다'고 했지만, 과연 그들 가운데 몇 명이나 생체실험용 '마루타'를 죽이는 걸 망설이거나 고민할 정도로 힘들어했을까. 731부대 '악마의 의사'들은 이미 인간성을 내버린 20세기 최악의 범죄 집단 공범자들이었다.

끝끝내 입을 닫고 버틴 자들도 있다. 펠이 면책권을 보장한다고 했지만 헛수고였다. 731부대의 제1부장(기초연구)을 지낸 기쿠치 히로시(菊池齋, 군의소장)가 그러했다. 펠은 다른 사람에게서 받아낸 진술을 들이대며 입을 열게 하려 했다. 하지만 기쿠치는 '나는 모른다' 또는 '그런 사실은 없었다'며 증언을 거부했다. 특히 펠이 궁금해했던 인간 생체실험에 대해선 '소문으로만 들었다'고만 말할 뿐이었다. 그 자신은 손에 피를 묻히지 않았다며 오리발을 내밀었다. 결국 펠은 그런 자들에 대한 심문을 포기했다. '세균전에 관련하여 미국인에게 조사를 받았다는 사실과 세균전 정보를 소련 쪽에 발설하지 않는다'는 다짐을 받고 집으로 돌려보냈다. 심문을 받을 때 그들의 머릿속엔 이시이 부대장이 1945년 8월 평팡 731부대를 폭파하면서 외쳤던 말("731의 비밀은 무덤까지 가져가라")이 내내 맴돌았을 것이다.

펠 조사관은 다른 누구보다 이시이 시로를 만나고 싶어 했다. 이시이가 2차 조사관인 톰슨 중령도 만났으니, 자신을 피할 이유가 없다고 여겼다. 그러나 이번엔 이시이의 태도가 달랐다. 이시이-펠 면담을 주선하는 중개인에게 '면책권을 문서로 확실하게 보증해주면 만나주겠다'는 요구를 내걸었다. 1947년 6월 20일에 올린 '펠 보고서'에 따르면, 그런 신경전이 펼쳐진 뒤 이시이를 그의 집에서 만났다. 심문은 1947년 5월 8~10일 사흘 동안 이어졌다. 이시이는 한눈에 봐도 제법 값이 나갈 고급 기모노를 입고 펠을 맞이했다. 몸이 불편하다는 이유로 침대에 걸터앉았다.

펠 조사관은 다른 731부대 전범자들을 심문할 때와 같은 방식으로 입을 열었다. '데트릭 기지 조사관들은 전범 기소와는 아무 관련 없이 오로지 기술적이고 과학적인 데이터를 얻기 위해서 심문한다'고 했다. 그러면서 생체실험과 중국 민간인과 군인들을 겨냥해 벌였던 '세균전 공격 실험'의 결과를 숨김없이 알려달라고 했다. 이시이를 만나기 앞서 다른 731부대 간부들의 입을 통해 '마루타' 생체실험이 있었고 따라서 이시이가 2차 조사관 톰슨 중령을 속이고 위증했다는 사실을 펠은 알고 있었다.

이시이, 미국과 중국에 "나를 채용해달라" 제안

뻔한 사실을 아니라고 내내 부인하는 것은 힘든 일이다. 이시이는 자신의 최측근 부하로 일본에 돌아와서도 늘 가까이 지내던 731부대 제3부장(방역급수 담당) 마스다 도모사다(增田知貞, 군의대좌)가 펠 조사관에게 '생체실험이 있었다'고 털어놓았음을 이미 알고 있었다. 펠의 표정을 살피던 이시이는 또다시 면책권 얘기를 꺼냈다.

> 나는 핑팡(만주 731부대가 자리 잡은 지역 이름)에서 일어난 모든 일에 책임을 지고 있었다. 나는 그 책임을 기꺼이 떠맡을 것이다. 나의 상관이나 부하들은 (세균무기 개발을 위한 생체)실험 지시와는 아무 상관이 없다. 모두 내 책임이다. 만약 당신이 나와 나의 상관·부하들에게 문서로 면책(免責)을 보증한다면, 모든 정보를 제공하겠다.[60]

펠은 이시이를 만나기 전부터 중개인으로부터 면책권 문서 얘기를 되풀이해 들었으니, 그 말을 듣는 순간 짜증이 났을 것이다. 면책 얘기를 꺼내 펠을 심란하게 만든 이시이는 뻔뻔스럽게도 취업 청탁을 했다. 이시이는 이미 펠이 만났던 다른 731부대 간부들이 미국으로 건너가 그곳 세균연구소에서 일하게 될 수도 있다는 점을 의식한 듯 이렇게 말했다.

나를 세균전 전문가로 미국에서 채용해 주었으면 한다. (미국이) 소련과의 전쟁을 준비할 때 (활용할 수 있도록) 내가 20년 동안 쌓은 연구와 실험의 성과를 모두 미국에 건네줄 수 있다.[61]

이시이는 자신이 알고 있는 사실에 견주면, 다른 731부대 간부들이 미국에 제공할 자료는 빙산의 일각이라는 암시를 은근히 내비쳤다. 미 육군 정보 및 안보사령부 공문서보관소(메릴랜드주 포트 미드)의 한 기밀문서에는 이시이가 펠에게 '미국 취업'을 제안했을 무렵, 다른 쪽에도 취업 제안을 했다는 놀라운 사실이 담겨 있다.[62]

그곳은 다름 아닌 장제스의 중국 국민당 정부였다. 아직 마오쩌둥에게 밀려나기 전이라 1947년 당시 중국 대륙의 실세는 장제스였다. 그는 국민당 정보기관에서 자신을 고용하면, 중국 공산당 군대를 겨냥해 세균전을 펼칠 수 있다는 제안을 했던 것으로 알려진다. 여기서 우리는 '악착같은 생존술을 몸에 익힌 기회주의자의 무서운 맨얼굴'을 이시이에게서 본다. 미 역사학자 해리스의 글에 따르면, 이시이는 자신의 상품 가치나 경쟁력을 증명이라도 하려는 듯 장광설을 늘어놓았다.

이시이는 생물무기(BW) 공격 시 방어와 그 사용 방법에 대한 전략적인 문제에 대한 해답을 제공할 수 있다면서, 다양한 지역과 추운 환경에서도 견딜 수 있는 BW 인자를 알아보기 위한 실험을 진행했었다고 시인했다. 자신의 주장에 심취한 이시이는 BW에 관한 지식이라면 책으로 몇 권이나 쓸 수 있을 정도로 많이 보유하고 있다고 자랑했다.[63]

이시이가 교활하다는 것은 펠 조사관에게 했던 다음 말에도 드러난다. "내가 전공했던 BW 연구 분야는 아주 방대하기 때문에 펠 박사 당신이 듣고 싶은 분야가 무엇인지 말해줘야 한다." 이 말 속에는 두 가지 뜻이 담겨 있는 듯 보인다. 하나는 바로 위에서 봤듯이 자신이 미국 연구기관에서 탐낼 정도의 능력을 지닌 세균학자라는 자부심, 다른 하나는 자신이 바라는 면책권 보장이 확실하게 마무리될 때까진 '갖고 있는 세균전 정보를 몽땅 다 털어놓지 않겠다'는 고집이 느껴진다.

이시이 부하들, '과거사 침묵 어렵다' 협박하며 돈 요구

1947년 5월 9일 두 번째 심문에서 펠 조사관은 먼저 헤이룽장성 안다(安達)현의 야외 실험장에 대해 물어봤다. 그곳에선 많은 '마루타'들이 페스트와 탄저균 등 세균전 생체실험으로 죽었다. 하지만 이시이는 눈을 껌벅이며 거짓말을 했다. 1942년 8월 그가 731부대를 떠난 뒤 '그곳에서 실험을 했다는 사실을 조금은 알고 있다'면서도, 그 자신은 아무 관계 없는 제3자인 듯이 거짓말을 했다.

> 안다(安達) 야외 실험장에 대해선 1945년까지 들어본 적이 없으며 그곳을 가본 적도 없다. 중국 닝보 사건(페스트균 투하)에 대해선 신문을 읽고서 알게 됐다. 그 사건에 대해선 전혀 몰랐다.[64]

펠 조사관은 '그렇다면 펑팡의 731부대를 파괴하라는 지시를 누가 내렸는가' 물었다. 이시이는 이에 대해서도 거짓 대답을 내놓았다. "펑팡 죽음의 공장을 파괴하라고 지시한 사람은 누군지 모른다. 1945년 8월 9일 펑팡으로 돌아갔을 때 불길이 치솟고 있는 것을 봤을 뿐이다." 그야말로 새빨간 거짓말이었다. 이시이는 1945년 8월 9일 소련군이 만주 관동군을 공격해 오자, 731부대를 폭파해 전쟁범죄의 증거를 없앤 뒤 경비행기를 타고 731부대 파괴 현장의 공중 촬영까지 마쳤었다.

1947년 5월 10일 세 번째 '심문'이 이어졌다. 그날 이시이는 '전쟁범죄자로 기소되지 않을 것이란 문서를 내놓지 않으면 펠 조사관의 심문에 제대로 답변하지 않겠다'며 또다시 신경전을 펼쳐 펠을 불편하게 했다. 그러면서 그 자신이 협박을 받고 있다고 털어놓았다. 그 무렵 이시이가 도쿄의 신주쿠 집에 머물고 있다는 사실은 전 731부대원들에게도 알려진 상태였다. 전쟁범죄자들의 피는 어딜 가나 드러나는 것일까, 전화나 편지로 협박을 하며 돈을 요구하는 자들이 생겨났다. 한때 그의 부하였던 3명이 보낸 편지 내용을 보자.

> 우리는 당신 때문에 잔인한 일을 해야 했다. 우리는 맡은 바 임무를 성실히 수행했다. 전쟁이 끝난 뒤 모든 걸 땅에 묻는 일은 정말 어려운 일이다. 이제 우리가 할 수 있는 일이라고는 부대장님의 자비를 빌 수밖에 없다. 불행한 우리들에게 돈을 좀 빌려주기 바란다.[65]

부하들은 731부대의 어두운 과거사에 대해 침묵하기가 어렵다면서 '돈을 빌려달라'고 했다. 이시이의 눈에는 '입을 닫는 대가로 돈을 달라'는 협박이나 다름없이 비쳤다. 미국이 자신의 정보 가치를 탐낸다는 사실을 잘 알고 있던 이시이는 그런 협박 편지나 전화를 겁낼 이유가 없었다. 맥아더 사령부의 정보 담당인 참모 2부, 그에 연결된 미군 방첩대에 협박 사실을 알려주었다. 그 뒤로 이시이의 2층집 앞엔 사복 경찰들이 경비를 섰다.

펠 조사관, "인체 실험 데이터의 가치는 엄청나다"

세 번째 심문을 하던 날, 펠 조사관은 질문할 내용들을 메모장에 미리 적어 갔다. 펠이 알고 싶었던 핵심은 이시이를 비롯한 '죽음의 의사'들이 살아 있는 사람을 실험 대상으로 삼아 세균실험을 실제로 했는가였다. 이 질문에 대해 이시이는 곧바로 시인을 하지 않았지만, 생체실험을 거치지 않고는 도저히 알 수 없는 정보들을 털어놓았다. 이를테면 각기 다른 병원균이 (죽음으로 이르는) 최상의 효과를 낳는 적정 투여량, 림프절 페스트로 실험 대상을 감염시켜 그가 죽기 사흘 앞서 폐렴성 페스트로 상태가 악화되도록 만드는 기술, 콜레라균을 투입했을 때 진행 과정 등에 대해 자세히 설명했다.

이시이는 가장 중요한 세균전 자료는 탄저와 페스트, 그리고 전염성 뇌염이라 여겼다. 하지만 펠 조사관에게 자신이 알고 있는 모든 정보를 털어놓지 않았다. 다만 그에게 '20년에 걸친 나의 연구를 자세히 적은 보고서를 제출하겠다'고 약속했다. 특히 그는 세균무기의 활용에 관한 전략 전술과 다양한 지형과 기후(특히 추운 날씨)에 맞는 세균무기 활용법에 대해서도 보고서에 담겠다고 했다.

그 무렵은 미국이 세균 정보를 챙기면 731부대의 전쟁범죄를 추궁하지 않고 넘어갈 것이란 분위기였다. 하지만 워낙 의심이 많은 성격이었던 이시이의 머릿속은 과연 미국을 믿어도 될 것인가로 조금은 혼란스러웠을 것이다. 그는 소련이 아닌 미국에 협력하고 있다는 인상을 확실히 심어주면서도, '전범 면책 보증서'를 손에 쥘 때까지, 또는 적어도 미국의 분명한 '면책 결정'이 통보될 때까진 자신의 보고서 제출을 미루겠다는 생각을 했을 것이 틀림없다.

펠 조사관은 도쿄 연합국최고사령부 참모 2부 정보 책임자 찰스 윌로비 준장 앞으로 올린 '보고서'에, '이시이가 인간과 관련된 세균무기 실험에 대해선 별다른 (직설적인) 언급을 하진 않았어도, 그가 생체실험을 했던 것이 분명하다'고 적었다.[66]

펠은 앞서 1, 2차 조사관으로 파견됐던 이들에 견주어 큰 성과를 올렸다. 731부대가 살아 있는 사람을 '마루타'로 삼아 생체실험을 했다는 사실을 확인했고, 생체실험으로 얻어낸 세균전 자료들을 손에 넣었다. 19명의 731부대 세균 전문가들이 모두 합쳐 600쪽 분량의 연구보고서를 내놓았다. 그들은 이를 다시 16쪽짜리 영문 보고서로 만들어 펠에게 건네주었다. 현미경 사진과 슬라이드, 생화학무기의 개발 현황을 담은 연구보고서 등도 함께 제출됐다.

펠 조사관은 크게 만족했다. 미국에 돌아간 뒤인 1947년 6월 20일 펠 조사관은 위의 자료들을 바탕으로 일본군 세균전에 관한 보다 자세한 보고서('펠 리포트')를 제출했다. 마쓰무라 다카오(松村高夫, 게이오대 명예교수)는 경제학자로는 드물게 731부대의 전쟁범죄를 비판적으로 분석한 글들을 써왔다. 그는 게이오대에서 펴내는 경제학 저널에 펠 조사관의 마무리 과정을 이렇게 요약했다.

> 펠 리포트는 "세균전의 각종 병원체로 200명 이상의 (사람을 생체실험으로 죽인) 증례(證例)가 담긴 현미경 표본이 약 8,000장 있고, 그 영문 리포트를 작성 중"이라 했다. 펠 리포트는 또한 "중국 민간인과 병사들을 상대로 열두 차례 야외 실험을 했으며, 그 요약된 내용과 함께 관련된 마을의 지도가 제출되었다"라면서, 페스트균, 탄저균, 콜레라, 말 비저(馬鼻疽), 유행성 출혈열의 인체실험 데이터를 얻었다는 사실을 함께 기록했다.[67]

'펠 리포트'는 대인 공격 세균무기, 농작물을 겨냥한 세균무기, 중국인들을 세균무기로 공격한 현장 실험, 가축을 겨냥한 생물무기, 병리학적 연구 등 모두 5개 주요 항목을 나열하고 있다. 펠의 보고서 결론 부분을 보자.

> 일본군이 연구한 세균무기 병원체 가운데 (대량 살생에) 유효한 것은 탄저균과 페스트균이었다. 일본인은 진실을 말하고 있다고 나는 믿지만, (일본인이 내놓은) 모든 연구보고서를 분석한 뒤 일본인에게 묻고 싶은 더 심도 깊은 질문이 나올지도 모른다. 인체 실험에 관한 데이터는 헤아릴 수 없

는 가치를 지녔다. 미국이나 미 동맹국들에서는 동물실험에 의해서만 이런 데이터를 얻을 수 있기 때문이다. 지금까지 얻은 정보는 우리의 연구에 매우 도움이 되며 엄청난 가치를 지닌 것은 확실하다.[68]

일본 사학자 쓰네이시 게이이치(常石敬一, 가나자와대 교수, 과학사)는 일본의 침략전쟁과 전쟁범죄를 비롯한 어두운 과거사를 밝혀내고 일본이 사죄하고 용서를 빌어야 한다는 생각을 지닌 올곧은 인물로 기억된다. 2023년 79세에 타계한 쓰네이시는 가나자와(神奈川)대학에서 과학사를 전공했고, 일찍이 731부대의 전쟁범죄에 깊은 관심을 기울였던 선구적인 연구자였다. 그는 1981년 『사라진 세균전 부대(消えた 細菌戦部隊: 関東軍第731部隊)』란 제목의 연구서를 써냈다. 이 책의 요점은 731부대가 생체실험이란 끔찍한 방법으로 세균무기를 개발하려 했고, 그 과정에서 다수의 중국인들과 조선인들을 희생시켰다고 비판했다. 그의 책은 그때껏 731부대의 흑역사를 잘 모르던 많은 일본 시민들에 큰 충격을 안겨주었다.

그 뒤로도 줄곧 731부대의 전쟁범죄를 추적하던 쓰네이시는 2005년 미 국립문서보관소에서 기밀문서 하나를 찾아냈다. 그것은 1947년 7월 17일 도쿄 연합국사령부 참모 2부장으로 정보 책임자였던 찰스 윌로비 준장이 (펠 조사관의 일본 세균전 조사 결과를) 미 합동참모본부의 정보 책임자 스티븐 체임벌린(Stephen J. Chamberlin) 소장에게 보고한 문서였다. 재일 저널리스트 크리스토퍼 리드(Christopher Reed)가 쓴 글('미국과 일본인 멩겔레')에서 문서 내용을 보자.

인간 실험에 대한 자료는 매우 귀중할 수 있다. 병리학적 연구는 백신을 개발하는 데 실질적으로 도움이 될 수 있다. 이렇게 매우 중요한 연구 결과들은 일본 최고의 병리학자들을 상대로 아주 세련된 심리학적 접근을 통해

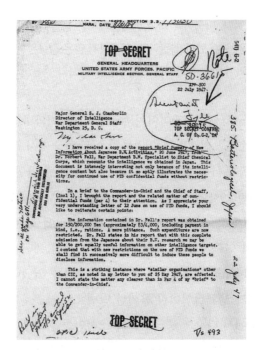

찰스 윌로비는 1947년 7월 워싱턴 합동참모본부에 보낸
기밀문서에서 3차 조사관 노버트 펠이 세균 정보를 얻는 데
쓴 비용이 15만~20만 엔을 넘지 않았다고 밝혔다.

서 얻어낼 수 있었다. 그동안 들인 비용은 직불금, 현물 지급(음식, 다과, 오
락), 호텔 요금을 합쳐 15만~20만 엔을 넘지 않았다. (이런 저렴한 비용으로)
미국 연구소에 머물면서 20년 동안 연구를 해온 것과 같은 결실을 얻게 됐
다.[69]

도쿄의 미군 지휘부는 물론 워싱턴의 미 합동참모본부도 '펠 리
포트'를 읽고 이시이 시로를 비롯한 731부대의 세균 전문가들로부
터 세균전 정보를 얻어낸 데 대해 크게 만족했다. 크리스토퍼 리드가
글 제목에 쓴 '멩겔레'는 아우슈비츠 수용소에서 '죽음의 천사'로 악

명 높았던 나치 친위대(SS) 소속 군의관 요제프 멩겔레(Josef Mengele, 1911~1979) 대위를 가리킨다. 그 멩겔레보다 훨씬 더 잔혹했던 '악마의 의사'들이 이시이 시로를 비롯한 731부대 군의관들이었다.

이시이 못지않은 2명의 '악마 의사'

세균무기를 개발한답시고 생체실험이란 끔찍한 전쟁범죄를 저질 렀던 731부대장 이시이 시로 못지않은 '악마 의사'가 2명 더 있다. 이 시이에 이어 731부대장에 올랐던 기타노 마사지, '군마 방역'으로 위 장한 관동군 100부대장 와카마쓰 유지로(若松有次郎, 1897~1977, 군의 소장)이다.

이 둘은 이시이와 마찬가지로 1945년 패전 뒤 전범자로 체포될까 두려워 잠 못 이루곤 했다. 하지만 돌아가는 분위기를 곧바로 눈치챘 다. 세균전 관련 정보에 목말라하는 미국의 모습을 보면서, 생존의 기 회를 잡았다. 살아 있는 사람을 '마루타'라고 부르며 생체실험의 희생 양으로 삼아야만 얻을 수 있는 '피 묻은' 세균 자료들을 미국에 건네주 며 '전쟁범죄자' 꼬리를 뗐다.

1947년 말 맥아더 사령부의 조사관들은 일본이 731부대를 중심으 로 세균전을 준비했고, 그 과정에서 끔찍한 생체실험으로 숱한 사람들 이 '마루타'로 희생됐다는 사실을 확실히 알게 됐다. 731부대의 지휘 관들이 전쟁범죄자로 기소될 충분한 양의 범죄 사실이 조사관들의 문 서철에 기록됐다.

(731부대장) 이시이 시로, (100부대장) 와카마쓰 유지로, (731부대장) 기타 노 마사지 외 세균전의 여러 주역들은 조사관들이 반복해서 묻는 질문에 거짓말과 기만, 은폐, 무시 등으로 이리저리 교묘하게 피해가며, 기소되지

않으려 갖은 애를 쓰고 썼다. 하지만 무심코 혐의 사실을 시인하는 경우도 있었고, 또한 이전의 동료들이 서로서로를 전범으로 몰아가기도 했다.[70]

와카마쓰 100부대장은 도쿄제국대학 농학부 수의학과를 나온 수의사 출신이다. 도쿄 전염병연구소에 있다가 수의관으로 군에 들어갔고, 1942년 100부대장을 맡았다. 정식 명칭이 '관동군 군마방역창'인 100부대는 말이나 동물에 대한 생물전을 연구한다며 1936년에 만들어졌다. 731부대와 마찬가지로 100부대는 관동군 직속으로, 생체실험과 세균전을 펼쳤던 전쟁범죄 집단이다.

100부대는 연구원(대부분이 수의관 장교)과 일반 병사들을 합쳐 800명쯤 되었고, 보조 노동력으로 300명쯤의 중국인을 둔 소규모 부대였다(731부대는 군인, 군속을 합쳐 3,500명 규모). 부대 이름만 '군마방역'이고, 실제로는 가축뿐 아니라 살아 있는 인간 해부 실험도 마다하지 않았다. 적의 군마를 죽일 세균을 개발하는 데 그치지 않고, 사람을 죽이는 세균무기를 만들려고 대량의 페스트균, 탄저균, 비저균 등을 배양했다. 731부대와 함께 연구하기도 했다. 100부대(창춘)는 1855부대(베이징), 1644부대(난징), 8604부대(광둥) 등과 더불어 '방역급수부'로 위장한 중국 주둔 일본 세균전 부대들을 아우르는 이른바 '이시이 기관'의 하나였다. 100부대장 와카마쓰는 이시이의 영향력 아래 전쟁범죄를 저질렀던 하수인이다.

100부대의 죄상은 1949년 소련 하바롭스크 전범재판에서 밝혀졌다. 소련군에 항복한 관동군 사령관 야마다 오토조(대장, 강제노동형 25년)에 따르면, 100부대는 세균무기를 만들어 목장이나 가축, 저수지를 감염시키는 방법으로 군사적 파괴 활동을 했다. 이를테면, 비저균으로 감염시킨 말들을 부대 근처의 각 마을에 풀어 마 비저병을 유행시켰다.[71] 100부대가 생체실험도 마다하지 않았다는 사실은 미토모 가즈오(수의중위, 강제노동형 15년)의 입에서도 나왔다. 미토모는 피실험자 몰래 수면제나 헤로인, 또는 피마자 독을 음식물에다 섞어 먹여 의식을 잃게 만든 뒤 생체실험을 했다고 털어놓았다. 희생자 다수는 중국인들이었고, 러시아인들도 있었다.

관동군 수의부장 다카하시 다카아쓰(군의중장, 강제노동형 25년)도 100부대가 전쟁범죄를 벌였음을 인정했다. 그의 자백에 따르면, 100부대는 농작물 파괴와 가축 살상은 물론 사람을 죽이는 페스트균, 콜레라균, 장티푸스균, 비저균, 탄저균 등 치명적인 세균을 만들고 뿌려 전염병 피해를 입혔다(야마다 오토조와 미토모 가즈오는 1956년 소련·일본 수교 때 풀려나 일본으로 돌아갔으나, 다카하시는 1952년 시베리아 강제노동수용소에서 뇌출혈로 죽었다).

1945년 8월 재빨리 일본으로 도망친 와카마쓰는 1년쯤 오사카 근처에 숨어 살았다. 1차 조사관 샌더스나 2차 조사관 톰슨도 그를 만나지 못하고 돌아갔다. 1946년 9월 맥아더 사령부의 법무국 조사관들이 숨어 있던 와카마쓰를 찾아냈다. 오사카 사무실에서 이뤄졌던 심문은 (이시이 시로에게 그랬던 것과 마찬가지로) 전쟁범죄 추궁이 아닌, 면담(인터뷰) 수준이었다. '오로지 진실만을 증언하겠다'는 서약도 없었다.

관람객들의 발길이 끊이지 않는 '731부대 죄증진열관'. 이곳에 전시된 A4 용지 크기의 문서엔 731부대 연구원들이 미국에 건네준 세균전 정보가 적혀 있다.

와카마쓰의 진술을 들어보자.

> 내가 아는 바에 따르면, 인간을 생체실험 도구로 사용한 사람은 아무도 없었다. 또한 비저(말, 당나귀, 노새 등이 앓는 치사율 높은 전염성 질병)에 감염된 사람의 상태를 확인하기 위해 해부해본 적도 없다. 일본인 수의사 2명이 비저에 걸려 죽은 적이 있지만 그들을 해부해보는 것도 거절했다. 죽은 사람의 영혼을 존중했기 때문에 죽은 뒤 시신을 훼손한 적도 없다.[72]

3차 조사관 펠은 이시이 시로를 세 번째 심문한 뒤인 1947년 5월 29일, 와카마쓰와 마주했다. 이시이를 처음 만났을 때와 마찬가지로 펠은 '전범 기소와는 전혀 관계없이 세균전 정보를 듣고 싶다'고 안심시키려 애썼다. 와카마쓰도 이미 분위기를 파악하고 있었기에 긴장하는 기색이 없었다. 심문 초반에 와카마쓰는 '이시이 시로의 731부대와 관계된 일은 하나도 하지 않았다. 이시이의 부대는 의무 부대고, 나의 부대는 수의 부대였기에 정보를 공유한 적도 없다'고 뻔한 거짓말을 늘어놓았다. 하지만 와카마쓰도 눈치가 없진 않았다. 전범 면책이 이루어지는 분위기가 무르익었기에, 그는 부하들과 함께 100부대의 활동을 자세하게 작성해서 제출하겠다고 했다.

펠 조사관은 활동 보고서를 1주일 뒤에 받을 것을 다짐하면서 그를 풀어주었다. 와카마쓰는 약속을 지켰다. 그와 연락을 주고받은 100부대의 연구원 10명도 그들의 연구 결과를 보고서로 내놓았다. 한 연구원은 곡물에 세균을 옮겼을 경우 생겨날 곡물 질병에 관한 19쪽의 영문 보고서를 내놓아 미 조사관들을 기쁘게 했다. 와카마쓰의 한 부하는 화학 및 식물성 제초제에 관한 연구보고서도 내놓았다. 여기엔 훗날 베트남에서 널리 쓰여 많은 논란을 불러일으켰던 '에이전트 오렌지' 같은 고엽제(defoliant) 관련 정보가 담겨 있었을 것으로 추정된다.

와카마쓰는 일본의 큰 제약회사인 니혼이야쿠(日本医薬) 공장장으로 노후를 편히 지냈다.

2대 731부대장, "인간이 아니라 원숭이 실험을 했다"

이시이 시로에 이어 731부대장에 올랐던 기타노 마사지도 특급 전쟁범죄자다. 기타노는 만주 선양〔瀋陽, 옛 이름은 펑톈(奉天)〕 의과대학 세균학 교수로 2년 반 동안 있다가 1942년 8월 731부대 제2대 부대장이 됐다. 만주의과대학에서 기타노가 순수하게 세균학 강의만 했다고 보기는 어렵다. 당시 만주에 있던 일본 군의관들과 의학자들은 항일 포로나 스파이를 '인간 모르모트'로 삼아 인체 실험을 하거나 생체해부를 해도 된다는 인식을 가졌다고 알려진다.[73]

기타노 마사지는 2년 반 동안(1942년 8월~1945년 3월) 731부대장으로 있으면서 전임자 이시이 시로가 했던 세균무기 개발을 꾸준히 해나갔다. 그런 사실을 보여주는 기록이 있다. 731부대 병사였던 우에다 야타로(上田彌太郞)는 패전 뒤 중국 푸순 전범재판소에 갇혔다. 1954년 그가 남긴 공술서에 따르면, 기타노가 731부대장으로 있던 1943년 5월 어느 날 생체실험이 벌어졌다.

나는 731부대 제4부 제3반에서 생체실험의 관찰 조수로 있었다. 관찰 2일째에 2명이 죽었다. 다음 날 아침 체온 측정하러 (수감자 감옥에) 가보니 1명이 죽어 있었다. 죽은 이는 해부된 뒤에 보일러실에서 태워졌다. 그 시체의 특징은 50세 정도로 손가락이 매우 길고 노동을 별로 하지 않은 것으로 보였다. 같은 날 오후에 1명이 죽고 다음 날 또 1명이 죽었다. 그 실험의 목적은 연구실에서 시험한 세균을 실제로 인체에 넣어 효력을 확인하고, 보다 강력한 독성을 갖는 세균을 연구개발하는 자료를 얻기 위해서였다.[74]

위 공술서를 보면, 기타노 731부대장은 전임자였던 이시이와 마찬가지로 '악마의 의사 집단'의 수괴였음이 드러난다. 기타노와 이시이 둘 다 '마루타'들을 생체실험용으로 희생시켜 가면서 보다 독성이 강하고 살상력이 높은 세균무기 개발에 미쳐 있었다. 기타노는 일본에서 최신 장비를 들여와 작업의 효율을 높이는 것도 게을리하지 않았다. 2년 반 동안 731부대에 머물면서 특히 페스트균을 가진 벼룩을 세균무기로 사용하는 방법에 관심을 쏟았다. 이 연구는 1945년 초 이미 상당한 수준에 이르렀고, 이시이 시로가 1945년 3월 부대장으로 복귀하면서 더욱 활기를 띠게 됐다(기타노는 지나파견군 제13군의부장으로 옮겨갔다).

1945년 가을 맥아더 사령부 정보 담당인 참모 2부의 찰스 윌로비 준장은 이시이만큼이나 세균전 정보를 지니고 있을 기타노의 행방이 궁금했다. 추적 끝에 그가 상하이 일본군 포로수용소에 붙잡혀 있는 것을 알게 된 윌로비는 기타노의 세균 정보가 타국, 특히 소련에 넘어가선 안 된다고 여겼다. 1946년 1월 9일 기타노는 미 군용 특별기를 타고 일본 아쓰기 공항에 내렸다. 기타노는 그길로 감옥에 갈 것으로 짐작했지만, 정작 닿은 곳은 도쿄의 한 호텔방이었다. 참모 2부의 화이트사이드 대령이 키타노와 얼굴을 마주했다. 심문이 아니라 면담 수준이었다. 기타노는 100부대장 와카마쓰처럼 그럴듯한 거짓말을 늘어놓았다.

메릴랜드주 데트릭 기지의 문서보관소에 있는 심문 속기록에 따르면, 기타노는 '나는 모르쇠'로 버텼다. 세균전의 공격과 방어에 관하여 731부대에서 어떤 연구를 했는지 상세한 데이터를 내놓으라고 했지만, 그는 애매한 말로 얼버무렸다. 중국인 죄수들을 생체실험에 쓴 적이 있느냐는 질문에 대해서도 '인간을 실험에 쓴 적이 없다'고 잘라 말했다. 그러고는 이렇게 우겼다. "원숭이나 쥐, 다람쥐 같은 동물들을 방역 차원에서 실험했을 뿐, 인간을 생체실험하지 않았다."

이시이와 기타노, 서로를 라이벌로 의식

기타노와 이시이 둘은 성격이 달랐다. 이시이 시로는 드러내놓고 술과 여자를 좋아하는 편이었고, 유흥비를 대느라 공금에 손을 대어 문제가 된 적도 여러 번 있었다. 기타노는 그런 이시이를 경멸했다. 잔인함에서는? 서로 닮았다. 나이는 이시이가 두 살 많았지만 의학 박사 학위는 기타노가 먼저 받았다. 둘은 라이벌 의식이 있었고 사이도 좋진 않았다(기타노는 도쿄제국대학, 이시이는 교토제국대학 출신).

1942년 일본의학회 총회 때 찍은 오래된 흑백사진을 보면 둘은 멀찍이 떨어져 앉아 있다. 둘의 관계가 불편하다는 것을 말해준다. 둘 다 군도(軍刀)를 허벅지 사이에 끼고 앉은 것이 인상적이다(1959년 이시이 시로가 후두암으로 죽었을 때 기타노가 장례위원장을 맡긴 했다. 731부대장이란 경력 때문에 이름뿐인 위원장을 맡았을 것이다).

이시이를 라이벌로 여겼기 때문일까, 기타노는 그에게 불리한 말도 서슴지 않았다. '일본인이 생물무기(BW) 연구를 한 곳은 731부대 한 곳뿐'이라 주장하면서, 이시이가 도쿄 지도자들의 승인도 받지 않고 독자적으로 생물무기 연구를 했다고 비난했다. 만약 '폐하'(히로히토 일왕)가 알았다면 분명히 연구를 중단시켰을 것이라는 주장마저 폈다. 톰슨 조사관은 끝내 기타노로부터 세균전 정보를 얻어내는 것을 포기하고 돌아섰다.

세균전 정보를 캐내려는 미국은 기타노를 그냥 놔두지 않았다. 1947년 4월 7일 도쿄 사령부로 불려온 기타노는 '알고 있는 세균전 정보를 종이에 적어달라'는 요구를 받았다. 분위기로 봐서 자칫 구속될지도 모른다는 불안감을 느낀 기타노는 그곳 사령부 규격용지로 11장에 이르는 긴 진술서를 써 내려갔다. 그는 자신에게는 해가 되지 않을 정도로 731부대의 구조와 5개 지부의 활동 상황을 털어놓았다. 이시이가 했던 생물무기 개발에 대해서도 조심스레 용어를 골라가며 썼다. 이시이의 연구 업적을 깎아내리며, 과학적 가치가 별로 없는 것들이라 했다. 반면에 그 자신은 티푸스와 페스트를 비롯한 다양한 전염병을 막는 백신을 개발했고, 성병을 치료하는 혈청을 만들었다고 자랑했다.

이 진술서를 쓰고 얼마 지나지 않아 기타노는 3차 조사관으로 파견된 펠 조사관의 '부드러운 심문'을 받았다. 그 무렵 이시이와 마찬가지로, 미국이 자신을 전쟁범죄자로 기소하지 않을 것으로 판단한 기타노는 미국이 그토록 바라는 세균 정보들을 펠 조사관에 내놓았다. 페스트, 탄저병, 출혈열, 발진티푸스, 장티푸스, 이질 등을 일으키는 세균 실험 결과를 알려주었다. 콜레라, 파상열, 살모렐라와 각종 식물병에 대한 정보도 건네주었다. 그것들이 731부대에서 사람을 '마루타'로 희생시켜가며 얻어낸 '피 묻은' 자료였음은 말할 나위 없다.

1947년 9월 8일 미국 정부는 국무부를 통해 도쿄의 맥아더 사령부에 극비 전문을 보냈다. 이시이 시로를 비롯한 731부대 간부들의 처리와 관련된 것이었다. 그 요점은 '그들을 전범자로 처리하지 않기로 했으니, 가능한 한 많은 세균전 자료를 수집하라'는 것이었다. 전문 내용은 이러했다.

맥아더 사령관은 이시이 시로와 기타 관련자들에게 면책(免責) 약속을 하지 말고 최대한 많은 (세균전) 정보를 수집한다. 이시이 등에 대해 전쟁범죄 관련 (사면) 약속은 하지 않았지만, 미 당국은 미국의 안전보장을 위해 이시이 및 그 일당들의 전쟁범죄에 대한 책임을 추궁하지 않을 것이다.[75]

맥아더 사령부에 보낸 전문에서 미국 정부가 이시이 일당에게 전쟁범죄를 덮어준다는 약속을 문서로 분명히 못 박지 않으려 했던 이유는 무엇일까. 만에 하나 '면책 문서'가 언론에 보도되거나 특히 소련에 알려질 경우, 미 정치권이나 언론에서 논란이 되기 마련이었다. 자칫 이를 둘러싼 청문회까지 열려 책임을 따져 물을 수도 있었다. 그런 후폭풍을 피하려면? 문서라는 증거를 남기지 않는 게 낫다. 물론 이시이 일당의 전쟁범죄를 덮는 것은 비난을 피하기 어렵다. 하지만 미 정부나 군부 입장에선 문서 파동보단 낫다고 여겼을 것이다. 그런 판단 아래 미국은 세균전 정보를 '내부 정보'로 처리하고 '전쟁범죄의 증거'로는 삼지 않는다는 원칙을 세웠다.

편하게 정보를 챙긴 4차 조사관 힐

미국 정부가 전범 면책 원칙을 세운 뒤인 1947년 10월 28일, 에드윈 힐(Edwin V. Hill, 데트릭 세균연구소 기초과학부 주임)이 4차이자 마지막 조사관으로 파견됐다. 그는 데트릭 기지의 병리학자 조지프 빅터(Joseph Victor) 박사와 함께 일본으로 갔다. 힐 조사관에게 주어진 임무는 앞의 펠 조사관이 들고 온 세균 정보 가운데 정리가 잘 안 된 자료들과 궁금한 사항들을 점검하는 것이었다. 특히 만주에서 가져온 인체 해부 표본과 해부 기록들을 확보하려 했다. 1개월 넘게 이어졌던 조사 기간 중 힐과 그의 파트너 빅터는 20명가량의 일본 세균전 관련자들을 만났다.

힐 조사관은 앞서 다녀간 3명의 조사관들에 견주어 훨씬 일이 편했다. 전임자들처럼 '전쟁범죄를 추궁하러 온 것이 아니다'라는 말조차 꺼낼 필요가 없었다. 미국에 협력한다면 전쟁범죄자로 넘기지 않을 것이 확실해진 시점에서 731부대 간부들은 저마다 감춰놓았던 '피 묻은' 실험 자료들을 내놓았다. 힐이 1947년 12월 12일에 쓴 보고서를 보자.

조금은 순진한 어조로 조사를 받은 과학자들이 자발적으로 정보를 털어놓았다는 사실은 매우 고무적인 일이다. 면담을 진행하는 동안 전범재판에 기소되는 걸 막아주겠다는 말을 할 필요조차 없었다.[76]

그 과정에서 이시이 시로가 일본 육군참모총장의 훈령을 어기며 폐기하지 않고 챙겨 온 8,000여 장의 세균전 실험 관련 슬라이드, 3권의 인체 해부 보고서(페스트, 탄저, 비저 생체실험 관련)를 확보했다. 기꺼이 세균전 자료를 내놓은 자 가운데엔 이시이 시로에 이어 731부대장을 지냈던 기타노 마사지도 있었다. 그는 생체실험 사실을 숨기지 않았다. 이를테면, 그가 내놓은 송고열병에 관한 문서엔 이런 끔찍한 내용이 담겨 있었다.

다음 환자는 질병에 감염되어 죽어가는 환자의 간이나 비장 또는 콩팥에서 뽑은 피나 직접 혈관에서 뽑은 피로 감염시켜서 얻었다. 환자들을 오래 견디게 하기 위해 모르핀을 사용했다. 열병에 걸린 사람의 피를 말에게 넣었다. 잠복기간이 끝나자 5~7일 사이에 15마리 가운데 6마리가 열병 증상을 나타냈다. 열병에 걸린 말의 피를 뽑아 다른 말에 주사했고, 마지막으로 인간에게 주입했다. 실험 대상자들은 100퍼센트 사망률을 나타냈다.[77]

이시이 시로도 그동안 입을 맞춰온 부하들과 함께 '마루타'를 생체실험으로 희생시키면서 만든 '피 묻은' 세균전 자료들을 담은 4편의 보고서를 미국에 넘겨주었다. 731부대 연구원 18명이 쓴 '세균무기로 생체실험을 한 보고서'(60쪽 분량), '농작물을 파괴한 세균전 연구'(20쪽 분량), '가축에 관한 세균전 연구'(연구원 10명 참여), 이시이가 직접 쓴 '20년 동안의 전반적인 세균전 연구에 대한 결론' 등이다. 여기에다 8,000장 분량의 세균무기 생체실험, 생체해부의 병리학 표본과 슬라이드가 덧붙여졌다.

일부 악마의 의사들은 자료를 내놓으면서도 일부는 숨겨두려다 조사관의 예리한 눈에 들키기도 했다. 전 731부대 연구원이었던 이시카와 다치오마루(石川太刀雄丸)가 그랬다. 그가 일하는 가나자와대학의 연구실에서 생체실험 자료를 건네받았던 힐 조사관의 보고서를 보자.

이시카와가 갖고 있는 표본이 전혀 정리돼 있지 않다는 것을 알았다. 약 500증례에서 채취한 인체 표본 목록을 만들었는데, 조사할 만한 표본은 400증례뿐이었고, 다른 수많은 자료가 어딘가 숨겨져 있다는 사실도 밝혀졌다. 하지만 처음 제출된 것(400증례)과 함께 약간의 압박만으로도 나머지 자료를 얻을 수 있었다.[78]

위 문장에서 '약간의 압박'이란 표현은 그 무렵 조사관들과 731부대 전범들 사이의 신경전을 떠올린다. 여기서 '500증례'라면 살아 있던 '마루타' 500명을 생체실험으로 죽였다는 끔찍한 얘기가 된다. 힐 조사관은 일본에서 거둔 조사 성과에 뿌듯한 마음을 지닌 채 자신의 보고서를 마무리했다. 1947년 12월 12일에 제출한 보고서를 보자.

이번 조사에서 수집된 사실은 이 (세균전) 분야에서 지금까지의 전망을 크게 보강하는 것이다. 이 데이터는 일본인 과학자들이 거액의 비용으로 오랜 세월에 거쳐 입수한 것으로, 인간 감염에 필수적인 각 세균의 양(量)에 관한 정보이다. 이런 정보는 인체 실험을 꺼림칙하게 여기는 우리 연구실에서는 알아낼 수 없다. 이런 데이터를 얻기 위해 (조사팀이) 오늘까지 들인 총액은 25만 엔이다. 이 비용은 이 연구의 가치에 견주면 아주 작은 액수일 뿐이다.[79]

보고서에서 힐 조사관은 '이번에 우리가 수집한 병리학 자료는 생체실험을 해야만 얻을 수 있는 자료'라 강조했다. 그는 자신에게 세균

자료를 건네준 731부대 전범자들에 대한 배려도 잊지 않았다. 보고서 끝에 '이 정보를 자발적으로 제공한 개개인이 그 일로 당황하는 일이 없도록' 해달라고 했다. '더 이상 전범 추궁을 하지 말아달라'는 뜻이다. 힐은 또한 '이 정보가 타인의 손에 들어가는 것을 막기 위해서 모든 노력이 이루어지기를 희망한다'고 덧붙였다. 그가 말하는 '타인'은 곧 소련을 가리킨다. 이렇듯 미국은 20세기 최악의 전쟁범죄자들과 '더러운 거래'를 했다.

맥아더 정보참모와 수석검사의 '권력 범죄'

도쿄 전범재판 법정에서는 731부대의 전쟁범죄가 입에 오르내리지 않았다. 그 까닭은 731부대 전범자들을 기소하지 않는다는 미국 정부의 지침에 따라 맥아더 사령부 정보참모 찰스 윌로비 준장과 도쿄 전범재판(극동국제군사재판)의 미국인 수석검찰관 조지프 키넌, 이 두 사람이 바삐 움직였기 때문이었다. 윌로비는 이시이 패거리를 감싸고돌며 '더러운 거래'를 뒤에서 지휘했고, 키넌은 도쿄 전범재판에 넘겨지는 것을 막았다.

먼저 찰스 윌로비 준장. 윌로비는 오랫동안 맥아더의 최측근 부하로 그를 그림자처럼 따라다녔다. 일본의 진주만 공습(1941년 12월 7일)으로 수세에 몰린 맥아더가 1942년 3월 필리핀 코레히도르 요새에서 한밤중에 일본군의 눈길을 피해 (잠수함도 아닌) 어뢰정으로 민다나오까지 가서 B-17 폭격기를 타고 호주로 몸을 피할 때도 함께 다녔다(당시 계급은 대령).

윌로비의 이념적 성향은 극우였다. 맥아더 장군을 다룬 여러 책에서 윌로비는 한결같이 '파시즘' 신봉자로 그려졌다. 맥아더는 그를 가리켜 '나의 애완 파시스트(my pet fascist)'라고 부르곤 했다. 충성심 강한 부하를 아끼는 마음으로 부르는 애칭이었겠지만, 그래도 섬뜩한 느낌을 준다. 맥아더도 윌로비의 성향이 거슬리지 않았기에 가까이 두었다고 풀이된다.

훗날 윌로비는 그가 쓴 작은 책자에서 '진보주의자나 리버럴리스트는 용공분자이기에 나의 적이고 미국의 적'이라 썼다. 강골의 반공주의자답게 그는 제2차 세계대전에서 미국과 손을 잡았던 소련을 극도로 미워하고 경계했다. 731부대의 세균 정보가 소련에 넘어가지 않도록 전범들의 죄를 눈감아주고 '더러운 거래'를 이끈 공로로 별 둘을 달고 소장이 됐다.

한국전쟁이 한창이던 1951년 4월 트루먼 대통령이 독불장군처럼 구는 맥아더를 해임하자, 심복인 윌로비도 군복을 벗게 됐다. 그는 곧바로 그의 이념적 성향에 딱 맞는 새로운 직업을 얻었다. 스페인으로 날아가 파시스트 독재자 프랑코 장군의 보좌관 겸 그를 위한 대미 로비스트가 됐다. 그 무렵 윌로비가 자서전을 내려 하자, 미국 출판사(McGraw-Hill)는 "맥아더 장군의 전기를 쓰는 것이 더 많이 팔릴 것"이라 권했다. 그에 따라 윌로비는 전문 필자와 공동 집필 형식으로 1954년 맥아더 전기(*MacArthur, 1941~1951*)를 냈다. 비평가들은 맥아더 장군의 측근들이나 알 만한 사항들을 다루긴 했지만 맥아더에 대한 근거 없는 찬양 또는 맥아더의 여러 군사적 패착에 대한 변명들이 거슬린다고 지적했다.

윌로비의 극우 이념 성향은 반공을 내걸었던 일본의 군국주의자들과도 맞닿았다. 일본 육군 강경파 장교들은 제2참모부 안에 보좌역, 고문 등으로 일자리를 얻었다. 윌로비는 생체실험과 세균전쟁으로 '악마의 부대'라는 악명을 얻은 731부대를 보통 사람들과는 다르게 바라봤다. 그는 반공과 정보라는 두 개의 잣대로 731부대와 그 수괴인 이시이 시로를 평가했다.

먼저 반공 잣대로 보면, 731부대의 세균전 정보가 소련에 넘어가선 안 된다고 여겼다. 정보의 잣대로 보면, 세균전 정보는 미국에 이롭다. 윌로비의 시각에선, 이시이를 전쟁범죄자로 처벌하려고 든다면 귀한 정보를 얻지도 못할뿐더러 자칫 그 정보가 소련 쪽에 넘어갈 수 있다. 맥아더에겐 '731부대의 상황을 자세하게 알아보기 위해선, 그들의 전쟁범죄에 대해 추궁만 하지 않는다면 순조롭게 진행될 수 있다'고 보고했다. 맥아더도 고개를 끄덕였다. 패전 뒤 일본 안에서도 이시이 패거리를 붙잡아 전쟁범죄자로 처벌해야 한다는 목소리가 여기저기서 터져 나왔다. 윌로비는 맥아더 장군의 재가를 받아내 집안 단속을 했다. 함부로 731부대 관련 조사에 나서지 말라는 경고였다.

> 1947년 4월 18일 연합국총사령부 제2참모부장 윌로비 장군은 맥아더의 지시에 따라 연합국총사령부 법무국에 각서를 보냈다. "세균전 관련 조사는 연합참모부의 직접 지휘를 받아야 하고, 제2참모부에서 조사를 진행하며, 조사 과정에서의 각종 심문과 접촉은 모두 참모부와 공동으로 진행해야 한다. 아울러 미국의 이익을 위해 반드시 조사 과정에서 최대한 비밀을 유지해야 한다. 획득한 정보는 반드시 제2참모부에 넘긴다."[80]

맥아더 사령부 법무국 조사관들에게는 전쟁범죄와 관련된 많은 투서와 제보들이 있었다. 731부대장 이시이 시로는 물론 100부대장 와카마쓰 유지로에 관한 것들도 적지 않았다. '부대 안에서 생체실험이 이뤄졌고 수감자들은 끔찍한 고통을 겪으며 끝내 숨졌다'는 것이 고발의 주요 내용이었다. 하지만 위 각서가 나온 뒤 이시이 일당에 대한 조사 권한을 윌로비 장군이 독점하면서 고발장들은 휴지통에 버려졌다.

미군 포로 생체실험 조사도 막아

도쿄 미 육군정보부 소속 로버트 맥퀘일((Robert McQuail) 중령이 윌로비 장군에게 올린 한 보고서엔 '731부대가 미군 포로에게 페스트균을 넣는 생체실험을 했다'는 제보 내용이 들어 있다(1947년 1월 10일에 제출된 이 보고서는 미 메릴랜드주 포트 미드에 있는 미 육군 정보 및 안보사령부 공문서보관소에 있다). 그 제보가 사실이라면, 그냥 넘길 일이 아니었다. 조사를 해야 마땅했다. 그런데 윌로비는 이에 대한 조사를 막았다. 도쿄 전범재판에도 영향을 끼칠 수 있고, 이시이 일당이 지하로 숨어 세균전 정보가 사라질까 걱정했기 때문이었다.

만주에 있던 731부대원이 어떻게 미군 포로를 만날 수 있었을까. 랴오닝성 최대 도시인 선양(瀋陽)은 20세기 전반기에 펑톈(奉天) 또는 만주어 발음으로 묵던(Mukden)으로 불렸다. 일본은 펑톈의 중국군 옛 병영을 연합군 포로수용소로 만들었다. 1942년부터 1945년까지 그곳에 미군, 영국군, 네델란드군 등 일본이 필리핀과 동남아시아를 침공하면서 붙잡은 포로 2,000명쯤을 가둬두었다(미군 포로는 절반쯤인 1,000명). 이들은 배로 부산항으로 실려와 다시 열차로 펑톈까지 끌려갔다.

이들 백인 포로를 상대로 세균 생체실험이 실제로 벌어졌느냐는 것은 지금껏 논란으로 남았다. 생체실험이 있었다면, '세균무기에 대한 백인 특유의 면역이 있느냐'가 관심 사항이었을 것이다. 1949년 하바롭스크 전범재판에서 731부대 세균제조과장 가라사와 도미오(柄澤十三夫, 군의소좌, 강제노동형 20년)의 법정 증언을 들어보자.

1943년 초 펑톈육군병원에 입원해 있을 때 731부대에서 미나토(湊)가 찾아왔다. 미나토는 미군 포로의 면역성에 관한 문제 연구차 펑톈에 와 있다고 했다. 각종 전염병에 대한 앵글로 색슨 인종의 면역성을 연구하기 위해

731부대에서 펑텐 연합군 포로수용소로 출장을 온 것이었다.[81]

세균에 오염된 음료를 마시게 한 뒤 증상을 확인했다는 증언도 있다. 하지만 만주 핑팡 731기지 본부에서 '마루타'를 생체실험하고 시신을 해부하곤 했던 끔찍스러운 잔혹 행위가 펑텐의 백인 포로를 상대로도 벌어졌는지는 확인되지 않는다. 731부대가 세균무기 개발에 미쳐 있었다는 점을 떠올리면, 그럴 리 없다고 단정적으로 말할 수는 없다. B, C급 전범 조사 과정에서 맥아더 사령부 법무국 소속 닐 스미스 중위가 '연합군 포로를 대상으로 인체 실험이 행해졌다'는 투서를 받고 조사에 나선 적이 있다. 그러자 윌로비 장군의 참모 2부가 개입해 조사를 막았다. 참모 2부는 세균전 파일을 독점 관리하면서 스미스 중위의 조사는 흐지부지됐다.

이시이에 대한 보호막을 펼친 미국 수석검찰관

도쿄 극동국제군사재판소는 1946년 5월 법정 문을 열었다. 도조 히데키를 비롯한 A급 전범자들이 차례로 피고석에 섰다. 731부대 간부들로부터 세균전 정보를 얻어내려고 애썼던 맥아더 사령부와 워싱턴이 그 무렵 신경을 쓴 것은 무엇일까. '(이시이 시로의 상관들을 전쟁범죄자로 기소한) 도쿄 전범재판의 검찰관들이 이시이 패거리마저 잡아넣으려 나선다면 곤란한 문제가 생겨난다. 전범자들이 아예 숨어버려 세균전 정보를 못 챙기게 될 수도 있다.' 따라서 검찰관들이 731부대의 전쟁범죄에 관심을 돌리는 것을 아예 막아 나섰다. 그 역할은 조지프 키넌 수석검사가 맡았다. 키넌은 맥아더 장군의 정보참모 윌로비와 긴밀히 연락을 주고받으며 맥아더와 워싱턴의 생각을 충실히 받들었다.

여기에 정의감이 강한 한 검찰관이 나타났다. 도쿄 전범재판을 다룬 검찰국에는 중국을 비롯한 연합국 11개국에서 검사를 파견했고, 조지프 키넌이 수석검사를 맡았다. 키넌을 우두머리로 한 미국 검사팀에는 16명의 미국인 검찰관이 있었다. 그 검찰관 가운데 토머스 모로(Thomas Morrow) 대령은 731부대의 세균전 범죄가 반드시 도쿄 재판에서 다뤄져야 한다고 여겼다. 1946년 3월 2일 모로 대령은 키넌 검사에게 731부대의 전쟁범죄를 조사해보겠다는 내용으로 12쪽 분량의 긴 보고서를 제출했다. 그 핵심 내용은 이러했다.

(세균전을 펼쳤다면) 이 문제는 독가스의 경우와 마찬가지로 매우 중요한 사안이다. 왜냐하면 이런 종류의 전쟁 무기는 전투가 벌어지는 곳에서는 물론 전장에 나가 있는 일개 육군 장교의 자원을 활용하여 개발할 무기가 아니기 때문이다. 국제적으로 금지된 무기를 개발한다는 것은 부대 사령관이 아니라 일본 군부가 직접 지시를 내렸다는 것을 의미한다.[82]

"모로 검찰관은 이시이 조사를 그만두라"

모로 대령은 자신이 이시이의 전쟁범죄 증거들을 조사하고 그를 직접 심문해 도쿄 전범재판에 기소해야겠다고 마음먹었다. 그러나 곧 장벽에 부딪혔다. 731부대에 관한 조사는 윌로비의 통제 아래 놓여 있었기 때문이었다. 윌로비 장군의 직속 부하인 참모 2부 첩보기술부 D. S. 테이트 대령은 모로가 이시이 기소를 준비한다는 소식을 듣고 그를 만났다. 그 무렵 마침 미 데트릭 기지에서 2차 조사관으로 파견된 아보 톰슨 중령과 함께였다.

731부대의 전쟁범죄와 그들이 생체실험으로 얻어낸 세균전 자료를 맞바꾸려는 맥아더 사령부와 워싱턴의 입장을 모로 대령이 알 리가 없었다. 테이트와 톰슨 두 사람은 모로를 '상황을 잘 모르는 답답한 검찰관'으로 여기면서 혀를 찼을 것이다. 두 사람이 모로에게 했던 말을 앞뒤 잘라 줄이자면, 이렇다. "우리는 상부의 극비 명령으로 731부대를 조사하고 있으니, 당신은 그만 손을 떼시오."

정의감이 강했던 모로 대령은 이시이 패거리를 쉽게 놓아주려 하지 않았다. 테이트와 톰슨을 만난 바로 뒤인 1946년 3월 12일 모로는 미국인 동료 검사인 데이비드 서튼(David N. Sutton)과 함께 전부터 예정돼 있던 중국 출장을 떠났다. 도쿄 재판의 중국 쪽 검사인 샹저쥔(向哲濬)과 함께였다. 이들은 한 달 동안 상하이, 난징, 충칭 등 중국의 주요 지역들을 돌아다니며 일본의 전쟁범죄 증거를 모아 도쿄로 돌아왔다.

이 무렵의 상황을 잘 그려낸 작가가 진 기유민(Jeanne Guillemin, MIT 안보연구팀 수석고문)이다. '일본의 세균전과 도쿄 재판에서의 미국의 사법 방해'라는 부제목이 말하듯, 기유민의 책은 모로 대령이 키넌 검사와 갈등을 빚는 대목을 비롯해 미국 정부가 도쿄 전범재판에서 731부대의 전쟁범죄를 다루지 못하도록 은밀하게 움직였던 이야기들을 담고 있다(기유민은 탄저균을 비롯한 세균무기에 관련된 책을 여러 권 냈다).

독일 뉘른베르크 재판에서는 전쟁범죄의 증거를 보여주는 자료가 넘쳐났다. 하지만 도쿄 재판에선 증거 자료가 태부족했다. 독일과는 달리 점령군인 미군이 도쿄에 닿을 때까지 시간적 여유가 많았던 일본 지도부가 체계적으로 문서를 소각 폐기해버렸기 때문이다. 특히 일본 전시 지도자들을 전쟁범죄로 기소하려 할 때 '그 중심이 되는 중국의 경우 재판에 부칠 만한, 일관성 있고 설득력 있게 조직화된 증거가 부족'했다.[83]

기유민의 표현에 따르면, 모로는 일본군의 전쟁범죄 증거를 모으려는 '매우 야심찬 진상조사(the most ambitious fact-finding expedition)'를 위해 중국 출장을 떠났다. 수석검사 조지프 키넌도 모로의 출장을 반대하진 않았다. 도쿄 전범재판의 피고들이 부인하지 못할 전쟁범죄의 구체적인 증거를 들이대는 것이 미국에게도 필요한 일이었기 때문이다. 모로는 일본군이 독가스를 마구 살포하고 무차별 공습을 저질렀던 상하이, 난징, 충칭에서 피해자와 유족들을 만나 그들의 피눈물 어린 증언을 기록했다.

모로가 중국 출장을 다녀온 뒤 키넌 수석검사와의 갈등이 불거졌다. 키넌에게 낸 보고서에서 모로는 '일본군이 난징과 충칭에서 생화학전 공격도 마다하지 않았다'고 지적하면서, 덧붙여 731부대 전쟁범죄 조사가 필요하다고 건의했다. 그 보고서는 키넌의 손을 거쳐 맥아더 사령부의 정보 책임자인 윌로비 장군에게 전해졌고, 워싱턴에도 보고서 사본이 올라갔다. 도쿄로 돌아와서 한 달 뒤인 1946년 5월 모로는 '일본의 중국 군사침략, 1937-1945'란 제목을 단 또 다른 보고서를 제출했다. '일본군이 중국 민간인들과 중국군 포로들을 학살하고 독가스를 마구 써 1925년 헤이그협약을 어기는 화학전을 폈다'는 내용이었다. 보고서는 중국 출장길에 모로가 만난 목격자들의 명단, 중국 육군의무대 부소장인 창 소장의 증언 등을 덧붙이며 일본군이 독가스를 마구 사용함으로써 전쟁범죄를 저질렀다고 지적했다. 아울러 731부대의 전쟁범죄 조사를 다시금 건의했다.

키넌 검사는 모로의 보고서를 철저히 무시했다. 이시이 일당이 지닌 세균전 정보를 캐내는 데 몰두해 있던 윌로비 장군은 키넌으로부터 그 얘기를 듣고 주먹으로 책상을 내리쳤다. 모로의 열정은 끝내 화를 불렀다. 1946년 8월 그는 미국으로 돌아가야 했고 군복마저 벗었다. 731부대의 전쟁범죄라는 역린(逆鱗)을 건드려 맥아더 사령부를 불편하게 만들었기 때문이다.

1946년 4월 29일 키넌의 국제검찰국은 도쿄 전범재판소에 기소장을 제출했다. 키넌은 기소장에 도조 히데키를 비롯한 28명의 A급 피고들이 저질렀던 침략 범죄와 반인도적 범죄를 꾸짖으면서도, 히로히토 일왕의 '히' 자도 넣지 않았다. 마침 그날은 히로히토의 생일이었다. 히로히토로선 그만한 생일 선물도 없을 터였다. 기소장에 이름이 빠진 자들이 또 있었다. 이시이 시로를 비롯한 731부대의 주요 간부들이었다.

"미국은 중대한 권력 범죄를 저질렀다"

일본 사학자 아와야 겐타로(粟屋憲太郎, 릿쿄대 교수)는 지난날 일본의 침략과 전쟁범죄를 겸허히 돌아보자는 자성 사관(自省史觀)을 지닌 지식인이다. 일찍이 『도쿄재판론(東京裁判論)』(1989)에서 아와야는 히로히토 일왕과 731부대 전범자들을 재판에 넘기지 않은 것을 두고 '전쟁 뒤 일본의 전쟁 책임 추궁이 아주 애매하게 끝나버렸다'고 비판했다. 731부대 전범자들과 미국 사이의 더러운 거래는 '전승국의 편의주의적 담합'의 결과라는 것이다. 아와야 교수는 '생체실험이란 끔찍한 전쟁범죄를 저질렀던 자들이 도쿄 전범재판을 비껴간 것은 크게 잘못됐다'고 비판한다. 미국이 이끌어갔던 도쿄 재판은 공평한 재판과는 거리가 먼 것이고, 따라서 미국은 '권력 범죄'라는 이름의 중범죄를 저질렀다는 결론을 내린다.

> 미국은 731부대의 인체 실험 연구 성과를 배타적으로 독점하고자 (도쿄) 재판을 통해 이 사실이 공개되는 것을 피하려 했다. 미국 당국자는 뉘른베르크 전범재판에서 독일 과학자나 의학자가 인체 실험 혐의로 소추된 사실을 알고 있었다. 더구나 731부대 관계자의 인체 실험도 독일의 것과 같다고 판단했음에도 불구하고 이를 면책했다. 미국은 명백한 전쟁범죄 사실을 알고 있으면서도 이를 은폐함으로써 중대한 권력 범죄를 저질렀다."[84]

이시이 일당은 세균무기 개발 과정에서의 인체 실험으로 적어도 3,000명에서 1만 명가량을 죽였다. 희생자들 가운데는 만주에서 독립운동을 하다가 관동군에 붙잡혀 731부대로 넘겨진 조선의 젊은이들도 있었다. 그래서 다시 묻게 된다. 그런 흑역사를 없던 일로 치면서까지 '피 묻은 실험 자료'에 보였던 미국의 관심은 과연 무엇을 위한 것이었을까. 미래의 세균전을 준비하기 위해서가 아니라, 세균의 위협으로부터 우리 인류를 지켜내려는 큰 뜻에서였을까.

4장
패전 뒤 반성 없는
731부대 '악마의 의사들'

"전쟁 중에 중국인들에게 유행성 출혈열 바이러스를 주사하거나 해서
감염시키는 생체실험을 나도 직접 했다. 731부대에서는 중국인 죄수들을
'마루타'라 부르며 실험에 사용했다. 논문에는 원숭이라 썼지만
그것은 마루타야. 그런 건 누구나 아는 상식이잖아."

살아 숨쉬는 '마루타'의 몸에 세균을 집어넣고 언제 어떻게 죽는지
를 살피는 행위를 '의학 연구'라 우길 수는 없다. 세균무기를 만들려고
731부대가 거듭했던 생체실험은 '의학'의 이름을 훔친, 또는 의학과
'악마적 동맹'을 맺은 잔혹 행위이자 야만이었다. 그렇기에 많은 사람
들은 이시이 시로를 비롯한 731부대 군의관들을 '악마의 의사' 집단이
라 비난해왔다.

전쟁이 끝난 뒤 이시이 패거리들은 의대 교수나 개업 의사, 또는 기
업인으로 돌아가 자유롭게 살았다. 소련 하바롭스크 전범재판이나 중
국 선양 전범재판의 피고석에 섰던 일부 731부대 간부들을 빼고 말이
다. 이시이 일당은 미국과의 '더러운 거래'를 거쳐 의사면허 박탈도 비
껴갔다. 형사 처분은커녕 731부대 고급 장교들은 제법 액수가 많은 군
인연금, 일본 쪽 용어로는 일왕이 은혜를 베풀어준다는 뜻을 지닌 '은
급(恩給)'을 받았다.

그들은 의과대학 교수나 거대 제약회사의 연구원으로 쉽게 일자리를 찾았다. 만주에서의 전쟁범죄 이력은 그들에게 크게 도움이 됐다. 세균무기를 개발하기 위해 숱한 사람들을 죽이면서 인간의 신체 구조, 혈액 응고 등 (생체실험을 하지 않고는 도저히 알 수 없는) 지식과 손기술을 갈고닦은 것이 그들의 인생 후반부를 물질적으로 넉넉하게 이끌었다.

이시이 시로의 '지배인' 나이토 료이치

사회경제사 전공자로 이름이 알려진 마쓰무라 다카오는 오래전부터 731부대의 전쟁범죄를 파헤쳐온 일본의 양심적 지식인이다. 『논쟁 731부대(論争 731部隊)』(1994), 『대량 학살의 사회사(大量虐殺の社会史)』(2007)를 비롯해 731부대에 관한 여러 권을 책을 냈고, 일본 검정 교과서에 731부대의 죄악상이 제대로 실려야 한다는 주장을 줄곧 펴왔다.

마쓰무라 다카오는 게이오대 학술지에 실은 731부대 관련 논문('731부대의 세균전과 전시·전후 의학')에서 "일본 의학계가 독일과는 달리 지난날의 전쟁범죄에 대해 아무런 비판적 판단을 하지 않고 있다"라고 지적했다.[85] 이 글 속에서 마쓰무라가 정리한 자료에 따르면, 731부대 출신들이 패전 후 일본 의학계에서 퇴출되기는커녕 대학이나 연구소에서 요직들을 차지했음을 알 수 있다.

731부대를 포함한 '이시이 기관' 출신 1만여 명 가운데 패전 뒤 가장 많이 돈을 번 자를 꼽으라면 나이토 료이치(内藤良一, 1906~1982)다. 군의중좌 출신인 나이토는 이시이 시로의 오른팔로 일컬어졌던 2명 가운데 하나다. 다른 하나는 731부대 제3부장으로 방역급수를 맡았던 마스다 도모사다였다. 마스다와 나이토 둘 다 이시이의 교토제국대 의

다나카 히데오(田中英雄)	오사카시립대 의학부장
다나베 이와(田部井和)	교토대 의학부, 효고의대(兵庫醫大) 교수
도코로 야스오(所安夫)	도쿄대 병리학, 데이쿄대(帝京大) 의학부 교수
나이토 료이치(内藤良一)	일본 녹십자 공동 설립자·회장
나카쿠로 히데요시(中黑秀外之)	육상 자위대 위생학교 교장
호소야 세이고(細谷省吾)	도쿄대 전염병연구소 교수
마스다 미호(增田美保)	방위대학교 교수
미나토 마사오(湊正男)	교토대 의학부
무라다 료스케(村田良介)	일본 국립예방위생연구소 7대 소장
야기자와 유키마사(八本澤行正)	일본 항생물질학술협회 상무이사
야마구치 가즈타카((山口一孝)	일본 국립위생시험소
요시무라 히사토(吉村壽人)	교토부립의대학장
이시카와 다치오마루(石川太刀雄丸)	가나자와대(金澤大) 의학부장
야나기사와 겐(柳澤謙)	일본 국립예방위생연구소 5대 소장
다미야 다케오(田宮猛雄)	도쿄대 의학부장, 일본의학회장, 일본 의사회 2대 회장
도다 쇼조(戸田正三)	가나자와대 초대 학장
안도 고지(安東洪次)	도쿄대 전염병연구소, 다케다약품(武田藥品) 고문
오가타 도미오(緒方富雄)	교토대 의학부 교수
오카모토 고조(岡本耕造)	교토대 의학부장, 긴키대(近畿大) 의학부장
오가와 도오루(小川透)	나고야시립대 의학부 교수
가사하라 시로(笠原四郎)	기타사토연구소(北里研究所) 병리부장
가스가 다다요시(春日忠善)	기타사토연구소(北里研究所)
기타노 마사지(北野政次)	일본 녹십자 공동 설립자·이사
기무라 렌(本村廉)	나고야시립대 학장
구사미 마사오(草味正夫)	쇼와약과대(昭和藥科大) 교수
고지마 사부로(小島三郎)	일본 국립예방위생연구소 2대 소장
쇼지 린노스케(正路倫之助)	효고현립의대 초대 학장
소노구치 다다오(園口忠男)	육상 자위대 위생학교, 구마모토대(熊本大)

731부대 간부 출신들의 패전 뒤 직업 현황. 미국으로부터 면죄부를 받고 아무런 제약 없이 학계와 기업에서 자유로운 활동을 펴나갔다.

학부 후배들이다. 1945년 패전 뒤 둘의 운명은 크게 엇갈렸다. 마스다가 패전 뒤 숨어 살다가 1952년 교통사고로 사망한 것과는 달리, 나이토는 의료기업인으로 성공 가도를 달렸다.

나이토는 일찍이 독일 코흐연구소에서 세균학을, 미국 펜실베이니아대에서 혈액 동결 건조 기술을 익혔다. 이시이가 731부대의 기틀을 다진 뒤 일본 육군 1군 군의부장을 거쳐 도쿄 육군군의학교 방역연구실장으로 있을 때 바로 그의 밑에서 최측근으로 있었다. 나이토는 '이시이 기관'의 하나였던 싱가포르 방역급수부(9420부대) 부대장을 지내기도 했다.

2023년 79세에 타계한 일본의 사학자 쓰네이시 게이이치는 몇 안 되는 731부대 추적자 가운데 한 사람이다. 그는 2005년 미 국립문서보관소에서 맥아더 사령부 정보 책임자 찰스 윌로비 준장이 보고한 기밀문서를 찾아냈다. 그 문서에는 3차 조사관인 노버트 펠이 15만~20만 엔이란 적은 비용으로 세균 정보를 손에 넣었다는 내용이 담겼다(4부 3장 참조).

쓰네이시는 1981년 나이토가 죽기 1년 전에 그를 만나 인터뷰한 글을 저널에 실었다. 글 제목은 '군사 연구 속 과학자: 731부대의 과학자와 그 현대적 의미'다. 이 글에서 쓰네이시는 이시이 시로와 나이토 료이치의 관계를 이렇게 요약했다.

> 만주 제731부대는 큰 사단 하나의 몫에 해당하는 1만 수천 명 규모의 '이시이 기관'이라는 조직의 일부다. 이시이 기관을 통괄하고 있던 곳은 도쿄의 육군군의학교 방역연구실이었다. 그 연구실의 주간이 이시이 시로 군의관 소장이었고, 그 지배인을 자처하고 있던 인물이 나이토 료이치 군의관 중좌였다.[86]

나이토는 731부대 출신들과 손을 잡고 '일본혈액은행'이란 이름의 제약사를 만들었다. 6명의 이사 가운데 3명이 731부대와 관련된 자들이다. 대표이사 나이토 료이치, 그리고 2명의 이사 미야모토 고이치, 니키 히데오다. 미야모토는 이시이가 특허를 냈던 이시이식 정수기를 생산 판매했던 '일본특수공업' 사장 출신이고, 니키 히데오는 731부대 결핵반 반장 출신 의사다. 회사가 설립되면서 731부대 출신들이 더 많이 들어가 함께 일했다. 오사카에 본부를 둔 이 회사의 도쿄 공장장이 기타노 마사지(2대 731부대장)였다.

731부대원들, 한국전쟁으로 돈방석에 앉다

일본혈액은행은 한국전쟁 특수로 재미를 봤다. 부상병들에게 긴급 수혈을 해야 하는 상황에서 미군 납품으로 떼돈을 벌었다. 한반도의 불행이 731부대 전범자들에게 돈벌이 기회였다는 것은 참 씁쓸하다 (혈액은행은 훗날 일본 녹십자사의 모체가 됐다. 녹십자사는 1980년대에 대형 의료사고를 일으켰다. 에이즈균에 오염된 피를 혈우병 환자 수천 명에게 판매한 사건이었다. 이로 말미암아 일본에서만 2,600여 명이 에이즈에 감염돼 500명 넘게 죽었다).

쓰네이시가 1981년 11월 1일 나이토를 만나러 그의 집에 갔을 때의 얘기를 들어보자. 나이토는 메모지에다 연필로 다음의 '성과'를 미리 적어놓고 있었다. 건조 혈장(수혈 대용), 페니실린, BCG, 페스트 백신, 발진티푸스 백신, 콜레라 백신, 파상풍 혈청……. 나이토는 자신의 이러한 '성과'들이 20세기 후반 일본 국민의 건강 유지에 공헌했다고 주장했다. 하지만 (731부대의 생체실험과 세균전을 비판해온) 쓰네이시의 시각에서는 나이토의 주장은 그야말로 나중에 꿰맞춘 '결과론'이었다. 처음엔 세균무기를 개발하려는 군사적 목적을 갖고 연구개발을 했던 것은 분명한 사실이다. 인체 실험에서 유효성이 확인된 세균과 혈액 정보를 1945년 패전 뒤에 민간 사업용으로 바꾸었을 뿐이다. 여기서 '생체실험이 없었다면, 혈액은행도 없었다'는 논리가 나온다.

나이토는 생체실험에 관한 한 나름의 발언권을 지닌 옛 상관 이시이 시로 몰래 혈액은행을 창업했다. 이시이와는 한마디도 상의하지 않았다. 혈액은행의 사업이 잘되고 있다는 소식을 들은 이시이가 나이토를 찾아와 취업 청탁을 했으나 거절당했다. 나이토는 쓰네이시와의 인터뷰에서 '이시이를 쫓아냈다'는 말까지 했다.

> 나이토가 있는 곳(혈액은행 대표이사실)으로 이시이 시로가 달려가, 자신을 고용해달라고 요구했을 때 나이토는 그를 쫓아버렸다고 했다. (제2대 731 부대장) 기타노 씨는 겸허한 사람이었기에 도쿄 공장 일을 맡겼지만……이라 말했다.[87]

기타노가 맡았다는 '도쿄 공장 일'이란 일본 녹십자사 도쿄지사장을 가리킨다. 같은 731부대장을 했어도 기타노와는 달리 이시이는 (교토대학 후배인) 나이토에게 푸대접을 받았다. 이로 미뤄 이시이 시로는 731부대의 부하들 사이에서 신망을 얻진 못했던 듯하다.

> 그들은 전쟁 중에 인체 실험으로 터득한 혈액의 동결 건조 기술을 사용하여, 가마가사키, 고토부키초와 같은 싸구려 여인숙 거리에서 (부랑자나 실업자들로부터) 혈액을 싸게 사들여 만든 건조 혈액을 미군에 팔아 막대한 이득을 챙겼다. 한국전쟁 특수는 전쟁범죄 의학자들이 돈벌이하는 기회이기도 했다.[88]

위의 글은 일본의 정신과 의사이자 평론가인 노다 마사아키(野田正彰)가 『전쟁과 죄책(戦争と罪責)』(1998)에서 일본혈액은행을 비판한 내

용이다. 일본 패전 1년 전(1944)에 태어난 노다가 이런 책을 쓰게 된 까닭이 있다. 아시아·태평양전쟁 중에 군의관이었던 노다의 아버지는 숨을 거둘 때까지도 전쟁 중의 일들을 아들에게 말해주지 않았다. "전쟁은 어리석다"라고 말할 뿐 입을 닫았다. 뭔가 숨기고 있을 아버지의 그런 모습이 늘 아들의 마음에 걸렸다.

노다는 일본의 침략전쟁과 전쟁범죄를 반성적으로 돌아보지 않고 전란의 시대에 있었던 악행을 부인해선 안 된다고 여겼다. (그의 아버지처럼) '이제 지난 일은 그만 잊자'며 망각으로 넘겨버려서도 안 된다고 여겼다. 그런 문제의식 아래 노다는 이미 노인이 된 옛 군인들을 두루 만났고, 한때는 군국주의자이자 전쟁의 가해자로서 내면 깊숙이 지니고 있을 죄의식을 드러내는 글을 썼다.

인간의 피를 뽑아 팔고 사는 것은 지난날 빈곤 시대를 떠올리는 음울한 기억이다. 6·25 한국전쟁을 거친 한국 사회가 그랬듯이, 패전 뒤의 일본 사회에서 생존의 벼랑 끝에 내몰린 사람들은 피를 팔아 허기진 배를 채웠다. 731부대 '악마의 의사'들은 그들의 피를 미군 부상병들에게 되팔아 배를 불렸다. 적지 않은 사람들이 병들거나 나이 들어 죽을 날이 가까워졌다는 생각이 들면, 지난날의 잘못을 뉘우치고 용서를 빈다고 한다. 731부대 '악마의 의사'들도 그랬을까? 아니다. 그들은 731부대에서 '마루타' 생체실험으로 인간의 생명을 마구 앗아갔던 엽기적인 전쟁범죄를 인정하지도 용서를 빌지도 않고 세상을 떴다.

"논문엔 원숭이라 썼지만, 그건 마루타야"

731부대에 근무했던 군의관들 가운데 어떤 이들은 패전 뒤 일본으로 돌아가 의과대학 교수나 개업의로 이름을 날렸다. 외과수술 솜씨가 뛰어나다는 입소문이 나서 떼돈을 번 자들도 생겨났다. 만주에서 생체실험을 거듭하면서 손에 익힌 칼잡이 솜씨였다. 이들은 731부대, 또는 범위를 넓혀 '이시이 기관'에서 근무했다는 사실을 숨기고, 그저 만주나 중국 본토를 가리키는 북지(北支), 중지(中支)에서 근무했다고 약력에 적어놓기 일쑤였다.

이케다 나에오(池田苗夫, 1902~1990)의 경우를 보자. 1929년 니가타의대(新潟医大)를 나온 이케다는 731부대 군의소좌 경력을 숨기고 개업의로 돈을 벌었다. 그가 731부대원이 된 것은 1941년 가을부터였다. 그의 과거를 파헤친 글을 보면, 패전 뒤 그가 직접 작성했다는 약력에 731부대 이름이 전혀 보이질 않는다.

1930~1945년까지 만주사변, 지나사변, 대동아전쟁에 군의로 참전. 만주 각지와 북지, 중지, 쿠릴열도 등에서 제1선 군의로 항공대, 선박대, 연구기관에서 군진의학(軍陣醫學) 연구에 종사하며 귀중한 체험을 했다.[89]

1980년대 초 일본 사회에선 수십 년 동안 쉬쉬하며 감춰져왔던 731부대의 추악한 전쟁범죄가 조금씩 드러나던 시기였다. 1981년 5월의 쓰네이시 게이이치의 『사라진 세균전 부대』에 이어 9월엔 소설가이자 다큐 작가 모리무라 세이이치(森村誠一)가 『악마의 포식(悪魔の捕食)』을 써냈다. 731부대가 잔혹한 전쟁범죄 집단임을 알리는 이 두 권의 책은 그때껏 731부대의 흑역사를 잘 모르던 많은 일본인들에 큰 충격을 안겨주었다.

이렇게 일본 시민들 사이에 '731'이란 용어가 입에 오르내리기 시작하던 무렵인 같은 해 10월 16일《마이니치신문(毎日新聞)》에는 '나는 생체실험을 했다: 세균부대 전직 군의의 고백'이란 제목의 기사가 실렸다. 실명이 아니라 'A 전직 군의'란 가명으로 나온 이 고백 기사에서 그는 미국에게 세균전 자료를 내주고 전쟁범죄를 없던 일로 하는 면책 협상이 있었고, 사람을 '원숭이'처럼 다루며 생체실험을 했다는 사실을 털어놓았다.

전쟁 중에 중국인들에게 유행성 출혈열 바이러스를 주사하거나 해서 감염시키는 생체실험을 나도 직접 했다. 731부대에서는 중국인 죄수들을 '마루타'라 부르며 실험에 사용했어. 논문에는 원숭이라 썼지만 그것은 마루타야. 그런 건 누구나 아는 상식이잖아.[90]

'A 전직 군의'가 바로 이케다 나에오였다. 그는 731부대에서 인체실험을 한 것을 원숭이나 토끼 등의 동물을 사용한 것으로 속여 군의 잡지나 학회에 발표했다고 털어놓았다. 원숭이 체온이 원래 사람보다 8도 정도 높기 때문에 공표할 때는 사람을 사용해서 얻은 데이터의 숫자를 바꿔야 했다는 얘기다. '어찌 생체실험을 할 수 있느냐'고 기자가 묻자, 이케다는 뻔뻔스럽게 대꾸했다. "이봐, 전쟁 중이었다고. 그리고 전쟁 뒤 분명히 도움이 되고 있지 않나." 당시 이케다는 오사카에서 '이케다 진료소'란 간판을 내걸고 있었다. 피부·성병·항문 쪽을 전문으로 치료해 오사카에선 이름이 널리 알려진 의사였다. 자신의 이름을 감추고 'A 전직 군의'란 가명을 쓰긴 했지만, 듣는 이에 따라선 '죽음을 앞둔 노(老)의사의 뒤늦은 고백'쯤으로 비칠 수도 있었다.

마루타 실험 자료로 박사 학위 받아

이케다가 지녔던 지난날 전쟁범죄자로서의 민낯이 일본 사회에 보다 분명히 떠오른 시점은 바로 2년 뒤였다. 1983년 가을, 도쿄 시내의 헌책방에서 '관동군 방역급수부 연구 보고'를 비롯한 731부대 관련 자료가 무더기로 발견돼 큰 화제를 불렀다. 이 자료 가운데 6개 실험 기록에 보이는 이름이 이케다 나에오 군의소좌였다. 731부대의 전쟁범죄가 일본인들 사이에 새삼 큰 관심을 끌었다. 이케다를 추적해온 다케우치 지이치(竹内治一), 하라 후미오(原文夫)의 글을 보자(이 두 필자는 일본의 전쟁범죄를 밝히고 사죄와 더불어 배상을 해야 한다고 하는 양심적 일본 의료인 단체인 오사카보험의협회 간부들이다).

이케다는 1942년 1월 10일 만주국 헤이허성(黑河省) 산선부 헤이허 육군 병원으로 가 인체 실험을 했다. 1월 14일 유행성 출혈열로 진단받은 병사로부터 채취한 혈액을 중국인 2명에게 주사하여 감염시켰다. 며칠 뒤 출혈열 환자의 피를 빨아먹은 이를 사용해 다른 쿨리 4명도 감염시켰다. 벼룩을 사용해 같은 실험을 진행했다. 이케다는 당시를 떠올리며, "이시이 731부대장에게 벼룩으로도 감염에 성공했다는 소식을 보고했더니 기뻐했다. 페스트 벼룩처럼 세균무기로 이용할 수 있을 거라 생각한 것 같다"라고 말했다.[91]

패전 뒤 일본으로 돌아간 이케다는 만주에서의 생체실험으로 얻어낸 자료를 이용해 여러 논문을 써냈다. '만주 유행성 출혈열의 임상학적 연구'(『니가타 의학잡지』 74권, 1960)와 '유행성 출혈열의 유행학적 조사 연구'(『일본전염병학회지』 41권 9호, 1967), '유행성 출혈열의 이와 벼룩을 이용한 감염시험'(『일본전염병학회지』 43권 5호, 1968) 등이다. 이케다가 도덕적으로 비난받는 더 큰 문제는 731부대에서 생체실험 자료를 바탕으로 의학 박사 논문을 냈다는 점이다. 그는 1959년 니가타 의대에서 '만주 유행성 출혈열의 임상학적 연구'라는 논문으로 의학 박사 학위를 받았다. 이 논문에는 '지도: 전직 관동군 방역급수부장 기타노 마사지(北野政次)'라 쓰여 있다. 기타노 마사지라면 이시이 시로에 이은 제2대 731부대장이다. 이 논문에서 이케다는 생체실험을 했다고 분명히 밝히진 않았다. 하지만 그가 앞서 《마이니치신문》 기자에게 했던 말에서 생체실험 사실이 드러난다.

21명의 731부대 출신 의학 박사

세균무기 개발을 위해 살아 있는 사람을 연구 재료로 삼는 생체실험은 누가 뭐래도 전쟁범죄행위다. 생체실험을 거듭하며 얻어낸 데이터를 바탕으로 한 의학 박사 논문은 '악마의 기록'이지 학문적 성과라 우길 수는 없다. 더구나 그 논문으로 박사 학위를 받으려 한다는 것은 히포크라테스 선서는 말할 것도 없고 인간이라면 지녀야 할 최소한의 염치마저 내다 버린 뻔뻔한 짓이다.

마쓰무라 다카오는 731부대 간부들이 (군국주의 일본의 전쟁범죄에 커다란 몫을 차지한 책임을 져야 하는데도) 패전 뒤 일본의 요직을 차지했고 일본 의학계는 이를 묵인했다는 점에 비판적이다. 나아가 그는 731부대에서 생체실험을 했던 연구자들이 그 연구를 바탕으로 의학 박사 학위를 딴 것은 잘못돼도 크게 잘못된 것이라 비판한다. 마쓰무라에 따르면, 패전 뒤 일본 의학계에서 위의 이케다 나에오처럼 731부대 출신으로 의학 박사 학위를 딴 '악마의 의사'는 확인된 것만 21명이다. 마쓰무라는 굳이 실명을 밝히진 않았지만 일본 의학계에서 조금만 관심이 있는 사람이라면 알 만한 이름들이다.[92]

마쓰무라는 특히 이시이 시로의 부관이었던 가네코 준이치(金子順一)와 다카하시 마사히코(高橋正彦)가 각각 게이오대학, 도쿄대학에 의학 박사 학위를 받겠다고 논문을 내놓은 것에 비판적이다. 731부대가 저질렀던 세균전쟁의 범죄행위를 바탕으로 한 것이 너무나 분명하게 드러나기 때문이다. 가네코와 다카하시는 731부대의 내부 비자료를 그들의 논문에 그대로 옮겼다. 731부대가 중국 만주 눙안(農安)과 신징(新京) 지역에서 실제로 저질렀던 세균실험의 성과뿐 아니다. 그 뒤

박사 논문 제목〔일본 국회도서관 간사이관(關西館) 소장본〕, 특별한 언급이 없는 경우 학위는 의학 부문	학위 수여 대학, 연도
제균(除菌) 여과기의 주 소재로서의 규조토(珪藻土)에 관한 실험적 연구	오사카대, 1946년
점성에 관한 세균생물학적 연구	교토대, 1946년
세균의 호흡에 대한 억제 물질의 영향에 관하여(독문)	홋카이도대, 1946년
말라리아의 발생과 그 방지에 관한 연구	교토대, 1946년
디프테리아균과 같은 독소의 쥐 뇌 접종 연구	게이오대, 1946년
적리균족(赤痢菌族) 분류에 관하여	구마모토대, 1946년
조직 내에 있는 페스트균 염색법에 관한 연구	게이오대, 1946년
쯔쯔가무시병(털진드기병)에 관한 연구	니가타대, 1946년
글리콜류의 미생물학적 응용	교토대, 1946년
케오피스(cheopis) 쥐벼룩에 관한 실험적 연구	도쿄대, 1946년
파상풍 톡소이드(toxoid)의 예방적 효력에 대하여	구마모토대, 1946년
우한 근처에서 분리된 가르트너(Gartner) 씨 장염균에 대하여	교토부립의대, 1947년
장기 전상(戰傷)의 후유 기능 장애에 대하여	도쿄대, 1947년
유행성 뇌수막염균에 관한 연구	도호쿠대, 1947년
장염균의 균주에 따른 면역	게이오대, 1947년
파상풍 항독 마(馬)혈청 제조법	나고야대, 1947년
장티푸스균의 변이에 대하여	게이오대, 1947년
BCG에 관한 실험적 연구	도호쿠대, 1947년
산토끼 병균 배양에 관한 연구	게이오대, 1947년
청년기 결핵 초기 감염에 관한 임상 지식 보유(補遺)	나고야대, 1948년
뇌척수액 당량(糖量) 변화에 관한 연구	니가타대, 1949년

731부대 출신 연구자 21명의 학위 논문 주제들. 731부대의 생체실험으로 얻은 '피 묻은' 데이터를 논문에 활용했을 것이라는 비판을 받는다.

에도 이어졌던 731부대의 체계적 세균실험 작전 결과를 논문 속에 담았다.

1940년 눙안과 신징 지역에서 느닷없이 페스트가 번져 많은 인명 피해를 낳았다. 이시이 시로도 1943년 11월 1일 육군성 의무국 회의에서 "지금까지 눙안현에서 다나카(田中) 기사 등 6명이 비밀리에 (살포)

했던 것이 가장 (인명 살상에) 효과적이었다"라고 말했을 정도였다(4부 2장 참조). 가네코와 다카하시는 731부대에서 에어졸(세균 분무) 분야의 공동 책임자로 중국 농촌 지역에서 세균전 실험을 했고 실제로 피해를 안겼다. 그렇다면 전쟁범죄자들이다. 이들이 전쟁범죄를 통해 얻어낸 데이터를 학위 논문에 쓰려는 것 자체가 비난을 피하기 어렵다.

이런 비윤리적 행위를 아무렇지 않게 여기는 일본 의학계가 문제다. 마쓰무라는 '전후 일본의 대학 의학부가 731부대 관계자에게 의학박사 학위를 수여한 것으로 상징'되듯이, 일본 의학계가 지난날의 전쟁범죄를 돌아보고 반성하는 자세와는 거리가 먼 것을 안타까워한다. 독일에선 나치 의사들의 박사 학위가 취소됐다.

일본 의사들의 모임인 일본 의사회는 아시아·태평양전쟁 기간 동안 '건민건병(健民健兵) 만들기'에 나서야 한다고 목에 핏대를 세웠었다. 많은 젊은 의사들이 히로히토에 충성을 바치며 '대동아공영권을 다지기 위한 성전(聖戰) 승리를 위해' 군의관으로 침략전쟁의 일선에 나아갔다. 또는 731부대를 비롯해 '이시이 기관'에 속한 부대로 들어가 '방역급수'로 위장한 채 생체실험을 거듭하며 세균전을 준비했었다.

일본 의사회는 전쟁범죄에 관여한 의사와 연구자들을 내쳤을까? 아니다. 아무런 논란 없이 다들 정회원으로 받아들였다. 지난날 일본 의사들이 벌인 전쟁범죄에 대해 집단적으로 사과의 뜻을 나타냈을까? 아니다. 침묵으로 지내왔다. 731부대 관련자들의 박사 학위는 철회되었을까? 아니다. 그런 분위기 아래 이시이 시로를 비롯한 731부대 전범자들은 죽을 때까지 머리를 숙이고 사죄하는 모습을 보이지 않았다. 그래서 이렇게 묻게 된다. 미국이 세균전 자료를 챙기고 전쟁범죄를 덮어주었다고 그들의 죄가 사라졌을까.

10여 년 끌다 패소 판결로 막 내린 731 재판

일본은 이른바 '15년 전쟁'(1931년 만주 침략부터 1945년 패전까지 15년 동안의 전쟁)을 벌이며 숱한 전쟁범죄를 저질렀다. 문제는 그 악행들에 대해 사과를 받기도 힘들지만, 재판을 통해서 일본 정부로부터 배상을 받기란 더더욱 힘들다는 데 있다. 한반도에서의 강제 동원과 '위안부' 성노예 문제를 둘러싼 일본의 뻔뻔스러운(진심 어린 사죄와 배상을 건너뛰고 용서와 화해를 말하는) 태도는 어제오늘의 일이 아니다.

731부대가 저질렀던 전쟁범죄를 사과받거나 배상받기도 마찬가지로 어렵다. 731부대 연구원들이 세균무기를 개발한답시고 '마루타'로 잡아가 산 채로 생체실험이란 이름의 끔찍한 고문을 하고 죽인 사람들의 유족, 또는 731부대원들이 은밀하게 퍼뜨린 페스트 세균에 목숨을 잃은 사람들의 유족들이 늦게라도 일본 정부를 상대로 재판을 걸었지만, 지금껏 제대로 된 사과와 배상을 받지 못했다.

지금껏 731부대와 관련된 재판은 두 가지가 있었다. 중국인 피해자 유족들이 일본에서 제기한 재판들이다. 하나는 '731부대·난징 학살·무차별 폭격 소송'(1995~2007)이고, 다른 하나는 '731부대 세균전 국가 배상 청구 소송'(1997~2007)이다. '731부대·난징 학살·무차별 폭격 소송'은 이름 그대로 731부대의 세균전에 따른 피해자 유족, 무려 30만 명이 떼죽음을 겪었던 난징 학살(1937)의 피해자 유족, 중국 푸젠성 융안시(永安市)를 겨냥했던 일본군의 무차별 폭격(1943)의 피해자 유족 10명이 손을 잡고 일본 정부의 사죄와 배상을 외쳤던 소송이다. 무려 12년을 끌었던 이 소송은 도쿄지방법원(1999), 도쿄고등법원(2005), 최고재판소(대법원, 2007)를 거치며 안타깝게도 원고 패소로 끝났다.

'731부대 세균전 국가 배상 청구 소송'은 앞의 소송보다 2년 뒤인 1997년 8월에 시작됐다. 중국인 피해자 유족 180명이 일본 정부의 사죄와 더불어 유족 1인당 1000만 엔(9000만 원가량)의 배상을 요구하며 도쿄지방법원에 제소했다. 이 소송도 10년을 끌며 매우 느리게 진행돼, 희생자 유족들은 엄청난 인내심으로 재판을 지켜봐야 했다. 법정에서의 피해자 증언도 있었다.

> 당시 세균에 감염됐던 능산추(能善初, 당시 13세)는 조기에 치료를 받아 목숨을 건질 수 있었지만 8명의 식구 중 4명이 급사했다. 맨 처음 감염된 큰형은 밤에 발병해 고열, 두통과 더불어 양팔과 다리에 경련을 일으키다가 동트기 전에 숨을 거두었다. 시신이 온통 새까맣게 됐다.[93]

소송을 건 지 5년 만인 2002년 8월, 도쿄지방법원(민사 18부)의 재판장은 '피해 사실은 인정되지만 법적 틀에 따른다면 위법성이 없다'는 애매한 논리를 펴면서 원고의 청구를 기각해버렸다. 도쿄고등법원에서의 항소 기각(2003), 최고재판소에서의 상고기각(2007)도 앞의 재판과 판박이었다.

소송에서 중국인 원고들이 패소했지만, 의미가 없는 것은 아니었다. 도쿄지방법원과 도쿄고등법원 재판부는 731부대의 전쟁범죄행위를 사실로 받아들였다. 중국인 원고들의 소송을 거들었던 일본의 평화활동가 나스 시게오(奈須重雄, NPO 법인 731부대·세균전 자료센터 이사)가 쓴 글에서 재판부가 내렸던 판단을 옮겨본다(아래 글이 실린 『역사와 책임』은 민족문제연구소와 '포럼 진실과 정의'가 함께 펴내는 무크지다).

> • 731부대와 1644부대(난징에 기지를 둔 일본 중지나파견군 방역급수부)는 각종 인체 실험을 하여 세균병기를 개발 제조했고, 저장성(浙江省) 취저우(衢州)·닝보(寧波)·장산(江山), 후난성(湖南省) 창더(常德)에서 세균전을 실시했다. • 세균전은 일본군의 전투행위의 일환으로 일본 육군 중앙의 지령에 따라 실행되었다. • 취저우와 창더에서는 페스트가 크게 유행했다.

• 소송을 제기한 원고의 피해 지역에서만 1만 명을 넘는 희생자가 나왔다.[94]

이 재판이 진행 중일 때 일본 극우들은 "731부대는 '방역급수부'라는 이름 그대로 전염병을 막고 깨끗한 식수를 공급하던 부대"라 주장했다. 하지만 재판부는 731부대를 비롯한 일본군이 '질식성·독성 또는 기타 가스 및 세균학적 전쟁 수단의 전시 사용 금지에 관한 제네바 의정서(1925)'를 어겼음을 분명히 지적하면서, "그 피해가 실로 비참하고 막대하며, 일본군에 의한 해당 전투행위는 비인간적"이라고 비판했다.

그럼에도 일본 사법부는 중국인 원고들의 배상 요구를 받아들이지 않았다. 중국인들의 소송을 거들었던 나스 시게오는 '애초부터 판사는 일본 정부 편이었다'고 못 박았다. 그렇다면 일본 판사는 왜 731부대의 범죄행위를 부인하지 않았을까. 나스의 설명에 따르면, "손해배상도 인정하지 않고, 사실도 인정하지 않았다면 '공정'이라는 재판으로서의 모양새를 갖추지 못했다는 비난을 받게 되니 그것을 비껴가기 위한 꼼수"였다.

2007년에 내려진 일본 대법원의 판결은 참으로 비정했다. 1972년 중국과 일본이 국교를 정상화하면서 나왔던 중·일 공동성명에 따라 '재판상의 청구권은 포기되었다'는 점을 내세웠다. 1965년 한일 수교로 청구권이 포기됐다는 주장과 같은 논리다. 그러면서 일본 대법원은 두 개의 소송('731부대 세균전 국가 배상 청구 소송'과 '731부대·난징 학살·무차별 폭격 소송')의 상고 기각, 상고 불수리를 결정했다(많은 법률 전문가들은 한국이나 중국이나 개인청구권은 소멸되지 않았다고 여긴다).

노인이 된 731대원들, "우린 전쟁범죄자였다"

'731부대 세균전 국가 배상 청구 소송' 과정에서 몇몇 731부대 출신 자들이 양심적인 증언을 남겼다. 이들의 증언은 보수 우경화의 길을 가는 일본 사회가 잠시나마 지난날의 침략전쟁을 돌아보는 계기를 마련했었다. 먼저 731부대 소년대원이었던 시노즈카 요시오(篠塚良雄)가 2000년 11월 15일 법정에 내놓은 진술서를 보자.

> 1939년 731부대에 소년대원으로 입대했다. 1940년 5월부터 벼룩 증식 작업에 동원되었다. 대량생산한 벼룩을 731부대 난징행 비행기로 옮겼다. 인체 실험과 생체해부의 목적은 살아 있는 인간을 대상으로 세균 살상력과 백신의 관계를 실험하는 것이었다. '마루타' 4명에게 백신을 접종했고, 페스트균을 주사했다. 비교 대조군인 1명에게는 백신을 접종하지 않았다. 나는 해부대에 올린 '마루타' 몸을 긴 솔로 닦는 일을 했으며, 군의가 남자의 가슴에 청진기를 댔다 떼면 해부가 시작되었다. 1942년 11월부터 2개월간 중국 남성 5명의 살해에 관여했다.[95]

731부대 항공반 군속이었던 마쓰모토 마사카즈(松本正一)도 중국인 원고들을 도와주려 증언에 나섰다. 그는 1939년부터 6년 동안 731부대에 있었다. 하얼빈에서 북서쪽으로 150킬로미터 떨어진 안다(安達) 야외 실험장으로 '마루타'를 운반했고, 비행기에서 지상의 마루타에게 장티푸스균과 페스트균을 감염시킨 벼룩을 떨어뜨렸다. 2000년 11월 15일 법정에 내놓은 그의 진술서를 보자.

> 1940년 가을 취저우 작전에서는 페스트 감염 벼룩을 넣은 상자 2개를 97식 경폭격기 날개 아래에 부착하여 벼룩을 살포했다. 닝보 작전에서는 벼룩을 넣은 상자를 작은 유선형으로 만들어 썼다. 전자석(電磁石) 조작으로

상자가 열리면 벼룩이 바람을 타고 나와 내려가게 만든 장치였다. 1941년 가을부터 6개월쯤 난징에 출동해 1644부대와 합류했다. 하얼빈에서 가져온 페스트 감염 벼룩을 넣은 상자를 97식 단발 경폭격기에 부착하여 출격했다. 공격지는 창더(후난성 북부 도시)였다. 나중에 이 공격이 꽤 효과를 거두었다는 소식을 들었다.[96]

나이 여든을 넘긴 노년의 증언자들은 오랫동안 그 자신이 731부대 전쟁범죄의 공범자였다는 자책감과 끔찍했던 기억을 털어내지 못해 내내 힘들어했을 것이다. 중국인 유족들은 10년 넘게 이어져온 법정 싸움을 거치는 동안 일본의 보수 우경화 흐름이 재판에 끼칠 악영향을 걱정했다. 그러면서도 일본의 양심적 증언자들이 적극 나서는 것에 큰 위안을 받았다. 하지만 막상 패소가 확정되자 유족들에게는 허탈감과 더불어 앙금처럼 쌓인 분노와 슬픔이 다시금 밀려왔다.

앞으로 일본에서 731부대 관련 소송이 더 이상 없을까. 그럴 것이라 잘라 말할 수는 없다. 새로운 사실들이 하나둘씩 드러나고 있기 때문이다. 이를테면, 일본 대법원 판결 5년 뒤인 2012년에 731부대의 세균전 사실을 담은 문서가 나왔다. 발견자는 앞서 중국인 원고들의 소송을 거들었던 일본인 평화활동가 나스 시게오였다. 그는 일본 국립 국회도서관 간사이관에서 731부대 군의관 가네코 준이치가 패전 뒤 의학 박사 학위를 따려고 도쿄대학에 냈던 논문 8편을 찾아냈다.

8편의 논문 가운데 'PX의 효과 약산법(略算法)'(『육군군의학교 방역연구보고』 제30호 게재, 1943년 12월 14일 접수)이 특히 큰 화제를 불렀다. 이 논문에는 731부대가 실제로 PX(페스트에 감염된 벼룩)를 이용해 1940년 6월 4일부터 1942년 6월 19일까지 중국 저장성 닝보와 진화, 후난성 창더 등에서 6건의 세균전을 펼쳤다는 사실이 적혀 있다. 세균전을 저질렀던 날짜, 목표지, 살포한 PX의 중량, 피해 규모 등 아주 구체적인 내용을 담았다.

1947년 이시이 시로 패거리가 '더러운 거래'를 하면서 건네줬던 세균전 자료를 비롯해 지금 어딘가 잠자고 있을 범죄 증거물들이 모두 드러나면 일본의 태도가 바뀔까. 그에 따라 일본 사법부의 판단도 달라질까. 극우파들이 설치는 지금 일본의 분위기를 보면, 어려운 일로 보인다. 731부대의 죄상 규명과 그에 따른 진심 어린 사죄와 피해 배상은 21세기 일본이 짊어진 해묵은 숙제다.

인색했던 히로히토, 731부대 예산은 예외

끝으로, 731부대의 전쟁범죄에 일왕 히로히토는 책임이 없을까를 따져보자. 패전을 앞두고 일본의 전쟁범죄를 담은 문서나 자료들은 조직적으로 폐기 처리됐다. 그렇기에 히로히토와 731부대를 잇는 결정적인 '스모킹 건'이 발견되지 않았다. 하지만 여러 역사가들은 히로히토가 731부대의 전쟁범죄를 알고 있었을 뿐만 아니라, 그 범죄의 공모자이자 지령자로서 처벌을 받았어야 마땅했다고 여긴다.

먼저 히로히토가 져야 할 법률적 책임. 히로히토는 구 일본제국의 헌법상 일본군 최고사령관으로서 군부 안에서 일어나는 모든 일에 책임이 있었다. 전쟁범죄에 대해선 '나 몰라라' 하고 헛기침을 하면서 돌아설 수는 없다. 먼저 731부대의 출발부터 히로히토가 개입돼 있다. 731부대는 1936년 '전염병 예방과 수질 정화 부대'라는 이름으로 히로히토가 부대 설립을 명령하는 칙령을 내린 특별한 부대다. 그렇기에 731부대원들 사이엔 '천황의 칙령에 의해서 만들어진 유일한 부대'라는 자부심이 컸다.

프랑스 저널리스트 에드워드 베르(Edward Behr)는 731부대의 설립을 명령하는 문서에 히로히토가 '천황의 옥새'를 눌렀다는 사실에 바탕을 두고 "의심할 여지 없이 히로히토가 (731부대의) 진실을 알고 있었다"라고 못 박았다. 베르는 일본 왕실 가족의 한 사람에게서 이런 말을 들었다. "천황은 옥새를 찍기 전에 모든 문서를 반드시 다 읽습니다. 옥새를 절대로 우편 스탬프처럼 찍지는 않지요."[97]

731부대의 예산은 매우 풍족했다. 군부 예산을 따지는 일본 의회도 731부대에 배정된 예산이 얼마나 되는지, 어디에 쓰이는지 알 수가 없었다. 군의관들을 비롯한 연구원들의 월급도 아주 많았다. 이와 관련한 베르의 글을 보자.

> 일왕은 황실 경비가 되었건 군사비가 되었건 모든 경비에 대해 인색한 편이었다. 그러나 731부대에 관해선 예외였다. 이 부대에서 관리관을 지낸 한 사람은 '예산이 밑 빠진 독이었다'면서 1941년 초 연구경비로 책정됐던 300만 엔이 곧바로 10배 늘어났던 사실을 기억하고 있었다. 또 다른 증인도 731부대가 일왕 히로히토와 밀접하게 연관되었던 증거를 '제한이 없던 경비'에서 찾고 있었다.[98]

히로히토는 만주 하얼빈 외곽의 핑팡 지역에 있던 731부대에 발을 디딘 적은 없다. 하지만 왕실 직계에 속하는 왕자들이 731부대를 들락거린 사실이 확인된다. 히로히토의 막냇동생 다카히토(崇仁) 왕자는 만주 군부대들을 검열하는 여행 중에 731부대에 들렀고, 그곳 간부들과 기념사진까지 찍었다. 731부대의 전쟁범죄행위를 가장 잘 알 만한 다른 왕자는 히로히토의 사촌 다케다 쓰네요시(竹田恒德)다. 그는 '마야다 쓰네요시'라는 가명으로, 만주 신징(新京)의 관동군사령부에서 경리 책임을 맡았다(계급은 중좌).

이 왕자들이 히로히토에게 731부대가 하는 일을 알려주었을 것이 틀림없다. 입을 닫고 있으려 해도 히로히토가 물어봤을 것이다. 다케다 왕자는 1980년대에 영국《옵서버(The Observer)》기자와의 인터뷰에서 731부대의 세균무기 개발 사실을 알고 있었다고 털어놓았다. 그는 "일본은 전쟁을 수행하기 위한 모든 방법을 강구할 필요가 있었다. 그 정도의 생물학 병기의 개발에 대해선 아무런 양심의 가책도 없다"라고 잘라 말했다.[99]

히로히토를 보호하려는 일본 극우들은 '히로히토가 731부대의 존재는 알았지만, 구체적으로 뭘 하는지는 몰랐다'며 전쟁범죄와 거리를 두려 한다. 이시이 시로에 이어 731부대장을 맡았던 기타노 마사지도 1947년 미 데트릭 기지에서 2차 조사관으로 파견한 아보 톰슨 중령에게 "731부대가 세균무기를 개발한다는 사실을 만약 폐하(히로히토 일왕)가 알았다면 분명히 연구를 중단시켰을 것"이라 주장했었다.

히로히토가 731부대가 세균무기 개발을 위해 생체실험도 마다하지 않는다는 사실을 몰랐다고 우기는 쪽에선 '일본군 강경파들이 일부러 그런 사실을 일왕에게 보고하지 않았다'는 주장도 편다. 만에 하나 히로히토가 그런 사실을 알고 중지를 명령했다 하더라도, 도조 히데키를 비롯한 일본 육군 강경파 지도부가 그 명령을 전달하는 시늉을 하면서 사실상 묵살했을 것이란 주장도 있다. 이런 얘기들은 모두 히로히토가 평화주의자 또는 휴머니스트라는 전제를 깔고 있다.

미 역사학자 허버트 빅스(전 빙햄튼대 교수)는 히로히토가 731부대의 전쟁범죄행위에 대해 잘 알고 있었을 것으로 여긴다. 2001년 퓰리처상을 받은 그의 역작 『히로히토 평전(Hirohito and the Making of Modern Japan)』(2000)에서 관련 글을 옮겨본다.

세균전을 맡은 관동군 731부대에 참모총장이 내린 대본영(大本營)의 상세한 지령들은 원칙적으로 일왕에게 보여야 했고, 일왕은 그러한 대륙지(大陸指)의 근거가 되는 대륙명(命)들도 늘 읽어보았다. 히로히토는 과학자다운 성향이 있었고, 체계적인 것을 좋아했다. 미심쩍은 부분은 묻고, 먼저 충분히 검토하지 않고서는 날인하지 않는 성격이었다. 자신이 재가한 명령이 어떤 것을 의미하는지 알고 있었을 것이다.[100]

"히로히토가 생화학무기 사용을 허가했다"

요시미 요시아키(吉見義明, 주오대 명예교수, 일본 전쟁책임자료센터 대표), 마쓰노 세이야(松野誠也, 메이지가쿠인대 연구원) 같은 이들은 지난날 일본의 침략전쟁을 비판적으로 돌아보고 겸허하게 반성해야 한다는 이른바 자성 사관(自省史觀)을 지닌 역사학자다. 이들은 극우 성향을 지닌 역사가들과는 다른 눈길로 히로히토를 바라본다. 독가스를 비롯한 생화학무기 사용에 히로히토의 직접적인 책임이 있다는 것이다.

이 두 사람이 펴낸 독가스 관련 자료집은 일본군이 중국에서 독가스를 마구 사용한 데 대한 직접적인 책임이 히로히토에게 있다고 못박았다. 이들이 힘들게 찾아낸 문서 자료에 따르면, 히로히토는 중일전쟁(1937)이 전면전으로 번지기 이전에 이미 화학무기 요원과 장비를 중국에 보내는 것을 재가했다.[101] 그에 따라 일본군은 베이징(北京)과 상하이(上海)를 비롯한 중국 여러 지역의 전투에서 국제법상 사용이 금지된 독가스를 마구 뿌려대 많은 중국인들을 죽였다.

요시미와 마쓰노에 따르면, 독가스는 일선 부대 사령관이라도 마음대로 재량껏 쓸 수 있는 게 아니었다. 상부의 지휘 계통에 따라, 먼저 일왕의 재가를 얻어 참모총장의 지시가 대륙지(大陸指)란 이름으로 내려지면, 대본영(육군과 해군을 지휘하는 일왕 직속의 통수 기관) 육군부를 통해 일선 부대로 독가스 사용 지시가 내려갔다. 중일전쟁에서 중국군이 완강하게 맞설 때마다 일본군은 화학무기를 썼다. 이를테면 1938년 8월부터 10월에 걸친 후베이성(湖北省) 우한(武漢) 공방전에선 대본

731부대의 세균전 범죄에 피해를 입은 중국인들과 그 유가족들은 일본 평화운동가들과 함께
10년 넘게 일본 정부를 상대로 사죄와 배상을 요구하는 재판을 벌였다.

영의 독가스 사용 허가가 375차례나 내려졌다.[102] 1939년 5월 15일 히
로히토의 재가에 따라, 만주-소련 국경지대에서 생화학무기를 야외
실험장에서 써도 좋다는 허가가 내려졌다. 만주 안다(安達) 야외 실험
장에서 '마루타'들을 나무 기둥에 묶어놓고 탄저균이나 페스트균 폭
탄을 터뜨리는 생체실험도 히로히토의 허가를 받아 이뤄졌음을 알 수
있다.

1940년 7월 히로히토는 남지나방면군 사령관의 독가스 사용 요청
을 받아들였다. 하지만 정확히 1년 뒤인 1941년 7월 일본 육군이 프랑
스령 인도차이나로 진군해 들어갔을 때는 화학무기 사용을 막았다. 중
국인들을 상대로는 화학무기를 마구 썼지만, 백인들에게는 삼갔다. 왜
그랬을까. 여기엔 인종차별적인 판단과 더불어, 당시 일본군 대본영
은 '미국이 화학무기로 일본군에게 보복할 능력이 있다'고 여겼기 때
문으로 알려진다. 아시아·태평양전쟁에서 일본이 미국을 이기지 못할

경우 뒤따를 전쟁범죄 추궁도 신경이 쓰였을 것이다.

이 글을 매듭지으면서 내릴 수 있는 분명한 결론은 '히로히토가 731부대의 엽기적인 전쟁범죄에 대해 책임이 있다'는 것이다. 히로히토가 평화주의자 또는 휴머니스트였기에 이시이 시로 패거리들을 증오했다는 투의 얘기는 허황된 말을 밥 먹듯 하는 자들이 꾸며낸 헛소리다. 히로히토와 이시이 시로의 공통점은? 전승국 미국으로부터 면죄부를 받고 살아남았다는 것이다. 이들이 전범 처벌을 비껴감으로써 전후 80년 동안 줄곧 "일본은 과거사 정리의 첫 단추가 잘못 끼워졌다"라는 지적이 끊이지 않는다.

지금껏 일본 731부대의 악행과 그 뒤 상황을 살펴봤다. 세균무기를 만든답시고 731부대가 저질렀던 악행은 전쟁범죄사에서 매우 끔찍하고 특이한 엽기적 전쟁범죄였다. 그들이 저질렀던 '인도에 어긋나는 죄(crimes against humanity)'는 우리 인간이 저지를 수 있는 죄 가운데 가장 무거운 죄로 꼽힌다. 이 범죄엔 시효가 있을 수 없다. 이시이 시로를 비롯한 '악마의 의사'들, 그리고 이들을 뒤에서 지원했던 히로히토 일왕은 전승국 미국으로부터 사면을 받았지만, 그들의 죄의식마저 깔끔하게 지워진 것은 아닐 것이다. 역사 앞에 용서를 비는 것이 진정한 면죄부를 얻는 길이다.

5장
전쟁의 광기가 낳은
규슈 의대 미군 생체해부

1945년 미군의 잇단 무차별 폭격 뒤 일본인들의 적개심은 매우 커졌다.
그 보복으로 미군 포로들을 일본도로 집단 처형했다.
미군 B-29기 승무원 8명은 의과대학 안에서 생체해부로 죽었다.
이 모두를 전쟁의 광기 탓으로만 돌려야 할까.

　　미국 포로가 만주에서 731부대의 생체실험으로 죽음을 맞이했는가
는 논란거리다. 일본이 저질렀던 생체실험의 희생자들 가운데 조선 독
립운동가들과 러시아인들도 있었지만, 대부분은 중국인이었다. 731부
대는 만주 선양(瀋陽, 奉天)의 연합군 포로수용소에 갇힌 2,000명가량
의 포로들 가운데 일부에게 '세균무기에 백인 특유의 면역이 있는가'
를 알아보는 생체실험을 했다는 것은 사실로 확인된다.

　　하지만 그 생체실험으로 연합군 포로가 숨겼는지는 불확실하다.
731부대 본부에서처럼 '마루타'로 여러 독성 실험을 한 뒤 수술칼로
몸을 가르는 끔찍스러운 일이 실제로 벌어졌는지는 확인되지 않는다.
일본군이 강한 적개심으로 연합군 포로들을 마구 다뤘고, 731부대가
세균무기 개발에 미쳐 있었다는 점을 떠올리면, 생체해부가 실제로 일
어났을 가능성도 없지 않다.

공습당한 보복으로 8·15 당일에도 미군 처형

분명한 사실은 패전 무렵 일본 본토에서 미군 포로들을 마구 죽이고, 심지어는 생체를 해부했다는 것이다. 일본은 도쿄 대공습(1945년 3월 10일)을 비롯해 전쟁 후반부에 잇달았던 미군의 무차별 공습으로 많은 인명과 재산 피해를 입었다. 그로 말미암아 미군 폭격기 승무원들에게 강한 적개심을 품게 됐고, 포로로 잡힌 이들에 대한 보복이 곳곳에서 벌어졌다.

> 1945년 6월 19일 공습으로 인한 참담한 피해 상황은 서부군사령부 안에 구금된 미군 전폭기 탑승원에 대한 증오로 폭발했다. 공습 다음 날인 6월 20일, 사령부의 검도(劍道) 유단자들이 사령부 뒤편의 후쿠오카 시립여자고등학교 교정에서 8명의 탑승원을 참살했다. 대낮에 많은 이들이 보고 있는 가운데 벌어진 참극이었다.[103]

위 글의 필자 도노 도시오(東野利夫)는 1945년 후쿠오카 규슈제국대 의과대학의 19세 신입생이었다. 그는 포로로 잡힌 미 B-29 폭격기 승무원 8명이 1945년 5월과 6월에 걸쳐 규슈제국대 의대 실습실에서 생체해부되는 참극을 바로 옆에서 지켜봤다. 도노는 그날의 끔찍했던 사건을 메모해 두었다가 훗날 『오명(汚名)』이란 제목으로 책을 펴냈다.

도노에 따르면, 그가 살던 후쿠오카를 중심으로 한 규슈 지방에서는 1945년 초여름 포로로 잡힌 미군 폭격기 승무원들을 처형하는 일들이 곳곳에서 벌어졌다. 도노가 두 눈으로 목격한 규슈제국대 의대에서의 생체해부 말고도 1945년 6월 29일에 8명(바로 위에서 말한 검도 유단자들의 척살 사건), 나가사키에 핵폭탄이 떨어진 8월 9일에 8명, 심지어 일왕 히로히토가 항복을 선언했던 8월 15일 당일에도 17명의 처형이 이뤄졌다. 도노의 글을 보자.

처형은 8월 9일 히로시마 원폭 투하 사흘 뒤(나가사키에 두 번째 원폭이 떨어
진 날) 후쿠오카 남쪽 교외의 아부라야마 화장장 옆, 잡목림에서 행해졌다.
처형된 8명 모두 B-24 탑승원이었다. 또 패전한 8월 15일 오후 구금소에
남아 있던 탑승원 17명이 같은 곳에서 처형되었다. 이것은 B-24 공습에
대한 보복이었다.[104]

일본 본토에서 미군 폭격기 승무원을 처형한 첫 기록은 1942년 4월
18일 제임스 둘리틀(James Doolittle) 중령이 이끈 B-25 편대의 일본 폭
격 때였다. 일본 본토에서 1,200킬로미터 떨어진 태평양의 미 항공모
함에서 출격한 16대의 B-25 경폭격기들은 도쿄를 비롯한 여러 도시를
폭격했다. 하지만 16대 가운데 2대는 연료 부족으로 상륙 목표지였던
중국 양쯔강 하류 지역인 저장성에 닿질 못했다. 중국의 일본군 점령
지역에 불시착하는 바람에 승무원 8명이 붙잡혔고, '민간 주거지역을
폭격한 전쟁범죄자'로 재판을 받은 끝에 3명이 처형됐다.

둘리틀 편대의 공습은 일본에 큰 피해를 입히진 못했지만, 진주만
공습에 대한 보복이라는 심리전 성격을 지닌 작전이었다. 루스벨트 미
대통령은 미군 폭격기가 도쿄를 비롯한 일본 심장부를 타격했다는 선
전 효과를 내세웠고, 둘리틀 중령을 준장으로 승진시켰다.

이 책 5부에서 다루겠지만, 아시아·태평양전쟁 말기에 미국은 일본
에 엄청난 무차별 공습을 퍼부었다. 공습의 지휘관은 미 육군 제21폭
격단 사령관 커티스 르메이(Curtis LeMay) 소장. '폭격기 해리스(Bomber
Harris)' 또는 '도살자 해리스(Butcher Harris)'란 별명을 얻었던 아서 해리
스(Arthur Harris, 영국 전략폭격사령부 사령관) 못지않은 호전적인 성격이
었다. 르메이의 공습 명령에 따라 1945년 8월 전쟁이 끝날 무렵 일본의

주요 도시들은 그야말로 초토화됐다. 도쿄는 물론 나고야, 오사카, 고베, 요코하마를 비롯해 B-24 또는 B-29의 폭격을 받은 도시는 67개에 이르렀다. 일본이 얼마만큼 폭격으로 초토화됐는가는 1945년 8월 말 미군 선발대의 모습을 그린 존 다우어의 책 한 구절이 잘 말해준다.

(일본 항복 뒤) 요코하마에 상륙해 도쿄로 가던 미군 부대원들은 끝도 없이 펼쳐진 도시의 폐허에 할 말을 잃거나 두 눈을 감아버렸다.[105]

전쟁 말기에 미군 폭격으로 많은 희생자들이 생겨나자 일본인들의 적개심은 매우 컸다. 미군 포로를 때려죽이거나 생체 해부하는 잔혹한 전쟁범죄행위들이 일본 본토에서 벌어졌다. 규슈제국대학 의대 해부 실습실에서 B-29기 승무원 8명이 생체 해부를 당하는 참극도 바로 그 무렵의 일이다.

일본의 패망이 불을 보듯 뻔한 때였던 1945년 5월 5일, 마리아나 기지로부터 출격해 폭격 임무를 마치고 돌아가던 B-29 폭격기 1대가 후쿠오카 남쪽 시골 마을(오이타현 구즈미 남부의 산간 촌락)에 떨어졌다. 일본의 열아홉 살 난 학병이 몰던 전투기로부터 가미가제(神風)식 공격을 받고 난 뒤였다. 탑승자 11명은 낙하산으로 탈출했지만, 현지인들의 거센 공격을 받았다. 끝내 승무원 1명은 권총으로 스스로 목숨을 끊었고, 다른 1명은 자경단의 총에 맞아 숨졌다.

나머지 9명은 일본 육군 서부군사령부로 끌려갔다. 미군의 일본 본토 상륙작전이 펼쳐질 경우, 후쿠오카를 비롯한 규슈 지역 방어는 서부군사령부에 맡겨진 임무였다. 그 무렵 일본군은 일반 연합군 포로와 B-시리즈(B-19, B-24, b-25, B-29) 전폭기 탑승원 포로를 따로 다루었다. 일본 육군참모본부가 이들을 데려가 심문했다. 군사 정보를 캐기 위해서였다.

도쿄 참모본부에서 내려온 비밀 전문이 미군 전폭기 포로들의 운명을 갈랐다. '포로로 잡힌 탑승원들 모두를 도쿄로 보낼 필요는 없다'고 했다. '정보의 가치가 있는 기장만 도쿄로 보내라. 나머지는 군사령부에서 적절히 처리하라'는 것이었다. 그에 따라 기장 마빈 왓킨스(Marvin Watkins) 중위만 도쿄로 압송돼 갔고 나머지 8명은 서부사령부 감방에 갇혔다.

"우릴 무차별 폭격했으니 죽어야 할 놈들이다"

서부군사령부〔사령관: 요코야마 이사무(横山勇) 육군 중장〕는 군사재판을 거치지도 않고 B-29기 승무원들을 '전쟁범죄자'로 몰아 죽이려 했다. 그럴 경우 총살이 일반적인 처형 방법이었다. 그런데 이번엔 달랐다. 규슈 의대 출신으로 서부군사령부에 근무하던 고모리 다쿠(小森卓) 군의관이 규슈제국대 의대 관계자들과 상의 끝에 '의학 쪽에서 뭔가 도움이 될 수 있는 방법'으로 이들을 처리하기로 결정했다.

1945년 5월 17일부터 6월 3일 사이에 B-29기 승무원들은 2명, 2명, 1명, 3명씩 나뉘어 모두 4회에 걸쳐 규슈제국대학 의대 해부 실습실로 끌려갔다. 건강진단을 받는 줄 알고 수술대에 누운 미군은 마취 주사를 맞은 뒤 깨어나지 못했다. 미군 포로를 의대까지 끌고 온 일본군 장교들이 지켜보는 가운데 포로들의 피가 뽑혀 나가고 대체 혈액 실험용 바닷물이 주사기 바늘을 통해 들어갔다(그 무렵 규슈제대 의사들은 대체 혈액을 개발해달라는 일본 군부의 주문을 받고 있었다).

마취로 의식을 잃은 미군 포로의 배에 해부칼이 닿았고, 폐와 심장, 간을 비롯한 신체기관이 하나둘씩 떼어내졌다. 그 끔찍한 생체실험과 해부에 앞장섰던 일본 의사는 규슈의대 출신의 고모리 군의와 이시야마 후쿠지로(石山福二郎) 교수, 2명이었다. 의대 신입생 도노는 수술대

1945년 규슈제국대 의대 실습실에서 생체 해부로 죽은 미 B-29 폭격기 승무원들. 사진 속 11명 가운데 2명은 격추 당시에 죽고, 기장은 도쿄로 압송되는 바람에 살아남았다.

바로 옆에서 그 과정을 지켜봤다. 4회에 걸친 생체 해부 가운데 2회를 목격했다.

도노에 따르면, 해부를 이끌었던 이시야마는 '젊고 유능했던 의대 교수'였다고 한다. 이시야마는 겁에 질린 채 해부실 안에 있던 제자들에게 "심장을 자르는 것도 꿰매는 것도 별로 어렵지 않다"라고 말했다. 바로 가까이에서 생체 해부를 지켜보던 일본군 장교는 이렇게 외쳤다. "이놈들은 우리 일본을 무차별 폭격했다. 죽어 마땅한 놈들이란 말이다."

의대 해부실에서 미군 포로가 생체 해부된 사건이 쉬쉬하며 비밀에 부쳐지긴 어려웠다. 도쿄 연합국최고사령부의 법무국 수사관들은 사라진 미군 승무원들의 행방을 캤다. 서부군사령부는 처음엔 "그들은 히로시마 포로수용소로 이송된 뒤 핵폭탄 공격을 받아 죽었다"라고 둘러댔다. 어설픈 거짓말은 들통나기 마련이었다. 5개월 동안의 조사 끝에 B-29기 승무원들이 의과대학에서 생체 해부로 숨졌다는 사실을 알아냈다.

관련자들은 붙잡혔고, 1948년 8월 27일 요코하마에서 군사재판이 열렸다. 전쟁범죄 현장을 목격했던 의대 신입생 도노도 연합국최고사령부의 조사를 받은 뒤 법정 증언대에 섰다. 주범 가운데 규슈대 출신 군의관 고모리는 이미 미군 공습으로 죽었고, 교수 이시야마 후쿠지로는 후쿠오카 감옥에서 요코하마로 이송되기 앞서 스스로 목을 맸다.

요코하마 군사재판 검찰관은 '비슷한 예를 찾아보기 어려운 야만성'이라고 피고들을 꾸짖었다. 서부군사령부 소속 2명[사령관 요코야마 이사무 중장, 사토 요시나오(佐藤吉直) 대좌]과 규슈의대 교수진 3명[도리스 다로(鳥巣太郎) 조교수, 히라오 겐이치(平尾健一) 조교수, 모리 요시오(森好良雄) 강사]이 교수형을 받고 죽었다. 다른 4명에게는 종신형이 내려졌지만, 이들은 1950년대에 일본 정부의 감형과 사면 조치로 모두 풀려났다.

의대 신입생으로 끔찍했던 범죄행위를 바로 옆에서 지켜본 도노는 산부인과 개업의로 지내면서 그날의 엄청난 충격을 잊지 못하고 내내 힘들게 살았다. 34년 뒤 『오명(汚名)』이란 책 앞머리에 그는 '전쟁은 사람을 미치게 한다'고 적었다. 특히 '전쟁 말기의 분위기와 혼란은 의사들을 미치게 했다'고도 썼다(도노는 책을 낸 다음 해인 1980년, 도쿄로 끌려가는 바람에 혼자 살아남았던 기장 마빈 왓킨스를 찾아가 사죄의 뜻을 전하기도 했다. 2021년 타계).

전쟁범죄 반성 없는 일본 의사회

여기서 짚어볼 점 하나. 미군의 무차별 공습으로 비롯된 피해를 떠올리면, B-29 폭격기 승무원들의 생체 해부가 이해나 용서가 될까. 어려운 일이다. 미군의 공습 그 자체가 전쟁범죄라는 비난을 받아 마땅했지만, 보복 심리나 적개심이 그런 잔혹 행위를 합리화할 수 없다. 어떤 그럴듯한 논리를 들이댄다 해도 마구잡이 포로 학살, 더구나 생체해부란 용서받지 못할 전쟁범죄다.

이렇듯 일본은 전쟁의 광기 속에 인간성을 저버린 자들이 곳곳에서 피를 흩뿌리는 가운데 8·15 패망을 맞이했다. 일본 의사들의 모임인 일본 의사회는 731부대의 생체실험을 비롯해 지난날 일본 의사들이 벌인 전쟁범죄에 대해 집단적으로 사과의 뜻을 나타냈을까? 아니다. 위에서 살펴본 규슈제국대학 의대에서 벌어진 미 B-29기 승무원 생체해부에 대해서 사죄와 더불어 용서를 빌었을까? 아니다. 침묵으로 지내왔다(규슈 의대는 2015년 대학 안에 역사자료관을 열면서 뒤늦게나마 공개적으로 사죄의 뜻을 나타냈다. 사건이 벌어지고 70년 뒤의 일이다).

물론 일본 의사 모두가 줄곧 과거사 문제에 나 몰라라 하며 파렴치한 모습을 보였던 것은 아니다. 소수의 양심적인 의사들은 '일본의 침략전쟁과 그 과정에서 저질렀던 비인도적 전쟁범죄를 깊이 반성해야 한다'는 목소리를 내왔다. '15년 전쟁과 일본의학의료연구회' 소속인 다케우치 지이치, 하라 후미오, 두 의사는 오사카 개업의 6,200명이 모여 만든 오사카보험의협회 출신 평화운동가들이다. 이 두 사람의 글은 일본 의사회에 비판적이다.

> 지금까지 일본 의사회가 보여준 모습은 전쟁 책임을 인정하지 않고 더구나 국가정책에 따라 일본군과 일본 기업들이 강제 동원한 '종군위안부'와 노동자들에 대한 배상을 거부하는 일본 정부와 다를 바 없다. 이는 일본 각 지역의 의사회도 마찬가지다.[106]

일본 의학계에서 다케우치 지이치, 하라 후미오처럼 일본의 '피묻은' 과거사를 반성적으로 돌아보자는 사람들의 숫자는 안타깝게도 매우 적다. 대다수는 그런 과거사 문제에 관심을 갖지 않거나 애써 고개를 돌린다. 극우파들은 과거사를 당당하게 왜곡하면서 전쟁 책임을 부인한다. 그런 분위기 아래 지난날 전쟁 중에 생체실험을 거듭하면서 얻어낸 자료를 바탕으로 의학 박사 학위를 따거나, 생체실험으로 갈고 닦은 혈액의 동결·건조 기술로 혈액은행을 세워 한반도 전쟁 특수를 틈타 떼돈을 벌기도 했다. 사죄와 더불어 용서를 빌지도 않았다.

뉘른베르크 강령

731부대 군의관들이 미국으로부터 면죄부를 받아 전쟁범죄 처벌을 비껴간 것과는 달리, 독일에선 1947년 8월 19일 뉘른베르크 의사 재판으로 나치 의사들은 처벌을 받았다(7명 교수형, 9명 장기 징역형). 강제 수용소 수감자들을 생체실험으로 희생시킨 반인륜적 전쟁범죄행위를 지질렀다는 혐의였다.

731부대 일본 의사들이나 나치 의사들이 저질렀던 생체실험은 끔찍한 전쟁범죄임이 틀림없다. 논란은 그 무렵의 국제사회에서 의사들이 지켜야 할 윤리나 도덕적 기준이 제대로 마련돼 있었느냐는 것이었다. 뉘른베르크 재판 과정에서 나치 의사들은 '인체 실험을 정당 또는 불법이라 가름하는 보편적 윤리 기준이 국제사회에 세워져 있지 않다'면서 자신들의 행위는 '전시 독일법에 따른 정당한 행위였다'고 우겼다.

그 재판의 검찰 쪽 의학 전문가로 미국의사협회에서 파견한 앤드루 아이비(Andrew Ivy, 1942~1943년 미국생리학회 회장)는 반론을 폈다. "인체 실험에 대한 규칙은 지금까지의 관습, 사회적 관례, 그리고 의료 행위의 윤리에 의해 충분히 확립돼왔다"라고 반박했다. 의료 윤리를 둘러싼 법정 공방 뒤 재판부는 나치 의사들의 뻔뻔한 주장을 일축하면서 나름의 의료윤리 기준을 판결문 뒤에 붙여 내놓았다. 그 문건은 앤드루 아이비가 중심이 돼 만든 것으로, 오늘날 흔히 '뉘른베르크 강령(Nuremberg Code)'이라 일컬어진다.

모두 10개 항목으로 이뤄진 이 강령은 의사들이 어떤 의료윤리 원칙을 지켜야 하는지에 초점을 맞추었다. 그 첫머리는 인체 실험 대상자의 '충분한 정보에 근거한 자발적인 동의'가 절대적으로 필수적이라 강조했다. 731부대의 '마루타'처럼 '특이급(特移扱)'이란 형태로 강제로 끌고 와 '처음부터 죽음을 전제로 한 실험'을 해선 안 된다는 것이다. 뉘른베르크 강령의 주요 내용을 보자.

> 연구는 불필요한 모든 신체적·정신적 고통과 상해를 피해야 하고, 어떠한 실험도 사망이나 불구가 생길 것이라고 미리 알고 있는 경우엔 (연구진 자신도 피실험자로 참여하는 경우를 빼고는) 해선 안 되며, (사람보다는) 동물 실험을 먼저 해야 하고, 상해와 장애 또는 죽음으로부터 피실험자를 지킬 수 있도록 적절한 준비와 설비가 마련돼야 하며, 실험을 계속하면 피실험자에게 상해나 불구, 또는 사망을 부른다고 믿을 만한 이유가 있으면 실험을 끝낼 준비가 되어 있어야 한다.[107]

이 강령에 비추어 731부대 의사들의 행태를 보면 어떤 평가가 내려질까는 물으나 마나다. 그들의 악마적 행태는 너무나 뚜렷이 드러난다. 동물실험을 건너뛰고 바로 살아 있는 사람을 생체실험으로 죽게 했다. 한마디로 731부대에선 뉘른베르크 강령 그 어느 하나도 지켜지지 않았다. 피실험자를 온갖 가학적인 방법으로 괴롭히다 끝내 죽음에 이르게 만든 731부대 의사들은 '조직적 전쟁범죄의 공범자'들이었다.

패전 뒤 독일 의사회는 뒤늦게나마 사죄와 반성하는 모습을 보여왔다. 이를테면, 1988년 베를린 의사회는 성명서를 통해 "베를린 의사회는 과거의 짐을 지겠다. 우리는 슬픔과 부끄러움을 느낀다"라면서 지난날 나치 독일에서 의사가 했던 (소극적이든 적극적이든 나치 전쟁범죄의 협력자 또는 공모자) 역할을 돌아보고, 희생자들에게 사죄하며 용서를 빌었다. 독일 의사회는 1989년 '인간의 가치: 1918년부터 1945년까지의 독일 의학'이란 주제로 대규모 전시회를 열었고, 나치즘과 의학이 사악한 동맹을 맺었던 지난날을 되돌아봤다.

이에 견주어 일본 의사회는 어떠한가. 전후 80년이 지나도록 지난날 침략전쟁 속에서 일본 의학계가 어떤 일을 했는지 따져보려 들지 않는다. 소수의 양심적인 의료인들이 반성적인 움직임을 보이면, 집단의 힘으로 이를 눌러왔다. 필요에 따라선 겉치레로 '히포크라테스'니 '생명 윤리'를 말하겠지만, 집단적인 반성은 슬그머니 건너뛰고 전쟁범죄로 얼룩진 과거사를 아예 잊기로 한 모습이다.

아시아·태평양전쟁 때 죽은 731부대원들은 야스쿠니 신사에서 군신(軍神)으로 대접받고 있다. 일본 정부도 공식적으로는 731부대의 존재 자체마저 부정하진 않는다. 그렇지만 731부대가 생체실험이나 세균전을 벌였다는 사실을 인정하지 않는다. "그런 부대가 있긴 있었지요. 방역급수, 다시 말해서 전염병을 예방하고 병사들에게 깨끗한 물을 공급하는 부대였지요"라는 투로 진실과 마주하길 피해왔다.

일본 의학계의 주류도 731부대의 전쟁범죄를 시인하지 않기는 마찬가지다. 2009년 소수의 양심적인 의사들이 모여 만든 단체들('전쟁과 의료윤리 검증추진회' 등)은 아주 예외적이다. 이들은 일본 의학회 차원에서 731부대의 죄악상을 스스로 검증하고 반성하자는 목소리를 내왔지만, 일본 주류 의학계의 반응은 시원치 않다. 이는 독일 의학계가 나치 의사들의 범죄를 시인하면서 반성하는 태도를 보인 것과는 너무나 대조적이다.

5부
또 다른 전쟁범죄,
공습과 원자폭탄

1장
'잔인한' 르메이,
일본과 한반도를 불태웠다

네이팜탄이 터지면, 끈적끈적한 성분의 젤 덩어리가
사방으로 흩어져 어디든 닿으면 딱 달라붙은 채로 불이 붙었다.
엄마들은 아이를 업고 도망치다가 아이의 머리가 불타는 것을 보고 소스라쳤다.
화염은 산소를 빨아들였고, 사람들은 호흡 곤란으로 죽었다.

지난 2010년에 작고한 하워드 진(Howard Zinn, 전 보스턴대 명예교수, 역사학)은 노엄 촘스키(Noam Chomsky, MIT대 명예교수, 언어학)와 더불어 '미국의 양심적 지성'으로 널리 알려진 인물이다. 반전 평화 이론가로 활동하면서 그와 관련한 여러 권의 역작을 냈던 하워드 진은 제2차 세계대전 때에 미군 조종사로서 독일 공습에 나섰던 특이한 전력이 있다. 그는 미국의 조지 부시 대통령이 아프가니스탄 침공(2001년 10월)에 이어 이라크 침공(2003년 3월)을 저울질하던 시점인 2003년 1월 10일 미 공영방송 PBS(진행자 빌 모이어스)에서 미국의 이라크 침공 계획을 반대하는 의견을 펴면서 공습의 문제점에 대해 이렇게 말했다.

이것을 기억하세요. 폭격을 할 때는 몇천 미터 상공에서 폭격을 합니다. 그런 높이에서는 사람들이 보이지 않지요. 비명 소리도 들리지 않아요. 피도 보이지 않고요. 팔다리가 찢어지는 것도 보이지 않습니다. 단지 목표물을 겨냥하고 있을 뿐이죠. 인간을 본 적이 없는 곳에 폭탄을 던지는 것이 현대 전쟁의 본질입니다. 그래서 수많은 사람들이 죽임을 당할 수 있는 것이죠. 히로시마에 원자폭탄을 투하한 사람들은 그 아래에서 무슨 일이 일어나는지 제대로 알지 못했을 겁니다. 그들은 그저 목표물을 향해 폭탄을 아래로 던졌을 뿐입니다.[1]

하워드 진은 제2차 세계대전이 끝난 뒤에야 드레스덴을 비롯한 독일의 도시들을 겨눈 연합군의 무차별 공습으로 수많은 민간인들이 희생당한 사실을 알고 심각하게 문제점을 생각하게 됐다고 한다. 폭격 임무를 마치고 기지로 돌아온 군인이 태연히 식당에서 햄버거를 먹으며 벽에 걸린 TV의 오락 프로그램을 킬킬거리며 즐길 수 있는 까닭은 무엇일까. 하워드 진의 말처럼, 그가 고(高)고도 공습으로 고통스레 죽는 사람들을 두 눈으로 보지 못했기 때문이다.

새로운 종류의 폭탄, 네이팜탄

1945년 3월 10일 하룻밤에 일어났던 미군의 도쿄 대공습은 10만 명 가까운 비무장 민간인들의 목숨을 앗아 갔다(당시 일본 정부는 사망자가 8만 4,000명이라고 발표했지만, 실제로는 그보다 더 많을 것으로 추정된다). 더욱 안타까운 것은 그 10만 명의 희생자 속엔 도쿄 변두리 빈민 지대에 몰려 살던 재일 조선인 1만 명쯤이 포함됐다는 사실이다. 공습을 받은 곳은 도쿄뿐이 아니었다. 나고야, 오사카, 고베 등 일본 대도시들은 3월에서 6월까지 거듭된 공습으로 그야말로 불지옥을 겪었다.

그것은 새로운 종류의 폭탄이었다. 그것은 지붕을 타고 퍼져나가고 그것에 닿은 것은 모조리 불태우는 '불타는 액체'를 퍼뜨렸다. 모든 것에 끈적

1945년 3월 10일 도쿄를 불바다로 만든 미 육군 제21폭격단 커티스 르메이 사령관과 그의 지휘 아래 일본 66개 도시를 공습했던 B-29 전폭기들

끈적 달라붙은 불의 비가 내리고 있었다. 집들은 곧바로 불이 붙었다. 비명을 지르면서 가족들은 아기들을 등에 업고 거리로 나섰으나, 사방이 불길에 휩싸여 있을 뿐이었다. 그들은 불기둥 속에서 불이 붙어, 살아 있는 횃불이 된 뒤 사라져갔다.[2]

위에 옮긴 참혹한 글은 스웨덴 출신의 비교문학자 스벤 린드크비스트(Sven Lindqvist)가 쓴 『폭격의 역사(A History of Bombing)』(2000)에서 도쿄 공습을 다룬 부분이다. 글 속의 '그것'은 미군이 새로 개발한 네이팜탄(napalm bomb)을 가리킨다. 제2차 세계대전에서는 여러 새로운 살상무기들이 나타났다. 정점을 찍은 것은 원자폭탄이었지만, 네이팜탄도 빼놓을 수 없다. 고성능 소이탄인 네이팜탄은 워낙 살상력이 뛰어나 '원자폭탄을 뺀 인류 최악의 무기'라는 평가를 받았다.

네이팜관은 1942년 미 하버드대 화학 교수인 루이스 피저가 이끄는 연구팀이 처음 시제품을 만들었다. 1943년 여름 유타 사막에다 일본식 주택을 본뜬 마을을 만들고 네이팜탄으로 불태우는 실험도 마쳤

다. 이런 과정은 이 끔찍한 살상무기가 처음부터 일본을 겨냥해 개발된 것이었음을 말해준다.

1944년 7월 일본은 사이판섬을 미군에게 빼앗겼다. 일본이 얼마나 큰 충격을 받았는가는 도조 히데키가 전시 내각의 총리 자리에서 물러난 사실 하나만으로도 짐작할 수 있다. 마리아나 제도의 주요 섬인 괌(일본 도쿄로부터의 거리 2,524킬로미터), 티니안(2,373킬로미터), 그리고 사이판(2,356킬로미터)을 잇달아 미군에 빼앗김으로써 일본은 큰 위기에 부딪혔다. 항속거리가 5,300킬로미터인 미 B-29 폭격기는 마리아나 제도에서 도쿄를 비롯한 주요 도시들을 폭격하고 돌아갈 수 있게 됐다.

그 전까지 일본 본토를 겨냥한 B-29 폭격기 편대는 중국에서 쓰촨성 청두에서 떴다. 이를테면 1944년 6월 16일 청두에서 뜬 B-29 폭격기 편대는 일본 남쪽 후쿠오카에 가까운 기타규슈(北九州)의 야하타 제철소를 맹폭했다(그 무렵 제주도 사람들은 일본 쪽으로 오가는 B-29 폭격기들을 두 눈으로 볼 수 있었다. 제주도 모슬포에는 일본군이 미군 폭격기의 일본 본토 공습을 감시하려고 레이더 기지를 세워놓고 있었지만 큰 도움이 못 됐다).

공습 책임자는 '호전적이고 잔인한' 르메이

그 무렵만 해도 미군은 민간인 거주지역 폭격을 피했다. 군부대와 군수공장 등 군사 관련 시설물을 겨냥하는 이른바 '정밀 폭격' 원칙을 지키고 있었다. 1944년 7월 미군이 일본군으로부터 빼앗은 태평양의 마리아나 제도(사이판, 티니안, 괌)의 활주로를 떠나 일본 본토로 향한 B-29기들의 처음 목표들도 민간인 거주지역은 아니었다.

고(高)고도에서 군사 목표물을 겨냥해 떨어뜨리는 폭탄의 명중률은

10퍼센트 밑으로 낮았다. 워싱턴의 전쟁 지휘부에선 '바라는 만큼의 전과를 올리지 못한다'는 볼멘소리가 튀어나왔다. 도쿄에서 1,250킬로미터밖에 떨어지지 않은 이오지마(硫黃島) 상륙작전을 앞둔 1945년 3월부터 폭격 방식이 달라졌다. 군사시설물만을 공격하는 '정밀 폭격'에서 주택가와 군사시설물을 가리지 않는 무차별 폭격으로 바뀌었다. '1억 옥쇄(玉碎)'를 부르짖는 일본 군부 강경파의 결전 의지를 꺾고 항복을 앞당긴다는 명분 아래서였다.

이런 변화를 앞장서 이끌었던 이는 사이판을 비롯한 마리아나 제도에 주둔했던 미 육군 제21폭격단 사령관 커티스 르메이(Curtis LeMay, 1906~1990) 소장이었다. 1941년 일본이 진주만을 공습했을 때 소령이었던 그는 유럽 전선에서 B-17 폭격기를 몰고 독일 함부르크 등을 폭격했고, 능력을 인정받아 승진에 승진을 거듭했다. 1944년 3월 38세의 나이에 최연소 소장에 올라 화제를 모았다. 실적을 기대하는 워싱턴의 고위 장성들에겐 그가 좋은 부하였지만, 정작 그 자신의 부하들은 목숨을 걸어야 했다. 그는 폭격기 편대의 맨 앞에서 비행하면서, '출격한 폭격기가 공격 목표에까지 이르지 못하고 돌아간다면 군사재판에 넘기겠다'고 으름장을 놓곤 했다. 그렇기에 부하들로부터는 '비정상적으로 호전적이며, 잔인한 성격을 지녔다'는 평을 받았다.

직속 상관인 미 육군 제20항공군 사령관 헨리 아널드(Henry Arnold) 대장은 그런 르메이를 높이 샀고, 1945년 1월 20일 제21폭격단 사령관 자리에 앉혔다. 르메이의 전임자였던 헤이우드 헨설(Haywood Hansel) 사령관은 민간인 희생자를 내기 마련인 무차별 폭격을 피하고 군사시설에 대한 '정밀 폭격'을 고집했었다. 그런 까닭에 헨설은 아널드 장군의 눈 밖으로 벗어났다. 일본 본토를 겨냥한 폭격을 총괄하는 현지 사령관으로 르메이가 온 지 두 달도 안 돼 도쿄 시민들은 불지옥을 겪어야 했다. 《마이니치신문》 구리하라 도시오 기자가 쓴 글을 보자.

르메이는 미군 정찰기가 촬영한 일본 본토의 사진을 보고, 유럽 전선에서 (연합군 폭격기들이) 피격당했던 것과 같은 저(低)고도용 대공화기들이 (일본에) 없다는 사실을 알아챘다. 그는 저공으로 비행하면 연료 소모가 적고, 그만큼 폭탄을 더 많이 실을 수 있고, 특히 야간 폭격이라면 성공할 가능성이 높다는, 그럴듯한 작전을 머리에 떠올렸다.[3]

르메이는 네이팜탄 공습으로 비무장 민간인들을 불태워 죽이는 것을 꺼리는 부하들에게 이렇게 훈시하곤 했다. "무고한 민간인(innocent civilians)은 없다." 그는 덧붙여, "이른바 죄 없는 방관자(so-called innocent bystanders)도 없다"라고도 했다. 그의 시각에서는 진주만 공습으로 미국인을 죽인 적성 국가의 시민들은 모조리 제거 대상으로 비쳤다.

"불타는 도시, 지옥의 입구를 보는 듯했다"

1945년 3월 9일 밤 사이판, 티니안, 괌에서 300대가량의 B-29기가 출격해 도쿄를 강타했다. 실제 폭격은 3월 10일 새벽에 이뤄졌기에 일본에서는 이를 '3월 10일의 도쿄 대공습'이라 부른다. 그때 떨어졌던 폭탄의 양은 모두 19만 발. 도쿄 시내의 41제곱킬로미터 면적이 피해를 입었다. 연기는 하늘로 7.6킬로미터 높이까지 올라갔고, 240킬로미터 밖에서도 도쿄의 화염이 보였다. 대부분 목조로 이뤄졌던 도쿄의 주거지역은 그야말로 불지옥으로 바뀌었다. 27만 채가 불타버렸다.

네이팜탄이 터지면, 끈적끈적한 성분의 젤 덩어리가 사방으로 흩어져 어디든 닿으면 딱 달라붙은 채로 불이 붙었다. 엄마들은 아이를 업고 도망치다가 아이의 머리가 불타는 것을 보고 소스라쳤다. 화염은 산소를 빨아들였고, 사람들은 호흡 곤란으로 죽었다. 불에 타 죽지 않으려고 시내 가운데를 흐르는 스미다강(또는 아라카와강)의 운하로 뛰어든 사람들도 많았다. 그들은 앞서 다리 위에서 뛰어내렸던 사람들과 부딪혀 죽거나 물에 빠져 죽었다.

B-29 폭격기들은 지상 1.5킬로미터 정도로 저(低)고도로 날면서 네이팜탄을 쏟아부었다. 사람의 살이 타는 냄새가 비행기 안을 채웠다. 일본군의 진주만 공습을 보복한다는 생각으로 폭격에 나서긴 했어도 일부 폭격기 승무원들은 마리아나 제도의 기지로 돌아오면서 정신적 충격과 혼란을 느꼈다. 미국《워싱턴포스트》기자 출신의 작가 말콤 글래드웰(Malcolm Gladwell)이 쓴 『어떤 선택의 재검토(The Bomber Mafia)』(2021)에서 도쿄 공습에 참전했던 항공병들의 증언을 읽어보면, 그날의 참상이 얼마나 끔찍했는지를 헤아릴 수 있다.

1945년 3월 10일 B-29 폭격기의 공습으로 27만 채의 주택이 잿더미가 된 도쿄 전경. 6시간 동안의 공습은 조선인 1만 명을 포함해 10만 명 가까운 사망자를 냈다.

그 작전에 참여했던 승무원들은 큰 충격에 빠진 채 돌아왔다. 항공병 데이비드 브레이든은 이렇게 회상했다. "솔직히, 불타고 있는 도시의 모습이 지옥 입구를 바라보는 듯했습니다. 상상도 할 수 없는 큰 불이었죠." 항공병 콘래드 크레인은 다음과 같이 덧붙였다. "지상 1.5킬로미터 정도로 비행 고도가 낮았습니다. 살이 타는 냄새가 비행기 안에 스며들 만큼 낮았죠. 실제로 마리아나 제도에 돌아와서 훈증 소독을 해야 했습니다. 사람이 타는 냄새가 항공기 안에 남아 있었거든요."[4]

끈적끈적한 점성을 지닌 네이팜탄은 그 전까지의 어느 소이탄보다 파괴력과 살상력이 훨씬 컸다. 미군은 네이팜탄 38개를 따로 묶은 집속탄(cluster bomb) 형태로 만들어, M-69란 이름을 붙였다(길이 50센티미터, 무게 2.7킬로그램). 네이팜탄이라는 신무기 개발이 얼마나 자랑스러웠는지, 한창 전쟁 중이던 1945년 미 육군은 아래와 같은 설명을 담은 홍보 영화까지 만들었다.

M-69 폭탄의 주요 구성 요소는 특수처리한 젤 형의 가솔린을 담은 '치즈주머니'다. 불이 붙으면 여기에 채워진 젤이 불타는 끈적끈적한 덩어리가 되어 직경 1미터 이상으로 퍼진다. 이 물질은 섭씨 540도로 8~10분 동안 타오른다. M-69는 38개의 폭탄으로 이뤄져 있다. M-69 집속탄을 비행기에서 떨어뜨리면 공중에서 그 안의 폭탄들이 나뉘어져 땅 위의 표적에 떨어진다.[5]

도쿄 공습이 이뤄지던 1945년엔 독일 도시들도 연합군의 엄청난 공습을 받았다. 독일의 도시 건물들은 벽돌이나 대리석, 그리고 회반죽으로 단단하게 세워졌다. 그와는 달리 일본의 도시 건축물들, 특히 민간인 주거지역의 건물들은 불에 약한 소재들로 이뤄졌다. 집의 천장은 생선 기름을 적신 무거운 종이류로 만들어졌고, 대들보나 기둥은 나무였다. 방바닥은 짚으로 만든 돗자리(다다미)가 깔려 있었다. 어딘가 불이 붙이면 불쏘시개나 다름없이 타오르는 구조였다. 네이팜탄으로 공격한다면 결과는 끔찍할 게 뻔했다. 그럼에도 공습을 밀어붙일 수 있었던 데엔 진주만 공습에 대한 보복 심리와 일본인들에 대한 증오심이 깔려 있었다. 작가 말콤 글래드웰의 글을 보자.

적국 도시의 80퍼센트를 불태워 날려버릴 수 있다는 생각은 극단적이다. 미국 남북전쟁 당시 연합군을 이끌고 남부를 초토화시킨 윌리엄 셔먼 장군은 애틀랜타를 불태운 것으로 유명하다. 하지만 애틀랜타 전체는 아니었다. 상업지구와 공업지구에 국한되었다. 집에 있는 민간인은 (공격 대상이) 아니었다. 하지만 진주만 공습 이후 이런 극단적인 생각이 그리 극단적이지 않게 보이기 시작했다.[6]

미군 공습에는 일본인들에 대한 복수심과 더불어 인종차별의 감정적 요소가 알게 모르게 배어 있었다. 진주만 공습 뒤 미국인들은 일본인들을 '쥐새끼' 등으로 낮춰 불렀다. 워싱턴의 전쟁 지도부는 그런 인종적 편견을 선전 포스터로 부추기며 전쟁 기금 모금에 활용했다.

일본인에게 지녔던 증오심을 엿볼 수 있는 또 다른 자료가 있다. 일본 작가 사오토메 가쓰모토(早乙女勝元)는 일찍이 민간단체인 '도쿄 공습을 기록하는 모임'에서 도쿄 공습의 실상과 문제점을 파헤쳤다. 그러면서 1971년에 도쿄 공습에 관한 선구적인 기록을 남겼다. 사오토메는 'B-29 폭격기가 도쿄 상공을 낮게 선회하면서 거리로 뛰쳐나온 민간인들을 향해 기총소사를 퍼부었다'는 증언을 전하고 있다. 이 대목을 읽다가 1980년 5월 광주에서의 기총소사가 떠올랐다.[7]

서민층 동네를 집중 폭격한 이유

특히 피해가 컸던 지역이 도쿄 스미다강 변의 아사쿠사, 혼조, 후카가와 일대였다. 이 지역들은 노동자나 소상공인들이 모여 살던 서민 동네였고, 집들은 불에 타기 쉬운 목조 건물이 많았다. 네이팜탄 공격을 받자 큰 화재가 일어났고 주민들은 그야말로 불지옥을 겪어야 했다. 도쿄 공습을 다룬 존 다우어의 『패배를 껴안고』(1999)를 보면, 미군 폭격이 선택적으로 이뤄졌음을 짐작케 한다.

> 빈민 거주지나 작은 상점 및 수도의 공장지대는 상당 부분 소진되어 버렸지만, 부유촌으로 이뤄진 멋진 주택가는 그대로 남아 점령군 장교의 숙소로 사용되었다. 도쿄의 금융가는 피해를 거의 입지 않았고, 이내 '리틀 아메리카'이자 맥아더 미군정사령부(GHQ)의 본거지가 되었다. (…) 고의 여부는 알 수 없어도 적어도 수도 도쿄에 관한 한 미국의 공습은 현존하는 부자와 빈자의 질서를 재확인한 셈이었다.[8]

미군은 왜 도쿄의 저소득층이 사는 지역을 집중 공습했을까. 사카사이 아키토(도쿄외국어대 교수, 일본 근대문학)는 데이비드 페드먼(캘리포니아대 교수, 역사학)과 캐리 카라카스(뉴욕주립대 교수, 문화지리학)가 아시아·태평양전쟁 당시 일본 도시 지역이 어떻게 파괴됐는가를 연구한 2012년의 논문을 바탕으로 도쿄 공습의 배경을 이렇게 풀이한다.

> 미 육군항공군(USAFF)의 폭격 전략에 관한 최근 연구에서, 작전 입안자들이 노동자 집단 거주 지역을 공격하여 전시 노동력을 감소시킴으로써 총력전 체제를 약화시킬 전략을 세웠다는 사실이 밝혀졌다. 일본 사회 내부의 빈부격차가 그대로 공습으로 인한 피해 확률로 이어졌다. 달리 말하자면, 농촌으로 소개할 여유와 사회적 인맥을 지니고 있던 사람들은 도시에 머무

를 수밖에 없던 사람들보다 전재(戰災)를 입을 가능성이 훨씬 낮았다.9

위 글을 풀어 쓴다면, 미군은 일본의 총력전 체제를 약화시켜 되도록 빨리 일본의 항복을 받아내려면 군수산업 노동력에 손상을 입혀야 했기에, 노동자들의 집단 거주지가 공습 목표로 꼽혔다는 것이다. 르메이 장군이 '무고한 민간인은 없다'고 우기는 것도 같은 맥락이다. 『도쿄 대공습』의 작가 사오토메 가쓰모토(早乙女勝元)는 미군의 그런 공습 논리를 전혀 이해할 수 없다고 한탄했다.10 일본 군수산업의 하청을 맡은 가내수공업에 타격을 준다는 논리로 노동자들이 많이 사는 지역을 폭격했다면, 그 지역에서 부모와 함께 살던 어린이들은 무슨 죽을죄가 있었던 것일까.

도쿄 공습 뒤 히로히토 일왕이 거리를 걷는 사진이 있다. 미군 공습으로 불타 무너진 도쿄 후카가와 지역을 걷는 모습이다. 도쿄 공습이 있고 나서 8일 뒤(1945년 3월 18일), 일본군 대원수 히로히토는 군복에다 긴 장화를 신고 공습 피해 지역을 돌아봤다. 그때 히로히토를 뒤따랐던 시종무관 요시하시 게이조(吉橋戒三)가 남긴 기록을 보면, 시민들의 '말 없는 분노'를 짐작할 수 있다.

불탄 자리를 다시 파내던 이재민들은 멍한 얼굴, 원망스러워하는 듯한 얼굴로 인사도 하지 않고 폐하의 차를 배웅하고 있었다. 부모를 잃고 재산이 타버린 이재민들은 폐하를 원망하는 것인가, 아니면 허탈한 상태에서 그냥 멍하니 있는 것인가.11

공습 피해 지역을 돌아보면서 히로히토는 무슨 생각을 했을까. 잿더미로 바뀐 거리의 모습에서 한때 그가 외쳐댔던 '대동아공영권'과 '대일본제국'의 붕괴를 뼛속 깊이 실감했을 것이다. 일본의 극우들은

도쿄 대공습 8일 뒤인 1945년 3월 18일 피해 지역을 돌아보고 있는
히로히토 일왕

아직도 히로히토를 현인신(現人神, 살아있는 신)이라 여긴다. 하지만 패
전 뒤 전쟁범죄자로 기소되는 것을 피하려던 히로히토는 그 자신을
가리켜 '신이 아닌 사람'이라고 했다. 그도 감정을 지닌 인간이다. 미
군 공습으로 자칫 죽을 수도 있겠고, 패전 뒤 '천황' 자리에서 물러나
고 전범으로 처벌당할지도 몰라 잠 못 이루는 밤을 보냈을 것이다. 그
래서였을까, 측근들의 기록을 보면 1944년 무렵 히로히토는 자주 몸
살을 앓았다.

　히로히토의 주거지인 이른바 '황거(皇居)'는 8·15 항복 때까지 멀쩡
했다. 미국에서는 일왕의 거처를 폭격할 것인가를 두고 여러 얘기들이
있었다. 히로히토를 폭살시켜 정치 무대에서 제거해버려야 마땅하다
는 목소리도 나왔다. 진주만 공습과 필리핀에서 벌어진 미군 포로 학
대를 응징하라는 미국의 여론에 따른 주장이었다. 미 정보기구의 판단
은 달랐다. 전쟁 뒤 미 중앙정보국(CIA)으로 바뀐 전시 첩보기관인 전
략사무국(OSS)은 이런 결론을 내렸다.

일왕의 지하 벙커는 공습을 충분히 견뎌낼 수 있어 그가 죽을 가능성은 없다. 전쟁 수행에 필요한 서류를 왕궁에서 이미 전부 빼냈기 때문에 폭격은 의미가 없다. 히로히토는 훗날 중요하게 쓰일 데가 있다. 왕궁 폭격은 미국의 정치적·군사적 목적에 전혀 맞지 않을 뿐만 아니라, 일본인들의 전의(戰意)만 북돋울 수 있다.[12]

'훗날 중요하게 쓰일 데가 있다'는 것은 미국이 안정적으로 일본 점령 통치를 해나가는 데에 히로히토가 이용 가치가 있다는 뜻이다. 8·15 항복 때까지 그는 궁내 지하 방공호에 있는 집무실에서 측근들과 머리를 맞대고 회의에 회의를 거듭했다. 아시아의 평화는 물론 일본인 다수의 안전을 위해 가장 바람직한 출구 전략은 무엇이었을까. 하루라도 빨리 전쟁을 끝내려는 노력을 기울이는 것이어야 했다. 항복까진 아니더라도, 전쟁 당사국인 미국을 상대로 조기 종전을 위한 강화 협상을 벌이는 것이 바람직했다.

히로히토가 참으로 신민(臣民)을 전쟁의 고통으로부터 벗어나도록 해야겠다고 생각했다면, '천황' 자리에서 내려올 각오로 종전 협상을 벌여야 바람직했다. 하지만 히로히토는 '일격을 가하면 유리한 강화 협상을 할 수 있다'는 헛된 미련을 지닌 채 시일을 끌다가 끝내 8월 15일 패전의 굴욕을 겪었다.

르메이, "한반도에서 민간인 백만 명을 죽였다"

너무나 끔찍한 도쿄 공습 피해 상황을 놓고 미국 안에서조차 논란이 됐지만, 르메이 사령관은 그 뒤로도 B-29 폭격기 편대를 일본의 주요 도시들로 보냈다. 3월엔 나고야·오사카·고베, 4월엔 도쿄 북부·우라타·가와사키, 5월엔 나고야·도쿄(야마노테 지역)·요코하마, 6월엔 오사카·고베·아마가사키 등이 공습을 받았다. 오사카는 6월에만 세 차례(1일, 7일, 15일) 폭격으로 그야말로 궤멸적인 피해를 입었다. B-29기의 폭격을 받은 일본 주요 도시는 66개에 이르렀다.

히로시마·나가사키는 미군 공습을 덜 받았기에 원자폭탄의 파괴력을 측정할 수 있는 불온한 도시 후보지로 뽑혔다. 전쟁 말기에 일본 상공의 제공권은 미군이 완전히 장악한 터였기에, B-29기가 떴다 하면 사람들은 그저 두려움에 떨어야 했다. 그때의 피해 상황을 존 다우어의 책에서 옮겨본다.

> (도쿄, 오사카, 나고야를 비롯한) 66개의 주요 도시는 심한 공습에 시달렸다. 공습 결과 도시부의 40퍼센트가 파괴되고 도시 인구의 30퍼센트 정도가 집을 잃었다. 가장 큰 도시인 도쿄에서는 거주지의 65퍼센트가 파괴되었고, 두 번째와 세 번째로 큰 도시인 오사카와 나고야에서는 각각 57퍼센트와 89퍼센트가 파괴되었다.[13]

패전 뒤인 1945년 8월 23일 일본 내무성 방공본부가 발표한 자료에 따르면, 민간인 공습 사망자를 26만 명(부상 42만 명)으로 꼽았다. 이 숫자는 실제보다 적게 발표된 것으로 보인다. 지난 2017년에 타계한 아라이 신이치(荒井信一, 전 스루가다이대 명예교수, 역사학)는 한일 사이의 역사 화해에 학문적 관심을 쏟았던 사학자이자 반전(反戰) 평화주의자다. 공습 문제를 다룬 그의 책 『폭격의 역사: 끝나지 않는 대량 학살(空爆の歷史: 終わらない大量虐殺)』(2008)에 따르면, 원폭 사망자들을 포함해 일본 민간인 공습 희생자 규모는 60만 명쯤으로 추산된다.[14]

전쟁의 광풍에 휘말린 비무장 민간인들 다수가 무차별 공습으로 죽었다. 커티스 르메이 사령관은 자신이 저질렀던 '전쟁범죄'에 대해 어떤 생각을 했을까. 미국이 일본에 졌다면 그 자신이 전쟁범죄자로 처형당할지도 모른다고 두려워했을까. 그가 내린 명령 때문에 수십만 명이 생목숨을 앗긴 사실을 두고 잠을 편히 잘 수 있었을까. 그런 번뇌의 밤을 그가 보낸 것 같지는 않다. 그는 일본에 대한 지속적인 무차별 공습이 전쟁을 빨리 끝낼 수 있다는 신념을 지닌 돌격형 군인이었다. 도쿄 공습 무렵 그는 이렇게 말했다. "이번 공습이 내가 생각하는 대로 진행된다면, 우리는 이 전쟁을 단축시킬 수 있을 거야."15

도쿄 공습의 책임자로 비난받았지만, 르메이는 승진을 거듭했다. 최종 계급이 대장으로, 공군참모총장까지 지냈다. 6·25 한국전쟁 때 르메이의 직책은 B-29와 원자폭탄을 주요 무기로 다루는 전략폭격단 (SAC) 최고사령관이었다. 그의 지휘를 받는 미 극동공군의 B-29기들은 한반도로 출격해 네이팜탄을 쏟아부었다. 중공군 개입으로 전세가 밀리던 1951년 1월 평양은 도시의 35퍼센트가 불탔다. 아라이 신이치는 르메이의 말을 옮기면서, 그가 한반도에서 숱한 사람들을 공습으로 죽였다는 사실을 지적한다.

"우리는 한반도의 북에서도 남에서도 모든 도시를 불태웠다. 우리는 백만 명 이상의 민간인을 죽이고 수백만 이상을 집 밖으로 내몰았다"라는 르메이의 말이 (허풍이 아니고) 사실이라면, 미 공군의 작전은 남북을 불문하고 많은 주민을 희생시킨 셈이 된다.16

르메이의 돌격성은 1961년 공군참모총장이 되고 나서도 수그러들지 않았다. 1962년 쿠바에 소련제 미사일 기지가 만들어졌다는 사실이 드러나면서 이른바 '쿠바 미사일 위기'가 터졌다. 르메이는 존 F. 케네디(John F. Kennedy, 1919~1963) 대통령에게 '쿠바를 공습하자'고 제안했지만, 케네디는 제3차 세계대전이 일어날 것을 걱정해 받아들이지 않았다. 베트남전쟁 초기에 북폭을 주장한 것도 르메이였다. "우리는 그들을 폭격해 북베트남을 석기 시대로 되돌리겠다"라는 그의 호언장담은 지금도 많은 베트남 사람들이 (르메이라는 이름을 몰라도) 기억하고 있다. 그가 공군에서 퇴임하던 시점인 1965년 2월 7일, 린든 존슨(Lyndon Johnson, 1908~1973) 대통령의 승인 아래 본격적으로 B-52기 폭격기 편대의 북베트남 공습(이른바 '북폭')이 이뤄졌다.

일본, 한반도, 베트남, 캄보디아 등 아시아 지역의 숱한 민간인 생명을 앗아간 네이팜탄을 르메이만큼 애용했던 이는 없었을 듯하다. 르메이의 이른바 '전략 폭격(strategic bombing)'은 민간인 대량 살상이라는 전쟁범죄를 저질렀다. 그런데도 그는 퇴임을 바로 앞둔 1964년 12월 일본 정부로부터 최고 훈장(훈일등 욱일대수장)을 받았다. '일본의 항공자위대 발전에 공이 많았다'는 이유에서였다. 도쿄 대공습의 책임자가 훈장을 받자 말들이 많았다. "학살자에게 훈장이라니……" 하며 유족들이 반발하고 나섰다. 그때 일본 총리 사토 에이사쿠(佐藤榮作, 1901~1975)는 "지난 일은 지난 일이고……" 하며 유족들을 달래야 했다.

1965년 공군 대장에서 퇴역한 르메이의 말년은 그다지 좋지 않았다. 1960년대 앨라배마 주지사 조지 월러스는 흑인 학생들의 대학교 입학을 막는 등 흑백 차별 인종주의자로 악명 높았다. 월러스가 1968년 미 대선에서 제3당인 독립당 대통령 후보로 나섰을 때, 그와 손잡은 부통령 후보가 바로 르메이였다. 이 둘은 선거 유세에서 공습을 포함한 미국의 베트남전 개입 확대를 열렬히 주장했다. 그 선거 패배 뒤 미국인들에겐 잊힌 존재가 됐지만, 아직도 적지 않은 동아시아 사람들에게 르메이는 '전범자의 이미지'로 남아 있다.

USSBS 보고서, "6시간 동안 인류사의 그 어느 때보다 많은 사람이 목숨을 잃었다"

전쟁의 흐름이 이미 연합국의 승리로 기울어가던 1944년 11월 미 프랭클린 루스벨트 대통령은 헨리 스팀슨 전쟁장관에게 독일과 일본을 겨냥해온 공습 보고서를 작성하도록 했다. 이에 따라 재난 전문가, 사회학자 등 12명의 민간인 전문가들을 중심으로 1,000명이 넘는 보조 인력을 합쳐 미국전략폭격조사단(USSBS)이 출범했다. USSBS는 군사 전략에서 공군력의 중요성과 잠재력을 평가하고, 아울러 공습의 실상과 문제점을 파악하는 데 초점을 맞추었다.

영국 런던에 사무실을 둔 USSBS가 실무 작업에 들어가 있던 시점에서 독일 드레스덴 공습(1945년 2월), 도쿄 공습(1945년 3월)이 벌어졌고, 폭격의 정당성을 둘러싼 논란이 뒤따랐다. 1945년 9월 30일 자로 작성된 보고서의 이름은 '미국전략폭격조사(United States Strategic Bombing Survey)'이다. 유럽 관련 208권, 태평양 지역 관련 108권으로 분량만 해도 수천 쪽에 이른다. 이에 따르면, 연합군 폭격기는 일본 목표물에 81만 7,200톤의 폭탄을, 유럽에서는 277만 톤, 독일에서는 141만 5,745톤의 폭탄을 투하했다. 보고서는 군수공장이나 수송 수단에 대한 폭격은 좋게 평가했지만. 도시 주거지역 공습에 대한 평가는 부정적이었다.

독일 항복 뒤 일본에 초점을 맞춘 USSBS 보고서(1945년 6월)의 결론은 두 가지였다. 첫째, 일본의 전쟁 수행 능력에 최대의 타격을 주는 것은 수송 시설에 대한 폭격이었으며, 둘째, 전쟁 의지를 꺾기 위한 폭격은 일본인들에게 거의 영향을 주지 못했다. 두 번째 결론은 르메이 장군이 지휘했던 무차별 공습에 대한 비판이었다. 보고서는 일본 도시의 민간 지역 공습은 '미국 민주주의의 잣대에 비춰 바람직하지 않다'

고 지적했다.

르메이가 크게 반발했음을 물론이다. 그는 워싱턴에다 자신의 무차별 공습 작전이 큰 효과를 보고 있다며 성과를 부풀려 말했다. 그러면서 일본의 다른 25개 중소 도시에 대한 공습 계획을 내미는 집요함을 보였다. 1947년 6월에 나온 USSBS의 또 다른 보고서는 도쿄 공습을 두고 이런 우울한 결론을 내렸다. "도쿄 공습으로 비롯된 대화재로 말미암아 6시간 동안 인류 역사의 그 어느 때보다 많은 사람이 목숨을 잃었다."[17]

태평양의 제해권을 쥔 미군의 조준점이 일본 본토를 겨누면서 이뤄졌던 B-29 폭격기의 공습은 숱한 일본 비전투원들의 생명과 재산을 앗아 갔다. 미군의 무차별 공습이 없었다면, 아니 좀 더 세심하게 작전을 펴 군사시설을 겨냥한 '정밀 폭격'에 집중했더라면, 민간인의 희생을 줄일 수 있었을 것이다. 어떤 이유에서든, 민간인의 희생을 배려하지 않은 무차별 공습은 전쟁범죄라는 지적을 받아 마땅하다.

2002년에 문을 연 헤이그 국제형사재판소(ICC, International Criminal Court)도 민간 주거지역을 겨냥한 공습은 전쟁범죄임을 밝히고 있다. ICC의 법적 근거인 '로마 규정(Rome Statute)'(1998)의 제8조 2항은 '민간인 주민 자체 또는 적대 행위에 직접 참여하지 아니하는 민간인 개인에 대한 고의적 공격'이나 '군사적 필요에 의하여 정당화되지 아니하며 무분별하게 수행된 재산의 광범위한 파괴'를 전쟁범죄로 못 박고 있다.

일본의 '삼광(三光) 작전'을 떠올리면······

일본이 아시아·태평양전쟁에서 저질렀던 전쟁범죄의 기록들을 떠올리는 사람들은 도쿄 공습을 당연한 응징으로 여길 수도 있다. 일제의 침략전쟁으로 죽거나 몸과 마음의 상처를 입었던 숱한 희생자들을 떠올리면 고개가 끄덕여진다. 중일전쟁(1937~1945)에서 오죽하면 중국인들이 '삼광(三光) 작전'이란 섬뜩한 이름을 붙였을까. 죽이고(殺光), 약탈하고(搶光), 불태우는(燒光) 일본군의 야만적 전쟁범죄행위는 지금도 중국 노년 세대의 기억 속에 새겨져 있다.

도쿄 공습이나 원폭 투하를 놓고 일본인들이 미국을 탓하지만, 그들도 미국의 도쿄 공습에 버금가는 무차별 공습을 중국의 주요 도시에 퍼부었다. 충칭(重慶) 공습이 대표적 보기다. 장제스 국민당 정권의 임시수도였던 충칭을 겨냥해 1938년부터 1943년까지 5년 반 동안에 걸쳐 줄기차게 공습했다. 확인된 사망자만 꼽아도 2만 3,600명, 부상자 3만 7,700명에 이른다. 미확인 사망자 숫자는 이보다 훨씬 많다.[18]

충칭 공습의 피해자와 유족들은 일본 정부를 상대로 2006년부터 2008년 사이에 4차에 걸쳐 집단 소송의 형태로 잇달아 사죄와 손해배상을 요구했다. 일본 하급법원은 부분적으로 일본군의 행위가 지나쳤다는 것을 인정했으나, 최고재판소(대법원)는 끝내 원고들의 요구를 뿌리쳤다. 패소 소식을 들은 중국인 희생자 유족들이 피눈물을 흘렸음은 말할 나위 없다.

충칭만이 아니다. 난징(南京)을 비롯한 중국의 주요 도시들이 입은 피해 총량은 도쿄 공습의 피해보다 훨씬 컸다. 실상이 그러했는데도 일본인들의 과거사 인식 수준은 매우 낮고 거칠기까지 하다. 도쿄 야스쿠니 신사 취재를 갔다가 만났던 극우파 대원들은 도쿄 공습과 원자폭탄을 입에 올리며 "우리도 전쟁 피해를 입었다"라며 목청을 높였다. 그들이 타인(이웃 나라 사람들)의 고통에 대한 배려와 염치가 조금이라도 있다면, 어찌 그런 말을 내뱉을 수 있을까 싶다.

도쿄 공습을 비판적으로 다룬 위의 글은 민간인 무차별 살상의 문제를 지적한 것이다. 도조 히데키를 비롯한 일본 군국주의자들을 감싸려는 뜻이 아니다. 공습을 한다면 군사시설물에 대한 '정밀 폭격'이어야지, 민간인 주거지를 폭격해 어린이들을 포함한 비무장 민간인들의 목숨을 앗아가는 '무차별 폭격'은 전쟁범죄다. 전범 국가인 일본을 잘못된 방식으로 응징한 '미국의 잘못된 전쟁 행위'는 비판을 받아 마땅하다. 만에 하나 미국이 전쟁에서 패했다면, 도쿄 공습을 지휘했던 르메이 장군은 전범재판의 피고석에 서야 했을 것이다. 도쿄 극동국제군사재판이 '승자의 정치적 재판'이라는 지적을 받는 것도 이런 배경에서다.

2장
미국의 전쟁범죄를 정당화한
원폭 신화(神話)

"1945년 12월 31일 이전에는 확실히, 그리고 1945년 11월 1일 이전에는
아마도 항복했을 것으로 본다. 일본에 핵폭탄이 투하되지 않았더라도,
소련이 참전하지 않았더라도, 일본 본토 상륙작전이 없었더라도,
일본이 항복했을 것이다."(미 USSBS 보고서)

일본이 중국과 동남아시아, 그리고 미국을 상대로 벌인 침략전쟁은
많은 희생자를 낳았다. 침략국인 일본의 사망자는 310만 명쯤이다. 침
략을 당한 중국은 적어도 1600만 명, 많게는 2100만 명이 희생된 것으
로 알려진다. 일제의 강제 동원으로 전쟁터와 광산을 비롯한 노동 현
장에서 죽은 조선인 숫자는 적어도 20만 명을 넘는다. 그 하나하나의
희생마다 우리가 제대로 듣지 못한 가슴 아픈 이야기가 담겨 있을 것
이다.

일본인 사망자 통계는 자료마다 조금씩 차이를 보이지만, 310만 사
망자 가운데 군인은 약 230만 명, 민간인은 80만 명이다. 일본의 인명
손실은 패색이 짙어가던 1945년에 집중됐다. 히로히토가 좀 더 일찍
항복이나 강화조약으로 전쟁을 끝냈더라면, 그런 희생은 막을 수 있었
을 것이다. 가토 요코(加藤陽子, 도쿄대 교수, 일본 근현대사)는 일본의 침
략적 과거사에 비판적인 시각을 지닌 연구자 가운데 한 사람이다. 가

토가 집계한 항목별 사망자를 보자.

도쿄 대공습(1945년 3월 10일)에서 10만, 오키나와 공방전(1945년 4~6월)에서 20만(군인 10만, 민간인 10만), 히로시마 원폭으로 14만, 나가사키 원폭으로 7만, 1945년 일본 주요 도시들에 대한 공습으로 수십만 명이 죽었다. 군인 사망자 230만 가운데 60퍼센트인 140만이 전쟁 말기 식량 부족으로 죽은 것으로 추정된다.[19]

굶어 죽은 군인이 140만 명이라면, 전체 군인 사망자(230만)의 절반을 훌쩍 넘는다. 연합군의 공세에 밀리면서 태평양의 작은 섬이나 특정 지역에 머물던 일본군 가운데 상당수가 퇴각 기회를 놓쳤다. 미군은 디딤돌 건너뛰는 식으로 작전상 유리한 지역만을 골라 공격·섬멸했다. 미군이 건너뛴 섬이나 지역에 고립된 일본군 부대들에선 보급이 끊어졌고 식량이 바닥을 드러냈다. '죽은 전우의 인육을 먹고 버텼다'는 믿기 어려운 얘기들은 당시 일본 패잔병들의 극한 상황이 어느 정도였는지를 짐작하게 만든다.

원폭으로 조선인 4만 명을 포함해 시민 21만 명 희생

전쟁의 성격상 사람이 죽는 것은 어쩔 수 없다고 여긴다. 그렇다 하더라도 전투원이 아닌 비무장 민간인 수십만 명을 한꺼번에 희생시키는 대량살상무기의 사용은 인도적 차원에서 매우 심각한 문제다. 흔히 핵무기라 알려진 원자폭탄과 수소폭탄은 독가스, 세균무기보다 더 살상력이 강하기에 '우리 인류가 만들어낸 최악의 대량살상무기'로 일컬어진다.

1945년 8월 6일 아침 8시 15분 '꼬마(little boy)'로 불렸던 우라늄 핵폭탄이 히로시마 상공 580미터 지점에서 폭발했다. TNT(트리니트로 톨루엔) 2만 톤이 폭발한 것과 같은 위력이었다. 먼저 폭심지 800미터 안에 거대한 불덩이가 생겨났다. 그곳에 있던 사람들은 눈 깜짝할 사이에 증발해버리거나 작게 눌어붙은 둥근 덩어리로 바뀌어 길거리에 뒹굴다 멈추었다. 파괴력이 어느 정도였는가는 보여주는 끔찍한 보기 하나. 은행 앞 대리석 돌계단에 앉아 문이 열리길 기다리던 사람이 증발해버리고 그가 앉았던 흔적만이 돌계단에 남았다.

폭발에 뒤이은 폭풍으로 화재가 일어났고 히로시마 시내 7만 6,000호 가운데 7만 호가 불타 잿더미가 됐다. 그리고 방사능이 섞인 검은 비가 내렸다. 타는 듯한 갈증을 느끼던 사람들은 그 비를 마셨고, 방사능에 오염돼 죽었다. 히로시마 원폭으로 인구 35만 가운데 (일제의 강제 동원 등으로 히로시마에 머물던) 조선인 2만 명을 포함한 시민 11만 명과 군인 2만 명이 피폭 당일 또는 바로 얼마 뒤에 죽었고, 1945년 말까

히로시마 원폭 중심지(폭심지)에서 160미터 떨어진 곳에 자리한 원폭 돔. 히로시마현 산업장려관이었던 이 건물은 외형만 남아 그날의 비극을 말없이 증언하고 있다.

지 모두 합쳐 14만 명이 사망했다.[20]

히로시마·나가사키 원폭재해지편집위원회(廣島市·長崎市 原爆災害誌編集員会)는 위와 같이 조선인이 히로시마에서 2만 명이 죽었다고 했지만, 어디까지나 추정이다. 그 뒤 후유증으로 죽은 조선인 숫자를 더하면 희생자 규모는 더 늘어난다. 히로시마 원폭 사흘 뒤인 1945년 8월 9일 11시 2분 나가사키에 두 번째 원폭이 떨어졌다. 플루토늄 핵폭탄인 '뚱보(fat man)'였다. 3만 5,000~4만 명이 곧바로 죽었고, 원폭의 후유증으로 죽은 시민을 합치면 희생자는 7만 명에 이른다. 원폭 투하 뒤 사망자가 늘어난 것은 후폭풍과 부상 합병증 탓이다.

그때 나가사키에 머물던 우리 조선인들도 많이 희생됐다. 자료마다 편차가 있지만, 1945년 3월의 도쿄 대공습으로 1만 명, 히로시마·나가사키 원폭으로 적어도 4만 명쯤이 사망한 것으로 추정된다. 일제의 강제 동원으로, 또는 생존을 위해 일본으로 건너간 조선인들 가운데 미군의 잇단 주요 도시 폭격으로, 특히 히로시마·나가사키에 머물다가 운명의 그날 원폭을 맞고 숨진 그들에게 무슨 죄가 있으랴. 지금 돌이켜봐도 참 안타까운 일이다.

'광기(狂氣)'의 히로히토가 빨리 항복했더라면……

일본인들은 1945년 8월 15일 일왕 히로히토가 '종전 조서'를 통해서 '대동아전쟁을 끝내는 성단(聖斷, 성스러운 결단)을 내렸다'고 치켜세운다. 그렇다면 히로히토가 좀 더 '성단'을 일찍 내렸더라면, 또는 강화조약을 맺으려고 애를 써서 전쟁을 8·15보다 더 일찍 끝냈더라면 어땠을까. 그랬을 경우 원폭 투하도 없었을 것이고 일본 민간인들의 희생도 막았을 것이다. 히로히토의 전쟁 책임은 너무나 크다. 그런 자가 도쿄 전범재판의 피고석에 서지 않은 것은 잘못돼도 크게 잘못됐다고 말할 수밖에 없다.

전쟁의 운동장이 이미 기운 상황에서 항복이든 강화든 어떤 형태로든 전쟁을 빨리 끝내지 못해 원폭 등으로 더 많은 사람들이 희생을 치렀다는 아쉬움이 크다. 아울러 우리의 경우 더 큰 아쉬움이 따른다. 좀 더 일찍 전쟁이 끝났다면, 한반도 분단도 없었을 것이 아니겠는가 하는 아쉬움이다.

돌이켜 보면, 히로시마·나가사키의 시민들이 원폭 피해를 입은 데엔 히로히토를 비롯한 일본 전시 지도부의 잘못이 크다. 그들은 히로시마 원폭을 맞고도 이를 '조금 더 규모가 큰 또 다른 도시 공습'쯤으로 여기고 싶어 했다. '도쿄 대공습을 견뎠듯이 견디고 버티면 된다'고 우겼다. 일본군 대본영은 원폭을 '조금 더 파괴력이 큰 신형 폭탄일 뿐'이라면서 '흰옷을 입으면 다치지 않을 수 있다'거나 '방공호로 피하면 된다'는 식으로 일본 국민들을 안심시키려 들었다.[21]

일본이 패전의 봇물을 막기는 어려웠던 상황이었지만, 히로히토는 1945년 8월 6일과 9일의 원자폭탄 두 방을 맞지 않을 기회를 여러 번 놓쳤다. 도쿄 공습을 받기 전인 1945년 2월 미국과의 평화 교섭을 제안했던 고노에 후미마로(近衞文麿) 전 총리의 상주문을 받아들였거나, 또는 1945년 6월 오키나와 전투에서의 패배 뒤 '강화를 위한 외교협상'이 아닌, '항복을 위한 외교협상'에 적극 나섰다면 어땠을까. 적어도 원폭 투하로 비롯된 대량 살상은 막았을 가능성이 크다.

'선(先) 일격, 후(後) 강화'의 헛된 희망

도쿄 대공습이 있기 한 달 전인 1945년 2월 14일 고노에 후미마로 전 총리는 히로히토 일왕에게 '미국과의 평화 교섭에 나서고 전쟁을 끝내야 한다'는 내용을 담은 상주문을 올렸다. 고노에는 귀족 출신으로 총리대신을 지냈다. 진주만 공습 두 달 전인 1941년 10월, 그가 총리에서 물러나자 당시 육군대신이던 도조 히데키가 총리가 됐었다. 상주문 요지는 이러했다.

소련은 기회가 있으면 (일본과의 전쟁에) 참전할 것이다. 소련은 중국공산당과 연계하고 일본을 중국에서 쫓아내려 한다. 전쟁을 계속하면 패전을 피할 수 없으나 더 우려해야 할 사태는 국체(國體) 파괴다. 공산주의 혁명이 일어나면 국체 수호는 불가능해질 테니, 그 전에 어서 화평을 청해야 한다.[22]

위 상주문에 나오는 '국체 파괴'란 다름 아닌 '천황제 폐지'를 뜻한다. 여기서 고노에가 일본 안에서의 공산혁명을 언급한 것은 틀렸다. 일제는 '좌익의 씨를 말렸다'는 말을 들을 정도로 엄청난 사상 탄압을 해왔기에, 많은 이들이 감옥에 갇혔거나 지하로 잠복해 숨을 죽이는 상황이었다. 제1차 세계대전 뒤인 1919년 1월 카를 리프크네히트와 로자 룩셈부르크가 이끌었던 독일 스파르타쿠스단의 무장봉기 같은 일이 패전 뒤 일본에서 일어날 수는 없었다. 하지만 미국에게 화평을 청하라는 고노에의 건의는 잘한 일이었다.

고노에의 상주문을 받은 히로히토는 그 건의를 곧바로 받아들이지 않았다. '전쟁 국면을 뒤집을 일격을 미군에게 가한다'는 헛된 희망과, 그럼으로써 '보다 좋은 조건으로의 강화'를 맺고 싶다는 이른바 '일격강화론'에 미련을 두고 있었기 때문이다. 히로히토의 생각을 들어보자(괄호 안의 글은 이해를 돕기 위해 보탠 것임).

히로히토는 (고노에의 상주문보다는) 오히려 (강경론을 주장하는) 중신들 편에 기울어, "전쟁 종결은 다시 한번 (진주만 공습 같은) 전과를 올린 뒤가 아니면 좀처럼 (전쟁 종결을 위한 화평 교섭을) 이야기하기 어렵다"라고 했다. (…)

일본이 마지막 결전에서 승리를 거두면 (일본에 유리한 쪽으로) 강화 협상의
전망이 밝아진다는 것이 히로히토의 견해였다.[23]

이런 얘기가 오간 1945년 2월 무렵 일본의 상황은 파국으로 치닫고
있었다. 미군의 해상 봉쇄로 말미암아 일본은 식량이 바닥을 드러내고
전함이나 탱크를 움직일 석유도 부족한 상황이었다. 그런데 어떻게 이
길 수 있을까. 히로히토는 마지막 결전에서의 승리를 위해선 물질적
열세를 정신력으로 극복하려는 일본의 오랜 전통을 불러일으키려 했
다. 그러면서 '일격을 가한 뒤의 강화 협상'을 고집했다.

그렇게 (유리한 강화 협상을) 말씀하실 시기가 과연 오겠습니까. 지금 해야
만 합니다. 그렇게 안 하면, 1년 뒤에는 아무런 도움도 되지 않습니다.[24]

히로히토의 뒤에 서 있던 시종장이 남긴 기록에 따르면, 고노에는
'선(先) 일격, 후(後) 강화 교섭'을 고집하는 히로히토에게 위처럼 말한
것으로 알려진다. 고노에는 '1년 뒤'를 말했지만, 두 방의 원폭과 소련
군 참전은 딱 6개월 뒤에 벌어졌다(고노에는 1945년 A급 전범 혐의로 붙
잡히기 앞서 청산가리를 마시고 스스로 목숨을 끊었다).
 히로히토가 일본의 패망이 다가왔음을 깨닫고 유리한 조건이 아니
더라도 전쟁을 끝내는 강화 협상을 서두른 것은 1945년 6월 21일 오
키나와가 함락된 뒤였다. 그 직전까지만 해도 히로히토는 어떻게든 전
세를 뒤집어보려고 했다. 고노에는 그런 모습을 보면서 측근에게 히
로히토가 '광기(狂氣)'에 사로잡혀 있는 것 같다고 걱정했다. 고노에의
비서였던 호소카와 요시사다(細川護貞)가 남긴 일기에서 그때 고노에
로부터 들었던 말을 옮겨본다.

일본 육군은 점점 남은 한 사람마저 옥쇄하자고 주장할 것이다. 국체(천황제)를 고려해볼 때 천황의 윤허 없이 우리는 아무것도 할 수 없다. (히로히토가) 광기로 전세를 이끄는 지금의 상황을 생각하면 아무래도 염세적으로 되지 않을 수 없다.[25]

히로히토의 '광기'는 어제오늘의 일이 아니었던 듯하다. 1943년 8월 일본군이 남태평양의 여러 섬들을 잇달아 빼앗기고 솔로몬 제도까지 미군이 공격해 올 태세가 되자, 히로히토는 스기야마 하지메(杉山元) 육군참모총장에게 다음과 같이 소리쳤다. 스기야마가 남긴 메모를 보자.

미군에게 한 방 먹이는 것이 불가능한가? 도대체 어디에서 확실한 공격을 할 것인가? 이번에는 어떻게든지 지금까지와는 달리 미국 측이 "우리가 이겼다, 우리가 이겼다"라고 말하지 못하게끔 하라.[26]

1945년 봄 오키나와 결전을 앞둔 시점에서 일본 전시 지도부는 일본 본토를 지키기 위해 '결호(決號) 작전'이란 이름의 방어 계획을 세웠다. 그 계획의 특징은 한마디로 '자살 작전'이라 이름 붙여도 틀림이 없다. 미 군함을 겨냥해 자폭하는 가미가제 특공기, 미군 잠수함과 맞부딪쳐 폭발하는 인간어뢰기 등을 대량으로 만들었다. 스무 살 안팎의 젊은이들을 소모품으로 쓰고 버린다는 끝장 발상이나 다름없었다.

소련의 협상 중재 바라보다 뒤통수 맞아

그 무렵까지만 해도 히로히토는 강화 협상을 생각하지 않았다. 하지만 1945년 6월 오키나와 패배는 히로히토에게 충격을 주었다. 일본군 수비대 12만 명(자료에 따라선 11만 명)이 전사했고, 그곳 지역 주민

7만 명이 덩달아 희생됐다(미군 전사자는 1만 2,000명). 히로히토는 오키나와 함락을 겪으며 그가 품었던 '일격 강화론'이 헛된 꿈임을 깨달았다. 그러면서 뒤늦게 강화 협상 쪽으로 눈을 돌렸다.

미군이 오키나와를 완전히 점령한 다음 날(1945년 6월 22일) 열린 최고전쟁지도회의에서 히로히토는 '전쟁을 끝내기 위한 외교적 협상을 벌이길 바란다'는 뜻을 밝혔다. 히로히토의 측근인 내대신(內大臣) 기도 고이치(木戶幸一)의 일기에 적힌 히로히토의 발언 내용을 보자.

전쟁 종결에 관해 기존 관념에 얽매이지 말고 신속하게 구체적인 연구를 수행하여 그것이 실현되도록 노력하라. 신중을 기하느라 강화를 맺을 기회를 놓쳐서는 안 된다.[27]

히로히토 자신은 물론 그날 그 회의에 모였던 일본의 전시 지도부 구성원들도 하나같이 '항복'을 고려하지 않았다. 그러면서 히로히토는 또 다른 패착을 두었다. 미국과의 직접 강화 협상이 아니라, 소련을 중개자로 한 강화 협상 추진이었다. 일본은 1941년 4월 일·소 중립조약을 맺고 있었다. 일종의 상호 불가침 조약의 성격을 지녔지만, 상황 변화에 따라 언제든 파기될 것이라는 점을 서로 잘 알고 있었다. 그럼에도 히로히토는 미국과의 강화 협상을 소련이 중재해줄 것이란 헛된 희망에 매달렸다가 뒤통수를 맞은 사실이 패전 뒤 밝혀졌다.

1945년 8월 8일 사토 나오타케(佐藤尚武) 모스크바 주재 일본 대사가 뱌체슬라프 몰로토프 소련 외무인민위원을 만나러 갈 때는 중재안에 대한 희소식을 들을까 잔뜩 기대했다. 그러나 사토 대사를 기다린 것은 대일 선전포고문이었다. 스탈린은 일본이 강화 협상을 중재해달라고 조를 때 비밀리에 시베리아로 대병력을 보내고 있었다. 이를 두고 일본 군부 강경파들 사이에선 '스탈린이 천황(히로히토)을 갖고 놀았다'는 거친 표현까지 나왔다.

진주만 공습과 미군 포로 학대의 보복

히로시마 원폭 투하 바로 뒤 해리 트루먼 미 대통령은 성명을 발표
했다. 히로시마에 떨어뜨린 원자폭탄이 '진주만 공격으로 전쟁을 벌
인 행위에 대한 보복'이라 했다. 이어 그는 '더 강력한 폭탄'이 만들어
질 것이라며 일본에 다음과 같은 경고를 날렸다.

> 1945년 7월 26일 (포츠담회담에서 무조건 항복을 요구하는) 최후통첩을 냈
> 던 것은 일본 사람들을 완전한 파괴로부터 구하기 위해서였다. 그러나 그
> 들의 지도자는 곧바로 이 최후통첩을 거부했다. 만일 그들이 우리의 (무조
> 건 항복) 조건을 받아들이지 않는다면 지금까지 지구상에서 볼 수 없던, 하
> 늘에서 떨어져 내리는 파괴의 비를 기다릴 수밖에 없을 것이다.[28]

히로시마 원폭 투하 사흘 뒤인 1945년 8월 9일 11시 2분 나가사키
에 두 번째 원폭이 떨어졌다. 그때 나온 트루먼의 라디오 성명을 보자.

> 우리는 폭탄을 개발했고 그것을 사용했다. 진주만에서 경고 없이 우리를
> 공격한 자들에 대해, 미국인 포로를 굶겨 죽이고 때리고 처형했던 자들에
> 대해, 또한 전쟁에 관한 국제법을 지키려는 시늉조차 포기해버린 자들에
> 대해 이 폭탄을 사용했다.[29]

히로시마·나가사키 원폭 투하 뒤 트루먼은 진주만 공습과 미군 포
로들을 학대하고 죽였던 일본의 전쟁범죄에 대한 응징이라는 점을 밝
혔다. 그 무렵 미국 시민들이 일본을 얼마나 미워했는지는 갤럽 여론
조사로도 드러난다. 나가사키 원폭이 떨어진 다음 날인 1945년 8월 10

1945년 8월 9일 원폭을 맞은 나가사키 폭심지의 처참한 모습

일부터 일본의 항복 소식이 전해진 8월 15일까지 갤럽은 '일본의 도시에 대해 새로운 원자폭탄을 사용하는 것을 어떻게 생각하는가'를 물었다. 결과는 '사용하자'는 의견이 85퍼센트, '사용하지 말자'는 쪽이 10퍼센트, 나머지 5퍼센트는 '모르겠다'였다.[30]

미국 안의 여론이 원폭 사용에 다수가 찬성하는 입장이었지만, 다른 목소리들도 있었다. 민간인과 전투원을 가리지 않는 대량 살상 행위를 비판하는 항의성 편지나 단체의 성명서 같은 문서들이 백악관으로 날아들었다. 트루먼은 원폭 투하에 찬성하는 사람에게나 반대하는 사람에게 답신을 보낼 경우, 일본이 '잔인하고 미개한(cruel and uncivilized)' 국가라고 못 박고 일본인들을 '짐승(beast)'에 견주는 내용을 담았다.

나가사키에 원폭이 떨어졌던 8월 9일, 트루먼은 개신교 목사인 새뮤얼 케이버트(Samuel Cavert)로부터 항의 전보를 받았다. '원자폭탄 때문에 더 이상의 파괴가 일본 국민들에게 닥치기 전에' 폭격을 중단해 달라고 요구하는 내용이었다. 이틀 뒤 트루먼은 케이버트 목사에게 보낸 답변에서 이렇게 주장했다.

그들(일본인들)이 이해하는 것처럼 보이는 유일한 언어는 우리가 그들을 폭격하기 위해 사용해온 언어입니다. 당신이 짐승을 상대해야 할 때 당신은 그를 (인간이 아닌) 짐승으로 대해야 합니다(When you have to deal with a beast, you have to treat him as a beast).[31]

만에 하나 8월 9일 소련의 참전에도 아랑곳하지 않고 히로히토가 8·15 무조건 항복을 선언하지 않았더라면 어땠을까. 일본의 또 다른 대도시에 제3, 제4의 원폭을 떨어뜨려 더 많은 민간인들을 희생시켰을지도 모른다. 실제로 미국은 다음 원폭 투하지를 어디로 할 것인지를 논의하고 있던 상황에서 8·15를 맞이했다.

USSBS 보고서, "원폭 투하 없이도 항복했을 것"

1945년 봄, 일본은 거의 무너진 상태였다. 일본 선박은 3분의 2가 침몰했고, 일본 내 공장들은 석탄과 원자재 부족으로 가동을 멈추었거나 공습으로 파괴됐다. 식량 수입이 끊겨 1인당 식량 배급은 하루 1,200칼로리 수준으로 떨어졌다.[32] 그래서 이런 물음이 다시 나오게 된다. 일본의 패배가 눈에 뻔히 내다보이는 상황에서 미국이 원자폭탄을 꼭 사용했어야 했을까.

이 물음과 관련해 참고가 되는 자료 하나가 있다. 루스벨트 미 대통령의 지시로 미국전략폭격조사단(USSBS)이 작성한 1945년 9월 30일자 보고서는 '히로시마·나가사키에 원폭을 투하하지 않았더라도 일본은 항복했을 것'이라는 결론을 내렸다.

모든 사실에 대한 상세한 조사와 관련된 생존 일본 지도자들의 증언에 근거하여 볼 때, 1945년 12월 31일 이전에는 확실히, 그리고 1945년 11월 1일 이전에는 아마도 항복했을 것으로 본다. 이는 곧 일본에 원자폭탄이 투하되지 않았더라도, 러시아가 참전하지 않았더라도, 그리고 침략(일본 본토에 대한 상륙작전)이 계획되거나 고려되지 않더라도 일본이 항복했을 것이라는 것이 본 조사팀이 내린 결론이다.[33]

당시 일본은 미군의 잇따른 공습에 제대로 대응다운 대응을 하지 못하고 무기력한 모습을 보이고 있었다. 1945년 3월 10일 도쿄 대공습에서 B-29 폭격기 편대가 낮은 고도로 비행하면서 네이팜탄을 마구 퍼부었지만, 일본은 제대로 반격하지 못했다. 미국의 윌리엄 레이히(William Leahy) 제독은 회고록(*I Was There*, 1950)에서, "1944년 9월 무렵 일본은 바다와 공중의 완전한 봉쇄로 말미암아 실질적으로 거의 패배한 상태였다"라고 적었다.[34]

도쿄 대공습을 지휘해 민간인 살상 논란을 불러일으켰던 커티스 르메이 소장(미 육군 제21폭격단 사령관)도 레이히와 같은 판단이었다. 그는 1945년 6월 상관인 헨리 아널드 대장(미 육군 제20항공군 사령관)에게, "9월이나 10월에 이르면 공군 조종사들이 표적으로 삼을 만한 산업시설들이 모두 바닥나고 말 것"이라 보고했다.[35] 전쟁이 1945년 8월 15일로 그치지 않고 이어졌다면 어땠을까. '호전적이고 잔혹한' 성격인 르메이 장군이 손을 놓고 있진 않았을 것이다. 부하들에게 일본의 바닥난 산업시설 대신 민간인 주거지역을 계속 공습하라고 명령했을 것이 틀림없다. 그렇다면 조금 더 기다리면 일본이 항복 말고는 다른 대안이 없어 보이는 상황에서, 미국은 왜 굳이 원자폭탄을 두 방이나 거푸 떨어뜨렸을까. 민간인 대량 살상이라는 끔찍한 반인도적 전쟁 범죄를 저질렀다는 비난을 무릅쓰고 말이다.

원폭 신화, '미국인과 일본인의 목숨을 구했다'

1992년 히로시마에서 UN군축회의가 열렸다. 1979년부터 해마다 열려온 이 국제회의는 핵무기와 생화학무기 등 대량살상무기와 재래식 무기를 줄이자는 목적을 지녔다. 히로시마가 '핵무기 공격을 받은 첫 도시'라는 상징성이 더해져 UN군축회의는 지구촌의 눈길을 끌었다. 히로시마로 회의 장소를 정하려고 일본 쪽에서 로비를 열심히 벌였던 것은 두말할 나위 없다. 각국 정부 대표는 물론 반핵 평화운동가들이 기자들과 함께 회의장으로 몰려들었다. 그런데 그곳에서 나온 한 하버드대 교수의 말이 논란을 불렀다.

> 원폭 투하는 제2차 세계대전을 종결시켰고 수많은 일본인의 목숨을 구했다. 원폭 투하가 불러일으킨 공포는 그 뒤 핵전쟁을 예방하는 데 기여했으므로 히로시마와 나가사키는 결국 수백만의 다른 사람들의 생명도 구한 셈이다.[36]

누가 들어도 미국의 원폭 투하를 정당화하는 발언이었기에, 참석자들이 반발하고 나섰다. 핵무기 폐기 운동을 벌여온 평화운동가들이 "그걸 말이라고 하느냐"라며 먼저 비판의 목소리를 냈다. 원폭 희생자 유족들도 마찬가지였다. 희생자들과 그들의 아픔을 전혀 배려하지 않은, '가해자의 관점'에서 그런 말을 했다고 격분했다.

일본 언론들도 나섰다. "명색이 하버드대 교수라는 사람이 피해자의 관점을 전혀 이해 못 하고 있다. 그의 망언에 혐오감을 느꼈다"라며 십자포화를 퍼부었다. 《아사히신문》은 사설에서 "미국이 이런 견해에서 벗어나지 못한다면 핵무기를 갖지 않은 나라들로부터 많은 저항을 받을 것"이라 지적했다. 일본 언론의 속성상 일본 군국주의자들이 저질렀던 침략전쟁과 그에 따른 전쟁범죄를 솔직하게 인정하는 편은 아니지만, 원폭으로 민간인을 무차별 살상하는 것은 지나친 것이 아니냐는 비판이 사설에 담겼다.

원자폭탄 투하가 있고 나서 오랜 시간이 흘렀다. 그동안 원폭 투하가 정당했느냐를 둘러싼 여러 논란이 벌어지면서 '원폭 신화(神話)'라는 용어가 생겨났다. 여기서 '신화'란 원폭 사용을 긍정적으로 (또는 비판적으로) 보려는 시각과 관련된다. 핵무기를 어떻게 보느냐에 따라 '신화'라는 용어는 좋은 의미로든 비판적 의미로든 전혀 다르게 다가온다.

그 첫째 원폭 신화는, '원폭 투하가 없었다면 일본이 항복하지 않았을 것이고, 미군이 펼칠 일본 본토 상륙전에서 많은 미국 젊은이들이 희생됐을 것이다. 따라서 원폭이 숱한 미군의 목숨을 구했다'는 것이다. 일본과의 처절했던 전쟁을 끝장내고 미군 병사들이 무사히 집으로 돌아갈 수 있었으니, 원폭 투하는 올바른 결정이었다는 논리다.

아래 글에서 보겠지만, 워싱턴의 미군 지휘부는 원폭 투하 없이 1945년 가을에 일본 본토 상륙작전을 펼칠 경우, 26만 명의 미군 손실이 생길 것으로 예상했다. 히로시마·나가사키 원폭 희생자 21만 명에 버금가는 미군의 전사상자가 나온다는 얘기다. 미국의 시각에서는 미군 1명의 목숨이 일본인의 목숨보다는 당연히 귀하게 여겨지기 마련이다. 하지만 미국인 26만 명을 아끼려고 일본인 21만을 희생시켰다는 '미국식 셈법'으로 원폭 투하를 정당화하는 것은 옳지 않다는 비판이 따르기 마련이다.

두 번째 원폭 신화는, '원폭 투하로 더 많은 일본인의 목숨을 구했다'는 것이다. 원폭이 두 방이나 거푸 떨어져 많은 사망자를 내는 것을 보고 일본이 항복했기에, 그나마 더 이상 일본인 전쟁 희생자가 생기지 않아 다행이라는 논리다. 실제로 미군의 본토 상륙작전을 펼쳤을 경우 (미군의 희생도 크겠지만) 일본 군인은 물론 민간인의 희생이 컸을 것이라는 전제 아래서다. 하지만 반핵 평화주의자들은 '더 많은 일본인의 목숨을 구했다'는 논리로 원폭 투하를 정당화할 수는 없다고 지적한다. 원폭 투하 자체가 민간인에 대한 무차별 살상을 금지하는 국제법을 어기는 전쟁범죄이기 때문이다.

1946년 3월 간토(関東) 평야로 침공 계획

1945년 전반기 일본은 전쟁을 이어나갈 힘이 다 떨어진 상태였다. 태평양 바닷길은 제해권을 쥔 미군 함대의 봉쇄로 말미암아 석유와 철강 등 전쟁 물자와 식량 수입이 끊겼다. 공장들은 가동을 멈추고 국민들은 굶주렸다. 미군 B-29 폭격기의 잇단 공습에 대공포를 쏘거나 일본 군부가 그토록 자랑하던 제로센(零戦) 전투기를 띄워 맞서지 못하고, 그야말로 속수무책으로 당했다.

그렇다면 고개가 갸우뚱거려진다. 조금 더 기다리면 일본이 항복할 것이 뻔히 내다보이는 상황에서 굳이 왜 핵폭탄을 투하했을까 하는 의문이 든다. 비무장 민간인들을 대량 살상했다는 비난이 두고두고 따를 것을 무릅쓰고 (뒤집어 보면, 만에 하나 미국이 전쟁에서 일본에 졌다면 미국의 전쟁 지도부가 전범재판에 기소될 수도 있음에도) 두 방이나 거푸 원폭을 떨어뜨린 사정들은 무엇이고, 고개를 끄덕일 만큼 납득할 만한 사정들이었을까.

전쟁 막바지에 이른 1945년 봄, 미국의 전시 지도부는 일본을 항복시키는 방법론을 두고 의견이 갈렸다. 육군 수뇌부는 본토 진공 작전을 펴야 일본을 무릎 꿇릴 수 있다고 주장했다. 미 해군과 육군항공부대(1947년 9월 18일에 창설된 미 공군의 모태) 수뇌부의 견해는 육군과 달랐다. 일본 본토 침공 작전이 펼쳐질 경우 미군 전사상자 문제가 반드시 생겨날 것이므로, 근거리 전략 폭격을 이어가면서 일본 해역을 봉쇄하면 전쟁을 승리로 끝낼 수 있다는 주장을 폈다. 특히 해군은 중국 해안의 기지를 미군이 접수하는 것도 일본의 저항을 줄일 수 있는 방책이라고 했다.

이에 맞서 미 육군은 '전략 폭격이 적국에 영향을 주긴 하지만 결정적인 타격을 주지 못한다'며 '일본 본토 진공 작전 말고는 전쟁을 빨리 끝낼 수 없다'며 폭격의 한계를 지적했다. 실제로 독일의 경우 연합군의 집중 공습을 받았지만, 독일의 패배를 이끈 것은 지상군 공격이었다. 일본의 경우도 도쿄 대공습(1945년 3월 10일) 같은 주요 도시들을 겨눈 잇단 폭격이 일본 군국주의자들의 전쟁 의지를 꺾지는 못했다. 일본 본토 침공을 주장하는 미 육군의 이런 입장을 앞장서 이끌었던 이가 더글러스 맥아더였고, 육군 수뇌부들도 같은 생각이었다.

오키나와 전투가 한창이던 1945년 5월 말 워싱턴의 합동참모회의에서는 일본 본토 진공 작전을 논의했다. '몰락 작전(Operation Downfall)'이라 이름 붙인 계획안은 크게 두 부분으로 나뉜다. 1945년 11월 1일 후쿠오카·나가사키 등이 있는 규슈(九州) 상륙작전을 벌이고(작전명: 올림픽), 1946년 3월 1일 일본의 가장 큰 섬이자 도쿄·오사카를 비롯한 주요 도시들이 자리한 핵심 지역인 혼슈(本州)와 간토(関東) 평야 쪽으로 침공한다는(작전명: 코로넷) 계획이었다.

하지만 본토 침공 계획은 문서로만 남았다. 1945년 7월 16일의 핵실험 성공은 미국의 일본 본토 침공 전략을 근본적으로 바꾸게 만들었다. 히로시마·나가사키에 원자폭탄이 떨어지고 소련의 만주 침공으로 전세가 급격히 기울자 일본이 항복함으로써 '몰락 작전'은 없던 일이 됐다. 트루먼 미 대통령을 비롯한 워싱턴의 전쟁 지도부가 원폭 투하로 가닥을 잡은 이유는 여러 가지가 있지만, 큰 틀에서 보면 세 가지 이유를 꼽을 수 있다.

7대 1의 '사이판 비율'

첫째, 미군 전사자를 줄이기 위해서였다. 이미 전쟁의 운동장이 기울 대로 기운 상황이었는데도, 일본 군부의 강경파들은 입으로는 '1억 옥쇄'를 주장했다. 육군대신 아나미 고레치카(阿南惟幾, 1945년 8월 15일 자결)를 비롯한 일본 육군 강경파들은 '결호 작전'이란 이름 아래 본토 결전을 주장하며 항전 의지를 꺾지 않았다. 1945년 7월 23일엔 국민의용병역법을 만들었다. 이 법에 따르면, 15~60세 남자, 17~40세 여자는 국민의용전투대에 들어가 총검술 훈련을 받도록 했다. 하지만 이들을 무장시킬 소총이 없어 기껏해야 죽창이 주요 장비였다.

내용을 들여다보면 허술하기 짝이 없지만, 문제는 일본 전 국민이 손에 수류탄을 들고 옥쇄하겠다는 각오로 본토 방어에 나설 경우 미군 희생이 만만치 않아 보였다는 것이다. 이미 미군은 사이판, 이오지마, 오키나와 등 태평양의 주요 섬들을 공략하면서 많은 전사자를 냈다. 일본군이 죽음을 각오하고 드세게 저항하는 것을 보고 워싱턴의 전쟁 지휘부는 충격을 받았다.

사이판에서 미군 해병대가 입은 손실은 전사 3,426명, 부상 1만 3,099명이었다. 일본의 완강한 방어전으로 말미암아 워싱턴의 전략가들은 '일본군 7명을 제거하는 데 미군은 전사자 1명, 부상자 몇 명이 나오게 된다'고 판단하게 됐다. 그 뒤 미국의 작전 입안자들은 이 '사이판 비율'을 '태평양의 전략 수준에 따른 사상자 추계치'로 이용했다.[37]

사이판 전투(1944년 6~7월)에서 일본군 전사자는 2만 3,811명이었고 미군 전사자는 3,426명이었다. 사이판 전투를 치른 뒤, 워싱턴의 전략가들은 '일본군 7명 대 미군 1명'꼴로 전사한다는 이른바 '사이판 비율'이란 개념을 만들어냈다. 이오지마, 오키나와, 일본 본토 진격 등 앞으로 있을 전투에서 생겨날 미군 희생 규모를 '사이판 비율'로 가늠하게 됐다.

'유황도(硫黄島)'로도 알려진 이오지마에서의 전투(1945년 2~3월)는 '사이판 비율'보다 더 많은 미군에게 출혈을 강요했다. 1945년 3월 18일 미군에게 이오지마가 완전 점령되기 전날 밤 구리바야시 다다미치(栗林忠道) 육군 중장은 일본군 대본영에 '이제 탄환도 없고 물도 모두 말랐다. 17일 밤에 본관이 앞장서 살아남은 자 전원은 장렬히 총공격을 감행한다'는 마지막 전보를 보냈다. 도쿄의 전쟁 지도부는 다가올 최후의 일본 본토 결전에 대비하면서 태평양의 모든 주요 섬 수비군들이 미군에게 되도록 많은 출혈을 내게 하라는 임무를 맡겼다. 이들 섬 수비대는 바둑으로 치면 사석(捨石, 버리는 돌)과 같았다. 본토 결전을 조금이라도 유리하게 치르기 위한 희생양이었던 셈이다.

히로히토는 최후의 본토 결전을 준비할 시간을 벌기 위해 (태평양의) 모든 섬의 수비대에 본토를 위한 외호(外濠)가 될 것을 명했다. 수비대의 사명은 적에게 되도록 많은 출혈을 일으키는 것이었다. 이오지마 수비대 사령관 구리바야시 다다미치 중장은 이 명령을 충실히 이행했다. 히로히토는 그 불운한 수비대가 미 해병대에 큰 피해를 입혔다는 사실에 만족했다. 히로히토는 일본의 패배를 인정하고 적절한 절차를 밟을 것을 완강히 거부함으로써 희생을 부추겼다.[38]

이오지마 전투의 결과는 처참했다. 그곳을 지키던 일본군 수비대 2만 3,000명 거의 전원이 '옥쇄'하기까지, 미군은 전사자 7,315명(부상자 1만 9,189명)을 냈다. 이 경우 전사자 비율은 어림잡아 일본군 3명 대 미군 1명이다. 오키나와 전투(1945년 4~6월)에서는 미군 전사자 1만 2,500명, 일본군 전사자 9만~12만 명으로 '사이판 비율'이 대충 들어 맞았다.

"일본 본토에 76만 미군 투입하면 26만 손실"

일본 수뇌부의 버티기 전략은 일본 본토 상륙작전을 짜는 워싱턴 전략가들에게 큰 부담을 안겨주었다. '사이판 비율'을 일본 본토 진 공 작전에 적용할 경우, 수십만 명의 미군 전사자가 나올 걸로 보였다. 1945년 6월 18일 백악관에서 육해군 수뇌부 회의가 열렸다. 해리 트루 먼 대통령은 조지 마셜(George Marshall) 육군참모총장에게 먼저 의견 을 물었다.

> 마셜 육군참모총장은 일본 본토 침공을 강행해야 한다고 주장했다. 11월 1일 규슈에 최초 상륙할 병력은 76만 6,700명이 될 것이었다. 그는 피해 가 크겠지만 항공력만으로는 일본을 정복하는 것이 불가능하다고 말했다. 항공대를 대변하는 이커는 그런 판단이 사실임을 시인했다. (유럽 전선에서 도) 항공대는 독일군을 제압하지 못했다.[39]

위 문장에 나오는 '이커'는 아이라 이커(Ira Eaker) 중장을 가리킨다. 그는 미 육군항공대 사령관 헨리 아널드 대장을 대신하여 그 백악관 회의에 들어갔다. 마셜 장군의 말이 끝나자 트루먼은 합동참모회의 의 장인 윌리엄 레이히를 바라봤다. 직설적인 성격을 지닌 해군 제독으로 미 태평양함대 사령관을 지낸 레이히는 본토 상륙작전이 지닌 위험성 에 대해 말했다.

육군 사단과 해병대 사단이 오키나와에서 35퍼센트의 사상 피해를 입었
고, 일본 본토에서 첫 침공지로 선택된 규슈를 공격할 때 비슷한 사상자 비
율을 예상할 수 있으니, 그 작전에 군인 76만 명을 투입하면 전사상자 수
가 지금까지 전 세계 모든 전선에서 미국이 입은 전사자와 얼추 같은 수인
26만 8,000명은 될 것이다.[40]

갑론을박 끝에 백악관 회의는 '몰락 작전'이란 이름 아래 일본 본토
로의 진공 작전을 추진한다는 것으로 마무리됐다. 트루먼은 '일본의
한쪽 끝에서 다른 쪽 끝까지 오키나와 전투 같은 대량 전사상자가 생
겨나지 않도록 해주길 바란다'고 당부했다. 위에 쓴 대로 오키나와 전
투에서 미군 전사자 숫자가 1만 2,500명에 이르자, 미국 여론이 좋지
못했다. 정치인인 트루먼은 당연히 앞으로 생겨날 미군 전사자 누계가
적힌 서류에서 숫자 곡선이 올라가는 데 신경이 쓰였을 것이다.

미군 사상자 전망 수치가 신경 쓰인다면 그럴듯한 대안은 무엇일
까. 유대인 이론물리학자 로버트 오펜하이머의 맨해튼 프로젝트 팀이
개발하는 핵무기였다. 트루먼의 시각에서 보면, 핵 공격은 미군 사상
자가 안겨줄 정치적 부담으로부터 벗어나는 숨통이었다. 1945년 7월
16일 트리니티 핵실험에 성공한 지 20일 만에 미국은 히로시마에 원
폭을 투하했다.

20억 달러짜리 원폭을 쓰지 않을 때 따를 비난

둘째, 원자폭탄에 들어간 개발 비용이 워낙 컸기에 이를 사용하지
않을 경우에 따를 비난을 의식해서였다. '맨해튼 프로젝트'란 이름 아
래 원폭 개발에 쓰인 예산은 20억 달러. 이즈음 화폐 가치로는 적어도
300억 달러가 넘는 거액이다. 2023년도 한국 국방 예산이 420억 달러

규모이니, 맨해튼 프로젝트에 들어간 비용이 만만치 않았음을 짐작할 수 있다. 요즘도 국민의 세금으로 어떤 공사를 마쳤는데 효용도가 떨어지면 '국민의 혈세를 낭비했다'는 비난이 쏟아지곤 한다. 하물며 전쟁 중에 원자폭탄을 만든답시고 엄청난 돈을 쓰고도 정작 그 무기를 쓰지 않는다면, 예산 낭비라는 비난을 피하기 어렵다. '그 무기를 안 써서 내 아들이 죽었다'는 부모의 원망을 들었을 것이다.

여론의 흐름과 선거를 의식해야 하는 정치인인 트루먼도 이 점을 잘 알고 있었다. 더구나 핵무기를 사용하지 않아 '1945년 여름에 끝낼 수도 있던 전쟁을 끝내지 못하고 미국의 젊은이들이 전장에서 더 많은 피를 흘렸다'는 비난만큼은 받고 싶지 않았을 것이다. 하지만 바로 그런 이유로 수십만 명의 민간인들이 죽어야 한다는 것은 다시 생각해볼 문제다.

셋째, 소련의 대일전 개입 이전에 일본의 항복을 받아내려고 원폭 투하를 서둘렀다. 이는 전쟁 뒤 아시아 패권을 확보하려는 미국의 전략과 관련된다. 돌이켜보면, 미국은 핵무기 개발 전까지는 태평양에서의 잇단 전투로 늘어나는 미군 사상자 수에 대한 부담 탓에 소련의 대일전 참전을 재촉하는 입장이었다.

> 상당 기간 동안 미국의 정책은 소련의 대일본전 참전을 대단히 바람직하게 여기고 있었다. 소련군이 만주를 공략하면, 일본군 사단들이 만주에 묶이게 될 것이고, 그러면 미국의 공격을 방어하기 위해 일본 본토로 복귀하는 사태를 막아줄 터였다.[41]

1945년 2월 얄타회담에서 소련 지도자 이오시프 스탈린은 미 대통령 프랭클린 루스벨트에게 독일 패전 뒤 일본을 상대로 전쟁을 벌이기로 약속했다. 스탈린은 대일전 참전의 대가로 루스벨트로부터 러일전쟁 뒤 일본에 빼앗겼던 사할린섬의 남반부를 반환받고, 일본이 '지시마(千島) 열도'라 일컫는 쿠릴 제도를 러시아 영토로 병합하며, 중국의 영향권에 있던 외몽골의 독립을 보전해 사실상 러시아의 영향권 아래 둔다는 약속을 받아냈다.

얄타회담 2개월 뒤인 1945년 4월 12일 루스벨트가 숨을 거두자, 후임자 트루먼도 취임 초기엔 소련군의 참전을 재촉하는 입장이었다. 하지만 1945년 7월 16일 핵무기 개발 성공으로 생각이 달라졌다. 소련이 대일전에 일찍 뛰어든다면, 일본의 패전 뒤 소련은 영토 확장에 그치지 않고 극동 지역에서 영향력을 행사하려 들 것이라 판단했다. 전승국 4개국이 분할 점령한 독일처럼, 일본을 소련과 나눠 군정을 실시하게 될지도 모르는 일이었다. 그런 상황이 벌어지는 걸 막아야 했기에 트루먼은 원폭 투하를 서둘렀다.

트루먼과 가장 가까운 사이였던 국무장관 제임스 번스(James Byrnes)는 전쟁이 끝난 지 15년이 지난 무렵인 1960년 8월, 미 언론《유에스 뉴스 앤드 월드 리포트(U.S. News and World Report)》와의 인터뷰에서 "히로시마 원폭 투하 무렵 며칠 동안 트루먼 대통령과 나는 생각이 같았다. 우리는 소련이 개입해 들어오기 앞서 일본과의 전쟁 국면을 끝내고 싶었다"라고 말했다. 트루먼과 번스는 소련이 대일전에 개입함으로써 따르게 될 번거로운 절차(승리자의 지분 나누기 협상) 없이 원폭 투하로 일본의 항복을 받아냄으로써 전쟁을 끝내려 했다. 번스는 '원폭 투하 뒤 일본은 항복할 것이고, 소련은 일본과의 관계에 그렇게 깊숙하게 개입하지는 못할 것'이라고 판단했다. 하지만 두 사람이 바라는 대로 일이 풀려가지 않았다. 소련이 예상보다 빨리 대일전에 뛰어들었기 때문이다.

"워싱턴이 겉으로 말할 수 없는 진짜 목적"

스탈린은 트루먼을 의심스러운 눈길로 바라봤다. 미국이 원자폭탄을 이용해 소련을 제치고 일본의 항복을 받아냄으로써 전후 아시아에서의 패권을 쥐려 한다고 여겼다. 그런 판단 아래 소련군 장성들에게 대일전 참전 계획을 재촉했다. 소련군은 처음에 세웠던 1945년 8월 15일 대일전 참전 계획을 8월 9일 0시로 앞당겼다. 그때 소련 지도부가 대일전을 서두른 배경을 말해주는 자료가 있다. 데이비드 할로웨이(스탠포드대 교수, 역사학)가 스탈린과 소련의 핵 개발 추진 비화를 다룬 책에서 니키타 흐루쇼프(전 소련 총리)가 남긴 기록을 보자.

> 스탈린은 과연 미국인들이 (사할린을 비롯해 전쟁 뒤 소련이 갖기로 한 영토) 약속을 지킬 것인가를 의심하고 있었다. 만약 우리가 참전하기도 전에 일본이 항복하면 어떻게 될까. 미국인들은 아마 이렇게 말할지도 몰랐다. "우린 너희에게 신세 진 것이 아무것도 없어"라고.[42]

나가사키 원폭 투하 11시간 전에 이뤄진 소련군의 대일전 참전은 결과적으로 한반도의 운명에도 영향을 끼쳤다. 일본군 무장해제를 명분으로 남북에 각기 미군과 소련의 군정이 펼쳐지며 분단이 고착화된 것은 참으로 안타까운 일이다. '트루먼은 스탈린이 독일의 경우를 내세워 일본의 분단 점령에 나서려는 것을 막기 위해 한반도의 절반을 떼어줬다'는 이야기는 예사롭게 들리지 않는다.

이제 글을 매듭지어야겠다. 우리는 지금껏 미국이 원폭 두 방을 히로시마·나가사키에 떨어뜨린 배경을 크게 세 가지 측면에서 살펴봤다. 1) 일본 본토 침공 작전을 펼칠 경우 26만으로 예상되는 미군 사상자가 생겨나는 군사적 부담을 피하고 2) 20억 달러의 개발 비용이 들

히로시마 원폭 희생자들의 넋을 기리며 꽃을 바치는 사람들

어간 원자폭탄을 사용하지 않을 경우에 따를 정치적 부담을 피하고 3) 소련의 대일전 개입 이전에 원폭을 서둘러 투하함으로써 일본의 항복을 받아내, 극동 지역에서 소련의 영향력 행사를 막으려는 국제정치적 판단에 따른 것이었다.

특히 전쟁 뒤 극동 지역 패권에 관련된 세 번째 사항이 미국에겐 중요했다. 벨기에 태생의 역사학자 자크 파월(Jacques Pauwels)은 '미국의 제2차 세계대전, 전쟁의 추악한 진실'이란 부제목을 단 그의 책 『좋은 전쟁이라는 신화』에서 "이것(패권)은 워싱턴이 겉으로 말할 수 없는, 일본과 싸운 진짜 목적이다"라고 강조했다.[43] 미국이 바라던 대로, 전후 일본은 미국의 아시아 패권 확장의 전초기지(前哨基地)가 됐다. 미국의 시각에서 보면 이른바 '기지 국가' 일본의 탄생이다. 6·25 한국전쟁에서 일본이 미국의 병참기지로 활용된 것은 잘 알려진 사례의 하나일 뿐이다.

독일처럼 소련과 함께 분할 점령하지 않고 일본을 온전히 미국 혼자서 점령 통치하고 전쟁 뒤 아시아 패권을 확보하려는 미국의 전략은 (기력이 다한 일본이 곧 항복할 수밖에 없는 상황임을 알면서도) 트루먼으로 하여금 원폭 투하를 서두르도록 했고, 결과적으로 무고한 21만 명의 생명을 앗아갔다. 그럼에도 미국인의 생명을 구했다느니, 일본인의 생명을 구했다느니 하며 '원폭 신화'로 핵무기를 이용한 민간인 대량 학살을 정당화했다.

트루먼의 원폭 투하 결정은 미국을 위한 것이기는 했지만, 어디까지나 일방적이다. 지구촌 반핵 평화주의의 시각에서 보면, 미국의 정치적·군사적 필요에 따라 비무장 일본 민간인들이 원폭의 제물이 됐다. 히로시마·나가사키에 머물던 조선인 4만 명도 함께 희생됐다. 미·일 사이의 전쟁에 휘말린 그들의 허망한 죽음을 놓고 히로히토와 트루먼에게 책임을 묻는다 해도, 그들의 죽음이 삶으로 되돌려지진 않으니 안타깝기만 하다.

3장
일본 항복을 이끈 주요인,
핵폭탄인가 소련 참전인가

원폭과 소련군 참전은 일본의 항복을 이끈 두 개의 충격 요인이다.
둘 가운데 어느 쪽이 더 '결정적으로' 항복을 이끌어냈을까.
많은 사람들은 미국의 원폭 투하를 일본 항복의 결정적 요인으로 여겨왔다.
최근 연구자들은 소련군 참전을 '결정적' 요인으로 꼽는다.

히로시마와 나가사키의 폭심 지역은 '평화공원'이란 이름으로 잘 가꿔져 있다. 여러 종류의 추모비와 기념관, 자료전시실 등이 방문객들에게 그날의 참상을 보여준다. 해마다 피폭일엔 히로시마와 나가사키 두 곳 모두 옥외에서 대규모 기념행사를 갖는다. 하지만 8월이면 일본을 강타하는 태풍에 어쩔 수 없이 실내에서 조촐하게 치르기도 한다.

나가사키 폭심지에서 북동쪽으로 500미터 떨어진 곳에는 우라카미(浦上) 성당이 있다. 일본에서 규모가 가장 큰 성당이었지만, 원폭으로 무너졌고 신자 1만 2,000명 가운데 8,500명이 목숨을 잃었다. 그런 아픈 역사를 지닌 성당 입구에서 흥미로운 팸플릿 자료 하나를 얻었다. 읽어보니 '원폭은 하늘이 내린 축복'이라는 논리를 펴는 내용이었다. 원폭이 평화를 가져다주었다는 것이다. 하늘이 내린 축복이라니? 엄청난 재앙이 아니고?

실제로 일본인들 가운데는 나가사키에 원폭이 떨어진 것을 두고 '나가사키의 기적'이라고까지 승화시킨다. 성당에서 만난 70대 중반 신자로부터, "신앙을 지닌 이들이 지난날 겪었던 끔찍한 불행을 사려 깊게 재해석한 것"이라는 설명을 듣자, 고개가 끄덕여진다. 오랜 전쟁으로 지칠 대로 지친 일본인들이 그만큼 간절하게 평화를 바랐음을 짐작할 수 있는 대목이다. 일본인들 사이에 '원폭이 전쟁을 끝냈으니 다행'이라는 생각은 (무차별 살상을 낳는 원폭 투하로 반인도적 전쟁범죄를 저질렀던 미국을 미워하기보다 오히려) 미국을 고맙다고 여기는 쪽으로 이어진다. 뜻밖에도 이런 분위기는 일본인들 사이에 널리 퍼져 있다.

"원폭 투하가 오히려 다행"

콘래드 크레인(Conrad Crane, 미 육군전쟁대학 교수, 군사전략)은 몇 년 전에 일본에서 도쿄 대공습(1945년 3월 10일)에 쓰였던 네이팜탄을 주제로 강연을 한 적이 있다. 그런데 강연 끝 무렵에 나이 든 일본인 역사학자가 일어서서 이렇게 말하는 것을 듣고 충격을 받았다.

> 결국 우리는 소이탄(네이팜탄)과 원자폭탄을 떨어뜨려준 당신들 미국인에게 감사해야 합니다. 어쨌든 우리는 항복했죠. 하지만 1945년 8월에 우리를 항복하게 만든 것은 엄청난 소이탄 폭격과 원자폭탄의 충격이었습니다.[44]

일본인 역사학자가 했던 말을 풀어 쓰자면, 미국이 도쿄를 비롯한 주요 도시들에 퍼부었던 네이팜탄과 원자폭탄의 공격을 받지 않았다면, 히로히토와 일본 군부의 강경파들이 결코 항복하지 않았을 테고, 일본 본토는 전쟁의 소용돌이에 직접 휘말려 더 많은 사상자를 냈을 것이란 생각이 담겨 있다.

일본 군국주의자들이 '1억 옥쇄'를 외치며 버틸 경우 내다보이는 전쟁 시나리오를 정리하면 다음과 같이 진행되었을 것이다. 소련은 만주에서 내려와 한반도와 일본을 침공하려 들고, 미국도 소련의 진공 속도에 뒤지지 않으려고 일본 본토로 상륙작전을 펼치고, 일본은 군인 전사자는 물론 숱한 민간인 희생자를 내면서 버티지만 끝내 항복하고, 결국에는 일본이 독일처럼 전승국의 분할 통치를 받게 되었을 것이다(현실에서는 시나리오와 딴판이다. 가해자 일본은 분단이 안 되고 피해자인 한반도가 분단됐다).

위의 콘래드 크레인도 미국의 원폭 투하를 정당화하는 입장에 서 있다. 8월의 원폭 투하 뒤 일본이 항복함으로써 '많은 일본인의 생명을 구해줬다'고 여긴다. 그는 식량 문제를 보기로 꼽는다. 연합국의 일본 봉쇄로 말미암아 전쟁 말기에 일본은 엄청난 식량 부족에 시달렸다. 식량 배급제로 1인당 하루 1,200칼로리의 식량만이 시민들 손에 쥐여졌다. 크레인은 일본이 여름철인 8월에 항복한 것이 일본인들에겐 참으로 다행이었다고 말한다.

또 하나 벌어질 수 있는 (끔찍한) 일이 있었죠. 겨울에 수백만 명의 일본인이 굶어 죽는 것입니다. 8월에 항복함으로써 맥아더가 점령군을 상륙시키고 실제로 일본인을 먹여 살릴 시간을 얻었으니까요. (맥아더는) 1945년 겨울에 엄청난 양의 식량을 가져다 기아를 막았습니다.[45]

신문기자 출신 논픽션 작가 다나카 노부나카(田中伸尙)는 히로히토 일왕을 중심으로 개전부터 패전까지 일본이 벌인 침략전쟁의 전개 과정을 다룬 일곱 권의 연작물을 냈다. 이 가운데 패전을 다룬 책에는 일본 해군의 온건파였던 요나이 미쓰마사(米內光政, 일제 패전기의 마지막 해군대신)가 원폭과 소련 참전을 가리켜 '하늘이 도왔다'고 말하는 대목이 나온다(요나이는 1940년 총리를 지냈으나 '독일 때문에 일본을 불구덩이로 밀어 넣을 수 없다'며 독일·이탈리아와의 3국동맹을 맺는 데 반대해 총리에서 물러났다). 요나이는 같은 해군 온건파 성향을 지닌 다카기 소키치 소장에게 이렇게 말했다.

> 이런 말 하기는 좀 그렇지만, 어떤 의미에선 원자폭탄과 소련의 참전은 하늘이 도운 것이다. 국내 정세의 불안으로 말미암아 전쟁을 그만두는 사태로 이어지지 않고 끝났다. 내가 전부터 시국 수습을 주장한 이유는 국내 정세가 우려할 만한 사태라는 점이 주된 이유다.[46]

요나이가 말하는 '시국 수습'이란 곧 강화든 항복이든 미국과의 협상을 통한 조기 종전을 말한다. 1945년 들어 패색이 짙어지자, 일본의 전쟁 지도부 가운데 온건파는 전쟁이 끝난 뒤 생길 수 있는 (급격한 체제 변혁과 혁명 등의) 혼란을 막고, '천황제'를 뜻하는 이른바 국체(國體)를 온전히 지켜낼 수만 있다면, 미국에게 항복을 해서라도 전쟁을 끝내는 것이 낫다고 여겼다. 그동안 옥쇄를 주장해오던 육군 강경파들조차도 원폭과 소련군 참전이란 이중의 충격 아래 어쩔 수 없이 항복에 따랐고, 또한 국내의 반전·반체제 움직임 등 흉흉한 민심으로 (제1차 세계대전 뒤 황제가 쫓겨났던 독일과 러시아처럼) '천황' 체제가 무너지는 사태를 겪지 않고 종전을 맞이한 것이 '하늘의 도움'이란 얘기다.

세 번째 원폭 신화, '원폭 때문에 일본이 항복'

1945년 8월 15일 히로히토는 원폭과 소련 참전이라는 이중의 충격을 받고, 무조건 항복을 요구한 '포츠담선언'을 받아들였다(1945년 7

1945년 7월에 열린 포츠담회담. 트루먼 미 대통령은 회담 첫날에 원폭 실험 성공 소식을 들었지만 회담 막판에야 스탈린에게 알렸다.

월 26일 포츠담선언 당시 소련은 대일 참전국이 아니었기에 8월 8일 대일 선전포고와 더불어 이 선언에 참여했다). 원폭뿐만이 아니라 소련군 참전도 일본 항복의 중요한 요인으로 꼽힌다. 문제는 일본은 물론 한국과 미국의 많은 사람들이 일본이 항복한 까닭은 오로지 원폭 때문이라 여긴다는 점이다.

일본의 항복은 이미 지나간 일인데 굳이 그 요인을 따질 필요가 있느냐고 되물을 수도 있다. 하지만 항복을 이끈 결정적 요인이 원폭이 아니라 소련군 참전이었다면 얘기가 달라진다. 굳이 안 해도 될 원폭 투하로 조선인 4만 명을 포함해 20만이 넘는 목숨들의 죽음은 허망해지기 마련이다.

앞에서 원폭 신화(神話) 두 가지를 살펴봤다(5부 2장). 첫 번째 신화는 원폭이 미국 젊은이들의 목숨을 구했다는 것이고, 두 번째 신화는 일본인의 목숨을 구했다는 것이었다. 둘 다 미국이 핵폭탄으로 많은 비무장 민간인들을 무차별 살상하고 반인도적 범죄(crimes against humanity)를 저질렀다는 비난을 누그러뜨리려는 논리다. 승전국 미국의 전쟁범죄인 원폭 투하를 정당화했다는 뜻에서 '신화'다.

이제부터 세 번째 신화를 살펴보려 한다. 다름 아닌, '일본이 원폭 두 방 때문에 항복했다'는 신화다. '원폭이 일본 항복을 가져온 주요인'이란 해석은 오랫동안 미국인들 사이에 널리 받아들여져 왔다. 전쟁 뒤 미국 시민들은 원폭이 전쟁 승리를 가져왔다고 외치며 손뼉을 치며 기뻐했다. 미국 언론들도 '태평양의 평화: 우리의 폭탄이 해냈다!'와 같은 제목을 큼직하게 내건 기사들을 1면에 크게 실었다.

미국뿐 아니다. 일본 지배층도 '원폭이 일본 항복을 가져온 주요인'이라는 해석을 기꺼이 받아들여왔다. 일본 국민들이 전쟁에서 죽을 고생을 했는데도 패배한 까닭이 (지도자들의 잘못된 대외정책 탓이 아니라) 무시무시한 파괴력을 지닌 신무기의 위협 때문이었다고 여긴다면, 비난의 화살에서 비켜날 수 있다. 신무기 때문에 졌다면 불가항력으로 여기고, 히로히토에게 돌아갈 비난은 줄어들기 마련이다. 이것이 바로 원폭 신화가 지닌 신통력이다.

중국과 소련을 뺀 '종전 조서'

해마다 8월 15일이면 일본 언론 매체들은 히로히토의 '종전 조서'를 소개한다. 이 조서는 일본의 무조건 항복을 요구한 포츠담선언(1945년 7월 26일)을 받아들이겠다는 응답이다. 그렇다면 항복 문서다. 분량이 800자쯤으로 이뤄진 조서를 읽어보면, '패전'이나 '항복'이란 용어는 눈에 안 띄고 그냥 '종전'이다. 항복 문서라는 느낌조차 들지 않는다.

대부분의 일본 TV나 라디오 매체들이 들려주는 히로히토의 이른바

'옥음(玉音)'도 '종전 조서'의 앞뒤를 잘라 "참기 어려운 것을 참고, 견디기 힘든 것을 견뎌……"라는 구절만 되풀이해 들려준다. 알고 보면, 종전 조서를 끝까지 다 듣거나 읽어본 일본인들은 생각보다 적다. 지난날 저질렀던 전쟁범죄에 대한 사과에 인색한 일본 언론의 보도 성향은 히로히토의 전쟁 책임을 제대로 따지지 못하게 만든 원인의 하나로 꼽힌다. 문제는 '종전 조서'의 내용이다.

> 일찍이 미·영 2개국에 선전포고를 한 까닭도 제국의 자존과 동아의 안정을 간절히 바라는 데서 나온 것이다. (…) 세계의 대세 역시 우리에게 유리하지 않다. 적은 새로이 잔학한 폭탄을 사용하여 빈번히 무고한 백성을 살상하였으며, 그 참해(慘害) 미치는 바 참으로 헤아릴 수 없는 지경에 이르렀다. 교전을 계속한다면 결국 우리 민족의 멸망을 초래할 뿐이다.[47]

여기엔 진실이 의도적으로 가려져 있다. 포츠담선언의 참여국 가운데 미·영 2개국만 언급하고 (1937년의 난징 학살을 비롯해 숱한 피해를 입혔던) 중국은 빠져 있다. 미·영 포로에 대해 일본군이 저질렀던 전쟁범죄에 대한 사과도 없다. '제국의 자존과 동아의 안정'은 누가 들어도 정치적 궤변에 지나지 않는다. 히로히토는 '종전 조서'에서 포츠담선언을 받아들인 이유로 원폭을 꼽았다. 소련이 빠져 있었다. 소련군의 대일전 참전 충격으로 항복을 결심했다는 말은 조서 어디에도 없다. 오로지 원폭 피해만을 항복 이유로 꼽았다. 과연 그럴까.

히로히토는 1945년 6월 오키나와를 잃은 뒤에 소련의 주선 아래 미국과 강화조약을 맺고 싶어 했다. 스탈린은 그런 히로히토의 뒤통수를 치면서 일본에 선전포고를 했기에, 일본의 전쟁 지도부는 커다란 충격을 받았다. 원폭 투하와 소련군 참전이라는 이중의 충격을 받자, 8월 9일 회의를 통해 항복 절차에 들어갔다.

"일본 항복 이끈 요인은 소련군 참전"

원폭과 소련군 참전은 일본을 무조건 항복으로 몰아간 두 개의 복합적인 충격 요인이지만, 둘 가운데 어느 쪽이 더 '결정적으로' 항복을 이끌어냈을까. 일반적으로 미국의 원폭 투하가 일본 항복의 결정적 요인으로 여겨져왔지만, 적지 않은 연구자들은 소련군 참전이 더 큰 결정적 요인이라 지적한다. 이른바 '원폭 신화'를 허물어뜨리는 수정주의적 입장을 지닌 연구자들로는 가르 알페로비츠, 하세가와 쓰요시, 아라이 신이치 등을 꼽을 수 있다.

가르 알페로비츠(Gar Alperovitz, 메릴랜드대 교수, 정치학)는 미국이 일본 히로시마에 원폭을 투하하기로 결정하기까지의 과정을 분석한 860쪽이 넘는 두꺼운 그의 연구서(*The Decision to Use the Atomic Bomb*, 1995)에서 '일본 항복의 가장 큰 요인이 소련 참전'이라고 못 박았다. 따라서 그는 '미국이 일본에 원자폭탄을 떨어뜨릴 필요가 없었다'고 주장한다.

알페로비츠는 워싱턴의 정책 입안자들이 일본에 대한 무조건 항복 요구 조건을 조금 누그러뜨리고, 소련이 대일 전쟁에 뛰어들면 일본이 곧 항복하리라 판단했으면서도, 전후 극동 지역에서 소련의 영향력을 견제하기 위해 서둘러 원폭 투하를 밀어붙였다고 지적한다. 그는 항복 조건 완화와 소련 참전을 가리켜 '두 단계 논리(two-step logic)'라 불렀다. 여기서 '항복 조건 완화'란 히로히토의 '천황' 지위를 보장해주는 것을 가리킨다.[48]

일본계 미국학자 하세가와 쓰요시(長谷川毅, 캘리포니아대 교수, 역사학)도 소련군 참전이 일본 항복을 이끌어낸 결정적 요인이라며 이른바 원폭 신화를 허물어뜨리는 수정주의 입장이다. 하세가와의 전공은 러시아 역사다. 일본인 핏줄을 지닌 미국 시민이 러시아를 전공한다는 것은 미·소·일 3국 관계를 연구하는 데엔 나름의 강점을 지녔다. 트루먼과 스탈린이 일본의 패망을 놓고 여러모로 신경전을 펴던 무렵의 생생한 1차 사료를 3개국 원문으로 보기 때문이다. 하세가와는 그의 역작 『종전의 설계자들(Racing the Enemy)』(2005)에서 일본의 항복을 이끈 가장 큰 요인으로 (원폭이 아니라) 소련군 참전을 꼽았다.

(히로시마) 원폭 투하 다음 날 (일본) 정부도, 군부도, 화평파도 원폭의 영향에도 불구하고 종래의 정책을 근본적으로 변경할 필요를 느끼지 못했다. 각의에서 도고가 미국은 여러 개의 원폭을 갖고 있고, 일본이 항복하지 않으면 원폭을 다른 도시에 투하할 것이라는 트루먼의 성명을 소개했음에도, 아나미 고레치카(阿南惟幾) 육군대신의 반대에 눌렸다. 각의가 결정한 것은 이 무기 사용에 항의하자는 것뿐이었다.[49]

위 문장에 나오는 '도고'는 외무대신 도고 시게노리(東鄕茂德, 1882~1950)를 가리킨다. 임진왜란 때 일본으로 끌려간 조선인 도예공의 후손으로, 어릴 적 이름은 박무덕(朴茂德)이었다. 도쿄 전범재판에서 20년의 금고형을 받고 복역 중 1950년 7월 감옥에서 병으로 죽었다. 도고 외무는 8월 14일 마지막 어전회의에서 항복이냐 저항이냐를 놓고 3대 3으로 의견이 엇갈리자, "(무조건 항복을 요구한) 포츠담선언을 수락하지 않으면 폐하의 신민 모두가 죽고 맙니다"라며 항복하자는 뜻을 분명히 했다. '모두 죽는다'는 도고의 발언은 (8월 9일 소련 참전 당일에 열린 회의에서 항복 뜻을 밝혔지만 속으론 '천황' 자리보전에 온 신경을 곤두세우던) 히로히토의 마음을 다잡게 만들었다.

히로히토, 소련군 참전 소식에 큰 충격 받아

일본은 오키나와를 잃은 1945년 6월 21일 뒤부터 소련을 중재자로 삼은 대미 강화에 헛된 기대를 걸었다. 1941년 4월 일·소 중립조약을 맺은 이래로 소련은 일본에게 그때까진 중립국이었다. 하세가와의 분석에 따르면, 히로시마 원폭 투하는 일본의 지도자들에게 정책 변경을 재촉할 만한 효과가 없었다. 미국의 원폭 투하는 일본으로 하여금 오히려 한층 더 소련의 (대미 강화) 알선에 기대를 걸도록 박차를 가했다는 것이다.[50]

하지만 일본의 기대는 허망하게 무너졌다. 8월 9일 0시를 기해 소련이 대일 선전포고를 하면서 만주 관동군을 공격하는 순간 히로히토는 엄청난 충격에 빠졌다. 그동안 스탈린에게 대미 화평을 중재해주길 기대고 있다가 뒤통수를 맞았음을 깨달았다. 하세가와는 '포츠담선언을 이용해 협상을 거쳐 전쟁을 종결로 이끌 필요가 있다'는 주장이 나온 것은 8월 9일로 소련 참전 뒤라는 사실에 주목해야 한다고 지적했다.

> 스즈키 총리는 (나가사키에 원폭이 떨어지기 30분 전인) 10시 30분 최고전쟁지도자회의를 소집했다. 그날 일본 지도자들의 행동을 보면 소련 참전이 화평파에 미친 영향이 매우 컸으며, 그것은 원폭의 영향보다 더 컸다고 할 수 있다. 소련이 참전하고 나서 비로소 화평파 지도자들은 포츠담선언 수락을 기초로 해서 전쟁을 종결해야 한다는 결론에 이르렀다.[51]

피터 커즈닉(Peter Kuznick, 아메리칸대 교수, 미국사)은 1930년대 미국의 정치활동가로서의 과학자들을 주제로 삼은 책 『실험실을 넘어(Beyond the Laboratory)』(2019)로 이름이 알려진 연구자다. 커즈닉도 일본의 항복 결정을 이끈 결정적 요인은 소련군 참전이라 여긴다. 아시아·태평양 지역의 여러 현안들을 다루는 전자 저널인 《재팬 포커스 (Japan Focus)》에 실은 그의 기고문의 결론은 이렇다.

일본 지도자들은 미군 공습으로 일본 64개 주요 도시가 거의 완전히 파괴되는 것을 목격했다. 그렇지만 일본 지도자들은 자국민들의 고통에 대해 별로 걱정하지 않았다. 하지만 소련의 참전은 일본이 본토 방어 전략으로 연합군에게 큰 사상자를 내는 데 성공할 가능성을 무너뜨렸고, 결국 일본인들에겐 항복 말고는 선택의 여지가 없게 됐다. 결국 원자폭탄보다 훨씬 더 강력하게 일본의 항복을 이끌어낸 요인(a far more powerful inducement to surrender than did the atom bombs)은 소련의 침공이었음이 드러났다.[52]

영미안보정보협회(British American Security Information Council) 선임 연구원인 워드 윌슨(Ward Wilson)도 미국인들이 오랫동안 지녀온 원폭 신화가 잘못됐다고 보는 수정주의 입장에 서 있다. 그는 미국의 외교 정책 전문지인 《포린 폴리시(Foreign Policy)》에 실은 글에서 소련군 참전을 일본 항복의 결정적 요인으로 꼽았다. 『핵무기에 관한 다섯 가지 신화(Five Myths About Nuclear Weapons)』(2013)의 저자인 윌슨은 '원폭은 일본을 패배시키지 못했고 스탈린이 패배시켰다'고 못 박았다.

한 방향에서 침략한 강대국에 대해 결정적인 전투를 벌일 수는 있어도, 두 방향에서 공격하는 두 강대국에 맞서 싸울 수는 없다. 이런 사실을 아는 것에 군사적 천재성이 필요하진 않다. 소련의 침공은 (소련의 중재를 통한 대미 강화라는) 일본의 외교 전략을 무효화한 것과 마찬가지로, 일본 군부의 결정적 전투 전략을 무효화시켰다. 단번에 일본의 모든 선택권이 사라졌다. 소련의 선전포고로 작전 수행에 필요한 시간이 얼마나 남았는지에 대한 계산도 바뀌었다. 일본 정보기관은 미군이 몇 달 동안 (본토를) 침공하지 않

을 수도 있다고 예측했다. 반면 소련군은 불과 10일 안에 일본을 위협하는
적절한 위치를 차지할 수 있었다. 소련의 침공은 매우 민감한 시기에 일본
의 종전 결정을 이끌어냈다.[53]

"항복 결정 자리에선 원폭보다 소련 참전 논의"

한국에도 이름이 많이 알려진 사학자이자 반전(反戰) 평화주의자인
아라이 신이치도 수정주의 입장이었다. 그는 『원폭 투하로 가는 길(原
爆投下への道)』(1985)에서, 흔히 미국인들이 원폭 투하를 합리화하면
서 '원폭 투하로 100만 미국 군인의 생명을 구했'느니, '원폭이 일본
의 항복을 앞당긴 결정적 요인'이라느니 하는 속설이 진실과는 거리
가 있다고 지적했다. 원폭이 일본 항복을 이끈 주요 요인임을 인정하
지만, 보다 큰 요인은 소련군 참전이라 꼽는다.

아라이 교수는 그의 또 다른 책 『폭격의 역사』(2008)에서 일본 항복
의 결정적인 요인이 소련의 참전임을 뒷받침하는 사례를 하나 보여준

1945년 8월 만주 하얼빈 근교 일본군 공항을 점령하려는 소련군 병사들. 일본 관동군은 60만의
포로를 남기며 궤멸됐다.

다. 1945년 8월 9일 새벽에 소련군이 만주에서 군사행동에 나서고, 같은 날 11시에 나가사키에 두 번째 원폭이 떨어진 그날 밤 어전회의가 열렸다. 그 회의 끝에 히로히토 일왕은 일본의 무조건 항복을 요구한 포츠담선언을 받아들이기로 했다. 아라이는 일본 항복의 보다 큰 결정적 요인을 원폭이 아니라 소련군 참전으로 보는 이유를 이렇게 꼽았다.

> 포츠담 수락 결정은 8월 9일 밤부터 궁중에서 열린 어전회의에서 결정되었는데, 의사록에 따르면 3시간에 걸친 회의에서 원폭과 공습에 대한 언급은 겨우 1곳에 불과하다(추밀원 의장과 참모총장 사이에 오고 간 아주 짧은 문답). 이보다 더 많은 시간은 소련(대일 참전)과 국내 치안 문제에 할애되었다.[54]

"원폭 투하 없어도 일본은 항복했다"

지금껏 우리는 원폭이 일본의 항복을 불렀다는 원폭 신화를 비판하면서 소련군 참전 요인을 강조하는 수정주의 연구자들의 논리를 살펴봤다. 히로히토의 항복 선언을 이끈 두 가지 주요인(원폭과 소련 참전이라는 이중의 충격) 가운데 보다 결정적 요인이 원폭보다는 소련군 참전이라는 분석은 무엇을 뜻하는가. 원폭 투하 없이도 미국이 일본에 대한 해상 봉쇄와 압박을 이어가는 과정에서 소련의 참전 충격이 더해졌다면, 일본은 항복했을 것이란 얘기가 된다. 원폭 두 방으로 민간인들을 희생시키지 않았어도 일본의 항복은 시간문제일 뿐이었다. 그렇다면, 원폭으로 죽은 21만의 목숨은 더욱 허망한 죽음이 된다.

돌이켜 보면, 일본의 항복이 원폭 때문이냐 소련군 참전 때문이냐 따지는 것도 부질없는 일처럼 여겨진다. 조금만 참고 기다리면, 일본은 항복하게 돼 있었다. 1945년 초여름 일본은 이미 기력이 다해 항복이든 강화든 전쟁을 끝내야 하는 벼랑 끝에 몰려 있었다. 앞 장에서 살펴봤듯이, 1945년 9월 30일에 작성된 미국전략폭격조사단(USSBS) 보고서는 '일본에 원자폭탄이 투하되지 않았더라도, 소련이 참전하지 않았더라도, 1945년 12월 31일 이전에는 확실히, 그리고 1945년 11월 1일 이전에는 아마도 항복했을 것'이란 전망을 내놓았다.

1945년의 상황이 그랬다면, 일본 패망은 시간문제였고 따라서 원폭 투하만큼은 피했어야 할 일이었다. '전쟁이란 다 그런 것이다. 누군가는, 어디선가는 피를 흘려야 하고 무고한 희생이 따르기 마련인 것이 전쟁이다'라고 넘어가기엔 하루아침에 원폭으로 날벼락을 맞은 조선인 4만을 포함한 수십만 민간인들의 죽음이 지닌 무게가 결코 가볍지 않다.

원폭 투하 말고 다른 선택은 없었나

1945년 접어들어 전쟁의 운동장은 이미 기울대로 기울었다. 그런데도 일본의 군국주의자들 가운데 특히 일본 육군의 강경파들은 입만 열었다 하면 '1억 옥쇄'를 외쳐대며 뻗대는 모습이었다. 여기서 한 가지 물음이 나온다. 트루먼에게 원폭 투하 말고 일본의 항복을 끌어낼 다른 대안은 없었을까. 이와 관련해 벨기에 태생의 역사학자이자 정치학자인 자크 파월은 '몇 가지 매력적인 선택' 방안을 꼽았다.

트루먼에게는 더 이상의 희생을 피하며 일본과의 전쟁을 끝내기 위한 매우 매력적인 선택지가 몇 가지 있었다. 일왕을 (전쟁범죄 혐의로 기소하지 말고) 사면해달라는 사소한 조건을 받아들일 수도 있었고, 붉은 군대(소련군)가 중국에 주둔한 일본군을 공격할 때까지 기다려 도쿄에 무조건 항복을 종용할 수도 있었으며, 해상 봉쇄를 통해 일본을 굶주리게 만들어 도쿄가 조만간 화평을 청하도록 강제할 수도 있었다. 그러나 트루먼과 그 보좌진은 이 가운데 어느 것도 선택하지 않았다. 대신 그들은 원자폭탄으로 일본을 초토화시키기로 결정했다.[55]

트루먼은 회고록을 비롯한 여러 기록에서 "원폭 투하를 놓고 나처럼 고민한 사람은 없을 것"이란 말을 남겼다. 하지만 그것들은 정치적 수사나 다름없는 변명이었다. 원폭 투하를 뺀 다른 선택은 뭉갰다. 자크 파월은 위의 여러 선택지를 마다하고 트루먼이 원폭 투하를 서둘렀던 이유로 소련을 꼽았다. 소련이 아시아 지역의 전쟁에 뛰어들기에 앞서 일본의 항복을 받아내려 했다는 것이다. 파월은 전쟁이 끝난 뒤 극동 지역에서 소련의 영향력을 제한하려는 목적에서 원폭 투하가 이뤄졌다고 풀이한다.

미국의 입장에서 볼 때 소련이 극동아시아의 전쟁에 개입하면, 유럽의 전쟁에 상대적으로 늦게 개입한 미국이 얻었던 것과 같은 혜택을 아시아에서 소련에게 주어야 할 위험이 있었다. 미국은 원자폭탄의 힘으로 소비에트라는 원치 않는 불청객이 그들의 파티를 망치는 일 없이 극동아시아를 차지하는 희망을 품었다.[56]

미국의 많은 사람들은 트루먼이 원폭 투하를 결정한 것은 그 밖에 다른 마땅한 대안이 없었기 때문이라 여긴다. 그러면서 미국인의 생명을 구하고 일본의 항복을 이끌어냈다는 '원폭 신화'를 받아들인다. 일본계 미국 학자 하세가와 쓰요시는 위의 자크 파월과 마찬가지로 소련 참전을 의식하고 미국이 원폭 투하를 서둘렀다고 지적한다.

일본이 소련의 알선에 마지막 기대를 걸고 있다는 것, 그리고 그 기대는 소련의 참전으로 분쇄될 것이라는 사실을 알고 있었는데, 왜 원폭 투하를 서둘렀던 것일까? 트루먼은 원폭 투하 외에 달리 방법이 없었던 것이 아니라, 소련이 대일전에 참전한다는 것을 알고 있었기에 원폭 투하를 서둘렀던 것이다.[57]

원폭 투하는 히로시마로 그칠 수 없었나

미 트루먼 대통령과 그의 핵심 측근 제임스 번스 국무장관은 원폭의 파괴력을 보고 놀란 일본이 곧 항복할 것이라 기대했다. 하지만 원폭이 일제 군국주의자들의 전쟁 의지에 미친 영향은 트루먼의 기대만큼 크지 않았다. 트루먼이나 번스와는 달리, 헨리 스팀슨 전쟁장관이나 조지 마셜 육군참모총장은 '한 방이나 두 방의 원폭 투하만으로 일본이 항복할 리 없다'고 여겼다.[58]

히로시마·나가사키에 원폭을 떨어뜨린 뒤로도 미국은 다른 일본 도시들에 대한 원폭 투하를 준비하고 있었다. 나가사키에 원폭을 투하하기 11시간 앞서 소련군 침공이 있었고, 일본은 바로 그날 밤 항복을 결정했다. 그러자 트루먼을 비롯한 미국 전시 지도부의 대중적 인기는 치솟았다. 20억 달러 넘게 들여 만든 핵무기를 (대량의 인명 피해를 걱정해서) 그냥 창고에 묵혀두었다면, 트루먼은 전사자 부모의 원망도 원망이려니와 '국민의 혈세를 낭비했다'는 비판 속에 미 의회의 견제와 언론의 십자포화를 받았을 것이다.

여기서 물음이 하나 떠오른다. 원폭 한 방을 히로시마에 떨어뜨리는 것으로 그쳤으면 어땠을까 하는 물음이다. 소련군은 8월 9일 0시를 넘기자 150만 병력으로 만주 관동군을 공격하고 나섰다. 같은 날 오전 11시에 나가사키에 두 번째 핵폭탄 '뚱보(fat man)'가 떨어졌다. 트루먼은 소련군이 대일전에 뛰어들었다는 소식을 들었으면서도 '뚱보' 투하를 멈추라는 명령을 내리지 않았다.

트루먼이 백악관 기자회견에서 소련군 참전을 알린 것은 워싱턴 시각으로 오후 3시(티니언 시각으로 오전 4시). 소련군이 만주 국경을 넘은 지 4시간 넘게 지난 뒤였다. 워싱턴에서 '뚱보'를 실은 B-29 폭격기가 마리아나 제도의 티니언섬을 떠난 것은 같은 날 오전 3시 47분. 시간대로 보면, 트루먼이 기자회견을 하기 앞서 폭격기가 일본을 향해 출발했음을 알 수 있다. 폭격을 취소하거나 미루려 했다면 시간대로 보아 가능했다. 소련군 참전이란 주요 사항이 생겼지만, 트루먼 행정부 안에서 두 번째 원폭 투하 방침을 재검토했다는 흔적은 없다. 투하를 취소하려 했는데 워싱턴과 티니언섬 사이의 통신에 기술적 문제가 있어 취소하지 못했던 것도 아니다.

논의의 핵심은 일본을 차지하기 위한 미·소 경쟁에 있다. 여러 수정주의 연구자들은 전후 극동아시아에서 펼쳐질 패권 경쟁 관점에서 볼 때, 소련의 대일전 참전 움직임은 오히려 미국의 원폭 투하를 재촉했다고 지적한다. 미국이 다른 여러 대안을 마다하고 서둘러 원폭을 터뜨린 것은 소련의 대일전 개입을 의식해서였다는 것이다. 그렇다면 히로시마·나가사키에서 핵폭탄으로 죽은 이들은 미 패권 정책의 희생양이었다고 해도 틀린 말이 아니다.

4장
핵폭탄 투하가 낳은
평화주의

아인슈타인은 루스벨트 대통령에게 원폭을 만들라고 편지 보낸 일을 후회했다.
오펜하이머는 핵무기 과잉 보유가 국가 안보에 도움 안 된다며
수소폭탄 개발을 반대했다. 원폭 투하에 나섰던 B-29 조종사는
자책감으로 정신병동 입·퇴원을 되풀이했다.

이론물리학자 로버트 오펜하이머(Robert Oppenheimer, 1904~1967)는 미국의 핵무기 개발을 위한 '맨해튼 프로젝트' 팀을 이끌어 이름이 널리 알려진 인물이다. 그가 엄청난 파괴력을 지닌 신무기를 손에 넣었다고 확신한 것은 1945년 7월 16일 오전 5시 30분. 기독교의 삼위일체를 뜻하는 '트리니티'라고 이름 붙여진 플루토늄 핵폭탄의 힘은 생각했던 것보다 훨씬 컸다.

뉴멕시코주 사막의 어슴푸레한 이른 아침에 눈을 멀게 할 정도의 강렬한 빛이 갑자기 하늘과 땅을 밝히더니, 날카로운 폭발음과 함께 거대한 폭발이 일어났다. 멀리서 숨죽여 지켜보던 한 개발자는 "마치 누군가 태양의 스위치를 켠 것만 같았다"라는 소감을 남겼다. 원자탄이 지구상의 대기를 다 태워버릴지도 모른다는 걱정을 했던 이도 있었다.

잘 알려진 이야기지만, 오펜하이머는 나중에 기자들에게 '거룩한 자의 노래'라는 뜻을 지닌 힌두교 경전 『바가바드 기타』의 한 구절이

떠올랐다고 했다. "나는 죽음이 된다. 세상을 흔드는 자가 된다"라는 구절 그대로 오펜하이머는 그가 만들어낸 핵무기로 수십만의 죽음을 낳았다. '원자폭탄의 아버지'라는 칭송도 받았다. 그러나 곧 그의 삶에 위기가 다가온다.

독일계 유대인 이민자의 아들인 오펜하이머는 사려 깊은 인물이었다. 트리니티 핵실험에 성공했을 때의 기쁨도, 그 원자폭탄으로 일본의 항복을 이끌어낸 기쁨도 한때였다. 얼마 가지 않아 회의를 느끼기 시작했다. 원자폭탄이 히로시마와 나가사키에서 20만 명이 넘는 희생자를 낸 것을 두고, '내가 무슨 짓을 한 거냐'라며 번민에 빠져 줄담배를 피웠다. 그러면서 수소폭탄 개발을 반대해 미 군부의 미움을 샀고, 악명 높았던 매카시즘 선풍에 휩쓸려 일터를 빼앗기는 시련을 겪기도 했다.

"내 손에 피를 묻혔다"

오펜하이머의 삶을 다룬 영화가 〈오펜하이머〉(크리스토퍼 놀란 감독, 2023)다. 이미 영화를 본 독자분들도 많겠지만, 영화 속 오펜하이머는 트루먼 대통령을 만나 악수를 하면서 "내 손에 피가 묻은 것 같습니다 (I feel I have blood on my hands)"라고 말했다. 실제로 오펜하이머는 트루먼에게 그런 말을 했다. 트루먼의 반응은 퉁명스러웠다. "걱정 마세요. 폭탄을 만드는 것은 물리학자의 소임일 뿐이고, 폭탄 투하 명령은 대통령인 내가 내렸으니까요"

그 무렵 트루먼은 일본의 항복을 받아낸 기쁨과 더불어 민간인 대량 살상을 낳은 원폭 투하에 대한 책임을 져야 하는 부담감을 털어내지 못해 심기가 불편했다. 그런 터에 순진한 물리학자 오펜하이머가 '손에 피가 묻었다'는 말을 하니, 기분이 언짢아졌다. 대통령 면담 뒤 돌아서는 오펜하이머의 등 뒤에다 영화 속 트루먼 대통령은 이렇게 소리친다. "피는 내가 더 묻었어. 저렇게 징징거리는 놈은 (내 앞에) 얼씬거리지 못하게 해."

트루먼도 정치인이기 이전에 인간이다. 일본과의 전쟁을 빨리 끝내려고 원폭 투하를 밀어붙였지만, 민간인 대량 살상을 명령한 데 대해 죄책감이 없진 않았을 것이다. 트루먼은 자신의 결정으로 많은 비무장 민간인들이 희생당한 것을 마음 아프게 여긴다는 기록을 곳곳에 남겼다. 이를테면, 1953년 1월 대통령 퇴임 직전에 원자력에너지위원장 토머스 머레이가 '당신의 원폭 투하 결정은 정당했다'는 내용을 담은 편지를 보내왔을 때, 트루먼은 이렇게 답신을 보냈다.

"원폭 사용은 독가스나 세균전쟁보다도 훨씬 악질적입니다. 왜냐하면 원폭은 일반 시민들을 대량으로 죽이기 때문입니다." 그러면서도 이런 표현을 덧붙이는 것을 잊지 않았다. "나보다 더 원폭 사용을 놓고 고민을 했던 사람은 없을 것입니다."59

하지만 트루먼은 원폭 투하로 비무장 민간인 20만 명이 죽은 데 대해 사과를 하지 않았다. 용서를 빈 적은 더더욱 없다. 원폭 투하를 둘러싼 개인적 부담을 떠나, 트루먼은 공식적으론 원폭 투하를 결정한 최고위급 책임자다. 그는 원폭 투하 결정을 놓고 '그게 저 혼자 결정한 게 아니고요' 투로 책임을 회피하려 든 적은 없다. 만에 하나 미국이 일본에게 패했다면 트루먼이 전범재판 피고석에 서야 할 운명이었다.

트루먼은 1945년 일본에 원폭을 떨어뜨린 뒤 "같은 상황에 놓인다 해도 똑같은 선택(원폭 사용)을 하겠다"라고도 말했다. 이 말은 어디까지나 '정치적 수사'로 이해하는 것이 나을 것 같다. 그는 '원자폭탄 투하를 결정한 최초의 미국 대통령'이란 사실을 매우 부담스럽게 느꼈다. 그런 부담이 6·25 한국전쟁에서 원자폭탄을 사용하지 않는 쪽으로 결심하는 데 영향을 미쳤을 것이다. 한반도에 원폭을 투하하지 않 겠다는 트루먼의 입장은 1951년 4월 연합국최고사령관 맥아더 장군 의 해임과도 관련된다. 1951년 초 중국군의 개입으로 미군이 밀릴 때 맥아더 사령관은 청천강 일대에 핵폭탄을 떨어뜨려 방사능 오염 지대 로 만들어 중공군의 진격을 막고 압록강 넘어 중국 영토를 공습하자 고 고집하면서 트루먼과 갈등을 빚었다.

미 언론들, 흥분 속 미래를 걱정하기도

원폭이 히로시마에 떨어졌을 때 미 언론들은 전쟁이 곧 끝날 것이 라며 흥분하는 분위기였다. 핵무기가 태평양전쟁의 승리를 확정 짓고 '인류 역사의 새로운 장을 열었다'는 식의 보도였다. 《시카고 트리뷴》 1945년 8월 7일 자 사설은 원자력 에너지의 발견이 이번 전쟁에서, 그 리고 어쩌면 역사상 가장 위대한 과학적 성과라고 격찬했다. '비무장 민간인들이 떼죽음을 당하는 전쟁범죄가 벌어졌다'는 문제의식을 찾 아보기 어려웠다.

대량살상무기인 핵폭탄의 문제점을 걱정하는 사려 깊은 기사나 칼 럼이 전혀 없진 않았다. 《워싱턴 포스트》에 실린 한 칼럼은 핵폭탄 투 하를 가리켜 "당혹스러운 경외감"을 느낀다면서 "별 볼일 없는 행성 중 하나(지구)의 역사에서 벌어진 짧고 불쾌한 이야기"라고 지적했다. 핵폭탄 투하가 '문명의 말살을 의미할지도 모른다'는 것이었다.[60] 《뉴 욕 타임스》의 군사평론가 핸슨 볼드윈(Hanson Baldwin)은 핵무기가 전 쟁의 승리를 가져오겠지만 "이상하고 기묘하며 끔찍한 일들이 흔하고 당연한 일이 되어버렸다. 돌풍의 씨앗을 뿌렸다"라고 했다.[61] 볼드윈 이 말하는 '돌풍의 씨앗'은 제2차 세계대전 뒤 80년 가까이 지나는 내 내 핵무기 개발·보유 경쟁으로 이어졌다.

원폭 개발에 관계했던 학자들도 핵폭탄이 우리 인류에게 미칠 악영향을 걱정했다. 이를테면, 이론물리학자 로버트 오펜하이머가 그러했다. "내 손에 피를 묻혔다"라는 그의 절규에 가까운 탄식은 두고두고 울림이 크다. 전 세계 반핵 평화주의자들에게 그의 말은 오랫동안 영감을 불러일으켜 왔다. 원폭 개발과 그 사용에 관련된 자신의 책임을 평생 의식하며 살았던 오펜하이머는 숨지기 5년 전 이런 글을 남겼다.

> 핵폭탄은 일본에 떨어졌다. 당시 일본 본토를 침공해 들어가는 전투계획
> 은 핵폭탄을 떨어뜨리는 것보다 모든 면에서 훨씬 끔찍한 결과를 불러올
> 것이었다. (많은) 사상자가 나올 것으로 예상되었다. 그런데도 나는 핵폭탄
> 을 무인도에 떨어뜨려 그들에게 경고를 줌으로써, 전투나 전란 중에 죽은
> 사람이 적었으면 좋겠다고 생각했다.[62]

핵 개발 당시에 '무인 지대 투하'를 생각했던 사람은 오펜하이머 혼자만이 아니었다. 아인슈타인의 옛 제자로, 오펜하이머와 함께 핵 개발에 관여했던 물리학자 레오 실라르드(Leo Szilard, 헝가리 유대인 출신)는 트리니티 핵실험 한 달 전인 1945년 6월 초에 보고서 하나를 작성했다. 그 보고서는 '원자폭탄을 갑작스럽게 일본에 떨어뜨리는 것보다는, UN 관계자들이 참관한 가운데 버려진 섬이나 사막에 떨어뜨려 그 화력을 선보이도록 해야 한다'는 내용을 담았다.[63]

'원폭을 실제 살상에 쓰지 말고 순전히 기술적인 수준을 공개적으로 보여주자'는 내용을 담은 이 보고서는 그저 문서로만 남았다. 일본을 패배시키는 데 온 신경을 모았던 트루먼을 비롯한 워싱턴 전쟁 지휘부의 눈으로 보면, 실라르드의 보고서나 앞서 언급한 오펜하이머의 발상은 냉혹한 전쟁의 속성을 잘 모르는 책상물림 학자들의 탁상공론쯤으로 비쳤을 것이다.

"핵폭탄이 2만 개라도 도움 안 된다"

오펜하이머는 미국과 소련이 핵 경쟁을 벌이는 것이 평화에 도움이 안 되며 오히려 세계를 불안하게 만든다고 여겼다. 원폭보다 훨씬 파괴력이 큰 수소폭탄 개발에 적극적으로 참여하길 꺼렸다. 1953년 5월 《포천(Fortune)》에 실린 '수소폭탄을 둘러싼 숨겨진 갈등: 미 군사 정책에 역행하는 오펜하이머 박사'라는 글은 오펜하이머에 대한 미 군부의 거부감이 잘 드러나 있다. 그 내용을 한 문장으로 줄인다면, '오펜하이머가 미국의 수소폭탄 개발을 늦추려는 음모의 핵심 인물'이란 비난이었다. 익명으로 돼 있기에 글 기고자의 이름이 드러나 있진 않았지만, 미 군부의 영향력 아래 있는 누군가가 마음먹고 쓴 것은 틀림없었다.

자신을 공격하는 이 글에 대해 오펜하이머는 곧장 대응에 나섰다. 그해 7월 외교 전문 격월간지 《포린 어페어스(Foreign Affairs)》에 '원자폭탄과 미 정책'이란 제목의 글을 실었다. 글 앞머리에서 오펜하이머는 "사람들은 원자폭탄의 등장이 단지 (제2차 세계대전과 같은) 크고 끔찍한 전쟁의 종료를 뜻할 뿐만 아니라, 모든 전쟁의 종료를 뜻할 수도 있다는 인상을 받았다"라고 썼다. 대량살상무기인 핵무기가 전쟁을 막는 순기능을 지닌 것은 역설적이지만 사실이다. 하지만 강대국들 사이의 핵무기 경쟁이 치열해지면 상황이 달라진다. 만에 하나 핵전쟁이 터질 경우라면, 인류의 파멸을 부를 수 있다는 점을 오펜하이머는 걱정했고, 수소폭탄 개발에 소극적인 태도를 보였다 그의 핵심 주장을 옮겨본다.

끊임없이 대량 파괴라는 공격 전략용으로만 핵폭탄을 이해하거나, 일단은 소련보다 많이 만들어서 저장해야 한다는 생각은 잘못이다. 어차피 폭탄

이 이미 2,000개를 넘어 이제는 2만 개가 되더라도 전략적으로 도움될 것이 없다.[64]

오펜하이머가 이 글을 쓴 지 오랜 세월이 지났다. 미 과학자연맹에 따르면, 2023년 북한과 이스라엘을 포함한 9개 핵 국가에서 1만 2,500개의 핵무기를 보유 중이다. 이 가운데 미국이 5,244개, 러시아는 5,889개로, 둘을 합하면 전 세계 핵무기의 90퍼센트에 이른다.[65] 21세기의 핵폭탄이 지닌 파괴력은 엄청나다. 히로시마·나가사키에 떨어진 원폭은 그저 불꽃놀이의 폭죽 정도로 여겨질 정도다. 우리는 이른바 '핵 공포의 균형' 아래 언제라도 핵전쟁이 터질지 모르는 살얼음 위에서 살고 있는 상황이다. 평소에 잘 의식하지 않고 지낼 뿐이다.

아인슈타인, "편지 쓴 것, 평생을 두고 후회"

물리학자 알베르트 아인슈타인(Albert Einstein, 1879~1955)도 오펜하이머처럼 핵무기 개발과 사용에 신중한 입장이었다. 1939년 루스벨트 대통령에게 편지를 보내 나치 독일의 핵무기 개발 움직임을 경고하면서, '미국도 핵 개발을 서둘러야 한다'고 권유했다는 사실은 널리 알려져 있다. 그 편지는 아인슈타인의 옛 제자이자 같은 물리학자인 레오 실라르드가 쓴 것이었다(실라르드는 위에 나오듯이 1945년 '핵폭탄의 무인 지대 투하'라는 보고서를 썼다). '영향력을 지닌 명사의 서명이 필요하다'는 제자의 부탁을 받아들여 아인슈타인이 루스벨트에게 보낸 편지는 3년 뒤인 1942년 맨해튼 프로젝트로 빛을 봤다. 미국 핵 개발의 산파역이 된 셈이다.

아인슈타인은 미국의 핵 개발에 실무팀으로 참여하진 않았다. 하지만 루스벨트에게 핵 개발을 서두르라는 편지를 보냈다는 사실 때문에 반핵 평화주의자들로부터 두고두고 비난을 받았다. 그런 비난에 부딪힐 때마다 그는 후회하는 모습을 보이면서도 독일이 원폭을 먼저 개발할 가능성을 꼽았다. 아인슈타인은 숨지기 5개월 전인 1954년 11월, 프린스턴대학교 연구실로 찾아온 지인에게 이렇게 말했다.

> 루스벨트 대통령에게 원자폭탄을 만들도록 추천한 일은 내 평생을 두고 후회할 실수라네, 그렇지만 독일이 원자폭탄을 만들 수도 있었기 때문에 나는 그렇게 했다네.[66]

아인슈타인은 죽기 바로 몇 주 전에도 같은 말을 되풀이했다. 전쟁 뒤에도 친구로 남아 있던 독일 물리학자 막스 폰 라우에가 아인슈타인에게 '왜 백악관으로 편지를 보냈느냐'고 묻자, 그는 이렇게 말했다. "원자폭탄에 대한 걱정을 담아 루스벨트에게 보낸 편지는 순전히 히틀러가 먼저 폭탄을 만들 수도 있다는 걱정 때문이었다." 하지만 이에 덧붙여 아인슈타인은 '일본에 그 폭탄을 사용하지 못하도록 했어야 했다. 그런 노력을 나는 하지 못했다'고 자신을 책망했다.[67]

핵무기로 수많은 민간인이 죽게 된다는 사실을 떠올리면서, 아인슈타인은 지난날 루스벨트에게 편지를 보낸 것을 후회하게 됐다. 1945년 3월 25일, 루스벨트가 사망하기 직전에 아인슈타인이 두 번째 편지를 보냈다. "저는 핵무기 사용을 반대합니다. 제 생각에는, 전쟁 중에 사람을 죽이는 것은 일반적인 살인을 저지르는 것보다 조금도 나을 게 없습니다." 루스벨트는 그 무렵 건강이 좋지 못해 아인슈타인의 편지를 읽지 못했다. 4월 12일 루스벨트가 숨졌을 때 편지는 개봉되지도 않은 채 백악관 집무실 책상에 그냥 놓여 있었다. 루스벨트가 편지를 읽었다 해도, 또는 그 후임자 트루먼이 편지의 내용을 전해 들었다 해도, 상황은 바뀌지 않았을 것이다. '순진한 물리학자의 뒤늦은 제언'쯤으로 곧 잊혔을 것이다.

아프리카 벨기에령 콩고에서 우라늄 원석을 들여와 핵 개발에 나서려 했던 나치 독일은 개발에 실패했고, 앞서 보았듯 미국은 독일 패망 2개월 보름 뒤인 1945년 7월 16일 새벽 미 뉴멕시코주 사막에서 트리니티 핵실험에 성공했다. 그리고 20일 만에 미국은 서둘러 원폭을 투하했다. 그 소식을 듣자마자 아인슈타인의 입에서 나온 첫마디는 "비통하다!"였다. 그 뒤로 아인슈타인은 핵 폐기를 줄기차게 주장했다. 1955년 그가 숨지던 해엔 영국의 철학자이자 사회운동가 버트런드 러셀(Bertrand Russell)과 함께 '군비 축소로 전쟁을 막으려면 그 첫걸음으로 핵무기를 버려야 한다'는 선언문을 내기도 했다.

오펜하이머와 아인슈타인은 같은 유대인 출신의 물리학자이지만 나이 차이도 많았고 개성도 달랐다. 하지만 핵전쟁을 막기 위해선 핵의 투명성과 통제를 강화해야 한다는 생각은 같았다. 오펜하이머는 미국과 소련이 서로 신뢰 관계를 쌓아가야 한다고 생각했고, 현실적인 영향을 지닌 UN의 역할이 중요하다고 여겼다. 노년의 아인슈타인은 오펜하이머보다 급진적이었다. 각 국가의 안보를 법적으로 규정하는 '세계정부'의 수립을 외쳤다.

이 두 물리학자를 보는 미국 정부의 시각은 곱지 않았다. 전쟁 뒤 동서 냉전 시대가 펼쳐지면서 미국에 세차게 불었던 매카시즘 바람은 오펜하이머를 괴롭혔다. 그의 애국심을 의심한 그레이위원회는 혹독한 대질 심문을 거쳐 그의 보안 등급을 낮춰 미 정부의 핵 개발 정보에 대한 접근을 막았다. 아인슈타인은 감옥에 갈 각오를 했을 정도로 매카시즘에 노골적인 혐오감을 드러냈다. 하지만 그의 세계적인 명성을 고려했을까, 미 정부는 그를 체포하진 않았다. 이 둘은 평화주의 과학자였고, '핵의 과잉'을 걱정한 시대의 지성인들이었다.

"신이시여, 우리가 무슨 짓을 했나요?"

아인슈타인이나 오펜하이머처럼 생각이 깊은 물리학자들이 원폭 문제로 힘들어했다면, 실제로 원폭을 떨어뜨린 미군 조종사들은 어땠을까. 히로시마 원폭 투하를 다룬 다큐멘터리를 보면, B-29 폭격기에 붙은 '에놀라 게이(ENOLA GAY)'란 글자가 눈길을 끈다. 이 폭격기 지휘관 폴 티비츠(Paul Tibbets) 대령의 어머니가 결혼 전에 쓰던 이름이다. '에놀라 게이'는 '꼬마(little boy)'라고 이름 지어진 원폭을 싣고 히로시마로 떠났다. 이 다큐에서 특히 인상적인 것은 원폭 투하라는 엄청난 임무를 마치고 돌아온 한 미군 장교〔윌리엄 딕 파슨스(William Deak Parsons) 해군 대위〕인터뷰 장면이다.

무기 및 폭탄 담당인 파슨스 대위는 카메라 앞에서 이렇게 말한다. "그 폭탄이 드디어 투하됐습니다. 정확히 예정된 시각에 투하되었고, 예상했던 폭발이 일어났습니다." 여기까지 조리 있게 말하던 파슨스는 갑자기 고개를 옆으로 돌린다. 그러다 다시 카메라를 바로 보는가 싶더니 곧 비스듬히 고개를 돌리며 얼굴을 찌푸렸다. 그도 인간이기에 마음이 편치 않았을 것이다. 물리학자 로버트 오펜하이머가 '내 손에 피를 묻혔다'고 자책했던 것과 다를 바 없는 감정이 인터뷰 도중에 솟아오른 듯했다(파슨스는 해군 소장으로 있던 1953년 심장마비로 죽기 직전까지 가족끼리도 서로 오가며 오펜하이머와 매우 가깝게 지냈다).

당시의 상황을 자세히 담은 다이애나 프레스턴(Diana Preston, 영국 역사가)의 글을 보면, B-29 '에놀라 게이' 탑승자들은 핵폭탄 '꼬마'가 폭발하면서 낸 충격파에 휩쓸렸다. 앉은 자리에서 반쯤 밀려날 정도로 큰 충격을 받았고, 전신주와 크게 충돌하는 느낌이 들었다고도 했다. 정신을 차린 뒤 히로시마 상공으로 솟아오르는 거대한 버섯구름을 보면서, 후미 기총수 밥 캐런은 "아름다울 정도로 끔찍했다"라고 말했

핵폭탄이 떨어지기 전 히로시마 학교 아이들의 밝은 모습. 이 아이들에게 무슨 죄가 있을까.

다. 부조종사 루이스 대위는 그의 수첩에다 이렇게 적었다. "신이시여, 대체 우리가 무슨 짓을 한 것입니까?"[68]

히로시마 원폭 투하 작전에 함께했던 B-29 조종사 가운데 한 사람은 끝내 정신병동에 갇히는 불운한 삶을 살았다. 그의 이름은 클로드 이덜리(Claude Eatherly, 1918~1978). 1945년 당시 27세의 젊은 대위에게 주어진 임무는 '에놀라 게이'보다 1시간 앞서 B-29를 몰고 가 히로시마의 날씨를 점검하는 것이었다. 이덜리가 히로시마로 다가갔을 때 시내 바로 위 하늘은 구름 사이로 큰 틈이 갈라져 빛줄기들이 도시를 비추고 있었다. 이덜리의 부하 무전병은 암호로 폭격이 가능하다는 내용을 '에놀라 게이'에게 타전했다.

이덜리는 B-29를 몰고 티니언섬으로 돌아온 뒤 침묵과 우울 속에 파묻혀 여러 날 동안 아무와도 얘기를 나누지 않았다. 그는 전쟁피로증이란 진단을 받고 귀가 조치됐다. 제대하고 잠시 동안은 안정된 가정생활을 되찾아 가는 듯 보였으나, 밤이 되면 지옥 같은 악몽이 이 퇴역 조종사를 괴롭혔다. 시간이 흐르면서 술로도 더 이상 그 악몽을 씻어낼 수 없게 되었다. 극심한 불면증과 우울증으로 마침내 이덜리는 1950년 뉴올리언스의 한 호텔방에서 최초의 자살을 기도하기에 이른다.[69]

위 글을 쓴 윌프레드 버쳇(Wilfred Burchett)은 호주 출신의 언론인이다. 영국 《데일리 익스프레스》 기자로 서방 기자 가운데 히로시마에 가장 먼저 들어가 참혹한 피해 상황을 외부에 알렸다. 히로시마와 나가사키의 상황이 외부 세계로 알려지는 것을 바라지 않던 맥아더 사령부에게 버쳇 기자는 '요주의 인물'로 여겨졌다. 그가 히로시마의 참상을 보도한 뒤 도쿄로 돌아오자, 그를 강제로 군 병원에 입원시켰다. 히로시마에서 찍었던 필름이 담긴 그의 콘탁스 카메라가 사라져버린 것도 그때였다.

히로시마 원폭과 관련된 자책감으로 괴로워하다 스스로 목숨을 끊으려 했던 클로드 이덜리는 미 텍사스주 와코에 있는 재향군인병원의 정신병동에 입원했다. 그 뒤로도 다시 마음의 병이 도져 입·퇴원을 되풀이했다. 그 과정에서 히로시마 어린이 피해자들에게 보낼 돈을 훔치다 발각됐고 부인과도 이혼했다. 그의 부인은 이덜리가 자식들을 만나는 것까지도 막았다.

이덜리가 힘든 시간을 보낼 때 그의 손을 잡아준 사람은 독일의 사회철학자이자 작가인 귄터 안더스(Günther Anders, 1902~1992)였다. 폴란드계 유대인인 안더스는 라디오, TV 등 언론 매체와 원자폭탄을 비롯한 새로운 기술문명이 세계와 인간관계를 어떻게 바꾸었는지 등에 관심을 쏟아 한국에도 이름이 알려진 연구자다(안더스는 유대인 정치학자 한나 아렌트의 첫 남편이다. 하이데거의 제자로 있던 시절에 알게 된 한나 아렌트와 1929년에 결혼했지만, 1930년대의 혼란기에 헤어졌다. 아렌트는 1940년에 독일 유대인 출신 지식인인 하인리히 블뤼허와 재혼했다).

미국으로 망명해 뉴욕에 자리 잡은 반전 평화주의자 안더스는 이덜리가 느꼈던 '고통의 속죄적 성격'에 감명을 받아 그와 편지를 주고받았다. 그 과정에서 안더스는 그에게 히로시마 원폭이라는 '대량 학살의 임무를 맡겨 결국 그의 삶을 망쳐버린 체제'에 맞서 싸우도록 용기를 북돋워주었다.[70] 안더스의 격려에 힘입어 이덜리는 반전 평화주의자로서 활동하면서 그 나름의 속죄를 꾀했다. 히로시마의 원폭 피해자들과 서신을 주고받았고, 그 감동적인 편지 내용은 세계 여러 언론 매체에 실리기도 했다.

워싱턴의 권력자들에게 이덜리는 눈엣가시였기에 그를 군 정신병원에 가두고 나가지 못하게 했다. 그가 도망치자, 숨어 있던 그를 찾아 다시 붙잡았다. 그러곤 난폭한 정신병자들이 수용된 병동에 장기간 감금해버렸다. 그 뒤로 그의 정신건강은 더 악화됐고, 암 진단을 받아 1978년 그곳 군 병원에서 숨졌다. 이덜리는 B-29 조종사였다가 히로시마 악몽에 시달리면서 반전 평화주의자로 거듭났다. 하지만 국가로부터 미움을 받았다. 그의 불운했던 삶은 거대한 국가 시스템이 한 인간을 어떻게 쉽게 생매장할 수 있는가를 보여준다.

미국도 히로히토도 사과는 없었다

1945년 미국이 핵폭탄이라는 지옥문을 열어젖힌 뒤 1949년 소련도 핵 개발에 성공했고, 그 뒤로 지금껏 우리 인류는 핵전쟁의 현실적 위협 아래 살고 있다. 그래도 희망이 없진 않다. 2017년 UN 총회에서 100개국 이상이 서명하는 핵무기금지조약이 통과되고, 이를 위해 힘써왔던 비정부기구인 핵무기폐기국제운동(ICAN, International Campaign to Abolish Nuclear weapons)이 그해에 노벨평화상을 받았다. 미국은 1945년 그 위험한 판도라의 상자를 처음 열어젖힌 만큼 책임감을 지니고 핵 폐기에 앞장서야 하지만, 현실은 그렇지 못하다. 미국뿐 아니라 다른 8개 핵보유국들도 하나같이 핵무기금지조약을 외면하고 있다. 늦게라도 미국이 앞장선다면 상황은 크게 달라질 것이지만, 기대하기 어려운 이야기다.

세계전쟁사에서 처음으로 핵폭탄 사용을 명령했던 미 대통령 해리 트루먼은 죽을 때까지 원폭 사용에 대해 사과하거나 용서를 빈 적이 없다. 명분이야 어떠했든, 결과적으로 수십만 명의 비무장 민간인들을 학살한 미국의 반인도적 전쟁범죄(crimes against humanity)에 대해선 어떤 처벌도 없었다. 그렇기에 독일의 헤르만 괴링이나 일본의 도조 히데키가 '승자는 법관석에 앉고 패자는 피고석에 선다'는 투의 볼멘소리를 해댔다. 대형 인명 사고가 나면 누군가는 사과와 더불어 책임을

8월 6일 히로시마에 원폭이 떨어진 날에 맞춰 '핵전쟁을 멈추라'며 시위하는 일본의 반핵 평화주의자들

져야 마땅하지만, 원폭 피해에 대해선 지금껏 어느 미국 지도자도 사과하지 않았다.

미국의 원폭 투하 71년 만인 2016년 5월 27일, 버락 오바마(Barack Obama) 미국 대통령이 히로시마를 방문했을 때도 그랬다(그 전까지 현직 미국 대통령의 히로시마 방문은 없었다. 1984년 5월 지미 카터 전 대통령이 딸 에이미와 함께 히로시마로 갔을 땐 퇴임한 뒤였고, 조용히 다녀갔다. 2023년 5월엔 조 바이든 미 대통령이 G7 정상들과 히로시마 평화공원을 방문했지만, 다 함께 하는 헌화와 묵념으로 그쳤다).

오바마의 히로시마 방문 계획이 알려지자 관심이 쏟아졌다. 그가 미국의 원폭 투하와 관련해 어떠한 언행을 할지를 두고 일본 언론들은 추측성 기사들을 쏟아냈다. 아베 신조 당시 총리가 지켜보는 가운데 오바마는 히로시마 평화공원에서 원폭 희생자들에게 조화를 바쳤다. 그러나 미국의 원폭 사용에 대해선 사과의 뜻을 나타내진 않았다. 헌화를 한 다음에 으레 다른 사람들이 하는 것처럼 머리를 깊이 숙이지도 않았다. 헌화 뒤 연설에서 그가 히로시마에 온 것은 '전쟁에서 숨진 무고한 모든 희생자를 기억하기 위해서'라고 말했다. 히로시마 원폭 희생자만을 추모하기 위해 온 것이 아니라는 뜻이다. 그러면서 '핵무기 없는 세상을 만들자'는, 정치적 수사나 다름없는 말을 했다.

71년 전 구름 한 점 없는 맑은 아침 하늘에서 죽음이 내려앉고 세상이 바뀌었다. 우리는 왜 이곳 히로시마에 왔을까? 우리는 그리 멀지 않은 과거에 분출된 끔찍한 힘에 대해 곰곰이 생각하게 된다. 우리는 일본인 10만 명, 한국인 수천 명, 포로로 잡힌 미국인 12명을 포함해 죽은 사람들을 애도하게 된다. 지구촌은 히로시마 비극이 되풀이되지 않도록 대책을 세우고 책임감을 공유해야 한다. 핵무기 없는 세계를 만들자.[71]

오바마는 '죽은 이들을 애도한다'면서도 원폭으로 죽은 일본인 숫자를 10만 명으로 줄였다. 한국인의 숫자도 '수천 명'으로 줄여 잡았다 (실제로는 4만 명 추산). 숫자야 틀릴 수 있다고 치자. 더 중요한 것은 오바마가 사과를 하지 않았다는 것이다. 1970년 12월 7일 독일 총리 빌리 브란트(Willy Brandt, 1913~1992)가 폴란드의 유대인 추모비 앞에서 무릎 꿇고 눈물을 흘렸던 것과는 매우 대조적인 모습이었다. 일본인들이 그런 브란트의 모습을 오바마에게 기대할 염치는 물론 없겠지만, '그래도 속으론 혹시나 하며 기대를 품었다'고 한다. 하지만 허무하게 돌아서야 했다.

오바마는 히로시마를 방문하기 7년 전(2009년 4월) 체코 프라하에서는 다른 모습을 보였다. '핵무기 없는 평화로운 세상을 만들자'는 요지의 연설을 하면서, '핵무기를 사용한 적이 있는 유일한 나라로서 미국은 도의적 책임이 있다'며 우회적인 유감의 뜻을 나타냈다. 프라하 발언 뒤 그해 오바마에게 노벨평화상이 주어졌다. '오바마가 상을 받을 자격이 있느냐'를 둘러싸고 당시 논란이 따랐던 것이 지금도 기억에 남는다.

히로히토, "히로시마 원폭, 어쩔 수 없었다"

진심 어린 사과가 없기는 히로히토도 마찬가지였다. '일격 강화론'(미군에게 일격을 가해 유리한 조건으로 강화를 이끌어낸다는 논리)을 내세우며 질 게 뻔한 전쟁을 질질 끌다가 그의 '신민(臣民)' 수십만 명이나 죽었지만, 그는 1989년에 죽을 때까지 사과하지 않았다. 히로히토는 그가 신민이라 여기는 일본 시민들에게 자신의 책임 아래 이뤄졌던 일제의 침략전쟁과 그에 따른 극심한 고통과 희생에 대해 사과를 했을까? 특히 히로시마·나가사키의 원폭 희생자들에게 용서를 빌었을까? 그렇지 않다. 히로히토는 패전 30년 만인 1975년 10월 국빈으로 미국에 간 적이 있다. 제럴드 포드(Gerald Ford) 대통령(워터게이트 사건으로 물러났던 닉슨의 후임자)을 만난 자리에서 히로히토는 에둘러 '사과성' 발언을 했다. 일본이 일으켰던 아시아·태평양전쟁을 가리켜 '내가 매우 슬프게 생각하는 그 불행한 전쟁'이라며 그 전쟁에 휩쓸려 죽은 미국인들의 희생에 대해 '깊은 슬픔'을 나타냈다.

하지만 미국인들이 기대했던, '침략전쟁을 벌인 것은 내 잘못이었다'거나, '전쟁범죄를 저질러 죄송하다'는 사죄는 뚜렷이 담겨 있지 않았다. 그런 뒤 히로히토가 보여준 태도가 논란이 됐다. 캘리포니아 디즈니랜드에서 미키 마우스와 함께 싱글거리며 돌아다녔다. 그 모습을 사진으로 보는 미국의 전쟁 희생자 유가족들은 마음이 착잡했을 것이다.

귀국길에 히로히토는 TV 카메라들이 늘어선 자리에서 기자회견을 했다. 그 자리에서 누군가 물었다. "당신의 지난날 전쟁 책임에 대해 어떻게 생각하는지요?" 히로히토가 도쿄 극동국제군사재판에서 기소되지 않고 넘어간 뒤로도 줄곧 따라다니던 부담스러운 주제를 공개적으로 건드리는 질문이었다.

심리학에서 '잊고자 하면 잊혀진다'는 말이 있다. 히로히토에겐 그런 말이 쉽게 통했을까? 아니면, 시간이 많이 흘러 더 이상 심각하게 생각하지 않던 주제였을까? 기습적으로 전쟁 책임에 대한 질문을 받자, 히로히토의 얼굴이 굳어졌다. 불편한 질문이 이어졌다. '히로시마 원폭 투하를 어떻게 보느냐'는 질문이었다. 그러자 히로히토가 더듬거리며 내놓은 대답은 많은 사람들을 실망시켰다.

(전쟁 책임이라는) 그런 말의 표현법에 대해서는, 문학 방면에 대해 별로 연구한 바가 없어 잘 모르기 때문에, 질문에 답할 수가 없습니다. 원자폭탄이

떨어진 것에 대해 유감스럽게 생각합니다만, 히로시마 시민들에게는 안된 일이지만, 전쟁 중이었기 때문에 어쩔 수 없는 일이었다고 생각합니다.[72]

히로시마 원폭이 하늘에서 그냥 떨어진 것이 아니다. 히로히토를 비롯한 일본의 침략전쟁의 부산물이었다. 미국의 입장에서 원폭 투하는 일제의 침략전쟁과 그에 따른 전쟁범죄에 대한 응징이었다. 미국 트루먼 대통령이 원폭 투하 결정을 내림으로써 비무장 민간인을 대량 살상했다는 비난을 받아 마땅하지만, 그런 끔찍한 무기가 일본에 떨어진 데엔 히로히토의 책임도 컸다. 이미 전세가 기울 대로 기운 상태임에도 히로히토는 '일격 강화론'을 고집하며 항복을 늦추다 원폭 두 방을 맞았다. 히로히토는 자신의 책임을 인정하고 사과해야 마땅했다. 그런데 고작 한다는 말이 전쟁 중이었기에 어쩔 수 없다? 히로히토의 이 말에 대해 많은 사람들은 실망을 느낄 수밖에 없었다.

일본인들은 지난날의 전쟁범죄를 잘 인정하려 들지 않는다. 오히려 "우리가 전쟁 피해자"라고 말한다. 이른바 '피해자 코스프레'를 하는 배경으로는 전쟁 말기, 특히 1945년 8·15 항복 직전까지 겪었던 엄청난 고난의 기억이 깔려 있다. 이는 패전 뒤의 독일과 닮았다. 히틀러를 지지함으로써 나치의 집권이 가능하도록 했던 독일 국민들이지만, (나치가 저질렀던 전쟁범죄의 공범이란 인식보다는 전쟁 말기 연합군의 공습으로 비롯된) 피해의식도 함께 지녔던 것이 사실이다. 하지만 독일은 전쟁범죄를 사죄하고 배상하는 길을 걸어왔다. 이것이 큰 차이다. 패전 뒤 일본인들의 의식을 다룬 가토 요코(加藤陽子, 도쿄대 교수, 일본 근현대사)의 글을 보자.

일본인은 전쟁의 책임을 솔직하게 사죄해야 하지만, 이것이 잘 안 되고 있다. 그 정서적 배경에는 패전까지 1년 동안 체험한 비참했던 경험이 있다.

'나도 아주 힘들었다'고 생각하는 것이다. 전쟁의 비극을 생각할 때 이런 생각이 남아 있을 수 있다. 이런 생각은 일본이 아시아 각국에 머리를 숙이며 솔직하게 사과하는 것을 방해하는 것 같다.[73]

위 글에서 많은 일본인들이 '나도 아주 힘들었다'고 하는 피해자 의식 밑바닥엔 도쿄 대공습, 특히 두 방의 원자폭탄을 맞은 기억이 강하게 깔려 있다. 일본계 미국인 역사학자 하세가와 쓰요시는 "그 피해의식이야말로 일본인들이 과거 자신들의 군국주의, 식민정책, 침략을 직시하고 진지한 윤리적 책임을 공유하는 것을 막아왔다"라고 지적했다.[74] 야스쿠니 신사를 드나드는 일본 극우들은 이런 문제점을 지적하는 일본의 양심적인 지식인들에게 '자학(自虐)하지 말라'고 윽박지르곤 한다. 침략전쟁으로 말미암아 일본인 자신들이 겪은 피해보다 훨씬 더 큰 피해와 고통을 아시아 지역 사람들에게 안겨주었다는 반성적인 역사 인식을 지니지 못한 모습이다.

6부
정의가 없는 전범재판

1장
전범재판은
'승자의 재판'인가

끔찍한 전쟁범죄는 사형 언도로도 그 죄를 씻기 어렵다.
똑같이 전쟁범죄를 저질러도 전승국 지도자들이 전범재판으로 처벌받은
사례가 없다. 전범재판 법정에서 승자는 판사석에 앉고 패자는 피고석에 앉는다.
전범재판은 '승자의 재판'일 수밖에 없는가.

독일 출신의 정치이론가 한나 아렌트(Hannah Arendt, 1906~1975)는
독일 나치 정권의 박해를 피해 제2차 세계대전이 한창이던 1941년
프랑스를 거쳐 미국으로 도망쳐 목숨을 건졌다. 『전체주의의 기원』
(1951), 『인간의 조건』(1958), 특히 화제를 모은 『예루살렘의 아이히만』
(1963) 등의 책이 번역돼 한국에도 이름이 알려진 유대인 혈통의 지식
인이다.

나치 독일에 그냥 머물러 있었다면 전쟁범죄의 희생양이 될 뻔했
던 아렌트는 '나치의 전쟁범죄'를 어떻게 생각했을까. 아렌트는 실
존철학자로 이름이 알려진 그녀의 스승 카를 야스퍼스(Karl Jaspers,
1883~1969)와 1926년부터 야스퍼스가 타계할 때까지 40년 넘게 편지
를 주고받았다. 1946년 뉘른베르크 국제군사재판이 한창 벌어지고 있
을 무렵, 그녀는 야스퍼스에게 띄운 편지에 이렇게 썼다.

나치 독일이 저질렀던 전쟁범죄는 너무나 끔찍해서 어떤 형벌도 그 죄를 다스리기엔 충분하지 못하다. 헤르만 괴링이 저질렀던 죗값으론 교수형이 전혀 맞지 않는다(너무 가볍다). 나치 전범자들이 뉘른베르크 법정에서 점잔을 빼는 것은 바로 그런 이유 때문이다.[1]

같은 편지에서 아렌트는 뉘른베르크 국제군사재판소에서 거들먹거리며 재판을 받았던 헤르만 괴링(Hermann Göring, 1893~1946)에 대한 분노를 숨기지 않았다. 괴링은 나치 돌격대를 창설해 독일을 경찰국가로 만들었고 독일 공군을 지휘했던 나치 독재 체제의 2인자였다. 아렌트는 뉘른베르크 재판이 괴링에게 교수형을 언도하는 것으로 끝날 걸로 봤다. 이런 예측은 당시 많은 사람들도 했던 것이지만, 그녀는 괴링이 저질렀던 죄악에 견주어 교수형은 오히려 가벼운 형벌이라 여겼다. 사형이 법정 최고형이긴 하지만, 괴링이 저질렀던 죄의 무게는 단 한 번의 사형으로 덜어낼 수 없다는 생각을 했다.

'나치 전범자들이 뉘른베르크 법정에서 점잔을 **뺀다**'는 아렌트의 지적에서 생각나는 일본 전범자가 있다. 난징 학살(1937)의 책임을 물어 중국 법정에서 총살형을 언도받은 다니 히사오(谷壽夫, 일본군 6사단장, 중장)다. 1947년 4월 26일 다니가 처형되는 모습을 보려고 희생자 유가족을 비롯한 수많은 사람들이 난징 남쪽의 형장으로 몰려갔다. 그날 처형 현장에 있던 중국인들의 심정은 어땠을까. 내 가족을 끔찍한 고통 끝에 죽인 전쟁범죄의 책임자를 총알 몇 방으로 숨을 거두도록 하는 것이 너무 편하고 가벼운 형벌이 아닐까 생각했을 법하다.

플라톤, "정의는 승자에게 더 이로울 뿐"

우리 인류가 치른 최대의 전쟁인 제2차 세계대전에서 적어도 5,000

만 명이 목숨을 잃었다. 이들 희생자의 상당수는 전쟁범죄로 말미암아 생목숨을 빼앗겼다. 제2차 세계대전이 끝나고 나치 독일의 전쟁 지도부는 뉘른베르크 국제군사재판에서 12명이, 일본제국주의의 지도부는 도쿄 극동국제군사재판을 통해 7명이 각기 처형됐다. 그리고 또한 많은 하급 전범들이 일련의 재판을 거쳐 처벌을 받았다.

그러나 전쟁범죄 혐의로 유죄판결을 받아 처형된 독일·일본의 정치·군사 지도자들 다수는 스스로를 '승자의 정치적 재판'의 희생자라고 여겼다. 왜 그랬을까. 전쟁 과정에서 승자든 패자든 가릴 것 없이 오로지 승리라는 목표 달성을 위해 무차별 살상 행위(전쟁범죄)를 벌였는데, 패자만이 법정 피고석에 서야 했기 때문이다. 따지고 보면 이런 '승자 재판'이라는 불만은 터무니없는 것은 아니다.

독일은 함부르크 같은 주요 공업 도시는 말할 것도 없고 드레스덴 공습(1945년 2월) 등으로, 일본은 도쿄 대공습(1945년 3월 10일)과 두 방의 핵폭탄(1945년 8월 6일과 9일)으로 많은 민간인들이 죽었다. 그런데도 전쟁범죄로 처벌받은 쪽은 패전국 지도자들이었다. 전승국의 지도자는 처벌을 비껴갔다. 20세기의 여러 전쟁을 살펴봐도 예외가 없다. 그렇기에 '전범재판은 곧 승자의 재판'이라는 말이 줄곧 이어져왔다.

'전쟁터가 법을 결정한다(Battlefields determine the law)'. 한 국가의 정책 결정이 합리적이라 여기며, 특히 힘(power)을 중시하는 현실주의 국제정치학자들의 주장이다. "이긴 자가 역사를 쓴다"라는 옛말과 같다. 조선 시대에 동인이냐 서인이냐로 갈리고, 소론이냐 노론이냐로 갈려 붕당정치(朋黨政治)를 할 때도 그랬다. 때로는 피비린내 나는 살벌한 사화(士禍)를 겪는 당쟁에서 '이기면 충신, 지면 역적'이 됐다. 일본에도 비슷한 말이 있다. "이기면 관군이고 지면 반군이다." 메이지유신(1868) 무렵에 일어났던 에도 막부(江戶幕府)와 교토 국왕 세력 사이의 보신전쟁(戊辰戰爭, 1868)을 치르면서 나온 자조적인 말이다. 정한론

일본이 항복했다는 소식에 기뻐하는 하와이의 미군 병사들

(征韓論)을 주장했던 사이고 다카모리 일파의 반란으로 벌어졌던 세이
난전쟁(西南戰爭, 1877) 때도 그런 말들이 떠돌았다.

전범재판이 승자의 재판이라 보는 것은 그 역사적 뿌리가 깊다. 플
라톤의 대화편 가운데 가장 널리 알려진 『국가(Politeia)』에서 소피스트
인 트라시마코스(Thrasymachus)는 '올바름', 곧 정의(正義)의 개념을 놓
고 소크라테스와 토론을 벌이면서 이렇게 말한다. "저로서는 올바른
것이란 더 강한 자의 편익(이득) 이외에 다른 것이 아니라고 주장합니
다."[2] 트라시마코스의 말은 "정의는 강한 자에게 유익한 것 외에 다른
것이 아니다"라고 번역되기도 한다.[3] 이를 전쟁 상황으로 풀어 쓰자
면, '싸우는 어느 쪽에서나 스스로를 정의롭다고 여기는 점에선 모두
똑같다. 다만 승자에게 더 이로울 뿐'이라는 주장이 될 것이다. 정의롭
다고 주장할 권리는 승자가 갖는다는 얘기가 된다. 패자는 스스로를
정의롭다고 여기더라도 주장할 권리가 없다.

칸트, "정의는 전쟁의 승패가 결정한다"

플라톤보다 더 직설적으로, 독일 철학자 임마누엘 칸트(Immanuel Kant, 1724~1804)는 일찍이 그의 『영구평화론(Zum ewigen Frieden)』 (1795)에서 '정의는 누가 그 전쟁에서 이겼느냐로 판가름된다'면서, 폭력으로 승패가 가름되는 전쟁의 냉혹한 성격을 말한 바 있다.

전쟁은 각 국가가 폭력으로써 자신의 권리를 주장하는 자연 상태(이 경우 적법한 판결을 내릴 수 있는 법률 기관은 없다)에서의 비참한 호소 수단인 까닭에, 어느 쪽이 부당한가를 가려낼 방도가 없다(왜냐하면 이것은 이미 재판관의 판결을 전제로 하는 것이기 때문이다). 다만 그러한 결정 대신에 싸움의 결과만이 (소위 '신의 판결'에 의해 주어지듯이) 어느 쪽이 정당했던가를 가름해준다.[4]

칸트의 이 말을 풀어 쓴다면, 17세기 영국의 사상가 토머스 홉스(Thomas Hobbes, 1588~1679)가 말했듯이, 전쟁은 자연 상태나 마찬가지로 모든 인간·국가들 사이의 폭력적인 투쟁이다. 그런 전쟁에서 어느 쪽이 정의로운가 아닌가를 판단하기는 어렵다. 교전 쌍방 어느 쪽도 처음부터 '정의로운 군대' 또는 '불의(不義)의 군대'라고 일컬어질 수 없다. 어느 쪽이 정의로운 군대였나를 결정하는 것은 전쟁의 승패 여부 그 자체다. 전쟁에서 이긴 국가는 정의롭다고 주장할 수 있고, 패전국의 '불의'를 전범재판이란 형태로 처벌할 수 있게 된다.

"전쟁의 승자는 언제나 재판관이 되고, 패자는 피고석에 선다." 아돌프 히틀러에 이어 나치 독일의 2인자였던 헤르만 괴링이 뉘른베르크 국제전범재판에서 폈던 주장이다. 비밀경찰(게슈타포)을 조직했고 공군최고사령관 출신인 괴링은 교수형을 언도받은 날 밤(1946년 10월 15

일) 숨겨두었던 청산칼륨을 삼키고 스스로 목숨을 끊었다. 그는 죽는 순간까지 뉘른베르크 재판은 정치적 재판이라고 여겼고, '독일이 전쟁에서 이겼다면, 처칠이나 루스벨트가 법정에 서야 했을 것'이라 믿었다. 실제로 전쟁범죄를 다루는 재판들에서 정치적 성격을 지우기는 어렵다. 미 연방최고법원 판사로 뉘른베르크 군사재판의 미국 쪽 수석검사를 맡았던 로버트 잭슨(Robert Jackson)은 이런 회고담을 남겼다.

> 기소할 것인가 말 것인가, 기소한다면 얼마만큼의 형량을 매길 것인가는 결국 정치적 판단에 따를 수밖에 없었다. 그런 결정은 미 대통령이 내렸다. 나는 법적인 절차에 따라 재판을 마무리 짓도록 요청받았을 뿐이었다.[5]

앞에서 살펴본 문제점에도 불구하고 현실적으로 전범재판은 필요하다. 어떤 이유에서 그럴까. 발칸반도의 보스니아 내전이 끝난 뒤인 1997년 헤이그의 유고 전범재판소(ICTY, International Criminal Tribunal for the former Yugoslavia)를 방문했던 매들린 올브라이트(Madeleine Albright, 당시 미 국무장관)는 "(전범재판을 통한) 정의는 법의 지배를 강화하는 데 필수적'이라 주장했다. 전쟁범죄자들을 처벌해야 하는 까닭을 두고 그녀는 '전쟁범죄 희생자 가족들의 비통함을 달래줄 뿐만 아니라, 어느 날엔가 다시 폭력이 일어날 것이란 걱정 없이 나토평화유지군이 보스니아를 떠날 수 있도록 해준다"라고 말했다.

1990년대 전반기의 보스니아 내전에 이어 같은 발칸반도의 코소보에서 1990년대 말 내전이 터져 많은 인명 피해가 생겼고 다시 나토가 개입했다. 올브라이트는 '20세기 발칸의 마지막 전쟁'이라 불리는 코소보전쟁이 막 끝나고 나토평화유지군이 코소보로 진주했던 1999년 7월, 코소보 주도 프리스티나에서 이렇게 말했다. "정의는 평화의 어버이(justice is a parent to peace)라고 믿는다." 전쟁범죄자들을 엄하게 처벌하는 것이 평화를 보장하는 길이란 뜻이다. 그녀는 전범재판이 '힘의 법(law of force)이 아니라 법의 힘(force of law)'으로 갈등을 해결하는 하나의 모델이라 여겼다.

E. H. 카, 아롱, 키신저, "정치란 윤리가 아니다"

미 조지타운대 국제관계학 교수 출신인 올브라이트는 정치학 교과서에 나올 법한 어록을 남겼다. 하지만 현실주의 계열의 일부 국제정치학자들은 "전쟁범죄 재판이 반드시 평화를 이끌어내는 것은 아니다"라는 주장을 편다. 두 차례에 걸친 세계대전의 참상을 가까이에서 봤던 E. H. 카, 레몽 아롱, 그리고 헨리 키신저 같은 이론가들은 이렇게 말한다. "전쟁범죄 재판으로 상징되는 법의 힘이 국제정치 질서를 바로잡아가는 생산적인 역할을 하는 데는 한계가 있다." 앞에서 올브라이트가 했던 주장과 어긋난다.

영국의 정치학자이자 역사가 E. H. 카(Edward Hallett Carr, 1892~1982)는 제2차 세계대전의 광풍이 몰아치기 바로 직전인 1939년에 쓴 책 『20년의 위기, 1919-1939(Twenty Years' Crisis: 1919-1939)』에서 "정치란 (이상주의자들이 보듯) 윤리적 기능이 아니다"라고 주장했다. 현실주의자인 카의 논리에 따르면, 정치는 정치 나름의 윤리가 있지만, 그것은 교과서에서 말하는 윤리학과는 거리가 있다는 것이다. 따라서 카는 제1차 세계대전에서 패했던 독일 황제 빌헬름 2세를 전쟁범죄자로 처벌해야 한다는 주장은 말도 안 되는 짓거리라고 보았다(빌헬름 2세는 1918년 11월 국왕 자리를 내놓고 네덜란드로 몸을 피했고, 네덜란드는 빌헬름 2세를 내놓으라는 전승국들의 요구를 받아들이지 않았다).

독일 통일의 주역이자 철혈재상으로 이름난 오토 폰 비스마르크(Otto Eduard Leopold von Bismarck, 1815~1898)도 일찍이 카와 같은 생각을 했다. 그는 1871년의 보불전쟁(프로이센-프랑스 전쟁) 승리 뒤, 패전국 프랑스를 다스려왔던 나폴레옹 3세를 전범재판에 부쳐야 한다는 일부의 주장을 코웃음 치며 받아들이지 않았다(전쟁 중 그를 포로로 잡고도 풀어주었다). 비스마르크가 제1차 세계대전 때까지 살아 있었다면, 그래서 독일 황제 빌헬름 2세를 전쟁범죄 책임자로 처벌하려는 전승국들의 움직임을 들었다면, 크게 화를 냈을 것이다.

현실주의자들은 국제기구나 국제 협력보다는 한 국가가 지닌 힘(power)을 중심으로 국제정치를 바라본다. 그들은 전쟁범죄 단죄가 전쟁 뒤 새 정치 질서를 잡아가는 데 도움이 되지 않는다고 여긴다. 전범단죄는 또 다른 정치 갈등의 씨앗을 뿌릴 따름이라는 논리다(이런 주장을 2003년 미국의 이라크 침공 뒤 벌어졌던 사담 후세인 재판에 적용한다면, 후세인을 전범으로 처형하면 수니파들의 반발이 클 것이고, 이라크는 다시 정치적 혼란에 빠질 것이란 주장이 된다. 실제로 상황은 그렇게 흘러갔다).

현실주의 정치인이자 학자였던 헨리 키신저(Henry Kissinger, 1923~2023, 전 미 국무장관)도 카의 견해가 옳다고 여겼다. 그의 방대한 저작인 『외교(Diplomacy)』(1994)는 국제정치의 여러 주요 주제를 다루었다. 그런데 이 책은 제2차 세계대전 마무리의 주요 절차였던 뉘른베르크 재판에 대해선 언급조차 없다. 키신저는 19세기 초 나폴레옹이 전쟁에서 패한 뒤의 유럽 정치 상황을 분석한 다른 책에서, 유럽의 새로운 국제질서를 다듬은 '빈 회의(Congress of Vienna)'에 모인 전승국들이 나폴레옹을 전쟁범죄자로 몰아 처형하지 않고 '관대한 조치'(세인트 헬레나 섬으로의 유배)를 취한 것을 높게 평가했다.

적이 없는 전쟁이란 생각할 수가 없다. 전쟁은 적을 벌하고 싶다는 유혹(temptation of war to punish)을 느끼지만, 정치의 임무는 (전후 새로이 안정된 국제질서의) 건설이다(the task of politics to construct). 힘은 (패자를 벌하

느냐 마느냐의) 현실적 판단 위에 서 있지만, 정치는 미래를 내다봐야 한다.[6]

키신저는 적국의 지도자를 전쟁범죄자로 몰아 보복하고, 더구나 패자를 전쟁범죄자로 심판하는 것은 또 다른 증오와 분쟁의 씨앗을 뿌릴 것이라고 본다. 전쟁범죄는 반드시 처벌받아야 한다는 도덕적 판단에 얽매이거나 개인적 감정 차원에서 패전국의 지도자를 전쟁범죄자로 몰아 처벌하는 것은 평화와 안정을 해친다는 것이 키신저를 비롯한 현실주의자들의 시각이다. 20세기 프랑스의 대표적인 자유주의 우파 성향의 지식인 레몽 아롱(Raymond Aron, 1905~1983)도 "전쟁범죄자들을 처벌한다는 위협은 전쟁을 더 잔인해지도록 만들 뿐"이라고 믿었다. 국제정치학 관련 저서인 『평화와 전쟁(Paix et guerre entre les nations)』(1962)에서 아롱이 편 논리는 이러했다.

> 한 국가의 정치인들이 그들의 모든 저항 수단을 다 써버리기 전에, 적국이 자신들을 전쟁범죄자로 여기면서 전쟁이 끝난 뒤 전범재판에 회부할 것이란 사실을 알게 될 경우, 그들은 항복할 것인가? 그렇지 않다. 적국 지도자들을 전범재판으로 몰아넣으려 한다면, 그들은 스스로를 지키겠다는 헛된 희망을 품고 국민들의 생명과 재산을 희생하면서 전쟁을 끌어갈 것이다. 따라서 전쟁범죄를 저지른 적국 지도자들을 재판에 부치지 않고 보호하는 것은 비도덕적이긴 하지만 아주 현명한 일이다.[7]

현실주의 정치학자들이 전쟁범죄 처벌을 반대하는 이유는 '전쟁범죄 처벌이 평화를 앞당기기는커녕 전쟁을 더욱 끌어가고 전쟁 양상도 더 참혹해지도록 만든다'고 판단하기 때문이다. 하지만 국제사회의 현실을 돌아보면 힘의 논리가 법을 누르는 약육강식의 무정부 상태나 다름없다. 이스라엘처럼 전쟁범죄를 저지르고도 '실수'라고 우기거나,

일본처럼 난징 학살이나 위안부 납치 따위 없었다며 지난날의 전쟁범죄를 아예 부정하기 일쑤다. 그렇기에 전쟁범죄를 저질렀다면, 재판에 부쳐져 벌을 받아야 마땅하다. 문제는 전승국 지도자들은 전범 처벌을 비껴간다는 것이다.

"내가 법정에 선 것은 전쟁에서 졌기 때문"

독일의 헤르만 괴링과 일본의 도조 히데키가 국제재판을 거쳐 전쟁범죄자로 낙인찍혀 죽은 뒤 80년 가까이 흐르는 동안 여러 건의 전범재판들이 벌어졌다. 이 재판의 공통점은 법정에 선 자들이 하나같이 패전국(약소국) 지도자들이라는 점이다. 민간인들의 손목을 도끼로 마구 잘랐던 아프리카 시에라리온 반군 혁명연합전선(RUF, Revolutionary United Front) 지도자 포데이 산코(Foday Sankoh, 2003년 폐경색으로 옥사), 발칸반도(보스니아와 코소보)에서의 인종청소와 집단 학살을 지휘한 혐의로 헤이그의 유고 전범재판소 법정에 섰던 유고슬라비아 대통령 슬로보단 밀로셰비치(Slobodan Milošević, 2006년 심장마비로 옥사), 2003년 미국의 이라크 침공으로 몰락한 이라크 대통령 사담 후세인(Saddam Hussein, 2006년 12월 30일 교수형)이 그러했다.

밀로셰비치나 후세인은 죽을 때까지 '이 재판은 미국과 서방의 정치적 도구'라는 신념을 꺾지 않았다. 이들은 스스로를 '역사의 패자(敗者)'로 평가하면서도, 그 자신이 전쟁범죄자임을 부인했다. 그런 사례는 한둘이 아니다. 이들 모두 독일의 헤르만 괴링이나 일본의 도조 히데키처럼 자신들이 전쟁에서 이겼다면 전범재판 피고석에 설 일은 없다고 여겼다.

1990년대 초 서부 아프리카의 시에라리온에서 반란을 일으켰던 RUF 지도자 포데이 산코도 스스로를 전쟁범죄자로 여기지 않았다.

지난 2000년 봄 시에라리온 현지에서 산코를 인터뷰했을 때, 그는 이렇게 주장했다. "분명히 말하지만, 나는 비전투원인 시민들의 손발을 자르라고 명령하지 않았다. 시민들을 죽거나 다치게 하려고 내가 혁명을 시작한 게 아니다." 그런 불상사는 마음먹은 것보다 통제가 쉽지 않은 '혁명'의 과정에서 생겨난 우발적인 사건이었을 뿐이라 주장했다 (산코는 인터뷰 20일 뒤 붙잡혀 재판에 넘겨졌다).

전범재판은 '승자의 재판' 성격을 지닌다. 전쟁범죄자로 몰린 패전국 지도자들의 시각에선 억울하고 답답한 측면이 분명히 있다. 전쟁 과정에서 승자든 패자든 가릴 것 없이 오로지 승리라는 목표 달성을 위해 무차별 살상 행위를 벌였는데 패자만이 법정에 서야 한다는 것을 인정하기 어렵다. 전쟁범죄 단죄가 정치적인 성격을 지녔다고 해서 그들이 저질렀던 전쟁범죄가 정당하거나 합리화될 수 있는 것은 물론 아니다.

2010년 루게릭병으로 타계한 토니 주트(Tony Judt, 전 뉴욕대 교수, 역사학)는 유대인이면서도 이스라엘의 팔레스타인 억압통치를 비판했던 역사학자다. 『전후 유럽 1945~2005(Postwar: A History of Europe Since 1945)』를 비롯한 여러 명저를 남겼다. 그는 나치 전범재판의 성격을 이렇게 풀이했다.

> 나치에 대한 재판이 독일인들의 정치적·도덕적 재교육에 얼마나 기여했는지는 알기 어렵다. 많은 사람들은 그 재판들이 '승자의 재판'이라고 분개했으며, 실제로 그것은 승자의 재판이었다. 그렇지만 동시에 명백한 전쟁범죄를 저지른 진짜 범죄자들에 대한 실제 재판이기도 했으며, 미래의 국제재판에 중요한 판례가 되었다.[8]

강대국은 전범 처벌을 받지 않는다

전쟁포로들을 전리품처럼 여기고 노예로 팔아넘기는 것을 당연하게 여기던 옛날과는 달리, 전쟁범죄 방지와 관련한 현대의 국제법 체계는 그런대로 잘 잡혀 있다. 헤이그협약(1899), 제네바협약(1949)과 추가 의정서(1977), 국제형사재판소(ICC, International Criminal Court)의 법적 바탕인 로마 규정(1998)에 이르기까지 전쟁과 관련한 여러 법안들이 잇달아 나왔다. 그러면서 '전쟁범죄를 저지르면 안 된다'는 인식만큼은 널리 퍼져 있다. 하지만 현실에서 지켜지질 않는 게 문제다.

역사적으로 전승국(강대국)의 정치·군사 지도자들이 전범재판으로 처벌받은 사례가 없다. 전쟁을 벌이면서 쌍방이 서로 비슷한 정도의 범죄를 저질렀어도 전범재판은 패자 또는 약자를 피고석에 앉혔다. 그렇기에 '전범재판은 승자의 재판'이란 말이 생겨났다. 제2차 세계대전을 마무리한 뉘른베르크 재판이 그랬고 아시아·태평양전쟁의 도쿄 재판이 그랬다. ICC에 전쟁범죄자로 기소되는 이들은 하나같이 권력에서 밀려난 사람이거나 패전국 또는 아프리카 같은 약소국의 지도자들이다. 그래서 아프리카에선 ICC가 '선별적 정의'를 추구하는 '국제백인재판소(International Caucasian Court)'라고 비난하면서 ICC를 탈퇴하자는 움직임조차 보일 정도다.

이와는 달리, 강대국 지도자들은 전쟁범죄라는 비판을 받으면 부인하거나 '실수'였다고 발뺌해왔다. 특히 미국, 그리고 미국과 강력한 동맹 관계에 있는 이스라엘이 그러하다. 2003년 이라크를 침공해 전쟁에 관한 국제법을 어겼던 미국의 전쟁 지도부는 ICC 피고석 근처에도 가질 않았다. 2024년 5월 카림 칸(Karim Ahmad Khan) ICC 수석검사는 2023년 10월부터 지중해 변 가자(Gaza) 지역의 팔레스타인 민간인들을 폭격으로 마구 죽인 혐의로 이스라엘 지도자(베냐민 네타냐후 총리,

요아브 갈란트 국방장관)에게 구속영장을 청구했지만, 이들이 ICC 피고석에 서는 모습을 볼 가능성은 0퍼센트에 가깝다.

현실적으로 미국과 이스라엘, 이 두 나라는 전쟁범죄 재판에서 예외적인 존재로 남아 있다. 미국의 정치·군사 지도자들이 21세기 들어와 아프가니스탄, 이라크, 시리아 등지에서 이른바 '테러와의 전쟁'을 벌인다면서 저질렀던 전쟁범죄 목록은 결코 짧지 않다. 걸핏하면 이웃 국가들, 그리고 팔레스타인을 공격해온 중동의 군사 강국 이스라엘도 마찬가지다. 강대국인 미국의 지도자들, 그리고 미국의 최우선 동맹국인 이스라엘의 지도자들을 전쟁범죄자로 몰아 법정에 세울 주체가 없거나, 있다 해도 약하다. 이런 현실적 배경 아래서 사람들은 전범재판을 가리켜 '승자의 정의에 따른 절차'라는 냉소적인 해석을 다시금 내리게 된다.

2장
미국의 각본대로 움직인
도쿄 전범재판

미국은 침략전쟁의 총책임자 히로히토 일왕에게 면죄부를 주었다.
점령 통치의 불안정을 피하고 냉전체제 아래 일본을 '친미 반공 국가'로
삼으려 했다. 그렇기에 도조 히데키의 전쟁범죄 처벌에만 집중했다.
도쿄 재판은 '미국의, 미국에 의한, 미국을 위한 승자의 재판'이었다.

2022년 7월 선거유세를 하다가 사제 총탄에 죽은 아베 신조(安倍晋
三) 전 총리는 도쿄 전범재판에 매우 비판적인 태도를 보였다. "지난
대전(아시아·태평양전쟁)에 대한 총괄은 일본인의 손에 의한 것이 아니
라, 도쿄 재판이라는 이른바 연합국 측이 승자의 판단에 따라 단죄한
것이라 생각한다."(2013년 3월 12일 중의원 예산위원회에서의 발언) 그는
도쿄 재판에서의 전범들은 '일본법상으로는 전범이 아니다'라는 궤변
도 서슴지 않았다.

그로부터 40일 뒤, 아베 총리는 '일본의 침략 행위'에 대해서도 달
리 봐야 한다며 다음과 같이 주장했다. "이른바 '침략'에 대해서는 학
계에서도 국제적으로도 정의가 제대로 내려져 있지 않으며, 국가 간의
관계에서 어느 쪽에서 바라보느냐에 따라서도 달라질 수 있는 부분이
다."(2013년 4월 23일 참의원 예산위에서의 발언) 아시아·태평양전쟁에서
일본의 침략 행위가 있었음은 누구나 다 아는 사실이지만, '침략의 정

의가 모호하다'는 따위의 궤변을 듣는 동아시아 사람들의 마음은 편하지 못하다.

침략의 정의가 모호하다고?

이러한 아베의 주장은 극우 보수가 목에 힘을 주는 일본 사학계의 흐름과 맥을 같이한다. 그들은 과거사를 반성적으로 돌아보자는 양심적인 사학자들의 자성(自省) 사관을 가리켜 '자학(自虐) 사관'이라 비난한다. 나치 히틀러 세력은 독일 국민의 생존권 또는 '생활을 위한 공간(Lebensraum)'을 확보하기 위해서 대외 팽창(다시 말해서 침략)을 합리화했었다. 마찬가지로, 지난날 일본 군국주의에 강한 향수를 지닌 극우파들은 일본인의 생존(그들의 용어로는 '자위')을 위한 전쟁은 어쩔 수 없었다고 옹호한다.

걱정스러운 점은 일본의 우경화 흐름 속에 일본 정치권은 물론 일본 학계(사학, 정치학 등)에서 극우적 목소리가 갈수록 커가고 있다는 점이다. 이와 관련해 일본 연구자들의 연구 흐름을 분석한 강경자(고려대 글로벌일본연구원, 일본 정치)의 글을 보자.

문제는 도쿄 재판 사관을 '자학 사관'이라고 비판하며 일어나고 있는 대부분의 연구들이 전전(戰前)의 역사를 미화하며 일본의 침략전쟁을 정당화하는 논의로 기울고 있다는 것이다. 이들 대부분은 일본은 이제 전범자라고 하는 오명을 씻고 일본의 명예 회복과 자학 사관 불식을 위해서도 국제사회를 향해 도쿄 재판의 재고를 호소해야 하는 시점에 와 있다고 주장한다.[9]

위의 글에서 '도쿄 재판의 재고'를 풀어 쓰자면, 도쿄 재판이 '승자의 일방적 재판'이었다는 점을 비판적으로 지적하면서 '자유주의 사관'의 시각에서 이를 바로잡아야 한다는 것을 뜻한다. 일본 극우들이 흔히 '자유주의 사관'이란 이름 아래 펼치는 이런 궤변은 도쿄 전범재판을 통해 일본이 저질렀던 전쟁범죄를 처벌했다는 이른바 '도쿄 재판 사관' 자체를 인정하지 않으려 든다. 오히려 '승자의 재판'이라 깎아내린다. 아베가 노골적으로 보여준 과거사 인식은 도쿄 야스쿠니 신사에서 욱일기를 들고 행진하는 일본 극우파들의 그것과 조금도 다를 바 없다.

'자주(自主)재판'의 꼼수

1945년 패전 무렵 일본은 국내법에 따라 스스로 전범자들을 처리하려고 술수를 부리려 했다. 이름하여 '자주(自主)재판'이었다. 전승국들이 일본에 대한 전범재판을 주관할 경우, 그 재판이 '승자의 재판' 또는 '정치 재판'이 되는 것이 뻔하므로 이를 막겠다는 명분에서였다. 패전-항복은 죽기만큼 싫지만 이를 받아들여야 하는 상황에서 나온 '자주재판론'은 같은 패전국인 독일에선 없던 움직임이다. 그때껏 오만한 자존심을 버리지 못한 일본 전쟁 지도부가 벌인 꼼수였다.

포츠담선언(1945년 7월 26일)을 통해 미국·영국·중국 3국 지도부는 일본의 항복을 촉구하면서 다음 사항에 합의했다(소련은 아직 일본과 전쟁을 벌이지 않은 상태였으므로 이 선언에 서명하지 않았다). 일본을 전쟁으로 이끈 군국주의자들의 영구적인 축출(제6항), 전쟁범죄자에 대한 엄중한 심판(제10항)이었다. 1945년 8월 9일, 최고전쟁지도자회의에서 이 문제를 다뤘다. 우메즈 요시지로(梅津美治郎) 참모총장은 (항복 조건으로) 전쟁범죄인 처벌과 관련해 일본 쪽에서 (자주)재판을 하든지, 아니면 연합국으로만 구성한 재판을 받지 않겠다는 취지의 부대 조건을 붙이라고 주장했다.

우메즈를 비롯한 일본 군부의 강경파들이 패전(일본 쪽 용어로는 '종전') 무렵에 내건 주장들은 전쟁범죄 처벌은 일본 정부가 직접 맡아서 일본 국내 재판의 피고석에 전범자를 세우고, 일본군 지휘부가 일본군의 해체를 맡고, 점령군의 일본 영토 주둔을 제한한다는 것이었다. 이와 관련해 이장희(한국외국어대 법학전문대학원 교수, 국제법)의 글을 참고로 옮겨본다.

1945년 9월 11일, 연합군최고사령관 맥아더는 태평양전쟁이 터질 당시 수상이었던 도조 히데키 등에 대해 전범 체포 제1차 지령을 내렸다. (그동안 자주재판을 저울질하던) 히가시쿠니 나루히코 내각은 이에 충격을 받아 서둘러 대책을 강구하였다. 다음 날, 일본 정부는 전쟁범죄를 시급히 조사하여 자주적인 재판을 실시하겠다는 결정을 내렸다. 보고를 받은 일왕 히로히토는 자기 이름으로 전범자들을 처벌하는 것은 참을 수가 없는 일이라면서 재고를 촉구하였다. 그러나 같은 날 다시 열린 각의에서도 동일한 결론이 나자, 히로히토는 이를 승인하였다.[10]

이른바 '자주재판'은 현실적으로도 어려운 것이지만, 논리적으로도 문제가 있었다. 히로히토의 측근으로 내대신(內大臣)을 지냈던 기도 고이치는 '천황의 이름으로 전쟁을 벌이고, 다시 천황의 이름으로 재판을 한다는 것'은 논리적으로도 모순이라 봤다. 아무튼 일본의 자주재판 시도는 맥아더 사령부 쪽에서 한마디로 "노!"라고 묵살하면서 물거품이 됐다. 만에 하나 일본이 자주재판을 했다면, 과정이나 결과는 어땠을까. 전쟁범죄를 축소·왜곡하면서 처벌받는 피고인 숫자나 형량을 줄였을 것이 뻔하다.

'미국의, 미국에 의한, 미국을 위한 재판'

1945년 8월 15일 히로히토 일왕의 '종전 조서' 발표가 있고 정확히 18일 뒤인 1945년 9월 2일, 미국 전함 USS 미주리에서 공식 항복식이 이뤄졌다. 그때의 모습을 담은 다큐 동영상을 보면, 일본 정부 대표 시게미쓰 마모루(重光葵) 외무대신이 갑판 위를 절뚝거리며 나타나 항복 문서에 서명하는 모습이 눈길을 끈다. 시게미쓰는 윤봉길 의사와 악연이 있다. 주중 일본 공사로 있던 1932년 4월 29일 중국 상하이 홍커우 공원에서 윤봉길 의사가 던진 폭탄에 맞아 오른쪽 다리를 잃었다. 그 뒤로 줄곧 의족을 하고 다녀야 했다.

미주리 함상에서의 항복식 뒤 세계인의 관심은 일본의 전쟁범죄자들을 언제 몇 명이나 붙잡아 어떤 방식으로 단죄하느냐에 모아졌다. 항복식 9일 뒤인 9월 11일 맥아더 최고사령부는 도조 히데키를 비롯한 주요 전범 39명의 명단을 발표했다. 여기에는 외국인 12명이 포함돼 있었다(독일 3명, 필리핀 3명, 호주 2명, 미얀마·네덜란드·태국·미국 각 1명). 필리핀 괴뢰정부 대통령과 국회의장, 주일 독일 대사와 무관(중장), 주일 태국·미얀마 대사 등이었다. 하지만 이들 외국인들은 도쿄 재판이 열리기 전에 본국으로 압송되거나 (재판 진행의 기술적 어려움 탓에) 풀려났다.

1945년 11월 19일 2차 전범 체포령(11명), 같은 해 12월 2일 3차 체포령(59명)이 내려졌다. 2차와 3차에선 모두 일본인이었고, 외국인은 1명도 없었다. 도쿄 재판의 피고석에 섰던 28명의 주요 전범자들은 1~3차 체포령으로 붙잡혀 들어온 118명 가운데서 추려진 자들이었다. 이들 모두 일본 국적이었지만, 도쿄 재판에서 붙여진 공식 명칭은 '극동 주요 전범'이었다. 뉘른베르크 재판의 피고인들이 모두 독일 국적이었는데도 '유럽 추축국의 주요 전범'이라 일컬어졌던 것과 마찬가지다.

히로히토가 불기소된 가운데 도쿄 전범재판에 출석한 주요 전범들. 재판은 1946년 5월부터 1948년 11월까지 2년 6개월 동안 이어졌다.

나치 전범들을 단죄했던 뉘른베르크 전범재판소의 판검사 구성은 승전국 출신 법조인 위주로 짜여 중립성이 훼손됐다는 지적을 받았다. 도쿄 재판소 구성도 마찬가지였다. 출발부터 중립성이 문제가 됐다. 도쿄 재판소는 사실상 미국이 단독으로 만들었다. 태평양 지역 연합국최고사령관인 더글러스 맥아더 장군은 1946년 1월 19일 연합국 최고사령부 일반명령 제1호로 '극동국제재판소 헌장'을 공포했다. 도쿄 재판소 설립의 법적 근거다. 뉘른베르크 재판소가 국제조약(런던협정)에 따라 설치됐다면, 도쿄 재판소는 사실상 미국 점령군 사령관인 맥아더 장군 1인의 명령으로 설치됐다는 것이 다른 점이다. 전승국 4개국(미국·영국·프랑스·소련)이 그런대로 권한을 공평하게 나눴던 뉘른베르크 재판과는 달리, 도쿄 재판에선 맥아더 장군의 입김이 절대적이었다.

도쿄 재판소도 뉘른베르크와 마찬가지로 전승국 출신 법조인들로 판사와 검사가 채워졌다. 11명의 판사 가운데 전승국 출신이 아닌 사

도쿄 전범재판의 판사 11인. 앞줄 가운데가 재판장 윌리엄 웨브,
그 오른쪽이 중국 판사 메이루아오. 그리고 미국과 소련의 육군 소장인
판사들이 앞줄에 앉아 있다.

람은 인도와 필리핀 출신뿐이었다. 이 인도와 필리핀 판사들도 사실
상 지난날 연합국의 식민지였기에 중립국 출신이라 보기도 어렵다. 중
국, 필리핀 등 일본군 점령 지역의 법조인들도 참여했지만 식민지 조
선 출신의 법조인은 없었다(재판장은 호주 출신의 법조인인 윌리엄 웨브).
검사도 11개국 출신들로 채워졌지만, 주력은 조지프 키넌이 이끄는
미국 측 검사단 일행 38명이었다. 1945년 12월에 출범한 도쿄 국제검
찰국의 우두머리(수석검사)는 당연히 미국인 키넌이었다. 그 밖의 국가
출신 검사들의 직급은 모두 부(副)검찰관이었다. 뉘른베르크 재판에서
전승국 4개국에서 각각 주임 검찰관을 맡았던 것과 큰 차이가 난다.

검찰 쪽을 미국이 장악한 것과는 달리 판사 쪽은 그런대로 형평이
이뤄졌다. 미국인 판사는 11명 판사단의 11분의 1에 지나지 않았다.
이들 11명의 법관 가운데 9명은 경력이 많은 법조인 출신이고, 미국
법관과 소련 법관은 둘 다 현역 육군 소장이었다. 맥아더가 호주 출신
의 윌리엄 웨브를 재판장으로 뽑은 것은 여러 사정을 고려한 것으로

알려진다. 전범 조사와 기소 권한을 지닌 수석검사 자리를 미국인이 차지했는데, 재판장마저 미국인으로 할 경우의 모양새를 먼저 고려했을 것이다.

호주 출신 재판장, "우리의 귀중한 시간 낭비 말라"

일본에선 독일보다 7개월 늦게 전범재판이 열렸다. 그래서 당시 언론에선 '뉘른베르크 재판의 극동아시아 판'이라 일컫기도 했다. 지난날 구 일본육군사관학교 건물 2층 대강당에서 열린 재판은 1946년 5월부터 1948년 11월까지 2년 6개월 동안 이어졌다. 뉘른베르크 재판이 1945년 11월에 시작돼 1946년 10월까지 11개월 동안 벌어졌던 데 견주면 3배나 오래 걸렸다. 검찰과 변호사 사이의 법정 공방이 너무 오랫동안 이어진 탓이 컸다. 피고인은 28명이었는데, 변호사가 140명이나 됐다(일본인 변호사 100명, 미국인 변호사 40명). 뉘른베르크 재판이나 다른 통상적인 형사재판에 견주어 볼 때도 이례적이고 압도적으로 많은 숫자였다.

피고인의 변호권을 보장한다는 점에서 변호인 숫자가 많은 것을 두고 탓할 일은 아니지만, 재판이 마냥 늘어져 비효율이란 지적을 받아 마땅했다. 일본 전범자들을 돕기 위해 배당된 미국인 변호사들도 논란을 불렀다. 이들 가운데 일부 변호사들은 피고나 증인들을 상대로 핵심 사항과는 관련이 없는 엉뚱한 질문으로 법정을 어이없는 웃음 도가니로 만들고, 판사들의 짜증 섞인 경고를 받곤 했다. 변호사 비용은 피고 측이 아닌 맥아더 최고사령부가 지급했다. 엉뚱한 변론으로 질질 시일을 끌어 그만큼 재판 비용도 늘어났다.

메이루아오(梅汝璈, 1904~1973)는 중국 출신 법관으로 도쿄 재판에 참여했던 11명의 판사 가운데 한 사람이다. 그는 일찍이 중국 칭화대학을 거쳐 1929년 미 시카고대학에서 법학 박사 학위를 받은 엘리트 법관이었다. 중국 법학계의 중진으로 인정받았던 그는 1962년부터 도쿄 전범재판의 문제점을 다룬 책을 쓰기 시작했다. 그러나 문화혁명의 회오리에 휘말려 고생하다가 미완성 원고를 남긴 채 죽었다. 그가 남긴 원고가 책으로 엮여 빛을 본 것은 한참 뒤인 2016년 중국 상하이에서였다. 메이루아오는 도쿄 재판이 늘어지게 된 이유를 이렇게 밝히고 있다.

> 미국 변호사들은 법정에서 (증인을 상대로 핵심에서 벗어난 엉뚱한 질문을 거듭하는) 상상할 수 없는 정도의 어리석은 모습도 보였다. 비록 재판장의 제지와 질책을 받기는 했지만, 이런 행위를 통해 그들은 재판을 지연시키려는 자신들의 목적을 이룰 수는 있었다. 그들은 (일본 변호사들과 짜고) 틈을 놓치지 않고 영미법 체계의 번잡하고 복잡한 소송 절차를 이용해서 도쿄 재판의 시간을 늘리는 데 총력을 기울였다. 도쿄 재판이 한없이 늘어지게 된 것은 이런 지연 전략 때문이었다.[11]

증인을 상대로 미국인 변호사가 엉뚱한 질문을 할 때마다 재판장은 "그 질문에 증인은 답을 하지 않아도 좋다"라면서, 변호사를 노려보곤 했다. 미국 변호사들의 뒤에는 물론 일본 변호사들이 있었다. 이들은 도쿄 재판의 피로감을 높이는 전략으로 어떻게든 피고에게 유리한 국면을 이끌어내길 바랐다. 법정 증인이 500명이나 소환됐고, 최종 판결문이 1,200쪽에 이르러, 이를 재판장이 낭독하는 데만 6일 반이 걸렸던 것도 피고 측 변호인들의 지연 전술과 무관하지 않다. 메이루아오의 글을 다시 보자.

> 변호인 측의 이런 전략은 법정의 시간을 낭비하게 하고 재판의 진도를 늦췄을 뿐만 아니라 일본 피고들에게 사실을 왜곡하고 시비를 전도시키게끔

하였다. 길게 늘어지는 전술로 일본제국주의의 침략에 대한 여러 황당한 이론을 선전할 기회를 주었다. 이는 도쿄 재판에서 가장 유감스러운 일이 아닐 수 없다.[12]

여기서 메이루아오가 말하는 '황당한 이론'이란 도조 히데키 등이 도쿄 재판 내내 입에 달고 살았던 주장, 다시 말해 '일본이 미국과 영국 등의 위협에 맞서 자위(自衛)를 위해 어쩔 수 없이 전쟁에 뛰어들게 됐다'는 주장을 가리킨다. 도조 히데키의 법정 진술을 모은 자료집을 보면, '일본의 자위를 위해서'라는 주장이 곳곳에서 거듭 되풀이된다.

일본이 개전을 결정한 것은 제 진술서에 있듯이 연락회의, 어전회의, 중신회의, 군사참의관회의를 거쳐 신중히 심의한 결과 자위상(自衛上) 어쩔 수 없이 전쟁을 하게 된 것이다. 이 결정에 대해 각하(히로히토)를 직접 뵙고 말씀드린 것은 나와 육해군 참모총장이다. 우리는 일본이 자존(自尊)을 지키기 위해, 쉽게 이야기하자면 살기 위해서 전쟁을 하는 수밖에 없다고 강력하게 말씀드렸고, 폐하께서 이를 승인하셨다.[13]

미국의 전시 지도자 프랭클린 루스벨트 대통령은 처음에는 나치 전범들을 즉결 처형하는 쪽에 마음이 기울어 있었다. 그 까닭은 '만약에 재판을 하게 되면 나치 전범들에게 그들의 주장을 선전하는 기회를 제공하게 될 것'이라고 걱정에서였다. 물론 미국을 포함한 연합국의 최종 결정은 '재판을 통한 전범 처리' 쪽이었지만, 루스벨트의 걱정이 도쿄 법정에서 현실로 나타났다.

중국 출신 판사 메이루아오가 남긴 기록에 따르면, 피고 측 변호인들이 지연전술로 재판을 질질 끌어가려 하자 웨브 재판장은 변호인들에 대해 거칠고 매서운 모습을 보였다. 이를테면, 일본인 변호사의 의뢰를 받은 일본 법학자가 법정 관할권 문제에 대해 느리고 엄숙한 어조로 변론문을 읽어 내려가자, 웨브 재판장은 그의 말을 막았다. 웨브 재판장은 미국인 변호인의 태도가 불손하고 말투가 오만하다는 이유로 법관 11명의 동의를 얻어 그의 직무를 정지시키기도 했다. 변호인은 크게 화를 내면서 사표를 내던졌다. 웨브 재판장의 이러한 적극적이고 단호한 태도는 다른 법관들의 지지를 받았다. 재판장의 그런 강경 대응은 '변호인 측의 쉬지 않고 이어진 지연전술에 대한 효과적인 타격 도구'로 여겨졌기 때문이다.

주범 도조 히데키는 구치소에서 미군 감시병들에게 구박을 받으면서도 변호인들의 도움을 받으며 법정투쟁을 열심히 해나갔다. 그가 법정에서 했던 발언을 모은 자료집을 보면, 미국인 수석검사 조지프 키넌을 상대로 줄기차게 입씨름을 하는 모습이 보인다. 불리한 대목에선 '기억이 나지 않는다'고 얼버무리면서도 "법정에서든 신 앞에서든 나는 거짓말을 하지 않는다. 아는 대로 말할 뿐"이라 우겼다. 도조가 했던 주장들을 모아보면, "오로지 자위를 위해 피할 수 없는 전쟁을 했다", "전쟁에 관한 국제법을 위반하지 않았다", "백인 제국주의로부터 아시아를 해방시키려 했다" 등등이다. 귀담아 들을 가치가 없는 주장이고 궤변이나 다름없지만, 참고로 그가 했던 말들을 자료집에서 옮겨본다.

1941년 12월 8일의 그 전쟁(진주만 공습)이 일어난 이유는 미국을 세계대전으로 유도하고자 한 연합국 측의 도발에 있으며, 일본은 오로지 자위를 위해 피할 수 없는 전쟁을 했다고 확신한다. 동아시아에서 중대한 이해관계를 갖는 나라들이 전쟁을 바란 이유는 이 외에도 많다. 그러나 개전 결정은 일본의 최후의 수단이자 긴박한 필요에서 나온 것이었다는 사실을 나는 의심하지 않는다.[14]

1947년 12월 30일 도쿄 법정의 증언대에 선 도조는 위와 같은 주장을 늘어놓으며 상당히 긴 시간을 보냈다. 법정의 방청객들 얼굴에도 지루하다는 표정이 스쳐 갔다. 하지만 도조는 자신의 말에 취한 듯 조금 전에 했던 말을 되풀이하며 동어반복식 발언을 이어갔다. 그는 발언 끝부분에 다시금 일본의 전쟁은 '일본의 자위를 위해 벌인 전쟁'이며, 그 자신이 피고석에 선 것은 '승자에게 기소당했기 때문'이라 강조했다.

인도 판사, "침략이 범죄인지 단정하기 어렵다"

도쿄 재판의 판사 11명 가운데 인도 출신 라다비노드 팔(Radhabinod Pal)과 필리핀 출신 델핀 자라닐라(Delfin Jaranilla)는 다른 9명보다 늦게 판사로 지명된 탓에 재판부 합류도 보름쯤 늦었다. 재판 진행을 하면서 팔은 '피고인 전원 무죄'를, 자라닐라는 '피고인 전원 사형'을 주장했다(자라닐라 판사는 일본군이 필리핀을 점령했을 때 붙잡혀 '바탄 죽음의 행진' 길을 미군 포로들과 함께 걸었고, 포로수용소에서 죽을 고생을 했다가 살아남았다).

팔은 재판부에 합류하자마자 '도쿄 재판은 승자의 정치 재판'이라는 신념을 주위에 밝혔다. 1948년 11월 도쿄 재판을 마무리하면서 팔은 A급 주요 범죄자들을 무죄로 판단해야 한다는 소수 의견으로 '반대 의견서'를 냈다. 그의 논리를 요약하면 두 가지다. 첫째, 침략전쟁은 국제법상 전쟁범죄가 아니라는 것이다. '침략전쟁'이라는 개념 정의는 국제법상 존재하지 않았기에, 통상적으로 전쟁을 벌이는 것 자체가 범죄로 여겨지지 않았다고 주장했다. 둘째, 도쿄 재판의 법적 근거인 '도쿄 극동군사재판소 헌장'은 전쟁이 끝난 뒤 만들어진 사후(事後) 입법이며 따라서 소급 처벌해선 안 된다는 것이다. 뉘른베르크 재판과

인도 출신 라다비노드 팔 판사는 일본 전범들의 무죄를 주장했다. 야스쿠니 신사 바로 옆 유슈칸(전쟁박물관)에 팔 판사 사진과 어록이 전시되어 있다.

도쿄 재판에서 나온 새 개념인 '평화에 반하는 죄'와 '인도(人道)에 반하는 죄'를 소급 적용하는 것도 안 된다고 주장했다. 동북아역사재단 연구위원 유하영의 글을 보자.

> 사실 팔 판사 견해는 뉘른베르그 재판에서 (나치 전범 변호사들이) 제기한 주장을 거의 그대로 수용한 것이었다. 특히 침략전쟁이라는 개념 정의는 국제법상 존재하지 않았으며 그것은 단지 '승자에 의해 패자에게 붙여진 딱지(a label applied by conquerors to the conquered)'라는 주장이었다.[15]

팔은 의견서에서 도쿄 재판이 '승리자의 정의를 위한 행사'라 주장했다. 미국을 포함한 연합국의 민간인 주거지역에 대한 무자비한 전략폭격과 원자폭탄 사용을 범죄 목록에서 빼놓았다고 했다. 팔 판사는

30만 명쯤이 희생당한 난징 학살(1937)에 대해서도 다른 판사들과 생각이 달랐다. "이미 발표된 난징 '강간'에 대한 기사들도 과장된 것이 아닌가 하는 의심 없이는 받아들일 수 없다"라면서, 난징 현지에 파견된 일본군의 잔혹 행위는 인정하면서도 전쟁 지도부를 처벌해선 안된다고 주장했다.

팔 판사의 소수 의견은 공식 판결문에 첨부됐지만, 판결이 내려졌던 1948년 11월 당시 공개되진 않았다. 하지만 팔 판사의 견해는 변호인을 통해 도조 히데키를 비롯한 피고인들에게 전해졌다. 피고들은 '이분이 우리의 뜻을 잘 이해하고 있구나' 하며 얼굴이 환해졌다고 한다. 특히 도조는 변호인에게 '언젠가 (팔 판사의) 주장이 세계에서 인정받게 될 것이고 나는 그때를 위한 초석'이라 말한 것으로 알려진다.[16]

히데키가 자신의 희생을 '초석'이라 말했다는 것이 사실이라면, 그는 '우경화 흐름'이라는 큰 틀에서의 일본 전후 역사를 제대로 꿰뚫어 본 셈이다. 일본 작가 호사카 마사야스(保阪正康)는 팔의 판결문이 도조의 죽음에 '새로운 순교자로의 명분'을 제공했다고 풀이한다. 호사카 마사야스는 팔 판사가 일본을 제대로 이해하지 못한 상황에서 잘못된 소수 의견을 냈고, 일본 극우파는 자신들의 목소리를 높이고 세력을 키우는 데 팔의 논리를 이용하고 있다고 본다.

팔의 판결문에는 일본의 실제 사정에 관해 정확하게 이해하지 못한 점도 포함돼 있다. 팔은 "그들(일본의 전시 지도자들)은 처음부터 끝까지 여론을 따랐다"라고 썼다. 많은 자료를 독파하고 많은 증인을 만났다고 팔은 말했지만, 자료는 모두 공식 간행된 것들이었고 증인은 (군국주의) 시대의 지도자들이었기에 그가 시대 상황을 제대로 파악하지 못한 것은 어쩌면 당연했다. 그는 (아시아·태평양전쟁 시기의) 일본 여론이 (삼엄한 검열 탓에) 폐쇄돼 있던 상황을 전혀 간파하지 못했다.[17]

교수형 7명, 조선 총독 2명 포함 16명 종신형

도쿄 재판은 1946년 5월 개정부터 1948년 11월 판결까지 2년 6개월을 끌었다. 7명이 교수형, 16명이 종신형을 언도받았다. 교수형을 받고 1948년 12월 23일 처형된 7명은 다음과 같다. 전시 내각의 우두머리였던 도조 히데키(대장), 난징 학살의 주범이었던 마쓰이 이와네(松井石根, 중지나방면군 사령관 겸 상하이파견군 사령관, 대장), 1931년 관동군 참모장으로 만주 침략 음모를 꾸몄던 이타가키 세이시로(板垣征四郎, 대장, 조선군 사령관, 싱가포르 주둔 제7방면군 사령관), 오랫동안 중국에서 공작 활동을 폈던 특무기관장 출신으로 동남아 침략을 이끌었던 도이하라 겐지(土肥原賢二, 대장, 싱가포르 제7방면군 사령관), '버마의 학살자'란 악명을 지닌 기무라 헤이타로(木村兵太郎, 대장, 버마방면군 사령관), 마쓰이 사령관 밑에서 부참모장으로 난징 학살에 관계했고 필리핀을 침공해 미군 포로들을 학대했던 무토 아키라(武藤章, 중장, 필리핀 제14방면군의 참모장), 히로타 고키(廣田弘毅, 남작. 전 총리, 외무대신).

사형수 7명 가운데 해군 장성은 하나도 없다. 6명은 육군 고위 장성들이고, 히로타 고키 혼자 외교관 출신이었다. 소련 주재 일본 대사(1928-1932), 외무대신(1933)을 거쳐 총리(1936~1937)를 지내면서 일본의 침략전쟁에 나름의 책임이 있지만, 일본 군부의 강경파들을 상대하느라 마음고생을 했다. 군 출신이 아닌 히로타의 사형 판결을 두고 말들이 많았다. 네덜란드 출신 베르트 뢸링(Bert Röling) 판사는 그의 '소수의견서'에서 히로타는 무죄라고 주장했다. 도쿄 재판에서의 형량은 판사 11명의 과반수 찬성으로 정해졌다. 판사 11명 가운데 5명은 히로타 사형을 반대했다. 한 표 차이로 히로타의 운명이 엇갈린 셈이었다.

종신형을 받은 16명 가운데 하나는 히로히토의 최측근인 기도 고이치(木戸幸一, 내대신)다. 히로히토가 도조 히데키를 비롯한 전범자들의 선고 형량을 하나하나 전해 들을 때, 최측근이었던 기도가 종신형을 받았다는 대목에서 특히 침울한 표정을 지었다고 알려진다.[18] 기도는 1955년 가석방으로 풀려나 1977년 88세로 죽었다. 말년에 이런저런 인터뷰를 하면서도 주군인 히로히토에게 불리한 말은 삼갔다.

1945년 9월 2일 패전 일본국을 대표해 미주리 함상에서 항복문서에 서명했던 두 사람도 처벌받았다. 우메즈 요시지로(梅津美治郎) 육군대장은 종신형을, 시게미쓰 마모루 외무대신은 금고 7년형을 받았다. 시게미쓰는 1932년 4월 29일 상하이 훙커우 공원에서 윤봉길 의사가 던진 폭탄으로 오른쪽 다리를 잃고 목발을 짚고 다녔다. 시게미쓰에 이어 항복문서에 서명했던 우메즈 요시지로 육군대장은 종신형을 선고받은 바로 두 달 뒤인 1949년 1월 직장암으로 죽었다.

종신형을 받은 16명 가운데는 전 조선 총독 고이소 구니아키(小磯國昭, 육군대장)와 미나미 지로(南次郎, 육군대장)가 포함됐다. 관동군 참모장, 조선군 사령관을 지낸 고이소는 1942년 조선 총독으로 임명된 뒤 징용, 징병, 공출 등 악랄한 수탈 정책을 폈다. 1944년 7월 도조 전시 내각이 무너진 뒤 총리대신에 올라 1945년 4월까지 기울어진 전세를 돌이키려 발버둥 치면서 총리 자리를 지켰다. 스가모 형무소에서 옥살이하던 1950년 식도암으로 죽었다. 고이소의 후임 총독으로 1936년부터 1942년까지 조선 민중의 고혈을 짜냈던 미나미는 1955년 병으로 가출옥해 1년 뒤 죽었다. 사람이 나이 들면 회한을 풀기 위해서라도 못된 과거를 털어놓고 사죄를 한다지만, 이들은 죽을 때까지도 "조선 민족에게 죄송하다"는 말을 남기지 않았다.

도쿄 재판에서 A급 전쟁범죄 피고 28명 가운데 사형 7명, 종신형 16명을 뺀 나머지 5명 가운데 2명이 유기금고형, 2명은 판결 전 사망, 1명은 재판 도중에 풀려났다. 도쿄제국대학에서 인도철학을 전공한 극우 선동가 오카와 슈메이(大川周明, 1886~1957)는 일제의 '대동아공영권' 허상을 요란스럽게 부추겼던 자다. 패전 뒤 A급 전범으로 붙잡힌 그는 도쿄 재판 첫날 법정을 웃음바다로 만들었다. 도조의 바로 뒷자리에 앉았다가 도조의 대머리를 손바닥으로 내리쳤기 때문이었다. 그런 일이 있고 나서는 법정에 불려나오지 않았고, '매독 부작용으로 비롯된 정신이상' 판정을 받아 풀려났다. 교활하기 그지없었던 오카와가 지어낸 꾀병이었다는 얘기도 들린다.

맥아더의 크리스마스 선물

도쿄 재판이 진행 중이던 무렵 17명의 주요 전범이 다음 재판을 기다리며 스가모 형무소에서 수감돼 있었다. 또한 언제 미군 헌병들이 집으로 들어닥칠지 몰라 떨고 있던 전범 용의자들도 수두룩했다. 많은 사람들은 1차 재판 뒤 곧 2차, 3차 재판이 이어질 것으로 여겼다. 그런데 뜻밖의 일이 벌어졌다. 1948년 12월 23일 전범자 7명을 처형한 다음 날 맥아더 사령부는 스가모 형무소에서 2차 재판을 기다리던 전범 17명을 불기소 처분하고 풀어줬다.

맥아더의 '크리스마스 선물'을 받은 17명 가운데는 아베 신조 전 총리(2022년 총격으로 사망하기 전에 '극우파'란 비판을 받았던 인물)의 외할아버지 기시 노부스케(岸信介)가 있었다. 괴뢰 만주국의 경제를 주무르면서 '명석하지만 매우 악랄한 인물'로 입소문이 났던 자이다. 도조 내각의 상공대신 및 군수성 차관으로 일제 침략전쟁의 실무자 역할을 충실히 해냈고, 석방 뒤 외무대신, 총리를 지냈다. 패전 뒤 일본 '보수본류'의 중심인물 가운데 하나였다. 1958년 말 일본 감옥에 있던 모든 전범자들이 풀려난 것도 당시 총리로 있던 기시 덕이다. 따지고 보면 전범이 전범을 풀어준 셈이었다.

석방자 속에는 마지막 조선 총독의 얼굴도 보였다. 1945년 9월 9일 존 하지(John R. Hodge) 중장에게 항복했던 아베 노부유키(阿部信行, 육군대장, 총리)다. 식민지 조선의 젊은이들을 전쟁터로 내몰며 마지막까지 히로히토에 충성을 바쳤던 아베는 항복 당일에 할복자살을 꾀했지만 실패했다. 측근들의 부축을 받아 총독부(옛 중앙청) 건물에서 항복 문서에 서명을 마쳤다. 기시와 아베는 스가모 형무소를 나서면서 "뭔가 착오로 풀려나는 거 아닌가?"라며 얼떨떨한 표정을 지었다고 알려진다.

이들의 불기소 석방은 하루 앞서 이뤄졌던 7명의 전범자 처형을 끝으로 '더 이상 고위급 전범 처벌은 없다'는 미국 쪽의 입장을 확인해준 셈이다. 어찌 그런 일이 벌어졌을까. 1948년 말 무렵은 미국과 소련 사이에 동서 냉전의 갈등이 커져가던 시점이었다. 워싱턴 트루먼 행정부와 도쿄 맥아더 사령부는 전범 처벌로 일본 보수 본류의 반감을 사기보다는, 사면으로 그들의 환심과 협조를 얻고 미일 유착을 다지는 것이 미국에게 더 이롭다는 판단을 내렸다. 뒤이어 터진 6·25 한국전쟁은 일본 전범 처리에 대한 관심이 사라지는 계기가 됐다.

주요 전범 불기소로 끝난 도쿄 재판

도쿄 재판의 가장 커다란 결함을 꼽자면, 마땅히 처벌받았어야 할 주요 전범들의 불기소다. 특히 전범 총책 히로히토의 불기소는 많은 논란과 비판을 받았다(3부 2장 참조). 히로히토 불기소뿐 아니다. 왕족 출신 주요 전범자들도 기소 명단에서 빠졌다. 히로히토의 고모부 뻘인 아사카 야스히코(朝香鳩彦)도 그 가운데 하나다. 아사카는 1937년 난징 공격 당시 몸이 아팠던 마쓰이 이와네 사령관으로부터 지휘권을 넘겨받았던 인물이다. 그는 무려 30만 명을 희생시킨 잔혹 행위에 책임을 지고 교수형을 받아야 마땅했지만, 맥아더가 내려준 왕실 면죄부 덕에 살아남았다.

일본군은 장제스 국민당 정부의 거점도시였던 충칭을 비롯한 중국 곳곳을 무차별 공습해 숱한 민간인들을 죽였지만, 법정에서 그에 대한 책임자 문책이나 공방은 없었다. 식민지 조선인들을 강제 연행하고 성 노예를 비롯한 노동 착취로 피눈물을 흘리게 했던 범죄에 대해선 법 정에서 논의조차 이뤄지질 않았다. 그렇기에 "도쿄 재판에서 아시아 가 빠졌다"라는 지적을 받았다. 이와 관련한 존 다우어의 비판이다.

공포의 대상이던 일본 헌병대 수뇌 중 기소된 자는 아무도 없었다. 조선과 대만에서 사람들을 강제로 징용했던 책임자는 물론 수만 명의 비(非)일본 계 젊은 여성들을 대규모로 징집하여 '위안부'로 만든 뒤 일본제국 군대의 성적 노리개로 삼았던 당사자들도 기소되지 않았다.[19]

또 있다. 이시이 시로 중장을 비롯한 731부대의 수괴들은 미국에게 세균전 자료를 건네주는 조건으로 면죄부를 받고 도쿄 재판을 비껴갔 다. 이시이 쪽으로부터 '거래' 제안을 받자, 맥아더 장군과 미 통합참 모본부가 협의 끝에 빠르게 내린 결론은 '세균 실험 자료를 확보하는 것이 전범자 처벌보다 더 중요하다'는 것이었다(4부 3장 참조).

도쿄 재판을 이끌었던 미국의 관심사는 일본군의 진주만 공습과 필 리핀 점령 등으로 빚어진 자국의 피해에 집중됐다. 도쿄 재판에 참여 한 영국, 네덜란드, 호주 등의 판검사들도 자국인들이 동남아시아에서 일본군에게 겪은 고난에 초점을 맞추었다. 연합군 포로들을 혹사했던 버마(미얀마) 철로 공사, 필리핀 바탄에서 미군 포로들이 겪었던 죽음 의 행진, 인도네시아에서의 네덜란드계 여성들에 대한 성폭행 등 백인 들의 자존심을 짓밟은 행위들을 중심으로 전쟁범죄 추궁이 이어졌다.

도쿄 재판에서 아시아가 빠졌다는 지적이 그래서 또 나온다.

그렇게 도쿄 재판은 흐지부지 끝났다. 하종문(한신대 교수, 일본근대사)은 일본의 양심적인 사학자 아라이 신이치(荒井信一, 1926~2017)를 추모하는 글 '세계·일본·한국을 잇는 역사 화해: 아라이 신이치'에서 히로히토 불기소와 나머지 전범 석방으로 말미암아 도쿄 전범재판이 일본인들에게 '교훈과 학습의 계기'가 되지 못했다고 지적한다. 그의 글을 보자.

도쿄 재판은 1948년 말 도조 히데키 등 7명의 사형 집행과 더불어 종결되고, 구치소에 수감 중이던 전범 용의자들에게는 석방 명령이 내려졌다. 이렇듯 3년 남짓한 재판 과정은 물론 그 결말조차 미완이었다. 무엇보다 보통의 일본인들이 전쟁을 되돌아보고 반성하도록 하는 교훈과 학습의 계기가 되지 못했다. 우익적 입장에서 보면 부당한 '승자의 재판'이었고, 좌익 쪽에서는 최대의 전범인 천황을 면책한 불충분한 결말이었다. 좌도 우도 도쿄 재판을 전면 긍정하는 분위기가 조성되지 못했다.[20]

1950년 한반도에서 터진 전쟁의 비극은 일본에게 여러 가지로 이롭게 작용했다. 35년 동안 가혹한 수탈을 당했던 곳에서 벌어진 유혈 참극 덕에 일본은 전쟁 특수로 눈부신 경제성장을 이뤘다. 반공이 미국 대외정책의 1순위로 떠오르면서 일본 점령 정책도 바뀌었다. 지난날 일본제국의 식민지 착취와 침략전쟁의 충직한 하수인으로 움직였던 공직자들은 8·15 패전과 더불어 쫓겨났다. 하지만 1950년 8월과 1951년 8월 두 차례에 걸친 공직추방령 해제 조치로 복직이 이뤄졌다.

공직추방령 해제 한 달 뒤 일본은 샌프란시스코강화조약을 맺고 미국과의 유착 관계를 이어갔다. 1951년 9월 강화조약에는 48개 국가가 서명했지만, 일제의 피해 당사자인 동아시아의 주요 3국(남북한, 중국)

은 아예 초청 대상에서 빠졌다. 이것이 미일 중심으로 진행된 샌프란시스코강화조약이 지닌 문제점의 하나로 꼽힌다. 강화조약과 동시에 미국과 일본은 미일안전보장조약을 맺었다. 미국의 입장에선 일본을 반공 요새로 삼고, 일본의 입장에선 미국의 안보 우산 아래 경제발전을 이룬다는, 양국 나름의 이점이 미일 유착으로 이어졌다.

미국에게 일본의 전쟁범죄는 더 이상 관심사가 아니었다. 동서 냉전 구도와 미일 유착은 히로히토를 비롯한 주요 전범 불기소와 더불어 일본의 과거사 왜곡과 불감증을 더욱 도지게 만든 요인이다. 1952년 4월 샌프란시스코조약 발효에 맞춰 일본 의회의 우파 정치인들은 해괴한 법률 하나를 통과시켰다. 도쿄 재판에서 교수형을 받았던 A급 전쟁범죄자들이 '공무사(公務死)'했다고 인정했다. 전쟁범죄행위가 공무라니? 이로써 주요 전범자들의 유족들은 제법 많은 연금을 달마다 챙기게 됐다.

유골 빼돌려 비석 세우고 군신(軍神)으로 추앙

A급 주요 전범자들을 가둔 스가모 형무소의 미군 감시병들은 구치소장의 지휘를 받지 않았다. 미군 헌병대장 A. S. 켄월시의 지휘를 받았다. 헌병대장은 맥아더 사령부에 직접 보고하고 지시를 받았다. 수감 초기와는 달리, 재판 후반부엔 이 주요 전범들을 대하는 감시병들의 태도가 부드러워졌다. 하지만 1948년 11월 12일 도쿄 법정에서 교수형 판결이 내려지자 다시 감시는 강화됐다. 독일의 헤르만 괴링이 처형을 바로 앞둔 날 밤에 신발 밑창에 숨겨두었던 독극물(청산칼륨)을 마시고 죽은 사실도 영향을 끼쳤다. 구치소 안마당 산책도 엄격하게 통제됐다. 마당 한가운데에 판자를 깔아놓고 그 위를 걸어 다니게 했다. 혹시나 마당에 버려진 못이나 유리로 자해할지 모른다는 걱정에서였다.

도조를 비롯한 7명의 교수형 집행은 1948년 12월 22일 밤 12시쯤 시작해 23일 새벽에 끝났다. 미군 작업복을 입고 처형장으로 끌려가는 죄수들의 등과 어깨에는 죄수(prison)를 뜻하는 영문 대문자 P 자가 박혀 있었다. 양쪽 발목에는 족쇄가 채워져 2명의 덩치 큰 미군 병사가 죄수를 끌고 갔다. 뉘른베르크 처형 때는 카메라맨이 처형 장면을 찍었는데, 도쿄 처형에선 따로 카메라맨을 들이지 않았다.

4명이 먼저 처형장으로 끌려갔다. 도조 히데키, 마쓰이 이와네, 도이하라 겐지, 그리고 무토 아키라였다. 이들 4명은 처형장에서 '천황 폐하 만세'와 '대일본제국 만세'를 세 번씩 함께 외쳤다. 두 손이 묶여 있어 손을 떨어뜨린 채였다. 첫 처형이 이뤄진 것은 오전 0시 1분. 그 뒤로 나머지 3명의 교수형 집행이 이어졌다.

맥아더 사령부의 보도부는 오전 1시에 형 집행이 끝났다고 발표했다. 오전 2시 5분 미군 트럭 2대가 7명의 관을 싣고 스가모 형무소를 빠져나왔다. 목적지는 요코하마의 시립 구보야마 화장장이었다. 오전 8시쯤 화장을 마친 유골은 미군 수송기에 실려 요코하마 동쪽으로 30마일(48킬로미터)쯤 떨어진 태평양에 뿌려졌다. 이런 내용을 담은 문서는 당시 현장 책임자였던 미군 소령이 쓴 '전쟁 범죄인의 처형과 시신의 최종 처분에 관한 상세 보고'라는 제목의 문서로, 미국 국립문서기록관리청(NARA)에 보관돼 있다.

유골을 유족에게 전해주지 않은 것은 뉘른베르크 재판 때와 마찬가지였다(헤르만 괴링을 비롯한 11명의 시신은 화장된 뒤 뮌헨 가까운 이자르 강의 콘벤츠 지류에 뿌려졌다). 처형장에 입회했던 교회사 하나야마, 그리고 변호사들이 나서서 유골을 돌려달라고 했지만, 그 요구는 받아들여지지 않았다. 하지만 미군 몰래 일부나마 유골이 빼돌려졌다. 도쿄 재판의 변호사였던 산몬지 쇼헤이(三文字正平), 요코하마의 구보야마 화장장 대표, 요코하마의 절 주지 등 3인은 처형 다음 날 소각장으로 가서 남은 유골을 긁어모았다. 그 유골은 시즈오카현 아타미시 이즈산에 있는 관음상에 감춰졌다. 그 관음상은 마쓰이 이와네가 붙잡히기 전에 난징 학살에 책임을 지고 중국인들에게 속죄를 한답시고 세웠던 것이다.

유골이 7명의 전범 가족들에게 조금씩 나뉘어 전해진 것은 1952년 4월 샌프란시스코강화조약 발효(조인은 1951년 10월)로 피점령국 일본이 미국으로부터 '독립국'이 된 뒤였다. 미국이 우려했던 일은 그 뒤에 벌어졌다. 1959년 관음상이 있던 이즈산에 '7사(土)의 비'가 세워졌고 전범들은 군신(軍神)으로 받들어졌다. 같은 전범 출신인 요시다 시게루(吉田茂, 전 총리)가 이 비석에 서명을 했다(1930년대에 이탈리아와 영국 주재 일본 대사였던 요시다는 패전 뒤 A급 전범으로 감옥에 갇혔다가 재판 없이 풀려난 뒤 1950년대에 일본 총리를 지냈다). 1960년엔 아이치현 하즈초 산가네산 국립공원 꼭대기에 '순국 7사의 비'가 세워졌고 유골도 일부나마 이곳에 묻혔다. 그때도 요시다 시게루가 나서서 도왔다.

미군이 전범 7명을 처형하고 화장한 뒤 유골을 비행기에 실어 바다에 뿌린 것은 일본의 추종자들이 전범들의 묘소를 만들고 추모 집회를 여는 등 훗날의 불씨를 만들지 않으려는 뜻에서였다. 그럼에도 추종자들은 소각장을 파헤쳐 유골의 일부를 모아 몰래 감춰두었고, 비석까지 세우며 '순국 7사'니 어쩌니 하며 호국영령의 군신으로 받들어 모셨다. 전범 추앙의 끝판은 1978년 가을 야스쿠니 신사의 제신(祭神)으로 둔갑하게 된 일이다(1부 2장 참조).

제1의 죄, 제2의 죄

패전 뒤 많은 독일인들이 뉘른베르크 재판을 긍정적으로 바라본 데엔 '집단적 죄의식'으로부터의 해방감이라는 심리적 요인이 자리 잡고 있었다. 헤르만 괴링을 비롯한 독일 지도자들이 뉘른베르크 재판으로 처형되자, 독일의 일반 시민들은 '나는 그 범죄로부터 자유로워졌다'는 생각을 품었다. 집단적 책임이란 부담을 털어냈다. 같은 패전국이었던 일본의 경우도 크게 다르지 않다. 도쿄 재판이 벌어질 당시 일본인들의 반응이 어땠는지에 대한 우시무라 게이(牛村圭, 국제일본문화연구센터 교수, 비교문학)의 글을 보자.

대다수 일본인은 군·정치 지도자의 전쟁범죄를 심판하는 점령 정책으로서의 도쿄 재판이 지닌 의미를 알지 못했다. 재판에서 밝혀진 사실이 보도돼도 하루하루의 삶에 한껏 관심을 기울일 여유가 없었을 것이다. 도쿄 재판은 연합국에 저지른 전쟁범죄를 재판하는 자리였다. 많은 사람들은 그들이 직면한 고통스러운 삶을 야기했던 '패전의 책임'을 자신들을 대신해서 추궁해줄 것으로 기대하고 있었다.[21]

일본의 보통 사람들이 느꼈던 감정은 패전 뒤 독일의 시민들이 느꼈던 감정과 다르지 않았다. 전쟁 후반에 겪었던 고통스러운 상황에서 비롯된 피해의식, 전범 국가 시민으로서의 집단적 죄의식이 뒤섞인 상태에서 전범재판을 바라보면서, 전쟁 지휘자들의 처벌로 '나는 자유로워졌다'는 일종의 안도감을 느꼈을 것이다.

따지고 보면, 나치 히틀러 정권을 지지했던 독일인들이 전쟁범죄의 하수인이자 공범자였듯이, 전쟁 초기 잇달아 들려오는 승전 소식에 열광했던 일본의 보통 사람들도 전쟁범죄의 하수인이자 공범자였다. 하지만 히로히토 일왕이 불기소되는 것을 보면서 많은 일본인들은 '전쟁의 총책임자인 국왕이 책임을 지지 않았으니, 내가 책임의식을 느낄 필요는 없다'는 생각을 품었을 터였다.

특히 패전 뒤에 태어난 일본인들이 지난날 일본의 침략전쟁에 대해 어느 정도의 책임을 져야 하는가는 논란거리다. 전후 세대에게 도조 히데키의 전쟁범죄를 사과하라고 하면, 어리둥절한 표정을 지을 수도 있다. 고케쓰 아쓰시(纐纈厚, 야마구치대 명예교수, 일본 근현대사)는 일본의 전후 세대가 직접적인 '정치적 책임'을 지는 것은 아니더라도 역사적 문맥에서 '도의적 책임'을 져야 한다고 여긴다. 그러면서 독일 언론인 랄프 기오르다노(Ralph Giordano)가 꼽은 제1의 죄와 제2의 죄에 대해 말한다. 기오르다노는 나치 히틀러 집단이 저질렀던 죄를 '제1의 죄'라 일컫는다면, 그 죄를 묵인·은폐·왜곡·부정하려는 행위는 '제2의 죄'라 했다. 일본에서 '생각이 깊은 지식인'이란 평을 듣는 고케쓰 교수는 기오르다노의 글에 공감을 나타낸다.

> 일본과 비교해서 훨씬 더 철저히 과거의 극복에 대한 노력을 쌓아가는 독일에서조차 제2의 죄가 논의되고 있다. 일본의 경우 빈약하기 그지없는 역사 인식으로 인해 전쟁 책임이 애매하게 되어, 전후 책임 문제는 (미국의 공습과 원폭 투하로 비롯된) 피해를 강조하며 매몰되고 있는 느낌이다.[22]

전후 독일에선 네오 나치를 비롯해 히틀러의 전쟁범죄를 옹호하는 목소리들이 줄곧 문제가 돼왔다. 심지어 "유대인 홀로코스트는 없었다"라는 극단적 주장도 튀어나왔다. 현실을 돌아보면, "난징 학살이나 '위안부' 성노예가 없었다"라고 우기며 전쟁범죄를 부인하는 일본 극우의 목소리는 독일보다 훨씬 더 크다. 고케쓰 교수도 그런 답답한 일본의 현실을 안타까워한다. 문제는 일본의 보수 우경화 흐름을 타고 그 목소리가 갈수록 점점 더 커지고 있다는 점이다. 한국의 '신친일파'의 목소리가 커지는 것과 같은 흐름이다.

3장
'가해자'로 몰린
조선의 BC급 전범자들

23명의 식민지 출신 조선 젊은이들이 '전쟁범죄자'로 몰려 죽었다.
포로수용소 감시원으로 연합군 포로들을 몇 번 구타했을 뿐이었다.
이들이 일본 군대 안에서 구조적으로 겪었을 억압과 피해자 측면은
전범재판에서 아예 무시됐다. 생각하면 억울한 죽음이었다.

1948년 12월 극동국제군사재판소는 문을 닫았다. 맥아더 장군의
'크리스마스 선물'로 기시 노부스케를 비롯한 주요 전범자들이 재판
도 없이 풀려나고, 군 통수권을 지닌 '주범' 히로히토 일왕은 아예 기
소조차 안 된 채로 전쟁범죄 처벌을 비껴갔다. 이와는 대조적으로, 군
명령 계통의 사다리에서 아래쪽에 있던 '종범'인 하급 군인들 상당수
는 처벌을 피하지 못했다.

일선 군인들에게 적용된 범죄는 도조 히데키를 비롯한 일본 전쟁
지도부의 '평화를 깨뜨린 죄(crimes against peace, A급)'는 아니었다. 통상
적인 전쟁범죄(war crimes, B급)로 기소되거나, 또는 비무장 민간인들에
게 가혹 행위를 저지른 '반인도적 범죄(crimes against humanity, C급)'로
재판을 받았다. 실제로는 B급과 C급의 구분이 애매했기에, 당시 많은
수감자들은 그냥 'BC급 전범자'로 불렸다.

도쿄 재판에서 전쟁범죄의 유형을 A, B, C급으로 나누었다고 해서

A급 죄질이 무겁고 C급이 가볍다는 뜻은 아니다. 1946년 '극동국제 군사재판 조례' 영문판은 제5항에서 a조, b조, c조에 해당하는 전쟁범죄를 유형별로 나누었다. 그에 따라 A급, B급, C급 전쟁범죄로 불리게 됐다. 여기서 '급'은 영어 원문의 class를 번역한 것으로, 죄질의 등급이 아니라 전쟁범죄행위의 유형을 나눈 것뿐이다. 도조 히데키를 비롯한 전시 내각의 주요 범죄자들에겐 '평화를 깨뜨린 죄'가 가장 무겁게 다뤄졌기에 흔히 A급 전범자로 일컬어졌지만, 그들도 A·B·C급을 아우르는 여러 개의 전쟁범죄행위로 기소됐었다.

BC급 전범자 948명 처형

도쿄 전범재판이 주로 일본의 전시 지도부를 단죄했다면, BC급 전범자를 다룬 재판은 아시아 전역에서 열렸다. 중국, 필리핀, 싱가포르, 네덜란드령 인도네시아 등 일본이 한때 침공했던 아시아 곳곳에서였다. 모두 49개에 이르는 전범재판소 법정에 피고로 나온 일본 전범 용의자 숫자는 2만 5,000명(추산), 유죄판결을 받은 전범은 5,700명(사형 판결 948명 포함)이었다. 이 가운데 한국인은 148명(사형 23명 포함), 타이완인은 173명(사형 26명 포함)이 처벌을 받았다.[23]

도쿄 재판이 무려 2년 6개월을 끌었던 데 견주어, BC급 전범들을 단죄했던 법정의 진행 속도는 무척 빨랐다. 재판 1건당 평균 이틀이 걸렸다. 재판정에 들어선 첫날 피고는 검사와 판사의 얼굴을 보고 전쟁범죄에 관련된 사항을 몇 마디 주고받은 뒤, 1주일이나 2주일 뒤 두 번째 법정에 출두하고 판결이 내려지는 수순이었다. 피고가 억울하다고 주장할 경우에도 법정 다툼과 변론 시간이 충분히 주어지지 않았다.

아시아 각지에서 유죄판결을 받은 일본 전범들은 1951년 일본 스가모 형무소로 옮겨졌는데 그 무렵부터 일본 국내의 석방 여론을 빌

야스쿠니 구내의 유슈칸(전쟁박물관)에 전시된 일본군 전사자들 사진. 이들 가운데엔 일제에 강제 동원 돼 죽은 조선인 병사들도 있다.

미로 하나둘씩 풀려났다. 1957년 초 일본 스가모 형무소에는 A급, B급, C급 합쳐 107명의 전범자들이 갇혀 있었다. 마지막 수감자들이 감형과 동시에 전원 석방된 것은 1958년 말이다. 이 전범들은 1948년 말 맥아더 장군 덕에 풀려난 주요 전범들보다 꼬박 10년을 더 감옥에서 지낸 셈이었다. 포로를 학대했다는 혐의로 중형 선고를 받았던 어느 BC급 전범은 바깥으로 보낸 편지에서 이렇게 불만을 터뜨렸다. "(우리는) 포로들을 몇 번 구타했을 뿐인데, 나라 전체를 전쟁으로 끌고 갔던 A급 전쟁범죄자들보다 더 중형을 선고받았다."[24]

적지 않은 BC급 전범들은 자신들의 상관 때문에 '희생양'이 되었다고 여겼다. 상관이 자신들에게 나중에 전쟁범죄로 판결받게 될 행동을 하도록 명령한 뒤, 그게 문제가 되자 "나에게는 책임이 없다"라는 식으로 자신들에게 죄를 떠넘겼다는 얘기였다. 한편으로, 일부 전범들은 스스로를 '전쟁에 따르기 마련인 막연한 희생자'로 여기며 체념하는 모습을 보였다.[25] 그 어느 쪽이든 히로히토를 비롯한 전쟁 지도부가 그들의 어려운 처지를 책임지지 않았다는 사실엔 변함이 없다.

"한국인 전범은 가해 측면만 드러낸 피해자"

유죄판결을 받은 148명의 조선인 가운데 군인은 3명뿐이다. 필리핀 포로수용소장으로 포로 학대 혐의를 받은 홍사익(洪思翊, 1889~1946, 중장)이 조선인 출신 군인으론 혼자 사형 언도를 받았다(1946년 9월 26일 교수형). 홍사익은 식민지 조선의 평민 출신으로 일본 육사와 육군대학을 거쳐 중장까지 오른 특이한 경력을 지녔다. 민족문제연구소에서 펴내온 『친일파 인명사전』에 5,000여 명의 민족반역자와 함께 그의 이름이 올라 있다.

한반도 출신 군인 가운데 유죄판결을 받은 나머지 2명은 '지원병'(실제로는 강제징병) 출신이다. 전쟁 막판에 필리핀에서 대미 게릴라전을 벌이다가 붙잡혔다. 또 다른 조선인 전범자 16명은 중국에서 군속으로 통역 일을 했던 사람들이다. 이들 가운데 8명에게 사형선고가 내려졌다. 이들은 일본군이 중국군 포로나 민간인들을 거칠게 심문하는 자리에 함께했다. 고문을 받는 중국인들 눈에는 '식민지 조선에서 붙들려 온 불쌍한 통역관'이 아니라 일본 침략자들과 한통속으로 여겼을 게 뻔하다.

식민지 조선 출신 전범자 148명(사형 23명 포함) 가운데 절대다수는 포로수용소 감시원들이었다. 115명이 유기징역형을 받았고, 14명이 사형 언도로 죽었다. 유기형을 받은 이들은 싱가포르 창이 형무소 등에 갇혀 있다가 1951년 다른 전범들과 함께 일본 스가모 형무소로 옮겨 갔다. 길게는 1957년까지 그곳 감옥에 갇혀 지냈다. 감옥에서 풀려난 뒤 조국으로 돌아오긴 쉽지 않았다. '전범' 또는 '부역자'라는 낙인이 발목을 잡았다.

한국인 BC급 전범, 특히 포로수용소 감시원 출신 전범들에 관심을 둔 일본인 연구자 가운데 우쓰미 아이코(內海愛子, 전 오사카경제법과대학 교수)를 뺄 수 없다. 우쓰미는 '일본이 과거사를 반성하고 사죄해야 마땅하다'고 여기는 양심적 지식인으로 '강제동원진상규명 네트' 공동 대표로 일본 정부에게 강제 동원 관련 자료를 공개할 것을 촉구해왔다. 그는 여러 한국인 BC급 전범들을 찾아가 인터뷰하거나 조사했다. 우쓰미가 내린 결론은 '이들은 전범으로 가해자이지만 동시에 일본 군국주의의 구조적 피해자'라는 것이다. 식민지 출신 젊은이들이 일본 군대 안에서 구조적으로 겪었을 억압과 피해자 측면은 외면하고 가해자 측면만 일방적으로 드러내 억울한 '전범자'가 되게 했다는 지적이다.

그 무렵 한국에서도 일제의 강제 동원과 '위안부' 문제 등 일본의 과거사 미청산에 대한 관심이 높았다. 2010년 한국 정부는 '대일항쟁기 강제동원 피해 조사 및 국외강제동원 희생자 등 지원위원회'란 긴 이름의 부서를 출범시켰다. 여기서 나온 여러 보고서 가운데 하나가 82쪽 분량의 '조선인 BC급 전범에 대한 진상조사'다(집필자는 조건). 여기엔 조선인 포로감시원 모집 배경과 패전 뒤 전범 처벌 실태가 잘 정리돼 있다. 우쓰미의 책과 조건의 보고서를 길잡이 삼아 글을 이어가보자.

포로감시원이 된 식민지 젊은이들

1941년 12월 진주만 공격에 성공한 뒤 일본군은 빠른 속도로 동남아시아 지역을 점령해갔다. 말레이 반도(1941년 12월), 마닐라(1942년 1

월), 싱가포르(2월), 자바(3월), 필리핀(5월)을 잇달아 일본군이 장악하면서 많은 포로들이 생겨났다. 그 숫자는 30만 명에 이르렀다. 이 가운데 연합군 소속(미국, 영국, 프랑스, 네덜란드, 호주)의 백인 포로는 12만 명쯤이었다.

1937년 난징 학살은 중국군 포로를 제대로 수용 관리할 준비가 안된 상태에서 '저 많은 포로를 가둬놓고 먹이고 재우는 것보다 죽이는 쪽이 훨씬 낫다'는 결정에 따라 벌어진 참극이었다. 난징 학살 뒤 국제사회의 호된 비난을 받았던 일본 육군성은 1941년 12월 포로정보국을 설치하고, 뒤늦게 대책 마련에 나섰다. 그런 과정에서 1942년 5월 포로감시원을 대대적으로 모집했다.

눈여겨볼 대목은 일제는 식민지 조선과 타이완 출신들로 포로감시원들을 채우려 했다는 점이다. 이른바 '내지인'(일본 본토 출신)은 전투병력으로 쓰고, 포로감시원 같은 비전투 인력은 식민지 출신으로 채운다는 방침이었다. 2년 계약에 징병에서 면제해준다는 그럴듯한 조건을 내걸어 지원자들을 모았다. 1942년 6월 3,200명쯤의 포로감시원 후보자들은 부산의 임시군속교육대(일명 노구치 부대)에서 2개월 동안 강도 높은 군사훈련을 받았다. 재소집된 일본 예비역 장교들과 부사관들에게 사격과 총검술 등을 배웠다. 그 뒤 필리핀·미얀마·태국·인도네시아·뉴기니 등 동남아 각지로 가는 수송선을 탔다. 일본군 예비역들은 포로수용소에 함께 파견돼 조선인들의 감시와 관리를 맡았다.

포로수용소 감시원의 신분은 '군속용인(軍屬傭人)', 다시 말해 군무원 신분의 민간 피고용인들이었다. 일본군 이등병보다 더 밑으로 무시당했고 천대받았다. 작은 실수에도 일본군 특유의 호된 체벌을 받곤 했다. 일본군 체계 안에선 이들은 절대 약자이고 '피해자'였다. 그런 이들이 어쩌다 '가해자'로 전범이 되었을까. 포로수용소라는 '가해의 현장'에서 찍힌 전범자라는 낙인은 그들의 의지와는 달리 피할 수 없는 운명이었을까.

일본군 헌병 출신자들이 만든 단체인 전국헌우회(全國憲友會) 자료에 따르면, 일제의 전쟁 기간 중의 헌병 총수는 3만 6,073명이었고, 이 가운데 1,534명이 전범자로 유죄판결을 받았다. 전범 비율은 4.25퍼센트.[26] 한국인 포로수용소 감시원은 모두 합쳐 3,016명이었고, 이 가운데 129명이 전범으로 유죄판결을 받았으니 비율로는 4.28퍼센트다.[27] 피도 눈물도 없는 잔인함으로 악명이 높았던 일본군 헌병의 유죄 비율과 거의 같다. 무엇이 잘못됐기 때문일까.

포로수용소는 어디서나 감시하는 자와 감시받는 자 사이의 긴장 관계가 이어지고 때로는 그 긴장이 폭력적으로 분출되기 마련이다. 구조적으로 전쟁포로 학대를 둘러싼 논란을 피하기 어렵다. 실제로 전쟁이 끝난 뒤 많은 연합군 포로들이 수용소에서 겪었던 학대 책임을 물어 식민지 출신 한국인과 타이완인들을 '전쟁범죄자'로 고발했다. 포로감시원들은 일제의 침략전쟁에 동원된 식민지 출신의 '피해자'였지만, 연합군 포로의 눈에는 그들도 '가해자' 편이었다.

포로감시원들은 철도나 다리 공사 현장에 연합군 포로들을 데려가기도 했다. 말이 통하지 않고 덩치 큰 포로들을 다루려면 험한 소리로 윽박지르거나 때리는 일도 없지 않았을 것이다. 전쟁 말기엔 보급 식량이 떨어졌기에 병사들도 배를 주렸으니, 포로들 끼니 해결은 더더욱 쉽지 않았을 것이다. 이런저런 악감정이 쌓인 채 전쟁이 끝나자, "저 녀석이 나를 학대했어!" 하고 손가락질하면 꼼짝없이 전범자로 엮이기 마련이었다. 전범재판에서 피고석에 선 포로감시원들이 식민지 조선인 출신이라는 특수 사정(일본 군대 안에서 겪었을 억압과 약자의 측면)은 아예 고려되지 않았다. 생각하면 억울한 죽음이었다.

이들과는 대조적인 삶을 살았던 2명의 친일파가 떠오른다. 일본 관동군의 헌병 보조원으로서 항일 독립운동가들을 잡으려 밀정 노릇도

마다하지 않았던 김창룡(1920~1956, 특무대장), 일제 고등계 형사로 독립운동가를 고문하는 것으로 악명을 떨쳤던 노덕술(1899~1968, 수도경찰청 수사과장)이다. 이 둘은 1945년 일본 패전 때 잽싸게 옷을 갈아입고 도망쳤다. 그러나 전범자 처단을 비껴갔을 뿐 아니라 남한에서 요직을 꿰차고 목에 힘주며 살았다. 그렇기에 세상은 정의롭지 못하고 불공평하다는 말이 나오는 것일까.

17세 포로감시원 이학래

포로수용소 감시원으로 사형을 선고받았던 이학래(1925~2021)의 경우를 보자. 전남 보성에서 태어난 이학래는 열일곱 살이던 1942년 포로수용소 감시원이 됐다. 영화 〈콰이강의 다리〉로 잘 알려진 철도 공사 현장에 투입됐던 연합군 포로들을 감시했다. 미얀마(버마)-태국을 잇는 총길이 415킬로미터의 철도 공사는 '죽음의 철로'라는 악명을 얻었다. 5만 5,000명의 연합군(영국군, 네덜란드군, 호주군) 포로 가운데 1만 3,000명이 죽었다. 아시아 현지 노동자들도 많이 죽었다. "철로 받침목 하나에 사망자 1명이 나왔다"라는 말조차 생겨났다. 패전 뒤 '포로 학대' 혐의로 싱가포르 창이 형무소에 수감됐던 이학래는 재판 과정을 이렇게 적었다.

> 취조를 받고 자신의 증언과는 상당히 다른 내용의 서류에 서명하라는 요구를 받기도 했다. 법정에서의 유일한 자기 변론마저 허용되지 않았고 기소 사실(환자에게 힘든 노동을 강요한 혐의)에 대한 반증마저 허용되지 않았다. 영어로 진행된 재판이라 애당초 언어라는 면에서 불리했기 때문에 항변하고 싶어도 할 수 없었다.28

BC급 전범으로 몰린 이학래(맨 왼쪽)와 동료 조선인 포로감시원들

 2년 반을 끌었던 도쿄 재판과는 달리 아시아 전역에서 벌어졌던 재판은 아주 빠르게 마무리됐다. 1심이 곧 최종심인 군사재판은 즉결재판이나 다름없었다. 이학래의 경우 단 한 번 취조를 받고 기소돼 두 번째 출정에 교수형을 언도받았다. 일본인 변호사는 그저 법정의 형식적인 참여자였을 뿐 도움이 되지 않았다.

 이학래는 그나마 운이 아주 나쁘지 않았는지 징역 20년으로 감형 통보를 받았다. 1951년 다른 전범들과 함께 일본 스가모 형무소로 옮겨졌다가 1956년 가석방으로 출소했다. 그 뒤로 같은 처지의 한국인 출소자들과 '동진회'란 모임을 만들고, 일본 정부를 상대로 BC급 조선인 전범자와 전몰자에 대한 보상 요청 운동을 꾸준히 펼쳤다.

 1991년 동진회는 일본 정부의 사죄를 요구하며 국가 배상 청구 재판 투쟁을 벌였다. 우쓰미 아이코 교수처럼 소수의 일본인들도 힘을 보탰다. 일본 사법부의 양심에 한 가닥 기대를 걸었지만, 1999년 최고재판소(대법원)에서 패소로 결말이 났다. 그 뒤로도 여러 모임과 전시회를 여는 등 투쟁은 이어졌으나 지금껏 이렇다 할 성과를 거두지 못했다(이학래는 2021년 96세로 타계했다).

인도네시아 독립 영웅이 된 포로감시원

일본 정부를 상대로 한 동진회의 투쟁을 도와준 우쓰미 아이코는 이학래와 같은 포로수용소 감시원 출신인 양칠성(1919~1949)을 발굴해냈다. 일본 패전 무렵 인도네시아 독립운동에 뛰어들었다가 붙잡혀 처형됐던 양칠성에 관한 책『적도에 묻히다』(역사비평사, 2012)를 펴냈다. 양칠성을 찾아 인도네시아 현지를 뒤지던 우쓰미는 그가 전북 완주 출신이란 사실을 알아내고 한국에서 그의 여동생을 만나기도 했다.

17세기 초부터 무려 350년 동안 인도네시아 자원을 침탈했던 네덜란드는 1942년 일본군에게 쫓겨났다가, 1945년 염치없이 다시 지배자로 나서려 했다. 프랑스가 인도차이나를 다시 차지하려고 했던 것과 판박이다. 수카르노를 지도자로 한 인도네시아 독립군은 1949년까지 4년 동안 네덜란드와 힘든 싸움을 벌였다. 베트남의 호찌민 세력이 프랑스군과 1954년까지 전투를 벌였던 것과 마찬가지다. 우쓰미의 조사에 따르면, 양칠성은 일본군이 패전할 무렵 부대를 벗어나 인도네시아 독립군의 일원으로 네덜란드군에 맞서 싸웠다. 그때 600명쯤의 일본군이 탈영해서 인도네시아 독립군 쪽에 힘을 보탰다.[29]

일본군의 탈영 동기는 제각각일 것이다. 일부 군인들은 패전 뒤 전범으로 처형될 바엔 싸우다 죽겠다고 생각했을 수도 있고, 백인 제국주의자들에 맞서 싸우는 인도네시아 사람들에게 공감해서 함께했을 수도 있다. 양칠성은 식민지 조선 출신의 젊은이였기에 인도네시아의 독립투쟁에 공감하는 바가 컸을 것이다. '폭파 전문가'로 이름을 날리던 그는 결국 네덜란드군에 붙잡혔고, 1949년 8월 10일 서부 자바에서 다른 2명의 일본군과 함께 총살됐다. 죽을 때 인도네시아 말로 '메르데카(merdeka, 자유 독립)'를 외쳤다고 알려진다.

긴 호흡으로 보면, 양칠성의 숨 가빴던 삶은 허무하게 끝나진 않았다. 1975년 인도네시아 정부는 양칠성과 2명의 일본인 시신을 가룻 영웅 묘지로 옮겨 안장하며 '독립 영웅'으로 추서했다. 1995년엔 묘비에 '양칠성' 이름 석 자를 한글로 새겼다. 식민지 조선 출신이면서 일본군 포로감시원으로 3년을 지냈고, 나중엔 인도네시아 독립군으로 3년을 싸웠으니, 한국-일본-인도네시아를 넘나든 이른바 '경계인'이었다. 1940년대 격동과 혼란의 시대엔 이름조차 남기지 못한 채 짧지만 불꽃같은 삶을 살다가 스러진 '무명의 경계인'들이 적지 않았을 것이다. 그들을 일컬어 역사의 희생자라 한다면 지나친 비약일까.

충성 강요하곤 "외국인이라 연금 못 준다"

1952년 샌프란시스코조약 발효 직후 도쿄 재판에서 교수형을 받았던 A급 전쟁범죄자들은 '공무사(公務死)'를 인정받고, 유족들은 연금을 챙기게 됐다. 다수의 일본인 전몰자와 부상자들에게도 '은급법' 또는 '원호법'을 통해 금전적 보상이 주어졌다. 2010년엔 패전 뒤 소련군에 의해 시베리아에 억류돼 있던 일본인들에게도 위로금을 건넸다.

하지만 식민지 조선 출신 전몰자나 부상자들은 '외국인'이라는 이유로 일본 정부는 보상 명단에서 빼는 이중적 태도를 수십 년 동안 보여왔었다. 히로히토에게 충성을 강요하며 전선으로 내몰 때와는 다른 차별이었다. 그나마 지난 2000년 재일 한국인 전몰자 유족에게 260만 엔, 재일 한국인 전상병자에게 400만 엔이 지급됐다. 그러나 한국의 전 일본 군인 및 군속(유족)에 대해서는 지금껏 아무런 배상을 하지 않고 있다.

돌이켜보면, 1945년 일본 항복 뒤 '전범' 혐의를 뒤집어쓴 한국 청년들은 이중 삼중의 희생자였다. 히로히토를 정점으로 한 일본 군국주의에 1차로, 연합국의 전범재판에 2차로 희생당했다. 그리고 3차로 일본 정부로부터 '외국인' 차별을 당했다. "일본은 우리를 침략전쟁에 이용하고는 '외국인'이라며 외면한다"라고 탄식하는 그들의 원통한 마음을 누가 위로할 수 있으랴. 2006년 한국 정부의 '일제 강점하 강제동원피해 진상규명위원회'가 포로감시원들을 '강제 동원 피해자'로 인정했다는 사실이 그나마 위로가 될까.

가만히 생각해보면, 한국도 베트남에게 제대로 갚지 않은 빚이 있다. 지난 1960년대에 베트남에서 일부 파병 군인들이 관련된 민간인 학살과 관련해서다. 뒤늦게나마 2023년 2월 7일 서울지방법원에서 뜻 깊은 판결이 내려졌다. 베트남 '퐁니·퐁넛 마을 학살 사건'(1968)의 피해자에게 3,000만 원을 배상하라는 판결이었다. 사건 발생 55년 만의 일이다. 액수가 많고 적고를 떠나, 뒤늦게나마 베트남 희생자들에게 위로가 되었을 것이다. 과거사와 관련해 일본에 사과와 배상을 요구하면서, 정작 우리가 손 놓고 외면했던 것은 없을까를 생각해보게 만드는 판결이었다. 하지만 이제 겨우 시작일 뿐이다.

문제는 한국 정부가 위 판결을 받아들이지 않고 항소했다는 점이다. 첫째, 학살자들이 한국군 복장을 했다고 한국군이 가해자라고 단정할 수 없고, 둘째, 이미 수십 년이 지났기에 민법상 소멸시효를 넘겼다는 것이 항소 이유다. 이 소식을 들은 일본 극우들은 어떤 표정을 지었을까. "베트남 피해자들을 또다시 눈물짓게 하는 한국이 '위안부' 성노예와 강제 동원의 피해자들에게 제대로 된 사과와 배상을 하지 않는다고 우리 일본을 비난하고 손가락질할 수 있느냐"라고 비웃을 것이 틀림없다.

7부

반복되는 망언과
빛바랜 사과

1장
식민통치는 한국에게 이로웠다?
거듭되는 망언의 역사

일본의 주요 정치인들이 마치 녹음기를 틀어놓은 것처럼
망언을 되풀이하는 근본적인 이유는 무엇인가.
특히 '위안부' 성노예를 비롯한 일본의 전쟁범죄와 관련해
내뱉는 망언들이 지닌 문제점은 무엇인가.

일본인들의 망언 역사는 매우 길다. 정응수(남서울대 교수, 일본사)는 18세기 초 도쿠가와 막부(德川幕府) 시대의 망언 발설자를 찾아냈다. 그래서 그의 논문 제목이 '망언의 또 다른 원형'이다. 망언의 주인공은 일본 유학자 아라이 하쿠세키(新井白石, 1657~1725). 아라이는 에도의 도쿠가와 막부에서 쇼군(將軍)의 정치 고문으로 나름의 영향력을 휘둘렀다. 1711년 새 쇼군이 취임하자 이를 축하하려고 간 조선 사절단의 격을 낮춰 접대 의례를 간소화했기에, 조선 사절과 말싸움을 벌이기도 했다. 그런 일이 있고 4년 뒤(1715) 아라이는 『조선빙사후의(朝鮮聘使後議)』라는 기록을 남겼다.

임진왜란을 일으킨 도요토미 히데요시가 죽은 뒤 도쿠가와 이에야스(德川家康)가 다스리게 되면서 일본군에 잡혀 온 조선 남녀 중 송환된 수가 3,000명에 이르게 되니, 마침내 양국이 화해하게 되었다. 그때부터 조선

백성들이 전쟁을 잊은 지 100년에 이르렀으니, 일본의 재조(再造)의 은(恩)을 그 나라 군신들은 오랫동안 잊어서는 안 될 것이다.[1]

임진왜란(1592)과 정유재란(1597)으로 말미암아 한반도가 황무지로 바뀌고 숱한 사람들이 잔혹한 전쟁범죄의 희생자가 됐다. 지금 교토에 가면 볼 수 있는 거대한 귀 무덤(실제로는 조선인 12만 명의 코 무덤)은 일본의 전쟁범죄를 말해주는 숱한 증거 가운데 하나일 뿐이다. 그럼에도 아라이는 조선 침략과 전쟁범죄에 대해 사죄는커녕 '재조(再造)의 은(恩)'을 베풀었다는 망언을 늘어놓았다.

아라이가 말하는 '재조'란 요즘 말로 치면 '재건'이란 뜻에 가깝다. 1593년 1월 명나라 군대가 평양성을 공격해 일본군을 몰아낸 뒤, 조선 정부가 명나라 조정에 감사의 뜻을 나타내면서 처음 썼던 용어다. 전쟁이 끝난 뒤 명나라는 조선에 생색을 낼 때마다 '재조의 은'을 들먹이곤 했다. 전범 국가인 일본이 '재조의 은'을 베풀었다고? 말이라고 내뱉으면 다 말이 아니듯이, 글이라고 끄적거리면 다 글이 아닐 것이다.

망언의 여섯 가지 종류

일본 정치인들이 뱉어내는 망언은 크게 여섯 가지로 나눌 수 있다. 정확히 선을 그어 나눌 수 있는 것은 아니다. 전쟁범죄로 얼룩진 일본의 과거사를 왜곡·축소·부정한다는 이른바 '역사수정주의'의 입장에서 망언을 한 자는 또 다른 망언들을 내뱉기 마련이다. 망언의 맥락이 서로 연결돼 있기 때문이다.

첫째, 한국인을 얕잡아 보는 망언이다. 일본인이 우월하다는 편견 아래 한국인을 비하하는 망언은 한둘이 아니다. 1951년 요시다 시게루(吉田茂) 총리는 일본에 있는 한국인들에게 일본 국적을 주지 않겠다는 원칙을 밝히면서 재일 한국인들을 '뱃속의 벌레'에 비유했다.

1963년 12월 박정희의 대통령 취임식 무렵 오노 반보쿠(大野伴睦, 1890~1964) 자민당 부총재의 망언도 인상적이다. 오노는 취임식 경축 사절로 서울로 오기 앞서 이렇게 입을 열었다. "박정희와는 서로 부자 지간이라 인정할 정도로 친한 사이다. 아들의 경축일을 보러 가는 일은 무엇보다 즐겁다." 박정희보다 스물일곱 살 연상이라지만, 한 나라의 지도자를 가리켜 '아들'이라 말할 수 있을까. 그의 어이없는 망언이 알려지자, 많은 일본인들은 '역시 일본과 한국 사이는 부모와 자식 관계'라고 박수를 치며 즐거워했다고 알려진다.

한일기본조약(한일협정, 1965년 6월 22일) 체결을 앞둔 시점에서 하시모토 도미사부로(橋本登美三郎) 관방장관은 "일본은 장형(長兄)이고 한국은 말제(末弟)다"라 했다. "아들(박정희)의 대통령 취임식을 보러 가는 것이 즐겁다"라고 했던 오노 반보쿠와 같은 맥락의 망언이다.

둘째, 역사 왜곡과 관련해 1910년 한일 병합이 합법적으로 원만하게 이뤄졌다는 망언이다. 이 망언의 발설자들은 한둘이 아니다. 일본 정부의 공식 입장이 '한일병합조약은 합법적으로 이뤄졌다'는 것이기 때문이다. '합법적'으로 조약이 맺어졌다면, '침략'이니 '강탈'이니 하는 용어는 설 자리가 없어진다. 1986년 후지오 마사유키(藤尾正行) 문부대신은 《분게이슌주(文藝春秋)》 10월호에 "한일 병합이 없었더라면 청국이나 러시아가 손을 대지 않았다고 할 보증이 있겠느냐"라는 글을 썼다. 이어 그는 "한일 병합은 당시 일본을 대표하던 이토 히로부미(伊藤博文)와 한국을 대표하던 고종 간의 담판과 합의에 따라 이뤄졌다"라고 망언을 늘어놓았다.

후지오의 글은 기본적으로 잘못됐다. 이토는 한일 병합 전인 1909년 10월 26일 안중근 의사에게 이미 죽었다. 병합조약(1910년 8월 22일 조인, 8월 29일 발효)은 데라우치 마사다케(寺內正毅) 통감과 이완용 총

1980년대 일본의 망언 제조기로 일컬어지는 후지오 마사유키(왼쪽), 위안부는 민간 업자의 상행위였다고 궤변을 폈던 오쿠노 세이스케(가운데), 일본의 식민 통치가 조선에 좋은 측면도 있었다고 망언한 에토 다카미(오른쪽)

리대신 사이에 체결됐고, 이토와 고종의 담판(사실은, 위협과 공갈) 끝에 체결된 것은 1905년의 을사늑약이다. 후지오의 글은 한 나라의 교육 정책을 맡은 인물이 자기네 침략의 역사를 제대로 알지 못하고 있음을 드러냈다.

셋째, 침략전쟁을 부정하고 전쟁 자체를 정당화하는 망언이다. 일본은 자위(自衛)를 위해 어쩔 수 없이 백인 제국주의자들과 전쟁을 했으며, 베트남, 버마, 싱가포르, 인도네시아 등을 백인 제국주의자들부터 해방시켰다는 이른바 '아시아 해방 사관'이다(언젠가 베트남에 갔을 때 이 얘길 꺼냈더니, 그곳 사람들은 어이없다는 표정을 지었다).

1995년 환경청장관 사쿠라이 신(櫻井新)은 "일본이 침략전쟁을 하려고 생각했던 것은 아니다. 일본만 나쁘다고 하는 사고방식을 가져선 안 된다. 일본 덕에 아시아는 유럽이 지배하는 식민지로부터 독립하였고 교육도 널리 보급됐다"라는 망언을 했다. 사쿠라이의 망언에 대해 중국과 한국 정부가 거세게 항의하자, 망언 이틀 뒤 장관직에서 물러났다.

"침략이 아니며, 일본 통치는 조선에도 좋은 일"

넷째, 침략전쟁에서 벌어졌던 학살이나 강제 동원 등 전쟁범죄 자체를 부인하는 망언이다. 일본의 극우 정치인들은 기회 있을 때마다 난징 학살(1937) 날조론을 펼치고, '위안부' 성노예를 비롯한 강제 동원을 부인한다. 1994년 5월 일본 법무대신 나가노 시게토(永野茂門)는 "아시아에서의 일본의 전쟁은 침략전쟁이 아니며, 중국과의 전쟁 중 난징에서 일본군의 중국군 대학살이라는 것도 날조"라고 주장했다.

일본 극우들은 전쟁범죄를 부인하면서 '위안부' 성노예도 사실이 아니라 우긴다. 일본의 공문서에 위안부 강제 동원을 확실히 보여주는 증거가 없고 그런 사실을 말해주는 믿을 만한 증인도 없다는 것이다. 이를테면 전 총리 아베 신조는 기회 있을 때마다 "위안부 모집의 강제성을 증명할 증인이나 증거는 없다"라는 주장을 펴왔다. 잇단 자료 발굴로 그런 주장이 무너지자 극우 세력은 말을 바꾸었다. '좁은 의미의 강제성'이 없었다는 것이다. 한밤중에 집 안으로 밀고 들어와 잡아가는 따위의 폭력적인 강제 연행은 없었다고 우기면서, '자발적인 계약 관계'였다고 주장한다. 하버드대 친일 교수 존 마크 램지어(John Mark Ramseyer)의 망언이 대표적인 보기다.

다섯째, 일제의 식민통치를 미화하는 망언. 한국전쟁이 멈춘 바로 뒤인 1953년 10월에 열렸던 한일회담 때 일본 측 수석대표 구보다 간이치로(久保田貫一郎)는 "철도를 부설했다든지, 논을 개간했다든지, 일본의 36년 한국 통치는 한국인에게 유익하였다"라고 했다. 일본 정치인들의 망언을 분석한 역사학자 다카사키 소지(高崎宗司, 쓰다주크대 교수, 한일 근대사)는 '구보다 망언'을 현대 일본 정치인들이 내뱉는 망언의 원형(原形)으로 꼽았다.[2]

구보다처럼 "일본 통치는 조선에도 좋은 일이었다"라는 투의 망언을 내뱉은 정치인들은 한둘이 아니다. 일본의 통치 덕에 조선에 근대적인 교육제도와 행정조직이 들어섰고, 8·15 뒤 경제발전을 이룰 수 있었다는 것이다. 바로 이영훈(이승만학당 교장)을 비롯한 『반일 종족주의』(2019) 필자들이 신앙의 경지로 떠받드는 '식민지 근대화론'이다. 1974년 일본 총리 다나카 가쿠에이(田中角榮)도 중의원에 출석한 자리에서 일본의 한국 식민지 지배에 대한 평점을 후하게 매겼다.

> 과거 일본과 조선의 합방 시대가 길었다. 하지만 그 후 한국이나 그 밖의 나라 사람들의 의견을 들으면, 긴 합방의 세월 동안 지금도 그 민족의 마음에 남아 있는 것은 일본이 김 양식법을 가르쳐주었고, 나아가 일본의 교육제도, 특히 의무교육제도가 지금까지도 이어지고 있는 훌륭한 것이라고 했다.[3]

일본이 김 양식법을 가르쳤고 의무교육제도를 실시했다는 다나카의 말은 사실과 다르다. 김 양식의 역사는 한국이 일본보다 길다는 것이 정설이다. 또한 『한국민족문화대백과』(한국학중앙연구원)에 따르면, 한반도에서의 의무교육은 1895년 7월 반포된 소학교령이 출발점이다. 소학교는 수업연한이 5~6년이었고, 학령은 만 8세부터 15세까지였다. 1896년 학부가 지정한 개성·강화·인천·부산·원산·제주 등 전국의 주요 지역을 시작으로 1905년 을사늑약이 체결될 무렵, 서울에 관립 10개교, 지방에 공립 50개교가 설립되었다. 일제강점기엔 무상교육이 아니라 수업료를 받았다. 가난한 집 아이들은 학교에 갈 수 없었기에 문맹률이 70퍼센트를 넘었다. 본격적인 의무교육은 8·15 뒤부터 시작되었다.

여섯째, 독도를 '다케시마'라 부르며 일본 영토라 우기는 막무가내형 망언이다. 1905년 일본이 한국에 알리지도 않고 몰래 일방적으로 자국 영토로 편입시킨 데 따른 문제점은 이미 짚어본 바 있다(1부 3장 참조). 일본은 물론 한국의 '신친일파'는 우리가 독도를 실효 지배하고 있는 현실을 부정한다. 아마존 재팬에서 '다케시마'를 치면 관련 책들이 엄청나게 많다. 문제의 책 『반일 종족주의』에서 이영훈은 "독도에서 도발적인 시설이나 관광도 철수하고 ('독도는 우리 땅'이란 주장을 멈추고) 길게 침묵해야 한다"라는 망언을 늘어놓았다. 이런 친일 발언을 일어 번역판으로 읽는 일본 쪽에서 박수 소리가 터져 나온 것은 두말할 나위 없다.

뒤틀린 역사 인식으로 말미암아 일본 정치인들은 잊을 만하면 망언들을 내뱉어왔다. "일본의 전쟁은 침략이 아니며, 식민 통치는 한국에게도 이로웠다"라느니, "한일 병합은 합의 아래 합법적으로 맺어진 것이다"라느니, "좁은 의미에서의 위안부 강제 동원은 없었다"라는 따위다. 문제는 이런 망언들을 서슴없이 토해내는 정치인들이 적지 않고 파급력도 무시하기 어렵다는 점이다. 듣는 사람들은 '또 녹음기를 트는 것이냐'며 흘려버리려 하지만, 그런 망언이 나올 때마다 뭔가 크게 잘못됐다는 생각이 들기 마련이다.

"한국전쟁은 하늘이 내려주신 축복"

일본의 망언 어록은 결코 짧지 않다. 1951년부터 14년 동안의 밀고 당김 끝에 한일기본조약(1965)이 맺어지기까지의 회담 과정에서도 일본인들의 망언들이 튀어나왔다. 이른바 '요시다 망언'과 '구보다 망언'이 대표적이다. 한국전쟁이 한창이던 1951년 9월 8일 패전국 일본과 미국을 비롯한 연합국 사이에 샌프란시스코강화조약이 맺어졌다. 일본의 반대로 이 회담에 초대받지 못한 한국으로선 일본과 여러 가지 풀어야 할 문제들이 있었다.

미국이 다른 어느 나라보다 적극적으로 한일회담을 알선했다. 한일 두 나라가 화해하고 힘을 합쳐야 반공 전선이 튼튼해질 수 있다는 판단에서였다. 샌프란시스코강화조약 체결 한 달 뒤인 1951년 10월 20일 예비 교섭 형태의 첫 회담이 도쿄에 있는 더글러스 맥아더의 연합국최고사령부에서 열린 것도 이와 관련된다. 당시 일본 총리 요시다 시게루(吉田茂, 1878~1967, 총리 재임 1946년 5월~1947년 5월, 1948년 10월-1954년 12월)는 1951년 한일회담 직전에 열린 일본 국회(중의원)에서 '회담의 목적이 무엇이냐'는 질문을 받자, 아무런 망설임 없이 이렇게 망언을 내뱉었다.

> 이번 한일회담에서 가장 중요한 문제는 일본에 있는 한국인에게 일본 국적을 주지 않는 것이다. 이민족인 소수민족은 뱃속의 벌레다. 일본이 이것(벌레)을 갖지 않게 하는 것이 한일회담의 목적이다.[4]

한국전쟁 기간 내내 일본 총리를 지낸 요시다는 동아시아 사람들에겐 매우 위험한 인물이었다. 외교관 출신으로 1920년대에 만주 심양에서 일본 총영사를 오랫동안 지내며, 만주사변(1931)으로 이어지는 침략의 길을 닦았다. 미 역사학자 존 다우어는 『요시다 시게루와 그 시대(Empire and Aftermath: Yoshida Shigeru and the Japanese Experience, 1878-1954)』(1988)에서 1920년대 요시다 총영사의 침략 성향과 오만한 태도를 지적했다. 그에 따르면, 요시다 총영사는 일본의 만주 침략(1931)이 일어나기 전부터 군사력으로 중국 동북부를 탈취할 것을 주장했다. "(요시다가 보였던) 중국인에 대한 태도는 공적·사적으로도 손아랫사람에 대한 태도였으며, 이것은 인종적 우월감에 따른 것이었다."[5]

요시다에게 한국전쟁은 '축복'으로 여겨졌다. 그를 포함한 당시 일본인들은 한국전쟁을 가리켜 '구원의 신(救ひの神)' 또는 '가미가제(神

요시다 시게루 전 총리(왼쪽)와 외손자인 아소 다로 전 총리(오른쪽).
두 사람의 공통점은 '망언 제조기'라는 점이다.

風)'라고 반겼다. 이른바 '전쟁 특수(特需)'는 패전 뒤 불황에 허덕이던
일본 경제를 되살렸다. 일본은 한국전쟁이 터지기 전까진 해마다 3억
달러의 적자를 보이며 불황에 허덕였으나, 1950년 말 경상수지는 흑
자로 돌아섰고 외환보유액도 크게 늘어났다.

요시다 시게루 총리는 한국전쟁이 터졌다는 첫 보고를 받고 가미다나(神
棚, 집 안에 조상신을 모신 제단) 앞으로 가서, "이것이야말로 하늘이 내려주
신 축복입니다. 부디 굽어살펴주시기를……"이라 읊조리며 깊이 머리를
숙였다.[6]

정혜경(ARGO인문사회연구소 연구위원)에 따르면, 1945년 8·15 당시
일본에는 모두 200만 명쯤의 한국인이 있었고, 그들 가운데 104만 명
은 일제 때 징용 등 강제 동원으로 끌려가 '노예노동'을 강요당했던 이
들이다. 나머지 절반은 일제의 수탈을 견디다 못해 일본으로 건너간 뒤
'저임금 노예'로 힘든 나날을 보내고 있었다.[7] 그런 사정을 모를 리 없
는 요시다 총리가 어떻게 재일 동포들을 가리켜 '뱃속의 벌레'라는 망
언을 내뱉을 수 있을까. 한국전쟁을 '하늘이 내린 축복'이라 반겼던 요

시다였지만, 재일 한국인을 (전쟁이 한창 진행 중이던) 한반도로 쫓아내려 했다.

1945년 8월 일본 패전 뒤 재일 한국인 다수가 귀국선을 타고 고국으로 돌아왔다. 한국전쟁이 터진 직후인 1950년 9월 말 재일 동포 숫자는 55만 명쯤이었다. 이들 가운데 절대다수인 79.6퍼센트가 일본 정부의 외국인 등록에서 '한국(남한)'이 아닌 '조선(북한)'으로 자신의 국적을 선택했다.[8] 북한 쪽 등록이 많았던 이유는 무엇일까. 재일 동포들은 8·15 뒤 남한에서 친일파들이 힘을 쓰고 있는 가운데 벌어진 제주 4·3을 비롯한 유혈 사태 소식을 들으면서, 정치적 모국을 정하는 데 고민했을 것이다. 요시다는 재일 한국인을 추방하려 엄청 애를 많이 썼다. 한국전쟁이 터지기 전인 1949년 맥아더 사령부에 재일 조선인의 모국 송환을 강력히 요구하는 서한을 보내기도 했다. 맥아더 기념관(미국 버지니아주 노퍽)에 보관돼 있는 '요시다 서한'에서 관련 내용을 보자.

미국의 호의에 따라 일본은 대량의 식량을 수입하고 있고 그 일부를 재일 조선인을 부양하기 위해 사용하고 있다. 조선인을 위해 지는 대미 부채 부분을 미래 세대에게 지게 하는 것은 불공평하다고 생각한다. 대다수 조선 인은 일본 경제의 부흥에 전혀 공헌하지 못한다. 더 나쁜 것은 조선인 범죄 분자가 큰 비율을 차지한다. 그들은 일본 경제법령의 상습적 위반자들이다.[9]

지금 다시 읽어도 오만과 편견이 가득 찬 편지다. 요시다는 재일 조선인들이 일제강점기 말에 억지로 일본으로 끌려갔다는 사실을 잊었을까. 그건 아닐 것이다. 다행스럽게도, 맥아더 사령부는 요시다의 요구를 받아들이지 않았다. 와카미야 요시부미(若宮啓文, 전《아사히신문》정치부장, 논설주간)는 그의 책에 요시다의 편지를 옮기면서 "식민지 통치가 낳은 산물이라 할 수 있는 재일 한국인에 대해서 조금의 도의적 책임감도 없다"라고 요시다를 비판했다. 요시다에게 도의적 책임감이 없는 이유로 "원래 식민지 지배에 대한 죄악감이 (요시다에게) 없기 때문일 것"이라 했다.

요시다가 일제강점기 시절의 억압통치에 어떠한 죄의식을 못 느꼈다는 사실을 말해주는 증거는 또 있다. 와카미야 기자가 김동조(전 주일 대사, 외무장관)로부터 들은 얘기다. 1965년 한일기본협정이 체결되고 난 다음 해인 1966년 요시다가 김동조를 만났을 때, 한국의 반일 감정을 못마땅해하면서 이런 불만을 털어놓았다.

(내가 1920년대에) 심양 총영사를 할 무렵 자주 조선에 갔었다. 조선총독부가 얼마나 선정(善政)을 베풀고 있는지 총독의 입으로부터 여러 이야기를 듣고 있었다. 그런데 한국은 왜 그렇게 일본을 싫어해 반일, 반일 하는 것인가.[10]

요시다가 말하는 1920년대의 조선 총독은 사이토 마코토(齋藤實, 1858~1936, 총독 재임 1919~1927, 1929~1931)였다. 3·1 만세운동 뒤 취임한 사이토는 이른바 '문화통치'란 회유책을 폈지만, 그렇다고 식민지 피지배층인 조선인의 인권을 존중해준 것은 아니다. 기만적인 '문화'로 위장했을 뿐, 본질에서는 폭력적인 억압통치였기 때문이다. 박정희의 5·16 군사쿠데타 뒤인 1962년 2월 한일회담이 다시 열리게 되자, 그 무렵 정계 은퇴를 앞두고 있던 요시다는 "우리 일본은 이토 히로부미의 길을 따라 다시 한번 조선 땅에 뿌리를 박아야 한다"라는 망언을 내뱉었다.[11] (요시다의 외손자가 2008년 9월부터 1년 동안 일본 총리를 지냈으며 '망언 제조기'란 지적을 받았던 아소 다로(麻生太郎)다.)

구보다 망언, "일본 통치는 한국에게 이로웠다"

앞서 말했듯이 1953년 10월 15일 제3차 한일회담 때 일본 측 수석 대표 구보다 간이치로도 망언 제조자 명단에서 빼놓을 수 없다. 그는 재산 청구권을 둘러싸고 한국 대표인 홍진기(당시 법무차관, 1960년 4·19 당시 내무장관)와 언쟁을 벌였다. 여기서 '재산 청구'란 일본으로선 한반도에 남기고 간 재산에 대한 청구, 한국으로선 일제강점기 동안에 입었던 피해에 대한 청구를 가리킨다.

홍진기는 '일본의 재산은 미군정 법령 33호에 따라 접수됐다'는 근거를 내세우며 일본의 재산청구권을 거부했다. 그는 이어 "한국이 일본에 점령당하지 않았더라면 한국인은 스스로 근대국가를 만들었을 것"이라면서, 일제강점기 동안 한민족이 받은 피해에 대해 언급했다. 일본인들이 걸핏하면 내세우고 이즈음 한국의 '신친일파'들이 신앙처럼 받드는 '식민지 근대화론'을 거부하는 홍진기의 말에 흥분했을까, 구보다는 자신의 평소 속내를 드러냈다.

> 일본도 보상을 요구할 권리가 있다. 왜냐하면 일본은 35년 동안 (한반도의) 산을 푸르게 바꾸었다든가, 철도를 부설했다든지, 논을 개간했다든지, 많은 이익을 한국인에게 주었기 때문이다. 일본이 (한반도에) 진출하지 않았더라면 한국은 다른 국가(중국이나 러시아)에게 점령되어 더 비참한 상태에 빠졌을지도 모른다. 한국 민족이 노예 상태라고 말한 '카이로선언'(1943년 11월 27일 연합국 지도자들의 선언)은 연합국의 전시(戰時) '히스테리'의 표현이다. 일본의 36년 한국 통치는 한국인에게 유익하였다.[12]

이즈음 일본의 교과서들은 '침략'이란 용어를 '진출'로 바꿔 쓴다. 구보다가 '일본이 진출하지 않았더라면……'이라 했던 말도 같은 맥락이다. 구보다 망언이 알려지자, 당시 변영태 외무장관은 "(일본이) 한국을 모욕하는 발언을 공공연히 하는 것은 그들의 한국 침략에 대한 근성을 아직 청산하지 않는 데 원인이 있을 것"이라 비난했다. 일본은 구보다 발언을 감쌌다. 오카자키 가쓰오(岡崎勝男) 외무대신은 중의원에서 "우리는 아무런 잘못된 주장을 하지 않았으며 사과할 이유는 하나도 없다"라고 말했다. '구보다 망언'의 파장은 컸다. 한일회담은 결렬됐고, 그 뒤로 4년 동안 회담은 열리지 않았다.

일본 역사학계에서도 '구보다 망언'이 지닌 의미를 눈여겨본다. 다카사키 교수는 '1910년 한일 병합이 (협박으로 강제된 것이 아니라) 한국과 일본 두 나라가 원만한 합의로 이루어졌고', '한국을 근대화시켰다는 점에서 일본이 좋은 일도 했다'는 따위의 망언들의 원형(原形)이 다름 아닌 '구보다 망언'이라 본다.[13]

"20년쯤 더 조선이 일본 식민지였다면 좋았을 것이다"

1965년 6월 22일에 맺어진 한일기본조약은 1951년 이래 일곱 차례에 걸친 회담의 종착역이다. 박정희 정권의 회담 실무자들을 만나면서도 일본 쪽에선 녹음기를 틀어놓은 듯 또 망언을 내뱉었다. 한일회담 일본 쪽 수석대표인 다카스기 신이치(高杉晋一)가 1965년 1월 기자들에게 했던 말을 들어보자.

일본이 과거 식민지 통치에 대해 한국에게 사과하라는 이야기도 있지만, 일본으로서 할 말이 없는 것이 아니다. 오늘날 한국의 산에는 나무가 한 그루도 없다고 한다. 이는 조선이 일본에서 벗어났기 때문이다. 20년쯤 더 일본과 조선이 한 몸이었더라면 그렇게 되진 않았을 것이다. 20년쯤 더 조선이 일본의 식민지였다면 좋았을 것이다. 일본이 사과해야 한다는 이야

기는 타당하지 않다. 창씨개명(創氏改名)도 조선인을 동화시켜 일본인과 같이 대하려고 했던 조처였다.[14]

한반도의 산에 나무가 없는 것이 6·25 한국전쟁 때문이라는 사실을 다카스기는 몰랐을까. 그는 창씨개명에 대해서도 망언을 서슴지 않았다. 1940년 내선일체(內鮮一體)라는 명분을 내걸고 조선어를 못 쓰게 하고 우리 고유 이름조차 일본식으로 바꾸라고 윽박질렀던 것은 전형적인 민족 말살 정책으로 비판받아 마땅했다. 회담을 앞둔 정부 대표가 멀쩡한 정신으로 그런 정책을 미화하는 궤변을 기자들 앞에서 늘어놓을 수 있을까 싶다.

다카스기의 망언을 옆에서 듣고 있던 일본 외무성 간부는 한일회담에 미칠 영향을 걱정했다. 그 간부로부터 귓속말로 걱정을 전해 들은 다카스기는 뒤늦게 기자들에게 '오프 더 레코드(비보도)' 요청을 했다. 이미 내뱉은 망언을 쓸어 담긴 어렵다. 일본공산당 기관지《아카하다(赤旗)》에 발언 요지가 실렸다.《아카하다》는 대중적인 매체가 아니었기에 '다카스기 망언'이 널리 알려지진 않았다. 한국 언론에까지 보도된다면, '구보다 망언'으로 비롯된 1950년대 한일회담 파행 판박이가 될 수도 있었다. 그 무렵의 한국 측 수석대표 김동조가 남긴 회고담을 보자.

나는 그 오만불손한 방언(放言)에 먼저 아연실색했다. 이런 사실이 보도될 경우 한일회담에 미칠 영향을 생각하니 눈앞이 깜깜해졌다. 메가톤급 망언이 터지는 날에는 한일회담이 수년간 더 지연될 것은 필지의 상황이 아닌가.[15]

한일 양국의 실무진들이 애를 쓴 끝에 다카스기는 다시 기자들을 만났다. 그가 또 속내를 털어놓고 실언을 할까 걱정한 일본 외무성이 써준 해명 발언 메모를 들고서였다. 다카스기는 그 메모대로 "일본은 지난날 조선 지배가 한국민의 마음에 상처가 되고 있는 데 대해 책임을 느껴야 한다"라고 마음에도 없는 말을 읊조렸다.

　박정희 정권으로선 한일회담을 통해 일본의 자금 지원(무상 3억 달러, 차관 2억 달러)을 받아 경제발전의 밑천으로 쓰려 했다. 국내에서 '대일 굴욕 외교'라고 비판의 목소리가 컸지만, 밀어붙였다. 일본도 한일회담 성공을 바랐다. 1964년 11월에 출범한 사토 에이사쿠(佐藤榮作, 재임 1964~1972) 내각은 국교 정상화로 투자와 무역, 그리고 대미 관계에서 실리를 챙기려 했다. 베트남전쟁에 깊숙이 개입하기 시작하던 린든 존슨(Lyndon Johnson) 미 대통령도 한일 관계 개선을 바랐다. 한일회담 성공이 베트남전쟁에도 도움이 되기에, 미국은 뒤에서 사사건건 개입했다. 한일회담을 무조건 성사시킨다는 한·미·일 3국의 조급함 탓에 갈등의 불씨를 남겼다. 일제강점기의 전쟁범죄와 강제 동원 피해자들에 대한 배상 등 민감한 사안들은 그냥 묻혀버렸고, 지금껏 논란이 이어진다.

　한일기본조약(1965)을 맺을 때 이동원 외무장관의 맞상대였던 시나 에스사부로(椎名悦三郎, 1898~1979) 외무의 역사 인식도 위의 다카스기와 같다. 일제 말에 상공차관, 군수성 육군 총동원 국장으로 일했던 그는 '조선 합병을 제국주의라고 한다면, 영광스러운 제국주의'라는 망언을 남겼다. 1963년 그가 쓴 책 『동화와 정치(童話と政治)』에서다.

> 일본이 강대한 서구 제국주의의 이빨로부터 아시아를 지키고 일본의 독립을 유지하기 위해 타이완을 경영하고 조선을 합방하며 만주에 오족공화(五族共和)의 꿈을 건 것이 일본제국주의라 한다면, 그것은 영광의 제국주의다.[16]

시나 외무는 '다카스기 망언' 한 달 뒤인 1965년 2월 한일기본조약 가조인을 하려고 김포공항에 내렸다. 그는 "일한 양국의 오랜 역사 가운데 불행한 기간이 있었던 것은 매우 유감으로, 깊이 반성한다"라고 말했다. 2년 앞서 책에 썼던 '영광의 제국주의론'을 떠올린다면, 일본인들이 흔히 뻔한 상투적인 말을 할 때 쓰는 표현인 '기마리몽쿠(決まり文句)'나 다름없는 '반성'이었다.

한일기본조약 체결 때 일본 총리였던 사토 에이사쿠의 역사 인식도 앞의 두 사람(다카스기, 시나)과 다를 바 없다. 시나가 '영광의 제국주의론'을 펼치기 1년 전인 1962년 사토가 통상대신으로 있을 때, 지금은 폐간되고 없는 일본의 한 월간지에서 '팔굉일우(八紘一宇)'론을 폈다.

팔굉일우란 '온 세상을 일본 국왕의 지배 아래에 둔다'는 황당한 뜻을 지녔다. '팔굉'이란 천지를 잇는 여덟 개의 밧줄로 전 세계를 뜻하고, '일우'는 한 지붕이다. 『일본서기(日本書記)』(720)에 따르면, 초대 국왕 진무(神武)가 "팔굉을 덮어 집으로 삼는 것이 좋지 아니한가"라고 말했다고 한다. 『일본서기』는 일본의 역사책 가운데 가장 오래된 정사(正史)로 꼽히지만, 한국의 민족사학자들은 사서(史書)가 아니라 사서(詐書)라 여긴다. 일본 관변 사학자들이 손을 댄 위서(僞書)라는 것이다.

일제강점기 시절에 군국주의자들과 조선의 친일파 지식인들이 입에 달고 살던 어휘가 '팔굉일우'였다. 친일 문학가 주요한이 창씨개명한 이름은 마쓰무라 고이치(松村紘一)로, 여기서 '고이치'는 '팔굉일우'에서 따왔다. '팔굉일우론'에 따르면, 일본의 한반도 지배는 당연하다. 일본의 침략전쟁을 황도주의에 연결해 합리화하고 미화한다면, '침략'이니 '전쟁범죄'니 따위는 따질 필요가 없다. '사죄'란 용어도 설 자리가 없다.

망언 멈추지 않은 '망언 제조기'

1980년대 일본의 망언 제조기로 일컬어지는 이가 후지오 마사유키 (藤尾正行)다. 1986년 일본 내각의 문부대신(교육부장관)으로 있던 후지 오는 월간지 《분게이슌주》에 청일전쟁(1894)와 러일전쟁(1904) 때의 상황을 이렇게 풀이했다.

> 당시 조선반도는 청국의 속령이었다. 청국이 일본에 패해, 일본이 조선에 진출하려고 했는데 그 뒤에 어슬렁어슬렁 나온 것이 러시아였다. 이것을 그냥 놔두었으면 조선반도는 러시아의 속령이 되어 있었을지도 모른다. 일본의 입장에서 보면 (미운 놈의) 배때기가 나타난 것이니까, 어떻게 하든 이것을 막지 않으면 안 됐다.[17]

후지오 망언의 요지는 '1910년 한일 병합이 없었더라면 조선이 중 국이나 러시아의 속령이 됐을 것이고, 한일 병합도 담판과 합의에 따 라 이뤄진 만큼 한국에도 책임이 있다'는 것이다. 이런 망언은 한국에 서는 물론 일본에서도 논란이 됐다. 일본 언론들도 비판적이었다. '그 냥 보고 넘길 수 없다'〔《아사히신문(朝日新聞)》〕, '각료로서 자질이 문제 된다'〔《요미우리신문(讀賣新聞)》〕 등의 사설을 실었다. 일본 역사학자 와다 하루키(和田春樹, 도쿄대 명예교수)는 월간지 《세카이(世界)》에 "후 지오의 발언은 역사를 왜곡하는 전형적인 사례"라 지적했다.

당시 나카소네 야스히로(中曽根康弘) 총리는 한일 관계가 '후지오 망언'으로 불편해지는 것이 부담스러웠다. 집권당인 자민당 안에서도 후지오가 스스로 장관직에서 물러나길 바랐다. 그러나 후지오는 버텼 다. 결국 나카소네가 파면시켰으나 후지오는 집요했다. 《분게이슌주》 다음 달 호에 또 다른 망언이 담긴 글을 실었다. 1910년 조선의 국권을 침탈한 것을 두고 '일본만이 비난당하는 것은, 이 또한 공정하지 못한 것'이라 주장했다. 후지오는 그 근거로 '19세기 조선 대한제국은 독립 국가를 유지해갈 만한 능력도 기개도 없었다'면서 '한일 간의 불행한 역사를 낳은 책임의 절반은 무능력한 조선 대한제국 측에도 있었다'고 우겼다. 오늘날 『반일 종족주의』로 대표되는 '신친일파'들이 내뱉는 주장과 판박이다.

후지오는 '외로운 늑대'처럼 잇단 망언을 혼자 되풀이했을까. 그렇지 않다. 일본 정치권과 극우 집단에서는 '후지오 일병 구하기'에 나섰다. 문제의 잡지 《분게이슌주》는 '후지오 발언의 파문'이란 제목의 특집 등으로 '후지오의 지론이 옳다'며 손을 들어줬다. 그런 응원에 힘입어 후지오는 일본 곳곳에서 강연 초청을 받았다. 뜨거운 박수를 받으며 연단에 오른 후지오는 앞의 망언들을 녹음기 틀듯이 되풀이했다.

일본의 조선 통치가 한국 근대화의 밑돌을 깔았기에 발전에 도움이 됐다는 이른바 '식민지 근대화론'도 그의 단골 메뉴다. 이즈음 한국의 '신친일파'들이 세미나, 연찬회, 워크숍, 강연회 등등 여러 이름으로 일본에서 알게 모르게 (대부분은 소규모의 비공개 모임에서 소리 소문 없이) 내뱉는 친일 발언들은 후지오 망언과 같은 맥락이다. 한국인이냐 일본인이냐를 떠나, '타인의 고통'에 배려심이 있고 생각이 깊은 사람이라면 할 수 없는 언동이다.

후지오 문부대신 파면 2년 뒤인 1988년, 오쿠노 세이스케(奧野誠亮) 국토청장관의 망언으로 또 다른 논란이 벌어졌다. 오쿠노는 중의원 결산위원회에서 중일전쟁에 대해 말하면서 "당시 일본은 침략의 의도는 없었다. 어쩔 수 없이 벌인 자위(自衛) 전쟁이었다"라고 주장했다. 한국도 항의를 했지만 특히 중국 쪽에서 거세게 반발했고, 발언 나흘 뒤 오쿠노는 장관에서 물러났다.

오쿠노는 1972년 문부대신, 1980년 법무대신을 지낸 일본 정계의 중진이었다. 그의 지난 이력 가운데 1943년 가고시마현 경찰부 특별 고등경찰 과장을 지낸 것이 눈길을 끈다. '특고' 또는 '고등계'라면 일제강점기에 독립운동가나 사상범을 혹독하게 다루기로 악명 높았던 경찰 부서다. 1948년 반민족행위처벌법에 따라 반민특위에 붙잡혔던 최연(崔燕)이 특고 출신이다. 특고는 나치 독일의 비밀경찰 게슈타포를 떠올리면 딱 맞는다. 전후 독일에선 게슈타포 출신이 공직에 나서는 것은 꿈도 못 꾸었다. 일왕 히로히토의 전쟁 책임을 눈감아주고 1948년 말 주요 전범들을 풀어주는 등 미국의 일본 전후 처리가 잘못됐음을 보여준다.

특고 출신인 오쿠노의 정치 이념은 당연히 극우다. 일본 평화헌법을 개정해 일본이 군대와 교전권을 확보해야 한다고 주장했고, 신사참배를 외치며 야스쿠니를 들락거렸던 황도주의자다. 장관직을 벗어던진 뒤 오쿠노는 걸핏하면 망언을 내뱉었다. 1996년 7월 4일 자민당 내 극우 성향 의원들의 모임인 '밝은 일본 국회의원 연맹' 결성 기자회견에서 일본군 '위안부' 성노예를 부인하면서, "당시 일본 정부는 여성을 강제적으로 전쟁터에 끌고 가 비도(非道)를 저지르는 그런 심한 일은 하지 않았다. 일본인은 자부심을 가져야 한다"라고 했다.

비뚤어진 역사 인식 탓이겠지만, 그가 한국(조선)을 얼마나 만만하게 봤기에 저런 망언을 할 수 있었나 싶다. 1963년부터 2003년 90세의 나이로 은퇴할 때까지 오쿠노는 13회에 걸쳐 중의원에 당선됐다. 유세장에서 그를 만난 사람들은 틀에 박힌 망언들을 되풀이해 들었다. 문제는 그런 망언에도 일본 유권자들은 박수를 치며 지지표를 찍었다는 사실이다. 망언은 그의 인기와 득표력을 높이는 데 큰 도움이 됐다.

'고노 담화'와 '무라야마 담화'의 문제점

일본 정치권에서 과거사 문제와 관련해 나름의 진정성을 담은 사과를 하기 시작한 것은 1990년대 들어와서다. 1991년 8월 14일 김학순(1924~1997) 할머니가 기자들 앞에서 "나는 일본군 '위안부'였다"라고 피해를 증언하면서 일본의 전쟁범죄 실상을 뒤늦게나마 캐묻는 계기가 마련됐다. 김학순은 "당한 것만 해도 치가 떨리는데 일본 사람들이 사실 자체가 없었다고 발뺌하는 것이 너무 기가 막혀 증언하게 됐다. 살아 있는 증인이 여기 있지 않느냐"라며 목청을 높였다(2부 3장 참조).

김학순의 공개 증언 5개월 뒤인 1992년 1월 일본군이 '위안부' 성노예 강제 동원에 깊이 관여했다는 사실을 보여주는 증거 자료가 나왔다. 요시미 요시아키(吉見義明, 주오대 교수, 일본 근현대사)가 일본 방위청 산하 방위연구소에 잠자고 있던 극비문서(1938년 일본 육군성과 중국 파견군 사이에 주고받은 공문서)에서 찾아낸 증거였다. 일본 정치권에선 더 이상 모른 체 눈 감고 팔짱만 끼고 있기가 어렵게 됐다.

> 이른바 종군위안부 문제에 관해서 정부 조사 결과, 광범위한 지역에 걸쳐 위안소가 설치되고, 많은 수의 위안부가 있었다는 사실이 인정되었다. 위안소는 군 당국의 요청에 의해 설치됐고, 위안소의 관리 및 이송에 관해서는 군이 직접 혹은 간접적으로 관여했다. 위안부 모집은 군의 요청을 받은 업자가 주로 했지만, 이 경우에도 감언, 강압 등으로 본인의 의사에 반하여 모집된 사례가 많았다. 관헌이 직접 가담한 적도 있었다는 사실이 밝혀졌다. 위안소 생활은 강제적 상황 아래서 처참했다. 본 건은 당시의 군 관여 아래, 많은 여성의 명예와 존엄에 깊은 상처를 낸 문제다.[18]

위에 옮긴 글은 1993년 8월 4일 '사죄와 반성의 마음'을 담아 미야자와 기이치(宮澤喜一) 내각 당시 고노 요헤이(河野洋平) 관방장관이 내놓았던 담화다. 이른바 '고노 담화'로 알려진 이 발표문은 '위안부' 강제 동원에 일본군이 직간접적으로 관련됐다는 사실을 처음으로 인정했다는 데 의미가 있다. '일본은 전쟁 책임을 져야 한다'는 신념을 지녔던 미야자와 기이치 총리에 이어 서열상 내각 2인자인 관방장관이 담화문을 냈기에 무게감이 살짝 떨어진 듯 비쳐졌지만, 그걸 따질 일은 아니다. 일본 정부가 공식적으로 일본군의 개입을 인정하고 사죄했다는 사실이 중요하다.

고노는 담화문에서 "우리는 이러한 역사의 진실을 회피하지 않으며 오히려 이것을 역사의 교훈으로 직시해가겠다"라면서, "우리는 역사 연구, 역사 교육을 통하여 이러한 문제를 오랫동안 기억하면서 동일한 과오를 결코 반복하지 않겠다"라는 뜻을 나타냈다. 오래돼 살짝 빛바랜 내 메모장을 꺼내 30년 전 그날 부분을 찾아 들춰보니, "많이 늦긴 했지만, 한마디로 보기 좋은 모습. 역사는 이래서 발전한다고 말하는가 보다"라고 쓰여 있다. 물론 고노 담화도 한계가 있다는 지적을 받는다. '위안부' 강제 동원에 일본 군부가 관여했다는 것을 인정하긴 했지만, '군의 요청을 받은' 민간업자의 역할을 더 강조했다. 마치 '위안부' 제도의 관리 주체가 일본군이 아니고 민간업자인 양 잘못 이해될 수도 있다는 점에서다.

1990년대 중반 일본 사회당 출신으로 자민당-사회당-신당 사키가케(자민당의 분당)와의 3당 연립내각의 총리에 올랐던 무라야마 도미이치(村山富市)도 과거사와 관련된 중요한 담화를 냈다. 1995년 8월 15일 '종전' 50주년을 맞아 나온 이른바 '무라야마 담화'다. 일본 현직 총리가 패전 50년 만에 사실상 처음으로 일본 군국주의의 식민지 억압과 전쟁 책임, 그리고 전쟁범죄 희생자들에게 공식 사죄를 했다는 점에서 나름의 의미가 크다. 주요 내용은 이러하다.

(일본이) 멀지 않은 과거의 한 시기에 국책을 잘못 시행하여 전쟁으로 나아
가는 길을 걸어서 국민을 존망의 위기에 빠뜨렸고, 식민지 지배와 침략으
로 많은 나라들, 특히 아시아 여러 나라 사람들에게 엄청난 손해와 고통을
주었다. 저는 미래에 잘못이 없도록 하기 위해서 의심할 수 없는 이 역사적
사실을 겸허히 인식하고, 여기에서 다시금 통절한 반성의 뜻과 함께 마음
에서 우러나오는 사과의 뜻을 나타내고 싶다.[19]

일본인들은 자존심 때문인지 '패전'이란 용어보다는 '종전'이란 단
어를 흔히 쓴다. 하지만 무라야마 담화 속엔 '종전'보다는 '패전'이란
단어가 더 나온다. "패전의 날로부터 50주년을 맞이한 오늘……"이란
식이다. 사정을 알고 보면, 무라야마 담화가 나오는 과정에서 내부의
저항이 있었다. 처음 원고엔 '식민지 지배와 침략으로……' 부분에 '침
략'이 아니라 '침략전쟁'이란 표현이 들어 있었다. 하지만 매파들이 못
마땅해하는 바람에 '전쟁'이 빠졌다. '침략전쟁'이 아니라, 백인 제국
주의자들과의 세력다툼 속에 국익을 지키기 위한 '자위(自衛) 전쟁'을
벌였다는 삐뚤어진 역사 인식의 틀에서 벗어나기 쉽지 않다는 것을
보여준다.

무라야마 담화가 지닌 한계와 문제점은 또 있다. 그것들은 일본 외
무성이 작성한 기록에도 나타난다. 도시환(동북아역사재단 연구위원, 근
현대 한일 관계)의 분석을 보자.

정보공개 청구를 통해 입수한 당시 외무성 기록을 보면 무라야마 담화는
(총리) 관저 주도가 아닌, 일본 외무성 종합외교정책국의 주도 아래 작성됐
다. (담화는) 포괄적인 반성과 사과를 표명하되, 전후 처리 문제를 네 가지
로 한정하여 개인 보상을 행하지 않는다는 정책적 의도를 반영했을 뿐만
아니라, 외무성의 장기 전략에 입각하여 역대 내각이 무라야마 담화를 답
습하기에 이르도록 한다는 것이다.[20]

여기서 '전후 처리의 네 가지 문제'란 1) 일본군 '위안부' 2) 타이완의 확정 채무(미불 급여와 군사우편 저금) 3) 사할린 한국인의 영주 귀국 4) 중국에 남겨둔 화학무기 문제를 가리킨다. 식민지 지배와 피해에 대해 '포괄적인 사과'만 할 뿐 실제적인 배상을 외면하겠다는 일본 외무성의 방침이 담화 속에 감춰져 있다. 일본 정부의 이런 완고한 방침은 그 뒤 현실에 그대로 나타나 동아시아의 긴장과 갈등을 불러왔다.

　　또한 '외무성의 장기 전략'이란 매우 교활한 꼼수다. 전쟁범죄로 얼룩진 일본의 어두운 과거사를 짚고 넘어가지 않을 수 없는 상황(이를테면, 8·15 종전기념일 또는 정상회담 등)에서 '무라야마 담화를 계승한다'는 식으로 '포괄적인 사과'를 하며 대충 넘어가는 것이 무난하고도 편리하다는 판단을 일본 외무성이 내리고 있음을 짐작할 수 있다. 실제로, '무라야마 담화'는 지난 30년 가까운 시간이 흐르는 동안 일본 정치인들에게 제법 쓰임새가 많은 편리한 용어로 자리 잡았다. 극우 성향의 전 총리 아베 신조만 해도 사과나 사죄라는 마음에도 없는 거북한 말을 입에 올리는 것을 아주 싫어했다. 하지만 8·15 패전 기념일처럼 특정한 날에 어떤 식으로든 공식적으로 반성의 메시지를 담은 담화문을 발표해야 하거나, 한일 정상회담 같은 공식 석상에서 과거사를 언급해야만 할 때가 있다. 바로 그런 자리에서 녹음기를 틀어놓은 것처럼 '무라야마 담화를 계승한다'며 사죄에 갈음하곤 해왔다. 따라서 한국 시민들은 앞으로도 8월 15일 일본 총리가 내뱉는 상투적인 '계승' 발언을 줄곧 듣게 될 것이다. '무라야마 담화'가 나온 뒤 가모 다케히코(鴨武彦, 도쿄대 교수, 국제정치학)는 이런 비판을 남겼다.

　지난날 국책을 그르쳐 아시아 각국에 희생을 안겨주었음을 인정하면서도 피해 보상을 위해 어떤 정책을 시행할 것인지를 밝히지 않은 것은 논리적 모순이다. (무라야마 총리의) 담화는 (미래지향적이 아니라) 과거지향적이며,

미래의 행동지침이 결여된 내용이다.[21]

　지금껏 살펴본 한계와 문제점에도 불구하고, 사회당 출신의 무라야마 총리는 나름의 진심을 갖고 담화를 발표했다고 믿고 싶다. 그의 이름으로 나온 담화는 '패전 50주년을 맞아 깊은 반성에 입각하여 독선적인 민족주의를 배척하고 책임 있는 국제사회의 일원으로서 국제협조를 촉진해야 한다'고 강조한다. 여기서 '독선적 민족주의'란 이른바 황도주의를 바탕으로 한 국수주의, 또는 지난날 군국주의에 짙은 향수를 지닌 패권적 극우 이념을 가리키는 것이라 봐도 틀리지 않을 것이다.

우경화 흐름 속 빛바랜 '고노-무라야마 담화'

　무라야마가 사죄 담화를 낸 뒤 두 달도 안 된 시점에 극우 각료의 망언이 튀어나왔다. 1995년 10월 11일 에토 다카미(江藤隆美) 총무대신은 "일본의 식민통치가 조선에 좋은 측면도 있었다"라고 했다. 한국에 머리 숙인 '무라야마 담화'를 못마땅하게 여겼던 에토는 출입 기자들과의 간담회에서 '오프 더 레코드'를 전제로 망언을 내뱉었다. 일본 시사 주간지에 보도된 내용의 요지를 옮기면 이렇다.

> 한일 병합에 대해 만일 첫째로 책임 소재를 묻는다면, 그 당시 도장을 찍은 총리 이완용이다. 싫다면 거절했으면 그만이었다. 일본도 좋은 일을 하지 않았는가. 고등농림학교를 세웠고, 서울에는 제국대학을 세웠다. 교육 수준을 높인 셈이다. 기존에는 교육이라는 것이 전혀 없었으니까. 도로·철도·항만을 정비하고, 녹화사업도 했다."[22]

　이완용이 싫다고 도장 찍는 것을 거절했다면 한일 병합이 이뤄지지 않았을 것이므로 일본을 원망하지 말라고? 조선에는 교육이라는 게 전혀 없었다고? 이런 에토의 망언은 한국민들을 분노하게 만들었다. 그 무렵 중국에 가 있던 김영삼 대통령은 장쩌민 주석과의 한·중 정상 회담 뒤 공동 기자회견에서 "일본의 버르장머리를 기어이 고쳐놓아야 되겠다. 문민정부는 군사정부와 다르다는 것을 보여줄 필요가 있다"라고 목청을 높였다. 그 특유의 쇳소리가 섞인 말에서 분노가 묻어 나왔다. 외신기자들이 '버르장머리'란 단어의 뜻을 묻자, 김 대통령 수행원들은 어떻게 번역해야 할지 곤혹스러운 표정을 지었다.

비보도를 전제로 했던 발언의 파문이 커지자, 에토는 "일본이 좋은 일도 했다는 내 생각은 잘못이었다. 오해를 부른 면이 있다면 발언을 취소한다"라며 스스로 대신직에서 물러났다. 그러나 극우의 본심이 바뀌긴 어려운 일이다. 해를 넘긴 1996년 1월 4일 에토는 기자단과의 신년 간담회에서 자신의 사과 발언을 뒤집었다. "(침략과 전쟁범죄로 얼룩진 일본의 과거사를) 왜 반성해야 하는가. 일본은 그렇게 창피한 나라가 아니다."[23]

'무라야마 담화' 뒤 많은 시간이 지나는 동안 일본은 무라야마가 지적했던 '독선적인 민족주의'를 배척하기는커녕 보수 우경화 흐름을 가속화해왔다. 1996년 1월 자민당-사회당-신당 사키가케 연립내각이 무너지고 무라야마가 총리에서 물러나면서 (2009~2011년 하토야마 유키오(鳩山由紀夫) 총리와 간 나오토(菅直人) 총리의 짧은 민주당 집권 기간을 빼면) 지금껏 자민당의 독주 체제 속에 우경화가 대세를 이루었다.

'고노 담화'와 '무라야마 담화'가 나오고 한 세대가 지나는 동안, 일본이 강제 동원 등 전쟁범죄로 얼룩진 과거사를 반성하면서 역사 연구나 역사 교육에서 전향적인 바람직한 모습을 보여왔을까? 안타깝게도 대답은 '아니요'다. 1998년 10월 8일 김대중 대통령을 만난 오부치 게이조(小淵惠三) 총리가 '통절한 반성과 진심의 사죄'를 나타내는 등

때때로 반성과 사과의 목소리가 들려오긴 했지만, 21세기 들어와선 역사의 수레바퀴가 앞으로 굴러가질 못하고 오히려 퇴행해왔다. 일본의 자민당 장기 집권과 우경화 흐름 속에 과거사 반성과 사죄는 나 몰라라 하는 상황이 됐다.

일본의 자민당 집권 세력은 입으로는 '고노 담화'와 '무라야마 담화'를 계승한다고 하면서도, 실제로는 휴지처럼 여긴다. 이를테면, 아베 신조는 총리로 있으면서 하루는 담화 계승을 말했다가, 다른 날엔 "그런 담화는 한국 정부와의 타협의 산물에 지나지 않았다"라고 깎아내렸다. '위안부' 피해자들에게 사죄 편지를 써서 전할 생각이 있느냐는 질문에 "그럴 생각은 털끝만큼도 없다"라고 잘라 말했다. 2024년 총리에서 물러난 기시다 후미오(岸田文雄)의 역사 인식도 아베와 크게 다르지 않았다. 과거사를 반성적으로 돌아보자는 사람들에겐 '자학 사관'을 지녔다고 손가락질하는 것이 이즈음 일본의 모습이다.

망언으로 일본 유권자 표심 잡는다

일본 정치인들의 망언이 그치지 않는 이유는 무엇일까. 다른 무엇보다 망언을 함으로써 정치적 이득을 챙길 수 있다는 확신이 있기 때문이다. 망언으로 파문을 일으킨 자들은 선거 때 낙선은커녕 당선돼 으스대곤 한다. 망언이 오히려 유권자들의 표심을 사로잡는 것이 일본의 정치 현실이다. 일찍이 《동양통신》 주일 특파원을 지냈던 언론인 김용범의 글을 보자.

(망언이 그치지 않는) 요인은 먼저 일본의 과거사를 정당화하려는 세력이 엄존하고 있다는 데서 찾을 수 있다. 망언을 내뱉는 사람은 그런 세력의 대변자이자 조장자이다. 그들은 망언으로 정치적 득을 보았으면 보았지 손해

를 보지 않았다. 이는 망언 발설자들이 선거 때마다 고스란히 당선되어 나가타초(永田町)의 국회의사당으로 들어가는 데서 잘 알 수 있다.[24]

'망언 발설자'들이 소속 정당에서 공천을 못 받는 등 불이익을 받는 일은 없을까? 이원덕(국민대 교수, 일본학연구소장)은 오히려 그 망언을 발판 삼아 자신의 정치적 입지를 다지고, 선거철이 오면 극우 집단의 지원을 받아 무난히 당선된다고 풀이한다.

망언에도 불구하고 소속 정당에서의 이들의 입지는 별로 영향을 받지 않는다. 오히려 보수 우파 원로들의 묵시적인 지원과 격려를 받게 됨으로써 정치적인 지위를 보장받게 되는 효과를 가져온다. 정치인에게 무엇보다 중요한 것은 선거에서의 득표력이다. 망언의 주인공들이 차기 선거에서 불이익을 당하는 경우는 거의 찾아볼 수 없다. 이들의 입장을 전폭적으로 지지하는 유권자 조직이 존재하기 때문이다.[25]

망언 정치인을 지지하는 유권자 조직 가운데 대표적인 것이 야스쿠니 신사를 성지로 여기는 일본유족회다. 또한 극우 성향이 강한 일부 언론사와 사회단체들이 조직적으로 옹호하고 지지한다. 언론으로는 《산케이신문(産經新聞)》과 자매 월간지인 《세이론(正論)》, 보수 월간지 《분게이슌주》와 자매 월간지 《쇼군(諸君)》, 그리고 《하나다(HANA-DA)》, 《윌(WILL)》, 《사피오(SAPIO)》, 《보이스(VOICE)》 같은 보수 우익 언론들을 꼽을 수 있다.

이들에게 한국의 '신친일파' 필진들은 대환영이다. 이를테면, 2019년 강의실에서 "위안부는 매춘의 일종, 궁금하면 해볼래요?"라는 망언으로 파문을 일으켰던 류석춘(전 연세대 교수, 사회학)은 《하나다》 2020년 8월호에 자신의 '위안부' 망언 파문이 일어나게 된 전후 사정을 소개했다. '완전 독점 수기'란 부제 아래 '한국 교수의 목숨을 건 호소, 날조된 위안부 사건'이란 제목을 단 기고문은 자신의 '위안부' 망언을 변명하면서, 지난날 강제징용이나 공출 등에 대한 한국 쪽 비판이 잘못됐다고 그 특유의 궤변을 되풀이했다. 류석춘의 글은 일본인들 사이에, 특히 '넷(net) 우익'이라 일컬어지는 극우 유튜버들에게 혐한 감정을 불러일으킬 먹거리를 차려줄 뿐이다.

'21세기 망언 제조기' 아소 다로

2008년 9월부터 1년 동안 총리를 지낸 아소 다로는 일본 정치인 가운데 '21세기 망언 제조기'라 일컬어질 만하다. 아소의 부친 아소 다카키치는 일제강점기 시절 후쿠오카에서 '아소 탄광'을 운영했던 전범 기업가다. 강제 동원된 1만 명이 넘는 조선인들을 '노예노동'으로 착취해 엄청난 부를 쌓았다. 아소 다로는 '아소 탄광'의 후신인 '아소 시멘트'의 실소유주다. 아소는 고이즈미 준이치로(小泉純一郎) 내각에서 2003년부터 2007년까지 총무대신과 외무대신을 지냈고, 극우 성향의 아베 신조와도 사이가 좋아서 아베 내각에서 2012년부터 2020년까지 재무대신 겸 부총리 등을 지냈다. 요시다 시게루 전 총리의 외손자이고, 스즈키 젠코(鈴木善幸) 전 총리가 그의 장인이다. '정계의 금수저'를 물고 태어났기에, 능력에 견주어 관운이 좋은 편이란 소릴 들었다.

아소 하면 금세 떠오르는 이미지가 '망언 제조기'다. 2017년 9월 한반도에서 전쟁이 터져 일본으로 난민이 몰려온다면 대응 방책의 하나로 '사살'을 꼽아 듣는 일본인들조차 놀랐다. 2018년 5월 전 재무성 사무차관의 성희롱 사건이 터지자 "성희롱은 죄가 아니다"라는 망언으로 여성들로부터 거센 항의를 받았다. '망언 제조기'라는 별명답게 망언 목록은 길지만, 되도록 짧게 간추려본다.

- (2003년 5월 도쿄대 강연) "창씨개명(創氏改名)은 조선인들이 (일본) 성씨를 달라고 한 것이 시작이었다. 한글은 일본인이 조선인에게 가르친 것이며 의무교육제도도 일본이 시작했다. 옳은 것은 역사적 사실로 인정하는 것이 좋다."
- (2005년 5월 영국 옥스퍼드대 강연) "운 좋게도, 정말 운이 좋게도 한국에서 전쟁이 일어나 일본 경제 재건을 급속도로 진전시켰다. 야스쿠니 신사를 참배하는 것은 옳고 앞으로도 계속하겠다. 야스쿠니 신사의 군인들을 A급 전범이라고 결정한 것은 일본이 아니다. 미군 점령군이 결정한 것이다."
- (2006년 1월 28일) "야스쿠니 신사의 영령은 '천황 폐하 만세'를 외쳤지 '총리 만세'를 외친 사람은 한 사람도 없었다. 따라서 신사 참배는 총리보다 천황이 하는 것이 최고다."
- (2006년 2월 일본 식민지였던 타이완을 언급하면서) "타이완은 일본이 실시한 강제 교육 때문에 교육 수준과 읽고 쓰는 능력이 크게 향상되었다. 그 덕분에 타이완은 시대에 뒤떨어지지 않게 됐다. 일본은 좋은 일을 했다."
- (2007년 5월 독일 포츠담 G8 외무장관회담 무렵 콘돌리자 라이스 미 국무장관에게) "전쟁이 조금만 더 길어졌다면 독일, 이탈리아, 일본이 전승국이 되었을 것이다."

아소의 망언을 모아보면, 그의 역사 인식은 일본의 전쟁범죄를 반성하는 것과는 거리가 멀다. 일본 국왕의 야스쿠니 신사 참배를 바라는 극우적 사고의 틀 속에 갇혀 있고, '한국과 타이완이 일본의 식민지통치 덕을 봤다'고 여긴다. 한마디로 아소의 망언들은 이즈음 한국의 '신친일파'들이 입만 열었다 하면 내거는 '식민지 근대화론'과 맥락을 같이한다.

2022년 7월 8일 유세장에서 사제 총에 맞아 죽은 아베 신조 전 총리도 아소 다로처럼 '정치적 금수저' 출신이다. 1950년대 후반부에 일본 총리였던 기시 노부스케(岸信介)가 외할아버지다. 기시는 일제 말기의 도조 히데키 전시 내각에서 군수성 차관과 상공대신으로 일제의 침략전쟁에 이바지했다. 1945년 패전 뒤 '주요 전범자'로 감옥에 갇혀 2차 도쿄 전범재판을 기다리다가 1948년 12월 맥아더의 '크리스마스 선물'로 풀려난 뒤 외무대신과 총리를 지냈다. 그런 외할아버지를 존경한다면서 정치판에 뛰어든 아베는 강제 동원, '위안부' 성노예, 역사 교과서 왜곡, 독도 영유권 문제 등에서 한국에 맞서 날을 세웠다.

아베, 사과와 망언 사이의 줄타기

아베는 극우 성향을 지닌 데다 총리 재임 기간이 길었던 만큼 다른 이들보다 더 많은 문제성 발언을 남겼다. 두 차례에 걸쳐 9년 동안 일본 총리(1기는 2006년 9월~2007년 9월, 2기는 2012년 1월~2020년 9월)를 지낸 아베는 사과와 망언을 되풀이했다. 일본군 '위안부' 성노예 문제에 대해 사과성 발언을 했다가, 얼마 뒤 "위안부 강제 연행과 강압의 증거가 없다"라며 뒤집는 망언을 하곤 했다.

한국 외무부가 작성한 '2018 일본 개황'에 실린 아베의 발언록을 보면 도대체 진정성 있는 사과를 한 것인지 아닌지 헷갈릴 정도다. 앞에서 살펴본, 고노 요헤이 관방장관이 '위안부 동원에서 일본군이나 관헌의 강제성 개입' 사실을 인정하고 사과했던 '고노 담화'와 '무라야마 담화'를 부인했다가 '계승'한다고 말을 바꾸기도 했다. 아베가 사과와 망언 사이를 어떻게 줄타기했는지를 주제별로 들여다보자.

[일본군 '위안부' 성노예 관련]
- 2007년 3월 1일 기자단 질의의 답변: "군(軍)이나 관헌이 집에 들어가 강제로 끌고 간 '위안부 사냥'과 같은 협의의 강제성을 뒷받침할 자료가

기시 노부스케 전 총리(왼쪽)와 외손자인 아베 신조 전 총리(오른쪽).
외할아버지 기시는 군국주의에 봉사했던 전범자였고,
외손자 아베는 극우파로 일본 평화헌법 9조를 사실상 폐기했다.

없다. 당시의 경제 사정 등을 감안한 광의의 강제성은 있을 수 있으며,
'고노 담화'의 계승은 이러한 강제성의 정의가 바뀐 것을 전제로 해야 한
다."
(한국에서 비판이 쏟아지자, 아래처럼 달라진다).

- 2007년 3월 26일 참의원 예산위 발언: "위안부 피해자들이 쓰라린 경
  험을 한 데 대해 동정의 마음과 더불어, 그러한 처지에 놓인 것에 대해
  사죄의 마음을 전한다. 지금 제가 총리로서 사죄의 마음을 전하며, '고노
  담화'에서 말하고 있는 그대로다."

[무라야마 담화 거부와 계승]

- 2013년 4월 22~23일 참의원 예산위 발언: "아베 내각으로서 소위 '무
  라야마 담화'를 그대로 계승한다는 것은 아니다. '침략'에 대해서는 학계
  에서도 국제적으로도 정의가 제대로 내려져 있지 않다. 국가 간의 관계
  에서 어느 쪽에서 바라보느냐에 따라서도 달라질 수 있는 부분이다. 그
  러한 관점에서 '무라야마 담화'에 문제가 있다."
- 2013년 10월 22일 중의원 예산위 발언: "아베 내각으로서 '침략'과 '식
  민지 지배'를 부정한 적은 한 번도 없다. '무라야마 담화'의 내용에 대해

서는 아베 내각도 동일한 인식을 갖고 있으며, 역대 내각의 입장을 계승
하고 있다.”

[일본군 '위안부' 강제 연행 관련]

- 2014년 12월 15일《이코노미스트》인터뷰: “위안부 강제 연행과 강압
  의 증거가 없다는 것이 일본 정부의 입장이다. 그릇된 이유로 일본의 명
  예가 훼손되면 이를 시정해야 한다.”
- 2015년 1월 28일 참의원 본회의 발언: “지금까지 말씀드렸다시피 아
  베 정권으로서는 '무라야마 담화'로 시작해 역사 인식에 관한 역대 내각
  의 입장을 전체적으로 계승해나간다는 입장이다.”[26]

'위안부' 성노예를 둘러싼 아베의 역사 인식은 '일본 정부의 자료 안
에는 군이나 관헌에 의한 이른바 강제 연행을 나타내는 기술은 없었
다'는 것이다. 밤에 자고 있는데 일본 군경이 방문을 박차고 들어와 끌
고 가는 따위의 (아베의 용어로는 '좁은 의미의') 강제 연행이 없었으니
일본 정부엔 책임이 없다는 얘기다. 이런 주장은 '고노 담화'나 '무라
야마 담화'를 정면으로 부정하는 것이다. '망언 제조기' 아소 다로와
마찬가지로, 아베는 이런 담화들이 이른바 '자학 사관'에 빠져 있다고
여긴 극우파의 대표적 인물이다.

아베의 교활함은 한일 위안부 최종 합의(2015년 12월 28일)로 이어지
는 협상 과정에서도 엿보인다. 아베는 총리 관저를 드나드는 기자들
가운데 선임 기자들이 모이는 '오프 더 레코드 친목회'(이른바 '오프콘')
에서 술기운 탓일까, 가볍게 입을 놀리며 속내를 드러냈다.

자, 기다리면 한국 쪽에서 접근해 온다고 (두고 봐라). 종군위안부 문제는 3
억 엔이면 해결된다. 그래도 돈의 문제가 아니니까.[27]

잘 알려진 사실이지만, 그 합의는 일본이 10억 엔을 한국에 건넴으로써 '위안부' 문제가 '최종적 및 불가역적으로 해결'됐다고 했다. 하지만 진정한 사과와 배상을 요구해온 피해 당사자들의 동의를 받지 못했기에 파행으로 끝났다. '위안부' 성노예 졸속 합의(2015년 12월)로 한일 사이에 갈등의 골은 깊이 파였고, 8년 뒤 강제 동원 노예노동의 제3자 변제안(2023년 3월)으로 불신의 벽이 더 높아졌다. 이 두 개의 사안은 '외교 참사'라는 비판 속에 지금도 한일 두 나라 사이에 '뜨거운 감자'로 남아 있다.

리영희, "친일 잔재 청산 못 한 탓"

비판적인 지식인의 표상이라 할 리영희(1929~2010)는 일본 정치인들의 망언에 대해 어떻게 생각했을까. 1974년 다나카 가쿠에이 총리가 "일본이 김 양식법을 가르쳤고 의무교육제도를 실시했다"라며 일본의 식민지 통치를 미화했을 때, 리영희는 다나카를 비판하면서도, 그런 망언이 나오는 까닭이 무엇인지 짚어봐야 한다고 지적했다.

우리 것을 열등한 것으로 부정했기 때문에 일본인들은 식민지 통치 시대에 우리에게 실시한 교육을 자랑하고, 그것이 한국인에게 매우 훌륭한 것이었다고 함부로 말하는 것이다. 그렇다면 우리가 해방된 순간부터 독립 민족으로서 스스로를 되찾는 과정에서 꼭 해야만 했던 것은 무엇이었을까? 그것은 우리 민족의 존립 이유를 부정한 식민지 교육이 새로운 나라를 만드는 데는 해가 될지언정, 결코 이로울 것이 없다는 사실을 스스로의 행동으로 실증해 보이는 데 있었을 것이다.[28]

이 글은 같은 해 9월 일본 시사 월간지 《세카이(世界)》에 실려 일본인들 사이에 널리 읽혔다. 리영희는 같은 글에서 한국의 교육이 '일본의 식민지 교육'의 입김에서 벗어나지 못했다면서, 이렇게 묻는다. "8·15 뒤 한국의 교육이 일본의 식민지 교육에 젖은 사람들의 손에 의해 이루어진 현실에서, 일본의 식민지 교육이 한국에 유익했다는 다나카의 말을 어떻게 부인할 수 있겠는가?" 결론적으로, 리영희는 일본의 망언만 탓할 게 아니라 '같은 정도의 잘못이 한국인에게도 있다'고 지적했다. 글을 읽다 보면, 8·15 뒤 한국이 친일파 숙정 등 일제 잔재 청산을 제대로 하지 못했다는 불편한 진실을 새삼 떠올리게 된다.

위 글을 쓴 지 꼭 20년 뒤인 1994년 일본 법무대신 나가노 시게토(永野茂門)가 한 언론 인터뷰에서 "지난날 일본의 전쟁은 침략전쟁이 아니었고, 난징 학살(1937)은 날조됐다"라고 주장해 파문을 일으켰다. 비(非)자민 연립내각의 하타 쓰토무(羽田孜, 신생당)가 일본 총리에 오른 지 열흘밖에 안 된 시점에서 터져 나온 망언이었다. 당시 유럽 순방 중이었던 하타 총리는 도쿄로 돌아오자마자 나가노를 만났고, 그가 내민 사표를 수리했다. 리영희는 월간지 《말》에 기고한 글에서, 20년 전 '다나카 망언' 때 펼쳤던 주장처럼 한국인들의 반성을 촉구했다. "한국의 항의 목소리는 이틀을 가지 못하고 분노의 감정은 사흘을 넘지 못한다." 지난 40년간 일본의 망언이 나올 때마다 규탄 목소리를 내다가 금세 수그러들곤 했던 '남한 정부와 개인들의 반응의 역사'로 미뤄 보면 그렇다는 것이다.

리영희는 보다 근본적으로 망언이 그치지 않는 배경을 '친일 잔재 미청산'에 연결시킨다. 그가 20년 전 《세카이》에서 폈던 논리와 마찬가지다. '일본의 조선 식민지 통치가 한국(남한)에 유익했다'는 망언이 그치지 않는 까닭은 '과거 식민지 통치에 충성을 했던 부역자 집단'이 통치 세력이 된 것과 관련이 있다고 지적했다. 친일 청산이 제대로 되지 못했다면, 일본 망언자들이 그만큼 한국을 쉽고 만만한 상대로 보기 마련이다(21세기 '신친일파'들이 리영희의 이 지적을 다시 듣는다면 어떤 표정일지 궁금하다). 리영희에 따르면, 일본 망언자들에게는 공통점이 있다. "조선 식민 통치를 미화하는 일본인은 예외 없이 반공주의자, 강경 보수주의자, 극우적 국수주의자들이다." 그러면서 '이런 망언들의 최종 노림수는 평화헌법 개정을 통한 일본의 재무장과 대외 팽창'이라 못 박았다.

나가노의 망발은 단순히 우발적 망언이 아니다. 일본의 '신보수' 정권과 지배 세력의 위험한 의도가 노출된 사건이다. 그는 '대일본제국군대'의 육군사관학교를 나와, 일본군 장교로 중국 침략전쟁에 참여했었다. 그의 망언이 웅변으로 증명하듯이, 그는 왕년의 '대동아공영권' 복구와 일본군국 같은 군사 대국화를 꿈꾸는 우익 주도 세력의 하나이다. 이런 인물을 다른 직책도 아닌 '법무대신'에 앉힌 동기부터 앞날의 일본을 두렵게 만든다.[29]

일본은 UN안전보장이사회의 상임이사국이 되고, 그런 국제적 위

대외 침략의 상징인 욱일기를 든 육상자위대 장병들. 일본은 평화헌법 9조를 사문화해 해외 군사 개입이 가능한 군사 대국화를 꾀해왔다.

상에 걸맞은 군사 대국이 되길 바라고 있다. 리영희에 따르면, 군사 대국이 되려면, 군대의 보유와 전쟁권을 부정하고 있는 일본 헌법의 핵심인 제9조를 뜯어고쳐야 한다. 헌법 개정으로 일본이 전쟁권 행사와 함께 세계 제1의 군사력을 보유할 수 있는 길을 트는 것이 일본 우익의 목표다. 걸핏하면 튀어나오는 망언은 그런 염원에서 비롯된다는 분석이다.

평화헌법 9조 사문화, "일본은 전쟁할 수 있는 보통 국가"

리영희가 이 글을 쓰고 오랜 시간이 흘렀다. 그가 걱정한 대로, 일본 평화헌법이 개정되진 않았지만, 사실상 핵심인 헌법 9조가 있으나 없으나 마찬가지인 상황이 됐다. 이를 가리켜 '평화헌법의 개변(改變)'이라 일컫기도 한다. 그 과정을 짧게 정리하면 이렇다. 1945년 패전 뒤 구 일본제국헌법을 바꿔 만든 평화헌법(1946년 11월 공포, 1947년 5월 시행) 제9조 1항은 "전쟁과 무력에 의한 파괴 또는 무력행사"를 "영구히 포기"하기로 돼 있다. 제9조 2항은 "육·해·공군과 그 외의 전력은 보유하지 않으며, 교전권도 허용되지 않는다"라고 못 박았다. 교전권 포기(1항)와 군대 미보유(2항)를 뚜렷이 밝힌 제9조는 지난날의 '군국주의 침략 국가 일본'에서 다른 나라와 전쟁을 벌여선 안 되는 '평화 국가 일본'으로 바뀌는 것을 뜻한다.

제9조를 바꾸길 바라는 일본 극우들은 '스스로를 지킬 최소의 무력을 보유해야 한다'는 이른바 '전수(專守) 방위론' 논리를 내세웠다. 미국의 네오콘(neocon, 신보수주의자)들은 '일본 평화헌법 9조는 미일동맹을 가로막는 요소'라며 '개헌론'을 부추겼다. 이라크의 쿠웨이트 침공으로 벌어졌던 1차 걸프전쟁(1990)을 계기로 1993년 국제분쟁지역에서의 평화유지활동(PKO)을 명분으로 자위대의 해외파병이 가능해

졌다. 이른바 'PKO협력법'으로 평화헌법 9조는 사실상 사(死)문서가 됐다. '전수 방위론'에다 이름도 그럴듯한 '국제공헌론'이란 명분이 더 해졌다.

1990년대 후반 일본군의 해외파병 길이 더욱 탄탄하게 닦였다. 1996년 미일 양국의 군사동맹을 강화하는 '미일신안보공동성명'(1996), 아시아·태평양 지역에서 군사적 긴장이 일어나는 사태(이른바 '주변 사태')에 자위대가 미군 후방을 지원하는 '신미일방위협력지침'(신가이드라인, 1997), 이를 법적으로 받쳐주는 '주변사태법'(1999)이 만들어졌다. '유사시'라는 꼬리표가 달리긴 했지만, 해외 군사 개입의 길이 열렸다. 위의 모든 과정이 평화헌법 9조에서 못 박은 '군대 미보유, 교전권 불허' 규정을 어기는 것이다. 일본 극우는 아예 제9조 폐기를 바란다(여러 여론조사로는 아직까진 일본 국민의 절반 이상이 평화헌법 개정에 부정적이다).

이즈음 일본 극우파들은 굳이 시끄럽게 평화헌법을 개정하지 않아도 좋다고 여긴다. 그 사정을 짧게 줄이자면 이렇다. 2014년 7월 국회가 폐회 중일 때 아베 내각은 각의 결정으로 '집단적 자위권' 행사를 용인했고, 이를 바탕으로 2015년 9월 안보 관련법(안보법제)이 제정됐다. 그 전까지 내각 법제국(한국의 법제처)은 '현행 헌법상 집단적 자위권 행사는 헌법 위반'이라 봤다. 아베는 내각 법제국 장관을 바꾸고 법안을 밀어붙였다. 일본의 보수 우경화 흐름 속에 사실상 '헌법 쿠데타'를 저질렀다. 이로써 평화헌법 제9조는 껍데기만 남은 것이나 다름없다. 2016년 8월 아베는 한 언론인과 얘기를 나누다 그만 속내를 드러냈다.

큰 소리로 얘기할 순 없지만, 개헌할 필요가 없어졌다. 일본이 집단적 자위권을 행사할 수 없기 때문에 미일동맹이 잘 굴러가지 않는다고 미국이 불만을 나타내왔는데, 2015년 9월 19일 집단적 자위권 행사를 용인하는 안

보 관련법이 제정됨으로써 미국은 말이 없어졌다. 만족한 것이다.[30]

자위대의 해외 군사 개입 길을 튼 '집단적 자위권'이 확보된 만큼, 개헌이 아니라 개변(改變)으로도 만족한다는 뜻이다. 오랫동안 '전수 방위'에 머물던 일본 자위대는 '집단적 자위권'을 내세워 유사시 해외 파병이 법적으로 가능해졌다. 일본 최대 규모의 우파 모임인 '일본회의'로 뭉친 극우 정치인들은 죽은 아베에게 큰 고마움을 느끼며 그리워한다. 그가 언제라도 해외파병으로 전쟁을 벌일 수 있는 군국주의의 길을 닦아놓고 죽었기 때문이다. 회식 자리에서 이런 말들이 오간다고 한다.

"일본은 언제라도 파병을 할 수 있고 전쟁을 할 수 있는 '보통 국가'가 됐다. 이 모두 우리의 영웅인 아베님 덕이다. 총기 테러로 죽었으니 전사한 거나 마찬가지다. 아베의 혼령을 (731부대원들처럼) 야스쿠니 군신으로 모셔야 한다."

지난 수십 년 동안 일본의 망언 발설자들이 서슴없이 목청을 높였던 것도 (아소 다로의 외할아버지 요시다 시게루가 했던 말처럼) '이토 히로부미의 길을 따라 다시 한번 조선 땅에 뿌리를 박는' 날이 온다는 자신감에서였을까. 어느 날 아침, 요란한 군홧발 소리에 잠이 깨 밖을 내다보면, 지난날 군국주의 침략과 전쟁범죄의 기억을 떠올리는 욱일기를 높이 쳐들고 거리를 떼 지어 지나가는 일본군의 모습을 보게 될지도 모른다.

2장
'위안부' 망언으로
2차 가해하는 '신친일파'

'위안부'는 단순한 성노동자인가 아니면 성노예인가.
'위안부'가 자발적 매춘이고 상업적 목적을 지닌 공창인가.
'위안부'가 성노예라면, 이 문제의 본질을 왜곡하는 발언은 2차 가해다.
'위안부가 살아 있는 신이냐?'고 묻는 생계형 '신친일파'의
정신적 모국은 어디인가.

일본은 과거사 문제와 관련해 한국에게 수십 차례 사과했다. 문제는 사과를 하더라도 진정성이 없거나, 곧바로 망언으로 뒤집는 일들이 잦다는 데 있다. 한국의 '신친일파'들은 한결같다. 사과와 망언 사이를 오가는 이중주의 불협화음을 내지 않는다. 그들은 기회 있을 때마다 "위안부는 자발적인 매춘부"라는 망언을 내뱉곤 해왔다. 일본의 극우파와 같은 맥락의 망언을 할지라도, 번복이나 사과는 없다. 이들의 뇌세포는 '친일'로 딱딱하게 굳어 토론을 통한 설득은 아예 통하지 않는다. 망언인 것 자체를 부인하니 사과는 그들의 어록에 없다.

예외적으로 망언 뒤 딱 한 번 사과를 했던 적이 있다. 『반일 종족주의』의 대표 필자 이영훈이 그러했다. 2004년 9월 MBC 토론에서 "일본군 성노예가 '사실상 상업적 목적을 지닌 공창 형태'였다"라고 말했다가 나흘 뒤 피해자 할머니들에게 무릎 꿇고 큰 절로 사과했다(1부 6

장 참조). 그걸로 끝이었다. 그 뒤론 줄곧 실증주의로 포장한 특유의 '학술적' 망언으로 일본인들을 기쁘게 했다. 지난날 일본의 전쟁범죄를 덮어주고 죄의식을 덜어주면서 '위안'해주는 해괴한 논리로 말이다.

히틀러의 명령서가 없다고 홀로코스트 부인할까

일본의 극우파들과 한국의 '신친일파'는 입을 모아 일제강점기의 강제 동원을 부인한다. 그 근거로 일본 정부와 군대가 '위안부' 강제 연행에 어떻게 관여했는지를 보여주는 공문서가 없다는 것을 꼽는다. 하지만 여러 연구자들의 끈질긴 노력으로 진실은 하나둘씩 드러났다. 하종문(한신대 교수, 일본 근현대사)은 『진중일지로 본 일본군 위안소』(휴머니스트, 2023)에서 일본군 공문서가 있다는 사실은 밝혀냈다(2부 3장 참조).

> 그들(강제 연행을 부인하는 자들)은 말합니다. "일본군이 강제로 조선 여성을 연행했다면, 그 명령서가 반드시 남아 있을 것이다. 그러나 그런 문서는 한 통도 발견되지 않았다." 홀로코스트 부정론자는 말합니다. "나치가 유대민족 절멸작전을 실행했다면, 히틀러의 명령서가 반드시 남아 있을 것이다. 그러나 그런 문서는 한 통도 발견되지 않았다." 히틀러의 명령서가 발견되지 않은 것은 모든 전문가가 알고 있는 것으로, 부정론자가 말하는 것처럼 놀랄 만한 일은 결코 아닙니다.[31]

위에 옮긴 글은 일본의 침략전쟁 책임을 꾸준히 지적해온 다카하시 데쓰야(高橋哲哉, 도쿄대 교수, 철학)가 이른바 '부정론자'를 비판한 글이다. 일본 극우들은 (전쟁범죄의 증거물들이 불태워지거나 뒤로 빼돌려져 없을 걸로 믿고) 명백한 증거가 부족하다고 우기며 전쟁범죄를 아예 부인하려 든다. 그러면서 '위안부' 동원에 강제성이 없었다는 주장을 거두지 않는다. 그들은 강제가 있었느냐 없었느냐, 그것도 '좁은 의미에서의 강제 연행'이 있었느냐고 시비를 건다. 밤에 자고 있는 데 문을 박차고 들어와 끌고 가는 따위의 강제 연행은 없었다고 우긴다.

'신친일파'로 일컬어지는 『반일 종족주의』 필진들도 일본 극우와 같은 주장을 펴왔다. 이우연(낙성대경제연구소 연구위원)은 2020년 2월 JTBC '막나가쇼'의 진행자 김구라에게 이렇게 말했다. "일본 군인이 끌고 갔다는 증거는 없다. 위안부 주장은 80년 된 주장 아니냐. 기억이라는 게 1년만 돼도 안 나는데…… 위안부는 성노예가 아니라 성노동자라고 생각한다." 그 망언을 듣던 사람들은 '그래서 토착 왜구라는 21세기 신조어가 생겨났는가' 하며 고개를 갸우뚱거렸다.

류석춘, "위안부는 매춘의 일종, 궁금하면 해볼래요?"

'신친일파'의 '위안부' 망언은 많이 알려져 있다. 2019년 9월 류석춘의 망언 파문은 기억에도 새롭다. 사회학과 전공 과목 '발전사회학' 강의 시간에 류석춘은 '위안부는 매춘의 일종'이라는 주장을 폈다. "일본군 위안부 할머니들이 매춘에 종사하기 위해 자발적으로 위안부가 됐다"라는 막말이었다. '사실과 다르지 않느냐'고 묻는 여학생을 바라보며 류석춘은 "궁금하면 한번 해볼래요?"라며 성희롱을 했다. 가벼운 입놀림은 파문을 더 키웠다.

같은 자리에서 류석춘은 "정의기억연대(정의연)가 '위안부' 할머니들에게 일본군에 강제로 동원당한 것처럼 증언하도록 교육했다"라고 주장했다. 심지어 "정의연 임원들은 북한과 연계돼 북한을 추종하고 있다"라는 등 반공 프레임을 내걸었다. 그냥 넘길 일이 아니라고 판단한 수강생들은 류석춘의 망언을 녹취해 언론사에 넘겼고, 많은 시민들이 역겨움을 느꼈다.

'위안부'에 대한 망언이 끊이지 않는 가운데 옛 일본대사관 앞 소녀상 가까이에서 열린
수요집회 모습

류석춘의 막말은 끝내 법정으로 번졌다. '위안부' 피해자들에게 정
신적 고통을 줬다며 명예훼손 혐의로 불구속 기소됐다. 일반적으로 사
람들의 눈에 비치는 극우파의 겉모습은 공격적이고 뻔뻔스럽다. 하지
만 류석춘은 법정에서 심약하고 불안해하는 모습을 보였다. '위안부'
가 매춘의 일종이라 말한 것은 '단순 의견 표명'이었다면서, "내 의견
은 전혀 근거가 없지 않다. 허위가 아니다"라고 버텼다. 하지만 곧 말
을 떨며 "허위라 하더라도 허위라는 사실을 인식하지 못했다"라고 한
발 물러섰다.

류석춘은 그 스스로 심약한 지식인이라는 사실을 밝힌 적이 있다.
2006년 《경향신문》의 한 좌담회에서 그는 이렇게 말했다. "좌파, 진보
가 우리 보고 극우, 수구라고 하던데, 극우는 테러하는 안중근 같은 사
람이고, 나는 연필 하나도 못 던진다." '테러하는 안중근'이란 표현은

'넷 우익'이라 불리는 일본 극우 유튜버들이 즐겨 쓰는 상투어다. 박정희를 겨눈 김재규의 총격이 있기 딱 70년 전인 1909년 10월 26일 이토 히로부미를 저격한 안중근을 우리는 '열사'라 부른다. 류석춘의 '정신적 모국'이 어디인지, 그의 정체성을 묻게 된다.

2022년 11월 1심 검사는 "표현의 자유가 인격을 침해할 순 없다"라며 1년 6개월을 구형했다. 2024년 1월 1심 판사는 '대학에서의 학문의 자유'를 들어 '일본군 위안부가 매춘'이라는 망언에 무죄라 했다. 하지만 '위안부 할머니들을 일본군에 강제 동원당한 것처럼 증언하게 교육했다'는 발언에 대해서는 정대협(정신대문제대책협의회, 지금은 정의기억연대)에 대한 명예훼손이 인정된다며 벌금 200만 원을 선고했다. '위안부는 매춘'이라는 발언에 무죄가 나오자 각계의 비판이 쏟아졌다. 한국사를 거꾸로 돌리는 반역사적 판결이며, 일반 국민들의 상식에도 어긋나는 반사회적 판결이라는 지적들이 나왔다. 정의기억연대는 '어느 나라 법원의 판결이냐'며 반발했다.

재판을 질질 끄는 동안 류석춘은 2020년 1학기를 끝으로 정년퇴임을 해 이렇다 할 불이익 없이 사학연금을 챙기게 됐다. 그에 앞서 연세대에서 겨우 '정직 1개월'의 솜방망이 징계를 받았을 뿐이었다. 하나 더 있긴 하다. 퇴직 교수들에게 흔히 주어지는 '명예교수'가 못 됐다. 2020년 6월 류석춘은 노년층을 상대로 '틀딱TV'라는 듣기 민망한 이름의 유튜브를 개설했다. 연세대 학생들 사이에선 "2차 가해를 하려는 것이냐"라는 차가운 반응이 나왔다.

류석춘 지키기에 나선 '신친일파'

『반일 종족주의』를 공동 집필한 '신친일파'들은 류석춘을 옹호하고 나섰다. 대표 필자 이영훈은 자신의 유튜브 '이승만TV'에서 "일본군 위안부는 공창제로 매춘의 일환이었다"라고 주장했다. 이어 류석춘의 망언 녹취록을 언론사에 제보했던 학생을 가리켜 "1960년대 말 중국 문화혁명 때 모택동 어록을 흔들며 그들의 선생에게 고깔을 씌웠던 홍위병"이나 다름없다며 '인생의 패배자'라 낙인찍었다.

이우연도 나섰다. 그는 페이스북에서 "일본군 위안부는 성매매 종사자로 보아야 하기 때문에 매춘부라고 표현한 것은 아무 문제가 없다"라고 주장했다. 비판이 쏟아지자, 이우연은 바로 다음 날 이런 황당한 글을 올렸다.

> 위안부가 살아 있는 신이냐. 위안부 대부분은 10대가 아니라 20~30대였다. 위안부가 생명의 위협을 받았다는 근거는 무엇이냐. 위안부는 하루에 6명 내외의 군인을 상대했을 뿐이다.[32]

2004년 이영훈이 '위안부' 관련 망언을 한 뒤 할머니들에게 들었던 말이 "뚫린 입이라고 막말을 하느냐?"였다. 하룻밤에 6명의 군인을 상대했을 뿐이라고? 만에 하나, 딸이나 여동생이 '위안부'로 끌려가 성적 학대를 당했다면 그런 망언을 내뱉을 수 있을까. 미국의 양심 수전 손택이 일찍이 지적했듯이 '타인의 고통'이라고 그렇게 가벼이 입을 놀릴 일은 아니다.

이우연은 '생명의 위협을 받았다는 근거는 무엇이냐'고 물었다. '위안부' 할머니들이 남긴 증언 곳곳에 그런 근거가 있다. 이를테면, 문옥주의 증언에서도 확인된다. 술에 취한 군인이 방에 들어와 빼든 칼에 죽을 뻔했던 일이 생생하게 기록돼 있다.[33]

일본 극우 돈으로 국제회의 참석

2019년 7월 2일 이우연은 또 하나의 망언 기록을 남겼다. 스위스 제네바에서 열린 UN인권이사회에서 "일제 식민지 시기에 강제 동원은 없었다"라고 주장했다. 같은 자리에서 이우연은 "조선인은 강제 동원된 게 아니라 자발적으로 노무자가 됐다. 조선인 노무자들의 임금은 높았고, 전쟁 기간 자유롭고 편한 삶을 살았다"라고 했다. 이런 사실을 전하는 뉴스를 보고 많은 한국인들이 분노했다.

이우연이 어떻게 스위스로 가게 됐을까. 그 배후는 일본 극우파 후지키 슌이치(藤木俊一)다. 국제경력지원협회(ICSA)라는 수상쩍은 단체를 이끌고 있는 후지키는 한국에도 얼굴이 알려져 있다. 2019년 7월 한국에서도 상영된 '위안부' 관련 다큐멘터리 〈주전장(主戰場)〉(감독은 일본계 미국인인 미키 데자키)에서 듣기 민망한 망언을 서슴없이 내뱉었던 자다. 후지키가 속한 ICSA는 국제사회에서 '위안부'의 실체를 부정하기 위해 만든 것으로 의심되는 극우 성향의 단체다. 후지키는 2017년 9월에 열렸던 36차 UN인권이사회에서 "한국의 '위안부' 단체들이 북한과 밀접하게 연관돼 있고, 그들이 위안부 문제를 제기하는 이유는 일본을 헐뜯고 돈을 요구하고, 한미일 공조에 균열을 내기 위해서다"라고 주장하기도 했다.

문제의 망언이 있고 한 달 뒤 한국 뉴스 채널 YTN이 후지키와 인터뷰한 바에 따르면, "이우연의 논문을 읽고 그 내용이 정확해서 그에게 유엔에 가지 않겠느냐 부탁했다"라고 한다. 그러면서 이우연의 스위스 제네바 왕복 항공료와 5박 6일 체류 비용을 댔다는 것이다. 강성현(성공회대 교수, 역사사회학)은 제네바 국제회의장에서의 상황을 이렇게 전하고 있다.

(국제회의장에서) 후지키 슌이치가 이우연의 양복 옷깃을 매만지고 먼지를 세심히 털어주자, 멋쩍은 듯 웃는 이우연의 모습은 한일 역사수정주의자들의 관계의 본질, 연대의 성격을 잘 보여준다.[34]

이우연이 제네바에서 했던 주장을 뜯어보면 새로운 것은 아니다. 늘 해오던 상투적인 망언에 지나지 않는다. 문제는 일본 극우 인물이 대는 돈을 받아 스위스로 가선 그가 듣고 싶어 하는 말을 앵무새처럼 되풀이했다는 점이다. 후지키가 봤다는 이우연의 논문은 어떤 내용이 길래 극우파인 그의 마음을 사로잡았을까. 시점으로 보면, 딱 바로 그 무렵에 출간된 『반일 종족주의』에 실린 이우연의 글 세 편일 가능성이 크다. 글 제목을 '강제 동원의 신화', '과연 강제 노동 노예노동이었나', '조선인 임금 차별의 허구성'으로 단 그의 주장의 요점은 제목에 나와 있는 그대로다.

이우연에 따르면, 일제강점기에 있었다는 강제징용은 '허구'이며, '노예노동'도 아니었고, 조선인과 일본인 노무자 사이의 임금 차별도 없었다는 것이다. 그러면서 한국 역사 교과서는 '역사 왜곡'을 저질렀다고 주장한다. 『반일 종족주의』에서 이우연이 펼친 망언을 옮겨본다.

징용이 실시될 때도 많은 조선인이 브로커에게 고액을 주고 일본으로 밀항을 시도하였다. 당시 조선인 청년에게 일본은 하나의 '로망'이었다. 따라서 조선인 노무 동원을 전체적으로 볼 때 기본적으로는 자발적이었고, 강제적인 것은 아니었다. 강제 연행이었다고 말할 수 없다. 당시에는 강제 연행이나 강제징용이라는 말조차 없었다.[35]

이우연은 한 걸음 더 나아가 대한민국 대법원의 판결을 비난했다. 2018년 10월 대법원에서 일본 전범 기업 신일본제철이 피해자들에게

1억 원의 위자료를 지급하라는 판결을 내리자, '명백한 역사 왜곡에 근거한 황당한 판결'이라 주장했다. 대법원의 판결을 비방하는 그의 오만한 행태를 두고 사람들은 '이우연은 무엇을 믿고 저럴까?' 하며 고개를 갸우뚱했다.

이우연의 뒤에는 그가 연구위원으로 몸담고 있는 낙성대경제연구소의 '신친일파'들이 있지만, 더 뒤에는 말할 것 없이 일본 극우가 있다. 일본 극우파들은 이우연을 이용해 그들이 바라는 바를 얻어내 실리를 챙기려는 모습이다. 스위스로 그를 데려간 것도 그렇고, 일본 전역을 도는 순회 강연자로 초빙하는 등 접촉이 잦다. 2023년에 타계한 역사학자 강만길(고려대 명예교수)은 친일파들이 생겨난 원인과 배경을 풀이하는 글에서, 특히 일제강점기 말기에 '직업적 친일'을 하는 자들이 급증했다고 한탄했었다.[36] 21세기의 '직업적 친일' 또는 '생계형 친일'은 바로 이런 경우를 두고 하는 말일까.

이우연이 스위스 제네바에서 문제의 망언을 내뱉은 바로 뒤인 2019년 7월 18일 대구에선 『반일 종족주의』 북 콘서트가 열렸다. 마이크를 잡은 윤창중(전 청와대 대변인)은 이렇게 말했다. "사실은 제가 토착 왜구입니다." 윤창중이 누구인가. 박근혜 정부에서 첫 청와대 대변인이던 2013년 5월, 박 대통령의 첫 미국 순방 때 워싱턴 호텔에서 인턴 여직원을 성추행해 물러나고도 지저분한 화제를 모았던 바로 그 사람 아닌가. 그런 윤창중이 자신을 토착 왜구라고 소개하다니? 류석춘처럼 가벼운 입놀림으로 청중들을 웃기자고 한 얘기였을까. '농담 반, 진담 반'이란 우리말이 있지만, 이 경우가 딱 그런 것 같다. 자리가 『반일 종족주의』 북 콘서트였던 만큼, '같은 패거리'로 눈도장 찍으려는 마음이었으리라.

21세기 한국의 '신친일파'엔 류석춘, 이우연, 윤창중 말고도 여러 얼굴들이 떠오른다. 1992년 1월 8일부터 매주 수요일 구 일본대사관 앞에서 열려 올해로 31년을 넘긴 수요집회를 훼방 놓는 등, 길거리의 친일 돌격대 노릇을 하는 이들의 언행은 참으로 상스럽고 지저분하다. 2019년 8월 한일 관계가 불편해진 것을 문재인 정부 탓으로 돌리며 "아베 신조 수상님께 진심으로 사죄드린다"라고도 했다. 소녀상 바로 옆에서 말이다. 한때는 '서북청년단' 완장을 차고 나타나 사람들을 놀라게 만들기도 했다.

램지어, "위안부는 일본군과 계약한 공인 매춘부"

2015년 한일 '위안부' 합의는 '위안부' 피해자 할머니들의 의사를 묻지 않은 밀실 합의였다. 그래서 끝내 실패로 막을 내렸고 두 나라 사이의 긴장만 커졌다. 2023년 윤석열 정부가 내놓은 강제 동원 피해자들에 대한 제3자 변제 방안도 논란 선상에 있다. 피해 당사자들의 반발도 2015년 박근혜 정부 때와 판박이다. 둘 다 일본 쪽의 정치적 승리, 그것도 일방적 대승을 거두었다는 평가를 받는다. 특히 2015년 '위안부' 합의는 '최종적·불가역적 해결'과 '국제사회에서 비난·비판 자제'라는 약속을 한국 정부로부터 받아냈기에 큰 문제가 됐다. 박근혜 정부의 어설픈 합의를 반대하는 피해자와 유족들의 입에 재갈을 물릴 수 있게 된 것은 일본으로선 엄청난 성과였다.

그 뒤로 일본 정부는 국제사회에서 일본군 '위안부' 문제를 부정하는 낯 두꺼운 모습을 보이기 시작했다. 한일 위안부 합의 바로 직후인 2016년 2월 16일, 스위스 제네바에서 열린 UN여성차별철폐위원회 회의에서 일본 대표는 "위안부 강제 연행 사실을 확인할 수 없다. 성노예는 사실에 어긋난다"라고 주장했다. 그 무렵 일본 외무성 홈페이지에는 일본군 위안부 강제 동원의 전쟁범죄적 성격을 아예 부정하는 '위안부 문제'라는 이름의 문건이 실렸다.

서울 중구 중학동 옛 일본대사관 앞에 놓인 소녀상. '신친일파'들은
소녀상 철거를 주장해 논란을 빚어왔다.

일본군 '위안부' 성노예를 비롯한 일본의 전쟁범죄를 둘러싼 한일
역사 전쟁은 쉽게 끝날 일은 아니다. 이 민감한 역사 전쟁에 염치없
이 끼어든 미국인이 있다. 문제의 인물은 '위안부는 매춘부'라는 망언
으로 논란을 부른 존 마크 램지어(하버드대 로스쿨 교수, 회사법). 그는
2020년 12월 네덜란드 출판 기업 엘스비어(Elsevier)가 발간하는 학술
지『법과 경제학 국제 리뷰(International Review of Law and Economics)』에
'태평양전쟁에서의 성 계약'이라는 제목의 8쪽짜리 글을 보내 파문을
일으켰다.

여기서 램지어는 "일본군 위안부는 강제로 동원돼 성매매를 강요당
한 성노예가 아니다. 일본군 위안부 여성들은 사적인 이익을 위해 일
본군과 계약을 맺은 공인된 매춘부"라고 주장했다. "일본 정부와 조선
총독부가 여성들에게 성매매를 강제한 것은 사실이 아니며, 모집 업자
의 꾐에 넘어간 피해자들은 극히 일부"라고도 했다. 그가 내린 결론은
'위안부는 성노예가 아니라 전쟁터에서 높은 보수를 받기 위해 자발

적으로 매춘을 한 것'이다. 학술지 웹사이트에 실린 램지어 논문 맨 앞에 실린 '요지'를 옮겨본다.

위안소(comfort stations)라고 불리는 전시 윤락업소를 둘러싼 한국과 일본 사이의 장기적인 정치적 분쟁은 그와 관련된 계약을 모호하게 만든다. 위안소 주인들과 매춘부 사이의 계약은 게임 이론(game theory)의 기본인 '신뢰할 수 있는 약속(credible commitments)'의 간단한 논리를 담고 있다. 위안소 주인들은 매춘부 직업에 대한 위험과 평판 손상을 상쇄할 만큼 충분히 관대한 계약을 맺었다. 그래서 (i) 1년 또는 2년의 최대 기간으로 계약을 체결하고, (ii) 충분한 수익을 창출하면 여성이 일찍 떠날 수 있도록 했다.[37]

램지어의 전공은 역사학이나 정치학이 아니다. 일본 회사법 전공으로, '위안부' 연구와는 거리가 멀다. 그는 생뚱맞게 '게임 이론'을 들먹이며 문제의 망언을 펼친다. '위안부' 성노예로 끌려간 여성들이 마치 자유로운 계약 관계를 맺고 자발적으로 매춘업 종사자('신친일파'들이 입에 달고 사는 용어로는 '성노동자')가 됐고, 계약 기간이 끝나면 언제라도 떠날 수 있었다는 듯이 썼다. 진실과는 너무나 거리가 먼 얘기다. '위안부=성노예라는 이야기의 본질은 완전한 허구'라는 램지어의 주장은 일본 극우파들이나 한국의 '신친일파'들이 늘 해오던 것이라 전혀 낯설지 않다. 학문적 엄밀성의 잣대로 보면, '논문'이라 하기엔 수준이 떨어지는 미국인 친일파의 '망언록'이다. 문제는 하버드대 교수라는 자가 그런 글을 썼으니, '위안부는 성노예가 아니라 성노동자'라는 뒤틀린 신념을 지닌 일본의 극우파들에겐 너무나 반갑고 큰 힘이 됐다는 것이다.

램지어의 글은 지난날 '위안부' 성노예로 고통받았던 희생자들을 2차 가해하는 것이나 다름없다. 그렇기에 많은 국민들의 분노를 불러일으켰다. 그의 공식 직함이 하버드대 '미쓰비시(三菱) 일본법학 교수'라는 것도 논란거리다. 미쓰비시는 알고 보면 일제강점기에 강제 노동을 강요했던 전쟁범죄 기업이다. 강제 동원 희생자들이 미쓰비시를 상대로 배상을 요구하는 소송을 여러 건 걸었다. 일본 전범 기업이 낸 기금으로 교수직에 채용된 친일 분자가 일본의 전쟁범죄 과거사를 부정·왜곡하는 앞잡이로 나선 모습이다. '전범 기업 돈으로 딴 하버드대 교수 자리를 이용했다'는 비판이 그래서 나온다. 그는 18세까지 일본에서 살았고 일본 경제와 사회를 홍보한 공로를 인정받아 2018년 일본 정부로부터 '욱일중수장(旭日中綬章)'이라는 훈장을 받았다. 이런 이력은 그가 그동안 일본의 이익을 위해 일해온 '뼛속까지 친일파'라는 점을 뜻한다.

램지어의 '논문' 소식이 알려지자 일본 극우파들은 박수를 쳤다고 한다. '한 건 해냈다'는 분위기였을 것이다. 하버드대 교수란 직함으로 쓰인 그의 글은 일본 정부와 극우파들의 유용한 선전 거리를 제공한 셈이다. 램지어가 2021년 1월 '논문'을 썼다는 사실을 처음 보도한 극우 성향의 《산케이신문》 기사가 이미 선전 선동에 가깝다. "미국의 저명한 회사법 학자이자 일본 연구 대가이기도 한 램지어 교수"의 글로써 "위안부가 성노예가 아니었다는 사실이 밝혀졌다"라며 호들갑을 떨었다. '넷 우익' 극우 유튜버들은 '마땅한 일감이 없었는데 잘됐다'며 램지어의 망언을 퍼 나르고 재탕 삼탕을 해가며 그들 스스로를 '위안'하는 모습을 보였다.

한국은 물론 미국의 연구자들, 램지어가 적을 두고 있는 하버드대 학생들, 국제적인 인권단체들은 램지어의 글이 터무니없다고 지적했다. 2021년 4월 미국 조지아 주립대 로스쿨 교수 3명은 『미시간 국제법 저널(Michigan Journal of International Law)』에 '성노예제 계약의 오류'라는 제목의 논문을 통해 램지어를 비판했다. 작성자는 한국계 이용식

교수, 일본계인 나쓰 사이토(Natsu Saito) 교수, 그리고 조너선 토드리스(Jonathan Todres) 교수 3인이다.

제2차 세계대전이 끝난 지 70년이 넘었지만, 인류 역사상 가장 잔인한 전쟁의 트라우마는 오늘날에도 계속되고 있다. 전쟁범죄에 대한 책임을 부인하고 역사를 다시 쓰려는 부당한 시도들이 이어지고 있다. 램지어가 쓴 글은 일본에 의해 강제된 성노예제의 피해자들이 상당한 보상을 대가로 자유롭게 성매매에 참여하는 계약을 맺은 것처럼 잘못 특징 짓고 있다. 이는 일본 정부와 군대가 저질렀던 잔혹한 인권침해의 책임을 부인하는 것이다.[38]

램지어의 '논문'이 인터넷 홈페이지에 게시되어 공개된 것은 2020년 12월 1일로, 2021년 3월에 인쇄본으로 발간될 예정이었다. 하지만 문제의 글은 학술지에 인쇄돼 실리진 못했다. 전 세계로부터 램지어 비판이 쏟아지자 『법과 경제학 국제 리뷰』 편집자는 '우려 표명(expression of concern)' 상태로 해놓고, 2021년 3월 인쇄본엔 싣지 않았다. 논란의 당사자 램지어는 '위안부는 성노예가 아니며 공인된 매춘부'라는 자신의 글이 일으킨 파문을 돌아보며 겸허히 비판을 받아들였을까. 아니다.

2023년 11월 램지어는 『위안부는 사기극(The Comfort Women Hoax)』이라는 제목의 책을 출판했다. 이 책이 새로울 것 없이 일본 극우와 한국의 '신친일파'들이 해오던 주장을 그대로 담아 전쟁범죄에 대한 일본인들의 죄의식을 덜어주고 '위안'해준다는 것은 말할 나위 없다. 그는 일본의 우익 단체인 '국제역사논전연구소'가 개최한 토론회에 보낸 영상 메시지에서 이런 궤변을 늘어놓았다.

나는 역사를 성실하게 전달했을 뿐임에도 '젊은 조교수들'이 '스탈린주의적 수단'을 동원해 학문의 자유를 완전히 무시하고 학자에 대한 '암살 미수'와 같은 행위를 저지르고 있다.

"여성의 고통을 헤아리는 공감 능력이 없다"

한국의 '신친일파' 가운데 특히 램지어를 옹호하는 사람은 이우연이다. 그는 컴퓨터 앞에 주로 앉아 있는 다른 '신친일파'와는 달리, 수요집회를 방해하는 맞불 집회에서 "소녀상을 철거하라"라는 구호를 외치는 등 몸으로 때우는 '직업적 친일' 행위를 거듭해왔다. 이우연은 램지어의 논문 망언이 파문을 일으키자, 2021년 3월 6일 일본 극우 성향의 《산케이신문》이 발행하는 해외 선전지 《재팬 포워드(Japan Forward)》에 램지어를 옹호하는 글을 실었다. 이우연의 '램지어 구하기' 글의 요점은 아래와 같다.

(위안부 여성에게 성매매를 강제한 것은 사실이 아니며, 일본군과 계약을 맺은 공인된 매춘부라는) 램지어의 주장은 역사적으로 객관적 사실이다. 사실이 아니라는 증거를 제시하면 되는데 반일 종족주의자들은 그렇게 하지 못한다. 왜냐하면 증거가 없기 때문이다. 한국 기자들은 램지어의 글을 읽어보지도 않고 비판하는 것으로 확신한다. 전시 위안부가 전쟁 전 매춘부보다 더 나은 금전적 대가를 받았다. 미국과 독일도 위안소와 같은 시설을 운영했는데 왜 일본군에만 문제가 되는가.

이우연이 말하는 '증거'는 차고 넘치니 더 얘기할 것도 없다. 사실 이런 주장은 새로울 것은 없다. 진실과도 거리가 멀다. 이우연이 일본 극우 매체에다 '램지어 구하기'류의 글을 실었다는 사실이 국내에 알려진 것은 미 역사학자 에이미 스탠리(Amy Stanley, 노스웨스턴대 교수, 일본사)를 통해서였다. 스탠리는 《저팬 포워드》에 실린 이우연의 글을 보고

이틀 뒤(2021년 3월 8일) 하루 동안 무려 10개의 트윗을 올렸다. 이우연의 망언에 얼마나 속이 상했으면 그랬을까 싶다. 트윗 내용을 보자.

램지어를 옹호하는 이우연의 기고문은 '대응해서 중요한 것처럼 보이게 만들 가치도 없는 글'이다. (일본의 전쟁범죄 역사를 부인 또는 왜곡·축소하려는) 역사수정주의 학자들이 생존자 증언을 혼동하거나 오독하는 이유는 피해자들에 관해 신경 쓰지 않기 때문이다. 그들은 여성의 고통을 헤아리는 공감 능력이 없다. 그들은 자신이 발견한 것을 맥락과 연결할 역사적 기술이 없고 그러기를 원하지도 않는다.

스탠리가 말하는 '공감 능력' 대목에선 수전 손택의 '타인의 고통'이 다시금 떠오른다. 일본 안에서 램지어의 글이 가져올 역풍을 우려하는 목소리도 없진 않았다. 한국인들의 분노를 떠올리면, 마냥 기뻐하며 박수 칠 일은 아니라는 얘기다. 그럼에도 일본 정부나 기업들은 친일 지식인들의 입을 빌려 과거사를 왜곡 미화하려는 시도를 멈추지 않을 것이다. 미국이나 유럽에 세워진 소녀상을 없애려는 움직임도 마찬가지다. 이와 관련해 김창록(경북대 법학전문대학원 교수, 법사학)의 글을 참고로 옮겨본다.

'국제학술지'에 실린 '하버드대 교수'의 '영어 논문'을 통해 주전장(主戰場)인 미국에서의 대승을 내심 기대했던 일본군 '위안부' 부정론자들의 욕망은 (학술지 인쇄 보류로) 허무하게 좌절되었다. 그럼에도 일본군 '위안부' 부정론이 조만간 종식될 것 같지 않다. 때마침 아베 신조를 이은 스가 요시히데(菅義偉) 정권이 2021년 4월 27일 '종군'이라는 용어를 사용하면 피해자들이 강제 연행되었다거나 군의 일부였다는 오해를 불러올 수 있다는 이유로, 그냥 '위안부'라고 하는 것이 적절하다고 각의 결정했다. '새로운 역사교과서를 만드는 모임' 등의 문제 제기를 받아들인 우익 정치인의 질의를 발판 삼은 결정이다. 재야의 우익과 일본 정부가 결탁하여 일본군 '위안부' 문제를 지우려 하는 또 하나의 기도인 셈이다.[39]

램지어 '망언 논문' 사태는 1회성으로 그치질 않고 앞으로도 비슷한 일들이 되풀이될 것이다. 그때마다 우리 국민들이 분노를 조절해야 하는 상황이 걱정스럽다. 제2, 제3의 램지어가 '한일 역사 전쟁'에 염치 없이 끼어들어 한국인의 분노를 자극하지 않길 바랄 뿐이다.

일본 기업이 대는 연구비, 문제는 없는가

미쓰비시 기업의 돈으로 하버드대 교수가 된 램지어가 그렇듯이 일본 돈은 친일파를 길러내는 에너지원이다. 한국의 '신친일파'도 마찬가지다. 일본 극우파의 금전적 지원을 받고 스위스 제네바 UN인권이사회 회의장에 나타난 이우연은 그저 드러난 한 보기에 지나지 않는다. 가장 모양새가 좋은 것은 연구비 명목의 지원이다. 하지만 한일 근현대사와 관련된 학술 연구에 일본 쪽 지원을 받는 것은 신중할 필요가 있다.

오늘날 '한국형 뉴라이트'를 이끌며 '신친일파'로 분류되는 안병직과 그의 제자 이영훈은 낙성대 경제연구소(1987년 출범)의 구성원들과 함께 1989년과 1992년 도요타재단의 재정 지원을 받은 적이 있다. 일본인 학자들과 함께 '한국의 경제발전에 관한 역사적 연구'라는 이름 아래 공동 연구한 결과물이 『근대조선의 경제구조』(비봉, 1989)와 『근대조선 수리조합 연구』(일조각, 1992)이다.

『근대조선 수리조합 연구』의 서문을 보면, "도요타재단의 지원이 없었더라면 이번의 공동 연구는 출발부터 불가능하였다. 특히 재단의 야마오카 요시노리(山岡義典) 씨는 공동 연구의 구상에서부터 출판 단계에 이르기까지 관대하면서 헌신적인 도움을 주셨다"라고 쓰여 있다. 여기에 참여한 주요 한국 연구자들은 낙성대 경제연구소의 구성원들이다. 이들은 연구자에 대한 기업의 학술적 지원은 국적을 가릴 것 없이 고마운 일이고 일종의 관례라서 문제가 없다고 말한다.

> 얼마 전에 도요타 연구비를 받은 것을 가지고 동아대학의 어느 교수가 우리가 마치 친일파라도 되는 양 시비를 건 적이 있습니다. 연구비를 받았으면 연구비를 준 사람 생각대로 연구를 해야 하는 줄 아는 모양이지요. 아니면, 연구비라는 것이 연구에 쓰이지 않고 개인 호주머니로 들어가는 돈인 줄 아는 겁니까?[40]

안병직과 이영훈이 대담집을 내면서 안병직이 했던 말이다. 말투가 거칠게 다가오는 느낌이다. 내가 1970년대 후반 관악 캠퍼스에서 경제사 강의로 듣던 선생의 진중하고도 차분한 목소리는 아니다. 안병직을 아는 사람들은 그가 돈에 관한 한 깨끗하고 사심이 없는 인물로 믿고 있다. 동아대 교수가 했다는 말의 핵심도 개인 호주머니를 챙겼다는 의심은 아닐 것이다. 논점은 하필이면 일본 기업이 댄 돈으로 일본 침탈과 뗄 수 없는 민감한 한국 근현대사 관련 연구를 하느냐는 데 있다. 연구비를 지원받더라도 주는 쪽이 일본이라면, 오해받을 여지가 없는지 조심스레 살펴보자는 뜻이다.

여기서 하나 짚고 넘어갈 대목이 있다. 1990년대 초까지만 하더라도 안병직과 이영훈은 지금과는 많이 다른 모습이었다. 오늘날처럼 일제강점기의 수탈과 '위안부' 성노예를 부정하고 독도의 한국 영유권에 시비를 걸지 않았다. '신친일파'로 분류되긴 어려운, 그 나름으로 비판적 성향의 학술 연구자 모습을 지니고 있었다.

『근대조선의 경제구조』와 『근대조선 수리조합 연구』에 공동 연구자로 참여했던 일본 학자들의 면면만 봐도 그렇다. 나카무라 사토루(中村哲, 교토대 교수, 경제사), 가지무라 히데키(梶村秀樹, 전 가나가와대 교수, 경제사), 미야지마 히로시(宮嶋博史, 도쿄대 교수, 한국사회경제사), 마쓰모토 다케노리(松本武祝, 가나가와대 교수, 한국근대농업사) 등 일본인 학자들은 극우와는 거리가 멀다. 학계에서 인정받는 양심적이고도 진보 성향을 지닌 연구자들이다. 이들의 사정에 밝은 한 연구자는 이렇게 말했다(전화 인터뷰).

이즈음 낙성대 연구소는 한국의 경제발전이 일제 식민지 통치 덕분이라는 이른바 '식민지 근대화론'의 이론적 산실이라 일컬어진다. 하지만 1990년 전후에 『근대조선의 경제구조』와 『근대조선 수리조합 연구』로 결실을 본 한일 공동 연구를 벌일 때만 하더라도 오늘날처럼 일본에 기울어져 논란을 일으키는 모습은 아니었다. 진보적 성향을 지닌 일본인 연구자들의 면면을 봐도 그렇다. 일본 학계에선 좌파의 이론적 중심인물들이다. 문제는 일본 연구자들이 학문적 일관성을 지금껏 지켜온 반면에, 안병직과 이영훈은 그렇질 못하다는 점이다. 진보를 버리고 친일 우편향으로 돌아섰다. 안병직이 먼저 바뀌고, 이영훈은 처음엔 반발하고 갈등하다가 스승을 따랐고, 갈수록 더 큰 역할을 맡았다. 일찍이 타계한 가지무라 히데키 선생이 오늘날 그들의 바뀐 모습을 본다면, 매우 놀라고 충격을 받은 나머지 가슴을 칠 것이다.

이즈음 '일본재단(日本財團)'이란 엄청난 자금줄이 전 세계 곳곳으로 흘러들어가 친일파를 만들어낸다는 얘기가 많이 들린다. 연구비 지원과 로비, 환경 보호, 난민 지원 등 여러 명목의 자금 지원 규모는 매우 크다. 창립자 이름을 따 '사사카와 평화재단(SPF)'이라고도 불린다. 재단 창립자 사사카와 료이치(笹川良一, 1899~1995)는 일제의 침략전쟁 때 이탈리아의 무솔리니를 찾아가는 등의 행태를 보인 극우 성향의 인물이다. 1945년 일본 패전 뒤 3년 동안 감옥살이를 하다가 1948년 12월 23일 더글러스 맥아더 장군의 '크리스마스 선물'로 풀려난 주요 전쟁범죄자 17명 가운데 하나다.

사사카와가 여러 깨끗하지 못한 사업으로 번 돈을 좋은 일에 쓴다면 다행이지만, 전범자 출신의 이미지를 세탁하는 게 아니냐는 뒷말을 들었다. '일본재단'은 한국의 여러 대학을 지원했고 그로 말미암아 논란을 빚기도 했다. '일본재단' 말고도 출판 기업인 분게이슌주(文藝春秋)와 미쓰비시, 도요타를 비롯한 많은 일본 기업들이 돈의 힘으로 일본에 우호적인 연구자들을 만들어내고 있다.

한국의 21세기 '신친일파'들에게 일본 쪽 자금이 얼마나 흘러들어가는지는 확인하기 어렵다. 그들은 강연이니 세미나 참석이니 하며 일본을 제집 드나들듯이 자주 오가며 친일 행태를 보여왔다. 그들의 지갑을 누군가가 두둑이 채워주겠거니 하는 합리적 의심을 거두긴 어렵다. 분명한 사실은 지금 이 시간에도 일본 쪽 자금이 '신친일파' 쪽으로 흘러들어 가고 있고, 그들을 한일 역사 전쟁의 지원군으로 활용하고 있다는 점이다.

3장
사과와 용서,
누가 어떻게 해야 하나

가해자는 왜 용서받지 못하고 있는가. 용서란 말이 왜 공허하게 들리는가.
제3자인 정치인이 '사죄 요구는 이제 그만하라'며 끼어들 수 있는가.
용서를 건너뛰고 화해를 말할 수 있는 것일까.
사과의 진정성을 인정받으려면 어떤 모습이 바람직한가.

인류 역사에서 '명예로운 전쟁' 또는 '정의로운 전쟁'이 있었을까.
그런 전쟁이 가능하기나 한 것인가는 논쟁 사항이다. 전쟁 연구자들에
따르면, 침략자로부터 내 나라를 지키려는 조국 방어 전쟁이나 식민지
로부터 벗어나려는 민족해방전쟁 말고는 정의로운 전쟁은 없다고 한
다. 거꾸로, '부끄러운 전쟁' 또는 '더러운 전쟁(dirty war)'들이 자주 벌
어졌다는 데엔 대부분 고개를 끄덕인다.

19세기 '더러운 전쟁'의 대표적인 보기가 두 차례에 걸친 아편전쟁
(1840, 1856)이다. 아편전쟁 뒤 더 많은 중국인들이 아편 중독자가 되어
삶이 황폐해졌다. 흔히 '신사의 나라'라 일컫는 영국은 '자유무역'을
내세우면서 아편전쟁으로 중국인들에게 큰 해를 끼친 역사적 사실을
사과하지 않았다. 이른바 '문명국가'임을 자부하는 프랑스, 그리고 콩
고를 '지옥의 땅'으로 만들었던 벨기에를 비롯한 유럽 사람들이 아시
아·아프리카를 폭력적으로 착취했던 과거사를 사과하는 모습은 거의

본 적이 없다. 오히려 이들은 유럽 문명을 미개한 지역에 전했다는 '문명 전파론'을 편다. 일본이 식민지 조선을 근대화했다는 논리나 마찬가지다.

1997년 홍콩의 마지막 영국 총독 크리스토퍼 패튼(Christopher F. Patten)이 홍콩 반환식에 즈음한 기자회견장에서 누군가가 '아편전쟁의 비도덕성, 그리고 그 전쟁 뒤 1세기 반에 걸쳤던 영국의 홍콩 점령에 대해 사죄를 할 생각이 없는가'라는 질문을 던졌다. 그러자 패튼 총독은 사과는커녕 짜증스러운 표정으로 이렇게 대꾸했다.

> 아편 무역까지 정당화할 생각은 없지만, 도대체 무엇을 사죄하라는 것인가. 이 미래지향적인 도시에서 19세기 이야기를 하다니 놀랄 일이다.[41]

이어 패튼은 "영국은 홍콩의 민주제도를 발전시켰다"라고 자화자찬을 늘어놓았다. 일본의 극우파, 그리고 이들과 손잡은 한국의 '신친일파'들이 말하는 식민지 근대화론과 맥락을 같이하는 말이다. '일본의 전쟁 책임을 잊지 말자'며 실천적 시민운동을 했던 오누마 야스아키(大沼保昭, 도쿄대 명예교수, 국제법, 2018년 타계)는 패튼의 말을 옮기면서, 영국을 비롯한 서구 국가들도 '일본을 비판하기 전에 자국의 모습을 돌아봐야 한다'고 지적했다. 오누마 교수에 따르면, 중국의 피해자 의식에 책임이 가장 큰 나라는 일본이고, 그다음이 영국이다. 다만 일본과의 문제가 워낙 크기 때문에 영국은 뒤에 가려 있을 뿐이다. 한국의 피해자 의식에 책임이 가장 큰 나라로는 일본이 꼽히기 마련이다.

'기마리몽쿠(決まり文句)'나 다름없는 사과

'사과'라는 말을 우리말 사전에서 찾아보면, "자기의 잘못을 인정하고 용서를 빌다"(표준국어대사전), "(어떤 사람이 다른 사람에게 잘못을) 스스로 인정하고 용서를 빌다"(고려대 한국어대사전)로 나온다. 우리가 일반적으로 이해하는 '사과'는 잘못을 딱 잡아떼는 것과는 거리가 멀다. 오래된 우리말에 '말만 잘하면 천 냥 빚도 갚는다'는 구절은 사과의 진정성이 지닌 힘을 나타낸다. 안타깝게도 일본의 사과엔 진정성이 빠졌다.

앞서도 말했지만 일본어로 '기마리몽쿠(決まり文句)'는 우리말로 '하나 마나 한 얘기', '뻔한 상투적인 얘기'라는 뜻이다. 일본의 양심적인 지식인들조차 일본 정치인들의 사과를 '기마리몽쿠나 다름없는 사과'라고 여긴다. 그 까닭은 사과에 진정성이 담겨 있지 않거나 부족하기 때문이다. 제대로 된 사과를 해야 하고, 뒤에서 다른 말을 하지 않아야 한다. 총리가 사과하면 각료가 엉뚱한 망언을 내뱉어 불협화음을 내는 것은 사과라고 보기 어렵다.

'아시아의 지도급 인물'로 평가받는 싱가포르의 리콴유(李光耀, 1923~2015)는 일찍이 일본의 사과 방식이 지닌 '불협화음'의 문제점을 꿰뚫어 봤다. 1994년 11월 패전 50년을 맞아 아사히신문사가 주최한 심포지엄에 참석했던 리콴유는 기조연설에서 이렇게 말했다. 이를 보도한 《아사히신문》 기사(1994년 11월 22일) 내용을 줄여 옮겨본다.

리콴유는 일본 총리들의 잇단 사죄에도 불구하고 아시아 국가들의 일본에 대한 오해가 풀리지 않는 것은 '독일의 솔직함'과는 대조적으로 '일본 우파 정치인들의 발언이 불안을 돋우고 있기 때문'이라 했다. 그는 "그러한 불협화음이 그치면 신뢰 관계를 쌓기 쉬워진다"라고 말했다.[42]

아베, "더 이상 사과하지 않겠다"

일본의 극우파들은 난징 학살(1937)이나 일본군 '위안부' 성노예의 강제 동원 사실을 부인하며, 일본의 미래 세대에게 죄의식을 물려줄 필요 없다며 목소리를 높인다. 이는 20세기 아시아를 침략전쟁의 구렁텅이에 빠뜨려 숱한 사람들을 고통 속에 몰아넣었던 역사적 사실을 (진정성 있는 사죄와 그에 걸맞은 합당한 배상이라는 절차를 거치지 않고) 하루빨리 털어내고자 하는 일본인들의 조급함에서 비롯된 것으로 보인다.

지난 2022년 7월 자민당 선거 유세 중 피살된 아베 신조는 두 번에 걸쳐 9년 동안 총리로 있는 동안 그런 조급한 모습을 여러 번 보였다. 2015년 8월 14일 일본 종전 70주년을 맞아 아베가 내놓은 담화의 한 구절은 이렇다. "일본은 태평양전쟁에 대해 통절한 반성과 진심의 사죄를 되풀이했다. 그 전쟁과 아무런 관련이 없는, 인구 8할을 넘긴 전후 세대에게 '사죄의 계속'이라는 숙명을 남길 수 없다." 그러면서 더 이상 사과를 하지 않겠다는 뜻을 밝혔다. 이창위(서울시립대 법학전문대학원 교수, 국제법)는 이런 평가를 내린다.

> 아베 총리는 두 번에 걸친 재임 중 공식적으로 20회 정도 과거사에 대해 사과했다. 이렇게 해서 일본 정치인의 사과는 마무리됐다. 그들은 수십 년 간 말로 할 수 있는 사과는 다 했다. 이제는 '통절한 반성과 진심의 사죄'라는 상투적인 표현의 사과를 더 받는다 해서 달라지는 것도 없다.[43]

'말로 할 수 있는 사과를 다 했다'면 그걸로 '사과는 마무리됐다'고 볼 수 있을까. 지금 이 시각에도 일본 전쟁범죄의 희생자와 유족들이 진정한 사과와 배상을 요구하며 눈물을 흘리는 상황을 떠올리면, 사과가 마무리된 것은 아니다. 사과에 따른 후속 조치도 제대로 내놓지 않았다. 희생자들이 납득할 만한 절차를 거쳐 많든 적든 배상을 하는 자세를 보여야 진정성이 의심을 받지 않는다. 입으로만 사과할 뿐 곧 딴소리로 사과를 뭉갠다면 사과는 하나 마나다. 일본이 그동안 해온 말이나 보인 태도를 인공지능(AI) 로봇에 물어본다면, '진정성 0퍼센트. 입에 발린 소리'라고 대답할 것이 틀림없다. 결국 핵심은 사과의 질(質)이다. 사과에 진성성이 담겨 있어야 제대로 된 사과인데, 그렇질 못하다는 지적을 받는다.

2023년 5월 7일 한일 정상회담 뒤 가진 기자회견에서 기시다 후미오 총리가 했던 발언("저는 당시 혹독한 환경 아래 다수의 분들께서 대단히 힘들고 슬픈 경험을 하신 데 대해 굉장히 가슴 아프게 생각한다.")도 얼핏 듣기엔 그럴싸한 언어의 희롱이다. 무엇보다 강제 동원 피해자를 직접 입에 담지 않았다. 주어 또는 목적어가 생략돼 누구에게 말을 하는지가 분명하지 않았다. 한국으로 귀화한 호사카 유지(세종대 교수, 독도연구소장)는 이렇게 비판했다. "기시다 총리의 발언은 누구를 대상으로 한 것인지 명확하지가 않다. 세계대전에서는 일본인들도 고생했기 때문에, 일본인을 포함한 발언으로도 생각될 수가 있다. 교묘하게 주어를 생략한 표현이다."

"언제까지 사과를 하란 말인가?"

일본의 침략과 억압, 그에 따른 전쟁범죄를 둘러싼 과거사 문제에 대해 일본이 이미 충분히 사과를 할 만큼 했으니, 이젠 더 이상 사과할 필요 없다는 말들을 한다. 그래서 나오는 말이 "언제까지 사과를 하란 말인가?"이다. 일본의 우파들뿐 아니라 한국의 '신친일파'들도 그렇게 말한다. 윤석열 대통령도 같은 맥락으로 발언했다. "나는 100년 전에 일어난 일 때문에 일본이 (용서를 받으려고) 무릎을 꿇어야 한다는 생각을 받아들일 수 없다."(2023년 4월 미국 방문 중《워싱턴포스트》와의 인터뷰) "일본은 이미 수십 차례 과거사 문제에 대해서 반성과 사과를 했다."(2023년 3월 일본 방문을 앞둔 국무회의)

국내의 비판 여론은 거셌다. 일제 침략전쟁의 피해 당사자들과 그 유족들로 이뤄진 '일제강제동원시민모임' 회원들도 반발했다. "대한민국 대통령보다는 일본 총리가 더 어울릴 법한 망언 중의 망언이다." 그들의 항변을 더 들어보자. "언제 우리 국민들이 일본에 무릎을 꿇으라고 했는가. 한국 대법원 판결을 존중해 피해자들에게 사죄하고 판결을 이행하라는 것이, 그렇게도 지나치고 불편한 것인가."(대법원은 2018년 10월 31일 일본 전범 기업 신일철주금에게 배상 책임을 묻고 피해자들에게 1억 원씩 배상하라고 판결했었다.)

대통령실은 도쿄 한일 정상회담 바로 뒤 언론 브리핑에서 "역대 일본 정부는 일왕과 총리를 포함해 50여 차례 사과했다. 사과를 한 번 더 받는 게 우리에게 어떤 의미가 있는지 생각해볼 필요가 있다"라고 했다. 자료를 뒤져보면, 일본의 사과 횟수는 대통령실 브리핑에서 밝힌 50여 차례보다 20차례 가까이 더 많다. 문제는 사과보다 훨씬 많은 망언을 내뱉어 우리 국민들을 화나게 했을뿐더러 사과의 진정성을 의심하게 만들곤 했다는 점이다.

결국 초점은 일본의 사과 행태에 모아진다. 지난날 저지른 전쟁범죄를 두고 그런 일이 없다고 잡아떼거나, 사과를 하더라도 '립서비스' 수준으로 사과의 진정성이 없거나, 사과 뒤 곧바로 망언을 하는 일들이 쳇바퀴처럼 되풀이되어 왔다는 점이다. 총리가 사과를 하면 각료가 뒤집는 망언을 하고, 그런 사실을 선거에서 훈장처럼 내거는 일들이 '일본식 사과'의 특징이라면 특징이다. 특히 전 총리 아베 신조는 앞에서 보았듯 사과를 했다가 망언으로 뒤엎고 필요에 따라선 다시 겉치레 수준의 사과를 하는 '현란한 곡예'를 보여왔다.

한국 외교부 홈페이지 검색란에 '2018 일본 개황'을 치면, 일본의 사과와 망언 기록이 나온다. 이에 따르면, 사과(과거사 반성)는 71건, 망언(역사 왜곡)은 177건으로 사과보다 망언이 훨씬 많다. 일본이 지난날 저질렀던 침략전쟁과 그에 따른 희생에 대한 사과를 꼽아보면 아래와 같다('2018 일본 개황'에서 과거사 반성 언급은 247~257쪽. 역사 왜곡 언급은 258~283쪽).

- 히로히토(裕仁) 일왕: "양국 간에 불행한 과거가 있었던 것은 진심으로 유감이며 다시 되풀이돼서는 안 된다고 생각한다."(1984년 9월 일본에 간 전두환 대통령에게)
- 아키히토(明仁) 일왕: "일본에 의해 초래된 이 불행했던 시기에 귀국의 국민들이 겪으셨던 고통을 생각하며 통석(痛惜)의 염을 금할 수 없다."(1990년 5월 일본에 간 노태우 대통령에게)
- 고노 요헤이(河野洋平) 관방장관: '일본군의 관여 아래, 많은 여성의 명예와 존엄에 깊은 상처를 냈다'며 '위안부' 관련 전쟁범죄를 사실로 인정하는 담화(1993년 8월 4일)
- 호소카와 모리히로(細川護熙) 총리: "창씨개명과 '위안부', 징용 등의 여러 형태로 괴로움과 슬픔을 당한 것에 대해 가해자로서 우리의 행위를 깊이 반성하며 마음으로부터 사죄한다."(1993년 11월 경주를 방문해 김영삼 대통령에게)
- 무라야마 도미이치(村山富市) 총리: 패전 50주년을 맞아 일본의 아시아 침략과 식민 지배에 대해 '통절한 반성'과 더불어 '진심으로 사죄의 마음을 전한다'는 '무라야마 담화' 발표(1995년 8월 15일)
- 오부치 게이조(小淵惠三) 총리: "일본이 식민지 지배로 한국 국민에게 고통을 안겨주었다는 역사적 사실에 대하여 통절한 반성과 마음으로부터의 사죄를 한다."(1998년 10월 김대중 대통령과의 회담에서)
- 간 나오토(菅直人) 총리: 한일 병합 100년을 맞아 '재차 통절한 반성과 마음에서 우러나오는 사죄의 심정(痛切な反省と心からのおわびの氣持)'을

나타낸 담화 발표(2010년 8월 10일)

- 아베 신조(安倍晉三) 총리: "다시 한번 위안부로서 많은 고통을 겪고 심신에 치유하기 어려운 상처를 입은 모든 분들에 대해 진심으로 사죄와 반성의 마음을 전한다."(2015년 12월 한일 외무장관 사이의 '위안부' 합의 뒤 박근혜 대통령과의 통화)
- 하토야마 유키오(鳩山由紀夫) 전 총리: "일본이 용서받을 때까지 피해자에 거듭 사죄해야 한다. 사과는 피해자가 좋다고 할 때까지 계속해야 하는 것이다."(총리 퇴임 뒤인 2019년 8월 서울 원아시아 컨벤션에서)
- 기시다 후미오(岸田文雄) 총리: "저는 당시 혹독한 환경 아래 다수의 분들께서 대단히 힘들고 슬픈 경험을 하신 데 대해 굉장히 가슴 아프게 생각한다."(2023년 5월 한일 정상회담 기자회견에서)[44]

'일본식 사과'의 특징

사과 발언을 한 일본 총리들의 면면을 보면, 자민당 소속은 오부치, 아베, 기시다이고, 나머지는 비(非)자민당이다. 호소카와는 일본신당, 무라야마는 사회당, 간은 입헌민주당, 하토야마는 민주당 출신이다. 정치적 불안정으로 말미암아 재임 기간이 짧았던 비자민당 총리들의 사과가 많았다는 것은 무엇을 뜻할까. 오랜 자민당 독주에서 잠시나마 벗어나 있을 때의 일본 정치권이 전쟁범죄를 사과하는 '열린' 자세를 더 보였음을 알 수 있다.

1993년 비자민 연립내각을 이끌었던 호소카와 총리는 에도 막부(江戶幕府) 때에 구마모토번(藩) 영주의 직계 후손이자 귀족 출신임에도 진보적인 성향을 보였다. "태평양전쟁은 침략전쟁이며, 잘못된 전쟁이었다"는 등 그의 발언은 일본 극우의 분노를 불렀고, 1994년 5월 도쿄 플라자호텔에서 총에 맞을 뻔한 위기도 있었다. 8개월 남짓 짧은 총리 재임 중 호소카와의 사과 발언을 거스르는 각료들의 망언이 세

차례쯤 있었다. 이를 어떻게 봐야 할까. 2019년에 타계한 일본의 문예 평론가 가토 노리히로(加藤典洋, 전 와세다대 명예교수)는 문제의 핵심을 찔렀다.

일본의 언론은 (각료의 망언이 나올 때마다) '기껏 호소카와 총리가 한 걸음 진전된 사과를 했는데 어째서 그걸 도로아미타불로 만드는 실언이 계속 되는가' 하고 문제를 제기했지만, 사실은 이러한 일련의 망언은 호소카와 의 사죄 발언에도 불구하고 나온 것이 아니다. 호소카와의 사죄 발언 때문 에 나온 것이다. '과거의 악'을 받아들인 다음의 사죄 논리가 돼 있지 못하 기에, 그럴듯한 사죄가 나오면 그에 대한 반동으로 망언이 나오게 되는, 한 쌍의 구조를 이루는 것이다.[45]

8개월 남짓 단명 총리였던 하토야마 유키오는 한국인들로선 그 이 름을 마음속에 새겨둘 만한 인물이다. 2009년 야당 민주당 소속으로 일본 정치사에서 처음으로 (자민당까지 낀 연립내각이 아닌) 단일 정당 으로 수평적 정권교체를 이루었지만, 집권 기간은 짧았다. 그는 퇴임 뒤 한국에서 원폭 피해자들을 만나는 등 한국을 자주 찾아왔다. 2009 년 10월 9일 한국을 방문했을 때 하토야마는 기자회견 자리에서 "저 는 항상 역사를 전향적으로 올바르게 직시하는 용기를 가져야 한다고 말씀드려왔고, 그것은 새로운 일본 정부에서도 중요한 생각으로 자리 매김하고 있다"라며 머리를 숙였다.

그뿐 아니다. 2015년 8월 서울 옛 서대문형무소로 와서 그곳에서 숨 진 순국선열 165명의 이름이 새겨진 추모비 앞에 무릎을 꿇었다. 2019 년 다시 한국을 방문했을 때도 "지난날 일본이 저지른 침략전쟁과 식 민지 지배로 상처를 입은 분들이 이제 됐다고 할 때까지 사죄하는 마 음을 지녀야 한다"라고 했다. 그는 '피해자가 그만두라 할 때까지 일본이 거듭 사죄해야 한다'는 생각을 지닌 양심적인 정치인이다. 일관성을 지니고 사죄의 뜻을 나타내온 일본 정치인이라는 점에서 극우성향의 아베와는 극과 극의 대조를 이룬다.

문제는 일본의 다른 많은 정치인들이 이런 사과보다 훨씬 많은 망언을 내뱉었다는 점이다. 그뿐 아니라 피해자들이 고개를 끄덕이고 받아들일 만한 배상 절차를 밟지 않았기에, 사과의 진정성이 의심을 받는다. 한쪽에선 사과를 하고 다른 한쪽에선 망언을 하면서, '사과와 망언의 불협화음'을 연출해온 것이 '일본식 사과'의 특징이라면 특징이다.

"반성이나 사죄 요구는 이제 좀 그만하자." 일본의 극우파들이 하는 말이 아니다. 한국에서 들리는 소리다. 이들이 덧붙이는 말들이 있다. "중국은 덕(德)으로 원수를 갚겠다며 배상 청구를 포기했다." "배상하라고 악쓰는 나라가 한국 말고 어디 있는가?" 자료를 뒤져보면, 부분적으론 맞는 말이다. "중화인민공화국 정부는 중·일 양국 국민의 우호를 위해서 일본국에 대한 전쟁 배상의 요구를 포기할 것을 선언한다." 1972년 중국과 일본이 오랜 협상 끝에 내놓은 국교 정상화 공동성명 5항의 문구다. 따라서 중국 정부가 배상 청구를 포기했다는 말은 맞다. 하지만 중국 인민들은 청구를 포기하지 않았다.

만주 침략(1931)에서 중일전쟁(1937)으로 이어져 1945년 패전으로 끝난 이른바 '15년 전쟁' 동안 숱한 중국인들이 희생됐다. 피해 회복을 바라는 것은 자연스러운 요구다. 하지만 일본은 '공동성명 5항' 때문에 중국 피해자들은 배상을 청구할 수 없다고 주장해왔다. 마치 한일협정(1965)으로 한국인들의 개인 청구권이 소멸됐다는 주장과 판박이다.

많은 국제법 전문가들은 한국은 물론 중국도 '개인 청구권'은 살아있다고 본다. 국가가 배상 청구를 포기했더라도 개인이 포기하지 않는

일본 극우파들은 "반성이나 사죄 요구는 그만하자"라고 말하지만, 일본은 피해자들에 대한 배상도 제대로 하지 않아왔다. 2010년 3월 9일 항소심 패소 판결 다음 날 도야마 후지코시 회사 정문에서 항의 시위를 하는 강제 동원 피해자들

한, 청구권은 유효하다는 것이다. 강제 노역에 동원됐던 중국 피해자들은 일본 현지 소송을 걸었고, 오랜 법정투쟁 끝에 일본 기업으로부터 배상금을 받아냈다. 미쓰비시 계열사인 미쓰비시광업을 계승한 미쓰비시머티리얼은 2016년 6월 중국인 피해자(유가족 포함) 3,765명에게 '윤리적 책임을 통감한다'는 사과와 함께 1인당 10만 위안(약 1800만 원)의 배상금을 건넸다.

배상 액수가 많다고 보긴 어렵지만, 중국인 피해자들의 눈으로 보면 오랜 법정투쟁 끝에 이룬 값진 승리였다. 그걸로 끝이 아니었다. 2020년 미쓰비시중공업은 중국인 피해자 30명에게 1인당 10만 위안을 건넸다. 중국인들에 대한 일본 전범 기업들의 배상 사례는 앞으로도 이어질 전망이다. 한국만 '악을 쓰며' 배상 요구를 이어가는 듯한

모습으로 비치게 된 이유는? 다름 아닌 '중국은 되고 한국은 안 된다'
는 일본의 '선택적 배상' 태도 탓이 크다.

일본과 너무 다른 독일

전후 처리를 합당하게 매듭지으려면 전범자 처벌로 끝나는 것이 아
니다. 피해 당사자들, 또는 남은 가족들에게 합당한 배상을 해야 한다.
일본과 독일은 제2차 세계대전의 전쟁범죄 국가로 낙인찍혔지만, 전
쟁범죄 피해자에 대한 배상에서 너무 큰 차이를 보인다. 1970년 12월
7일 빌리 브란트(Willy Brandt) 서독 총리가 폴란드 바르샤바의 유대인
위령탑을 찾았다. 폴란드 국민들은 처음엔 싸늘한 눈길로 바라봤었다.
두 차례(제1, 2차 세계대전)의 전쟁 때마다 독일의 침공을 받아 고통을
겪은 집단적 기억 때문이었다.

브란트가 비에 젖은 바닥에 무릎을 꿇고 눈물을 흘린 뒤부터 달라
졌다. 사죄의 진정성을 확인하고 고개를 끄덕였다. 그 뒤로 브란트가
걸어간 길은 추모 기념비 앞에서의 돌발행동이 정치적 쇼가 아니었음
을 말해준다. 브란트의 폴란드 방문 훨씬 전부터 독일은 나치 히틀러
정권의 유대인 학살에 대해 나름의 사과와 배상을 해왔다. 홍성필(연
세대 법학전문대학원 교수, 국제법)의 관련 글을 보자.

서독은 1차적으로 1952년 이스라엘과의 룩셈부르크협정을 통하여 34억
5천만 마르크(DM)를 지불하고, 이어 1956년 연방보상법을 통해 나치에
대한 저항 과정에서 박해받은 이들에게 약 679억 마르크를 추가적으로
지불하였다. 결과적으로 전체 배상 규모는 2000년도 말 1020억 마르크
(660억 달러)에 이르게 되었다.[46]

독일은 유대인 희생자 배상엔 적극적이었지만, 강제 노동에 동원됐던 외국인 피해자 배상은 오랫동안 미루었다. 독일 정부와 사법부는 물론 나치 독일 당시의 전범 기업들도 냉담했다. 유대인 희생자들과는 달리 '법적인 근거가 없다'는 핑계를 댔다. 여기엔 동서 냉전이라는 국제정치의 대결 구도가 한몫했다. 서독 정부가 폴란드나 체코, 헝가리 같은 동구권 국가들의 피해자에게 배상하는 방안이 얘기될 때마다 미국이 반대했다.

1990년 독일이 통일되고 냉진체제가 무너진 뒤, 그동안 억눌려왔던 비유대인 피해 소송이 줄을 이었다. 광산, 공장, 농장 등에서 나치 침략 정책을 따랐던 독일 기업들은 1998년까지 50여 건의 소송에 휘말렸다. 1999년 말 독일 정부와 기업들은 반반씩 부담하여 피해자 보상을 위한 100억 마르크(52억 달러)의 기금을 모은 뒤 배상이 이뤄졌다. 2001년 오스트리아 정부와 기업들도 외국인 강제 동원 및 재산 몰수 피해에 대하여 11억 달러를 내기로 했다.[47] 2023년 현재 독일이 나치 시절의 강제 노동 피해자 160만 명에게 배상한 액수는 44억 유로(약 62조 원)다. 1952년부터 2022년까지 70년 동안 나치 전쟁범죄 희생자들에게 지급한 배상금은 800억 유로(약 112조 원)에 이른다.

그게 끝이 아니다. 2022년 9월 독일 정부는 전 세계에 생존해 있는 홀로코스트 희생자들에게 13억 유로(약 1조 7400억 원)를 추가 배상하기로 했다. 2022년 베를린 유대인박물관에서 열린 룩셈부르크협약 70주년 행사에서 올라프 숄츠(Olaf Scholz) 독일 총리(사회민주당)는 그런 추가 배상 방침을 밝히면서, "이 협약이 독일인이 자초한 무거운 책임을 청산할 수 없지만, 그 도덕적 책임을 지려는 시도"라고 말했다. 돈도 돈이지만, '진정성 담긴 사과'가 듣는 이들의 마음에 와닿기 마련이다.

일본이 전쟁 피해국?

독일이 전쟁범죄 배상에 나름의 성의를 나타낸 데 견주어 일본은 너무나 다른 태도를 보여왔다. 과거사 문제에 관한 한 고집스럽게 모르쇠로 버티는 모습이다. 독일인들에게 아우슈비츠 수용소의 잔혹함은 부끄러운 기억으로 남아 있다. 일본인들에게 난징 학살이나 '위안부' 성노예를 비롯한 전쟁범죄의 기억은 망각의 저편으로 사라진 것일까.

많은 일본인들은 독일과 일본의 사정이 다르다는 잘못된 생각을 품고 있다. 그런 생각을 하는 이유를 살펴보면 두 가지다. 첫째, 일본은 독일의 유대인 학살(홀로코스트)과 같은 엄청난 범죄를 저지르지 않았고, 둘째, 히로시마와 나가사키에 원자폭탄을 맞은 전쟁 피해국이라는 것이다. 일본이 전쟁 피해국? 물론 부분적으로는 맞는 말이지만, 일본이 저질렀던 전쟁범죄의 어마어마한 기록들을 떠올리면, 가해국 쪽의 무게가 훨씬 무겁다. 이런 사실을 좀체 받아들이지 않는 게 문제다. 전쟁범죄의 가해 기억은 흐릿하고 히로시마 원폭의 피해 기억은 생생하다. 아시아·태평양에서 일본이 일으켰던 침략전쟁으로 죽은 사람이 적어도 2000만 명에 이른다는 사실을 기억의 창고에서 빼내 지운 지 오래인 듯한 모습이다.

1995년 일본 정부는 진상규명과 진정성 담긴 사과를 건너뛴 채 배상금을 '아시아여성기금'이란 이름으로 동아시아의 '위안부' 여성 희생자들에게 건네주려 했다. 제시된 배상금은 피해자 1인당 200만 엔(약 1800만 원). 문제는 일본이 피해 당사자들과 피해국 정부와의 사전 협의 없이 내놓은 일방적 제안이었다는 것이다. 게다가 UN안전보장이사회 상임이사국이 되고자 하는 욕심에서 국제사회에다 요란하게 홍보하고 나섰기에 논란을 불렀다. 지난날 전쟁범죄의 법적 책임을

야스쿠니 신사에서 시위하는 일본 극우파 대원들. 이들의 사전에 사죄란 없다.

피하려는 수단으로 일본이 '아시아여성기금'을 활용하는 게 아니냐는 비판이 따랐다.

한국은 물론 타이완에서도 분노의 목소리가 커졌다. 타이베이 부녀구원복리사업기금회(약칭 부원회)는 한국의 정의기억연대와 같은 성격의 단체다. 당시 타이완에는 42명의 '위안부'가 살아 있었다. 부원회는 '아시아여성기금'을 거부하면서 일본의 태도를 비판했다. 2017년에 타계한 일본 역사학자 아라이 신이치(荒井信一, 전 스루가다이대 명예교수)는 일본의 침략전쟁 책임과 그에 따른 배상을 줄곧 강조해왔다. 그의 글을 보자.

(아시아여성기금은) 신문에 대대적으로 광고를 내서 활동을 알리고 배상금을 신청할 것을 옛 '위안부'들에게 호소했다. 타이완 사회는 이런 행동에 대해 불쾌해했다. 부원회의 스언메이즈언 회장은 "이 방식은 강간 범인이 배상 책임에서 도망가기 위해 급히 자선가로부터 돈을 모아 피해자에게 주기를 바라는 것과 같다"라고 말했다.[48]

타이완은 입법원(한국의 국회)에서의 결의안을 통해 타이완 정부가 피해자 1인당 50만 타이완 달러(일본이 주기로 한 200만 엔과 같은 액수)를 줌으로써 피해자들이 일본 쪽 돈을 거부할 수 있도록 하자고 했다. 또한 한 독지가가 내놓은 기부 물품들이 경매에 부쳐졌다. 이렇게 돈이 모이자, 타이완 정부는 1997년 피해자 1인당 50만 타이완 달러를 건넸다.

"강간은 없었던 일로 해달라고?"

그 무렵 한국에서도 일본 돈을 받느냐 마느냐로 논란이 컸다. 정신대대책협의회(지금의 정의기억연대)는 "일본 정부가 사실 규명 없이 피해 당사자들에게 진정성 담긴 사과를 하지 않은 채 주는 돈은 받을 수 없다"라고 했다. 하지만 몇몇 피해자는 돈을 받았고, 이를 둘러싸고 피해자들 사이에서도 입씨름이 오갔다.

김대중 정부 출범 초기인 1998년 4월, 시민단체들과 뜻을 같이한 한국 정부는 정신대대책협의회의 모금에 더해 '위안부' 피해자 186명에게 1인당 3800만 원을 지원했다. 그러면서 정부 성명을 냈다. "일본 정부는 아시아여성기금 활동을 중지하고, 반인도적 행위에 대해 마음에서 우러나오는 사죄를 할 것"을 요구하는 성명이었다. IMF 사태로 어려움을 겪으면서도, (2015년의 박근혜 정부 때와는) 결이 다른 모습을 보여주었다. 1998년 10월 8일 김대중 대통령을 만난 오부치 게이조 총리가 '통절한 반성과 진심의 사죄'를 나타낸 것도 이와 관련이 있다.

아시아 국가들의 반발 속에 일본의 '아시아여성기금'은 2002년 5월 활동을 멈추었다. 기금의 실무자는 그해 연말 참의원 공청회에서 생존 중인 피해자의 40퍼센트(364명)만이 기금을 받았다고 밝혔다. 그 대부분은 필리핀 피해자들이었다. 364명 가운데 네덜란드 피해자 79명은

돈이 아닌 '의료 복지사업' 명목으로 '배상'을 받았다.[49]

진상 규명과 피해자의 동의 없는 일본의 일방적 금전 공세는 혼란과 불신을 부른 채 막을 내렸다. 스즈키 유코(鈴木裕子, 와세다대 교수, 일본여성사)는 연구자이면서도 사회운동가다. '한일 여성과 역사를 생각하는 모임' 대표로 있으면서 1990년대 초부터 일본군 '위안부' 문제에 관심을 기울여왔다. 스즈키 대표는 일본 정부가 '아시아여성기금'으로 전쟁범죄를 입막음하려는 태도를 이렇게 비판했다.

> 처음부터 '위안부' 범죄는 명백한 성범죄, 전쟁범죄, 국가범죄이다. (진정한 사죄와 진상규명 없이, 국가는 팔짱을 낀 채) 민간기금을 자원으로 지원하겠다는 것은 본질을 벗어나도 심하게 벗어났다. 마치 강간 가해자가 피해자에게 갑자기 '지원금'이니 '위로금'이니 하는 명목으로 돈을 들이대면서 '강간'은 없었던 일로 해달라고 하는 것과 다름없다.[50]

지난 2015년 12월 28일, 한일 외교장관(윤병세, 기시다 후미오)이 공동기자회견에서 밝힌 일본군 '위안부' 합의도 '아시아여성기금'과 마찬가지로 많은 논란을 불렀다. 합의의 핵심은 일본이 10억 엔의 자금을 내고, 한국은 피해자를 위한 재단을 세워 '위안부' 문제를 '최종적·불가역적으로 해결'한다는 것이었다. 이 합의의 성격은 '아시아여성기금'(1995)보다 더 좋지 못했다. 일본이 전쟁범죄에 대한 진상규명과 진정성 담긴 사과 없이, 피해자의 동의를 구하는 절차도 생략한 채, 관련 합의문서도 공개하지 않고 공동기자회견이라는 '외교적 꼼수'를 부렸다는 점에서다.

박근혜 정부가 일본의 술책에 넘어갔다는 비판을 받아 마땅했다. 결국 문재인 정부 들어 '위안부' 합의는 파기됐다. 이로써 한일 갈등과 불신은 더 깊어진 상황이다. 일본은 '우리도 할 만큼 했다. 약속을 어긴 건 한국'이라는 명분을 챙겼다. 후세의 역사가는 이를 두고 '무능한 박근혜 정부의 외교 참사(慘事)'로 기록할 것이다. 장혜원(이화여대 법학연구소 국제인권법연구센터 연구원)의 지적을 보자.

'위안부 합의'는 형식과 내용 측면에서 그 어느 것 하나 만족할 만한 수준의 합의라고 말하기 어렵다. 더욱이 합의를 수용하는 국민의 대중적 여론은 더더욱 냉담하기만 했다. 그런 의미에서 '위안부 합의'는 다수의 한국인 피해자들에 의해 거부된 1995년의 '아시아여성기금'과 본질적으로 유사한 측면을 보이며, 오히려 더 후퇴한 것이기도 하다. 합의 과정에 피해자의 의사가 배제된 정부 간 타협에 의한 합의는 진정한 의미의 합의라고 보기 어렵기 때문이다.[51]

"과거사 반성에 '본심'이 없다"

2015년 '위안부' 합의에 이어, 2023년 한국 정부의 '강제 동원 제3자 변제 해법'은 또 다른 외교 참사를 기록했다는 비판을 받는다. 둘 다 피해 당사자의 동의를 구하지 않고 정부 주도 아래 이뤄진 밀실 해법이란 공통점이 있다. 다음은 세종대 교수 호사카 유지의 비판이다.

결론적으로 '위안부'는 성노예였다. 그러므로 일본 정부는 그 범죄성을 우선 인정해야 하고 필요한 조치를 취해야 한다. 2015년 한일위안부합의에서는 일본 정부가 이런 범죄성을 인정하지 않았고, 10억 엔이란 돈으로 유야무야 사건을 해결하려고 시도했을 뿐이다. 한국(정부) 측은 연구자들의 연구 성과를 전혀 활용하지 못했을 뿐만이 아니라, 피해자의 입장을 무시해 일본 측과 밀실로 합의안을 만들어 합의를 강행했다.[52]

호사카 유지는 2023년 한국 정부의 제3자 변제안에 대해서도 매우 비판적이다. "당사자의 동의가 필요함에도 피해자의 동의뿐만 아니라 가해자인 일본의 사전 동의도 없었다. 한국에서 일방적으로 결정해 일본에 알린 것이며, 이에 일본은 '높이 평가한다'고만 응답했을 뿐 합의서도 작성하지 않았다"는 것이다.

일본을 상대로 한 '위안부' 협상 과정에서 한국 정부가 '연구자들의 연구 성과를 전혀 활용하지 못했다'고 지적한 대목은 귀 기울일 만하다. 한국의 연구자들, 그리고 일본의 자성 사관(自省史觀)을 지닌 양심적 연구자들은 '위안부'를 비롯한 여러 유형의 강세 동원 피해자들과 관련된 실증적 조사를 벌여왔다. 이미 그 노력의 성과물로 상당히 많은 학술 논문, 보고서, 책들이 나와 있다.

그 속에는 일본의 전쟁범죄 기록과 의미, 평가들이 담겨 있고, 무엇보다 피해자들을 배려하는 바람직한 해결책까지 제시돼 있다. 한국 정부는 한국과 일본의 연구자들이 힘써 이뤄낸 연구 성과물들을 정책에 제대로 반영하지 못했다. 결과적으로 일본의 전쟁범죄 책임을 덜어주고 전범 기업들을 편안하게 해준 셈이 됐다.

일본은 '위안부' 문제는 이제 끝난 문제라고 여긴다. 한일 '위안부' 합의 다음 해인 2016년 10월 3일 중의원 예산위원회에서 아베 신조 총리는 '위안부' 피해자에 대한 사죄 편지를 쓸 것인가에 대한 질의를 받자, "합의한 내용 외의 것은 우리 측으로서는 털끝만큼도 생각하지 않고 있다"라고 매몰차게 답했다. 과거사를 둘러싼 아베의 역사 인식은 딱 그 수준까지였다. 2015년 외무장관으로 '위안부' 합의를 이끌어냈던 기시다 후미오 전 총리도 아베와 생각이 다를 바 없었다.

일본 정치인들의 망언을 비판한 『망언의 원형(妄言の原形)』(2002)의 저자 다카사키 소지는 일본인들의 과거사 '반성(사과)'이 한국인들에게 제대로 받아들여지지 못하는 까닭은 그 '반성'에 '본심(진심)'이 담겨 있지 않다는 데서 비롯된다고 풀이한다(다카사키는 늦었지만 지금이

라도 일제강점기 기간에 벌어진 피해와 전쟁범죄를 포함한 식민 지배를 사죄한다는 결의안이 일본 국회에서 나와야 한다고 주장한다).

오늘에 이르기까지 한일 관계에서 조선 식민 지배에 대한 일본인의 '반성'이 거듭 문제가 되는 것은 일본 측의 '반성'이 본심에서 이뤄진 것이 아니라는 사실을 한일 양국의 정부 지도자들이 잘 알고 있고, 한일 양국 국민도 많든 적든 그렇게 느끼고 있기 때문이다.[53]

'일본의 침략전쟁과 그 전쟁으로 비롯된 범죄를 이제는 용서하고 화해하자'는 말들이 들린다. 시간이 많이 지났으니 이제는 털고 넘어가자는 뜻이다. 좋은 얘기다. 화해를 하려면 그에 앞서 가해자가 사죄를 해야 하고 용서를 받는 게 순서다. 진정성 없는 겉치레 사죄를 하고 그에 합당한 배상을 외면한다면 사죄가 아니다. 그렇다면 용서를 누가 할 것인가. 가해자가 아닌 제3자가 용서할 수 있을까. 위에서 살펴본 것처럼, 피해자가 아닌 제3자가 나서서 '반성이나 사죄 요구는 이제 좀 그만하자'고 나설 수 있을까.

슐링크, "피해자가 용서의 주체다"

소설 『책 읽어주는 남자(Der Vorleser)』(1995)는 2009년 영화로도 만들어져 널리 알려졌다. 이 책을 쓴 베른하르트 슐링크(Bernhard Schlink, 전 훔볼트대 교수, 법학)는 한국에도 잘 알려진 지식인이다. 한국 최초의 국제 문학상으로 전 세계 소설가를 대상으로 하는 박경리문학상 수상자로 뽑혀 2014년 한국을 다녀가기도 했다. 슐링크는 소설가로 이름이 널리 알려졌지만, 그의 전공은 법학이다. 대학교수와 헌법재판소 판사를 지냈다. 그의 책 『과거의 죄(Vergangenheitsschuld)』(2007)는 국가

범죄를 주제로 삼아, 특히 나치 히틀러 정권과 옛 동독 시절에 저질러졌던 범죄에 대한 법적·도덕적 책임을 다루었다. 여기서 슐링크는 죄를 저지른 자들의 용서 문제와 관련해 '용서를 누가 하는가'를 살펴보고 있다.

책에서 눈길을 끄는 대목 하나. 나치 강제수용소에 배치됐던 친위대 소속 군인의 손자와 강제수용소 희생자의 손자(유대인)가 만나는 장면이다. 친위대 군인의 손자는 할아버지의 과거를 알고 난 뒤 속죄하는 마음으로 이스라엘 집단농장인 키부츠에서 일한다. 그곳에서 강제수용소 희생자의 손자인 한 유대인 소년을 만나지만, 그에게 용서를 구할 수 없다. 유대인 소년도 할아버지의 희생을 알고 나서 겪게 된 트라우마를 그 독일 소년 탓으로 돌릴 수 없기에, 아무 말도 하지 못한다. 두 소년 모두 서로가 서로를 미워하거나 용서할 입장이 아니다. 슐링크가 말하고자 하는 요점은 '피해자만이 용서할 수 있는 주체'라는 것이다.

용서를 구하기에는, 용서를 요구하기에는, 보상을 둘러싼 협의와 협정에서 전략적·전술적 이점으로 용서를 사용하기에는, 용서는 너무 실존적이다. 용서하지 않을 권리도, 용서할 권리도, 범죄자와의 관계에서 오직 피해자가 갖는 권리이다. 피해자가 용서하지 않는 것에 대해 범죄자 가족들도, 후손들도, 친구들도, 더군다나 정치가들이 용서를 구할 수는 없다. 용서받지 못하는 범죄자와 범죄자를 대신해서 용서를 구할 수 없는, 그의 죄에 연루된 사람들의 죄책감은 사라지지 않고 남는다. 세상은 용서되지 않고, 용서될 수 없는 죄로 가득 차 있다. 하느님의 세상을 제외하면.54

나치 정권의 전쟁범죄에 대한 법적·도덕적 책임을 살피면서 법학자인 슐링크가 강조한 것은 '피해자만이 용서할 수 있는 주체'라는 점이다. (가해자가 제대로 사과하지 않았기에) 피해자가 용서를 하지 못하고 있는데, 정치가를 비롯한 제3자가 '용서하라'고 끼어들 수 없다는 것이 슐링크의 핵심 주장이다.

영화 〈밀양〉(이창동 감독, 2007)은 용서의 문제를 다룬 아주 잘 만들어진 영화다. 여주인공 신애(전도연 분)는 무신론자다. 유괴살해범에게 아들이 죽자, '신의 섭리'라고 여기고 교회에 열심히 나가며 마음을 다 잡는다. 그러고는 가해자를 용서할 마음으로 교도소로 찾아가지만, 큰 충격을 받는다. 신애가 '용서'란 말도 꺼내기 전에 가해자는 "하느님께서 제 죄를 용서해주셨다"라며 아주 편안한 얼굴을 하고 있었다. 신애는 어이없다 못해 분노한다.

피해자가 용서한다고 말하지도 않았는데, 가해자는 (피해자에게 용서를 빈 적도 없으면서도) 이미 용서를 받았다고? 이른바 '셀프 사면'이 딱 이런 경우다. 일본은 지난날 전쟁범죄의 피해자들에게 진정성 담긴 용서를 빌지 않았고, 따라서 용서를 받지 못했다. 그런데도 용서를 훌쩍 건너뛰고 '이제 그만하면 됐다'고 화해를 말한다. 그러니 영화 속 유괴살인범의 얼굴에 일본의 맨얼굴이 겹쳐 떠오를 수밖에 없는 일 아닌가.

용서란 말이 공허하게 들릴 때

슐링크는 거듭 '용서가 너무 실존적'이라 말한다. (일본의 정치인들이 '무라야마 담화를 계승하겠다'고 건성으로 말하듯) '정치적 의례가 되어버리기엔' 용서가 너무 실존적이다. (빌리 브란트 서독 총리가 1970년 폴란드 유대인 위령비 앞에서 무릎을 꿇었듯이) '정치가들이 대중에게 자신들의 인간적이고 고뇌에 찬 모습을 보이는 기회로 사용'하기에도, 용서는 너무 실존적이라는 것이다. 용서란 말이 공허하게 들릴 때가 잦다는 게 문제다.

> 내무부장관은 외국에서 자국의 축구팬(훌리건)들이 피해를 입힌 것에 대해
> 용서를 구하고, 추기경은 자기 밑에 있는 사제들이 아이들에게 입힌 고통
> (성추행)에 대해 용서를 구하고, 경찰서장은 경찰관들이 업무 수행 중 보인
> 만행에 대해 용서를 구한다. 그러나 그들 모두가 말하는 용서가 공허하게
> 들린다.[55]

책임을 져야 할 위치에 있는 사람이 용서를 구한다고 말할 때, 슐링크는 그 말이 공허하게 들린다고 지적한다. 그들은 분명히 감독이나 관리를 잘못한 죄가 있는데도, 마치 다른 사람의 죄에 대해 용서를 구하듯이 가볍게 말하기 때문이다. 일본 총리가 '사죄'라는 보다 직설적인 용어 대신에 '담화의 계승'이란 편리한 용어를 밥 먹듯이 남발할 때마다 우리 귀에 공허하게 들리는 것과 마찬가지다.

한·중·일 3국의 역사학자들은 지난 2005년 '역사 화해'를 모색하며 공동 교과서 『미래를 여는 역사』(2005)를 펴냈다. 이렇듯 동아시아에서 '화해' 얘기가 나온 지도 제법 됐다. 한일 두 나라의 화해, 좀 더 범위를 넓혀 동아시아의 화해를 위해선 '용서'라는 길목을 지나야 한다. 용서는 진정성 있는 사과와 진상규명, 그에 합당한 배상 절차를 거치는 과정에서 이뤄질 것이다. 피해자(또는 그 유가족)가 아닌 제3자가 이래라저래라 용서와 화해를 말할 수 없다. 슐링크도 지적했듯이, 피해자가 용서하지 않는데 정치가들이 용서를 말할 수는 없다. 용서할 권리, 또는 용서 안 할 권리는 오로지 피해자의 몫이다.

일본은 지난날 저질렀던 전쟁범죄에 '과거사'란 애매한 이름표를 붙여 진공 포장한 채로 21세기 오늘에까지 시간을 끌어왔다. '용서' 절차를 건너뛴 일본이 뻔뻔스럽게 맨입으로 '화해'를 말하는 사이에 '용

서'를 못 한 피해자들은 하나둘씩 눈을 감았다. 한국의 생존 '위안부' 피해자는 처음 정부 등록자 240명 가운데 2024년 현재 여덟 분만 남았다. 강제 동원돼 낯선 땅으로 끌려가 탄광이나 공장에서 노예노동자로 내몰렸던 피해자들도 마찬가지로 대부분이 저세상 사람이 됐다. 일본이 전쟁범죄의 피해 당사자들로부터 직접 용서를 받을 기회는 갈수록 줄어들고 있다.

글을 마치며

8월 15일은 우리 한국인들에게 특별한 의미가 있는 날이지만, 일본인들에게도 마찬가지다. 바로 그런 날 도쿄 야스쿠니 신사에 갔더니 일본 극우파 대원들이 득실댔다. 후덥지근한 날씨 속에서도 그들은 연신 목을 축여가며 구호들을 외쳐댔다. "대동아전쟁은 침략전쟁이 아니었다. 더 이상 사과할 일 없다." 이들은 나아가 히로시마·나가사키에 떨어졌던 원자폭탄을 들먹이며, '우리는 전쟁 피해 국민'이라 주장했다. 더 보고 있다가는 내 정신건강에 좋을 것이 없을 것 같아 자리를 떴다.

일본의 극우파들은 도조 히데키를 비롯한 일본 전쟁범죄자들을 제신(祭神)으로 모신 도쿄 야스쿠니 신사를 들락거리며 대동아공영권의 허상을 그리워한다. 결국 문제는 일본의 답답한 역사 인식이다. 많은 일본인들은 패전 뒤 있었던 도쿄 전범재판을 가리켜, 도조 히데키를 비롯한 전범 처형은 '승자의 정치재판으로 잘못된 일'이지만, 일단은 그 재판으로 '일본의 과거사는 청산됐다'고 믿는다. 그러면서 '일본의 전후 세대가 언제까지 지난날의 전쟁 때문에 추궁받아야 하느냐'고 볼멘소리를 내곤 한다.

지난날 일본의 침략전쟁으로 고통받았던 이웃 나라 사람들을 조금이라도 배려했다면, 다시 말해 피로 얼룩진 일본의 어두운 과거사를 조금이라도 뉘우친다면, 망언과 사과를 되풀이하는 우스꽝스러운 모습은 보이지 않을 것이다. 타인의 고통을 헤아리는 마음이 부족한 것이 참 안타까울 뿐이다. 일본인들 가운데는 지난 전쟁범죄를 반성적으로 돌아보자는 양심적 지식인들도 물론 있다. 하지만 이들은 소수에 지나지 않는다. 극우파는 물론이고 보수 우파들은 "반성은 무슨? 자학(自虐)하지 말라!"라고 이들을 몰아붙이기 일쑤다.

1945년 패전 뒤 많은 독일 사람들은 전시 언론통제로 나치의 전쟁범죄 실상을 잘 몰랐다고 했다. 뒤늦게 알게 되면서 충격을 받았다. 그러면서 지난날 열렬히 지지를 보냈던 정치인 히틀러에 대해 품었던 환상도 걷어냈다. 독일인들이 져야 할 집단적 죄와 책임에 대해서도 고민해보게 됐다. 안타깝게도 일본은 그렇지 못하다. 잘못된 과거사를 바라보는 시각이 어떠하냐가 오늘의 독일과 일본을 가르는 큰 잣대일 듯하다.

글의 내용이 어둡다. 발칸반도, 팔레스타인, 아프리카 같은 분쟁지역을 취재하면서 폭력과 죽음이 일상화된 모습들을 보긴 했지만, 막상 일본의 만행 기록들은 훨씬 끔찍했다. 전쟁범죄라는 주제 자체가 무겁기에 글을 쓰는 동안 덩달아 마음이 울적하곤 했다. 아마도 독자분들도 읽어 내려가기가 힘들 것이다. 그러니 실제로 일본의 억압통치를 온몸으로 견뎌내야 했던 우리 선조들은 얼마나 더 힘들었을까. 지금도 긴 그림자를 드리우고 있는 과거사 문제를 비판적 시각으로 돌아보고 한반도는 물론 동아시아 평화의 내일을 생각해보는 계기가 되길 바라는 마음으로 글을 마친다.

주

1부 역사 왜곡과 '신친일파'

1. 다카사키 소지, 『일본 망언의 계보』, 최혜주 옮김, 한울(2010, 개정판 1쇄), 14쪽.
2. 다카시로 코이치, 『후쿠자와 유키치의 조선정략론 연구: <時事新報> 조선관련 평론(1882~ 1900)을 중심으로』, 선인(2013, 초판 1쇄), 154쪽.
3. 나카츠카 아키라 외, 『동학농민전쟁과 일본』, 한혜인 옮김, 모시는사람들(2014, 초판 1쇄), 118~119쪽.
4. 야스카와 주노스케, 『후쿠자와 유키치의 아시아 침략사상을 묻는다』, 이향철 옮김, 역사비평사(2011, 초판 1쇄), 17쪽.
5. 다카시로 코이치, 앞의 책, 154쪽.
6. 다카시로 코이치, 앞의 책, 155쪽.
7. 다카시로 코이치, 앞의 책, 330쪽.
8. 《東京横浜毎日新聞》 1877년 11월 10일. 야스카와 주노스케, 앞의 책, 218쪽에서 재인용.
9. 야스카와 주노스케, 앞의 책, 7쪽.
10. 야스카와 주노스케, 앞의 책, 339쪽.
11. 야스카와 주노스케, 『마루야마 마사오가 만들어낸 '후쿠자와 유키치'라는 신화』, 이향철 옮김, 역사비평사(2015, 초판 1쇄), 346~347쪽.
12. 다카하시 데쓰야, 『결코 피할 수 없는 야스쿠니 문제』, 현대송 옮김, 역사비평사(2005, 초판 1쇄), 78쪽.
13. 남상구, 『아직도 끝나지 않은 식민지 피해: 야스쿠니신사 문제』, 동북아역사재단(2020, 초판 1쇄), 22쪽.
14. 아카자와 시로, 『야스쿠니 신사』, 박환리 옮김, 소명출판(2008, 초판 1쇄), 48쪽.
15. 오일환, 『죽어서도 쉬이 못 오는 귀향』, 동북아역사재단(2021, 초판 1쇄), 61쪽.

16. 다카하시 데쓰야, 앞의 책, 72쪽.

17. 남상구, 앞의 책, 50쪽.

18. 김진영, '야스쿠니신사와 싸우는 한국인 유족들', 김진영 외, 『군함도, 끝나지 않은 전쟁』, 생각 정원(2017, 초판 1쇄), 370~371쪽.

19. 서승, '우리에게 '야스쿠니 신사'는 무엇인가', 『내일을 여는 역사』(2006년 여름호).

20. 남상구, '야스쿠니 신사 문제의 현황과 연구 동향', 『동북아역사논총』 50호(2015), 207~208쪽.

21. 남상구, 앞의 글, 209쪽.

22. 다카하시 데쓰야, 앞의 책, 90쪽.

23. 다카하시 데쓰야, 앞의 책, 73~74쪽.

24. 일본의 전쟁 책임 자료센터 편, 『야스쿠니 신사의 정치』, 박환무 옮김, 동북아역사재단(2011, 초판 1쇄), 35쪽.

25. 《日本経済新聞》 2006년 7월 20일.

26. 이영채·한홍구, 『한일 우익근대사 완전정복』, 창비(2020, 초판 1쇄), 67쪽.

27. 김진영, 앞의 글, 378쪽.

28. 이영훈 외, 『반일 종족주의』, 미래사(2019, 초판 7쇄), 151쪽.

29. 이영훈 외, 앞의 책, 169쪽.

30. 이영훈 외, 앞의 책, 152쪽.

31. 나가하라 게이지, 『20세기 일본의 역사학』, 하종문 옮김, 삼천리(2011, 초판 1쇄), 297쪽(『20世紀日本の歴史学』, 吉川弘文館, 2003).

32. 이영훈 외, 앞의 책, 173쪽.

33. 이영훈 외, 앞의 책, 169쪽.

34. 신용하, 『한국의 독도영유권 연구』, 경인문화사(2006, 초판 1쇄), 385쪽.

35. 안용복에 대해선 송병기(단국대 명예교수), 『울릉도와 독도, 그 역사적 검증』, 역사공간(2010년, 초판 1쇄), 277~298쪽 참고.

36. 송병기, 앞의 책, 299~303쪽.

37. 김호동, '조선시대~개항기까지의 울릉도 독도에 대한 정부의 인식과 정책', 황순력 외, 『동아시아의 바다와 섬을 둘러싼 갈등과 투쟁의 역사: 독도를 중심으로』, 지성인(2013, 초판 1쇄) 398~406쪽.

38. 임덕순, '독도의 기능, 공간가치와 소속', 임덕순 외, 『독도·울릉도 연구: 역사·고고·지리학적 고찰』, 동북아역사재단(2010, 초판 1쇄), 267~268쪽.

39. 곽진오, '고문헌에 나타나는 한국·일본의 독도인식', 『일본학보』 125(2020) 참조.

40. 최장근, 『독도문제의 본질과 일본의 영토분쟁 정치학: 일본의 제국주의 흔적과 영토 내셔널리즘』, 제이앤씨(2009, 초판 1쇄), 241쪽.

41. 이석우, '1951년 샌프란시스코 평화조약에서 독도의 영토처리 과정의 연구', 『북방사논총』 7, 동북아역사재단(2005).

42. 와다 하루키, 『동북아시아 영토문제, 어떻게 해결할 것인가: 대립에서 대화로』, 임경택 옮김, 사

계절(2012, 초판 1쇄), 264쪽.

43. 와다 하루키, 앞의 책, 265쪽.

44. 노엄 촘스키·안드레 블첵, 『촘스키, 은밀한 그러나 잔혹한: 서양이 저지른 기나긴 테러의 역사』, 권기대 옮김, 베가북스(2014, 초판 1쇄), 52쪽.

45. 엘리자베스 콜, 『과거사 청산과 역사교육: 아픈 과거를 어떻게 가르칠 것인가』, 김원중 옮김, 동북아역사재단(2010, 초판 1쇄), 290쪽.

46. 국사편찬위원회 1종도서연구개발위원회, 『고등학교 국사』(1982), 175~176쪽.

47. 국사편찬위원회 1종도서연구개발위원회, 앞의 책, 178쪽.

48. 호사카 유지, 『일본 뒤집기』, 북스코리아(2019, 초판 1쇄), 179쪽.

49. 도쿄역사과학연구회 편, 『역사를 배우는 사람들: 일본의 공정한 역사 인식을 만들기 위해서』, 박성태 옮김, 어문학사(2021, 초판 1쇄), 122~123쪽.

50. 도쿄역사과학연구회 편, 앞의 책, 123쪽.

51. 西尾幹二, 『國民の歷史』, 産經新聞(1999, 초판), 720~722쪽.

52. 西尾幹二, 現代史研究会, 『自ら歷史を貶める日本人』, 徳間書店(2021, 초판 1쇄) 序文.

53. 한중일3국공동역사편찬위원회, 『미래를 여는 역사: 한중일이 함께 만든 동아시아 3국의 근현대사』, 한겨레신문사(2005, 초판 1쇄), 236쪽.

54. 타와라 요시후미, 『위험한 교과서』, 일본교과서바로잡기운동본부 옮김, 역사넷(2001, 초판), 69쪽.

55. 中西輝政, '現代 '歷史戰爭'のための安全保障', 《正論》(2013년 2월호).

56. 이원순·정재정 편, 『일본 역사교과서, 무엇이 문제인가: 올바른 역사 인식을 위한 비판과 제언』, 동방미디어(2002, 초판 1쇄), 91쪽.

57. 한중일 3국 공동역사편찬위원회, 앞의 책, 232쪽.

58. 연민수, 『동아시아 역사교과서의 주변국 인식』, 동북아역사재단(2008, 초판 1쇄) 64쪽.

59. 야스다 고이치, 『일본 '우익'의 현대사: '극우의 공기'가 가득한 일본을 파헤치다』, 이재우 옮김, 오월의 봄(2019, 초판 1쇄), 281~282쪽.

60. 이영채·한홍구, 『한일 우익근대사 완전정복』, 창비(2020, 초판 1쇄), 93쪽.

61. 김정인, 『역사전쟁, 과거를 해석하는 싸움』, 책세상(2016, 초판 1쇄), 134~135쪽.

62. 존 다우어, 『패배를 껴안고: 제2차 세계대전 후의 일본과 일본인』, 최은석 옮김, 민음사(2009, 초판 1쇄), 647쪽.

63. 이준식, '한국 역사교과서인가, 아니면 일본 역사교과서인가?', 『역사비평』 105, 역사비평사(2013) 55~56쪽.

64. 교과서포럼, 『한국현대사의 허구와 진실: 고등학교 근·현대사 교과서를 비판한다』, 두레시대(2005, 초판 1쇄), 220쪽.

65. 교과서포럼, 『대안교과서 한국 근·현대사』, 기파랑(2008, 초판 1쇄), 205~206쪽.

66. 윤대원, 『21세기 한·중·일 역사전쟁: 동북아시아의 역사 갈등과 미래』, 서해문집(2009, 초판 1쇄), 126쪽.

67. 이영훈, 『대한민국 이야기: 해방전후사의 재인식 강의』, 기파랑(2011, 1판 11쇄), 30쪽.

68. 이준식, 앞의 책, 62쪽.

69. 강화정, '교학사 한국사교과서의 현대사 서술과 민주주의 교육', 『역사교육연구』 20(2015).

70. 전강수, 『《반일 종족주의》의 오만과 거짓』, 한겨레출판(2020, 초판 1쇄), 39~40쪽.

71. 이영훈 외, 앞의 책.

72. 정혜경·허광무·조건·이상호, 『반反대를 론論하다: '반일 종족주의'의 역사부정을 넘어』, 선인 (2019, 초판 1쇄), 152쪽.

73. 김헌주 외, 『일본군 '위안부' 피해자 구술자료 재정리 자료집』, 여성가족부(2016년, 초판).

74. 허수열, 『개발 없는 개발: 일제하, 조선경제 개발의 현상과 본질』, 은행나무(2017, 개정 2판 2 쇄), 28쪽.

75. 이영훈 외, 앞의 책, 53~54쪽.

76. 전강수, 앞의 책, 78~79쪽.

77. 전강수, 앞의 책, 79쪽.

78. 신용하, 『일제 조선토지조사사업 수탈성의 진실』, 나남(2019, 초판 1쇄), 108~109쪽.

79. 이영훈 외, 앞의 책, 38쪽.

80. 신용하, 앞의 책, 17쪽.

2부 식민지 조선을 생지옥으로 만들다

1. 파냐 샤브시나, 『식민지 조선에서: 어느 러시아 지성이 쓴 역사현장기록』, 김명호 옮김, 한울 (1996, 초판 1쇄), 179~181쪽.

2. 鈴木武雄, '朝鮮統治の性格と實績', 『日本人の海外活動に關する歷史的調査』, 朝鮮編 第9分冊 (1946).

3. 한일관계사연구논집편찬위원회, 『일제 강점기 한국인의 삶과 민족운동』, 경인문화사(2005, 초 판 1쇄), 384~385쪽.

4. 이영훈 외, 『반일 종족주의』, 미래사(2019, 초판 1쇄), 45쪽.

5. 이영훈 외, 앞의 책 47~49쪽.

6. 신용하, 『일제 조선토지조사사업 수탈성의 진실』, 나남(2019, 초판 1쇄), 178쪽.

7. 신용하, 앞의 책, 108~109쪽.

8. 이영훈 외, 앞의 책, 39쪽.

9. 이규수, 『동양척식주식회사의 토지 수탈과 궁삼면 토지탈환운동』, 동북아역사재단(2021, 초판 1쇄), 47쪽.

10. 이규수, 앞의 책, 50쪽.

11. 이규수, 앞의 책, 55~56쪽.

12. 허수열, 『개발 없는 개발: 일제하, 조선경제 개발의 현상과 본질』, 은행나무(2017, 개정 2판 2 쇄), 338~340쪽.

13. 허수열, 앞의 책, 113쪽.

14. 허수열, 앞의 책, 29쪽.

15. 마츠모토 다케노리, '식민지 근대화론 논쟁을 넘어가기 위한 귀중한 걸음', 『내일을 여는 역사』 48호, 선인(2012), 283쪽.

16. 전강수, 『《반일 종족주의》의 오만과 거짓』, 한겨레출판(2020, 초판 1쇄), 121쪽.

17. 신용하, 앞의 책, 179쪽.

18. 허수열, 앞의 책, 338쪽.

19. 정재정, 『주제와 쟁점으로 읽는 20세기 한일관계사』, 역사비평사(2014, 초판 1쇄), 67쪽.

20. 고태우, '식민지기 북선 개발 인식과 정책의 추이', 『한국문화』 89(2020).

21. 박찬승, '스즈키 다케오(鈴木武雄)의 식민지조선근대화론', 『韓國史學史學報』 30(2014).

22. 鈴木武雄, '朝鮮統治の性格と實績', 『日本人の海外活動に關する歷史的調査』, 朝鮮編 第10分冊(1947), 다카사키 소지(高崎宗司), 『일본 망언의 계보』, 최혜주 옮김, 한울(2010, 개정판 1쇄), 263쪽에서 재인용.

23. 허수열, 앞의 책, 345쪽.

24. 전강수, 앞의 책, 153쪽.

25. 강혜경, '전시총동원체제기 여성의 강제동원과 사실 규명의 과제', 『문화기술의 융합』 제7권 제1호(2021).

26. 호사카 마사야스, 『도조 히데키와 제2차 세계대전: 일본을 패망으로 몰고 간 한 우익 지도자의 초상』, 정선태 옮김, 페이퍼로드(2022, 초판 1쇄), 584쪽.

27. 정혜경, 『아시아태평양전쟁에 동원된 조선의 아이들』, 섬앤섬(2019, 초판 1쇄), 67~68쪽.

28. 박경식, 『조선인 강제연행의 기록: 1910-1945, 나라를 떠나야 했던 조선인에 대한 최초 보고서』, 고즈윈(2008, 초판 1쇄), 17쪽.

29. 정혜경, 『일본의 아시아태평양전쟁과 조선인 강제동원』, 동북아역사재단(2019, 초판 1쇄), 111쪽.

30. 정혜경, 앞의 책, 110~111쪽.

31. 박경숙, '식민지 시기(1910년-1945년) 조선의 인구 동태와 구조', 『한국인구학』 제32권 제2호(2009)

32. 허광무·정혜경·김미정, 『일제의 전시 조선인 노동력 동원』, 동북아역사재단(2021, 초판 1쇄), 537~538쪽.

33. 국무총리 소속 일제강점하 강제동원 피해진상규명위원회, 『강제동원 구술기록집』(2006년, 초판 1쇄).

34. 허광무·정혜경·김미정, 앞의 책, 554쪽.

35. 다카하시 데쓰야, 『일본의 전후 책임을 묻는다: 기억의 정치, 망각의 윤리』, 이규수 옮김, 역사비평사(2000, 초판 1쇄), 147쪽.

36. 히라오 히로코, '통곡의 항로: 일본군 '위안부'를 실어 나른 육군 징용선', 일본의 전쟁 책임 자료센터 편, 『일본의 군 '위안부' 연구』, 강혜정 옮김, 동북아역사재단(2011, 초판 1쇄), 488쪽.

37. 이타가키 류타·김부자 엮음, 『위안부 문제와 식민지 지배 책임』, 배영미·고영진 옮김, 삶창(2016), 28~31쪽 참조.

38. 하종문, 『진중일지로 본 일본군 위안소: 일본군 '위안부' 문제 해결의 돌파구를 찾다』, 휴머니스트(2023, 초판 1쇄), 75쪽.

39. 하종문, 앞의 책, 268쪽.

40. 하종문, 앞의 책, 677쪽.

41. 하종문, 앞의 책, 674쪽.

42. 일본의 전쟁 책임 자료센터 편, 앞의 책, 83쪽.

3부 책임을 외면한 전쟁범죄 주범들

1. 요시다 유타카, 『아시아·태평양전쟁』, 최혜주 옮김, 어문학사(2012, 초판 1쇄). 174쪽.

2. 호사카 마사야스, 『도조 히데키와 천황의 시대: 광기의 시대와 역사에 휘말린 초라한 지도자의 초상』, 정선태 옮김, 페이퍼로드(2012, 초판 1쇄), 315쪽.

3. 극동국제군사재판소 엮음, 『A급 전범의 증언: 도쿄전범재판 속기록을 읽다-도조 히데키 편』, 김병찬 외 옮김, 언어의 바다(2017, 개정판 1쇄), 239~240쪽.

4. 고모리 요이치, 『1945년 8월 15일, 천황 히로히토는 이렇게 말하였다』, 송태욱 옮김, 뿌리와이파리(2004, 초판 1쇄), 55쪽.

5. 후지이 히사시, 『일본군의 패인: 실패한 군대의 조직론』, 최종호 옮김, 논형(2016, 초판 1쇄), 16~17쪽.

6. 杉山元, 『杉山メモ·上』, 原書房(1967), 348~349쪽. 허버트 빅스, 『히로히토 평전: 근대 일본의 형성』, 삼인(2010, 초판 1쇄) 466쪽에서 재인용.

7. 허버트 빅스, 앞의 책, 467쪽.

8. 藤原彰, 『昭和天皇の十五年戦争』, 青木書店(1991, 新裝版 1쇄), 126쪽.

9. 호사카 마사야스, 『쇼와 육군: 제2차 세계대전을 주도한 일본 제국주의의 몸통』, 정선태 옮김, 글항아리(2016, 초판 1쇄), 380쪽.

10. 호사카 마사야스, 앞의 책 377쪽.

11. 요시다 유타카, 앞의 책, 31쪽.

12. 에드워드 베르, 『히로히토: 신화의 뒤편』, 유경찬 옮김, 을유문화사(2002, 초판 3쇄), 387쪽.

13. 호사카 마사야스, 앞의 책, 591쪽.

14. 長谷川幸雄, '東條割腹目擊記', 《文藝春秋》(1956년 8월호).

15. 호사카 마사야스, 앞의 책, 649쪽.

16. 호사카 마사야스, 앞의 책, 664~665쪽.

17. 巢鴨遺書編纂會, 『世紀の遺書』, 講談社(1984, 復刻版), 683~685쪽.

18. 호사카 마사야스, 앞의 책, 590쪽.

19. 루스 베네딕트, 『국화와 칼』, 김승호 옮김, 책만드는집(2017, 리커버판), 361~362쪽.

20. 하타노 스미오, 『전후 일본의 역사문제』, 오일환 옮김, 논형(2016, 초판 1쇄), 42쪽.

21. 하타노 스미오, 앞의 책, 43쪽.

22. 극동국제군사재판소 엮음(b), 『기도의 고백: 도쿄전범재판 속기록을 읽다』, 서라미 외 옮김, 언어의 바다(2018, 전자책), 359쪽.
23. 극동국제군사재판소 엮음(b), 앞의 책, 264쪽.
24. 허버트 빅스, 『히로히토 평전: 근대 일본의 형성』, 오현숙 옮김, 삼인(2010, 초판 1쇄), 276쪽.
25. 허버트 빅스, 앞의 책, 364쪽.
26. 허버트 빅스, 앞의 책, 369~370쪽.
27. 허버트 빅스, 앞의 책, 374쪽.
28. 허버트 빅스, 앞의 책, 379쪽.
29. 허버트 빅스, 앞의 책, 382쪽.
30. 허버트 빅스, 앞의 책, 471쪽.
31. 허버트 빅스, 앞의 책, 483쪽.
32. 극동국제군사재판소 엮음(a), 『A급 전범의 증언: 도쿄전범재판 속기록을 읽다-도조 히데키 편』, 김병찬 외 옮김, 언어의 바다(2017, 개정판 1쇄), 182쪽.
33. 에드워드 베르, 앞의 책, 354~355쪽.
34. 허버트 빅스, 앞의 책, 486쪽.
35. 고모리 요이치, 『1945년 8월 15일, 천황 히로히토는 이렇게 말하였다』, 송태욱 옮김, 뿌리와이파리(2004, 초판 1쇄), 55쪽.
36. 에드워드 베르, 앞의 책, 412쪽.
37. 허버트 빅스, 앞의 책, 603쪽.
38. 도요시타 나라히코, 『히로히토와 맥아더: 일본의 전후는 어떻게 만들어졌는가』, 권혁태 옮김, 개마고원(2009, 초판 1쇄), 29~30쪽.
39. 허버트 빅스, 앞의 책, 629쪽.
40. 하야시 히로후미, 『일본의 평화주의를 묻는다: 전범재판, 헌법 9조, 동아시아 연대』, 현대일본사회연구회 옮김, 논형(2012. 초판 1쇄), 43쪽.
41. '昭和天皇の独白八時間', 《文藝春秋》(1990년 12월호).
42. 허버트 빅스, 앞의 책, 23쪽.
43. 에드워드 베르, 앞의 책, 508쪽.
44. 에드워드 베르, 앞의 책, 487쪽.
45. 허버트 빅스, 앞의 책, 676쪽.
46. 호사카 마사야스, 『도조 히데키와 제2차 세계대전: 일본을 패망으로 몰고 간 한 우익 지도자의 초상』, 정선태 옮김, 페이퍼로드(2022, 리커버판), 636~637쪽.
47. 극동국제군사재판소 엮음(a), 앞의 책, 455~456쪽.
48. 하야시 히로후미, 앞의 책, 44쪽.
49. 존 다우어, 『패배를 껴안고: 제2차 세계대전 후의 일본과 일본인』, 최은석 옮김, 민음사(2009, 초판 1쇄), 598쪽.
50. 에드워드 베르, 앞의 책, 496쪽.
51. 존 다우어, 앞의 책, 717쪽.

52. 아이리스 장, 『역사는 누구의 편에 서는가: 난징대학살, 그 야만적 진실의 기록』, 윤지환 옮김, 미다스북스(2014, 개정판 1쇄), 255쪽.

53. 피터 심킨스 외, 『제1차 세계대전: 모든 전쟁을 끝내기 위한 전쟁』, 플래닛미디어(2008, 초판 1쇄), 97쪽과 110쪽.

54. 진청민, 『일본군 세균전』, 청문각(2010, 초판 1쇄), 105쪽.

55. 青木富貴子, 『731 石井四郎と細菌戦部隊の闇を暴く』, 新潮社(2008, 초판 1쇄), 64쪽.

56. 에드워드 베르, 앞의 책, 241~232쪽.

57. 青木富貴子, 앞의 책, 47쪽.

58. 조슈아 퍼퍼·스티븐 시나, 『닥터 프랑켄슈타인』, 신예경 옮김, 텍스트(2013, 초판 1쇄), 146쪽.

59. 궈청저우·랴오잉창, 『중국을 침략한 일본군의 세균전 실록』, 북경연산출판사(1997, 초판 1쇄), 41쪽. 진청민, 앞의 책, 160~161쪽에서 재인용.

60. 青木富貴子, 앞의 책, 167쪽.

61. 青木富貴子, 앞의 책, 141~142쪽.

62. 진청민, 앞의 책, 265쪽.

63. 青木富貴子, 앞의 책, 226~227쪽.

64. 石井春海, 《英文時報》 1982년 8월 29일 12면. 진청민, 앞의 책, 908쪽에서 재인용.

65. 青木富貴子, 앞의 책, 438쪽.

66. International Scientific Commission, *Report of the International Scientific Commission for the Investigation of the Facts Concerning Bacterial Warfare in Korea and China*, Peking(1953), pp. 24~25.

4부 20세기 최악의 동아시아 전쟁범죄

1. 아이리스 장, 『역사는 누구의 편에 서는가: 난징대학살, 그 야만적 진실의 기록』, 윤지환 옮김, 미다스북스(2014, 개정판 1쇄), 153~154쪽.

2. 가사하라 도쿠시, 『남경사건: 일본군은 왜 남경대학살을 강행했는가』, 이상복 옮김, 어문학사(2017, 초판 1쇄), 169쪽.

3. 가사하라 도쿠시, 앞의 책, 194~195쪽.

4. 후지타 히사카즈, 『전쟁범죄란 무엇인가』, 박배근 옮김, 산지니(2017, 초판 1쇄), 116~117쪽.

5. 아이리스 장, 앞의 책, 253쪽.

6. https://www.facebook.com/FrontlineStoriesFromReporters/videos/341255594031661/

7. 나가하라 게이지, 『20세기 일본의 역사학』, 하종문 옮김, 삼천리(2011, 초판 1쇄), 297쪽

8. 나가하라 게이지, 앞의 책, 297쪽.

9. 아이리스 장, 앞의 책, 161쪽. 오타가 수용됐던 푸순 전범관리소는 점진적인 사상 개조를 통해

일본인 전범을 반전 평화주의자로 바꾸었다. 김효순, 『나는 전쟁범죄자입니다: 일본인 전범을 개조한 푸순의 기적』, 서해문집(2020, 초판 1쇄) 참조.

10. 김효순, 앞의 책, 410~412쪽.

11. 심득룡에 대해선 한원상, '731부대 생체실험 대상된 조선인 마루타 있었다', 《민족 21》(2002년 9월호)과 김효순, 앞의 책, 398~402 참조.

12. Max Fisher, 'Japanese Leader Revives Dark Memories of Imperial-era Biological Experiments in China', *The Washington Post*, 2013년 5월 18일.

13. 조슈아 퍼퍼·스티븐 시나, 『닥터 프랑켄슈타인』, 신예경 옮김, 텍스트(2013, 초판 1쇄), 131쪽.

14. 전쟁과 의료윤리 검증추진회, 『731부대와 의사들』, 스즈키 아키라 옮김, 건강미디어협동조합(2014, 초판 1쇄), 23쪽.

15. 《아카하타신문》 편집국, 『우리는 가해자입니다』, 홍상현 옮김, 정한책방(2017, 초판 1쇄), 78쪽.

16. 진청민, 『일본군 세균전』, 하성금 옮김, 청문각(2010, 초판 1쇄), 166쪽.

17. 전쟁과 의료윤리 검증추진회, 앞의 책, 29쪽.

18. 전쟁과 의료윤리 검증추진회, 앞의 책, 30쪽.

19. 모스크바외국문서출판국, 『전 일본 육군군인이 세균무기를 준비하고 사용한 혐의에 대한 재판자료』(1950), 77쪽. 진청민, 앞의 책, 172쪽에서 재인용.

20. 진청민, 앞의 책, 183쪽.

21. 한샤요·신페이린, 『일본군 731부대의 죄악사』, 헤이룽강인민출판사(1991, 초판 1쇄), 118~119쪽. 진청민, 앞의 책, 189~190쪽에서 재인용.

22. 한민족문화교류협의회, 『일본관동군 731부대 생체실험증거자료집』(2009, 초판 1쇄), 211~218쪽.

23. 셸던 해리스, 『일본의 야망과 죽음의 공장』, 김소정 옮김, 눈과마음(2005, 초판 1쇄), 157쪽.

24. 전쟁과 의료윤리 검증추진회, 앞의 책, 32~33쪽.

25. 진청민, 앞의 책, 195쪽.

26. 한민족문화교류협의회, 앞의 책, 211~212쪽.

27. 서이종, '일본제국군의 세균전 과정에서 731부대의 눙안·신징 지역 대규모 현장세균실험의 역사적 의의', 『사회와 역사』103집(2014).

28. 요시미 요시아키, '陸軍中央と細菌戰', 731部隊国際シンポジウム実行委員会, 『日本軍の細菌戰·ガス戰』, 明石書店(1996).

29. 靑木富貴子, 『731 石井四郎と細菌戰部隊の闇を暴く』, 新潮社(2008), 136쪽.

30. 靑木富貴子, 앞의 책, 136~137쪽.

31. 모스크바외국문서출판국, 앞의 책, 77쪽. 진청민, 197~198쪽에서 재인용.

32. 궈청저우·랴오잉창, 『중국을 침략한 일본군의 세균전 실록』, 북경 연산출판사(1997, 초판 1쇄), 41쪽. 진청민, 앞의 책, 105쪽에서 재인용.

33. 호사카 마사야스, 『쇼와 육군: 제2차 세계대전을 주도한 일본 제국주의의 몸통』, 정선태 옮김, 글항아리(2016, 초판 1쇄), 1055쪽.

34. 폴 콜리어, 『제2차 세계대전: 탐욕의 끝, 사상 최악의 전쟁』, 강민수 옮김, 플래닛미디어(2008, 초판 1쇄), 689쪽.

35. 靑木富貴子, 앞의 책, 173~174쪽.

36. 靑木富貴子, 앞의 책, 176~177쪽.

37. 모리무라 세이이치, 『악마의 731부대와 마루타』, 김용환 옮김, 고려문학사(1989, 초판 1쇄), 128쪽.

38. 셀던 해리스, 앞의 책, 158쪽.

39. 셀던 해리스, 앞의 책, 159쪽.

40. 15년전쟁과 일본의 의학의료연구회, 『누구나 알지만 아무도 모르는 731부대』, 최규진 옮김, 건강미디어협동조합(2020, 초판 1쇄), 273쪽.

41. 진청민, 앞의 책, 900쪽.

42. 존 다우어, 『패배를 껴안고: 제2차 세계대전 후의 일본과 일본인』, 최은석 옮김, 민음사(2009, 초판 1쇄), 583쪽.

43. 스미론(L. N. Smiron)과 자이체프(E. B. Zaitsev)가 함께 쓴 소련어 원서의 일본어 번역판 『東京裁判』, 大月書店(1980), 517쪽. 존 다우어, 814쪽 주석 참고.

44. 중귀련에 대해선 김효순, 앞의 책 참고.

45. 162지대장 사카키바라 히데오 공술서, 중국《人民日報》2014년 7월 11일 11면.

46. 162지대장 사카키바라 히데오 공술서, 앞의 기사.

47. 주디스 밀러·스티븐 잉겔버그·윌리엄 브로드, 『세균전쟁』, 김혜원 옮김, 황금가지(2002, 초판 1쇄), 42쪽.

48. 靑木富貴子, 앞의 책, 214쪽.

49. 靑木富貴子, 앞의 책, 435~436쪽.

50. 스티븐 앤디콧·에드워드 해거먼, 『한국전쟁과 미국의 세균전』, 안치용 외 옮김, 중심(2003, 초판 1쇄), 76쪽.

51. 靑木富貴子, 앞의 책, 175~176쪽.

52. 靑木富貴子, 앞의 책, 272쪽.

53. 셀던 해리스, 앞의 책, 425쪽.

54. 靑木富貴子, 앞의 책 292~293쪽.

55. 靑木富貴子, 앞의 책 288쪽.

56. 靑木富貴子, 앞의 책 289쪽.

57. 귀청저우·랴오잉창, 앞의 책, 457~458쪽. 진청민, 앞의 책, 912쪽에서 재인용.

58. 진청민, 앞의 책, 909쪽.

59. 셀던 해리스, 앞의 책, 429쪽.

60. 靑木富貴子, 앞의 책 412쪽.

61. 靑木富貴子, 앞의 책, 413쪽.

62. 셀던 해리스, 앞의 책, 457쪽, 각주 39 참고.

63. 셀던 해리스, 앞의 책, 442~443쪽.

64. 셸던 해리스, 앞의 책, 441~442쪽.

65. 셸던 해리스, 앞의 책, 445쪽.

66. 메릴랜드주 포트 미드에 있는 미 육군 정보안보사령부 소장 문서로, 1947년 6월 16일 자로 작성된 방첩부대 36번 문서. 셸던 해리스, 앞의 책 446쪽.

67. 松村高夫, '731部隊による細菌戦と戦時·戦後医学', 『三田学会雑誌』, Vol. 106, No.1(2013).

68. 青木富貴子, 앞의 책, 416~417쪽.

69. Christopher Reed, 'The United States and the Japanese Mengele', *The Asia-Pacific Journal: Japan Focus*, Volume 4, Issue 8(2006년 8월).

70. 셸던 해리스, 앞의 책, 420쪽.

71. 진청민, 앞의 책, 9쪽.

72. 셸던 해리스, 앞의 책, 413~414쪽.

73. 15년 전쟁과 일본의 의학의료연구회, 앞의 책, 209쪽.

74. 한민족문화교류협의회 편, 『일본관동군 731부대 생체실험증거자료집』, 한민족문화교류협의회(2009, 초판 1쇄), 205쪽.

75. 궈청줘우·랴오잉창, 앞의 책, 451쪽. 진청민, 앞의 책 910쪽에서 재인용.

76. 미 더그웨이 도서관 소장 문서번호 008, 셸던 해리스, 462쪽.

77. 미 더그웨이 도서관 소장 문서번호 017, 셸던 해리스, 463쪽.

78. 15년전쟁과 일본의 의학의료연구회, 앞의 책, 87쪽.

79. 青木富貴子, 앞의 책, 438쪽.

80. 진청민, 앞의 책, 914쪽.

81. 15년전쟁과 일본의 의학의료연구회, 앞의 책, 210쪽.

82. 셸던 해리스, 앞의 책, 406쪽.

83. Jeanne Guillemin, *Hidden Atrocities*, Columbia University Press(2017), p.105.

84. 아와야 켄타로우 외, 『기억과 망각: 독일과 일본, 그 두 개의 전후』, 이규수 옮김, 삼인(2000, 초판 1쇄), 107쪽.

85. 松村高夫, '731部隊による細菌戦と戦時·戦後医学', 『三田学会雑誌』, Vol.106, No.1(2013).

86. 常石敬一, '軍事研究の中の科学者: 731部隊の科学者とその現代的意味', 『学術の動向』(2017년 7월)

87. 青木富貴子, 앞의 책, 490~491쪽.

88. 노다 마사야키, 『전쟁과 죄책: 일본 군국주의 전범들을 분석한 정신과 의사의 심층 보고서』, 서혜영 옮김, 또다른우주(2023, 초판 1쇄), 65쪽.

89. 15년전쟁과 일본의학의료연구회, 앞의 책, 293쪽.

90. 池田苗夫, '私は生体実験をした-細菌部隊の元軍医の告白', 《毎日新聞》 1981년 10월 16일.

91. 15년전쟁과 일본의 의학의료연구회, 앞의 책, 293~294쪽.

92. 松村高夫, 앞의 논문.

93. 《아카하타신문》 편집국, 앞의 책, 82쪽.

94. 나스 시게오, '731부대 세균전 국가배상 청구재판과 그 후 해결을 위한 활동', 『역사와 책임』 8

호(2015년 5월).

95. 나스 시게오, 앞의 글.

96. 나스 시게오, 앞의 글.

97. 에드워드 베르, 『히로히토: 신화의 뒤편』, 유경찬 옮김, 을유문화사(2002, 초판 1쇄), 245쪽.

98. 에드워드 베르, 앞의 책, 246쪽.

99. 에드워드 베르, 앞의 책, 247쪽.

100. 허버트 빅스, 『히로히토 평전: 근대 일본의 형성』, 오현숙 옮김, 삼인(2010, 초판 1쇄), 410쪽.

101. 吉見義明·松野誠也, 『15年戦爭極祕資料集 補卷2 毒ガス關係資料』, 不二出版(1997), 27쪽.

102. 吉見義明·松野誠也, 앞의 책, 28쪽.

103. 東野利夫, '汚名: '九大生体解剖事件'の真相', 《文藝春秋》(1979, 초판 1쇄), 67쪽.

104. 東野利夫, 앞의 책, 67쪽.

105. 존 다우어, 앞의 책, 46쪽.

106. 15년전쟁과 일본의 의학의료연구회, 앞의 책, 299쪽.

107. 전쟁과 의료윤리 검증추진회, 앞의 책, 100~101쪽.

5부 또 다른 전쟁범죄, 공습과 원자폭탄

1. http://www.pbs.org/moyers/journal/archives/zinnnow_ts.html?iframe

2. 스벤 린드크비스트, 『폭격의 역사: 끝나지 않는 대량 학살』, 김남섭 옮김, 한겨레출판(2003, 초판 1쇄), 232쪽.

3. 栗原俊雄, 『東京大空襲の戦後史』, 岩波新書(2022, 新赤版), 21~22쪽.

4. 말콤 글래드웰, 『어떤 선택의 재검토: 최상을 꿈꾸던 일은 어떻게 최악이 되었는가』, 이영래 옮김, 김영사(2022, 초판 1쇄), 211쪽.

5. https://www.youtube.com/watch?v=uPteVZyF4U0

6. 말콤 글래드웰, 앞의 책, 182쪽.

7. 早乙女勝元, 『東京大空襲』, 岩波新書(1973, 초판 11쇄), 68쪽.

8. 존 다우어, 『패배를 껴안고: 제2차 세계 대전 후의 일본과 일본인』, 최은석 옮김, 민음사(2009, 초판 1쇄), 46~47쪽.

9. 사카사이 아키토, 『'잿더미' 전후공간론』, 박광현 외 옮김, 이숲(2020, 초판 1쇄), 13쪽.

10. 早乙女勝元, 앞의 책, 179~180쪽.

11. 吉橋戒三, '侍従武官として見た終戦の年の記録', 『軍事史學』 제2호(1965).

12. 에드워드 베르, 『히로히토: 신화의 저편』, 유경찬 옮김, 을유문화사, 2002, 400~401쪽.

13. 존 다우어, 앞의 책, 46쪽.

14. 아라이 신이치, 『폭격의 역사: 끝나지 않는 대량 학살』, 윤현명 외 옮김, 어문학사(2015, 초판 1쇄), 167~168쪽.

15. 말콤 글래드웰, 앞의 책, 222쪽.

16. 아라이 신이치, 앞의 책, 221쪽.

17. A Report on Physical Damage in Japan(https://dl.ndl.go.jp/pid/8822320).

18. 内藤光博, '일본의 전후보상문제와 일본 헌법의 평화주의 원리: 중경 대폭격 배상청구소송에서 일본정부의 배상책임에 관해', 『법학논총』 제37권 제2호(2013).

19. 가토 요코, 『일본은 왜 점점 더 큰 전쟁으로 나아갔을까』, 윤현명 옮김, 소명출판(2022, 초판 1쇄), 46~47쪽.

20. 広島市·長崎市 原爆災害誌編集委員会, 『広島·長崎の原爆災害』, 岩波書店(1979), 274쪽.

21. 일본역사학연구회, 『태평양전쟁사·2』, 방일권 외 옮김, 채륜(2019, 초판 1쇄), 509쪽.

22. 허버트 빅스, 『히로히토 평전: 근대 일본의 형성』, 오현숙 옮김, 삼인(2010, 초판 1쇄), 543쪽.

23. 허버트 빅스, 앞의 책, 544쪽.

24. 藤田尚徳, 『侍従長の回想』, 中公文庫(1987), 66~67쪽.

25. 細川護貞, 『細川日記』, 中央公論社(1978), 373~374쪽.

26. 杉山元, 『彬山メモ·上』, 原書房(1967), 348~349쪽. 허버트 빅스, 앞의 책, 519쪽에서 재인용.

27. 木戸幸一, 『木戸幸一 日記·下』, 東京大學出版會(1966), 1212~1213쪽. 허버트 빅스, 548쪽에서 재인용.

28. 하세가와 쓰요시, 『종전의 설계자들: 1945년 스탈린과 트루먼, 그리고 일본의 항복』, 한승동 옮김, 메디치(2019, 초판 1쇄), 366쪽.

29. 하세가와 쓰요시, 앞의 책, 415쪽.

30. 아라이 신이치, 앞의 책, 177쪽.

31. https://www.nps.gov/articles/trumanatomicbomb.htm.

32. A. J. P. 테일러, 『지도와 사진으로 보는 제2차 세계대전』, 유영수 옮김, 페이퍼로드(2020, 초판 1쇄), 412쪽.

33. USSBS 관련 원문: https://web.archive.org/web/20190916220706/https://apps.dtic.mil/dtic/tr/fulltext/u2/a421958.pdf

34. 다이애나 프레스턴, 『원자폭탄, 그 빗나간 열정의 역사: 마리 퀴리에서 히로시마까지』, 류운 옮김, 뿌리와이파리(2006, 초판 1쇄), 539쪽.

35. 다이애나 프레스턴, 앞의 책, 539쪽.

36. 이안 부루마, 『아우슈비츠와 히로시마: 독일인과 일본인의 전쟁 기억』, 정용환 옮김, 한겨레신문사(2002, 초판 1쇄), 134쪽.

37. 허버트 빅스, 앞의 책, 861쪽.

38. 허버트 빅스, 앞의 책, 538쪽.

39. 존 톨런드, 『일본 제국 패망사: 태평양전쟁 1936~1945』, 박병화 외 옮김, 글항아리(2019, 초판 1쇄), 1153쪽.

40. 존 키건, 『2차세계대전사』, 류한수 옮김, 청어람미디어(2007, 초판 1쇄), 853쪽.

41. 다이애나 프레스턴, 앞의 책, 459쪽.

42. David Holloway, *Stalin and the Bomb*, Yale University Press(1994), p.125.

43. 자크 파월, 『좋은 전쟁이라는 신화: 미국의 제2차 세계대전, 전쟁의 추악한 진실』, 윤태준 옮김,

오월의봄(2017, 초판 1쇄), 278쪽.

44. 말콤 글래드웰, 앞의 책, 223쪽.

45. 말콤 글래드웰, 앞의 책, 223쪽.

46. 田中伸尙, 『ドキュメント昭和天皇 第5卷 敗戰·下』, 綠風出版(1988), 475쪽.

47. 고모리 요이치, 『1945년 8월 15일, 천황 히로히토는 이렇게 말하였다』, 송태욱 옮김, 뿌리와이파리(2004, 초판 1쇄), 55~56쪽.

48. Gar Alperovitz, *The Decision to Use the Atomic Bomb*, Alfred Knopf(1995), PP.114~115.

49. 하세가와 쓰요시, 앞의 책, 376쪽.

50. 하세가와 쓰요시, 앞의 책, 385쪽.

51. 하세가와 쓰요시, 앞의 책, 408쪽.

52. Peter Kuznick, 'The Decision to Risk the Future', *Japan Focus*, 2007년 7월 23일. https://www.wagingpeace.org/the-decision-to-risk-the-future-harry-truman-the-atomic-bomb-and-the-apocalyptic-narrative/)

53. Ward Wilson, 'The Bomb Didn't Beat Japan. Stalin Did', *Foreign Policy*, 2013년 5월. https://foreignpolicy.com/2013/05/30/the-bomb-didnt-beat-japan-stalin-did/.

54. 아라이 신이치, 앞의 책, 177~178쪽.

55. 자크 파월, 『좋은 전쟁이라는 신화: 미국의 제2차 세계대전, 전쟁의 추악한 진실』, 윤태준 옮김, 오월의봄(2017, 초판 1쇄), 277쪽.

56. 자크 파월, 앞의 책, 278~288쪽.

57. 하세가와 쓰요시, 앞의 책, 349쪽.

58. 하세가와 쓰요시, 앞의 책, 371쪽.

59. Barton Berstein, 'Truman and the A-Bomb, and his Defending the Decision', *Journal of Military History*, 62, no. 4(1998).

60. 마이클 돕스, 『1945년: 20세기를 뒤흔든 제2차 세계대전의 마지막 6개월』, 홍희범 옮김, 모던아카이브(2018, 초판 1쇄), 525쪽.

61. 마이클 돕스, 앞의 책, 526쪽.

62. 실번 슈위버, 『아인슈타인과 오펜하이머: 원자폭탄의 창조자이자 파괴자이고 싶었던 두 천재 이야기』, 김영배 옮김, 시대의창(2013, 초판 1쇄), 242쪽.

63. 실번 슈위버, 앞의 책, 245쪽 참조.

64. Robert Oppenheimer, 'Atomic Weapons and American Policy', *Foreign Affairs*(1953년 7-8월호).

65. https://fas.org/initiative/status-world-nuclear-forces/

66. 실번 슈위버, 앞의 책, 95쪽.

67. 실번 슈위버, 앞의 책, 96쪽.

68. 다이애나 프레스턴, 앞의 책, 490~491쪽.

69. 윌프레드 버체트, 『히로시마의 그늘』, 표완수 옮김, 창작과비평사(1995, 초판 1쇄), 155~156

쪽.

70. 윌프레드 버체트, 앞의 책, 156쪽.

71. https://obamawhitehouse.archives.gov/the-press-office/2016/05/27/re-marks-President-obama-and-prime-minister-abe-japan-hiroshima-peace

72. 허버트 빅스, 앞의 책, 745쪽.

73. 가토 요코, 앞의 책, 50쪽.

74. 하세가와 쓰요시, 앞의 책, 603쪽.

6부 정의가 없는 전범재판

1. Gary J. Bass, *Stay the Hand of Vengeance: The Politics of War Crimes Tribunals*, Princeton University Press(2000), p.13.

2. 플라톤, 『플라톤의 국가(政體)』, 박종현 역주, 서광사(2003, 초판 1쇄), 82쪽.

3. 플라톤, 『국가』, 천병희 옮김, 도서출판 숲(2017, 초판 1쇄), 50쪽.

4. 임마누엘 칸트, 『영구평화론: 하나의 철학적 기획』, 이한구 옮김, 서광사(2008, 초판 1쇄), 20쪽.

5. Gary J. Bass, 앞의 책, p.6.

6. Henry Kissinger, *A World Restored: Metternich, Castlereagh, and the Problem of Peace 1812-1822*, Houghton Mifflin(1973), p.138.

7. Raymon Aron, *Peace and War: A Theory of International Relations*, Doubleday & Company(1966), p.115.

8. 토니 주트, 『전후 유럽 1945~2005』 제1권, 조행복 옮김, 열린책들(2008, 초판 1쇄), 115쪽.

9. 강경자, '도쿄재판이 전후 일본 국민의 평화의식에 미친 영향', 『日本文化學報』 76집(2018).

10. 이장희, '도쿄국제군사재판과 뉘른베르크 국제군사재판에 대한 국제법적 비교 연구', 『동북아역사논총』 25호(2009).

11. 메이루아오, 『도쿄전범재판: 중국 대표 법관의 미완성 기록』, 신진호 외 옮김, 민속원(2019, 초판 1쇄), 118~119쪽.

12. 메이루아오, 앞의 책, 121쪽.

13. 극동국제군사재판소 엮음, 『A급 전범의 증언: 도쿄전범재판 속기록을 읽다-도조 히데키 편』, 김병찬 외 옮김, 『언어의 바다』(2017, 개정판 1쇄), 487~499쪽.

14. 극동국제군사재판소 엮음, 앞의 책, 239쪽.

15. 유하영, '제2차 세계대전 이후 극동지역 전시범죄 재판 개관', 『동북아연구』 34권 1호(2019).

16. 호사카 마사야스, 『도조 히데키와 천황의 시대: 광기의 시대와 역사에 휘말린 초라한 지도자의 초상』, 정선태 옮김, 페이퍼로드(2012, 초판 1쇄), 663쪽.

17. 호사카 마사야스, 앞의 책, 663쪽.

18. 에드워드 베르, 『히로히토: 신화의 뒤편』, 유경찬 옮김, 을유문화사(2002, 초판 1쇄), 497쪽.

19. 존 다우어, 『패배를 껴안고: 제2차 세계 대전 후의 일본과 일본인』, 최은석 옮김, 민음사(2009, 초판 1쇄), 604~605쪽.
20. 서종진·하종문 외, 『근현대 지식인과 한일 역사화해』, 동북아역사재단(2020, 초판 1쇄), 70쪽.
21. 《讀賣新聞》 2023년 8월 17일 칼럼.
22. 코케츠 아츠시, 『우리들의 전쟁 책임: 쇼와 초기 20년과 헤세기 20년의 역사적 고찰』, 김경옥 옮김, 제이엔씨(2013, 초판 1쇄), 251쪽.
23. 우쓰미 아이코, 『조선인 BC급 전범, 해방되지 못한 영혼』, 이호경 옮김, 동아시아(2007, 초판 1쇄), 8~9쪽.
24. 정용욱, '일본인의 '전후'와 재일조선인관', 『일본비평』 3호, 서울대 일본연구소(2010. 8.), 285~286쪽.
25. 존 다우어, 앞의 책, 677쪽.
26. 우쓰미 아이코, 앞의 책, 9쪽.
27. 조건, '조선인 BC급 전범에 대한 진상조사' 보고서, 대일항쟁기 강제동원 피해조사 및 국외강제동원 희생자 등 지원위원회(2011).
28. 이학래, 『전범이 된 조선청년: 한국인 BC급 전범 이학래 회고록』, 김종익 옮김, 민족문제연구소(2017, 초판 1쇄), 67쪽.
29. 무라이 요시노리·우쓰미 아이코, 『적도에 묻히다』, 김종익 옮김, 역사비평사(2012, 초판 1쇄), 322쪽.

7부 반복되는 망언과 빛바랜 사과

1. 新井白石, 『朝鮮聘使後議』, 新井白石全集 제4권, 圖書刊行會(1977). 정응수, '망언의 또 다른 원형', 『일본문화학보』 23집(2004)에서 재인용.
2. 다카사키 소지, 『일본 망언의 계보』, 최혜주 옮김, 한울(2010년, 개정판 1쇄), 210~233쪽.
3. '제72회 국회중의원 회의록' 제10호(1974), 다카사키 소지, 앞의 책, 14쪽에서 재인용.
4. 한국 외교부 홈페이지, '2018 일본 개황', 258쪽.
5. 와카미야 요시부미, 『화해와 내셔널리즘』, 김충식 옮김, 나남(2007, 초판 1쇄), 97쪽.
6. 니시무라 히데키, 『'일본'에서 싸운 한국전쟁의 날들: 재일조선인과 스이타 사건』, 심아정 외 옮김, 논형(2020, 초판 1쇄), 155쪽.
7. 정혜경, '식민지시기 조선인의 도일과 강제동원', 청암대 재일코리안연구소, 『재일코리안 디아스포라의 형성: 이주와 정주를 중심으로』, 선인(2013, 초판 1쇄) 참조.
8. 정영환, 『해방 공간의 재일조선인사: '독립'으로 가는 험난한 길』, 푸른역사(2019, 초판 1쇄), 388쪽.
9. 와카미야 요시부미, 앞의 책, 100~101쪽.
10. 와카미야 요시부미, 앞의 책, 101쪽.
11. 윤대원, 『21세기 한·중·일 역사 전쟁: 동북아시아의 역사 갈등과 미래』, 서해문집(2009, 초판 1

쇄), 53쪽.

12. 오오타 오사무, 『한일교섭: 청구권문제 연구』, 송병권 외 옮김, 선인(2008, 초판 1쇄), 148~149쪽.

13. 다카사키 소지, 앞의 책, 210~233쪽.

14. 다카사키 소지, 앞의 책, 236쪽.

15. 김동조, '한일회담' 249회, 《중앙일보》 1984년 6월 27일.

16. 다카사키 소지, 앞의 책, 239쪽.

17. 藤尾正行, '放言大臣, 大いに吠える', 《文藝春秋》(1986년 10월호).

18. 일본 외무성 홈페이지(www.mofa.go.jp)에서 '慰安婦関係調査結果発表' 검색

19. 일본 외무성 홈페이지, 'いわゆる村山談話' 검색.

20. 도시환 외, 『일본 아베정권의 역사인식과 한일관계』, 동북아역사재단(2013, 초판 1쇄), 157쪽.

21. 《동아일보》 1995년 8월 16일.

22. 《週刊文春》 1995년 11월 23일.

23. 다카사키 소지, 앞의 책, 285쪽.

24. 김용범, 『일본주의자의 꿈』, 푸른역사(1999, 초판 1쇄), 225쪽.

25. 이원덕, '일본 정치지도자들의 '망언'과 일본정계', 『한국사 시민강좌』 19집(1996년 8월).

26. 외무부 홈페이지, '2018 일본 개황' 검색.

27. 《週刊現代》 2015년 6월 29일.

28. 리영희, '다나카 망언을 생각한다', 《세대》(1974년 5월호).

29. 리영희, '일본인 망언 규탄 전에 국민 총반성이 필요하다', 월간 《말》(1994년 6월호).

30. 우치다 마사토시, '아베 개헌을 독려한 아미티지 리포트', 김영호 외, 『샌프란시스코 체제를 넘어서: 동아시아 냉전과 식민지·전쟁범죄의 청산』, 메디치(2022, 초판 1쇄), 534쪽.

31. 다카하시 데쓰야, 『일본의 전후 책임을 묻는다』, 이규수 옮김, 역사비평사(2000, 초판 1쇄), 147~148쪽.

32. 이우연 페이스북(2019년 9월 24일).

33. 여성가족부, 『일본군 '위안부' 피해자 구술자료 재정리 자료집』(2016년, 초판 1쇄), 415쪽.

34. 강성현, 『탈진실의 시대, 역사부정을 묻는다』, 푸른역사(2020, 초판 1쇄), 45쪽.

35. 이영훈 외, 『반일 종족주의』, 미래사(2019, 초판 7쇄), 69~70쪽.

36. 강만길 외, 『우리 역사를 의심한다』, 서해문집(2003, 초판 3쇄), 323쪽.

37. Mark Ramseyer, 'Contracting for Sex in the Pacific War', *International Review of Law and Economics*, Vol. 65(March 2021).

38. Yong-Shik Lee·Natsu Saito·Jonathan Todres, 'The Fallacy of Contract in Sexual Slavery', *Michigan Journal of International Law*, Vol.42, No.2(2021)

39. 김창록, '램지어 사태: 일본군 '위안부' 부정론의 추가 사례', 『역사비평』 135(2021년 여름호).

40. 안병직·이영훈, 『대한민국 역사의 기로에 서다』, 기파랑(2007, 초판 1쇄), 71쪽.

41. 오누마 야스아키·에가와 쇼코, 『한중일 역사인식, 무엇이 문제인가』, 조진구 옮김, 섬앤섬

(2018, 초판 1쇄), 201쪽.

42. 오카미야 요시부미, 『일본 정치의 아시아관: 망언과 사죄의 저류』, 오문영 옮김, 동아일보사 (1996, 초판 1쇄), 23~24쪽에서 재인용.

43. 이창위, 『토착왜구와 죽창부대 사이에서: 국제법과 국제정치로 본 한일관계사』, 박영사(2023, 초판 1쇄), 175~176쪽.

44. 한국 외교부 홈페이지(https://www.mofa.go.kr/www/main.do), '2018 일본 개황', 247~257쪽 참고.

45. 가토 노리히로, 『사죄와 망언 사이에서: 전후 일본의 해부』, 서은혜 옮김, 창작과비평사(1998, 초판 1쇄), 11~12쪽. 원서 제목은 『敗戰後論』(筑摩書房, 1997).

46. 홍성필, '일본의 전후책임인식과 이행에 대한 국제법적 평가', 『충남대 법학연구』 제23권 제1호 (2012년 6월).

47. 홍성필, 앞의 글.

48. 아라이 신이치, 『역사 화해는 가능한가: 동아시아 역사 문제의 해법을 찾아서』, 김태웅 옮김, 미래인(2006, 초판 1쇄), 90쪽.

49. 아라이 신이치, 앞의 책, 93쪽.

50. 스즈키 유코, 『일본군 위안부 문제와 젠더』, 이성순 외 옮김, 나남(2010, 초판 1쇄), 117쪽.

51. 장혜원, '2015 '위안부합의'를 통해 바라본 일본군 위안부 문제의 국제법적 의미', 『이화젠더법학』 제10권, 제2호(2018년 8월).

52. 호사카 유지, 『일본의 위안부문제 증거자료집 1』, 황금알(2018, 초판 1쇄), 369쪽.

53. 다카사키 소지, 앞의 책, 244쪽.

54. 베른하르트 슐링크, 『과거의 죄: 국가의 죄와 과거 청산에 관한 8개의 이야기』, 권상희 옮김, 시공사(2015, 초판 1쇄), 200쪽.

55. 베른하르트 슐링크, 앞의 책, 199쪽.

사진 출처

*굵은 숫자는 페이지임

참고 문헌

단행본

15년전쟁과 일본의 의학의료연구회, 『누구나 알지만 아무도 모르는 731부대』, 최규진 옮김, 건강
    미디어협동조합(2020, 초판 1쇄).

가사하라 도쿠시, 『남경사건: 일본군은 왜 남경대학살을 강행했는가』, 이상복 옮김, 어문학사
    (2017, 초판 1쇄).

가토 노리히로, 『사죄와 망언 사이에서: 전후 일본의 해부』, 서은혜 옮김, 창작과비평사(1998, 초판
    1쇄).

가토 요코, 『일본은 왜 점점 더 큰 전쟁으로 나아갔을까』, 윤현명 옮김, 소명출판(2022, 초판 1쇄).

강만길 외, 『우리 역사를 의심한다』, 서해문집(2003, 초판 3쇄).

강성현, 『탈진실의 시대, 역사부정을 묻는다』, 푸른역사(2020, 초판 1쇄).

고모리 요이치, 『1945년 8월 15일, 천황 히로히토는 이렇게 말하였다』, 송태욱 옮김, 뿌리와이파리
    (2004, 초판 1쇄).

교과서포럼, 『한국현대사의 허구와 진실』, 두레시대(2005, 초판 1쇄).

교과서포럼, 『대안교과서 한국 근·현대사』, 기파랑(2008, 초판 1쇄).

궈청저우·랴오잉창, 『중국을 침략한 일본군의 세균전 실록』, 북경연산출판사(1997, 초판 1쇄).

글래드웰, 말콤, 『어떤 선택의 재검토: 최상을 꿈꾸던 일은 어떻게 최악이 되었는가』, 이영래 옮김,
    김영사(2022, 초판 1쇄).

김영호 외,『샌프란시스코 체제를 넘어서: 동아시아 냉전과 식민지·전쟁범죄의 청산』, 메디치(2022,
    초판 1쇄).

김용범, 『일본주의자의 꿈』, 푸른역사(1999, 초판 1쇄).

김정인, 『역사전쟁, 과거를 해석하는 싸움』, 책세상(2016, 초판 1쇄).

김진영 외, 『군함도, 끝나지 않은 전쟁』, 생각정원(2017, 초판 1쇄).

김헌주 외, 『일본군 '위안부' 피해자 구술자료 재정리 자료집』, 여성가족부(2016년, 초판).

김효순, 『나는 전쟁범죄자입니다: 일본인 전범을 개조한 푸순의 기적』, 서해문집(2020, 초판 1쇄).

나가하라 게이지, 『20세기 일본의 역사학』, 하종문 옮김, 삼천리(2011, 초판 1쇄).

나카츠카 아키라 외, 『동학농민전쟁과 일본』, 한혜인 옮김, 모시는사람들(2014, 초판 1쇄).

남상구, 『아직도 끝나지 않은 식민지 피해: 야스쿠니신사 문제』, 동북아역사재단(2020, 초판 1쇄).

노다 마사아키, 『전쟁과 죄책: 일본 군국주의 전범들을 분석한 정신과 의사의 심층 보고서』, 서혜영 옮김, 또다른우주(2023, 초판 1쇄).

니시무라 히데키, 『일본에서 싸운 한국전쟁의 날들: 재일조선인과 스이타 사건』, 심아정 외 옮김, 논형(2020, 초판 1쇄).

다우어, 존, 『패배를 껴안고: 제2차 세계대전 후의 일본과 일본인』, 최은석 옮김, 민음사(2009, 초판 1쇄).

다카사키 소지, 『일본 망언의 계보』, 최혜주 옮김, 한울(2010년, 개정판 1쇄).

다카시로 코이치, 『후쿠자와 유키치의 조선정략론 연구: <時事新報> 조선관련 평론(1882~1900)을 중심으로』, 선인(2013, 초판 1쇄).

다카하시 데츠야, 『일본의 전후 책임을 묻는다: 기억의 정치, 망각의 윤리』, 이규수 옮김, 역사비평사(2000, 초판 1쇄),

다카하시 데쓰야, 『결코 피할 수 없는 야스쿠니 문제』, 현대송 옮김, 역사비평사(2005, 초판 1쇄).

도시환 외, 『일본 아베정권의 역사인식과 한일관계』, 동북아역사재단(2013, 초판 1쇄).

도요시타 나라히코, 『히로히토와 맥아더: 일본의 '전후'는 어떻게 만들어졌는가』, 권혁태 옮김, 개마고원(2009, 초판 1쇄).

도쿄역사과학연구회 편, 『역사를 배우는 사람들: 일본의 공정한 역사 인식을 만들기 위해서』, 박성태 옮김, 어문학사(2021, 초판 1쇄).

돕스, 마이클, 『1945년: 20세기를 뒤흔든 2차 세계대전의 마지막 6개월』, 홍희범 옮김, 모던아카이브(2018, 초판 1쇄).

린드크비스트, 스벤, 『폭격의 역사: 끝나지 않는 대량 학살』, 김남섭 옮김, 한겨레출판(2003, 초판 1쇄).

메이루아오, 『도쿄전범재판: 중국 대표 법관의 미완성 기록』, 신진호 외 옮김, 민속원(2019, 초판 1쇄).

모리무라 세이이치, 『악마의 731부대와 마루타』, 김용환 옮김, 고려문학사(1989, 초판 1쇄).

무라이 요시노리 · 우쓰미 아이코, 『적도에 묻히다: 독립 영웅, 혹은 전범이 된 조선인들 이야기』, 김종익 옮김, 역사비평사(2012, 초판 1쇄).

박경식, 『조선인 강제연행의 기록: 1910-1945, 나라를 떠나야 했던 조선인에 대한 최초 보고서』, 고즈윈(2008, 초판 1쇄).

버체트, 윌프레드, 『히로시마의 그늘』, 표완수 옮김, 창작과비평사(1995, 초판 1쇄).

베르, 에드워드, 『히로히토: 신화의 뒤편』, 유경찬 옮김, 을유문화사(2002, 초판 3쇄).

부루마, 이안, 『아우슈비츠와 히로시마: 독일인과 일본인의 전쟁 기억』, 정용환 옮김, 한겨레신문사(2002, 초판 1쇄).

빅스, 허버트, 『히로히토 평전: 근대 일본의 형성』, 오현숙 옮김, 삼인(2010, 초판 1쇄).

사카사이 아키토, 『'잿더미' 전후공간론』, 박광현 외 옮김, 이숲(2020, 초판 1쇄).

샤브시나, 파냐, 『식민지 조선에서: 어느 러시아 지성이 쓴 역사현장기록』, 김명호 옮김, 한울(1996, 초판 1쇄).

서종진·하종문 외, 『근현대 지식인과 한일 역사화해』, 동북아역사재단(2020, 초판 1쇄).

송병기, 『울릉도와 독도, 그 역사적 검증』, 역사공간(2010년, 초판 1쇄).

슈위버, 실번, 『아인슈타인과 오펜하이머: 원자폭탄의 창조자이자 파괴자이고 싶었던 두 천재 이야기』, 김영배 옮김, 시대의창(2013, 초판 1쇄).

슐링크, 베른하르트, 『과거의 죄: 국가의 죄와 과거 청산에 관한 8개의 이야기』, 권상희 옮김, 시공사(2015, 초판 1쇄).

스즈키 유코, 『일본군 위안부 문제와 젠더』, 이성순 외 옮김, 나남(2010, 초판 1쇄).

신용하, 『한국의 독도영유권 연구』, 경인문화사(2006, 초판 1쇄).

신용하, 『일제 조선토지조사사업 수탈성의 진실』, 나남(2019, 초판 1쇄).

심킨스, 피터 외, 『제1차 세계대전: 모든 전쟁을 끝내기 위한 전쟁』, 플래닛미디어(2008, 초판 1쇄).

아라이 신이치, 『폭격의 역사: 끝나지 않는 대량 학살』, 윤현명 외 옮김, 어문학사(2015, 초판 1쇄).

아라이 신이치, 『역사 화해는 가능한가: 동아시아 역사 문제의 해법을 찾아서』, 김태웅 옮김, 미래인(2006, 초판 1쇄), 90쪽.

《아카하타신문》 편집국, 『우리는 가해자입니다: 일본이 찾아낸 침략과 식민 지배의 기록』, 홍상현 옮김, 정한책방(2017, 초판 1쇄).

아와야 켄타로우 외, 『기억과 망각: 독일과 일본, 그 두 개의 전후』, 이규수 옮김, 삼인(2000, 초판 1쇄).

아카자와 시로, 『야스쿠니 신사』, 박화리 옮김, 소명출판(2008, 초판 1쇄).

안병직·이영훈, 『대한민국 역사의 기로에 서다』, 기파랑(2007, 초판 1쇄).

앤디콧, 스티븐·해거먼, 에드워드, 『한국전쟁과 미국의 세균전』, 안치용 외 옮김, 중심(2003, 초판 1쇄).

야스다 고이치, 『일본 '우익'의 현대사: '극우의 공기'가 가득한 일본을 파헤치다』, 이재우 옮김, 오월의 봄(2019, 초판 1쇄).

야스카와 주노스케, 『후쿠자와 유키치의 아시아 침략사상을 묻는다』, 이향철 옮김, 역사비평사(2011, 초판 1쇄).

야스카와 주노스케, 『마루야마 마사오가 만들어낸 '후쿠자와 유키치'라는 신화』, 이향철 옮김, 역사비평사(2015, 초판 1쇄).

연민수, 『동아시아 역사교과서의 주변국 인식』, 동북아역사재단(2008, 초판 1쇄).

오누마 야스아키·에가와 쇼코, 『한중일 역사인식, 무엇이 문제인가』, 조진구 옮김, 섬앤섬(2018, 초판 1쇄).

오오타 오사무, 『한일교섭: 청구권문제 연구』, 송병권 외 옮김, 선인(2008, 초판 1쇄).

오일환, 『죽어서도 쉬이 못 오는 귀향』, 동북아역사재단(2021, 초판 1쇄).

오카미야 요시부미, 『일본 정치의 아시아관: 망언과 사죄의 저류』, 오문영 옮김, 동아일보사(1996,

초판 1쇄).

와다 하루키, 『동북아시아 영토문제, 어떻게 해결할 것인가: 대립에서 대화로』, 임경택 옮김, 사계절 (2012, 초판 1쇄).

와카미야 요시부미, 『화해와 내셔널리즘』, 김충식 옮김, 나남(2007, 초판 1쇄).

요시다 유타카, 『아시아·태평양전쟁』, 최혜주 옮김, 어문학사(2012, 초판 1쇄).

우쓰미 아이코, 『조선인 BC급 전범, 해방되지 못한 영혼』, 이호경 옮김, 동아시아(2007, 초판 1쇄).

윤대원, 『21세기 한·중·일 역사 전쟁: 동북아시아의 역사 갈등과 미래』, 서해문집(2009, 초판 1쇄).

이규수, 『동양척식주식회사의 토지 수탈과 궁삼면 토지탈환운동』, 동북아역사재단(2021, 초판 1쇄).

이영채·한홍구, 『한일 우익근대사 완전정복』, 창비(2020, 초판 1쇄).

이영훈 외, 『반일 종족주의』, 미래사(2019, 초판 7쇄).

이영훈, 『대한민국 이야기: '해방전후사의 재인식' 강의』, 기파랑(2011, 1판 11쇄).

이원순·정재정 편, 『일본 역사교과서, 무엇이 문제인가: 올바른 역사 인식을 위한 비판과 제언』, 동방미디어(2002, 초판 1쇄).

이창위, 『토착왜구와 죽창부대 사이에서: 국제법과 국제정치로 본 한일관계사』, 박영사(2023, 초판 1쇄).

이치바 준코, 『한국의 히로시마』, 이제수 옮김, 역사비평사(2003, 초판 1쇄).

이학래, 『전범이 된 조선청년: 한국인 BC급 전범 이학래 회고록』, 김종익 옮김, 민족문제연구소 (2017, 초판 1쇄) .

일본역사학연구회, 『태평양전쟁사 · 2』, 방일권 외 옮김, 채륜(2019, 초판 1쇄).

일본의 전쟁 책임 자료센터 편, 『야스쿠니 신사의 정치』, 박환무 옮김, 동북아역사재단(2011, 초판 1쇄).

일본의 전쟁 책임 자료센터 편, 『일본의 군 '위안부' 연구』, 강혜정 옮김, 동북아역사재단(2011, 초판 1쇄).

임덕순 외, 『독도·울릉도 연구: 역사·고고·지리학적 고찰』, 동북아역사재단(2010, 초판 1쇄).

장, 아이리스, 『역사는 누구의 편에 서는가: 난징대학살, 그 야만적 진실의 기록』, 윤지환 옮김, 미다스북스(2014, 개정판 1쇄).

전강수, 『《반일 종족주의》의 오만과 거짓』, 한겨레출판(2020, 초판 1쇄).

정영환, 『해방 공간의 재일조선인사: '독립'으로 가는 험난한 길』, 푸른역사(2019, 초판 1쇄).

정재정, 『주제와 쟁점으로 읽는 20세기 한일관계사』, 역사비평사(2014, 초판 1쇄).

정혜경, 『일본의 아시아태평양전쟁과 조선인 강제동원』, 동북아역사재단(2019, 초판 1쇄).

정혜경, 『아시아태평양전쟁에 동원된 조선의 아이들』, 섬앤섬(2019, 초판 1쇄).

정혜경·허광무·조건·이상호, 『반反대를 론論하다: 반일종족주의의 역사부정을 넘어』, 선인(2019, 초판 1쇄).

전쟁과의료윤리검증추진회, 『731부대와 의사들: 전쟁과 의료 윤리, 일본의 의학자·의사의 '15년 전쟁' 가담과 책임』, 스즈키 아키라 옮김, 건강미디어협동조합(2014, 초판 1쇄).

주트, 토니, 『전후 유럽 1945~2005』 제1권, 조행복 옮김, 열린책들(2008, 초판 1쇄).

진청민, 『일본군 세균전』, 하성금 옮김, 청문각(2010, 초판 1쇄).

청암대 재일코리안연구소, 『재일코리안 디아스포라의 형성: 이주와 정주를 중심으로』, 선인(2013, 초판 1쇄).

촘스키, 노엄 · 블첵, 안드레, 『촘스키, 은밀한 그러나 잔혹한: 서양이 저지른 기나긴 테러의 역사』, 권기대 옮김, 베가북스(2014, 초판 1쇄).

최장근, 『독도문제의 본질과 일본의 영토분쟁 정치학』, 제이앤씨(2009, 초판 1쇄).

칸트, 임마누엘, 『영구평화론: 하나의 철학적 기획』, 이한구 옮김, 서광사(2008, 초판 1쇄).

코케츠 아츠시, 『우리들의 전쟁 책임: 쇼와 초기 20년과 헤세기 20년의 역사적 고찰』, 김경옥 옮김, 제이엔씨(2013, 초판 1쇄).

콜, 엘리자베스, 『과거사 청산과 역사교육: 아픈 과거를 어떻게 가르칠 것인가』, 김원중 옮김, 동북아역사재단(2010, 초판 1쇄).

콜리어, 폴, 『제2차 세계대전: 탐욕의 끝, 사상 최악의 전쟁』, 강민수 옮김, 플래닛미디어(2008, 초판 1쇄).

키건, 존, 『2차세계대전사』, 류한수 옮김, 청어람미디어(2007, 초판 1쇄).

타와라 요시후미, 『위험한 교과서』, 일본교과서바로잡기운동본부 옮김, 역사넷(2001, 초판).

테일러, A. J. P., 『지도와 사진으로 보는 제2차 세계대전』, 유영수 옮김, 페이퍼로드(2020, 초판 1쇄).

톨런드, 존, 『일본제국 패망사: 태평양전쟁 1936~1945』, 박병화 외 옮김, 글항아리(2019, 초판 1쇄).

파월, 자크, 『좋은 전쟁이라는 신화: 미국의 제2차 세계대전, 전쟁의 추악한 진실』, 윤태준 옮김, 오월의봄(2017, 초판 1쇄).

페퍼, 조슈아 ·시나, 스티븐, 『닥터 프랑켄슈타인』, 신예경 옮김, 텍스트(2013, 초판 1쇄).

프레스턴, 다이애나, 『원자폭탄, 그 빗나간 열정의 역사: 마리 퀴리에서 히로시마까지』, 류운 옮김, 뿌리와이파리(2006, 초판 1쇄).

플라톤, 『플라톤의 국가(政體)』, 박종현 역주, 서광사(2003, 초판 1쇄).

플라톤, 『국가』, 천병희 옮김, 도서출판 숲(2017, 초판 1쇄).

해리스, 셸던, 『일본의 야망과 죽음의 공장』, 김소정 옮김, 눈과마음(2005, 초판 1쇄).

하야시 히로후미, 『일본의 평화주의를 묻는다: 전범재판, 헌법 9조, 동아시아 연대』, 현대일본사회연구회 옮김, 논형(2012. 초판 1쇄).

하세가와 쓰요시, 『종전의 설계자들: 1945년 스탈린과 트루먼, 그리고 일본의 항복』, 한승동 옮김, 메디치(2019, 초판 1쇄) .

하종문, 『진중일지로 본 일본군 위안소: 일본군 '위안부' 문제 해결의 돌파구를 찾다』, 휴머니스트(2023, 초판 1쇄).

하타노 스미오, 『전후 일본의 역사문제』, 오일환 옮김, 논형(2016, 초판 1쇄).

한민족문화교류협의회, 『일본관동군 731부대 생체실험증거자료집』(2009, 초판 1쇄).

한샤요·신페이린, 『일본군 731부대의 죄악사』, 헤이룽강인민출판사(1991, 초판 1쇄).

한일관계사연구논집편찬위원회, 『일제 강점기 한국인의 삶과 민족운동』, 경인문화사(2005, 초판

1쇄).

한중일3국공동역사편찬위원회, 『미래를 여는 역사: 한중일이 함께 만든 동아시아 3국의 근현대
　사』, 한겨레신문사(2005, 초판 1쇄).

허광무·정혜경·김미정, 『일제의 전시 조선인 노동력 동원』, 동북아역사재단(2021, 초판 1쇄).

허수열, 『개발 없는 개발: 일제하, 조선경제 개발의 현상과 본질』, 은행나무(2017, 개정 2판 2쇄).

호사카 마사야스, 『도조 히데키와 찬왕의 시대: 광기의 시대와 역사에 휘말린 초라한 지도자의 초
　상』, 정선태 옮김, 페이퍼로드(2012, 초판 1쇄).

호사카 마사야스, 『쇼와 육군: 제2차 세계대전을 주도한 일본 제국주의의 몸통』, 정선태 옮김, 글항
　아리(2016, 초판 1쇄).

호사카 마사야스, 『도조 히데키와 제2차 세계대전: 일본을 패망으로 몰고 간 한 우익 지도자의 초
　상』, 정선태 옮김, 페이퍼로드(2022, 초판 1쇄).

호사카 유지, 『일본 뒤집기』, 북스코리아(2019, 초판 1쇄).

황순력 외, 『동아시아의 바다와 섬을 둘러싼 갈등과 투쟁의 역사: 독도를 중심으로』, 지성인(2013,
　초판 1쇄).

후지이 히사시, 『일본군의 패인: 실패한 군대의 조직론』, 최종호 옮김, 논형(2016, 초판 1쇄).

후지타 히사카즈, 『전쟁범죄란 무엇인가』, 박배근 옮김, 산지니(2017, 초판 1쇄).

東野利夫, 『汚名: '九大生体解剖事件'の真相』, 文藝春秋(1979, 초판 1쇄).

藤原彰, 『昭和天皇の十五年戦争』, 青木書店(1991, 新装版 1쇄).

藤田尙德, 『侍従長の回想』, 中公文庫(1987).

木戸幸一, 『木戸幸一 日記·下』, 東京大學出版會(1966).

杉山元, 『杉山メモ·上』, 原書房(1967).

西尾幹二, 『國民の歴史』, 産經新聞(1999, 초판).

西尾幹二, 現代史研究会, 『自ら歴史を貶める日本人』, 徳間書店(2021, 초판 1쇄).

細川護貞, 『細川日記』, 中央公論社(1978).

新井白石, 『朝鮮聘使後議』, 新井白石全集 제4권, 圖書刊行會(1977).

鈴木武雄, '朝鮮統治の性格と實績', 『日本人の海外活動に關する歴史的調査』, 朝鮮編 第9分冊
　(1946), 第10分冊(1947).

栗原俊雄, 『東京大空襲の戦後史』, 岩波新書(2022, 新赤版).

田中伸尙, 『ドキュメント昭和天皇 第5巻 敗戦·下』, 緑風出版(1988).

早乙女勝元, 『東京大空襲』, 岩波新書(1973, 초판 11쇄).

靑木富貴子, 『731 石井四郎と細菌戦部隊の闇を暴く』, 新潮社(2008, 초판 1쇄).

731部隊国際シンポジウム実行委員会, 『日本軍の細菌戦·ガス戦』, 明石書店(1996).

Alperovitz, Gar, *The Decision to Use the Atomic Bomb*, Alfred Knopf(1995).

Aron, Raymon, *Peace and War: A Theory of International Relations*, Doubleday & Com-
　pany(1966).

Bass, Gary, *Stay the Hand of Vengeance*, Princeton University Press(2000).

Guillemin, Jeanne, *Hidden Atrocities*, Columbia University Press(2017).

Holloway, David, *Stalin and the Bomb*, Yale University Press(1994).

Kissinger, Henry, *A World Restored: Metternich, Castlereagh, and the Problem of Peace 1812-1822*, Houghton Mifflin(1973).

논문, 저널

강경자, '도쿄재판이 전후 일본국민의 평화의식에 미친 영향', 『日本文化學報』 76집(2018).

강화정, '교학사 한국사교과서의 현대사 서술과 민주주의 교육', 『역사교육연구』 20(2015).

강혜경, '전시총동원체제기 여성의 강제동원과 사실 규명의 과제', 『문화기술의 융합』 v.7, no.1(2021).

곽진오, '고문헌에 나타나는 한국·일본의 독도인식', 『일본학보』 Vol.125(2020).

고태우, '식민지기 북선 개발 인식과 정책의 추이', 『한국문화』 no.89(2020).

나스 시게오, '731부대 세균전 국가배상 청구재판과 그 후 해결을 위한 활동', 『역사와 책임』 8호 (2015년 5월).

남상구, '야스쿠니신사 문제의 현황과 연구 동향', 『동북아역사논총』 50호(2015).

리영희, '다나카 망언을 생각한다', 《세대》(1974년 5월호).

리영희, '일본인 망언 규탄 전에 국민 총반성이 필요하다', 월간 《말》(1994년 6월호).

마츠모토 다케노리, '식민지 근대화론 논쟁을 넘어가기 위한 귀중한 걸음', 『내일을 여는 역사』 48, 선인(2012).

박찬승, '스즈키 다케오(鈴木武雄)의 식민지조선근대화론', 『韓國史學史學報』 제30호(2014).

서승, '우리에게 '야스쿠니 신사'는 무엇인가', 『내일을 여는 역사』(2006년 여름호).

서이종, '일본제국군의 세균전 과정에서 731부대의 눙안·신징 지역 대규모 현장세균실험의 역사적 의의', 『사회와 역사』 103집(2014).

유하영, '제2차 세계대전 이후 극동지역 전시범죄 재판 개관' 『동북아연구』 제34권 1호 (2019).

이석우, '1951년 샌프란시스코 평화조약에서 독도의 영토처리 과정의 연구', 『북방사논총』, 동북아역사재단(2005, 7호).

이원덕, '일본 정치지도자들의 '망언'과 일본정계', 『한국사 시민강좌』 19집(1996년 8월).

이장희, '도쿄국제군사재판과 뉘른베르크 국제군사재판에 대한 국제법적 비교 연구', 『동북아역사논총』 25호(2009).

이준식, '한국 역사교과서인가, 아니면 일본 역사교과서인가?', 『역사비평』 105, 역사비평사(2013).

장혜원, '2015 '위안부합의'를 통해 바라본 일본군 위안부 문제의 국제법적 의미', 『이화젠더법학』 제10권, 제2호(2018년 8월).

정용욱, '일본인의 '전후'와 재일조선인관', 『일본비평』 3호, 서울대 일본연구소(2010년 8월).

정응수, '망언의 또 다른 원형', 『일본문화학보』 23집(2004).

한원상, '731부대 생체실험 대상된 조선인 마루타 있었다', 《민족 21》(2002년 9월호).
홍성필, '일본의 전후책임인식과 이행에 대한 국제법적 평가', 『충남대 법학연구』 제23권 제1호(2012년 6월).

吉橋戒三, '侍従武官として見た終戦の年の記録', 『軍事史學』 제2호(1965).
内藤光博, '일본의 전후보상문제와 일본 헌법의 평화주의 원리: 중경 대폭격 배상청구소송에서 일본정부의 배상책임에 관해', 『법학논총』 제37권 제2호(2013).
藤尾正行, '放言大臣, 大いに吠える', 《文藝春秋》(1986년 10월호).
常石敬一, '軍事研究の中の科学者: 731部隊の科学者とその現代的意味', 『学術の動向』(2017년 7월)
松村高夫, '731部隊による細菌戦と戦時·戦後医学', 『三田学会雑誌』, Vol.106, No.1(2013).
中西輝政, '現代 '歴史戦争'のための安全保障', 《正論》(2013년 2월호).

Berstein, Barton, 'Truman and the A-Bomb, and his Defending the Decision', *Journal of Military History*, 62, no 4(1998).
Fisher, Max, 'Japanese Leader Revives Dark Memories of Imperial-era Biological Experiments in China', *The Washington Post* (2013년 5월 18일).
Kuznick, Peter, 'The Decision to Risk the Future', *Japan Focus*(2007년 7월 23일).
Lee, Yong-Shik·Saito, Natsu·Todres, Jonathan, 'The Fallacy of Contract in Sexual Slavery', *Michigan Journal of International Law*, Vol. 42, No.2(2021).
Oppenheimer, Robert, 'Atomic Weapons and American Policy', *Foreign Affairs* (1953년 7-8월호).
Ramseyer, Mark, 'Contracting for Sex in the Pacific War', *International Review of Law and Economics*, Vol.65(March 2021).
Reed, Christopher, 'The United States and the Japanese Mengele', *The Asia-Pacific Journal: Japan Focus*, Volume 4, Issue 8(2006년 8월).
Wilson, Ward, 'The Bomb Didn't Beat Japan. Stalin Did', *Foreign Policy*, (2013년 5월).

자료집, 보고서

국무총리 소속 일제강점하 강제동원 피해진상규명위원회, 『강제동원 구술기록집』(2006년, 초판 1쇄).
국사편찬위원회 1종도서연구개발위원회, 『고등학교 국사』(1982).
극동국제군사재판소 엮음(a), 『A급 전범의 증언: 도쿄전범재판 속기록을 읽다-도조 히데키 편)』, 김병찬 외 옮김, 언어의 바다(2017, 개정판 1쇄).
극동국제군사재판소 엮음(b), 『기도의 고백: 도쿄전범재판 속기록을 읽다-기도 고이치 편』, 서라미

외 옮김, 언어의 바다(2018, 전자책).

세종대·호사카 유지, 『일본의 위안부문제 증거자료집 1』, 황금알(2018, 초판 1쇄).

여성가족부, 『일본군 '위안부' 피해자 구술자료 재정리 자료집』(2016년, 초판 1쇄).

조건, '조선인 BC급 전범에 대한 진상조사' 보고서, 대일항쟁기 강제동원 피해조사 및 국외강제동원 희생자 등 지원위원회(2011).

広島市·長崎市 原爆災害誌編集委員会, 『広島·長崎の原爆災害』, 岩波書店(1979).

吉見義明·松野誠也, 『15年戰爭極祕資料集 補卷2 毒ガス関係資料』, 不二出版(1997).

A Report on Physical Damage in Japan(https://dl.ndl.go.jp/pid/8822320).

International Scientific Commission, *Report of the International Scientific Commission for the Investigation of the Facts Concerning Bacterial Warfare in Korea and China*, Peking(1953).

미국전략폭격조사단(USSBS) 보고서: https://web.archive.org/web/20190916220706/ https://apps.dtic.mil/dtic/tr/fulltext/u2/a421958.pdf

찾아보기

일본의 전쟁범죄

'위안부'에서 731부대까지, 역사 전쟁의 진실

초판 1쇄 발행 2024년 11월 28일
지은이 김재명 **펴낸이** 박동운
펴낸곳 (재)진실의 힘 **출판등록** 제300-2011-191호(2011년 11월 9일)
서울시 중구 세종대로 19길 16 성공회빌딩 3층 전화 02-741-6260
truthfoundation.or.kr truth@truthfoundation.or.kr facebook.com/truthfdtion
기획 조용환 **진행** 김경훈 **편집** 김현림 **디자인** 공미경 **제작·관리** 조미진
인쇄·제책 한영문화사

ISBN 979-11-985056-3-7 03910